Z 35796

Paris
1861

Goethe, Johann Wolfgang von

Ouevres complètes

Tome 5

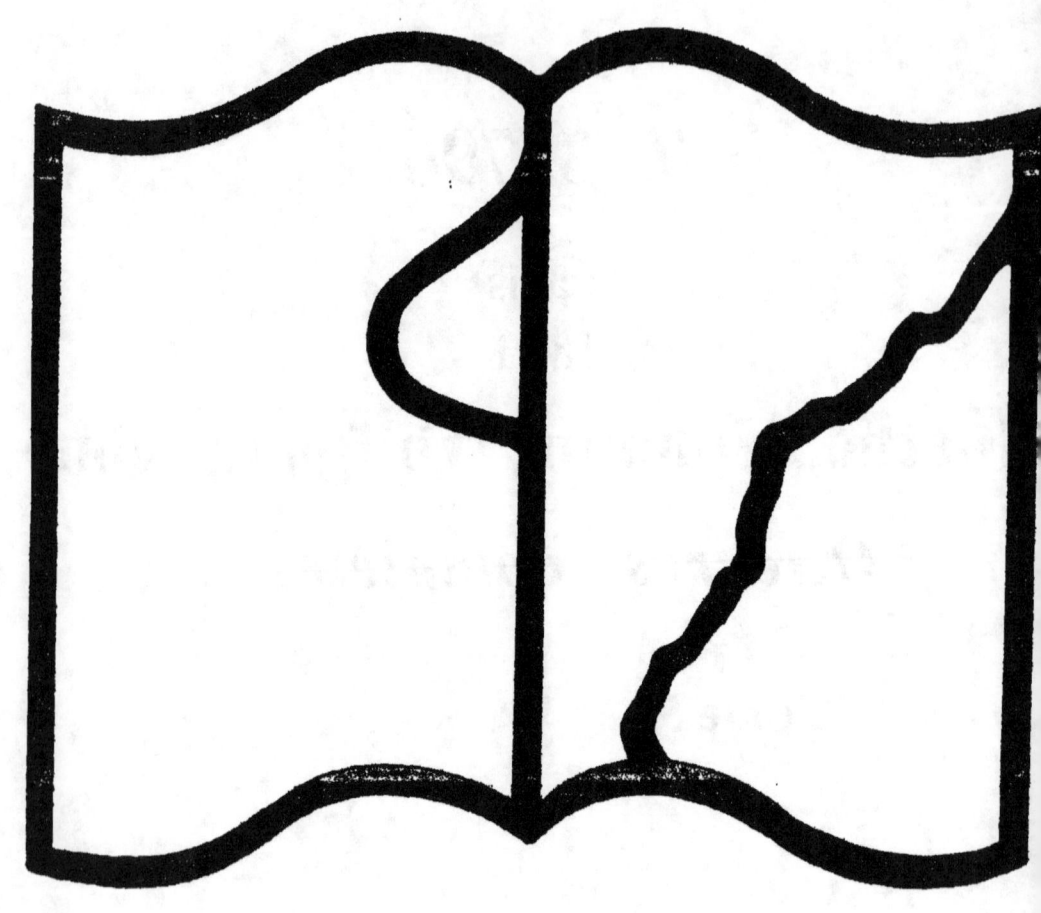

**Symbole applicable
pour tout, ou partie
des documents microfilmés**

Texte détérioré — reliure défectueuse

NF Z 43-120-11

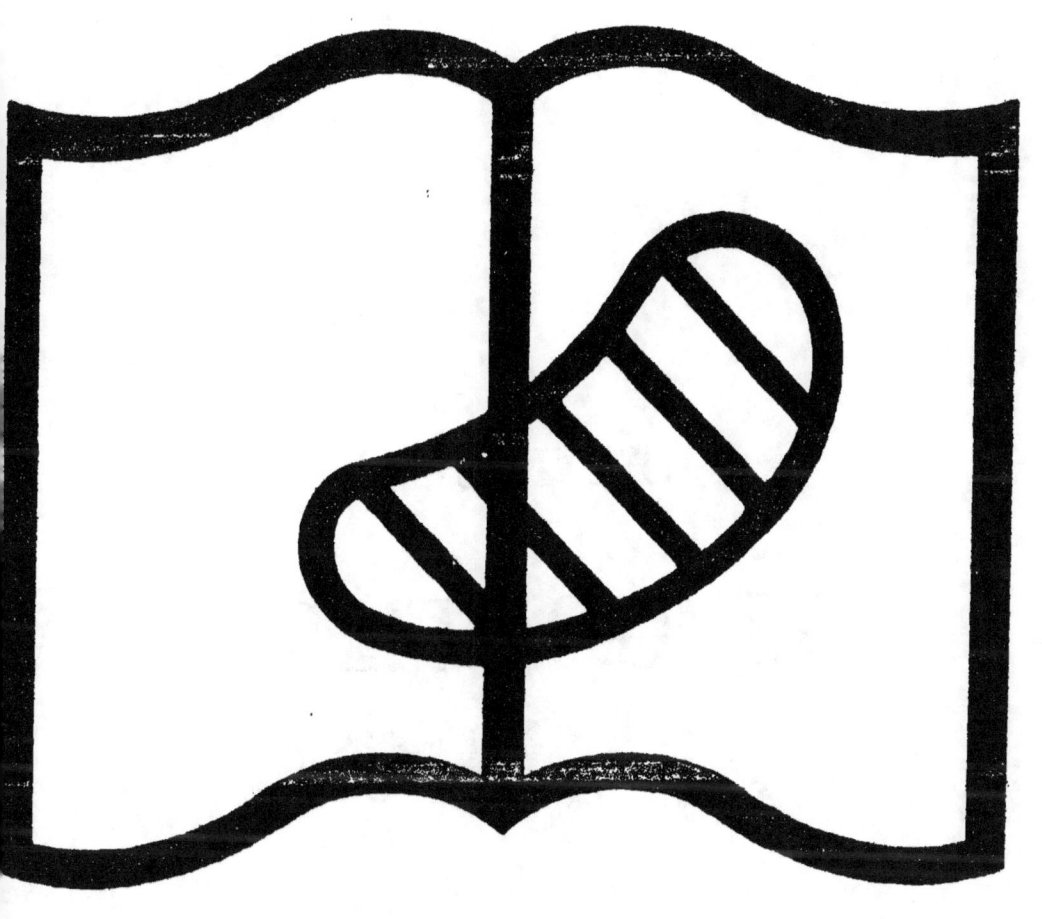

Symbole applicable
pour tout, ou partie
des documents microfilmés

Original illisible

NF Z 43-120-10

ŒUVRES
DE GOETHE

V

PARIS. — IMPRIMERIE DE CH. LAHURE ET Cⁱᵉ
Rues de Fleurus, 9, et de l'Ouest, 21

POËMES
ET
ROMANS
DE GOETHE

TRADUCTION NOUVELLE

PAR JACQUES PORCHAT

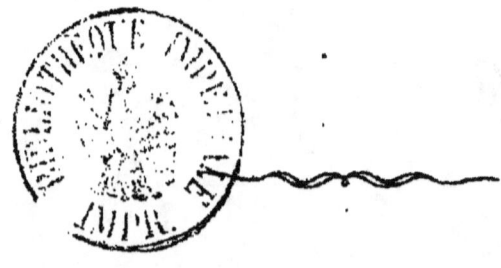

PARIS
LIBRAIRIE DE L. HACHETTE ET Cie
RUE PIERRE-SARRAZIN, N° 14

1860

POËMES

HERMANN ET DOROTHÉE

HERMANN ET DOROTHÉE [1]

CALLIOPE.

Malheur et compassion.

« Je n'ai jamais vu la place et les rues aussi désertes. La ville est comme balayée, comme morte. Il ne reste pas, je crois, cinquante de tous nos habitants. Que ne peut faire la curiosité! Tout le monde court et se précipite, pour voir le triste passage des pauvres bannis. Jusqu'à la chaussée qu'ils suivent, il y a bien une petite lieue, et l'on y court dans la brûlante poussière de midi. Moi, je ne voudrais pas bouger de la place, pour contempler la détresse de ces malheureux fugitifs, qui, délaissant, hélas! avec les effets qu'ils ont sauvés, les belles campagnes d'outre-Rhin, passent chez nous, parcourent l'heureuse retraite de cette fertile vallée et en suivent les contours. Tu as fait une bonne action, ma femme, d'envoyer charitablement notre fils avec du vieux linge et quelque chose à boire et à manger, pour le distribuer à ces indigents : donner est le devoir du riche. Comme il est bon cocher, notre jeune homme, et comme il tient les chevaux en bride! La nouvelle voiture a très-bonne façon : quatre personnes y seraient à leur aise, et le cocher sur le siége. Pour cette

---

[1] Goethe a écrit ce poëme en vers hexamètres, ainsi que l'*Achilléide* et le *Roman du Renard*.

fois, il est allé seul. Comme elle tourne légèrement l'angle de la rue! »

Ainsi parlait à sa femme l'hôte du Lion d'or, assis commodément devant la porte de sa maison, sur la place; et la bonne et sage ménagère lui répondit :

« Père, je n'aime pas à donner le vieux linge, parce qu'il sert à beaucoup d'usages, et, en cas de besoin, on n'en trouve pas pour de l'argent : mais aujourd'hui j'ai donné bien volontiers plusieurs des pièces les meilleures en couvertures et en chemises; car j'ai entendu parler d'enfants et de vieillards qui étaient nus. Mais me pardonneras-tu? Ton armoire aussi a été mise au pillage; et même, ta robe de chambre à palmes, de la plus belle indienne, doublée de fine flanelle, je l'ai donnée : elle est usée et vieille, et tout à fait passée de mode. »

Là-dessus le bon hôte dit en souriant :

« Je la regrette pourtant, ma vieille robe de chambre : c'était une véritable indienne; on n'en trouve plus de pareille. A la bonne heure!... Je ne la portais plus. On veut à présent que l'homme aille toujours en surtout et se montre en redingote, qu'il soit toujours botté; le bonnet et les pantoufles sont bannis.

— Vois-tu, reprit la femme, déjà quelques-uns reviennent là-bas, qui étaient allés voir la troupe. Il faut donc qu'elle soit déjà passée. Voyez comme ils ont tous les souliers poudreux! comme les visages sont enflammés! Chacun tient son mouchoir et s'essuie. Je ne voudrais pas non plus, par cette chaleur, courir si loin à ce douloureux spectacle : en vérité, j'ai bien assez du récit. »

Ensuite le bon père dit avec expression :

« Il est rare que l'on voie un temps pareil pour une pareille moisson, et nous rentrerons le blé sec comme nous avons déjà rentré le foin. Le ciel est clair, on ne voit pas un nuage, et le vent souffle de l'est avec une agréable fraîcheur. Le temps est stable et les blés sont déjà mûrs de reste : demain nous commencerons à faucher la riche moisson. »

Comme il parlait ainsi, les groupes d'hommes et de femmes augmentaient sans cesse, et traversaient la place pour se rendre chez eux. Il revint aussi avec ses filles, de l'autre côté de la place, devant sa maison remise à neuf, le riche voisin, le premier marchand de l'endroit, brûlant le pavé dans sa voiture découverte (on l'avait fabriquée à Landau). Les rues s'animèrent; car la petite ville était bien peuplée : on s'y adonnait à diverses manufactures et diverses industries.

Le couple fidèle était donc assis sous la porte cochère, s'amusant à faire mainte observation sur la foule des passants. Enfin la bonne ménagère se prit à dire :

« Regarde, voici le pasteur, et notre voisin le pharmacien l'accompagne. Ils vont nous rapporter tout ce qu'ils ont vu là-bas, et ce qui ne fait pas plaisir à voir. »

Ils approchèrent tous deux amicalement et saluèrent les époux; ils s'assirent sur les bancs de bois, sous la porte cochère, secouant la poussière de leurs pieds, et se faisant de leurs mouchoirs des éventails. Après des salutations réciproques, le pharmacien prit le premier la parole, et dit d'un ton presque fâché :

« Voilà les hommes, en vérité, et l'un est comme l'autre, et se plaît à regarder bouche béante, quand il arrive un malheur au prochain. Chacun s'empresse pour voir la flamme qui ravage et qui dévore, pour voir le pauvre coupable que l'on mène au supplice; chacun va courir les champs, pour contempler la misère des honnêtes exilés, et nul ne réfléchit que bientôt peut-être, ou du moins dans l'avenir, le même sort peut l'atteindre aussi. Je trouve impardonnable cette légèreté, mais elle est dans l'homme. »

Là-dessus le noble et sage pasteur prit la parole. Il était l'ornement de la ville, jeune et touchant à l'âge mûr; il connaissait la vie et il connaissait les besoins de ses auditeurs; il sentait profondément la haute valeur des saintes Écritures, qui nous dévoilent la destinée des hommes et leurs sentiments, et il connaissait aussi les meilleurs livres profanes. Il dit :

« Je n'aime pas à blâmer les instincts innocents que la nature, bonne mère, a pu donner aux hommes; car ce que l'esprit et la raison ne peuvent toujours accomplir, est souvent l'ouvrage d'un heureux penchant, qui nous mène avec une force irrésistible. Si la curiosité n'attirait pas les hommes avec des charmes puissants, dites-moi, connaîtraient-ils jamais la belle harmonie qui règne dans les choses du monde? En effet, l'homme désire d'abord la nouveauté, puis il recherche l'utile avec une ardeur infatigable, enfin il demande le bon, qui l'élève et l'ennoblit. Dans la jeunesse, l'humeur légère est pour lui une joyeuse compagne, qui lui cache le danger, et qui efface avec une rapidité salutaire les traces de la douleur, dès l'instant de son passage. Assurément il est heureux, l'homme chez qui la calme raison se développe dans l'âge mûr, après cette gaieté qui, dans la bonne et la mauvaise fortune, déploie son ardeur et son activité; car il produit le bien et répare le dommage. »

A ces mots, la ménagère, impatiente, dit avec une gracieuse familiarité :

« Veuillez nous apprendre ce que vous avez vu : c'est là ce que je désirais savoir.

— Après tout ce que j'ai vu, repartit gravement le pharmacien, j'aurai de la peine à me réjouir de sitôt. Et qui pourrait bien raconter tant de misères diverses? Nous voyions déjà la poussière de loin, avant d'avoir descendu les prairies ; la file avait déjà passé, à perte de vue, de colline en colline; on pouvait distinguer peu de chose. Mais, quand nous fûmes parvenus à la route qui longe la vallée, la foule et la presse étaient grandes toujours des voyageurs et des chariots. Hélas! nous vîmes défiler encore assez de malheureux. Nous pûmes apprendre en détail combien est amère la fuite douloureuse, et combien est sensible la joie de sauver précipitamment sa vie. C'était triste de voir les meubles divers que renferme une maison bien pourvue, qu'un bon père de famille a rangés à leur place, toujours prêts à servir, car chacun est utile et nécessaire; de voir maintenant tout cela entassé pêle-mêle sur des chariots et des voitures, et enlevé à la hâte. Sur l'armoire est le crible et la couverture de laine; dans la huche, le lit, et les draps sur le miroir. Hélas! comme nous l'avons vu, il y a vingt ans, lors de l'incendie, le danger ôte à l'homme tout jugement, en sorte qu'il prend une chose insignifiante et laisse l'objet précieux. Ces gens aussi emportaient, avec un soin irréfléchi, des choses sans valeur, dont ils chargeaient les bœufs et les chevaux : de vieilles planches, de vieux tonneaux, des cages, des épinettes[1]. Les

---

1. Sorte de boîte, divisée en cases, pour loger la volaille qu'on veut engraisser.

femmes et les enfants aussi étaient essoufflés, se traînant avec des paquets, portant des corbeilles et des hottes pleines de choses inutiles. Car l'homme délaisse à regret le moindre débris de son avoir. Ainsi cheminait sur la route poudreuse la troupe, qui se pressait en désordre et confuse. L'un désirait aller lentement avec son faible attelage, l'autre voulait se hâter. Puis s'élevaient des cris de femmes et d'enfants écrasés, les beuglements du bétail mêlés aux aboiements des chiens, les gémissements des vieillards et des malades, assis et vacillants dans leurs lits, perchés sur la voiture pesante, surchargée de bagage. Cependant, poussée hors de l'ornière, vers le bord de la chaussée, la roue criarde s'égare; la voiture tombe dans le fossé, renversée, et les hommes, avec des cris affreux, sont lancés au loin dans le champ, par bonheur, sans blessures : après eux se renversent les coffres, mais plus près du chariot. En vérité, qui voyait tomber ces pauvres gens, s'attendait à les voir écrasés sous le poids des coffres et des armoires. La voiture était brisée et les gens sans secours, car les autres cheminaient et passaient à la hâte, ne pensant qu'à eux-mêmes, et entraînés par le torrent. Nous accourons, et les malades, les vieillards, qui, chez eux et dans leur lit, auraient à peine supporté leurs longues souffrances, nous les trouvons gisants sur la terre, blessés et gémissants, brûlés par le soleil, étouffés par les flots de poussière. »

Le charitable aubergiste dit avec émotion :

« Puisse Hermann les atteindre, les soulager et les vêtir! Pour moi, je souffrirais à les voir : l'aspect de la détresse me fait mal. Émus, à la première nouvelle de si grandes souffrances, nous avons envoyé bien vite une obole de notre superflu, afin d'en soutenir du moins quelques-uns, et de pouvoir nous-mêmes les supposer plus tranquilles. Mais ne renouvelons pas ces tristes images; car la crainte se glisse bientôt dans le cœur des hommes avec le souci, qui m'est plus odieux que la souffrance même. Entrez dans la chambre de derrière, dans le petit salon plus frais. Jamais le soleil ne s'y montre, jamais l'air chaud ne pénètre au travers des murs épais. La petite mère nous apportera un verre de quatre-vingt-trois, pour chasser les soucis. Ici l'on ne boit pas à son aise; les mouches bourdonnent autour des verres. »

A ces mots, ils passèrent dans la salle, et ils y trouvèrent une agréable fraîcheur.

La mère apporta, avec précaution, sur un plateau d'étain luisant, un vin limpide, excellent, dans une bouteille polie, avec les gobelets verts, les véritables coupes à boire le vin du Rhin. Ayant donc pris place, les trois amis entourèrent la table ronde, brune, cirée et polie, qui reposait sur des pieds solides. Aussitôt retentirent les verres de l'hôte et du pasteur; mais leur ami, rêveur, tenait le sien immobile, et l'hôte le provoqua par ces paroles amicales :

« Allons, voisin, buvez, car jusqu'à ce jour la grâce de Dieu nous a préservés de malheur, et elle nous en préservera encore à l'avenir. Qui ne reconnaît pas, en effet, que, depuis le terrible incendie par lequel il nous punit si sévèrement, il nous a constamment bénis, constamment protégés, ainsi que l'homme garde la prunelle de ses yeux, qui lui est plus chère que tous ses membres? Pourquoi cesserait-il de nous protéger et de nous secourir? C'est dans les dangers seulement qu'on apprend à connaître toute sa puissance. Cette ville florissante, qu'il a fait renaître de ses cendres par nos mains laborieuses, et qu'il a comblée ensuite de ses bénédictions, voudrait-il la détruire encore et anéantir tous ces travaux? »

Là-dessus le bon pasteur dit avec une douce sérénité :

« Demeurez fermes dans la foi et fermes dans ce sentiment; il rend sage et tranquille dans le bonheur, et, dans le malheur, il donne les plus belles consolations, il éveille les plus magnifiques espérances. »

L'hôte répondit par ces réflexions fortes et sages :

« Que de fois j'ai salué avec admiration le fleuve du Rhin, lorsque, dans mes voyages d'affaires, je me suis approché de ses bords! Toujours il me parut grand et il éleva mon esprit et mon cœur. Mais je ne pouvais prévoir que bientôt sa rive charmante deviendrait un rempart contre les Français, et son large lit, un fossé infranchissable. Voilà comme la nature, comme les braves Allemands, comme le Seigneur nous protégent. Qui pourrait follement perdre courage? Déjà les combattants sont fatigués, et tout annonce la paix. Ah! quand la fête, longtemps souhaitée, se célébrera dans notre église; quand les cloches se mêleront aux accents de l'orgue, et que la trompette sonnera, pour accompagner le *Te Deum* solennel.... cher pasteur, puisse, dans ce jour, mon Hermann se présenter aussi à l'autel devant vous, avec la fiancée qu'il aura choisie; et cette heureuse fête, célébrée dans tout le pays, m'apparaître aussi à l'avenir comme un anniversaire de joies domestiques! Mais je vois, avec chagrin, ce jeune homme, qui se montre toujours si actif dans la maison, indolent et timide au dehors. Il trouve peu de plaisir à paraître dans le monde. Il évite même la société des jeunes filles, et la danse joyeuse, que toute la jeunesse désire. »

A ces mots, l'aubergiste prêta l'oreille. On entendit le bruit lointain des chevaux, qui approchaient d'un pas retentissant; on entendit la voiture roulante, qui, d'une course impétueuse, arriva sous la porte avec un bruit de tonnerre.

TERPSICHORE.

Hermann.

Quand le beau jeune homme entra dans la chambre, le pasteur jeta sur lui des regards pénétrants, et considéra sa figure et tout son maintien, avec l'œil de l'observateur qui lit aisément sur une physionomie; puis il sourit et lui dit ces paroles amicales :

« Vous revenez un homme tout nouveau : je ne vous ai jamais vu le visage si gai, le regard si animé. Vous revenez joyeux et serein : on voit que vous avez distribué vos dons aux pauvres, et reçu leurs bénédictions. »

Le jeune homme répondit, d'un ton calme et sérieux :

« Si j'ai fait une action louable, je l'ignore; mais mon cœur

m'a commandé de la faire, comme je vais la raconter exactement. Mère, vous avez fouillé longtemps, pour chercher et choisir le vieux linge; le paquet ne fut prêt que bien tard; le vin et la bière furent aussi lentement et soigneusement emballés : lorsqu'enfin je sortis de la ville et gagnai la route, je rencontrai la foule des bourgeois, des femmes et des enfants qui revenaient, car la troupe des exilés était déjà loin. Je pressai le pas de mes chevaux, et je courais au village où j'avais ouï dire qu'ils faisaient halte et passaient la nuit. Mais, comme, dans mon trajet, je montais la nouvelle route, j'aperçus un chariot aux solides brancards, traîné par deux bœufs, les plus grands et les plus forts du pays étranger. A côté du chariot, marchait, d'un pas ferme, une jeune fille. Elle dirigeait avec une longue baguette le puissant attelage, le poussait en avant, l'arrêtait, le conduisait habilement. Quand la jeune fille m'aperçut, elle s'approcha tranquillement des chevaux et me dit : « Nous n'avons
« pas toujours été dans la détresse où vous voyez que nous
« sommes aujourd'hui sur ces chemins; je ne suis pas encore
« accoutumée à réclamer de l'étranger l'aumône, qu'il accorde
« souvent de mauvaise grâce, pour se débarrasser du pauvre ;
« mais la nécessité m'oblige de parler. Là, sur la paille, est
« gisante la femme du riche maître; elle vient d'accoucher; je
« l'ai sauvée à grand'peine, dans son état de grossesse, avec les
« bœufs et la voiture. Nous arrivons bien tard après les autres,
« et c'est à peine si elle y pourra survivre. L'enfant nouveau-
« né est couché nu dans ses bras; et nos gens pourront faire
« peu de chose pour nous secourir, quand même nous les trou-
« verions dans le prochain village, où nous pensons nous repo-
« ser aujourd'hui : mais je crains qu'ils ne soient déjà partis.
« Si vous avez un peu de linge, dont vous puissiez vous passer,
« si vous êtes du voisinage, faites aux pauvres la charité. »
Ainsi dit-elle, et la femme, toute pâle, se souleva péniblement sur la paille; elle me regardait. Je répondis : « En vérité, un
« esprit divin parle souvent aux bonnes âmes, en sorte qu'elles
« sentent la détresse qui menace leur pauvre frère. C'est ainsi
« que ma mère, dans le pressentiment de votre souffrance, m'a
« remis un paquet, pour l'offrir d'abord à l'indigence nue. » En disant ces mots, je déliai les nœuds du cordon, et donnai à la

jeune fille la robe de chambre de notre père ; je lui donnai aussi les chemises et les draps. Elle me remercia avec joie et s'écria : « Les heureux ne croient pas qu'il arrive encore des miracles, car « c'est seulement dans l'infortune qu'on reconnaît la main de « Dieu, qui mène les bonnes âmes aux bonnes actions. Le bien « qu'il nous fait par vous, qu'il veuille vous le faire lui-même ! » Et je voyais l'accouchée tâter avec joie les divers linges, mais surtout la moelleuse flanelle de la robe de chambre. « Hâtons-« nous, lui dit la jeune fille, de gagner le village où déjà notre « monde se repose et passera cette nuit. Là je préparerai tout « de suite les langes de l'enfant. » Elle me salua encore une fois, me remercia de la manière la plus cordiale, puis elle toucha les bœufs, et la voiture avança. Pour moi, je m'arrêtai, je retins encore mes chevaux : car j'hésitais entre deux partis. Devais-je gagner le village avec mes chevaux rapides et distribuer les provisions aux autres exilés, ou tout remettre incontinent à la jeune fille, pour qu'elle en fît la distribution avec prudence ? Je me décidai à l'instant même ; je la suivis doucement et l'atteignis bientôt et m'empressai de lui dire : « Bonne jeune fille, « ma mère n'a pas mis du linge seulement sur ma voiture, pour « vêtir les nécessiteux, elle y a joint encore des provisions et di-« vers rafraîchissements, et j'en ai une assez grande abondance « dans les caissons de la voiture. Mais à présent je voudrais « remettre aussi tous ces dons en tes mains, et, de la sorte, je « remplirai pour le mieux ma commission. Tu feras le partage « avec intelligence : moi, je serais obligé de m'en rapporter au « hasard. » La jeune fille répondit : « Je distribuerai vos dons « avec une entière fidélité : ils réjouiront les indigents. » Ainsi dit-elle. J'ouvris aussitôt les caissons de la voiture ; j'en tirai les jambons pesants, j'en tirai les pains, les bouteilles de vin et de bière, et je lui remis chaque chose : j'aurais voulu lui donner davantage, mais les caissons étaient vides. Elle mit tout cela sur sa voiture, aux pieds de la pauvre femme, et poursuivit sa route : je repris avec mes chevaux le chemin de la ville. »

Quand Hermann eut fini, le voisin bavard prit aussitôt la parole, et s'écria :

« Heureux, en ces jours de fuite et de trouble, qui vit seul dans sa maison ! qui ne voit pas une femme et des enfants se serrer avec angoisse à ses côtés! Je me sens heureux maintenant; je ne voudrais pas pour beaucoup être père aujourd'hui, avoir à craindre pour une femme et des enfants. Déjà souvent j'ai pensé à la fuite, et j'ai rassemblé mes meilleurs effets, le vieil argent et les chaînes de ma défunte mère, dont je n'ai rien vendu jusqu'à présent. Sans doute il resterait bien des choses encore, qu'il n'est pas facile de se procurer. Les plantes même et les racines, recueillies avec beaucoup de soins, je les regretterais, bien que la valeur de cette marchandise ne soit pas grande. Si je laisse derrière moi mon commis, je quitterai sans crainte ma maison. Que je sauve mon argent et ma personne, et j'aurai tout sauvé. Un homme seul s'échappe aisément.

— Voisin, répliqua le jeune Hermann avec énergie, je ne pense point comme vous, et je ne puis approuver vos paroles. Est-ce un homme honorable, celui qui, dans le bonheur et le malheur, ne pense qu'à lui seul; qui ne sait partager ni les plaisirs ni les peines, et qui n'y est pas entraîné par son cœur? Aujourd'hui plus que jamais je pourrais me résoudre au mariage, car mainte bonne fille a besoin d'un homme pour la protéger, et l'homme, d'une femme qui le console, quand le malheur le menace. »

Le père dit à son fils en souriant :

« J'aime à t'entendre parler ainsi. Tu as rarement prononcé des paroles aussi raisonnables. »

La bonne mère se hâta de prendre la parole :

« Mon fils, dit-elle, en vérité, tu as raison : tes parents t'ont donné l'exemple. Ce n'est pas en des jours de fête que nous nous sommes fiancés; c'est au contraire dans l'heure la plus triste que nous fûmes unis. Le lundi matin.... Je m'en souviens parfaitement, car, le jour auparavant, avait éclaté cet effroyable incendie, qui dévora notre petite ville.... Il y a de cela vingt ans; c'était un dimanche, comme aujourd'hui; le temps était sec et chaud, et il y avait peu d'eau chez nous. Tous les habitants, se promenant en habits de fête, étaient dispersés dans les villages, dans les auberges et les moulins. Le feu commença au bout de la ville. L'incendie se répandit promptement dans les rues, produisant de lui-même un courant d'air. Les flammes dévorèrent les granges pleines de riches moissons;

elles dévorèrent les rues jusqu'à la place, et la maison de mon père, ici près, fut consumée, et celle-ci le fut également. Nous sauvâmes peu de chose. Pendant cette triste nuit, j'étais assise sur la pelouse, hors de la ville, gardant nos coffres et nos lits. Enfin le sommeil me gagna, et, quand je fus réveillée par la fraîcheur du matin, qui tombe avant le soleil, je vis la fumée et le brasier et les murailles et les cheminées nues. Mon cœur était oppressé : mais le soleil reparut plus brillant que jamais et ranima mon courage. Alors je me levai à la hâte. Le désir me prit de voir la place où avait été notre demeure, et si je retrouverais les poules que j'aimais tant, car j'avais encore le cœur d'un enfant. Lorsque je fus montée sur les ruines de la maison et des dépendances, qui fumaient encore, comme je contemplais notre demeure dévastée et détruite, tu montas de l'autre côté et tu visitais la place. Tu avais eu un cheval enseveli dans l'écurie ; les poutres brûlantes et les décombres le couvraient, et l'on ne voyait pas trace de l'animal. Nous étions là en présence, tristes et pensifs : le mur qui avait séparé nos cours était tombé, et tu me pris par la main et tu me dis : « Lisette, « comment peux-tu venir ici ? Va-t'en, tu brûleras tes souliers; « les décombres sont ardents : ils brûlent mes grosses bottes. » Et tu me pris dans tes bras, et tu m'emportas à travers ta cour. La porte de la maison subsistait encore, avec sa voûte, comme elle est aujourd'hui. C'était la seule chose qui fût restée. Tu me posas à terre, et tu m'embrassas, et je me défendais; alors tu me dis cette parole sérieuse et tendre: « Regarde, la maison est « détruite : reste ici; aide-moi à la rebâtir, et j'aiderai, en « échange, ton père à rebâtir la sienne. » Mais je ne te compris pas, jusqu'au moment où tu envoyas ta mère auprès de mon père, et aussitôt la promesse de l'heureux mariage fut conclue. Aujourd'hui je me souviens encore avec joie des poutres à demi brûlées, et je vois toujours le soleil se lever magnifique. Car ce jour me donna un époux, et ces premiers temps d'affreuse dévastation me donnèrent le fils de ma jeunesse. C'est pourquoi j'aime à voir, Hermann, qu'avec une tranquille confiance, tu penses à faire choix d'une jeune fille dans ces temps malheureux, et que tu oses songer au mariage au milieu de la guerre et des ruines. »

Aussitôt le père reprit vivement la parole :

« Le sentiment est louable, dit-il ; elle est vraie aussi, petite mère, l'histoire que tu as racontée : c'est bien ainsi que les choses se sont passées. Mais mieux est mieux. Il n'arrive pas à chacun de commencer sa vie et sa fortune dès le premier début ; chacun n'est pas obligé de se tourmenter comme nous et d'autres nous l'avons fait. Oh ! qu'il est heureux, celui à qui son père et sa mère transmettent la maison déjà bien établie, et qui la décore de sa prospérité ! Tout commencement est difficile, et difficile surtout le commencement du ménage. L'homme a besoin de mille choses, et tout devient plus cher de jour en jour. Qu'il se mette donc en mesure de gagner plus d'argent. Ainsi j'espère de toi, mon Hermann, que tu amèneras bientôt dans la maison une épouse avec une belle dot : car un brave homme mérite une fille riche. Et il est si agréable de voir, avec la petite femme désirée, arriver aussi, dans les coffres et les corbeilles, les cadeaux utiles ! Ce n'est pas en vain que, durant maintes années, la mère prépare en abondance, pour sa fille, la toile d'un tissu fin et solide ; ce n'est pas en vain que les parrains lui donnent de l'argenterie, et que le père met à part dans son pupitre la rare pièce d'or : leur enfant doit charmer, un jour, avec ses biens et ses cadeaux, le jeune homme qui l'a choisie entre toutes. Oui, je sais comme elle se trouve heureuse dans la maison, la petite femme qui reconnaît ses propres meubles dans la cuisine et les chambres, et qui a fourni elle-même le linge de la table et du lit. Je n'aimerais à voir dans la maison qu'une épouse bien dotée ; la femme pauvre finit par être méprisée de son mari, et il regarde comme une servante celle qui est entrée, comme une servante, avec son petit paquet. Les hommes restent injustes, les temps de l'amour passent. Oui, mon Hermann, tu réjouirais beaucoup ma vieillesse, si tu amenais bientôt dans la maison une petite bru du voisinage, là, de cette maison verte. Le maître est riche ; son commerce et ses fabriques l'enrichissent encore tous les jours : où le marchand ne gagne-t-il pas ? Il n'a que trois filles : elles seront seules à partager le bien. L'aînée est déjà promise, je le sais ; mais la seconde et la troisième sont libres encore, et peut-être ne le seront-elles pas longtemps. A ta place, je n'aurais pas tardé jusqu'à présent; je serais allé prendre une de ces jeunes filles, comme j'enlevai la petite mère. »

Le fils répondit avec modestie aux instances de son père :

« En vérité, mon désir était, comme le vôtre, de prendre pour femme une des filles de notre voisin. Nous avons été élevés ensemble; nous avons joué autrefois auprès de la fontaine sur la place, et je les ai souvent défendues contre les mauvais tours des petits garçons. Il y a déjà longtemps de cela : les jeunes filles, plus grandes, finissent par demeurer sagement à la maison, et fuient les jeux turbulents. Assurément elles sont bien élevées. Selon votre désir, je suis allé quelquefois les voir, comme ancienne connaissance. Mais je n'ai jamais pu me plaire dans leur société : car elles me critiquaient toujours, et il me fallait le souffrir. Ma redingote était beaucoup trop longue, l'étoffe trop grossière, et la couleur trop commune, et mes cheveux n'étaient pas bien coupés et frisés. Enfin je m'avisai de m'ajuster aussi comme ces petits commis, qui se montrent toujours chez elles le dimanche, et qui, en été, se pavanent dans leur petit habit demi-soie : mais je remarquai bientôt qu'elles se moquaient toujours de moi, et cela me fut sensible; ma fierté fut offensée. Cependant, ce qui me mortifiait plus encore, était de voir méconnue la bonne volonté que j'avais pour elles, surtout pour Minette, la plus jeune. J'étais allé leur faire visite, en dernier lieu, à Pâques; j'avais mis la redingote neuve que je laisse maintenant là-haut pendue dans l'armoire, et j'étais ajusté et frisé comme les autres. Lorsque j'entrai, elles ricanèrent : je ne pris pas la chose pour moi. Minette était au clavecin; le père était présent; il écoutait sa fillette chanter; il était ravi et de bonne humeur. Ces chansons disaient bien des choses que je ne comprenais pas; mais j'entendais souvent revenir Pamina et souvent Tamino. Je ne voulus pourtant pas rester muet : aussitôt qu'elle eut fini, je demandai ce que signifiaient ces paroles et ces deux personnages. Là-dessus tout le monde se taisait et souriait, enfin le père me dit : « N'est-ce pas, « mon ami, tu ne connais qu'Adam et Ève ? » Alors personne n'y tint plus : les jeunes filles éclatèrent de rire, les jeunes garçons pareillement, le vieux père se tenait le ventre. Dans mon embarras, je laissai tomber mon chapeau, et les éclats de rire continuèrent, au milieu même de leurs jeux et de leurs chants. Je me hâtai de revenir chez nous, honteux et mécontent; je pendis la redingote dans l'armoire; j'aplatis mes cheveux avec les doigts, et je fis serment de ne plus franchir le seuil de cette maison. Et j'ai bien fait : elles sont vaines et insensibles, et j'entends dire que, chez elles, on m'appelle toujours Tamino.

— Hermann, reprit la mère, tu ne devrais pas être si longtemps fâché contre ces enfants, car elles sont toutes des enfants. En vérité, Minette est bonne, elle eut toujours de l'affection pour toi. L'autre jour encore, elle me demandait de tes nouvelles. Tu devrais fixer ton choix sur elle. »

Le fils répondit avec hésitation :

« Je ne sais, ce chagrin m'a laissé une impression si profonde, qu'en vérité, je ne pourrais plus la voir au clavecin ni entendre ses chansonnettes. »

Mais le père s'emporta et dit ces paroles violentes :

« Tu me donnes peu de joie! Je t'ai toujours dit, quand tu ne semblais te plaire qu'aux chevaux et au labourage: « Tu fais ce « que peut faire le valet d'un homme riche. » En attendant, il faut que le père se passe du fils, qui lui ferait honneur aux yeux des autres bourgeois. Et voilà comme ta mère m'a trompé d'abord avec de vaines espérances, quand tu ne pouvais jamais réussir à lire, écrire et apprendre à l'école comme les autres, et que tu étais toujours à la dernière place. Voilà ce qui arrive, quand le sentiment de l'honneur n'est pas vivant dans le cœur d'un jeune homme, et quand il ne veut pas s'élever. Si mon père avait fait pour moi comme j'ai fait pour toi; s'il m'avait envoyé à l'école et m'avait donné des maîtres, je serais autre chose qu'aubergiste du Lion d'or. »

Cependant le fils s'était levé, et il s'approchait de la porte en silence, lentement et sans bruit : alors le père, courroucé, lui cria :

« Va, va, je connais ta mauvaise tête! Va, continue à travailler pour la maison, afin que je n'aie pas à gronder. Mais ne t'avise pas de m'amener pour belle-fille une paysanne, une vachère! J'ai longtemps vécu et je sais me conduire avec le monde; je sais recevoir les seigneurs et les dames, en sorte qu'ils s'en aillent contents de chez moi ; je sais me rendre agréable aux étrangers : mais je prétends aussi qu'une belle-fille ait pour moi des prévenances et qu'elle adoucisse mes grandes fatigues ; je veux qu'elle me joue aussi du clavecin ; je veux que le beau monde et la meilleure société de la ville se réunissent avec plaisir chez moi, comme on fait, le dimanche, dans la maison du voisin. »

Alors Hermann pressa doucement le loquet et sortit de la chambre.

THALIE.

Les Bourgeois.

Ainsi le fils modeste se déroba à ces violents propos ; mais le père continua comme il avait commencé.

« Ce que l'homme n'a pas en lui ne saurait non plus en sortir, et j'aurai de la peine à voir jamais l'accomplissement de mon vœu le plus cher, que le fils ne soit pas égal, mais supérieur à son père. Que serait en effet la maison, que serait la ville, si chacun ne pensait toujours avec plaisir à conserver, à renouveler, et même à perfectionner, selon que le temps et l'étranger nous instruisent ? L'homme ne doit pas, je pense, pousser hors de terre comme un champignon, et pourrir aussitôt à la place qui l'a produit, sans laisser aucune trace de sa vie active. On reconnaît d'abord clairement, à l'apparence de la maison, le caractère du maître ; tout comme, quand on entre dans une petite ville, on en juge les autorités. Si les tours et les murailles tombent en ruine ; si les immondices s'entassent dans les fossés et se répandent dans toutes les rues ; si les pierres se détachent de leur assemblage et ne sont pas remises en leur place; si les poutres pourrissent et que la maison attende vainement de nouveaux appuis, la ville est mal administrée. Car, dans celles où les supérieurs ne font pas régner constamment l'ordre et la propreté, le bourgeois s'accoutume aisément à la sale négligence, comme le mendiant s'accoutume aussi à ses guenilles. C'est pourquoi j'ai désiré que Hermann se mît bientôt à voyager, et qu'il vît du moins Strasbourg et Francfort, et cet agréable Manheim, si régulier et gracieux. Celui qui a vu les grandes et belles cités ne se lasse jamais ensuite d'embellir sa ville natale, si petite qu'elle soit. Chez nous, l'étranger ne fait-il pas l'éloge des portes réparées, du clocher blanchi, de l'église restaurée? Chacun ne vante-t-il pas le pavé, les aqueducs abondants, couverts, bien distribués, pour l'usage et la sûreté, afin qu'on puisse combattre le feu dès la première menace? Tout cela ne s'est-il pas fait depuis cet affreux incendie? J'ai été six fois, dans le conseil, inspecteur des bâtiments, et j'ai mérité l'approbation, j'ai mérité la cordiale reconnaissance des honnêtes bourgeois; ce que j'ai proposé, je l'ai exécuté diligemment, et j'ai aussi terminé les entreprises que des hommes de bien laissaient inachevées. Ainsi la fantaisie en est enfin venue à chaque membre du conseil; ils sont tous pleins de zèle aujourd'hui, et déjà est fermement résolue la construction de la nouvelle chaussée, qui nous relie avec la grande route. Mais je crains fort que la jeunesse n'agisse pas de même. Les uns ne pensent qu'au plaisir et à la fragile parure; les autres se claquemurent à la maison et se blottissent derrière le poêle, et voilà, je le crains, ce que notre Hermann sera toujours. »

La bonne et sage mère répondit aussitôt :

« Père, tu es toujours injuste envers ton fils, et ce n'est pas ainsi que ton désir du bien sera réalisé. Nous ne pouvons pas former nos enfants selon nos vues : nous devons les recevoir et les aimer tels que Dieu nous les a donnés; les élever pour le mieux et laisser à chacun sa liberté. Ceux-ci possèdent certaines qualités, ceux-là en ont d'autres. Chacun les met en usage, et chacun n'est heureux et bon qu'à sa manière. Je ne veux pas que l'on querelle mon Hermann, car je sais qu'il mérite les biens dont il doit hériter un jour; c'est un excellent économe, le modèle des bourgeois et des paysans, et certainement, je le prévois, il ne sera pas le dernier dans le conseil. Mais chaque jour, avec tes gronderies et tes réprimandes, tu ôtes tout courage au pauvre garçon, comme tu l'as fait aujourd'hui. »

Ayant ainsi parlé, la mère quitta la chambre, et courut après son fils, pour le trouver où qu'il fût, et le réconforter avec quelques bonnes paroles, car l'excellent fils en était digne.

Là-dessus le père dit en souriant, aussitôt qu'elle fut sortie :

« C'est un singulier peuple que les femmes, tout comme les enfants! Chacun voudrait vivre selon son caprice, et il faudrait, après cela, ne faire autre chose que louer et caresser. Une fois pour toutes, elle est fondée la maxime des anciens : « Qui n'a-« vance pas recule. » Il en sera toujours ainsi. »

Le pharmacien repartit d'un ton réservé :

« Je vous l'accorde volontiers, mon voisin, et moi-même je suis toujours à la recherche du mieux, pourvu que la nouveauté ne soit pas chère. Mais, si l'on n'a pas abondance d'argent, que sert-il d'être actif, alerte, et d'améliorer le dedans et le dehors? Les ressources du bourgeois sont trop bornées; le bien, s'il le connaît, il ne peut l'atteindre; sa bourse est trop légère, les besoins sont trop grands : aussi est-il toujours empêché. J'aurais fait bien des choses; mais qui ne craint la dépense de pareils changements, surtout dans ces temps dangereux? Depuis longtemps je souriais à l'idée d'habiller ma maison dans le goût du jour; depuis longtemps je voyais les fenêtres briller avec de grands carreaux : allez donc vous régler sur le marchand, qui, outre sa richesse, connaît encore les chemins par lesquels on se procure ce qu'il y a de meilleur! Observez la maison neuve en face. Comme le stuc des volutes blanches ressort admirablement sur les panneaux verts! Comme les fenêtres sont grandes! Comme les vitres brillent et resplendissent, au point que les autres maisons de la place en paraissent obscurcies! Et cependant, d'abord après l'incendie, les nôtres étaient les plus belles : la pharmacie « à l'Ange, » ainsi que l'auberge du Lion d'or. Mon jardin était renommé aussi dans toute la contrée, et chaque voyageur s'arrêtait et regardait, à travers la palissade rouge, le mendiant de pierre et le nain colorié. Ceux à qui j'offrais le café dans la belle grotte artificielle, aujourd'hui toute poudreuse et à demi ruinée, s'extasiaient devant la lumière chatoyante des coquilles artistement rangées; et le connaisseur lui-même contemplait d'un œil ébloui la galène et les coraux. On admirait aussi, dans la salle, la peinture qui représente des messieurs et des dames en grande toilette, se promenant dans le jardin, et s'offrant et tenant les fleurs du bout des doigts. Et qui donc regarderait cela maintenant? Dans mon chagrin, c'est à peine si j'y vais encore, car il faut que tout soit autrement et de bon goût, comme ils disent; et les palissades blanches et les bancs de bois, tout est simple et uni ; on ne veut plus de dorure ou de ciselure; à présent, c'est le bois étranger qui coûte le plus. Certes je serais charmé de me donner aussi quelque chose de nouveau, de marcher aussi avec le temps et de changer souvent mes meubles : mais chacun redoute de toucher même à la moindre chose. En effet, qui suffirait aujourd'hui à payer les ouvriers? Dernièrement il m'était venu à l'esprit de faire redorer l'ange Michel qui sert d'enseigne à ma pharmacie, ainsi que l'horrible dragon qui se roule à ses pieds; et puis je le laissai bruni comme il est : le prix demandé m'effraya. »

EUTERPE.

La Mère et le Fils.

C'est ainsi que les voisins discouraient ensemble. Cependant la mère alla d'abord chercher son fils devant la maison, où il avait coutume de s'asseoir sur le banc de pierre. Ne l'ayant pas trouvé là, elle se rendit à l'écurie, pour voir s'il ne pansait point lui-même les magnifiques étalons, qu'il avait achetés encore jeunes poulains, et qu'il ne confiait à personne, et le palefrenier dit : « Il est allé au jardin. » Alors elle traversa, d'un pas rapide, les deux longues cours, laissa derrière elle les écuries et les granges bien bâties, entra dans le jardin, qui s'étendait jusqu'aux murs de la petite ville ; elle le parcourut, et observait avec plaisir chaque progrès, redressait les appuis, sur lesquels reposaient les branches du pommier, chargées de fruits, comme les pesants rameaux du poirier ; elle ôtait, en passant, quelques chenilles sur les choux rebondis, car une femme diligente ne fait jamais un pas inutile. Elle était ainsi arrivée au bout du grand jardin, jusqu'au berceau couvert de chèvrefeuille. Elle n'y trouva pas plus son fils qu'elle ne l'avait aperçu jusqu'alors dans le jardin ; mais elle n'était qu'appuyée, la petite porte qu'un aïeul, digne bourgmestre, avait percée autrefois, par faveur spéciale, dans le mur de la ville, et la mère passa commodément le fossé sans eau, à l'endroit où l'on montait, dès le bord du chemin, par un sentier rapide à la vigne bien close et tournée au soleil. Elle suivit aussi le sentier, et, au passage, elle se plaisait à voir l'abondance des grappes, qui se cachaient à peine sous les feuilles. Ombreuse et touffue, une allée en berceau s'élevait au milieu ; on la montait par un escalier de pierres plates non taillées ; au dedans, le chasselas et le muscat pendaient en grappes violettes, d'une grosseur merveilleuse, tous cultivés avec soin, pour orner le dessert des voyageurs ; le reste de la colline était couvert de ceps isolés, portant des grappes plus petites, desquelles on tire un excellent vin. Elle montait ainsi, songeant avec plaisir à l'automne et au jour de fête, où la contrée, dans l'allégresse, cueille et foule le raisin, et verse le moût dans les tonneaux ; le soir, les feux d'artifice brillent et détonent de toutes parts, célébrant ainsi la plus belle des récoltes. Cependant la mère avançait, plus inquiète, lorsqu'elle eut appelé son fils deux et trois fois, sans recevoir de réponse que les sons multipliés d'un écho babillard, qui partait des tours de la ville. Elle était si peu accoutumée à le chercher ! Il ne s'éloignait jamais sans le lui dire, afin d'ôter à sa tendre mère le souci et sa crainte des accidents. Mais elle espérait toujours de le trouver sur son chemin, car les portes de la vigne, celle d'en haut comme celle d'en bas, étaient également ouvertes. Elle entra donc dans le champ, qui couvrait de sa large plaine le dos de la colline. Elle cheminait toujours sur ses terres, et contemplait avec joie sa moisson et les blés qui s'inclinaient avec grâce, et balançaient dans tout le champ leurs épis d'or. Entre les guérets, elle suivait le sentier du sillon, voyant devant elle le grand poirier, qui s'élevait sur la colline, à la limite des champs qui leur appartenaient. Qui l'avait planté, on ne le savait pas. Il se voyait de loin dans la contrée, et ses fruits étaient renommés. Les faucheurs avaient coutume de prendre à midi leur repas à l'abri de ses rameaux, et les bergers, de garder le bétail sous son ombre; ils y trouvaient des bancs de pierres brutes et de gazon. Et la mère ne s'abusait pas : son Hermann était assis et se reposait dans ce lieu; il était assis, la tête appuyée sur sa main; il semblait contempler le pays au delà, du côté des montagnes; il tournait le dos à sa mère. Elle avança sans bruit et lui frappa doucement sur l'épaule. Il se retourna vivement : elle vit des larmes dans ses yeux.

« Mère, dit-il avec saisissement, vous me surprenez. »

Et le jeune homme au noble cœur se hâta d'essuyer ses larmes.

« Eh quoi? tu pleures, mon fils! reprit la mère étonnée. Je ne te reconnais plus : je n'ai jamais vu cela. Dis-moi quel chagrin te presse, ce qui te porte à venir t'asseoir solitaire sous le poirier, ce qui cause tes larmes. »

Le bon jeune homme se recueillit et dit :

« En vérité, il faudrait être sans cœur, avoir une poitrine d'airain, pour ne pas être sensible à la misère de ces fugitifs. Il est sans jugement celui qui, dans le temps où nous vivons, ne s'inquiète pas de son propre salut et du salut de la patrie. Ce que j'ai vu, ce que j'ai entendu aujourd'hui m'a remué le cœur. Et maintenant je suis sorti, et j'ai contemplé ces magnifiques et vastes campagnes, qui se déroulent devant nous en fertiles collines; je voyais les épis d'or se balancer en attendant le jour de la moisson, et les riches vergers promettre de remplir nos fruitiers. Mais, hélas! que l'ennemi est proche! Les flots du Rhin nous protégent, il est vrai : eh! que sont les flots et les montagnes contre ce peuple terrible, qui s'approche comme une tempête? Car il appelle de toutes les provinces la jeunesse, comme l'âge mûr, il s'avance impétueux, la foule ne craint pas la mort, et, quand une foule est passée, une autre foule s'élance. Et un Allemand ose rester dans sa maison! Il espère peut-être échapper au désastre qui menace tout le monde! Bonne mère, je vous le dis, je regrette aujourd'hui qu'on m'ait dispensé dernièrement, quand on a levé les soldats parmi les bourgeois. Il est vrai que je suis fils unique, que notre ménage est grand et notre industrie importante; mais ne vaudrait-il pas mieux aller combattre à la frontière, que d'attendre ici la misère et l'esclavage? Oui, la raison me le dit, et dans le fond de mon cœur s'éveillent le courage et le désir de vivre et de mourir pour la patrie et de donner aux autres un noble exemple. Certes, si l'élite de la jeunesse allemande était réunie à la frontière, résolue de ne pas céder aux étrangers, ils ne pourraient mettre le pied sur notre beau territoire, dévorer sous nos yeux les fruits de la campagne, commander aux hommes, ravir les femmes et les filles! Voyez, ma mère, je suis résolu au fond de mon cœur à faire bientôt, à faire sur-le-champ, ce qui me semble juste et raisonnable. Car celui qui réfléchit longtemps ne choisit pas toujours le meilleur parti. Je ne retournerai pas à la maison. D'ici j'irai droit à la ville, et j'offrirai aux soldats ce bras et ce cœur pour servir la patrie. Que mon père dise alors si le sentiment de l'honneur n'est pas vivant dans mon sein, et si je ne veux pas m'élever. »

La bonne et sage mère lui fit cette réponse expressive, en essuyant les larmes secrètes qui baignaient doucement ses yeux :

« Mon fils, quel changement s'est fait chez toi et dans tes sentiments, pour que tu cesses de parler à ta mère, comme hier et toujours, avec franchise et liberté, et ne lui dises pas ce que tu désires? Si un étranger entendait maintenant ton langage, il te donnerait sans doute de grandes louanges, et vanterait ta résolution comme la plus généreuse, séduit par tes paroles et tes discours imposants. Mais moi, je te blâme; car, vois-tu, je te connais mieux. Tu caches tes sentiments, et tu poursuis de tout autres pensées. Car, je le sais, ni le tambour ni la trompette ne t'appellent; tu ne désires pas de te montrer en uniforme devant les jeunes filles : si vaillant et si brave que tu sois, ta vocation est de bien veiller sur la maison et de cultiver en paix les champs. C'est pourquoi, parle-moi sans détour : quel sujet te pousse à cette résolution ? »

Le fils répondit gravement :

« Vous êtes dans l'erreur, ma mère. Un jour n'est pas semblable à l'autre. L'adolescent mûrit et devient homme ; souvent il mûrit pour l'action dans la retraite mieux que dans le fracas d'une vie agitée, orageuse, qui a perdu tant de jeunes hommes. Si tranquille que j'aie été et que je sois encore, il s'est formé dans ma poitrine un cœur ennemi de l'injustice et de la perversité, et je sais fort bien démêler les choses humaines. Le travail a fortifié mes pieds et mes bras. Tout cela est vrai, je le sens ; j'ose hardiment l'affirmer. Et pourtant vous me blâmez avec raison, ô ma mère ! et vous m'avez surpris à ne dire que la moitié du vrai, à dissimuler la moitié. Oui, je l'avoue, ce n'est pas le danger prochain qui m'appelle hors de la maison de mon père ; ce n'est pas la noble pensée de me rendre utile à ma patrie et redoutable aux ennemis. Ce que je disais n'étaient que des paroles uniquement destinées à vous déguiser les sentiments qui me déchirent. Laissez-moi donc, ma mère : puisque je nourris dans mon cœur d'inutiles désirs, que je puisse faire aussi de ma vie un sacrifice inutile. Car, je le sais fort bien, se dévouer seul, c'est courir à sa perte, si tout le peuple ne travaille pas à l'œuvre commune.

— Poursuis, reprit la sage mère, conte-moi tout, les plus grandes comme les plus petites choses. Les hommes sont violents ; ils ne pensent jamais qu'aux partis extrêmes, et l'obstacle écarte aisément de la voie les esprits violents. Mais une femme est habile à songer aux moyens, et prend même les détours pour atteindre son but avec adresse. Dis-moi donc pourquoi cette vive émotion, que je ne t'ai jamais vue ; d'où vient que le sang bouillonne dans tes veines, et que les larmes s'échappent malgré toi de tes yeux. »

Alors le bon jeune homme s'abandonna à la douleur, et pleura et sanglota sur le sein de sa mère, et dit enfin, d'une voix attendrie :

« En vérité, les paroles de mon père m'ont fait aujourd'hui une douleur sensible, que je n'ai jamais méritée, ni aujourd'hui ni dans aucun jour de ma vie. Honorer mes parents fut de bonne heure mon plus doux plaisir, et nul ne me semblait être plus prudent et plus sage que les auteurs de mes jours, qui me tenaient sous leur sévère loi dans les obscures années de mon enfance. J'ai beaucoup enduré de mes camarades, qui souvent répondaient par leur malice à ma bonne volonté; j'ai maintes fois souffert sans vengeance leurs pierres et leurs coups : mais, s'ils se moquaient de mon père, quand il sortait de l'église, le dimanche, avec une démarche grave et posée; s'ils tournaient en ridicule le ruban de son bonnet, les fleurs de sa robe de chambre, qu'il portait avec un air de dignité, et qu'il m'a donnée qu'aujourd'hui : aussitôt je montrais le poing avec menace; je m'élançais sur eux en fureur et je frappais aveuglément, sans voir où portaient mes atteintes. Le nez en sang, ils poussaient des cris, et ne s'arrachaient qu'avec peine à mes coups de pied et mes coups de poing furieux. Je grandissais et j'avais beaucoup à souffrir de mon père, qui bien souvent me querellait pour d'autres, si on lui avait fait quelque chagrin dans la dernière séance du conseil; et j'expiais les attaques et les chicanes de ses collègues. Vous-même, vous m'avez plaint souvent : car j'endurais beaucoup de choses, ayant toujours dans la pensée la respectable et chère bienfaisance des parents, qui ne songent qu'à augmenter pour nous le patrimoine, et se refusent bien des choses afin d'épargner pour les enfants. Mais, hélas! épargner pour une tardive jouissance ne fait pas tout le bonheur; ce n'est pas tout le bonheur, que d'ajouter un monceau à un monceau, un champ à un champ, si agréablement que les terres s'arrondissent. Le père vieillit et les fils vieillissent avec lui, sans jouir de l'heure présente et avec le souci du lendemain. Ma mère, voyez là-bas comme s'étendent magnifiquement ces champs riches et beaux et, au-dessous, la vigne et les jardins; là-bas, les granges et les écuries, belle suite de possessions : cependant, si j'observe ensuite le dernier corps de logis, où se montre à nous, au pignon, la fenêtre de ma petite mansarde, si je me rappelle combien de fois, la nuit, j'ai attendu la lune, et, le matin, le soleil, après de courtes heures d'un sommeil bienfaisant : ah! que je trouve solitaire et la chambre et la cour et le jardin, et le champ superbe qui s'étale sur les collines!

Tout cela n'est qu'un désert à mes yeux : il me faut une compagne ! »

La bonne mère lui répondit avec sagesse :

« Mon fils, si tu désires amener une épouse dans ta demeure, afin que la nuit devienne pour toi la belle moitié de la vie, et le travail du jour plus libre et plus à toi, tu ne le désires pas plus vivement que ton père et ta mère. Nous t'avons toujours conseillé, nous t'avons même pressé de faire un choix; mais je le sais bien, et maintenant le cœur me le dit, si l'heure prédestinée n'est pas venue, si la jeune fille prédestinée ne se montre pas à cette heure, le choix reste indécis, et la crainte de se tromper est la plus forte. S'il faut te le dire, mon fils, je crois que ton choix est fait, car ton cœur est troublé et plus sensible qu'à l'ordinaire. Parle franchement, déjà le mien le devine : c'est la jeune exilée que tu as choisie.

— Bonne mère, vous l'avez dit! repartit vivement le fils. Oui, c'est elle, et, si je ne l'amène pas dès ce jour comme fiancée dans la maison, elle s'éloigne, et peut-être m'échappe pour toujours dans le tumulte de la guerre, et dans ces tristes marches en sens divers. Alors, ma mère, c'est en vain que mes yeux verront prospérer nos riches domaines; c'est en vain que les années prochaines seront pour moi fertiles; la maison accoutumée et le jardin me blesseront la vue; hélas! et l'affection d'une mère ne consolera pas même le malheureux : oui, je le sens, l'amour délie tous les autres nœuds quand il forme les siens, et ce n'est pas seulement la jeune fille qui laisse son père et sa mère, quand elle suit l'époux de son choix; le fils lui-même oublie sa mère et son père, lorsqu'il voit partir la jeune fille, unique bien-aimée. C'est pourquoi laissez-moi courir où le désespoir m'entraîne : mon père a prononcé les paroles décisives, et sa maison n'est plus la mienne, s'il exclut la seule fiancée que je désire amener dans la maison. »

La bonne et sage mère se hâta de répondre :

« Ainsi deux hommes se dressent en face l'un de l'autre comme des rochers! Immobiles et fiers, aucun ne veut s'approcher de l'autre, aucun ne veut faire entendre les premières paroles de paix. Eh bien! je te l'assure, mon fils, j'espère encore qu'il te la donnera pour femme, si elle est honnête et bonne, bien qu'elle soit pauvre, et qu'il ait exclu, d'une manière si décidée, l'épouse pauvre. Il dit, dans son emportement, bien des choses qu'il ne fait pas, et il accorde aussi ce qu'il a refusé. Seulement, il demande une bonne parole, et il peut la demander, car il est le père. Nous savons bien aussi qu'après le repas, s'il parle plus vivement et combat les idées des autres, sa colère n'est jamais sérieuse. Le vin excite alors toutes les forces de sa volonté passionnée, et l'empêche d'entendre les paroles d'autrui; il n'entend et ne comprend que lui-même. Mais le soir vient mettre un terme à tous les propos qu'il a échangés avec ses amis. Il est plus doux, je le sais, quand les fumées du vin se sont dissipées, et il sent l'injustice que sa vivacité lui a fait commettre. Viens, nous ferons sur-le-champ une tentative; il faut oser pour réussir, et nous avons besoin des amis qui sont encore auprès de lui : le digne pasteur surtout nous aidera. »

Ainsi dit-elle vivement, et, quittant soudain son siége de pierre, elle fit aussi lever son Hermann, qui la suivit sans résistance. Ils descendirent tous deux en silence, tout occupés de leur important projet.

POLYMNIE.

Le cosmopolite.

Le pasteur et le pharmacien étaient toujours assis auprès de l'aubergiste, et les trois amis discouraient toujours ensemble. Le sujet de la conversation était le même encore, et, de part et d'autre, il fut longuement traité sous toutes les faces. Le bon pasteur, animé de nobles sentiments, prit la parole à son tour.

« Je ne veux pas vous contredire : je sais que l'homme doit

tendre sans cesse vers le mieux, et nous le voyons aussi tendre constamment à s'élever ; il cherche du moins la nouveauté. Cependant n'allez pas trop loin : à côté de ces sentiments, la nature nous a aussi donné l'instinct de nous attacher aux choses anciennes, et de nous plaire à celles auxquelles nous sommes dès longtemps accoutumés. Toute situation est bonne, si elle est naturelle et raisonnable. L'homme a beaucoup de désirs, et pourtant il a peu de besoins, car la vie est courte et le sort des mortels est borné. Je ne blâmerai jamais l'homme qui, poussé par une activité infatigable, court, avec audace et persévérance, la mer et tous les chemins de la terre, et trouve son plaisir dans le gain qui s'amasse en abondance autour de lui et des siens. Mais j'estime aussi le paisible bourgeois qui parcourt, d'un pas tranquille, son héritage paternel, et cultive la terre, comme les saisons le demandent. Le sol ne change pas de face pour lui chaque année ; l'arbre nouveau planté n'élève pas soudain vers le ciel ses bras ornés de riches fleurs ; non, l'homme a besoin de patience, il a aussi besoin d'un cœur pur, toujours égal et tranquille, et d'une droite raison. Car il ne confie que peu de semences à la terre nourricière ; il ne sait élever, en les multipliant, qu'un petit nombre d'animaux ; l'utile reste seul toute sa pensée. Heureux celui à qui la nature donna un cœur ainsi disposé ! Il nous dispense à tous la nourriture. Heureux aussi le bourgeois de la petite ville qui joint à une industrie les travaux champêtres ! Il ne sent pas la gêne étroite du campagnard inquiet ; il n'est pas troublé par le souci des citadins qui désirent tant de choses, et qui, possédant peu de biens, ont coutume, surtout les femmes et les jeunes filles, de rivaliser avec les riches et les grands. Bénissez donc toujours la paisible activité de votre fils, et l'épouse, animée des mêmes sentiments, sur laquelle un jour il fixera son choix. »

Ainsi dit-il ; et la mère entra avec son fils, en le tenant par la main et le conduisant devant son mari.

« Père, lui dit-elle, que de fois, dans nos causeries, nous avons parlé de l'heureux jour, du jour attendu, où notre Hermann, choisissant une fiancée, nous comblerait enfin de joie ! Nos pensées se portaient çà et là ; dans notre babil paternel, nous lui destinions tantôt celle-ci, tantôt celle-là : maintenant ce jour est venu; le ciel lui a amené et montré son épouse, son cœur a prononcé. Alors ne disions-nous pas toujours que c'était à lui-même de choisir? Tout à l'heure encore, n'as-tu pas désiré qu'il éprouvât pour une jeune fille un vif et joyeux sentiment? Eh bien! l'heure est venue. Oui, il aime, il a fait son choix, et a pris, en homme, sa résolution. C'est la jeune fille, l'étrangère qu'il a rencontrée. Donne-la-lui, ou il a juré de rester dans le célibat. »

Et le fils dit à son tour :

« Donnez-la-moi, mon père. Mon cœur a fait un choix pur et sage : elle sera la fille la plus digne de vous. »

Le père gardait le silence : le pasteur se leva promptement et prit la parole.

« Le moment seul prononce sur la vie de l'homme et sur toute sa destinée. Car, après une longue délibération, chaque résolution n'est que l'œuvre du moment, mais le sage lui seul choisit le bon parti. Le plus dangereux est toujours, lorsqu'on fait un choix, de considérer telle ou telle chose accessoire, et de troubler ainsi le sentiment. Hermann est pur; je le connais depuis son premier âge : dès lors il ne portait point ses mains enfantines vers un objet, puis un autre. Ce qu'il demandait était conforme à sa nature; il s'y attachait constamment. Ne soyez ni effrayés ni surpris de voir tout à coup paraître ce que vous avez longtemps désiré. L'apparition n'a pas, il est vrai, maintenant la forme du désir, tel que vous l'aviez nourri peut-être; car les désirs nous voilent à nous-mêmes l'objet désiré; les dons viennent d'en haut dans leur forme particulière. Ne méconnaissez pas la jeune fille qui, la première, a touché l'âme de votre bien-aimé, votre sage et bon fils. Heureux celui à qui sa première amante donne d'abord sa main! Le vœu le plus charmant ne devient pas dans son âme une langueur secrète. Oui, je le vois à son visage, son sort est décidé. Le véritable amour transforme soudain en homme l'adolescent. Il n'est pas volage : je crains, si vous lui refusez sa demande, qu'il ne passe dans la tristesse les plus belles années de sa vie. »

Le pharmacien, qui avait depuis longtemps la parole sur les lèvres, dit sur-le-champ, d'un ton circonspect :

« Cette fois encore, suivons la voie mitoyenne. Hâte-toi lentement: c'était la devise de l'empereur Auguste lui-même. Pour obliger mon cher voisin, je suis tout disposé à mettre mon petit jugement à son service; et la jeunesse surtout a besoin qu'on la dirige. Laissez-moi partir : je veux observer la jeune fille, je veux questionner les gens parmi lesquels elle passe sa vie et dont elle est connue. On ne me trompe pas aisément; je sais peser les paroles. »

Il dit, et soudain ces mots volèrent des lèvres du fils :

« Faites cela, voisin, allez et prenez des informations. Mais je désire que M. le pasteur vous accompagne. Deux hommes si excellents sont des témoins irrécusables. O mon père, cette jeune fille n'est pas une vagabonde; ce n'est pas une personne qui court le pays, cherchant les aventures, et qui enlace par ses artifices le jeune homme inexpérimenté. Non, l'horrible fatalité de la guerre funeste qui ravage le monde, et qui a déjà renversé de fond en comble tant de solides édifices, a aussi exilé l'infortunée. Des hommes illustres et de haute naissance ne sont-ils pas errants dans la misère? Les princes s'enfuient déguisés, et les rois vivent dans l'exil. Elle aussi, la meilleure d'entre ses sœurs, elle est chassée de son pays; oubliant son propre malheur, elle assiste les autres; sans secours, elle est secourable. Elles sont grandes, les misères et les détresses qui se répandent sur la terre : un bonheur ne pourrait-il sortir de ce malheur? Et moi, ne pourrais-je, dans les bras de ma fiancée, de ma fidèle épouse, me féliciter de la guerre, comme vous vous êtes félicité de l'incendie? »

Le père lui répondit d'un ton grave :

« O mon fils, comme elle s'est déliée, ta langue, qui, durant de longues années, fut collée à ton palais et avait tant de peine à se mouvoir! Il me faut donc éprouver aujourd'hui le sort qui menace tous les pères, que la mère se plaise à favoriser, avec trop d'indulgence, la passion du fils, et que chaque voisin se mette de la partie, dès qu'il s'agit de tomber sur le père ou sur le mari. Je ne veux pas lutter contre vous tous : à quoi cela servirait-il? Je prévois déjà la résistance et les larmes. Allez et voyez, et amenez au père une fille, si Dieu le veut; sinon, que mon fils oublie l'étrangère! »

Ainsi parla le père. Hermann s'écria, avec l'expression de la joie :

« Avant le soir elle vous sera donnée, la fille excellente, telle que la désire l'homme qui porte en son cœur une volonté sage. Elle sera heureuse aussi la bonne épouse, j'ose l'espérer : oui, elle me remerciera toujours de lui avoir rendu en vous un père et une mère comme les désirent les enfants raisonnables. Mais je ne tarde plus ; je vais atteler les chevaux, et je conduirai nos amis sur la trace de ma bien-aimée ; je les abandonnerai à eux-mêmes et à leur propre sagesse ; je me réglerai, je vous le jure, entièrement sur leur décision, et je ne reverrai plus la jeune fille avant qu'elle m'appartienne. »

A ces mots, il sortit, tandis que les amis pesaient avec prudence diverses questions, et discouraient vivement sur cet important sujet.

Hermann courut à l'écurie, où les ardents étalons, tranquilles devant leur crèche, mangeaient vivement l'avoine pure et le foin récolté dans la meilleure prairie. Il se hâta de leur mettre le mors brillant ; il fit passer les courroies par les belles boucles argentées, et attacha ensuite les longues et larges brides ; il mena les chevaux dans la cour, où le valet empressé avait déjà poussé la voiture, en la menant sans peine par le timon. Ensuite ils attachèrent, dans une juste mesure, avec des cordes neuves, les chevaux vigoureux à l'équipage, qu'ils traînaient aisément. Hermann prit le fouet, puis il s'assit, et il avança sous la porte cochère. Quand les amis eurent pris place commodément, la voiture s'éloigna, d'une course rapide, et laissa le pavé derrière elle ; elle laissa les murs de la ville et les tours blanchies. Hermann gagnait ainsi rapidement la chaussée bien connue, et ne perdait point de temps, et courait à la montée comme à la descente ; mais, lorsqu'il aperçut le clocher du village, et que les maisons entourées de jardins ne furent plus éloignées, il se dit que c'était le moment d'arrêter les chevaux.

Sous l'ombre vénérable de tilleuls majestueux, que cette place avait vus grandir depuis des siècles, était une large et verte pelouse, à l'entrée du village, lieu de plaisir pour les paysans et les citadins du voisinage. Sous les arbres, était une fontaine au réservoir large et peu profond. Si l'on descendait les degrés, on voyait des bancs de pierre placés autour de la source, qui jaillissait toujours vive et limpide, entourée d'un petit mur.

pour puiser commodément. Hermann résolut d'arrêter sous cet ombrage les chevaux et la voiture, et, l'ayant fait, il dit :

« Amis, descendez, et allez vous enquérir si la jeune fille mérite la main que je lui veux offrir. En vérité, je le crois, et vous ne m'apprendrez rien de nouveau et d'étrange; si je n'avais à consulter que moi, j'irais promptement au village, et, en peu de mots, la bonne jeune fille déciderait de mon sort. Vous la reconnaîtrez bientôt parmi toutes les autres, car il est difficile de voir une figure comparable à la sienne; mais je vous ferai encore le détail de ses gracieux vêtements : le corset rouge, bien lacé, dessine la rondeur de son sein, et le corps de jupe noir presse la taille étroitement; le bord de la chemise, élégamment plissé en fraise, entoure, avec une grâce avenante, le menton arrondi; le visage, ovale et charmant, exprime la franchise et la sérénité; ses belles tresses sont plusieurs fois roulées autour des épingles d'argent; au corsage est attachée la robe bleue, dont les plis nombreux caressent, dans la marche, ses pieds délicats. Mais, je veux vous le dire et vous en supplier encore formellement, ne parlez pas à la jeune fille, et ne lui laissez pas apercevoir votre dessein. Interrogez les autres fugitifs, et prêtez l'oreille à leurs discours. Quand vous serez assez instruits pour tranquilliser mon père et ma mère, revenez vers moi, et nous aviserons au reste. Voilà ce que j'ai pensé en venant ici. »

Ainsi dit-il, et les amis se rendirent au village, où une foule de gens foisonnaient dans les jardins et les granges et les maisons; voitures contre voitures se pressaient dans la large rue; auprès des chariots, les hommes pansaient le bétail mugissant et les chevaux; les femmes étendaient diligemment le linge sur toutes les haies, et les enfants se divertissaient à barboter dans le ruisseau. S'ouvrant un passage à travers les voitures, à travers les gens et les bêtes, les explorateurs envoyés regardaient à droite et à gauche s'ils n'apercevraient point la figure de la jeune fille désignée; mais aucune d'elles ne leur semblait être la vierge admirable. Bientôt ils trouvèrent la foule plus serrée. Autour des voitures avait éclaté une querelle entre les hommes, qui se menaçaient; les femmes y prenaient part avec des cris : un vieillard, à la noble démarche, survint promptement. Il s'approcha des hommes en querelle, et soudain le vacarme cessa, lorsqu'il leur imposa la paix et les menaça avec une sévérité paternelle.

« Eh quoi ! s'écria-t-il, le malheur ne nous a-t-il donc pas encore assez domptés, pour nous apprendre enfin à nous supporter et à nous souffrir les uns les autres, quand même chacun n'agit pas avec une juste mesure ? L'homme heureux est intraitable, je le sais; mais les souffrances ne vous apprendront-elles pas à ne plus contester comme autrefois avec vos frères ? Faites-vous place mutuellement sur le sol étranger, et partagez ensemble ce que vous possédez, afin que vous trouviez de la compassion. »

Ainsi parla le vieillard, et tous gardèrent le silence; les gens, apaisés, rangèrent doucement leur bétail et leurs voitures. Quand le pasteur eut entendu les paroles de cet homme, et reconnu la tranquille sagesse du juge étranger, il s'approcha de lui et lui dit ces graves paroles :

« Mon père, en vérité, quand le peuple coule des jours heureux, tirant sa nourriture de la terre, qui ouvre son vaste sein, et renouvelle, avec les années et les lunaisons, ses largesses souhaitées, alors tout va de soi-même; chacun se croit le plus sage comme le meilleur; les gens vivent de la sorte les uns à côté des autres, et l'homme le plus sensé est confondu dans la foule : car tous les événements suivent comme d'eux-mêmes une marche tranquille. Mais si le malheur bouleverse les voies ordinaires de la vie, renverse les maisons, dévaste moissons et jardins, chasse l'homme et la femme de leur paisible demeure, les entraîne à l'aventure, durant des jours et des nuits d'angoisse, alors on cherche autour de soi quel peut être l'homme le plus sage, et ce n'est plus en vain qu'il fait entendre ses excellentes leçons. O mon père, vous êtes sans doute le juge de ces fugitifs, vous qui sur-le-champ apaisez les cœurs? Oui, vous me paraissez aujourd'hui comme un de ces chefs antiques qui conduisaient, par les déserts et les terres inconnues, les peuples exilés. En ce moment, il me semble que je parle à Moïse, à Josué. »

Le juge répondit, en regardant le pasteur d'un air grave :

« En vérité, notre âge peut se comparer aux époques les plus rares que signale l'histoire sacrée ou profane; car, en notre temps, qui a vécu deux jours a vécu des années, tant les événements se pressent. Si je regarde un peu en arrière, il me semble que la blanche vieillesse pèse sur ma tête, et pourtant ma force est vive encore. Oh! nous pouvons bien, nous autres, nous comparer à ceux qui, dans une heure solennelle, virent le Seigneur Dieu leur apparaître dans le buisson ardent, car il nous est aussi apparu dans les nuages et la flamme. »

Comme le pasteur se disposait à poursuivre cet entretien, et témoignait le désir d'apprendre la destinée de cet homme et des siens, son compagnon lui chuchota vivement ces mots à l'oreille :

« Continuez à discourir avec le juge, et mettez la conversation sur la jeune fille. Moi, je vais aller à sa recherche, et je reviendrai dès que je l'aurai trouvée. »

Le pasteur lui répondit par un signe de tête, et l'observateur se mit en quête le long des haies, des jardins et des granges.

CLIO.

L'époque.

Le pasteur ayant demandé au juge étranger ce que sa communauté avait souffert, depuis combien de temps elle était bannie de ses foyers, l'exilé répondit :

« Nos souffrances ne sont pas nouvelles; nous avons bu l'amertume de toutes ces années, avec d'autant plus d'horreur que nous avons vu détruite en même temps la plus belle espérance. Qui peut nier, en effet, que son cœur ne se soit épanoui, qu'il ne l'ait senti battre plus librement dans sa poitrine, aux premières clartés du nouveau soleil, lorsqu'on entendit parler du droit commun à tous les hommes, de la liberté, qui exalte les âmes, et de la louable égalité? Alors chacun espéra vivre de sa propre vie; elle sembla se briser, la chaîne dans laquelle tant de nations se voyaient asservies, et que l'égoïsme et l'oisiveté tenaient dans leur main. Dans ces jours tumultueux, tous les peuples n'avaient-ils pas les yeux fixés sur la capitale du monde, qui l'avait été si longtemps, et qui méritait maintenant plus que jamais ce titre magnifique ? Les noms de ces hommes, les premiers porteurs du message, n'étaient-ils pas semblables aux plus grands noms qui soient placés parmi les astres? Chacun ne sentait-il pas s'élever son cœur, son esprit, son langage? Et, comme voisins, nous fûmes les premiers enflammés d'ardeur. Alors la guerre commença, et les Français en armes s'approchèrent; mais ils semblaient n'apporter que l'amitié. Et ils l'apportèrent en effet, car ils avaient tous l'âme exaltée; ils plantaient avec allégresse les joyeux arbres de liberté, promettant à chacun son droit, à chacun son gouvernement national. Les jeunes gens, les vieillards, se félicitaient, et la danse joyeuse commença autour des nouveaux étendards. Ainsi les Français entraînants gagnèrent d'abord les esprits des hommes par leur ardente et courageuse entreprise, puis les cœurs des femmes par leur grâce irrésistible. Même nous trouvâmes léger le fardeau de la guerre, qui exige de si grands sacrifices; une espérance lointaine planait devant nos yeux; elle attirait nos regards séduits dans de nouvelles carrières. Il est beau le temps où, avec son amante, le fiancé prend l'essor à la danse, en attendant le jour de l'union souhaitée; mais il était plus magnifique, le temps où le premier des biens que l'homme puisse rêver nous sembla proche et accessible. Toutes les langues étaient déliées; vieillards, hommes faits, jeunes gens, exprimaient hautement des pensées et des sentiments sublimes. Mais bientôt le ciel s'obscurcit : une race corrompue, indigne d'accomplir le bien, combattit pour s'assurer la domination; ils s'égorgèrent entre eux, ils opprimèrent leurs voisins, leurs nouveaux frères, et nous envoyèrent la multitude égoïste. Et les chefs dissipaient et pillaient en grand, et les petits pillaient et dissipaient jusqu'aux plus petites choses. Chacun semblait n'avoir qu'une crainte, c'était qu'il ne restât quelque chose pour le lendemain. La misère était trop grande et l'oppression augmentait sans cesse : nul n'écoutait nos cris; ils étaient les maîtres du jour. Alors la douleur et la rage s'emparèrent même des cœurs paisibles; chacun se recueillit et jura de venger toutes ses injures et la perte douloureuse de ses espérances doublement trompées. Et la fortune se tourna du côté des Allemands, et les Français se retirèrent à marches précipitées. Ah! c'est alors que nous éprouvâmes enfin les horreurs de la guerre. Le vainqueur est généreux et bon; il le paraît du moins : il épargne les vaincus, comme s'ils étaient à lui, s'ils le servent chaque jour et lui font part de leurs biens. Mais le fuyard ne connaît point de loi, car il ne songe qu'à repousser la mort, qu'à dévorer les biens à la hâte et sans ménagement; puis son cœur est brûlant de colère, et le désespoir fait éclater ses coupables attentats. Plus rien de sacré pour lui, rien qu'il ne ravisse. Ses furieux désirs font violence à la femme, et il fait du plaisir un acte exécrable. Il voit partout la mort, et jouit avec cruauté de ses derniers moments; il met sa joie dans le sang, sa joie, dans la détresse gémissante. Alors nos gens exaspérés entrèrent en fureur; ils voulaient venger leurs pertes et défendre leurs débris. Chacun prit les armes, animé par la précipitation des fugitifs, leurs visages blêmes, leurs regards inquiets et farouches. Sans trêve retentit le bruit du tocsin, et l'approche du péril n'arrêta point la colère et la rage. Bientôt les paisibles instruments de l'agriculture se changèrent en armes; la fourche et la faux dégouttèrent de sang. L'ennemi tombait sans pitié, sans grâce; partout la fureur, partout la faiblesse lâche et rusée. Puissé-je ne revoir jamais l'homme dans cet affreux égarement! La bête féroce est moins hideuse. Qu'il ne parle jamais de liberté, comme s'il pouvait se gouverner lui-même! Aussitôt que les barrières sont enlevées, se déchaîne tout le mal que la loi avait refoulé dans les repaires.

— O noble cœur! reprit le pasteur avec force, si vous méconnaissez les hommes, je ne puis vous en faire un reproche : vous avez souffert tant de maux d'une entreprise désordonnée! Mais, si vous voulez jeter un regard en arrière sur ces tristes jours, vous reconnaîtrez vous-même que souvent aussi vous avez vu le bien, souvent, des vertus excellentes, qui restent cachées dans le cœur, si le danger ne les éveille et si le malheur ne fait violence à l'homme, pour qu'il se montre comme un ange et qu'il apparaisse à ses frères comme un dieu sauveur. »

Le vénérable juge répondit en souriant :

« Vous me rappelez sagement comme, après l'incendie de la maison, on fait souvenir le triste maître de l'or et de l'argent qui lui restent, fondus dans les décombres. C'est peu de chose, il est vrai, mais ce peu a du prix, et l'homme, réduit à l'indigence, fouille et se réjouit de sa trouvaille. Moi aussi, je reporte volontiers mes pensées sereines vers ce petit nombre de bonnes actions dont je garde la mémoire. Oui, je ne veux pas le nier, j'ai vu les ennemis se réconcilier pour sauver la ville de malheur ; j'ai vu l'affection des amis, celle des parents et des enfants, risquer l'impossible ; j'ai vu l'adolescent devenir un homme tout d'un coup ; j'ai vu le vieillard rajeunir et l'enfant se montrer lui-même un jeune homme, et le sexe faible, comme on a coutume de l'appeler, faire preuve de force, de courage et de présence d'esprit ; et laissez-moi vous citer avant tout la belle action accomplie par une héroïque jeune fille, une noble vierge, qui était restée seule avec ses compagnes dans une grande métairie, car les hommes étaient allés aussi combattre les étrangers. Une troupe de misérables fuyards envahit la ferme, se met à piller et pénètre aussitôt dans les chambres des femmes. Ils voient cette belle vierge et ses douces compagnes, qu'il faudrait plutôt appeler des enfants. Un furieux désir les saisit ; les monstres s'élancent sur la troupe tremblante et sur la jeune héroïne. Mais elle arrache le sabre à l'un d'eux, le frappe avec vigueur : il tombe sanglant à ses pieds ; puis, avec une mâle énergie, elle délivre ses compagnes, blesse encore quatre des brigands, qui échappent cependant à la mort : ensuite elle ferme la métairie et attend du secours, les armes à la main. »

Quand le pasteur entendit l'éloge de l'étrangère, un espoir favorable à son ami s'éleva soudain dans son cœur, et il était sur le point de demander ce qu'elle était devenue, si elle se trouvait maintenant parmi cette foule malheureuse et fugitive.

Mais le pharmacien survint à la hâte, il tira le pasteur par la manche et lui souffla ces mots à l'oreille :

— Je l'ai trouvée enfin ; je l'ai reconnue parmi cent autres, telle qu'on nous l'a décrite. Venez et voyez-la de vos yeux. Prenez le juge avec vous, afin d'apprendre le reste. Et ils se retournèrent; mais le juge avait disparu, appelé par les siens, qui avaient besoin de ses conseils. Cependant le pasteur suivit, à l'ouverture de la haie, le pharmacien, qui lui désignait finement la personne.

« Voyez-vous, disait-il, la jeune fille? Elle a emmaillotté l'enfant, et je reconnais parfaitement la vieille cotonnade et la taie bleue que Hermann lui a apportées dans le paquet. Certes elle a fait de ses dons un prompt et sage emploi. Ce sont là des signes certains et tous les autres s'accordent; car le corset rouge bien lacé dessine la rondeur de son sein, et le corps de jupe noir presse la taille étroitement; le bord de la chemise, élégamment plissé en fraise, entoure, avec une grâce avenante, le menton arrondi; son visage ovale et charmant exprime la franchise et la sérénité; ses belles tresses sont plusieurs fois roulées autour des épingles d'argent. Bien qu'elle soit assise, nous voyons sa belle tournure et la robe bleue, qui descend, à plis nombreux, de sa taille jusqu'à ses pieds élégants. C'est elle sans doute. Ainsi donc venez, et tâchons d'apprendre si elle est douce et vertueuse, et bonne ménagère. »

Le pasteur répondit, en observant du regard la belle vierge assise :

« Qu'elle ait ravi notre Hermann, certes, je n'en suis pas étonné, car elle peut soutenir l'examen de l'homme expérimenté. Heureux celui à qui la bonne nature donna la beauté ! Cet avantage le recommande sans cesse, et il n'est nulle part étranger. Chacun s'approche de lui volontiers, et chacun souhaite sa présence, pourvu que la grâce soit unie à la beauté. Je vous assure que voici pour le jeune homme une épouse qui embellira tous les jours de sa vie, et qui sera pour lui, dans tous les temps, la femme forte et fidèle. Assurément un corps si parfait renferme aussi une âme pure, et la jeunesse robuste promet une heureuse vieillesse. »

Là-dessus le pharmacien dit d'un ton circonspect :

« Cependant l'apparence trompe souvent. Je ne veux pas me fier à l'extérieur, car j'ai maintes fois reconnu la vérité du proverbe : « Avant d'avoir mangé un boisseau de sel avec une nou- « velle connaissance, ne te fie pas en elle trop aisément : le temps « seul t'apprendra ce que tu peux en attendre, et si tu peux

« compter sur son amitié. » Ainsi donc, commençons par nous enquérir de bonnes gens dont la jeune fille soit connue, et qui nous fassent son histoire.

— J'approuve votre prudence, dit le pasteur en le suivant. Ce n'est pas pour nous que nous cherchons femme : chercher femme pour autrui est chose délicate. »

Là-dessus ils allèrent au-devant de l'honorable juge, qui, toujours à ses affaires, remontait la rue.

Le sage pasteur lui dit aussitôt avec précaution :

« Nous avons vu une jeune fille, qui est assise sous le pommier, dans le jardin tout près d'ici, et qui prépare pour les enfants des habits avec une vieille coteline que sans doute on lui aura donnée. Sa figure nous a plu ; elle semble une femme de mérite. Dites-nous ce que vous en savez : nous vous le demandons dans un louable dessein. »

Aussitôt que le juge se fut approché, pour jeter les yeux dans le jardin :

« Vous la connaissez déjà, dit-il ; vous savez la belle action que je vous ai racontée ; cette jeune fille qui a pris l'épée et s'est défendue elle et ses compagnes, c'est elle-même ! Vous voyez qu'elle est née robuste, mais elle est aussi bonne que forte ; car elle a soigné jusqu'à la mort un vieux parent, qui a succombé au chagrin de voir les malheurs de sa petite ville et le péril de ses biens. Elle a aussi souffert avec un tranquille courage la douleur que lui a causée la mort de son fiancé, jeune homme généreux, qui, dans le premier feu du désir sublime de conquérir une noble liberté, se rendit lui-même à Paris, et trouva bientôt l'effroyable mort : car, là-bas comme chez nous, il combattait la fraude et l'arbitraire. »

Ainsi parla le juge. Les deux amis le remercièrent, et, comme ils allaient le quitter, le pasteur tira de sa bourse une pièce d'or (l'argent avait été charitablement distribué, quelques heures auparavant, lorsqu'il avait vu passer la foule des malheureux fugitifs), et il présenta cette pièce au juge et lui dit :

« Partagez ce denier entre les indigents, et Dieu veuille multiplier cette offrande ! »

L'homme refusait de l'accepter et il disait :

« Nous avons sauvé de l'argent, des habits et des meubles,

et nous reviendrons, je l'espère, avant que tout soit consumé. »

Le pasteur lui répondit, en lui mettant la pièce d'or dans la main :

« Oh ! que personne aujourd'hui ne balance à donner, et que personne ne balance à recevoir ce que lui offre la charité ! Nul ne sait combien de temps il gardera ce qu'il possède paisiblement ; nul ne sait combien de temps il sera fugitif dans les pays étrangers, et privé du champ et du jardin qui le nourrissaient.

— Ah ! dit le pharmacien avec empressement, si j'avais de l'argent dans ma poche, vous l'auriez, les grosses pièces comme les petites, car sans doute beaucoup de vos gens en ont besoin. Mais je ne veux pas vous quitter sans vous faire un cadeau, afin de vous montrer ma bonne volonté, quoique l'effet reste loin de l'intention. »

En disant ces mots, il tira de sa poche la bourse de cuir brodée dans laquelle il renfermait son tabac, l'ouvrit gracieusement et partagea le contenu. Il s'y trouvait encore de quoi charger quelques pipes. « Le cadeau est chétif, » ajouta-t-il ; le juge lui répondit :

« Le bon tabac est toujours agréable au voyageur. »

Et là-dessus le pharmacien allait se mettre à vanter son canastre ; le pasteur l'entraîna, et ils quittèrent le juge.

« Hâtons-nous, dit l'homme sage, notre jeune ami attend dans l'angoisse ; qu'il apprenne aussitôt que possible l'heureuse nouvelle. »

Et ils accoururent, et, en arrivant, ils trouvèrent le jeune homme appuyé contre la voiture sous les tilleuls. Les chevaux, frappant du pied, labouraient le gazon ; il les tenait en bride, et, plongé dans ses pensées, le regard fixe, il ne vit pas ses amis avant le moment où ils l'appelèrent en approchant, et lui firent des signes de joie. Ils étaient loin encore, que déjà le pharmacien lui parlait ; enfin ils approchèrent, et le pasteur, coupant la parole à son compagnon, prit Hermann par la main, et lui dit :

« Jeune homme, je te félicite. Ton œil fidèle, ton cœur fidèle, a bien choisi. Sois béni avec l'épouse de ta jeunesse ! Elle est digne de toi : viens donc, et tourne ta voiture, afin qu'elle nous mène jusqu'à l'entrée du village, pour demander en mariage la vertueuse enfant et la conduire bien vite à la maison. »

Mais le jeune homme restait immobile, et il écoutait sans donner un signe de joie les paroles du messager, ces paroles divines et rassurantes. Il soupira profondément, et il dit :

« Nous sommes venus, d'une course rapide, et nous retournerons peut-être chez nous bien confus, à pas lents; car, depuis que j'attends ici, j'ai été saisi d'inquiétude, de soupçons et de doutes, et de tout ce qui afflige un cœur épris. Croyez-vous qu'il suffise de nous présenter pour que l'étrangère nous suive, parce que nous sommes riches et qu'elle est pauvre, errante et fugitive? La pauvreté non méritée donne même de la fierté. Cette jeune fille semble active et contente de peu : ainsi le monde lui appartient. Croyez-vous qu'une femme si belle et si bonne soit arrivée à la fleur de l'âge, sans avoir jamais charmé un jeune homme vertueux? Croyez-vous qu'elle ait fermé jusqu'à présent son cœur à l'amour? Ne courez pas si vite auprès d'elle; nous pourrions, à notre honte, ramener sans bruit nos chevaux au logis. Quelque jeune homme, je le crains, possède son cœur; cette main laborieuse s'est donnée; elle a déjà promis fidélité à l'heureux fiancé. Ah! je me verrai confondu devant elle avec ma proposition. »

Le pasteur ouvrait déjà la bouche pour le rassurer, quand le pharmacien lui coupa la parole avec son babil ordinaire.

« Certes, nous n'aurions pas été autrefois si embarrassés : chaque affaire était réglée à sa façon. Les parents avaient-ils choisi une épouse pour leur fils, un ami de la maison était d'abord appelé en confidence; on l'envoyait, comme négociateur, aux parents de la belle; un dimanche, après dîner, il venait, en grande toilette, rendre visite à l'honorable bourgeois, échangeant d'abord avec lui quelques paroles amicales, et sachant, avec adresse, mener et diriger la conversation. Enfin, après un long détour, on parlait de la fille avec éloge, et, avec éloge, de l'homme et de la famille par qui l'on était envoyé. Ces habiles gens devinaient le dessein du messager; l'habile messager devinait bientôt leur pensée, et pouvait s'expliquer plus amplement. Si l'on refusait la proposition, une corbeille n'était pas un affront[1], mais, si le succès était heureux, le négociateur avait toujours dans la maison la première place, à chaque fête de famille; car les époux se souvenaient toute leur vie que sa main habile avait lié le premier nœud. Mais tout cela, avec d'autres bonnes coutumes, est maintenant passé de mode, et chacun fait lui-même la demande pour soi. Eh bien, que chacun prenne aussi de ses propres mains la corbeille qui peut lui tomber en partage, et qu'il reste confus devant la belle!

— Arrive ce qui pourra! repartit le jeune homme, qui avait à peine écouté toutes ces paroles, et qui avait déjà pris en son cœur sa résolution. J'irai moi-même et je veux apprendre moi-même mon sort de la bouche de la jeune fille, en qui j'ai la plus grande confiance qu'un homme ait jamais eue en une femme. Ce qu'elle dira sera sage, sera bon, je le sais. Si même je dois la voir pour la dernière fois, je veux du moins rencontrer encore le regard sincère de cet œil noir; si je ne dois jamais la presser sur mon cœur, je veux voir encore une fois le sein et les épaules que je brûle d'entourer de mes bras; je veux voir encore la bouche dont un baiser et un oui me rendraient heureux, et un non, malheureux pour la vie. Mais laissez-moi seul; ne m'attendez pas. Retournez auprès de mon père et de ma mère, afin qu'ils apprennent que leur fils ne s'est pas trompé et que la jeune fille est vertueuse. Et laissez-moi seul. Je regagnerai la maison par le plus court, en prenant le sentier de la colline, qui passe auprès du poirier, et descend notre vigne. Oh! si j'avais bientôt la joie de conduire chez nous ma bien-aimée! Mais peut-être je le suivrai seul ce sentier, et ne le foulerai plus jamais le cœur joyeux. »

En parlant ainsi, il remit les rênes au pasteur, qui les prit avec adresse, tenant en bride les chevaux écumants, monta lestement dans la voiture et prit la place du cocher.

Cependant tu hésitais encore, prudent voisin, et tu dis :

« Mon ami, je vous confie volontiers mon âme, mon esprit et mon cœur; mais le corps et les os ne sont pas des mieux gardés, quand les mains cléricales usurpent les rênes temporelles. »

---

1. Expression proverbiale. Recevoir une corbeille, c'est essuyer un refus dans une demande en mariage.

Là-dessus tu souris, sage pasteur, et tu répondis :

« Prenez place sans crainte, et confiez-moi votre corps aussi bien que votre âme : ces mains sont depuis longtemps habiles à tenir les rênes, et l'œil, exercé à prendre un contour avec adresse. Car, à Strasbourg, j'étais accoutumé à mener la voiture, quand j'accompagnais à la promenade le jeune baron. Chaque jour, sous ma conduite, franchissant la porte sonore, elle gagnait les chemins poudreux, jusqu'aux prairies et aux tilleuls lointains, à travers la foule du peuple, qui passe le jour à se promener. »

A demi rassuré, le voisin monta dans la voiture, et s'assit en homme prêt à sauter dehors prudemment, et les étalons coururent au logis, désireux de l'écurie. Un nuage de poussière s'éleva sous leurs pieds vigoureux; le jeune homme resta longtemps encore immobile : il voyait monter la poussière, la poussière se dissiper, et restait là comme privé de sentiment.

ÉRATO.

Dorothée.

Comme le voyageur, qui, avant le coucher du soleil, a porté encore une fois sa vue sur l'astre prompt à disparaître, en voit flotter ensuite l'image dans le bois sombre et sur le flanc du rocher; où qu'il porte ses regards, elle accourt, et brille et se balance avec des couleurs magnifiques : ainsi l'image charmante de l'étrangère passait doucement devant Hermann et semblait suivre le sentier dans les blés. Mais il s'éveilla de ce rêve surprenant, se dirigea lentement vers le village et fut de nouveau étonné, car la noble figure de la vierge admirable venait encore au-devant de lui. Il l'observa attentivement : ce n'était pas une apparence; c'était elle-même. Ses mains portaient deux cruches à anse, l'une plus grande et l'autre plus petite : elle marchait diligemment vers la fontaine. Il s'avança joyeux à sa rencontre; sa vue lui donna force et courage; il parla en ces termes à sa bien-aimée fort surprise :

« Je te retrouve donc, vertueuse jeune fille, sitôt occupée à porter encore du secours aux autres et à faire ton plaisir de soulager tes frères? Dis, pourquoi viens-tu seule à cette source, qui est pourtant éloignée, tandis que les autres se contentent de l'eau du village? Celle-ci a sans doute une vertu particulière et un goût agréable. Tu la portes, je pense, à cette malade, que tu as sauvée par tes secours fidèles? »

La bonne jeune fille salua d'abord le jeune homme d'un air gracieux, et lui dit :

« Ma course à la fontaine est déjà récompensée, puisque je retrouve l'homme charitable qui nous a dispensé tant de choses. La vue du donateur est agréable comme les dons. Eh bien, venez et voyez vous-même qui a profité de votre bienfaisance; recevez les paisibles remercîments de tous ces malheureux soulagés. Mais, afin de vous apprendre d'abord pourquoi je suis venue puiser ici, où la source coule pure et sans cesse, je vous dirai que ces hommes imprévoyants ont troublé toute l'eau du village, en faisant d'abord piétiner leurs chevaux et leurs bœufs à travers la source qui abreuve les habitants; en lavant leur linge, ils ont aussi sali toutes les auges du village et souillé toutes les fontaines : car chacun ne pense qu'à se pourvoir soi-même promptement du nécessaire, et ne songe point à ceux qui viennent après lui. »

En parlant ainsi, elle était arrivée, avec le jeune homme, au bas des larges degrés, et ils s'assirent tous deux sur le petit mur de la source. Elle se pencha sur l'eau pour puiser, et il prit l'autre cruche et se pencha de même; et ils virent leurs images se balancer, réfléchies dans l'azur du ciel, et se faire signe et se saluer amicalement dans le miroir.

« Laisse-moi boire, » dit là-dessus le jeune homme joyeux.

Elle lui présenta la cruche. Puis ils se reposèrent tous deux, familièrement appuyés sur les vaisseaux. Enfin elle dit à l'ami :

« Dis-moi, d'où vient que je te trouve ici? et sans voiture, sans chevaux, loin du lieu où je t'ai vu d'abord? Comment es-tu venu? »

Hermann, pensif, tenait les yeux baissés vers la terre, puis il les leva tranquillement sur elle, arrêta doucement son regard sur le sien et se sentit calme et rassuré. Cependant parler d'amour à la jeune fille lui était impossible; les yeux de l'étrangère n'exprimaient point l'amour, mais une pure sagesse, qui commandait de parler sagement. Il se recueillit sur-le-champ et lui dit avec cordialité :

« Laisse-moi parler, mon enfant, et répondre à tes questions. C'est à cause de toi que je suis venu. Pourquoi devrais-je le cacher? Je passe une vie heureuse avec mes bons parents, que j'aide fidèlement à gouverner notre maison et nos biens, car je suis fils unique et nos affaires sont nombreuses : je cultive les terres; mon père gouverne assidûment la maison; ma mère laborieuse fait marcher tout le ménage : mais tu as observé certainement combien les domestiques, tantôt par négligence, tantôt par infidélité, tourmentent la maîtresse, l'obligent à changer toujours, et à troquer défaut contre défaut. Aussi ma mère désirait depuis longtemps dans sa maison une jeune fille qui l'aidât, non-seulement de la main, mais aussi du cœur, pour lui tenir lieu de la fille qu'elle a malheureusement perdue toute jeune. Or, quand je t'ai vue aujourd'hui, auprès de la voiture, déployer une heureuse adresse; quand j'ai vu la force de ton bras et ta santé parfaite; quand j'ai entendu tes sages paroles, saisi d'étonnement, j'ai couru à la maison, pour faire, selon son mérite, à mes parents et à mes amis, l'éloge de l'étrangère. Et maintenant je viens te dire leur désir et le mien.... Excuse mon embarras....

— Ne craignez pas d'achever, répondit-elle. Vous ne m'offensez point : je vous ai écouté avec reconnaissance. Parlez sans détour : le mot ne m'effraye nullement. Vous désirez m'engager comme servante pour votre père et votre mère, afin de soigner votre maison bien entretenue; et vous croyez trouver en moi une fille diligente, formée au travail et d'un caractère sans rudesse. Votre proposition a été brève; ma réponse sera brève aussi. Oui, j'irai avec vous, et j'obéirai au sort qui m'appelle. Mon devoir est rempli : j'ai ramené l'accouchée auprès des siens; ils sont tous dans la joie de sa délivrance; la plupart sont déjà réunis; les autres se trouveront. Ils sont tous persuadés qu'ils rentreront bientôt dans leur patrie : l'exilé a toujours coutume de se flatter ainsi; mais je ne m'abuse pas d'une espérance frivole en ces tristes jours, qui nous en promettent d'autres encore. Car les liens du monde sont rompus : qu'est-ce qui pourra les resserrer, sinon les derniers malheurs qui nous menacent? Si je puis gagner ma vie comme servante dans la maison d'un homme respectable, sous les yeux d'une bonne maîtresse, je le ferai volontiers : une jeune fille errante est toujours d'une réputation douteuse. Oui, je vous suivrai aussitôt que j'aurai reporté les cruches à mes amis, et reçu la bénédiction de ces bonnes gens. »

Hermann entendit avec joie la résolution de la jeune fille, et se demanda s'il ne devait pas lui avouer maintenant la vérité; mais il lui parut que le mieux était de la laisser dans l'erreur, de la conduire dans sa maison, et, là seulement, de rechercher son amour. Hélas! et il voyait l'anneau d'or au doigt de la jeune fille.... Il ne voulut donc pas l'interrompre, et il écouta ses paroles d'une oreille attentive.

« Retournons, poursuivit-elle; on blâme toujours les jeunes filles qui s'arrêtent longtemps à la fontaine : et pourtant il est si agréable de jaser près de la source ruisselante! »

Ils se levèrent donc et regardèrent tous deux encore une fois dans la fontaine, et un doux regret les saisit. Là-dessus elle prit, sans rien dire, les deux cruches par l'anse; elle monta les degrés et Hermann suivit sa bien-aimée. Il lui demanda une des cruches, afin de partager le fardeau.

« Laissez, dit-elle, la charge égale est plus facile à porter. Et le maître qui plus tard me commandera ne doit pas me servir. Ne me regardez pas si sérieusement, comme si mon sort était à plaindre. Que la femme apprenne de bonne heure à servir selon sa destinée : ce n'est qu'en servant qu'elle arrive enfin à commander et à posséder l'autorité méritée qui lui appartient dans la maison. De bonne heure elle sert son frère, elle sert ses parents, et, pendant toute sa vie, elle ne cesse pas d'aller et de venir, de porter, de préparer, d'agir pour les autres. Heureuse, si elle s'accoutume de la sorte à ne trouver aucun chemin trop pénible, et si les heures de la nuit sont pour elle comme les heures du jour; que jamais le travail ne lui semble trop chétif, ni l'aiguille trop fine; qu'elle s'oublie elle-même entièrement, et se plaise à ne vivre que pour les autres! Car, en vérité, comme mère, elle a besoin de toutes les vertus, lorsque l'enfant l'éveille, souffrante, et demande la nourriture à la faible femme, et que le souci s'ajoute aux douleurs. Vingt hommes ensemble ne supporteraient pas cette fatigue, et ils ne le doivent pas, mais ils doivent la voir avec reconnaissance. »

En parlant ainsi, elle était arrivée, à travers les jardins, avec son compagnon silencieux, jusqu'à l'aire de la grange où reposait l'accouchée, qu'elle avait laissée joyeuse au milieu de ses filles, ces jeunes compagnes sauvées, touchantes images de l'innocence. Ils entrèrent tous deux, et, de l'autre côté, survint en même temps le juge, tenant un enfant à chaque main. Leur mère, désolée, ne savait pas jusqu'alors ce qu'ils étaient devenus : le vieillard les avait retrouvés dans le tumulte. Ils vinrent, avec des sauts de joie, saluer leur bonne mère, et se réjouir, à la vue de leur frère, leur nouveau camarade. Puis ils s'élancèrent vers Dorothée, et la saluèrent avec amitié, demandant du pain et des fruits, mais, avant tout, à boire. Elle offrit de l'eau à la ronde. Tous furent désaltérés et vantèrent cette eau excellente. Elle était acidulée, rafraîchissante et salutaire.

Alors la jeune fille, les regardant d'un œil sérieux, dit ces paroles :

« Mes amis, c'est, je pense, la dernière fois que je présente la cruche à vos lèvres, pour les désaltérer; à l'avenir, lorsque, durant la chaleur du jour, vous boirez l'eau salutaire, quand vous trouverez sous l'ombrage le repos et une source pure, pensez à moi et aux services affectueux que je vous ai rendus en qualité d'amie plutôt que de parente. Le bien que vous m'avez fait, je m'en souviendrai toute ma vie; je vous quitte à regret; mais aujourd'hui chacun de nous est pour les autres une charge plutôt qu'un secours, et, si le retour nous est refusé, nous devrons finir par nous disperser tous dans les pays étrangers. Voilà le jeune homme à qui nous devons ces présents, les langes de l'enfant et ces provisions bienvenues; il vient m'engager, il désire me voir dans sa maison, afin que j'y serve ses bons et riches parents; et je ne refuse pas, car la jeune fille est partout appelée à servir, et ce serait un fardeau pour elle de rester oisive dans la maison et de se voir servie. Je le suivrai donc volontiers : il paraît être un jeune homme sage, et ses parents seront aussi tels que les riches doivent être. Adieu donc, chère amie : qu'il fasse votre joie, ce nourrisson plein de vie, qui déjà fixe sur vous un regard si animé! Quand vous le presserez sur votre sein dans ces langes colorés, pensez au bon jeune homme qui vous les donna, et qui, à l'avenir, donnera aussi à votre amie la nourriture et le vêtement. Et vous, homme excellent, ajouta-t-elle en se tournant vers le juge, soyez béni de m'avoir servi de père en mainte occasion. »

Ensuite elle s'agenouilla devant la bonne femme accouchée; elle baisa son visage en pleurs, et recueillit le doux murmure de sa bénédiction. Cependant, vénérable juge, vous dîtes à Hermann ces paroles :

« Vous méritez, ô mon ami, d'être compté parmi les bons économes, attentifs à s'assurer des personnes de mérite, pour administrer les affaires de leur maison. En effet j'ai vu souvent qu'on examine avec soin les bœufs et les chevaux et les moutons qu'on veut échanger ou vendre; mais l'homme, qui maintient tout, s'il est actif et bon, et qui dissipe et ruine tout par une mauvaise conduite, on le reçoit au hasard dans sa maison, et l'on se repent trop tard d'une résolution précipitée. Pour vous, il paraît que vous êtes un homme habile : vous avez pris, pour servir vous et vos parents, une personne vertueuse. Traitez-la bien : aussi longtemps qu'elle gouvernera votre ménage, vous ne sentirez pas le besoin d'une sœur, ni vos parents d'une fille. »

Cependant plusieurs proches parentes de l'accouchée vinrent lui apporter différentes choses et lui annoncer un meilleur logement. Toutes apprirent la résolution de la jeune fille, et bénirent Hermann, avec des regards expressifs et des pensées secrètes; car l'une disait vivement à l'oreille de l'autre : « Si de son maître il devient son époux, elle a sa fortune faite. » Alors Hermann la prit par la main et lui dit :

« Partons, le jour est sur le déclin, et la petite ville est éloignée. »

Là-dessus les femmes, dont le babil s'animait, embrassèrent Dorothée ; Hermann l'entraînait ; elle envoyait encore bien des adieux aux amis absents ; mais les enfants, avec des cris et des pleurs désespérés, s'attachaient à sa robe, et ne voulaient pas laisser partir leur seconde mère. Alors une femme et puis une autre leur imposèrent silence et leur dirent : « Taisez-vous, enfants. Elle va à la ville, et vous apportera de bon massepain, que votre frère a commandé pour vous, au moment où la cigogne, qui vient de l'apporter[1], passait devant le confiseur, et vous la verrez bientôt revenir avec de beaux cornets dorés. »

Et les enfants la laissèrent aller, et le jeune homme l'arracha encore avec peine aux embrassements et aux mouchoirs qui la saluaient de loin.

MELPOMÈNE.

Hermann et Dorothée.

Ils cheminaient ainsi tous deux en face du soleil couchant, qui s'enveloppait de nuages sombres, menaçant d'un orage, et, du milieu de ce voile, faisant rayonner çà et là sur la campagne, avec des regards enflammés, une clarté de mauvais présage.

« Puisse, dit Hermann, l'orage qui nous menace ne pas nous

---

[1]. Il est d'usage chez le peuple, en Allemagne, de faire ce conte aux enfants.

amener de la grêle et une pluie violente ! car la moisson est belle. »

Et ils admiraient tous deux les grands blés balançant leurs tiges, qui égalaient, peu s'en faut, la haute taille du jeune couple passant au travers.

Puis l'étrangère dit à l'ami qui la conduisait :

« Homme généreux, à qui je vais me trouver redevable d'un heureux sort, d'un asile, quand l'orage menace en pleine campagne tant d'exilés, parlez et apprenez-moi d'abord à connaître vos parents, que je suis disposée à servir désormais de tout mon cœur. Car, si l'on connaît le maître, il est plus facile de le satisfaire, en observant les choses qui lui paraissent les plus importantes, et sur lesquelles il a une volonté arrêtée. C'est pourquoi dites, je vous prie, comment je pourrai gagner l'affection de votre père et de votre mère. »

Le sage et bon jeune homme lui répondit :

« Oh! combien je t'approuve, fille excellente, de t'informer avant toutes choses du caractère de mes parents! Pour moi, jusqu'à présent j'ai tâché en vain de servir mon père, m'occupant de l'exploitation comme de la mienne, cultivant du matin au soir et nos champs et nos vignes. Pour ma mère, je l'ai satisfaite; elle a su apprécier mes efforts; et tu lui paraîtras aussi la meilleure des filles, si tu gouvernes la maison, comme si tu la croyais la tienne. Il n'en est pas ainsi de mon père: il aime aussi l'apparence. Bonne jeune fille, ne me juge pas froid et insensible, si je te dévoile mon père sur-le-champ, à toi, qui es étrangère. Oui, je le jure, c'est la première fois que de pareils discours s'échappent librement de mes lèvres, qui ne sont pas accoutumées à babiller. Mais tu tires de mon cœur tous ses secrets. Mon bon père exige quelques dehors dans la vie; il demande les signes extérieurs de l'amour comme du respect, et il serait peut-être satisfait du mauvais serviteur qui saurait en profiter, tandis que le meilleur le trouverait sévère. »

Elle répondit avec joie, en doublant le pas, dans sa marche légère, le long du sentier plus sombre :

« J'espère bien les contenter tous les deux ; les sentiments de ta mère sont semblables aux miens, et, dès ma jeunesse, je ne fus pas étrangère aux formes agréables. Dans le temps passé, nos voisins, les Français, tenaient beaucoup à la politesse; elle était commune aux nobles et aux bourgeois, comme aux paysans, et chacun la recommandait aux siens. Et chez nous aussi, sur la rive allemande, le matin, les enfants avaient coutume de souhaiter le bonjour à leurs parents, avec des baisements de main et des révérences, et se conduisaient honnêtement tout le jour. Tout ce que j'ai appris, à quoi je me suis accoutumée dès l'enfance, ce que le cœur m'inspire, je le mettrai en usage auprès du vieillard. Mais qui me dira comment je dois me conduire envers toi-même, le fils unique, et bientôt mon maître? »

Comme elle parlait ainsi, ils arrivèrent sous le poirier. La pleine lune répandait une clarté magnifique; il était nuit; la dernière lueur du soleil était complétement effacée; et devant eux s'étendaient les masses opposées de clartés brillantes comme le jour et d'ombres obscures et ténébreuses. Hermann entendit avec joie cette question amicale sous les rameaux du bel arbre, dans le lieu qui lui était si cher, qui, ce même jour, avait vu les pleurs qu'il versait pour son exilée. Et, comme elle s'était assise, pour se reposer un peu, l'amoureux Hermann dit, en lui prenant la main :

« Laisse ton cœur te le dire, et veuille suivre toujours sa voix. »

Mais il ne risqua pas un mot de plus, si favorable que fût l'heure : il craignait de s'attirer un refus, hélas! et il sentait au doigt de la bien-aimée l'anneau d'or, le signe fatal. Ils restaient donc assis l'un à côté de l'autre, immobiles et silencieux. Enfin la jeune fille reprit la parole et dit :

« Qu'il est doux, cet admirable clair de lune! Il est pareil à l'éclat du jour. Je vois là-bas distinctement les maisons de la ville et leurs dépendances, au pignon, une fenêtre : il me semble que je puis compter les vitres.

— Ce que tu vois, répondit le jeune homme avec réserve, est notre demeure, dans laquelle je vais te conduire; et cette fenêtre, là-bas sous le toit, est celle de ma chambre, qui sera peut-être la tienne : nous faisons des changements dans la maison. Ces champs sont nôtres; ils mûrissent pour la moisson qui s'approche. Ici, à l'ombre, nous viendrons nous reposer et prendre notre repas. A présent, descendons par la vigne et le jardin ; car, vois-tu, l'orage s'approche, lançant des éclairs et près d'engloutir le doux clair de lune. »

Ils se levèrent et descendirent le champ, à travers les blés superbes, à la faveur de la nocturne clarté. Ils étaient arrivés à la vigne et ils entrèrent dans l'obscurité.

Et il la conduisait, en lui faisant descendre les nombreuses pierres plates, non taillées, qui servaient de degrés dans le berceau. Elle descendait lentement, appuyant sa main sur l'épaule d'Hermann ; la lune répandait sur eux, à travers le feuillage, des lueurs incertaines : bientôt, enveloppée de nuées orageuses, elle laissa le couple dans l'obscurité. Le robuste jeune homme soutenait avec précaution l'étrangère, qui s'avançait, appuyée sur son guide ; mais, ne connaissant pas le sentier et les degrés informes, elle fit un faux pas ; le pied éprouva un craquement ; elle faillit tomber. Lui, qui était sur ses gardes, il étendit vivement le bras avec adresse ; il releva sa bien-aimée ; elle se pencha doucement sur ses épaules ; la poitrine s'inclina sur la poitrine, la joue sur la joue. Il s'arrêta, immobile comme une statue, enchaîné par une austère volonté ; il ne la pressa point trop fort ; il tint ferme sous le poids ; il sentit le précieux fardeau, la chaleur du sein et l'haleine embaumée qui vint effleurer ses lèvres ; il soutint avec une mâle fermeté la belle et majestueuse femme.

Cependant elle dissimula sa douleur et prononça ces paroles badines :

« C'est un signe de malheur, disent les gens circonspects, si, à l'entrée de la maison, non loin du seuil, le pied vient à faire un faux pas. En vérité, j'aurais désiré un meilleur présage. Arrêtons-nous un peu, de peur que tes parents ne te reprochent la servante boiteuse, et que tu ne paraisses un mauvais messager. »

URANIE.

Perspective.

Muses, favorables à l'amour fidèle, qui avez jusqu'à présent guidé les pas du jeune homme vertueux, qui avez pressé la jeune vierge sur son cœur, même avant les fiançailles : aidez-nous encore à former le lien du couple charmant; écartez soudain les nuages qui s'amassent sur leur bonheur! Mais dites avant tout ce qui se passe maintenant dans la maison.

Déjà, pour la troisième fois, la mère impatiente était entrée dans la chambre des hommes, qu'elle avait quittée d'abord avec inquiétude, en parlant de l'orage prochain, de la lune soudain obscurcie, puis du retard de son fils et des dangers nocturnes ; elle blâmait vivement les amis de s'être sitôt séparés du jeune homme, sans parler à l'étrangère, sans faire pour lui la demande.

« Ne rends pas le mal plus grave, lui dit le père mécontent : tu vois que nous sommes impatients nous-mêmes, et que nous attendons l'issue. »

Mais le voisin, toujours assis, se mit à dire tranquillement :

« Dans les heures inquiètes, pareilles à celle-ci, je rends toujours grâce à feu mon père, qui, dès mon jeune âge, extirpa chez moi les racines de toute impatience, en sorte qu'il n'en est pas resté le moindre vestige, et que j'appris aussitôt à attendre, mieux que tous les sages.

— Dites-nous, reprit le pasteur, quel beau secret le vieillard employa.

— Je vous le raconterai volontiers, repartit le voisin, car chacun peut en faire son profit. Encore enfant, je témoignais beaucoup d'impatience, un dimanche, en attendant la voiture désirée, qui devait nous mener à la fontaine des Tilleuls. Cependant elle ne venait pas : je courais comme une belette, à droite, à gauche; je montais et descendais l'escalier; j'allais de la fenêtre à la porte; les mains me démangeaient; je grattais la table, j'allais et venais, frappant du pied, et j'étais près de pleurer. Mon père voyait tout sans s'émouvoir. Enfin, ma conduite devenant par trop folle, il me prit tranquillement par le bras, me conduisit à la fenêtre, et me dit ces graves paroles : « Vois-tu la boutique du menuisier vis-à-vis, fermée pour aujourd'hui? Demain il l'ouvrira; et le rabot et la scie se mettront en mouvement, et le travail ira sans cesse, du matin jusqu'au soir; mais songe bien à ceci : le jour luira une fois, où le maître s'occupera, avec tous ses ouvriers, à préparer ton cercueil, à l'achever habilement et promptement; et ils s'empresseront d'apporter ici la maison de planches, qui recueille enfin l'homme patient comme l'impatient, et qui est destinée à porter bientôt un toit pesant. » Aussitôt je vis en esprit tout cela réalisé; je vis les planches assemblées et la couleur noire toute prête; je restai dès lors assis patiemment, et j'attendis avec tranquillité la voiture. Maintenant, quand d'autres personnes courent et s'agitent dans une attente incertaine, cela me fait penser au cercueil. »

Le pasteur dit en souriant :

« L'image saisissante de la mort ne se présente pas au sage comme un objet d'effroi, et à l'homme pieux comme le dernier terme. Elle ramène le premier au sein de la vie et le porte à l'action; chez le second, elle fortifie, au milieu de l'adversité, l'espérance du bonheur à venir. Pour tous deux, la mort devient la vie. Le père eut tort de montrer à l'enfant impressible la mort dans la mort. Que l'on montre au jeune homme la dignité de la vieillesse dans sa noble maturité, et au vieillard la jeunesse, afin que tous deux contemplent avec joie le cercle éternel, et qu'ainsi la vie s'accomplisse dans la vie. »

Cependant la porte s'ouvrit; le beau couple se montra, et les amis, les tendres parents, admirèrent la tournure de la fiancée, comparable à celle du fiancé. La porte sembla trop basse pour la haute taille du couple qui franchissait le seuil en ce moment.

Hermann présenta l'étrangère à ses parents, et ces paroles volèrent de ses lèvres :

« Voici une jeune fille, telle que vous la désirez dans la maison. Mon cher père, recevez-la bien : elle en est digne. Et vous, bonne mère, questionnez-la tout de suite sur tout ce qui regarde le ménage, afin que vous voyiez combien elle mérite de vous appartenir. »

Là-dessus il s'empressa de tirer le pasteur à l'écart et lui dit :

« Digne pasteur, hâtez-vous de me sortir d'embarras et de résoudre la difficulté dont je redoute le dénoûment. Car je n'ai pas engagé la jeune fille comme mon épouse : elle croit entrer comme servante dans la maison, et je crains qu'elle ne s'enfuie mécontente, aussitôt que nous parlerons de mariage. Mais que la chose soit sur-le-champ décidée. Il ne faut pas qu'elle reste plus longtemps dans l'erreur, tout comme je ne puis supporter le doute plus longtemps. Hâtez-vous et montrez encore ici la sagesse que nous honorons. »

Le pasteur se rapprocha soudain de la compagnie ; par malheur, le père avait déjà troublé l'âme de la jeune étrangère : il avait dit familièrement, à bonne intention, ces joyeuses paroles :

« Oui, cela me plaît, mon enfant ! Je vois avec plaisir que mon fils a du goût comme son père, qui l'a prouvé en son temps, qui a toujours conduit la plus belle à la danse, et enfin amené, comme femme, la plus jolie dans sa maison. C'était la petite mère. Car, à la fiancée que l'homme choisit, on reconnaît d'abord quel est son caractère, et s'il a le sentiment de ce qu'il vaut. Mais sans doute il vous a suffi à vous-même de peu de temps pour vous résoudre, et, à vrai dire, il n'est pas, je crois, si pénible de le suivre. »

Hermann n'entendit ces mots qu'à la dérobée ; il trembla de tout son corps, et aussitôt la compagnie entière devint silencieuse.

L'excellente jeune fille, atteinte et blessée au fond de l'âme par ces paroles, qui lui semblaient une moquerie, restait immobile, et une rougeur fugitive se répandit sur ses joues ; cependant elle se posséda, et, faisant un effort sur elle-même, elle dit au vieillard, sans cacher tout à fait sa douleur :

« En vérité, votre fils ne m'a pas préparée à une réception

pareille ; il m'a représenté son père comme un honnête bourgeois, et je sais que je suis devant un homme éclairé, qui se conduit sagement avec chacun, et selon la qualité des personnes. Mais il semble que vous ne sentez pas assez de pitié pour la pauvre fille qui franchit maintenant votre seuil et qui est prête à vous servir. Autrement, vous ne me feriez pas voir, avec une raillerie amère, combien ma condition est éloignée de votre fils et de vous. Il est vrai que j'arrive, pauvre, avec un petit bagage, dans la maison richement pourvue qui donne de la sécurité à ses heureux habitants : mais je me connais bien et je comprends notre position. Est-il généreux de m'adresser d'abord de pareilles moqueries, qui, dès le seuil, me chassent, peu s'en faut, du logis ? »

Hermann s'agitait avec angoisse, et faisait signe au pasteur, son ami, de s'interposer et de dissiper l'erreur sur-le-champ. Le sage se hâta d'approcher, et il observa le chagrin secret de l'exilée, sa douleur contenue et ses yeux en pleurs. Alors il résolut dans son esprit de ne pas dissiper d'abord le trouble, mais au contraire de sonder le cœur de l'étrangère émue, et il lui adressa ces paroles pour l'éprouver :

« Assurément, ô jeune fille, lorsque tu as pris la résolution trop précipitée de servir chez des étrangers, tu n'as pas bien considéré ce que c'est d'entrer dans la maison d'un maître ; car l'engagement fixe tout le sort de l'année, et un seul oui oblige à souffrir bien des choses. Ce qu'il y a de plus pénible dans le service, ce ne sont pas les courses fatigantes, ce ne sont pas les sueurs amères d'un travail sans relâche ; car, en même temps que le serviteur, l'homme qui est libre et laborieux se donne de la peine : mais endurer les caprices du maître, s'il gronde injustement, ou s'il exige ceci et cela, en désaccord avec lui-même, la vivacité de la maîtresse, qui se fâche aisément, les façons grossières et insolentes des enfants, voilà ce qu'il est difficile de supporter, et de remplir cependant son devoir sans retard, vivement, et même de ne point hésiter avec murmure. Tu ne me sembles pas faite pour une pareille tâche, puisque la plaisanterie du père te blesse déjà si profondément, et pourtant il n'est rien de plus ordinaire que de plaisanter une jeune fille sur le goût qu'elle a pour un jeune homme. »

Ainsi dit-il ; l'exilée sentit ces paroles, qui portaient coup ; elle ne se posséda plus, ses sentiments se montrèrent avec force, son cœur se gonfla, et laissa échapper un soupir ; puis elle dit soudain, en versant des larmes brûlantes :

« Oh ! jamais l'homme sage, qui s'avise de nous conseiller dans la douleur, ne saura combien peu ses froides paroles sont capables de délivrer le cœur des souffrances qu'une volonté suprême nous impose. Vous êtes heureux et gais : comment une plaisanterie vous blesserait-elle ? Mais le malade sent avec douleur le plus léger attouchement. Non, quand même je réussirais à feindre, cela ne me servirait de rien. Que l'on sache d'abord ce qui ne ferait plus tard qu'augmenter ma douleur profonde, et qui me plongerait peut-être dans un chagrin dont je serais consumée en secret. Laissez-moi repartir. Je ne puis rester dans la maison. Je veux m'en aller, et je vais rejoindre mes pauvres amis, que j'ai laissés dans le malheur, en choisissant pour moi la meilleure part. C'est ma ferme résolution : aussi vous puis-je avouer maintenant ce que j'aurais sans cela caché peut-être des années dans mon âme. Oui, la raillerie du père m'a blessée profondément, non que je sois fière et susceptible, ce qui ne convient pas à une servante, mais parce qu'une inclination véritable naissait dans mon cœur pour le jeune homme qui m'est apparu aujourd'hui comme un sauveur. Car, dès le moment qu'il m'eut quitté sur la route, il était toujours demeuré dans ma pensée ; je songeais à l'heureuse jeune fille que peut-être il portait déjà dans le cœur, comme sa fiancée ; et, quand je l'ai retrouvé à la fontaine, j'ai senti, à sa vue, autant de joie que si un habitant du ciel m'était apparu ; et je l'ai suivi bien volontiers, quand il m'eut engagée comme servante. Cependant, je l'avoue, mon cœur se flattait sur la route, en venant ici, que peut-être je parviendrais à le mériter, si je devenais un jour l'indispensable soutien de la maison. Mais, hélas ! c'est seulement à cette heure que je vois les dangers auxquels je m'exposais, en venant habiter si près de celui que j'aimais en secret ; c'est à présent que je m'aperçois combien une pauvre fille est éloignée du jeune homme riche, fût-elle d'ailleurs la plus vertueuse. Je vous ai dit tout cela, pour ne pas vous laisser méconnaître mon cœur, qu'un hasard a blessé, auquel je dois d'être revenue à moi-même. En effet, je devais m'attendre, en cachant mes vœux secrets, à le voir amener bientôt chez lui sa fiancée, et alors comment aurais-je supporté ma secrète douleur? Heureusement, je suis avertie ; heureusement, le secret s'échappe de mon sein, tandis que le mal est guérissable encore. N'en parlons plus. Rien ne doit me retenir plus longtemps dans cette maison, où je ne puis demeurer sans douleur et sans confusion, après avoir librement avoué mon penchant et cette folle espérance. La nuit, qui se couvre au loin de nuages pesants, le tonnerre, que j'entends rouler, ne m'arrêteront pas; ni ce torrent de pluie qui se précipite, ni l'orage qui gronde. Tout cela, je l'ai supporté dans notre fuite déplorable, et poursuivie de près par les ennemis; et maintenant je m'en vais, dès longtemps accoutumée, dans nos jours d'orage, à me séparer de tout. Adieu : je ne resterai pas plus longtemps. C'en est fait. »

A ces mots, elle se dirigeait vivement vers la porte, tenant toujours sous le bras le petit bagage qu'elle avait apporté; mais la mère court à la jeune fille, l'entoure de ses deux bras et s'écrie, saisie d'admiration et d'étonnement :

« Dis-moi, que signifie cela? et pourquoi ces larmes inutiles? Non, tu ne me quitteras point, tu es la fiancée de mon fils. »

De son côté, le père, mécontent, observait l'étrangère en pleurs, et prononça ces paroles chagrines :

« Voilà donc où devait aboutir mon extrême indulgence, qu'il m'arrive à la fin du jour la chose la plus désagréable! Car il n'est rien que je puisse moins souffrir que les pleurs des femmes, les cris passionnés, qui troublent d'abord par leur violence ce qu'il serait facile d'arranger avec un peu de raison. Je suis las d'assister plus longtemps à cette bizarre entreprise. Achevez-la vous-même. Je vais me coucher. »

A ces mots, il se tourna brusquement, et se hâtait de gagner la chambre dans laquelle était dressé le lit conjugal, où il avait coutume de reposer; mais son fils le retint, et lui dit ces paroles suppliantes :

« Mon père, ne vous pressez pas, et ne soyez pas fâché contre la jeune fille. C'est moi seul qui suis coupable de tout ce désordre, que notre ami vient d'augmenter encore, contre mon attente, par sa dissimulation. Parlez, digne pasteur; je vous ai confié la chose. N'augmentez pas l'angoisse et le chagrin; achevez plutôt toute l'affaire : je n'aurais plus pour vous, à l'avenir, un aussi grand respect, si vous faisiez paraître une maligne joie, au lieu d'une excellente sagesse. »

Là-dessus le vénérable pasteur lui répondit en souriant :

« Quelle sagesse aurait arraché à cette bonne jeune fille un aveu si charmant, et nous aurait dévoilé son cœur? Le souci n'est-il pas devenu soudain chez toi de la joie et du ravissement? Parle donc toi-même. Qu'est-il besoin d'explications étrangères? »

Hermann s'avança, et dit ces tendres paroles :

« Ne regrette pas tes larmes et ces douleurs passagères, car elles accomplissent mon bonheur, et, je l'espère, le tien. Ce n'est pas pour engager comme servante la belle et vertueuse étrangère, que je me suis rendu à la fontaine; je venais pour te demander ton amour. Mais, hélas! mon œil timide ne put voir le penchant de ton cœur; il ne vit que de la bienveillance dans ton regard; tu le saluas du miroir de la tranquille fontaine. Te conduire dans notre maison, c'était déjà la moitié du bonheur. Tu le combles maintenant. Oh! sois bénie!... »

La vierge regarda le jeune homme avec une émotion profonde, et ne refusa point l'embrassement et le baiser, couronnement de la joie, lorsqu'ils sont, pour les amants, le gage longtemps souhaité du bonheur de la vie, qui semble désormais sans fin.

Le pasteur avait tout expliqué aux autres personnes; mais elle s'avança, s'inclinant devant le père avec une grâce affectueuse, et, lui baisant la main qu'il retirait, elle dit :

« Votre équité pardonnera à la jeune fille surprise, d'abord ses larmes de douleur et puis ses larmes de joie. Oh! daignez excuser ce premier sentiment, excusez aussi le second; et laissez-moi seulement me reconnaître dans le bonheur nouveau qui m'est dispensé. Oui, que le premier chagrin, dont le trouble où j'étais m'a rendue coupable, soit aussi le dernier! L'office dévoué et fidèle auquel la servante s'est obligée, votre fille le remplira. »

Et le père l'embrassa aussitôt en cachant ses larmes. La mère s'avança familièrement et l'embrassa avec tendresse ; leurs mains se pressèrent ; les femmes se taisaient et pleuraient.

Là-dessus le bon et sage pasteur se hâta de prendre d'abord la main du père, et il tira de son doigt l'anneau nuptial (non sans efforts ; il était retenu par la phalange arrondie) ; ensuite il prit l'anneau de la mère, et fiança les enfants. Il dit :

« Que ces anneaux d'or soient destinés encore une fois à former un nœud durable, qui ressemble parfaitement à l'ancien. Le jeune homme éprouve pour la jeune fille un amour profond, et la jeune fille avoue à son tour que le jeune homme est l'objet de ses vœux : ainsi donc je vous unis et vous bénis pour l'avenir, selon la volonté de vos parents, et en présence de votre ami. »

Aussitôt le voisin s'inclina, en prononçant des paroles de bénédiction. Mais, quand le pasteur voulut mettre l'anneau d'or au doigt de la fiancée, il fut surpris de voir celui qu'Hermann avait déjà remarqué, non sans inquiétude, au bord de la fontaine, et il dit avec un gracieux badinage :

« Eh quoi ! te voilà déjà promise pour la seconde fois ? Pourvu que le premier fiancé ne se présente pas à l'autel pour s'opposer au mariage. »

Mais elle répondit :

« Oh ! laissez-moi consacrer un moment à ce souvenir. Car il le mérite bien, le bon jeune homme qui me donna cet anneau à son départ, et qui n'est pas revenu dans la patrie. Il avait tout prévu, quand soudain l'amour de la liberté, le désir de prendre part à la révolution nouvelle, l'entraînèrent à Paris, où il trouva la prison et la mort. « Sois heureuse, me dit-il ; je pars : car
« tout s'ébranle aujourd'hui sur la terre, tout semble se divi-
« ser ; les lois des États les mieux affermis sont renversées ; la
« propriété se sépare de l'ancien propriétaire, l'ami se sépare
« de l'ami : ainsi l'amour se sépare de l'amour. Je te quitte. Si
« je dois te retrouver un jour..., qui le sait ? C'est ici peut-être
« notre dernier entretien.... On le dit avec raison, l'homme
« n'est qu'un étranger sur la terre ; et aujourd'hui, plus que
« jamais, chacun est devenu étranger : le sol ne nous appartient
« plus ; les trésors voyagent ; l'or et l'argent perdent dans le
« creuset leurs formes antiques et sacrées. Tout s'agite, comme si

« la création voulait rentrer dans le chaos et la nuit, et prendre
« une forme nouvelle. Garde-moi ton cœur, et, si nous nous
« retrouvons un jour sur les ruines de l'univers, nous serons
« des créatures renouvelées, transformées, et libres, et indépen-
« dantes du sort. Qui pourrait en effet enchaîner celui qui aura
« traversé de pareils jours? Mais, s'il n'en doit pas être ainsi, si
« nous ne pouvons un jour, heureusement échappés à ces périls,
« nous embrasser avec joie, oh! que mon image plane sans cesse
« devant ta pensée, afin qu'avec le même courage, tu sois pré-
« parée au bonheur et au malheur. Si tu es attirée dans une
« nouvelle demeure et de nouveaux liens, jouis avec gratitude
« des biens que le sort te dispensera ; aime sincèrement ceux
« qui t'aimeront, et montre-toi reconnaissante envers l'homme
« de bien. Et, même alors, ne pose que légèrement ton pied
« mobile, car elle te guette, la double douleur de la nouvelle
« perte. Que le jour te soit sacré : cependant n'estime pas plus
« la vie qu'un autre bien, et tous les biens sont trompeurs. »
Telles furent ses paroles, et jamais ce noble ami ne reparut à
mes yeux. Cependant je perdis tout ce que j'avais, et mille fois
j'ai songé à cet avertissement. Aujourd'hui encore je me rappelle ces paroles, quand l'amour me prépare ici un nouveau
bonheur, et m'ouvre le champ des plus belles espérances. Oh!
pardonne, mon excellent ami, si, même en m'appuyant sur ton
bras, je tremble encore. Le navigateur, enfin débarqué, croit
sentir aussi le plus ferme rivage chanceler sous ses pas. »

Ainsi dit-elle, puis elle plaça les deux anneaux à côté l'un
de l'autre, et son fiancé lui dit avec une mâle et généreuse émotion :

« Que notre union, Dorothée, soit plus ferme encore, au milieu de l'ébranlement général! Tenons bon et persistons; sachons nous maintenir et maintenir la possession de nos beaux
domaines. L'homme qui, dans une époque agitée, s'agite aussi
lui-même, aggrave le mal et le répand de plus en plus; mais
celui qui persiste dans sa pensée, forme le monde sur lui. Il
ne sied pas aux Allemands de propager ce mouvement terrible, ni de flotter en sens divers. Ceci est nôtre! Sachons le dire
et le maintenir! Ils seront toujours honorés, les peuples résolus qui auront combattu pour Dieu et les lois, pour leurs pa-

rents, leurs enfants et leurs femmes, et qui auront succombé en faisant tête à l'ennemi. Tu es mienne, et maintenant ce qui est à moi est plus mien que jamais. Je ne veux pas le garder avec souci, en jouir avec inquiétude, mais avec force et courage. Et, si les ennemis nous menacent cette fois ou plus tard, toi-même équipe-moi et donne-moi mes armes. Quand je saurai que tu prends soin de la maison et de nos bons parents, oh! je présenterai ma poitrine, avec courage, aux ennemis. Et, si chacun pensait comme moi, la force se lèverait contre la force, et nous serions tous en paix. »

ACHILLÉIDE

ACHILLÉIDE[1].

Le puissant brasier jetait encore une fois de hautes flammes, qu'il poussait vers le ciel, et les murs d'Ilion paraissaient rouges, à travers la nuit sombre; l'amas énorme du bois entassé, venant à s'écrouler, produisit un dernier embrasement : les ossements d'Hector s'affaissèrent, et le plus illustre des Troyens n'était plus qu'une cendre éparse sur le sol.

Alors Achille se leva de son siége devant sa tente, où il passait, à veiller, les heures de la nuit. Il contemplait les jeux effrayants de la flamme lointaine et le mouvement de la lueur changeante, sans quitter des yeux la citadelle rougeâtre de Pergame. Il sentait encore, dans le fond de son cœur, la haine du mort qui avait frappé son ami, et qui maintenant descendait dans la sépulture.

Mais, lorsque la fureur du feu dévorant se fut apaisée par degrés, et qu'en même temps la déesse aux doigts de roses embellit la mer et le rivage, en sorte que les flammes horribles pâlirent, l'héroïque fils de Pélée, saisi d'une émotion douce et profonde, se tourna vers Antiloque, et lui dit ces graves paroles :

« Ainsi viendra le jour, où des ruines d'Ilion s'élèveront bientôt la fumée et la flamme, poussées par les vents de Thrace; elles obscurciront la longue cime de l'Ida et le sommet de Gargare. Mais je ne les verrai pas. L'aurore vigilante m'a trouvé recueillant les os de Patrocle; elle trouve les frères d'Hector oc-

---

[1]. Goethe a laissé ce poëme inachevé.

cupés à lui rendre ce pieux office : et toi aussi, mon fidèle Antiloque, elle te verra bientôt donner en gémissant la sépulture aux légers restes de ton ami. S'il en doit être ainsi, comme les dieux me l'ont déclaré, soit!... Occupons-nous de ce qui reste encore à faire. Il faut que, réuni avec mon ami Patrocle, je sois honoré d'un tertre majestueux, élevé sur le rivage de la mer, monument pour les peuples et les âges futurs. Déjà les robustes Myrmidons ont creusé diligemment un fossé alentour; ils ont rejeté la terre en dedans, traçant comme un rempart protecteur contre les attaques de l'ennemi. Ils ont ainsi formé avec ardeur une enceinte au grand espace; mais je veux voir le travail avancer. Je fais appeler promptement les troupes qui sont encore disposées à entasser la terre sur la terre. Peut-être ferai-je ainsi exécuter la moitié de l'ouvrage : à vous de l'achever, lorsque bientôt l'urne m'aura recueilli. »

Ainsi dit-il, et il se mit en marche; il parcourut les tentes à la file, faisant signe à celui-ci, à celui-là, et appelant les autres ensemble. Aussitôt ils se levèrent tous et prirent les outils pesants, la pelle et la pioche, avec joie, en sorte que l'airain retentissait; ils prirent aussi le pieu robuste, le levier à remuer les pierres. Et ils se mirent en marche, et sortirent du camp à flots pressés, montant la pente douce du sentier, et la multitude se hâtait en silence. Comme l'élite de l'armée, équipée de nuit pour une surprise, s'avance sans bruit, la troupe chemine d'un pied léger, chacun mesure ses pas, chacun retient son haleine, pour pénétrer dans la ville ennemie mal gardée : ainsi s'avançaient les Myrmidons, et l'ardeur silencieuse de tous les guerriers honorait ce grave ministère et l'affliction de leur chef.

Mais, aussitôt qu'ils furent parvenus sur le dos de la colline battue des flots, et que la vaste mer se déploya devant eux, l'aurore jeta sur eux un gracieux regard des vapeurs lointaines du matin sacré, et versa le rafraîchissement dans le cœur de chacun. Tous s'élancèrent soudain vers le fossé, ardents au travail. Ils divisèrent en glèbes le sol longtemps foulé. Ils le jetaient devant eux avec la pelle, ou bien ils le portaient en haut avec des corbeilles. On voyait les uns remplir de terre leur casque et leur bouclier; aux autres, le bord du vêtement tenait lieu de vase.

Alors les Heures ouvrirent avec fracas les portes du ciel, et le fougueux attelage de Phébus s'éleva hennissant. Soudain le dieu éclaira vivement les pieux Éthiopiens, qui habitent les lieux les plus reculés de la terre. Bientôt, secouant sa chevelure enflammée, il s'éleva des forêts de l'Ida, pour éclairer les Troyens affligés et les vaillants Achéens.

Cependant les Heures, s'élançant dans l'éther, atteignirent la divine demeure du fils de Saturne, qu'elles saluent éternellement. Elles entrèrent, et Vulcain, s'approchant à la hâte, d'un pas boiteux, vint au-devant d'elles et leur adressa ces paroles pressantes :

« Divinités trompeuses, promptes pour les heureux, lentes pour l'impatience, écoutez-moi : docile à la volonté de mon père, j'ai bâti cette salle, selon le mode divin du plus beau chant des Muses; je n'ai épargné ni l'or, ni l'argent, ni l'airain, ni le métal blanc, et, tel que je l'ai achevé, l'ouvrage subsiste encore entier, sans être altéré par le temps. Car ici la rouille ne l'attaque point, et la poussière, compagne du voyageur terrestre, ne saurait l'atteindre. J'ai fait tout ce que peut faire l'art créateur. Le toit sublime de l'édifice repose inébranlable, et le pavé poli invite le pied à la marche. Chaque dieu est suivi de son trône, qui obéit à ses ordres, comme le chien suit le chasseur; j'ai fait aussi des enfants d'or qui marchent, et soutiennent le fils de Saturne, à son arrivée, comme je me suis fait aussi une vierge d'airain. Mais tout cela est sans vie. A vous seules il est donné, aux Grâces et à vous seules, de répandre sur la figure morte les attraits de la vie. A l'œuvre donc! n'épargnez rien, et, de la corne aux parfums, de la corne sacrée, versez alentour un charme divin, afin que je m'applaudisse de mon ouvrage, et que les dieux, ravis, me célèbrent toujours comme autrefois. »

Et les déesses légères sourirent doucement; elles firent un gracieux signe de tête au vieillard, et, d'une main prodigue, versèrent alentour la vie et la lumière, tellement que nul mortel ne l'aurait pu soutenir, et que les dieux furent enchantés.

Vulcain s'avançait donc à la hâte vers le seuil, l'esprit tendu vers le travail, car le travail seul animait son cœur. Junon le rencontra, accompagnée de Minerve, qui conversait avec elle.

Et, lorsqu'elle aperçut son fils, la divine Junon l'arrêta soudain et lui dit :

« Mon fils, tu perdras bientôt le renom, qui te flatte, de fabriquer, en épuisant toutes les ressources de l'art, des armes qui défendent les hommes contre la mort, comme telle ou telle déesse t'en fait la prière : car le jour est proche où l'illustre fils de Pélée tombera, jeune encore, dans la poussière, *marquant* les limites de la destinée mortelle. Ni ton casque ne le protégera, ni la cuirasse, ni le vaste bouclier, quand les sombres déesses de la mort l'atteindront. »

Mais l'industrieux Vulcain répondit :

« Pourquoi te railler de moi, ô ma mère, parce que j'ai montré à Thétis de l'empressement, et que j'ai fabriqué ces armes? Un pareil ouvrage ne sortirait pas de l'enclume des hommes mortels; un dieu même ne les forgerait pas avec mes outils, moulées sur le corps, soulevant le héros comme des ailes, impénétrables, magnifiques, admirables à l'œil étonné. Car ce qu'un dieu dispense aux hommes est un don béni, et non comme le présent d'un ennemi, que l'on ne garde que pour sa perte. Et Patrocle serait certainement revenu heureux et vainqueur, si Phébus ne lui avait arraché le casque de la tête, et n'avait ouvert sa cuirasse, en sorte que le guerrier désarmé succomba. Mais, s'il en doit être ainsi, et si le destin réclame le mortel, l'arme la plus divine, l'égide même, ne le protégerait pas : c'est pour les dieux seulement qu'elle écarte le jour funèbre. Eh! que m'importe cela? Il prépare la guerre, celui qui forge des armes, et il ne doit pas en attendre les sons de la lyre. »

Ainsi dit-il, et il poursuivit sa marche en murmurant : les déesses riaient. Cependant les autres dieux entrèrent dans la salle. Diane vint, déesse matinale, déjà charmée de sa flèche victorieuse, qui lui avait abattu un cerf magnifique aux sources de l'Ida; Iris vint à son tour avec Hermès, puis l'auguste Latone, éternellement haïe de Junon, semblable à cette déesse, mais d'un caractère plus doux. Phébus la suit, et la divine mère est fière de son fils. Mars, le guerrier, s'avance à grands pas. Il n'est gracieux pour personne et n'est dompté que par la belle Cypris. Bien tard s'avance Aphrodite, la déesse au regard tendre, qui se sépare à regret des amants dans les heures matinales. Avec une lassitude voluptueuse, comme si la nuit ne lui avait pas donné le repos, elle se penchait sur les bras de son trône.

Et une douce lumière éclaira les salles; un souffle de l'Éther s'élança des espaces lointains, annonçant l'approche du fils de Saturne. Il arriva aussitôt de son palais sublime à l'assemblée, appuyé sur la statue, ouvrage de Vulcain. Il s'avança majestueusement jusqu'à l'admirable trône d'or; il s'assit, et les autres dieux, debout, s'inclinèrent devant lui et s'assirent chacun à sa place.

Soudain les agiles divinités de la jeunesse, Hébé et les Grâces, échansons empressés, servirent à la ronde l'ambroisie écumante, versant à pleine coupe, sans déborder, le breuvage chéri des immortels. Ganymède ne s'avança que vers le fils de Saturne, avec la douce gravité de la première jeunesse dans son œil enfantin, et le dieu fut charmé. C'est ainsi que tous les immortels goûtaient en silence la suprême félicité.

Mais la divine Thétis parut, la tristesse dans les yeux, Thétis, majestueuse et grande, la fille la plus chérie de Nérée; et, se tournant aussitôt vers Junon, elle dit ces paroles :

« Déesse, accueille-moi sans détourner la tête; apprends à être juste. Je le jure par ceux qui habitent le Tartare profond et sont assis autour de Kronos, au delà des flots du Styx, vengeurs tardifs du parjure, je ne suis pas venue pour mettre obstacle à la destinée trop certaine de mon fils et pour éloigner de lui le jour funèbre : non, c'est mon invincible douleur qui me fait monter ici du sein de la mer pourprée, afin de chercher sur les sommets olympiens quelque soulagement à ma cruelle angoisse. Car mon fils ne m'appelle plus : debout sur le rivage, il m'oublie et ne songe avec regret qu'à son ami, qui est descendu avant lui dans la sombre demeure de Pluton, et qu'il lui tarde de suivre chez les ombres. Oui, je ne veux ni le voir ni lui parler. Quel soulagement trouverions-nous à gémir et à déplorer ensemble une fatalité inévitable? »

Junon se retourna soudain, et, avec un regard terrible, elle adressa, pleine de courroux, à la déesse affligée ces outrageantes paroles :

« Trompeuse, impénétrable, pareille à la mer qui t'a enfantée, je devrais me fier à toi, et même te recevoir d'un regard gracieux, toi qui m'as offensée mille fois, et jadis et récemment encore; qui as poussé à la mort les plus illustres guerriers, pour flatter l'insensé, l'intolérable caprice de ton fils? Crois-tu que je ne te connaisse pas et ne me souvienne pas de ce que tu avais entrepris, lorsque le fils de Saturne déjà descendait vers toi dans sa gloire, comme fiancé, me délaissant, moi, son épouse et sa sœur, et que la fille de Nérée, enivrée d'orgueil, espérait être la reine du ciel? Mais il revint sur ses pas, le dieu, effrayé par la sage parole du Titan, qui lui annonçait que, de cet hyménée exécrable, lui naîtrait le fils le plus dangereux. Prométhée le savait bien! En effet, de ton mariage avec un mortel, est né un monstre pareil à la Chimère et au dragon qui ravage le monde. Si un dieu l'avait engendré, qui garantirait aux dieux l'espace éthéré? Comme l'un ravage la terre, l'autre aurait ravagé le ciel. Cependant je ne te vois jamais approcher que le fils de Saturne, prenant un air serein, ne te fasse un signe de tête et ne te caresse la joue, et que ce dieu terrible ne t'accorde tout pour m'offenser. Le désir non satisfait ne s'émousse jamais dans le cœur de l'homme. »

La fille du véridique Nérée lui répondit :

« Cruelle, que signifient ces paroles que tu m'adresses, comme des flèches de haine? Tu n'épargnes pas la plus affreuse douleur, la douleur de la mère qui, dans sa détresse, va de tous côtés, pleurant la mort prochaine de son fils. Tu n'as pas éprouvé comme ce chagrin déchire le sein d'une femme mortelle, ainsi que d'une déesse immortelle; car tu te vois entourée de fils glorieux, engendrés par Jupiter, éternellement jeunes et vigoureux, et tu mets ta joie dans ces augustes enfants. Cependant tu pleuras toi-même, tu te répandis en plaintes douloureuses, le jour où le fils de Saturne, irrité contre toi, lança le fidèle Vulcain dans l'île de Lemnos, et où l'enfant auguste resta gisant, blessé au pied comme un fils de la terre. Alors tes cris appelèrent les nymphes de l'île ombreuse, tu appelas Péon et tu soignas de tes mains la blessure. Aujourd'hui même, l'infirmité de ton fils boiteux t'afflige encore. S'il fait le tour de l'assemblée, empressé, officieux, pour servir aux immortels le précieux breuvage; s'il porte en chancelant la coupe d'or, veillant avec soin à ne pas répandre le nectar, et qu'un rire sans fin éclate chez les heureux habitants du ciel, toi seule tu te montres toujours sérieuse, et tu prends le parti de ton fils. Et je ne chercherais pas aujourd'hui, auprès de mes amis, l'adoucissement de ma douleur, quand la mort menace mon fils unique et glorieux? Mon vieux père me l'a trop fidèlement prédit, Nérée, le véridique, le divin explorateur de l'avenir, le jour où vous autres dieux immortels, descendus dans les bois du Pélion, vous célébrâtes ensemble l'hyménée qui me fut imposé, et qui me livra aux embrassements d'un mortel. Dès lors le vieillard m'annonça cet illustre fils, supérieur à son père, car ainsi le voulait le destin; mais il m'annonça en même temps la fin prématurée de ses tristes jours. Ainsi s'envolèrent pour moi les rapides années, entraînant, d'une marche irrésistible, mon fils vers la porte noire de Pluton. De quoi m'ont servi l'artifice et la ruse? le feu qui purifie? les vêtements de femme? Un immense désir de gloire et les liens de la destinée entraînèrent le héros dans les combats. Ses tristes jours sont écoulés, ils touchent à leur terme. Elle m'est connue, la volonté du destin suprême : une gloire certaine est à jamais son partage, mais les armes des Parques le menacent, prochaines, inévitables; le fils de Saturne lui-même ne le sauverait pas. »

Ainsi dit-elle, puis elle s'avança et alla s'asseoir à côté de Latone, qui, plus que les autres déesses, porte dans le sein un cœur de mère, et, là, elle se repaissait librement de sa douleur.

Alors le fils de Saturne tourna, avec douceur et gravité, sa face divine vers la mère éplorée, et lui adressa ces paroles paternelles :

« Ma fille, devais-tu faire entendre à mes oreilles les violentes paroles de l'injure, telles qu'un Titan les peut exhaler, dans sa colère, contre les dieux qui règnent sur l'Olympe? Tu prives toi-même ton fils de la vie par ton désespoir insensé. A la vie demeure toujours unie l'espérance, flatteuse déesse, plus attrayante que bien d'autres, qui traversent, comme fidèles génies, avec les hommes mortels les jours inconstants. L'Olympe ne lui est point fermé; pour elle s'ouvre même la sombre demeure de Pluton, et l'inflexible destinée sourit, quand la belle l'assiége de ses caresses. L'impénétrable nuit ne rendit-elle pas à mon fils victorieux l'épouse d'Admète? Protésilas n'est-il pas remonté, pressant dans ses bras son épouse en deuil[1]? Et Proserpine ne fut-elle pas attendrie, lorsqu'elle entendit aux enfers le chant d'Orphée et son invincible langueur? Ma foudre n'a-t-elle pas dompté le puissant Esculape, assez téméraire pour rappeler les morts à la vie? Les vivants espèrent même pour les morts: veux-tu désespérer, quand ton fils jouit encore de la lumière? La borne de la vie n'est pas une barrière immobile : les dieux, les hommes eux-mêmes, font reculer les déesses de la mort. Ne laisse donc pas abattre ton courage. Garde tes lèvres de paroles impies, et ferme ton oreille au sarcasme ennemi. Déjà souvent le malade a enseveli le médecin qui lui avait annoncé une mort prochaine; revenu à la santé, il a joui de la lumière du soleil. Neptune ne pousse-t-il pas souvent avec violence la quille du vaisseau contre la Syrte fatale, et n'ouvre-t-il pas les flancs du navire? Aussitôt la rame échappe de la main, et les débris du vaisseau fracassé, saisis par les matelots, sont dispersés par le dieu sur les ondes. Il veut que tous périssent, mais le génie en sauve quelques-uns. Aussi, je le crois, ni les dieux ni la première des déesses ne savent à qui les destins réservent de revenir des champs d'Ilion dans sa patrie. »

A ces mots, Jupiter se tut, et la divine Junon, s'arrachant soudain de son siége, se leva, telle qu'une montagne se lève sur la mer, avec ses hautes cimes illuminées par les foudres du ciel. Et fière et courroucée, elle dit, l'incomparable, l'auguste déesse :

« Dieu terrible, à la volonté inconstante, que signifient ces paroles trompeuses? As-tu parlé peut-être pour me provoquer? pour te réjouir de ma colère, et me préparer un affront en présence des immortels? J'ai peine à croire que tu aies sérieusement médité ces paroles. Ilion tombera, tu l'as juré toi-même, et tous les signes du destin nous l'annoncent : il faut donc aussi qu'il succombe, cet Achille, le plus vaillant des Grecs, le digne favori des dieux. Celui qui se rencontre sur la voie du destin,

---

1. Protésilas venait de se marier, lorsqu'il dut partir pour la guerre de Troie. A peine eut-il touché le rivage phrygien, qu'il fut tué par Hector. Sa jeune épouse, Laodamie, demanda aux dieux la grâce de le voir encore une fois pour quelques heures, et sa prière fut exaucée. Peu de temps après, Laodamie se donna elle-même la mort.

dont la course terrible s'avance vers le but suprême, tombe dans la poussière, est foulé sous les pieds des chevaux, écrasé par la roue de bronze du char sacré. Aussi je ne m'arrête point aux doutes que tu as élevés, pour calmer peut-être celle qui s'abandonne mollement à ses douleurs. Mais voici ce que je veux te dire, et garde ces paroles dans ton cœur. L'arbitraire est à jamais odieux aux immortels et aux hommes, quand il se montre dans les actions, et même quand il se manifeste dans les paroles seulement : car, si puissant que nous soyons, de tous les dieux immortels, Thémis est la plus immortelle ; elle doit subsister et dominer encore, lorsqu'un jour ton empire, si tard que ce puisse être, succombera sous la force supérieure, la force longtemps enchaînée des Titans. »

Le fils de Saturne répondit avec calme et sérénité :

« Tu parles sagement, tu n'agis pas de même, car c'est toujours une chose mauvaise, sur la terre comme dans le ciel, que l'associé du souverain se range parmi ses adversaires, soit dans les actes soit dans les paroles. La parole est le héraut des actions qui s'approchent. Voici donc l'avis que je te donne : s'il te plaît, déesse inquiète, de partager aujourd'hui même l'empire de Kronos et de régner là-bas, descends résolûment, pour attendre le jour des Titans, qui, je le pense, est encore éloigné de la lumière éthérée. Mais, vous autres dieux, je vous le déclare, la destruction ne menace pas encore irrésistiblement les murailles de Troie. Courage donc! Qui défend la ville défend Achille en même temps. Aux autres est réservé, ce me semble, un douloureux ouvrage, s'ils font périr le plus vaillant guerrier des Hellènes, qu'ils favorisent. »

A ces mots, Jupiter se leva de son trône, et se rendit dans ses appartements. Et, quittant leurs siéges, Latone et Thétis se retirèrent dans le fond des galeries, cherchant le triste plaisir d'un entretien solitaire, et aucun dieu ne les suivit. Alors l'auguste Junon, se tournant du côté de Mars, lui dit ces mots :

« Mon fils, quelle est maintenant ta pensée, à toi dont le caprice indompté favorise celui-ci et celui-là, et fait tourner tantôt pour l'un, tantôt pour l'autre, la fortune changeante des armes redoutables? Jamais le but n'occupe ta pensée, où qu'il soit fixé ; tu ne vois que la force soudaine et la fureur et la détresse immense. Aussi, je le pense, bientôt tu seras au milieu des Troyens; tu combattras Achille lui-même, qui approche enfin du terme fatal, et qui n'est pas indigne de tomber sous les mains des dieux. »

Mars répondit avec noblesse et respect :

« Ma mère, ne me donne pas un ordre pareil, car il ne siérait pas à un dieu de l'accomplir. Les hommes mortels peuvent s'égorger les uns les autres, selon que les pousse le désir de la victoire : mon office est de leur faire quitter la lointaine et paisible demeure où ils coulent sans contrainte d'heureux jours, travaillant sans relâche pour obtenir les dons de Cérès nourricière. Mais je les excite, Ossa[1] marchant sur mes traces. Le tumulte des batailles lointaines retentit à leurs oreilles; déjà la tempête du combat gronde autour d'eux, et réveille dans les âmes une ardeur immense; rien ne les retient plus; ils s'avancent, altérés de sang, dans la vaillante mêlée, désireux de braver la mort. Je vais donc appeler Memnon, fils de l'aimable Aurore et les peuples éthiopiens et la nation des Amazones, à qui les hommes sont odieux. »

Ainsi dit-il, et il s'éloignait; mais la belle Cypris le retint au passage, arrêta son œil sur le sien, et lui dit avec un délicieux sourire :

« Barbare, tu cours, dans ta fureur, appeler les derniers peuples de la terre aux combats qui se livrent dans ces lieux pour une femme. Va, je ne t'arrête pas. Car la plus belle des femmes est un plus digne prix du combat que la possession des richesses. Toutefois ne soulève pas, je te prie, les peuples éthiopiens, qui offrent si souvent aux dieux les plus pieuses fêtes, nation vertueuse et pure, à laquelle je dispensai les plus beaux dons, les joies éternelles de l'amour et des enfants sans nombre. Mais je te loue, si tu entraînes dans la lutte mortelle les bandes viriles des farouches Amazones; car elles me sont odieuses, ces barbares, qui fuient le doux commerce des hommes, ces hardies guerrières, dépourvues de toutes les grâces séduisantes, la parure des femmes. »

Elle dit, puis elle suivit du regard le dieu qui s'éloignait

---

1. La Renommée. Elle correspond à la Fama des Latins. (Hom., Il., II, 93.)

à grands pas; mais elle détourna vivement les yeux, pour observer la marche de Phébus, qui descendait de l'Olympe vers la terre fleurie, et traversa la mer, en évitant toutes les îles, pour gagner promptement la vallée de Thymbré, où il avait un temple auguste et sévère, que les peuples de Troie entouraient en foule, tandis que subsistait encore la paix, durant laquelle chacun désire les fêtes. Mais alors il était vide, sans fêtes et sans jeux. Cypris, la déesse habile et sage, observait Phébus, et méditait de se présenter à lui, car elle roule divers projets dans son cœur. Cependant l'austère Pallas dit à Junon :

« Déesse, ne sois pas irritée contre moi : je vais descendre et marcher aux côtés de celui que la destinée atteindra bientôt. Une si belle vie ne mérite pas de finir dans le découragement. Je te l'avoue volontiers : parmi tous les héros des âges passés, comme du temps présent, Achille me fut toujours cher. Je me serais même livrée à son amour et à ses embrassements, si les travaux de Cypris pouvaient convenir à la vierge née du cerveau de Jupiter : mais, tout comme il entourait son ami d'une vive tendresse, je le chéris lui-même; et, comme il pleure Patrocle, lorsqu'il succombera, moi, déesse, je pleurerai ce mortel. Ah! faut-il que cette belle figure soit si promptement enlevée à la terre, qui se complaît partout dans ce qui est vulgaire! Faut-il que ce beau corps, ce magnifique édifice de vie, soit livré à la flamme dévorante et réduit en poussière! que le noble adolescent ne puisse devenir un homme! Un prince est si nécessaire au monde! Que la jeune fureur, le désir sauvage de la destruction, se change enfin en intelligence puissante, créatrice, qui détermine la règle selon laquelle les peuples devront se conduire! L'homme accompli ne ressemble plus à Mars l'impétueux, qui ne se plaît que dans les combats homicides; non, il ressemble à Jupiter lui-même, duquel découle la prospérité. Il ne renverse plus les villes, il les bâtit; il conduit sur le rivage lointain la population surabondante; les côtes et les syrtes foisonnent de peuples nouveaux, qui cherchent avidement l'espace et la nourriture. Mais lui, il se bâtit son tombeau. Je ne puis, je ne dois pas ramener mon favori de la porte de Pluton, dont il s'approche, dont il cherche déjà l'entrée pour suivre son ami, et dont l'ouverture, si près qu'elle soit de l'engloutir, lui est encore voilée par une ténébreuse obscurité. »

Ainsi dit-elle, puis elle jeta dans l'espace éthéré un regard terrible. Ce regard est pour un dieu ce que sont les pleurs pour un homme. Junon répondit, en posant la main sur l'épaule de son amie :

« Ma fille, je partage avec toi les douleurs qui te saisissent; car nous pensons de même en beaucoup de choses, et particulièrement en ceci, que j'évite les embrassements de l'homme et que tu les détestes. Mais nous honorons d'autant plus celui qui en est digne. Beaucoup de femmes désirent un homme voluptueux, comme le blond Anchise ou même Endymion, dont elles veulent seulement partager la couche. Courage donc, noble fille de Jupiter, descends vers le fils de Pélée, et remplis son sein d'une vie divine, afin qu'il soit aujourd'hui le plus heureux des mortels, en songeant à sa gloire future, et que la main de l'heure lui verse les trésors de l'éternité. »

Pallas se hâta de chausser les belles sandales d'or, qui la portent à travers les espaces du ciel et par-dessus la mer; elle partit et traversa les plaines éthérées, puis l'air inférieur, et descendit, d'un vol rapide, sur la montagne, aux sources du Scamandre, vers le tombeau d'Ésyétès, qui se voit de loin. Ses regards ne se portèrent point d'abord sur la forteresse de la ville, sur la plaine tranquille, qui s'étend vers la plage sablonneuse, entre les belles rives du Xanthe sacré, intarissable, et le lit rocailleux, large, desséché du Simoïs; ses yeux ne parcoururent point les lignes des navires et des tentes; elle n'observa point le mouvement du camp animé par le travail : la déesse se tourna du côté de la mer; elle ne vit que la colline de Sigée; elle vit le vaillant fils de Pélée, dirigeant ses laborieux Myrmidons.

Ils sont pareils à la troupe mobile des fourmis, quand le pied rapide du chasseur a détruit leurs ouvrages au fond de la forêt, renversant leur édifice, élevé avec tant de soin et de persévérance; soudain l'innombrable société, dispersée en mille bataillons, s'agite çà et là, et chaque troupe se remue, chacun saisissant l'objet le plus proche, et marchant avec effort vers le centre, vers le vieil édifice de la montagne percée en labyrinthe:

ainsi les Myrmidons entassaient la terre sur la terre, élevant du dehors en cercle le rempart, qui grandissait à vue d'œil, dans le contour fixé.

Mais Achille était au fond du cratère, entouré de la masse croulante, qui montait autour de lui en monument. La déesse s'approcha par derrière : elle avait pris la figure d'Antiloque, non pas entièrement, car elle paraissait plus imposante. Bientôt, s'étant retourné, le fils de Pélée aperçut avec joie son ami; il alla au-devant de lui, et dit, en lui prenant la main :

« Ami, viens-tu aussi accélérer la sérieuse entreprise que l'ardeur de ces jeunes hommes avance de plus en plus vers son terme ? Vois comme le rempart s'élève alentour, et comme se pressent déjà vers le centre les terres qui roulent et rétrécissent le cercle. Cet ouvrage, la multitude peut l'accomplir, mais c'est toi que je charge de construire au milieu l'abri protecteur de l'urne. Ici j'ai mis à part deux dalles énormes, que nous avons trouvées en creusant. Sans doute Neptune, qui ébranle la terre, les a détachées de la haute montagne et les a lancées ici, au bord de la mer, les couvrant de terre et de gravier. Ces dalles, toutes prêtes, dresse-les, et, les appuyant l'une contre l'autre, bâtis la tente solide. Que là-dessous l'urne subsiste, secrètement gardée, jusqu'à la fin des jours. Ensuite remplis de terre le vide de l'espace profond, toujours plus avant, jusqu'à ce que le tertre achevé, s'appuyant sur lui-même, devienne un monument pour les peuples à venir. »

Ainsi dit-il, et la fille de Jupiter, Minerve, aux yeux bleus, lui pressa de nouveau les mains, ces mains terribles, dont le guerrier même le plus brave ne s'approche pas volontiers dans le combat. Elle les presse, les presse encore, avec une force amicale et divine, et prononce ces douces et réjouissantes paroles :

« Ami, ce que tu commandes, le dernier des tiens l'accomplira quelque jour; que ce soit Antiloque ou que ce soit un autre, qui le sait ? Mais ne tardons pas à monter, sortons de cet espace étroit, et faisons le tour de la haute croupe du rempart. Là-haut se montrent la mer et la terre et les îles lointaines. »

En disant ces mots, elle stimula son cœur, et, le conduisant par la main, elle le fit monter légèrement; et ils cheminaient tous deux sur le bord élevé du tertre qui grandissait sans cesse.

Mais la déesse, ayant tourné vers la mer ses yeux étincelants, prononça, pour l'éprouver, ces paroles amicales :

« Quelles sont ces voiles nombreuses, qui, venant à la file, s'efforcent d'avancer vers le rivage, déployées sur une vaste ligne ? Elles n'approcheront pas sitôt, je le crois, de la terre sacrée, car le vent d'orient souffle contre elles du rivage.

— Si mes yeux ne m'abusent pas, repartit le grand Achille, si je ne suis pas trompé par la forme de ces vaisseaux peints, ce sont les audacieux Phéniciens, désireux de richesses diverses. Ils amènent des îles la nourriture bienvenue à l'armée des Achéens, qui dès longtemps manquaient de subsistances; ils amènent du vin, du blé et des troupeaux de bétail mugissant. Ils doivent aborder, je crois, et restaurer les troupes, avant que la bataille prochaine les appelle, rafraîchies et fortifiées.

— Certes, reprit la déesse aux yeux bleus, il ne s'est pas trompé, l'homme qui a mis tous les siens en mouvement pour construire cette éminence, afin d'observer à l'avenir dans la haute mer les navires qui s'approchent, ou d'allumer un feu, signal nocturne pour les pilotes. Car ici se découvre aux regards une immense étendue, qui n'est jamais déserte : le vaisseau vient au-devant des vaisseaux ou vogue à leur suite. En vérité, un homme qui viendra du fleuve Océan, et qui amènera dans son profond navire l'or pur du Phase lointain, qu'il désire échanger, afin de parcourir la mer, verrait toujours ce monument, quelle que fût la direction de sa course. S'il naviguait, à travers les ondes salées du large Hellespont, vers le berceau de Jupiter et vers le fleuve Égyptus, désireux de voir la Syrte tritonienne, peut-être aussi de saluer, au bout de la terre, les chevaux du soleil au terme de leur course, puis de revenir à la maison, richement chargé de marchandises recueillies sur maints rivages : cet homme le verrait aussi bien à son départ qu'à son retour. Jusque dans ces lieux reculés où la nuit ne quitte pas la terre sacrée, attristée de l'ombre éternelle, demeure aussi, je pense, maint homme résolu, ami des aventures, qui se hasarde en pleine mer : dirigeant sa course vers la joyeuse lumière, il arrive en ces lieux, il montre de loin la colline à ses compagnons, et il demande ce que signifie ce monument. »

Le fils de Pélée répondit, avec un regard joyeux :

« Tu parles sagement, ô fils du plus sage père. Tu ne considères pas seulement ce qui frappe aujourd'hui tes yeux, mais tu contemples l'avenir, et tu es comparable aux devins sacrés. Je t'écoute volontiers ; tes gracieux discours éveillent dans mon sein une joie nouvelle, qui me manque depuis longtemps. Oui, plus d'un navigateur sillonnera les flots d'azur, contemplera le magnifique monument, et dira aux rameurs : « Là est enseveli celui qui ne fut pas le moins vaillant des Achéens auxquels la rigueur des Parques a fermé le chemin du retour ; car ils ne furent pas en petit nombre, ceux qui élevèrent cette colline. »

— Non, il ne parlera pas ainsi, répliqua vivement la déesse. « Voyez, dira-t-il avec ravissement, en contemplant de loin le sommet, voilà le magnifique tombeau de l'unique, du grand Achille, que la volonté des Parques a sitôt ravi à la terre. » Car je te l'annonce, prophète véridique, à qui les dieux dévoilent soudainement l'avenir, depuis le fleuve Océan, d'où Phébus amène ses chevaux, les conduisant par le sommet du ciel, jusqu'aux lieux où il descend le soir ; oui, aussi loin que s'étendent le jour et la nuit, se répandra ta glorieuse renommée, et tous les peuples honoreront ton excellent choix d'une vie courte et glorieuse. Tu as pris la part la meilleure. Celui qui a quitté la terre étant jeune, vivra jeune toujours dans le royaume de Proserpine, sera toujours jeune pour les descendants, toujours regretté. Que mon père, le blanc Nestor, vienne à mourir : qui le plaindra ? Les yeux même de son fils verseront à peine quelques douces larmes. Sa course entièrement achevée, il reposera, le calme vieillard, admirable modèle des hommes ; mais le jeune homme qui succombe excite des regrets infinis chez tous les descendants, et il meurt de nouveau pour tout homme qui désire voir les exploits couronnés par les exploits. »

Achille, approuvant ces discours, lui répondit sur-le-champ :

« Oui, les hommes estiment tellement la vie, comme un joyau

sacré, qu'ils honorent par-dessus tous celui qui le méprise fièrement. Bien des vertus résident dans la sublime, l'intelligente sagesse, ou dans la foi, le devoir, l'amour, qui embrasse toutes choses : mais aucune n'est aussi honorée des hommes que la ferme volonté qui, au lieu de céder à la mort, appelle courageusement au combat la puissance même des Parques. Il paraîtra aussi vénérable aux races futures, celui qui, pressé par la honte ou le malheur, a tourné lui-même résolûment contre son corps délicat la pointe d'airain. La gloire est forcée de le suivre; il reçoit des mains du désespoir la magnifique couronne de l'impérissable victoire. »

Ainsi dit-il, et Minerve lui répondit :

« Tu as bien parlé, car c'est là ce qui arrive aux hommes. Le plus chétif est exalté par le mépris des dangers mortels. Un écuyer se tient noblement dans la bataille à côté du roi. La gloire même de l'épouse se répand sur la terre. Elle est toujours célébrée parmi les héros, la reine, l'épouse au cœur paisible, qui se dévoua pour son Admète. Mais nul ne peut espérer un sort plus grand, plus glorieux, que celui qui, sans conteste, est le premier dans la lutte des guerriers innombrables, d'origine achéenne ou Phrygiens indigènes, qui se livrent sur ce bord des combats infinis. Mnémosyne et ses augustes filles oublieront plutôt ces combats, ces premières luttes divines, qui affermirent l'empire de Jupiter, pour lesquelles la terre, la mer et le ciel s'émurent et s'enflammèrent; on oubliera l'audace des Argonautes, et la terre cessera de songer à la force d'Hercule, avant que ces campagnes et ce rivage cessent de publier la lutte de dix ans et ses glorieux exploits. Et, dans cette illustre guerre, qui soulève toute la Grèce, et qui a fait traverser la mer à ses vaillants guerriers, comme elle a appelé au combat les derniers barbares, alliés des Troyens, ce fut ta destinée d'être toujours nommé le premier, comme chef des peuples. Désormais, où que se rassemble le cercle des hommes paisibles, et qu'ils prêtent l'oreille au chanteur, étant abordés dans un port tranquille; se reposant, sur la pierre taillée, du travail de la rame et de la lutte terrible avec les flots indomptables; ou bien, dans la fête sacrée, couchés autour du temple magnifique de Jupiter olympien ou de Phébus, qui frappe de loin, quand le prix glorieux est décerné aux heureux vainqueurs, ton nom coulera toujours le premier des lèvres du chanteur, après qu'il aura d'abord célébré la louange du dieu. Tu élèveras le cœur de chacun, comme si tu étais présent, et la gloire de tous les braves s'évanouira pour se concentrer sur toi seul. »

Achille, avec un regard sérieux, répondit vivement :

« Ton langage est loyal et bon, et d'un jeune homme sage. Oui, l'homme est charmé de voir la foule se presser en son honneur, pendant sa vie, avide de le contempler ; et il aime aussi à songer au divin poëte, qui tressera avec son nom la couronne du chant ; mais il trouve plus de charme encore à jouir des sentiments fraternels de nobles guerriers, soit dans la vie, soit aussi dans la mort. Je n'ai jamais goûté sur la terre de plus délicieux plaisirs que le soir, après la bataille et la violente fatigue, lorsque Ajax, fils de Télamon, me serrait la main, en se réjouissant de la victoire et des ennemis terrassés. Certes, il faudrait que le partage de l'homme fût de passer dans la joie cette courte vie, assis du matin au soir dans la salle du festin, savourant une abondante nourriture, avec le vin salutaire, qui triomphe des soucis, tandis que le chanteur célébrerait le passé et l'avenir. Mais un sort si doux ne lui fut pas dispensé, le jour où Jupiter se courrouça contre le sage Prométhée, et où Vulcain fit pour le roi l'image de Pandore : alors fut résolue l'inévitable souffrance pour tous les hommes mortels qui jamais habiteront la terre, auxquels Phébus ne luit que pour de trompeuses espérances, les abusant même par son éclat céleste et ses rayons bienfaisants. Car la source de querelles infinies, ruine de la plus paisible maison, coule par une pente naturelle dans le sein de l'homme : c'est l'envie, l'ambition, le désir de posséder sans partage les terres au loin dispersées et les troupeaux et la femme, qui, lui paraissant divine, apporte dans la maison de funestes malheurs. Et quand se repose-t-il de ses fatigues et de ses violents efforts, l'homme qui traverse les mers dans le profond navire, qui, suivant les pas du bœuf robuste, trace sur la terre l'industrieux sillon? Partout les dangers le menacent, et la Fortune, la plus vieille des Parques, agite le sol de la terre aussi bien que la mer. Écoute donc cette parole : que le plus heureux se tienne toujours équipé pour le combat, et que chacun soit, comme le guerrier, toujours prêt à quitter la lumière du soleil. »

Là-dessus la déesse Minerve répondit en souriant :

« Écartons maintenant toutes ces pensées. Les discours, même les plus sages, des hommes nés de la terre ne résolvent pas l'énigme de l'impénétrable avenir. C'est pourquoi il vaut mieux que je songe au but pour lequel je suis venue, savoir si tu ne veux point me donner l'ordre de te procurer d'abord, et aux tiens aussi, les aliments nécessaires. »

Le grand Achille répondit avec une douce gravité :

« Plus sage que moi, tu me rappelles avec raison ce dont j'ai besoin. A la vérité, ni la faim ni la soif ni aucun autre désir terrestre ne me provoquent à passer des heures dans la joie ; mais ces hommes, ces ouvriers fidèles, ne trouvent pas dans la fatigue même le soulagement de la fatigue. Si je fais appel aux forces des miens, je dois les soutenir avec les dons de Cérès, qui dispense toute nourriture. Ainsi donc hâte-toi de descendre, mon ami, et envoie du pain et du vin en abondance, afin que nous avancions l'ouvrage ; et, ce soir, vous sentirez, à votre approche, les fumées appétissantes de la chair des bestiaux que l'on vient d'égorger. »

Il parlait ainsi en élevant la voix : les siens entendirent ces paroles, et ils souriaient l'un à l'autre, oubliant la sueur du travail. Mais la divine Pallas descendit en effleurant la terre, et aussitôt elle atteignit les tentes des Myrmidons, qui gardaient fidèlement, au pied de la colline, la droite du camp. C'était le poste assigné au grand Achille. Soudain la déesse stimula les hommes sans cesse prévoyants, qui, gardant en abondance le froment doré, sont toujours prêts à le fournir aux guerriers. Elle les apostropha, et leur tint ce langage impérieux :

« A l'œuvre ! Que tardez-vous de porter sur la colline aux travailleurs fatigués le pain et le vin, nourriture bienvenue ? Aujourd'hui ils ne sont pas assis auprès de leurs tentes, livrés ensemble à de joyeux entretiens, attisant le feu, pour apprêter le repas du jour. Levez-vous, paresseux, et procurez sur le champ à ces hommes laborieux ce que leur estomac réclame ; car trop souvent vous réduisez pour les combattants le juste salaire de la nourriture promise. Mais sans doute vous éprouverez un jour la colère du chef, qui n'a pas amené pour l'amour de vous ses guerriers sur ce bord. »

Ainsi dit-elle, et ces gens obéirent avec empressement, le cœur outré de dépit; ils tirèrent des magasins les vivres en abondance, et en chargèrent les mulets.

LE

ROMAN DU RENARD

LE ROMAN DU RENARD[1].

CHANT PREMIER.

Pentecôte, l'aimable fête, était venue ; les champs et les bois étaient verts et fleuris ; sur les hauteurs et les collines, dans les bosquets et les buissons, les oiseaux, nouvellement éveillés, gazouillaient leurs joyeuses chansons ; chaque prairie se jonchait de fleurs dans les vallons embaumés ; le ciel serein, la terre diaprée, brillaient avec un air de fête.

---

1. Le titre de ce poëme est, dans l'original, REINEKE FUCHS, qu'il faudrait traduire par REINEKE LE RENARD, mais REINEKE, REINKE ou REINHART étant au fond le même mot que notre Renard (qui en est dérivé et a remplacé le vieux goupil), ce rapprochement serait d'un effet désagréable. Nous avons préféré le titre sous lequel cette épopée du moyen âge est si célèbre chez nous.

En effet le poëme de Goethe n'est pas une œuvre originale. C'est la traduction, abrégée en quelques endroits, développée en quelques autres, du REINKE Vos, qui parut à Lubeck en 1498, écrit dans le dialecte de la basse Allemagne, et dont Nicolas Baumann est présumé l'auteur. Baumann a suivi ou simplement traduit des ouvrages plus anciens ; mais il a su élever son récit à la hauteur d'un poëme épique, en agrandissant le sujet par des développements heureux, et en lui donnant l'unité qui lui manquait.

La traduction de Goethe reproduit fidèlement le sens et l'esprit de l'original ; mais le choix des expressions et l'emploi de l'hexamètre, qui ont donné à l'œuvre une forme plus moderne, ont effacé, en même temps, plus d'un trait naïf et quelques grâces particulières au dialecte.

Nous avons conservé dans notre traduction les noms propres allemands, sauf lorsqu'ils étaient à peu près semblables à ceux qu'on trouve dans notre Roman du Renard. Nous avons alors adopté ceux-ci, avec l'orthographe, d'ailleurs assez irrégulière, des textes primitifs.

Noble, le roi, assemble sa cour, et ses vassaux, convoqués, se hâtent d'accourir en grande pompe; beaucoup de fiers personnages arrivent de toutes parts : Lutke, la grue, et Markart, le geai, et tous les meilleurs. Car le roi veut tenir cour plénière avec tous ses barons. Il les fait convoquer tous ensemble, aussi bien les grands que les petits. Nul ne devait y manquer, et pourtant quelqu'un y manqua : ce fut Reineke, le renard, le fripon, qui, pour ses nombreux méfaits, s'abstint de paraître à la cour. Comme la mauvaise conscience craint le jour et la lumière, le renard craignait les seigneurs assemblés. Tous avaient à se plaindre : il les avait tous offensés, et il n'épargnait que Grimbert, le blaireau, le fils de son frère.

Ysengrin, le loup, fit sa plainte le premier. Accompagné de tous ses cousins et partisans, de tous ses amis, il se présenta devant le roi et fit sa déclaration juridique :

« Très-honoré seigneur et roi, entendez mes griefs. Vous êtes noble et grand et honorable; vous faites à chacun justice et grâce : soyez donc aussi touché du dommage que Reineke, le renard, m'a fait souffrir avec grande honte; mais, avant tout, ayez pitié de ma femme, qu'il a tant de fois outragée insolemment, et de mes enfants, qu'il a maltraités. Hélas! il les a souillés d'immondices, d'ordures corrosives, tellement que j'en ai trois encore à la maison qui sont au martyre, dans une cruelle cécité. A la vérité, tout le crime est notoire depuis long-temps; un jour était même fixé pour faire droit à ces plaintes. Il offrait de prêter serment; mais bientôt il a changé de résolution, et s'est enfui au plus vite dans son fort. C'est là ce que savent trop bien toutes les personnes ici présentes à mes côtés. Seigneur, quatre semaines ne me suffiraient pas pour conter brièvement les souffrances que le drôle me prépare. Quand toute la toile de Gand, autant que l'on en fabrique, serait changée en parchemin, elle ne contiendrait pas tous ses mauvais tours, et je les passe sous silence. Mais le déshonneur de ma femme me dévore le cœur : je le vengerai, quoi qu'il puisse arriver. »

Quand Ysengrin eut parlé de la sorte, le cœur affligé, un petit chien, qui se nommait Wackerlos[1], s'avança et dit au roi,

---

1. C'est-à-dire *sans vigueur, sans courage*.

en français, comme quoi il était pauvre, et qu'il ne lui était resté rien qu'un petit morceau de saucisse dans un buisson dépouillé; que cependant Reineke le lui avait pris. Le chat, en colère, s'élança et parut à son tour. Il dit :

« Noble maître, nul ne doit se plaindre des offenses du scélérat plus que le roi lui-même. Je vous le dis, il n'est personne dans cette assemblée, jeune ou vieux, à qui ce misérable ne cause plus de crainte que vous. Cependant la plainte de Wackerlos est futile. Il y a des années que l'affaire s'est passée. C'est à moi que la saucisse appartenait. J'aurais dû faire alors ma plainte. J'étais allé à la chasse. Sur mon chemin, je visitai un moulin pendant la nuit. La meunière dormait : je dérobai sans bruit une petite saucisse, je dois l'avouer. Si Wackerlos avait sur elle quelque droit, il le devait à mon industrie. »

La panthère dit à son tour :

« Que servent les paroles et les plaintes ? elles sont de peu d'effet : le mal est assez notoire. Reineke est un voleur, un meurtrier. Je puis l'affirmer hardiment. Les seigneurs le savent bien; point d'attentats qu'il ne commette. Quand tous les nobles, quand l'auguste monarque lui-même, perdraient l'honneur et les biens, il s'en rirait, s'il y gagnait seulement un morceau de chapon gras. Sachez comme il maltraita hier Lampe, le lièvre. Le voici, le pauvret, qui n'a lésé personne. Reineke fit le dévot et voulait l'instruire en tout point brièvement, et de ce qui concerne l'office de chapelain. Ils s'assirent l'un devant l'autre et commencèrent le *Credo*. Mais Reineke ne put renoncer à ses anciennes ruses. Durant la paix de notre roi et le sauf-conduit, il saisit Lampe avec ses ongles et tirailla traîtreusement le brave homme. Je vins à passer sur la route et j'entendis leur chant, qui, à peine commencé, fut interrompu. Je prêtai l'oreille et je fus bien surpris; mais, quand j'arrivai, je reconnus Reineke sur-le-champ. Il avait pris Lampe au collet, et lui aurait sans doute arraché la vie, si, par bonheur, je n'étais pas survenu. Le voilà. Considérez les blessures du brave homme, que nul ne songe à offenser. Si notre maître veut souffrir, seigneur, si vous voulez permettre que la paix du roi, sa lettre et son sauf-conduit soient insultés par un brigand, oh! le roi et ses enfants entendront longtemps encore les reproches des gens qui aiment le droit et la justice. »

Ysengrin dit là-dessus :

« Il n'en sera pas autrement, et, par malheur, Reineke ne nous fera jamais rien de bon. Oh! fût-il mort depuis longtemps! Ce serait le mieux pour les gens paisibles. Mais, s'il est pardonné cette fois, il trompera bientôt avec audace tels qui s'en doutent le moins aujourd'hui. »

Alors le blaireau, neveu de Reineke, prit la parole et plaida hardiment en faveur de son oncle, quoique sa fausseté fût bien connue.

« Seigneur Ysengrin, dit-il, il est vieux et vrai le proverbe : « A bouche ennemie jamais ne te fie. » En vérité, mon oncle n'a pas non plus à se louer de vos paroles. Mais la chose vous est facile. S'il était à la cour, aussi bien que vous, et s'il jouissait de la faveur du roi, assurément vous auriez à vous repentir d'avoir parlé avec tant de malice, et renouvelé de vieilles histoires; quant au mal que vous avez fait vous-même à Reineke, vous le passez sous silence. Et cependant plusieurs de nos messieurs savent comme vous aviez fait ensemble une alliance et promis tous les deux de vivre en camarades. Il faut que je conte la chose. Une fois, en hiver, il courut pour vous de grands dangers. Un voiturier, qui menait une charretée de poissons, passait sur la route. Vous en eûtes vent, et vous auriez, à tout prix, voulu manger de sa marchandise : par malheur, l'argent vous manquait. Alors vous persuadez mon oncle; il se couche finement, comme mort, sur la route. C'était, par le ciel, une audacieuse entreprise! Mais écoutez quels poissons il eut en partage! Le voiturier approche, et voit mon oncle dans l'ornière. Il tire vite son coutelas pour lui assener un coup. Le rusé ne s'émeut pas, ne bouge pas, comme s'il était mort. Le voiturier le jette sur le chariot, et, d'avance, il se réjouit à l'idée de la fourrure. Voilà donc ce que mon oncle risqua pour Ysengrin. Le voiturier continua sa marche, et Reineke jeta des poissons à bas. Ysengrin accourut de loin sans bruit : il mangea les poissons. Reineke se lassa d'aller en voiture. Il se leva, sauta de la charrette, et voulut aussi manger sa part du butin. Mais Ysengrin avait tout dévoré; il s'était bourré plus que de raison et faillit en crever. Il n'avait laissé que les arêtes, et il offrit les restes à son ami. Un autre tour encore! Je vous en ferai de même un récit fidèle. Reineke savait que chez un paysan était pendu au croc un cochon gras, tué le jour même. Il en fit confidence au loup. Ils partent, décidés à partager fidèlement le gain et le danger. Mais la fatigue et le danger furent pour lui seul, car il grimpa à la fenêtre, et, à grand'peine, jeta au loup la proie commune. Par malheur, les chiens n'étaient pas loin, qui le flairèrent dans la maison et lui déchirèrent la peau bel et bien. Il s'échappa blessé, courut à la recherche d'Ysengrin, lui conta ses souffrances et réclama sa part. Ysengrin lui dit : « Je t'ai réservé un friand morceau. Mets-toi à l'ouvrage et me le dépèce de la bonne manière. Comme la graisse va te régaler ! » Et il apporta le morceau ; c'était le bâton courbé auquel le boucher avait suspendu le cochon. L'excellent rôti, le loup glouton, injuste, l'avait dévoré. De colère, Reineke resta muet; mais ce qu'il pensa, vous le pensez vous-mêmes. O roi, je vous assure que le loup a joué plus de cent tours pareils à mon oncle, toutefois je n'en dirai rien. Si Reineke lui-même est assigné, il se défendra mieux. Cependant, très-gracieux roi, noble monarque, je dois le faire observer, vous avez entendu, et ces seigneurs ont entendu, comme le discours d'Ysengrin a follement blessé l'honneur de sa propre femme, qu'il devait protéger au péril de sa vie. En effet, il y a sept ans et plus, mon oncle donna une bonne part de son amour et de sa foi à la belle Giremonde[1]. L'affaire eut lieu dans un bal de nuit. Ysengrin était en voyage. Je dis la chose comme je la sais. Elle s'est souvent prêtée à ses désirs, amicale et polie. Qu'y a-t-il de plus? Elle n'a jamais fait de plainte ; elle vit et se porte bien : pourquoi fait-il tant de bruit? S'il était sage, il ne dirait mot de l'affaire. Il n'y gagnera que la honte. Je passe à autre chose, poursuivit le blaireau. Voici l'histoire du lièvre! Vide et frivole commérage! Le maître ne devrait donc pas châtier l'élève, quand il est inattentif et inappliqué? Si l'on ne pouvait punir les enfants, et si la légèreté, l'indocilité, avaient pleine carrière, comment élèverait-on la jeunesse? Puis, Wackerlos se plaint d'avoir perdu en hiver une andouillette derrière un buisson? Il ferait mieux de

---

1. GIERMUND, « bouche goulue. » Giremonde rappelle plaisamment Rosemonde.

souffrir son mal en silence, car, nous venons de l'apprendre, l'andouille était volée. Comme il vient, s'en va le bien. Et qui peut faire un crime à mon oncle d'avoir enlevé au voleur le bien volé? Les gens nobles et de haute naissance doivent se montrer hostiles et redoutables aux voleurs. Et, s'il l'avait alors pendu, le cas serait excusable. Cependant il l'a laissé libre, par respect pour le roi, car il n'appartient qu'au roi d'infliger la peine de mort. Mais mon oncle doit s'attendre à peu de reconnaissance, si juste qu'il soit et opposé aux forfaits. Depuis que l'on a proclamé la paix du roi, nul ne s'observe comme lui. Il a changé de vie; il ne mange qu'une fois le jour, il vit comme un ermite, il se mortifie, porte une haire sur la chair nue et s'abstient tout à fait, depuis longtemps, de gibier et de bêtes privées, comme hier encore me le disait une personne qui lui a fait visite. Il a quitté son château de Maupertuis, et se construit un ermitage pour demeure. Comme il est devenu maigre et pâle de faim, de soif et d'autres sévères pénitences, qu'il endure avec contrition, vous pourrez vous en convaincre vous-mêmes. En effet, que chacun l'accuse ici, quel tort cela peut-il lui faire? Qu'il vienne seulement, il fera valoir son droit et confondra ses ennemis. »

Comme Grimbert achevait de parler, on fut bien surpris de voir paraître Henning, le coq, avec sa troupe. Sur un triste brancard était portée une poule sans cou et sans tête. C'était Grattepied[1], la meilleure des poules pondeuses. Hélas! son sang coulait, et Reineke l'avait répandu! On venait en informer le roi. Quand le vaillant Henning parut devant lui, dans l'attitude d'une affliction profonde, deux coqs, en deuil également, se présentèrent avec lui. L'un s'appelait Kreyant: il était impossible d'en trouver un meilleur de Hollande jusqu'en France. L'autre, qui pouvait soutenir avec lui la comparaison, s'appelait Kantart[2], vigoureux, hardi compagnon. Chacun d'eux portait un flambeau allumé; ils étaient les frères de la dame égorgée. Leurs cris douloureux demandaient justice du meurtrier. Deux jeunes

---

1. KRATZFUSS. Le mot pouvant se rendre assez bien en français, on a préféré, pour cette fois, donner la traduction.
2. KREYANT, qui crie; KANTART, qui chante. Dans le Roman du Renard figure Chantecler.

coqs portaient le brancard, et l'on pouvait entendre de loin leurs lamentations. Henning prit la parole :

« Très-honoré seigneur et roi, nous portons plainte pour un dommage irréparable. Considérez avec compassion le tort qui nous est fait, à mes enfants et à moi. Vous voyez ici l'ouvrage de Reineke. Lorsque l'hiver eut pris fin, que le feuillage et les fleurs nous appelèrent au plaisir, je me félicitais de voir ma famille passer avec moi les beaux jours dans la joie. Je comptais dix jeunes fils et quatorze filles, tous heureux de vivre. Ma femme, l'excellente poule, les avait élevés tous en un seul été. Tous étaient vigoureux et bien contents. Ils trouvaient leur nourriture journalière dans une place très-sûre. La cour appartenait à de riches moines; le mur nous défendait, et six grands chiens, vaillants commensaux du logis, chérissaient mes enfants et veillaient sur leur vie; mais Reineke le voleur était fâché de nous voir couler en paix d'heureux jours et échapper à ses ruses. Sans cesse il rôdait, la nuit, autour de la muraille, et guettait par la porte. Les chiens le remarquèrent. Alors il lui fallut courir ! Enfin ils le saisirent une fois bel et bien et lui frottèrent la peau; mais il s'échappa, et nous laissa quelque trêve. Écoutez maintenant : peu de temps après, il vint, habillé en ermite, et m'apporta une lettre scellée. Je reconnus votre sceau sur la lettre. Elle portait que vous aviez proclamé une solide paix chez les bêtes et les oiseaux; et il m'annonça qu'il était devenu ermite; qu'il avait fait des vœux sévères, pour expier les péchés dont il s'avouait coupable; que personne n'avait donc plus rien à craindre de lui; qu'il avait fait un vœu solennel de ne plus manger de viande jamais. Il me fit remarquer son froc, me montra son scapulaire. En outre, il me produisit un certificat, que le prieur lui avait donné, et, pour me rassurer davantage, sous le froc, une chemise de crin. Puis il s'en alla en disant : « Que Dieu, notre Seigneur, vous tienne en « sa garde ! J'ai encore beaucoup à faire aujourd'hui. J'ai à dire « sexte et none et vêpres encore. » Il lisait en marchant et méditait beaucoup de mal; il songeait à notre perte. Moi, d'un cœur joyeux, je rapportai bien vite à mes enfants l'heureuse nouvelle de votre lettre. Tous se réjouirent. Reineke s'étant fait ermite, nous n'avions plus aucun souci, aucune crainte : je sortis avec eux hors des murs, et nous jouissions tous de la liberté. Mais, hélas ! il nous en prit mal. Il était blotti traîtreusement dans les buissons : il s'élança et nous barra la porte. Il saisit le plus beau de mes fils et l'emporta. Et, une fois qu'il en eut tâté, plus de remède ; il faisait toujours de nouvelles tentatives. Ni les chasseurs ni les chiens ne purent nous défendre jour et nuit contre ses ruses. Il m'a ravi de la sorte presque tous mes enfants. De vingt je suis réduit à cinq. Il m'a volé tous les autres. Oh ! soyez touché de notre douleur amère. Hier il a tué ma fille. Les chiens ont sauvé le corps. Voyez, la voici. C'est lui qui l'a fait. Oh ! prenez la chose à cœur. »

Et le roi prononça ces paroles :

« Approchez, Grimbert, et voyez : voilà comme jeûne l'ermite ! voilà comme il fait pénitence ! mais, que je vive encore une année, et je l'en ferai sérieusement repentir. Au reste, que servent les paroles ? Écoutez, malheureux Henning : de tous les honneurs qui sont rendus aux morts, aucun ne manquera à votre fille. Je ferai chanter vigiles pour elle ; je la ferai ensevelir avec de grands honneurs. Ensuite nous délibérerons avec ces messieurs sur le châtiment du meurtre. »

Alors le roi commanda que l'on chantât vigiles. L'assemblée entonna *Domine placebo* ; ils chantèrent tous les versets. Je pourrais même rapporter qui chanta les leçons et qui les répons ; mais ce serait trop de longueurs : j'aime mieux en rester là. Le corps fut couché dans une fosse, et l'on érigea dessus un beau marbre, poli comme le verre, taillé en carré, grand et massif, sur lequel se lisaient distinctement ces mots :

« Grattepied, fille d'Henning, le coq, la meilleure des poules,
« pondit des œufs en grand nombre et sut gratter la terre habi-
« lement. Hélas ! elle est ici gisante, ravie à sa famille par le
« crime de Reineke. Que tout l'univers apprenne comme il a
« méchamment et traîtreusement agi, et que la morte soit
« pleurée. »

Voilà ce qui fut gravé sur le tombeau. Cependant le roi fit convoquer les plus sages, afin de délibérer avec eux sur la manière de punir le crime, qu'on avait exposé si clairement devant lui et devant les seigneurs. Ils décidèrent enfin qu'on enverrait un messager au rusé malfaiteur, pour qu'il ne se dérobât par aucune raison, et pour le sommer de se présenter à la cour du roi, le premier jour où les seigneurs se réuniraient. Brun, l'ours, fut chargé du message. Le roi dit à Brun :

« Je vous ordonne, moi, votre sire, de remplir le message avec zèle. Cependant je vous conseille la prudence; car Reineke est faux et méchant. Il emploiera toutes sortes de ruses; il vous flattera; il vous mentira, vous trompera de son mieux.

— Nenni-da! repris l'ours avec confiance. Soyez tranquille. S'il osait s'y jouer seulement, et se permettre de me faire la moindre insulte, je le jure par Dieu, qu'il veuille me punir, si je n'en fais de si terribles représailles, que Reineke ne puisse les endurer. »

CHANT DEUXIÈME.

Ainsi donc Brun prit, avec un fier courage, le chemin de la montagne, à travers un désert qui était grand, long et large et sablonneux; et, lorsqu'enfin il l'eut traversé, il arriva aux montagnes où Reineke avait coutume de chasser. La veille même, il s'était diverti dans ces lieux. L'ours avança jusqu'à Maupertuis, où Reineke avait de beaux bâtiments. De tous les châteaux et de tous les forts qui lui appartenaient en grand nombre, Maupertuis était le meilleur. Il y faisait sa résidence, aussitôt qu'il craignait quelque mal.

Brun arriva au château, et trouva la porte ordinaire solidement fermée. Il passa devant, et, après un moment de réflexion, il finit par crier :

« Monsieur mon oncle, êtes-vous à la maison? Brun, l'ours, est arrivé; il vient comme huissier du roi : car le roi a fait serment que vous devez comparaître à sa cour devant la justice. Je suis chargé de vous mander, afin que vous ne refusiez pas de soutenir vos droits et de rendre raison à chacun; sinon il vous en coûtera la vie. Car, si vous faites défaut, vous êtes menacé de la roue et du gibet. Prenez donc le meilleur parti; venez et suivez-moi. Autrement vous pourriez vous en mal trouver. »

Reineke entendit parfaitement ce discours, du commencement à la fin; il restait tranquillement aux écoutes et se disait :

« Si je pouvais payer à ce lourdaud ses orgueilleuses paroles! Il faut que je rêve à la chose. »

Là-dessus il passa au fond de sa demeure, dans les secrets réduits du château : car il était bâti avec beaucoup d'art. Il s'y trouvait des trous et des cavernes, avec cent corridors, étroits et longs, et diverses portes pour les fermer et les ouvrir, selon le moment et le besoin. Apprenait-il qu'on le cherchait, au sujet de quelque mauvaise action, il trouvait là le meilleur asile. Souvent aussi de pauvres bêtes s'étaient prises par simplicité dans ces méandres : bonne capture pour le brigand. Reineke avait entendu les paroles, mais il craignait sagement que d'autres personnes ne fussent en embuscade avec le messager. Quand il se fut assuré que l'ours était venu seul, le rusé compère sortit et dit :

« Mon très-cher oncle, soyez le bienvenu! Pardonnez-moi, je disais vêpres, c'est pourquoi je vous ai fait attendre. Je vous remercie d'être venu : sans doute cela me sera utile à la cour. J'ose l'espérer. A toute heure, mon oncle, soyez le bienvenu! En attendant, le blâme est pour celui qui vous a imposé ce voyage, car il est long et pénible. O ciel, comme vous avez chaud! Votre poil est mouillé et votre respiration haletante. Le puissant roi n'avait-il pas d'autre messager à m'envoyer que le noble seigneur qu'il honore le plus? Mais j'y trouverai mon avantage. Je vous en prie; prêtez-moi votre assistance chez le roi, où l'on me calomnie indignement. Je me propose, malgré ma situation critique, de me rendre demain librement à la cour, et c'est toujours ma pensée. Aujourd'hui seulement, je suis trop accablé pour faire le voyage. J'ai, par malheur, trop mangé d'un mets qui ne me convient pas. J'en souffre de violentes douleurs.

Brun, prenant la parole, lui dit :

« Quel était ce mets, notre oncle ? »

L'autre lui répondit :

« A quoi cela vous serait-il bon, si je vous le disais ? Je mène une misérable vie, mais je la souffre patiemment. Un pauvre homme n'est pas un comte. Et, quand il ne se trouve rien de mieux pour nous et les nôtres, il faut bien assouvir notre faim avec des rayons de miel, comme on peut toujours en trouver. Je ne les mange que par nécessité. A présent, je suis gonflé. J'ai avalé cette victuaille avec répugnance : comment pourrait-elle me profiter ? Si je pouvais toujours m'en abstenir, elle n'approcherait pas de mon palais.

— Eh ! monsieur mon oncle, qu'ai-je entendu ? répliqua Brun. Vous dédaignez le miel, que tant de monde recherche ? Le miel, je dois vous le dire, est le meilleur des mets, pour moi du moins. Oh ! procurez-moi du miel : vous n'aurez pas à vous en repentir. Je vous rendrai service à mon tour.

— Vous raillez, dit l'autre.

— Non, je vous le jure, répondit l'ours : j'ai parlé sérieusement.

— S'il en est ainsi, dit le rousseau, je puis vous servir : car il demeure au pied de la montagne un paysan, nommé Rusteviel[1]. C'est lui qui a du miel !... Assurément, vous et toute votre race, vous n'en vîtes jamais en si grande abondance. »

Alors Brun sentit une convoitise immodérée de ce mets favori.

« O mon oncle, s'écria-t-il, menez-moi vite chez cet homme ; je m'en souviendrai. Procurez-moi du miel, quand même je n'en aurais pas de quoi me rassasier.

— Allons, dit le renard ; le miel ne manquera pas. Aujourd'hui, je suis, il est vrai, mauvais piéton ; mais l'affection que je vous ai vouée depuis longtemps me rendra la marche moins pénible. Car je ne connais personne, parmi tous mes parents, que j'honore comme vous. Venez donc ! A votre tour, vous me servirez à la cour du roi, par-devant nos seigneurs juges, en sorte que je confonde la violence de mes ennemis et leurs accu-

---

1. *Le bon travailleur.* On prononce *Rustefil*.

sations. Je prétends vous repaître de miel aujourd'hui, autant que vous pourrez en porter. »

Le fripon avait dans la pensée les coups de bâton des paysans irrités. Reineke courut en avant, et Brun le suivit aveuglément.

« Si je réussis, se disait le renard, je te mènerai aujourd'hui dans un marché où tu trouveras du miel bien amer. »

Et ils arrivèrent à la ferme de Rusteviel. Cela rendit l'ours bien joyeux, mais sans cause, comme il arrive souvent aux fous de se tromper avec espérance.

Le soir était venu et Reineke savait qu'à cette heure, Rusteviel était d'ordinaire couché dans sa chambre. C'était un charpentier, un maître habile. Dans la cour se trouvait un tronc de chêne; déjà, pour le diviser, il y avait enfoncé deux coins épais, et, par en haut, l'arbre était ouvert de près d'une aune. Reineke l'observa et il dit :

« Mon oncle, il se trouve dans cet arbre plus de miel que vous ne pensez. Fourrez dedans votre museau aussi avant que vous pourrez. Seulement je vous conseille de n'en pas prendre à l'excès, avec gourmandise : vous pourriez vous en mal trouver.

— Croyez-vous, dit l'ours, que je sois un glouton? Nullement. La modération est bonne en toutes choses. »

Il se laissa donc enjôler, et il fourra sa tête dans la fente jusqu'aux oreilles, et aussi les pieds de devant. Reineke se mit à l'œuvre, et, à force de tirailler, il arracha les coins, et l'ours fut pris, la tête et les pieds étroitement serrés. Ni reproches ni flatteries ne servirent de rien; Brun avait assez à faire, quoique vigoureux et hardi : et voilà comme le neveu prit l'oncle au piège par adresse. L'ours hurlait et gémissait, et, avec les pieds de derrière, il grattait de fureur; il fit tant de vacarme, que Rusteviel accourut. Le maître se demandait ce que ce pouvait être, et il apportait sa hache, afin qu'on le trouvât les armes à la main, si quelqu'un songeait à lui faire tort.

Cependant Brun se trouvait dans une grande angoisse; il était serré violemment dans la fente; il tirait et se démenait, rugissant de douleur. Mais, avec toute sa peine, il ne gagnait rien; il croyait ne jamais sortir de là. Reineke en avait aussi la joyeuse assurance. Quand il vit Rusteviel s'avancer de loin, il cria :

« Brun, comment va-t-il? Modérez-vous et ménagez le miel.

Dites-moi, a-t-il bon goût? Voici Rusteviel, qui veut vous régaler. Il vous apporte, après le repas, un petit coup à boire. Grand bien vous fasse! »

Là-dessus Reineike s'en retourna à Maupertuis, le château. Rusteviel arriva, et, quand il aperçut l'ours, il courut appeler les paysans, qui buvaient encore ensemble au cabaret.

« Venez! leur cria-t-il, un ours est pris dans ma cour : je dis la vérité. »

Ils le suivirent et coururent; chacun s'arme à la hâte, aussi bien qu'il peut. L'un prend la fourche à la main, l'autre son râteau; le troisième et le quatrième accourent armés de piques et de hoyaux; le cinquième est muni d'un pieu; le curé même et le sacristain arrivent avec leurs outils. Enfin la cuisinière du curé (Mme Jeanne, qui savait apprêter et cuire la bouillie de gruau comme personne) ne resta pas en arrière. Avec sa quenouille, auprès de laquelle elle avait été assise tout le jour, elle accourut, pour frotter la peau du malheureux ours. Dans sa détresse horrible, Brun entendait le vacarme croissant, et, par un effort violent, il arracha sa tête de la fente : mais la peau et les poils de la face, jusqu'aux oreilles, restèrent dans l'arbre. Non, il ne se vit jamais de bête plus à plaindre. Le sang lui coulait par-dessus les oreilles. Que lui servait-il d'avoir délivré sa tête? Les pattes restaient prises dans le tronc. A force de tirer, il les dégage. Il était furieux et ne se connaissait plus : les ongles et la peau des pieds étaient demeurés dans la fente serrée. Hélas! cela n'avait pas le goût de ce doux miel que Reineke lui avait fait espérer; le voyage avait mal réussi; Brun avait fait une course malheureuse. Sa barbe, ses pieds, ruisselaient de sang; il ne pouvait se tenir debout; il ne pouvait ramper ni marcher. Et Rusteviel accourait pour le battre. Il fut assailli par tous ceux qui étaient venus avec le maître. Le tuer était leur désir. Le curé portait à la main un long bâton et le frappa de loin. L'ours se tournait avec peine de çà et de là; la troupe le pressait, les uns par ici, avec des piques, les autres par là, avec des haches; le forgeron apportait tenailles et marteau; ceux-ci venaient avec des pelles, ceux-là avec des bêches; ils frappaient sur l'ours et criaient et frappaient, tant que, saisi d'une douloureuse angoisse, il se roulait dans ses ordures.

Tous le pressaient; nul ne restait en arrière. Schloppe, le bancal, Ludolphe, le camus, étaient les plus acharnés, et Gérold agitait dans ses mains crochues le fléau de bois; à ses côtés était son beau-frère Kucklerei, le gros : l'un et l'autre frappaient au mieux; mais Quack et Mme Jeanne ne manquaient pas de faire leur devoir. Talke Lorden Quacks frappa de sa hotte le malheureux. Et ceux que nous nommons n'étaient pas les seuls: hommes et femmes accouraient en foule, et ils voulaient la vie de l'ours. Kucklerei criait plus que les autres. Il se croyait un personnage : car Mme Willigetrude, qui demeurait derrière la porte du village, était, on le savait, sa mère. Son père, on ne l'avait jamais connu : toutefois les paysans supposaient que le noir Sander, le faucheur, fier compagnon, quand il était seul, pourrait bien être son père. Les pierres volaient aussi comme grêle, menaçant de toutes parts Brun désespéré. Soudain le frère de Rusteviel s'élança en avant, et, d'un épais et long gourdin, il asséna un tel coup sur la tête de l'ours, qu'il n'y voyait et n'entendait plus : cependant il se relève de ce rude coup; il se jette, furieux, au travers des femmes, qui chancellent, qui tombent et crient; quelques-unes sont précipitées dans l'eau; et l'eau était profonde. Le curé pousse un cri.

« Voyez, dit-il, Mme Jeanne, la cuisinière, nage là-bas, dans sa fourrure, et voici la quenouille! Au secours, mes amis! Je donne, en récompense, deux tonneaux de bière et force indulgences et pardons. »

Tous laissèrent l'ours comme mort, et coururent à l'eau après les femmes : on en tira cinq sur le bord. Tandis que les hommes étaient occupés sur la rive, l'ours, en sa grande détresse, se traîna dans l'eau, rugissant de l'effroyable douleur qu'il sentait. Il aimait mieux se noyer que de souffrir si honteusement les coups. Il n'avait jamais essayé de nager, et il espérait finir sur-le-champ sa vie. Contre son attente, il se sentit nager, et il fut heureusement porté par le courant. Tous les paysans le virent et s'écrièrent :

« Voilà qui sera pour nous une honte éternelle! » Ils étaient furieux; ils maudissaient les femmes. « Qu'elles auraient mieux fait de rester à la maison! Voyez-vous à présent? Il nage, il s'en va. »

Ils allèrent visiter la bille de chêne, et ils y trouvèrent encore la peau et le poil de la tête et des pieds. On en rit et l'on crie :

« Tu reviendras sans doute : nous gardons tes oreilles en gage. »

C'est ainsi qu'ils ajoutaient la raillerie au dommage ; mais il était joyeux d'avoir du moins échappé à sa perte. Il maudissait les paysans qui l'avaient battu ; il gémissait de la douleur qu'il sentait aux pieds et aux oreilles ; il maudissait Reineke, qui l'avait trahi. En faisant ces imprécations, il nageait toujours ; la rivière, qui était grande et rapide, l'emporta, en peu de temps, presque une lieue plus bas. Alors il rampa sur le rivage même tout haletant. Jamais le soleil ne vit de bête plus tourmentée. Il ne croyait pas vivre jusqu'au lendemain ; il croyait mourir sur-le-champ et s'écriait :

« O Reineke, traître félon ! méchante créature ! »

Puis il pensait aux paysans qui l'avaient battu, il pensait à l'arbre et maudissait les ruses de Reineke.

De son côté, le renard, après avoir, de propos délibéré, conduit son oncle au marché, pour lui procurer du miel, courut après les poules. Il connaissait l'endroit, et il en attrapa une ; il courut, et traîna bien vite sa proie vers la rivière. Il la dévora aussitôt, et se hâta d'aller à ses affaires, en suivant toujours la rive. Il but de l'eau et se dit :

« Oh ! que je suis charmé d'avoir mené cet ours stupide à la métairie ! Je gage que Rusteviel lui aura fait tâter sa hache. L'ours s'est toujours montré mon ennemi : j'ai pris ma revanche. Je l'ai toujours appelé mon oncle : maintenant il est resté mort à l'arbre, et je veux m'en réjouir tant que je vivrai. Il ne fera plus ni plaintes ni dommage. »

Comme il se promène ainsi, il regarde en bas vers la rive et voit Brun qui se roule. Cela le blesse au cœur que l'ours ait échappé vivant.

« Rusteviel, s'écria-t-il, paresseux, grossier, bélître, tu dédaignes un pareil morceau, qui est gras et de bon goût, que tant d'honnêtes gens désirent, et qui était si commodément tombé dans tes mains ! Mais l'honnête Brun t'a laissé un gage pour ton hospitalité. »

C'est ainsi qu'il se parlait à lui-même, lorsqu'il l'aperçut affligé, épuisé et sanglant. Enfin il lui cria :

« Monsieur mon oncle, je vous retrouve ici ? Avez-vous oublié quelque chose chez Rusteviel ? Dites-moi, je lui ferai savoir où vous êtes. Mais, s'il faut le dire, je crois que vous avez volé à cet homme beaucoup de miel, ou bien l'avez-vous honnêtement payé ? Comment les choses se sont-elles passées ? Hé ! comme vous voilà fait ! Vous avez une piteuse mine ! Le miel n'était-il pas de bon goût ? Il s'en trouve encore à vendre pour le même prix. Or çà, dites-moi vite, mon oncle, à quel ordre vous êtes-vous sitôt consacré, pour vous être mis à porter sur la tête une barrette rouge ? Êtes-vous abbé ? Assurément le barbier qui vous a tondu le crâne vous a coupé les oreilles ; vous avez perdu votre toupet, à ce que je vois, et de plus la peau de vos joues et vos gants. Où donc les avez-vous laissés ? »

Voilà les propos railleurs que Brun dut s'entendre débiter, et, de douleur, il ne pouvait parler ni prendre un parti, ni se tirer d'affaire. Pour n'en pas entendre davantage, il se traîna de rechef dans l'eau, et, emporté par le courant rapide, il aborda sur une rive basse. Là il se coucha, souffrant et misérable, et, poussant des cris plaintifs, il se dit à lui-même :

« Oh ! si l'un d'eux m'avait donné le coup de grâce ! Je ne puis marcher, et je devrais achever mon voyage ; je devrais me rendre à la cour du roi, et je reste en chemin avec ignominie, par la méchante trahison de Reineke. Si j'en réchappe, certainement je t'en ferai repentir. »

Cependant il se leva avec effort, se traîna pendant quatre jours, avec d'horribles douleurs, et arriva enfin à la cour. Quand le roi vit l'ours dans sa détresse, il s'écria :

« Bon Dieu ! Est-ce Brun que je vois ? Pourquoi arrive-t-il si maltraité ? »

Et Brun répondit :

« Hélas ! elle est pitoyable la souffrance que vous voyez. Voilà comme Reineke, le scélérat, m'a outrageusement trahi. »

Alors le monarque irrité dit ces paroles :

« Certainement je veux punir le forfait sans miséricorde, Reineke oserait insulter un seigneur tel que Brun ! Oui, sur mon honneur, par ma couronne, je le jure, Reineke donnera à

Brun toutes les satisfactions qu'il exigera. Si je ne tiens pas ma parole, je veux ne plus porter l'épée; j'en fais le serment solennel. »

Et le roi ordonne que le conseil s'assemble, délibère et fixe sur-le-champ la peine de ces attentats. Tous furent d'avis que, si tel était le bon plaisir du roi, Reineke fût cité de nouveau, qu'il eût à comparaître, pour soutenir son droit contre la plainte et la réclamation. Hinze, le chat, pourrait porter le message à Reineke, parce qu'il était habile et prudent. Tel fut l'avis unanime.

Alors le roi rassembla autour de lui ses fidèles et il dit à Hinze:

« Rappelez-vous bien la volonté des seigneurs. Si Reineke se fait assigner une troisième fois, ce sera pour l'éternel dommage de lui-même et de toute sa race. S'il est sage, il viendra sans tarder. Faites-lui bien sa leçon. Il méprise les autres, mais il écoutera vos conseils. »

Le chat répondit :

« Que ce soit pour le gain ou le dommage, quand j'arriverai chez lui, comment devrai-je m'y prendre ? Faites ou ne faites pas, je m'en rapporte à vous, mais je serais d'avis qu'il vaudrait mieux envoyer tout autre que moi, car je suis bien petit. Brun, l'ours, est grand et fort, et il n'a pu le contraindre : de quelle manière en viendrai-je à bout ? Oh ! veuillez m'excuser.

— Vous ne me persuadez point, répondit le roi : on trouve maint petit homme plein d'une ruse et d'une sagesse étrangères à bien des grands. Sans avoir une taille de géant, vous êtes néanmoins savant et sage. »

Le chat obéit en disant:

« Que votre volonté soit faite ! Si je puis voir en chemin un signe à main droite, mon voyage réussira. »

CHANT TROISIÈME.

Hinze, le chat, n'avait fait encore qu'un bout de chemin, lorsqu'il aperçut de loin un oiseau de Saint-Martin, et il lui cria :

« Noble oiseau, salut! oh! tourne tes ailes et vole à ma droite! »

L'oiseau vola et vint se percher à la gauche du chat, sur un arbre, pour chanter. Hinze fut très-affligé : il croyait entendre son malheur. Cependant il reprit courage, comme font bien d'autres. Il continua son chemin vers Maupertuis. Là il trouva Reineke assis devant la maison. Il le salua et lui dit :

« Que le Dieu puissant et secourable vous donne le bonsoir! Le roi menace votre vie, si vous refusez de me suivre à la cour, et il me charge en outre de vous dire : « Venez répondre en jus-
« tice à vos accusateurs; autrement, votre famille en souffrira. »

Reineke répondit :

« Soyez le bienvenu, mon très-cher neveu. Puisse Dieu vous bénir selon mes souhaits! »

Or il ne pensait pas ainsi dans son traître cœur; il méditait de nouvelles ruses; il voulait renvoyer à la cour le messager avec insulte. Appelant toujours le chat son neveu, il dit :

« Mon neveu, quel souper vous servirai-je? On en dort mieux quand on est rassasié. Que je sois aujourd'hui votre hôte, nous irons demain ensemble à la cour. Tel est mon avis. Je ne sais aucun de mes parents auquel je me fie plus volontiers. L'ours glouton était venu chez moi fièrement. Il est colère, il est fort, et, pour beaucoup, je n'aurais pas osé voyager à ses côtés. Mais vous entendez bien que j'irai volontiers avec vous. Nous partirons de bon matin. C'est ce qui me semble le plus à propos. »

Hinze répondit :

« Il vaudrait mieux nous rendre sur-le-champ à la cour, tels que nous voilà : la lune brille sur la bruyère, les chemins sont bons. »

Reineke répliqua :

« Je trouve qu'il est dangereux de voyager la nuit. Tel nous salue amicalement pendant le jour, qui, s'il nous rencontrait de nuit, pourrait bien nous faire un mauvais parti. »

Mais Hinze reprit la parole :

« Eh! si je reste ici, mon neveu, apprenez-moi ce que nous mangerons. »

Reineke répondit :

« Nous vivons chétivement; cependant, si vous restez, je vous servirai des rayons de miel tout frais. Je choisirai les plus purs.

— Je ne mange jamais de ces choses-là, reprit le chat en murmurant. S'il ne se trouve rien à la maison, donnez-moi une souris. Rien de mieux pour me repaître; gardez le miel pour d'autres.

— Aimez-vous tant les souris? dit Reineke. Parlez sérieusement : je puis vous en pourvoir. Mon voisin le curé a dans la cour une grange, où se trouvent des souris, plus qu'une charrette n'en pourrait emporter. J'entends le curé se plaindre qu'elles lui deviennent nuit et jour plus incommodes. »

Le chat dit étourdiment :

« Faites-moi l'amitié de me conduire chez les souris, car j'en fais plus de cas que du gibier et de tout au monde; c'est mon plus friand régal. »

Reineke répondit :

« Alors, en vérité, vous allez faire un festin magnifique. Puisque je sais ce que je peux vous offrir, ne perdons point de temps. »

Hinze le crut et le suivit. Ils arrivèrent à la grange du curé, à la muraille de terre. Reineke l'avait subtilement percée la veille, et, par le trou, il avait volé au curé dormant le meilleur de ses coqs. Le petit Martinet, le fils chéri du prêtre, voulant en tirer vengeance, avait fixé adroitement, devant l'ouverture, une corde avec un lacet. Il espérait venger ainsi son coq du voleur, s'il revenait. Reineke s'en doutait et y prit garde. Il dit :

« Mon cher neveu, glissez-vous dedans par l'ouverture. Je

ferai la garde devant, tandis que vous chasserez aux souris. Vous les attraperez en masse dans l'obscurité. Oh! entendez-vous comme elles sifflent gaiement? Quand vous serez soûl, revenez, vous me trouverez ici. Il ne faut pas nous séparer ce soir, car nous partirons demain de bonne heure, et nous abrégerons la route par nos joyeux entretiens.

— Croyez-vous, dit le chat, qu'il soit bien sûr de se glisser là? Les cafards ont quelquefois aussi de mauvaises pensées. »

Le fripon de renard lui répliqua :

« Qui sait? Êtes-vous si peureux? Retournons : ma petite femme vous fera un bon et honorable accueil; elle vous apprêtera une nourriture succulente. Même sans souris, nous souperons gaiement. »

Mais Hinze, le chat, s'élança dans le trou. Les paroles moqueuses de Reineke le rendaient confus, et il tomba dans le lacet. C'est ainsi que les hôtes de Reineke trouvèrent chez lui un mauvais accueil.

Hinze, ayant senti la corde autour de son cou, tressaillit d'angoisse et se hâta de frayeur, car il s'était élancé violemment. La corde se serra. Il appela, d'une voix plaintive, Reineke, qui prêtait l'oreille hors du trou, se réjouissait avec malice, et dit ces mots à travers l'ouverture :

« Hinze, les souris sont-elles de votre goût? Vous les trouvez, je pense, engraissées. Si seulement le petit Martin savait que vous mangez son gibier, certainement il vous apporterait de la moutarde. C'est un garçon poli. Est-ce qu'on chante de la sorte à la cour en mangeant? Voilà une singulière musique! Si je savais Ysengrin dans ce trou, comme je vous ai pris au piége, il me payerait tout le mal qu'il m'a fait. »

A ces mots Reineke passa son chemin. Mais il ne courait pas le pays pour piller seulement. Adultère, brigandage, assassinat, trahison, ne lui semblaient point des actions coupables : et il avait justement médité quelque chose de pareil. Il voulait faire visite à la belle Giremonde, dans un double dessein : d'abord il espérait apprendre d'elle de quoi Ysengrin l'accusait proprement; ensuite le fripon voulait retourner à ses anciens péchés. Ysengrin s'était rendu à la cour, et Reineke voulait en profiter. Qui doute en effet que l'amour de la louve pour l'infâme renard n'eût enflammé la colère du loup? Reineke pénétra dans l'appartement de la femme, et ne la trouva pas à la maison.

« Dieu vous garde, mes beaux-fils! » dit-il, ni plus ni moins.

Il fit aux petits un signe d'amitié et s'en alla à ses affaires. Le matin, Mme Giremonde étant revenue au point du jour :

« Personne n'est-il venu me demander? dit-elle.

— Monsieur notre parrain Reineke ne fait que de sortir. Il désirait vous parler. Tous tels que nous sommes ici, il nous a qualifiés de beaux-fils.

— Il le payera, » s'écria Giremonde.

Et sur l'heure elle courut venger cette insolence. Elle savait où il avait coutume d'aller; elle l'atteignit et lui dit en colère :

« Quel est ce langage? et quels propos injurieux avez-vous tenus sans conscience, en présence de mes enfants? Vous en serez puni. »

Ainsi dit-elle en colère, et elle lui montrait un visage irrité. Elle le prit par la barbe; il sentit la force de ses dents, et se mit à courir, pour lui échapper. Elle le suivit lestement à la piste. Alors il se passa de singulières aventures.

Un château en ruine se trouvait dans le voisinage. Tous deux le gagnèrent à pas précipités. La muraille d'une tour s'était fendue de vétusté. Reineke se glissa dans l'ouverture : il dut faire effort, parce que la crevasse était étroite. La louve, grande et forte comme elle était, fourra à la hâte sa tête dans la fente. Elle pressait, poussait, perçait, tirait et voulait suivre Reineke, et se prenait toujours plus avant, et ne pouvait avancer ni reculer. Quand Reineke vit la chose, il courut de l'autre côté, par un détour. Il vint et lui donna de l'ouvrage. Mais elle ne se faisait pas faute de paroles et lui criait avec insulte :

« Tu te conduis comme un vaurien, un voleur. »

Et Reineke lui répliqua :

« Si cela ne s'est jamais vu, cela se voit maintenant. »

On se fait peu d'honneur à ménager sa femme aux dépens des autres, comme Reineke faisait alors. Le méchant n'avait souci de rien. Lorsque enfin la louve se fut dégagée de la crevasse, Reineke était déjà loin et passait son chemin. Et la femme, qui avait prétendu se faire justice elle-même et défendre son honneur, l'avait doublement perdu.

Mais retournons à Hinze. Le pauvre malheureux, se sentant pris, poussa des cris lamentables, à la manière des chats. Le petit Martin l'entendit et sauta à bas de son lit :

« Dieu soit loué! J'ai placé à la bonne heure le lacet devant l'ouverture; le voleur est pris. Je pense qu'il va bien payer le coq. »

Ainsi dit Martinet triomphant, et il alluma vivement une chandelle (les gens dormaient dans la maison); il éveilla père et mère, et tous les valets, en s'écriant :

« Le renard est pris, allons lui faire son compte. »

Ils accoururent tous, grands et petits; le curé lui-même se leva, se couvrit d'un petit manteau; sa cuisinière le précédait avec deux chandelles; Martinet avait pris à la hâte un gourdin, et tomba sur le chat, lui en donna sur la peau, sur la tête et lui arracha un œil. Tous frappaient sur le chat; le curé accourut avec une fourche, et se flattait d'égorger le voleur. Hinze se crut mort : il s'élança, furieux et résolu, entre les jambes du prêtre, le mordit et l'égratigna dangereusement, outragea l'homme d'une façon terrible et vengea cruellement son œil. Le curé pousse des cris et tombe par terre sans connaissance. La cuisinière vocifère étourdiment que c'est le diable qui lui joue à elle-même ce méchant tour. Elle jure deux et trois fois qu'elle donnerait volontiers tout son petit avoir, pour que cet accident ne fût pas arrivé à son maître. Elle jura même que, si elle avait un monceau d'or, elle ne le regretterait pas, et qu'elle y renoncerait volontiers. C'est ainsi qu'elle déplorait la disgrâce de son maître et sa cruelle blessure. Enfin on le porta au lit, faisant beaucoup de plaintes; on laissa Hinze à la corde et on l'avait oublié.

Lorsque Hinze, le chat, se vit seul dans sa détresse, cruellement battu et grièvement blessé, si près de la mort, par amour de la vie, il saisit la corde et la mordit vivement.

« Pourrais-je, se disait-il, me délivrer peut-être de ce grand mal ? »

La chose lui réussit; la corde rompit. Qu'il se sentit heureux! Il se hâta de fuir le lieu où il avait tant souffert. Il s'élança vivement hors du trou, et prit en diligence le chemin de la cour du roi, où il arriva le lendemain. Il se faisait à lui-même des reproches amers.

« Voilà donc comme le diable devait triompher de toi par les artifices de Reineke, le méchant traître! Quand tu reviendras avec ta honte, avec un œil perdu, et chargé de coups douloureux, quelle confusion pour toi! »

La colère du roi fut extrême; il menaça le traître de la mort, sans rémission. Il fit assembler ses conseils. Ses barons, ses docteurs arrivèrent. Il demanda comment l'on pourrait enfin mettre en jugement le criminel, qui avait déjà fait tant de mal. Comme il s'élevait contre Reineke plaintes sur plaintes, Grimbert, le blaireau, prit la parole :

« Il peut se trouver aussi dans ce tribunal beaucoup de seigneurs mal disposés pour Reineke; mais personne ne lèsera les droits de l'homme libre. Il faut le citer pour la troisième fois. Cela fait, s'il ne vient pas, la justice peut le déclarer coupable. »

Le roi répondit :

« Je crains que, de tous mes sujets, aucun ne veuille porter la troisième citation à ce perfide. Lequel a un œil de trop? Qui aurait la témérité de risquer son corps et sa vie pour ce méchant traître? de jouer le salut de ses membres, sans parvenir enfin à faire comparaître Reineke? Je pense que personne ne voudra l'essayer. »

Le blaireau s'écria :

« Sire, si vous le demandez de moi, je m'acquitterai sur-le-champ du message, quoi qu'il puisse arriver. Voulez-vous m'envoyer d'office, ou bien irai-je comme si je me présentais de moi-même? Vous n'avez qu'à commander. »

Le roi le chargea du message et lui dit :

« Allez donc. Vous avez entendu toutes les plaintes, et vous irez prudemment en besogne, car c'est un dangereux personnage. »

Grimbert répondit :

« Je veux faire une tentative, et j'espère enfin l'amener. »

Il se mit donc en chemin pour Maupertuis, le château. Il y trouva Reineke avec sa femme et ses enfants, et lui dit:

« Oncle Reineke, je vous salue! Vous êtes un habile et sage et savant homme; nous sommes tous ébahis comme vous méprisez la citation du roi; je dis, comme vous vous en moquez. Ne jugez-vous pas qu'il serait temps d'obéir ? Les accusations et les mauvais bruits se multiplient de tous côtés. Je vous le conseille, venez à la cour avec moi : tarder plus longtemps est inutile. On a fait au roi plaintes sur plaintes. Vous êtes cité aujourd'hui pour la troisième fois. Si vous ne comparaissez pas, on vous condamne. Alors le roi amènera ses vassaux pour vous bloquer, pour vous assiéger dans ce château de Maupertuis ; et vous périrez corps et biens, avec votre femme et vos enfants. Vous n'échapperez pas au roi : le mieux est donc de me suivre à la cour. Vous ne manquerez pas de manœuvres habiles ; vous en avez de toutes prêtes, et vous saurez échapper. Car vous avez eu souvent avec la justice des affaires bien plus grandes que celle-ci, et vous en êtes toujours sorti heureusement, comme vos adversaires à leur confusion. »

Grimbert ayant cessé de parler, Reineke lui répondit :

« Mon oncle, vous me conseillez sagement de me présenter devant la cour pour défendre ma cause moi-même. J'espère que le roi me fera grâce. Il sait combien je lui rends de services, mais il sait aussi combien, pour cette raison, je suis haï des autres. Sans moi, la cour ne peut subsister. Et, je le sais d'avance, quand je serais dix fois plus coupable, aussitôt que je me montrerai à sa vue et que je lui parlerai, il sentira sa colère vaincue. Sans doute beaucoup de gens accompagnent le roi et siègent dans son conseil, cependant les choses ne vont jamais à son gré ; ils ne trouvent, tous ensemble, aucune ressource, aucune idée. Chaque fois que la cour est convoquée, où que je sois, on remet la décision à mon jugement. Et, si le roi et les seigneurs se rassemblent, pour imaginer un sage expédient dans des affaires épineuses, il faut que Reineke le trouve. Beaucoup de gens m'en veulent du mal. Je dois les craindre : car ils ont juré ma mort, et les plus méchants sont justement réunis à la cour. C'est ce qui m'inquiète. Ils sont plus de dix et puissants : comment puis-je résister seul à tant de monde ? C'est pourquoi j'ai toujours temporisé. Cependant je trouve plus à propos de me rendre avec vous à la cour pour défendre ma cause. Cela me fera plus d'honneur que de précipiter, par mes lenteurs, ma femme et mes enfants dans la détresse et le danger. Nous serions tous perdus : le roi est trop puissant pour moi, et, quoi que ce fût, je devrais le faire aussitôt qu'il l'aurait commandé. Nous pouvons essayer de conclure peut-être un accommodement avec nos ennemis. »

Reineke dit ensuite :

« Ermeline, ma femme, gardez bien nos enfants (je vous le recommande), surtout Reinhart, le plus jeune de tous. Sa petite bouche est si joliment endentée! J'espère qu'il sera toute l'image de son père. Voici encore Rossel, le fripon, qui ne m'est pas moins cher. Oh! prenez soin de nos enfants pendant mon absence : j'en serai reconnaissant, si je reviens heureux et si vous m'avez obéi. »

Il partit donc avec Grimbert, son compagnon ; il laissa dame Ermeline avec ses deux fils et fit diligence. Il quittait la maison sans prendre conseil ; la renarde en était affligée.

Les deux piétons n'avaient pas fait une petite lieue, que Reineke dit à Grimbert :

« Mon très-cher oncle, mon digne ami, je vous le confesse, je tremble de crainte. Je ne puis me défaire de la pénible et alarmante pensée que je vais assurément au-devant de la mort. Tous mes nombreux péchés se représentent devant moi. Ah! vous ne pouvez croire l'inquiétude que je sens. Laissez-moi me confesser. Écoutez-moi. Il n'y a pas d'autre prêtre dans le voisinage. Quand j'aurai déchargé mon cœur, je ne m'en présenterai pas devant mon roi avec plus de désavantage.

— Commencez, dit Grimbert, par confesser les vols et les brigandages, toutes les mauvaises trahisons et vos autres artifices ordinaires, sinon la confession ne pourra vous servir.

— Je le sais, répondit Reineke. Laissez-moi donc commencer, et m'écoutez attentivement.

« CONFITEOR TIBI, PATER ET MATER, que j'ai joué bien des mauvais tours à la loutre et au chat et à d'autres encore. Je l'avoue, et je me soumettrai volontiers à la pénitence.

— Parlez français, afin que je comprenne, dit le blaireau.

— En vérité, dit le renard, comment pourrais-je le nier? je me suis rendu coupable envers tous les animaux qui vivent aujourd'hui. Mon oncle, l'ours, je l'ai pris dans l'arbre ; il en a eu la tête saignante, et il a reçu cent coups de bâton. J'ai mené Hinze à la chasse des souris ; mais, pris au lacet, il a dû souffrir bien des maux, et il a perdu un œil. Henning se plaint aussi justement : je lui ai ravi ses enfants, grands et petits, selon que je les attrapais, et je m'en suis régalé. Je n'ai pas même épargné le roi : je lui ai joué hardiment de malins tours, et à la reine elle-même. Elle n'en prendra pas son parti de longtemps. Je dois le confesser encore, j'ai fait à Ysengrin, le loup, tous les outrages que j'ai pu. Tout dire, je n'en trouverais pas le temps. Je l'ai toujours appelé mon oncle, par plaisanterie; nous ne sommes point parents. Une fois, il y a bientôt six ans, il vint chez moi au couvent d'Elkmar, où je demeurais, et me demanda mon assistance, parce qu'il songeait, disait-il, à se faire moine. C'était, à son avis, un métier fait pour lui; et il tira la cloche. Le son l'amusait tant! J'attachai ses pieds de devant à la corde : il trouva cela fort bon, et, ainsi debout, il tirait et se divertissait, et semblait apprendre le métier de sonneur. Mais cet art devait tourner à sa honte, car il ne cessait de sonner comme un fou et un possédé. Les gens, effrayés, accoururent par tous les chemins, croyant qu'il était arrivé un grand malheur. Ils vinrent et le trouvèrent là, et, avant qu'il eût expliqué qu'il voulait embrasser l'état ecclésiastique, il fut presque assommé par la foule impétueuse. Cependant l'imbécile persista dans son projet, et me pria de lui procurer l'honneur de la tonsure. Je lui brûlai le poil sur le crâne, au point qu'il en eut la peau toute ridée. Voilà comme je lui ai ménagé force coups, force bastonnades, avec ignominie. Je lui appris à prendre des poissons, mais il s'en est mal trouvé. Un jour, il m'accompagnait dans le pays de Juliers : nous nous glissâmes chez un curé, le plus riche de la contrée. L'homme avait un cellier garni d'excellents jambons; il y gardait aussi des flèches de lard fort délicat, et, dans une auge, se trouvait de la viande fraîchement salée. Ysengrin finit par s'ouvrir avec les ongles, à travers le mur de pierre, un passage, où il pouvait se couler commodément. Je le poussai à la chose, et sa convoitise ne l'y poussait pas moins. Mais, au sein de l'abondance, il ne put se contraindre; il se gorgea outre mesure, et le trou, arrêtant de force son corps enflé, empêcha son retour. Ah! comme il invectiva le trou perfide, qui l'avait laissé entrer affamé et qui lui refusait la sortie, étant rassasié! Là-dessus, je fis un grand bruit dans le village, pour donner l'éveil aux gens et les mettre sur la trace du loup. Je courus chez le curé et le trouvai à table. On venait de lui servir un chapon gras, bien rôti. Je le happe et l'emporte. Le curé veut me poursuivre précipitamment et fait du vacarme : il heurte et renverse la table, avec les plats et les bouteilles. « Qu'on le frappe, qu'on l'assomme, qu'on le prenne, « qu'on le tue! » criait le prêtre furieux. Mais il tomba, et rafraîchit sa colère dans une mare, qu'il n'avait pas aperçue sous ses pieds. Tout le monde accourait et criait : « Qu'on l'assomme! » Je m'enfuis, ayant à mes trousses tout ce monde, qui voulait me faire le plus mauvais parti. Le curé criait plus fort que tous les autres. « Quel effronté voleur! Il a pris le chapon sur ma « table! » Je courus en avant jusqu'au cellier : là je laissai, à regret, tomber la volaille par terre. Elle était devenue à la fin trop pesante pour moi. Ainsi la foule me perdit. Mais ils trouvèrent le chapon, et, quand le curé le releva, il aperçut le loup dans le cellier; la foule aussi le vit. Le prêtre leur crie : « Ici, « et qu'on le tue! Un autre voleur, un loup, est tombé dans nos « mains. S'il échappait, ce serait à notre honte, et certes, dans « tout le pays de Juliers on rirait à nos dépens. » Le loup ne savait où il en était. Les coups, les atteintes douloureuses, lui pleuvaient sur le corps de toutes parts. Les gens criaient tous à plein gosier. Les autres paysans accoururent, et le laissèrent pour mort sur la place. De sa vie il n'avait souffert un plus grand mal. Si quelqu'un représentait l'aventure sur la toile, ce serait une chose étrange, de voir comme il paya au curé son lard et ses jambons. Ils le jetèrent à la rue, et le traînèrent à travers champs. Il n'avait plus apparence de vie. Il s'était sali : on le jeta avec dégoût hors du village. Il était gisant dans un fossé fangeux : car chacun le croyait mort. Il resta dans cette misérable défaillance, je ne sais combien de temps, avant qu'il eût le sentiment de sa détresse. Comment il finit par en échapper, je ne l'ai jamais su. Cependant il jura depuis (il peut y avoir une année) de me rester toujours fidèle et dévoué. Mais cela n'a pas duré longtemps. Et je pouvais deviner sans peine pourquoi il faisait ce serment : il aurait volontiers mangé une fois des poules tout son soûl. Afin de l'attraper comme il faut, je lui fis gravement la description d'une poutre, sur laquelle un coq venait, d'habitude, percher, le soir, avec sept poules; puis je le menai sur la place en silence : il avait sonné minuit. Le volet de la fenêtre, appuyé d'une latte légère, était encore ouvert : je le savais. Je fis semblant de vouloir entrer, mais je me pliai et je laissai l'oncle passer le premier. « Entrez sans gêne, lui dis-je. Si vous voulez « réussir, soyez alerte. Il en vaut la peine : vous trouverez des « poules grasses. » Il se glissa dedans avec précaution; il tâtonnait doucement çà et là, et dit enfin avec colère : « Oh! que vous « me conduisez mal! Je ne trouve pas une plume de poule. » Je dis : « Celles qui se perchaient en avant, je les ai gobées moi-« même; les autres sont perchées en arrière. Avancez, sans « vous rebuter, et marchez avec précaution. » La poutre sur laquelle nous marchions était étroite, il faut le dire. Je le laissais avancer toujours, et me tenais en arrière; je reculai jusqu'à la fenêtre et j'enlevai la cheville. Le volet se ferma et battit. Le loup tressaillit, il prit peur, et, tremblant, il tomba lourdement par terre de l'étroite solive. Les gens s'éveillèrent avec effroi. Ils dormaient auprès du feu. « Dites-moi, qu'est-il tombé par « la fenêtre ici dedans? » s'écria tout le monde. On se lève en sursaut; on se hâte d'allumer la lampe. Ils trouvèrent le loup dans un coin, et le rossèrent et lui tannèrent la peau rudement. J'admire qu'il en soit réchappé. Je vous confesse encore que j'ai souvent visité en secret Mme Giremonde, et aussi ouvertement. Cela, j'aurais dû sans doute m'en abstenir. Plût au ciel que la chose ne fût jamais arrivée, car, tant qu'elle vivra, elle aura de la peine à digérer cet affront. A présent je vous ai confessé, autant que je puis m'en souvenir, tout ce qui pèse sur mon âme. Donnez-moi l'absolution, je vous en prie. Je subirai avec humilité la pénitence la plus dure que vous m'imposerez. »

Grimbert savait se conduire en pareille rencontre. Il rompit, au bord du chemin, une petite branche, et il dit :

« Mon oncle, donnez-vous sur le dos trois coups de cette verge, et posez-la par terre, comme je vous le montre. Sautez ensuite trois fois par-dessus, puis baisez doucement la verge et montrez-vous obéissant. Telle est la pénitence que je vous impose : sur quoi je vous déclare exempt et affranchi de tous péchés et de toutes peines; je vous pardonne, au nom du Seigneur, tout le mal que vous avez fait. »

Quand Reineke eut accompli de bon gré la pénitence, Grimbert lui dit :

« Mon oncle, faites paraître votre amendement par vos bonnes œuvres : récitez les psaumes; visitez assidûment les églises, et jeûnez dans les jours prescrits. Indiquez sa route à qui vous la demande; donnez aux pauvres volontiers, et jurez-moi de renoncer à la mauvaise vie, à tout vol et larcin, à la perfidie et à la criminelle séduction. Par cette conduite, il est certain que vous obtiendrez grâce. »

Reineke répondit :

« C'est ainsi que je veux me conduire : je le jure. »

La confession était accomplie, et ils poursuivirent leur chemin, pour se rendre à la cour du roi. Le pieux Grimbert et son compagnon traversaient de grasses et fertiles campagnes. Ils voyaient, à la droite du chemin, un monastère. Là des religieuses servaient le Seigneur soir et matin, et nourrissaient dans la cour beaucoup de poules et de coqs, avec maints beaux chapons, qui, après la pâture, se répandaient quelquefois hors des murs. Reineke avait coutume de les visiter souvent. Il dit à Grimbert :

« Notre plus court chemin passe le long de ce mur. »

C'est qu'il songeait aux poules, qui se promenaient en plein air. Il mena son confesseur de ce côté. Ils approchèrent des poules. Le fripon roulait les yeux de convoitise. Il trouvait surtout à son gré un coq jeune et gras, qui se promenait derrière les autres; il ne le quittait pas des yeux; il fondit par derrière sur lui : les plumes volèrent.

Mais Grimbert, courroucé, lui reprocha cette honteuse rechute.

« Pouvez-vous agir de la sorte, malheureux oncle, et voulez-vous déjà, pour un coq, retomber en faute, après vous être confessé? Voilà un beau repentir! »

Reineke répondit :

« Je l'ai fait par boutade, ô très-cher oncle; priez Dieu qu'il veuille, dans sa grâce, me pardonner ce péché. Je n'y reviendrai plus; j'y renonce de bon cœur. »

Ils firent le tour du monastère pour gagner leur chemin. Ils devaient passer un étroit petit pont, et Reineke se retournait encore du côté des poules. Il faisait de vains efforts sur lui-même. On lui aurait coupé la tête, qu'il eût toujours volé après les poules, si violent était son désir.

Grimbert l'observait, et il s'écria :

« Mon neveu, où laissez-vous encore vos yeux se promener ? En vérité, vous êtes un odieux glouton ! »

Reineke répondit :

« Vous avez tort, monsieur mon oncle. Point de jugements précipités, et ne troublez pas mes prières. Laissez-moi dire un *pater*. Elles en ont besoin, toutes les âmes des poules et des oies que j'ai dérobées, par mon adresse, à ces nonnes, ces saintes femmes. »

Grimbert se tut, et Reineke ne détourna pas les yeux de dessus les poules, aussi longtemps qu'il put les voir. Enfin ils rejoignirent la bonne route, et ils approchèrent de la cour. Et, quand Reineke aperçut le château du roi, il fut troublé au fond du cœur, car il était gravement inculpé.

CHANT QUATRIÈME.

Quand on eut appris à la cour que Reineke venait en effet, chacun se hâta de sortir pour le voir, les grands comme les petits. Bien peu étaient favorablement disposés ; presque tous avaient à se plaindre. Mais cela ne semblait à Reineke d'aucune conséquence. Telle était du moins sa contenance, lorsque, avec Grimbert, le blaireau, il s'avança, d'un air gracieux et hardi, par la haute avenue. Il s'approcha, courageux et calme, comme s'il eût été le propre fils du roi, exempt et pur de tous péchés.

Il se présenta même devant Noble, le roi, et se mêla dans le palais parmi les seigneurs. Il savait prendre un air tranquille.

« Auguste monarque, gracieux seigneur, dit-il d'abord, vous êtes noble et grand, le premier en honneur et en dignité; c'est pourquoi je vous prie de m'entendre aujourd'hui loyalement. Votre Majesté n'a jamais trouvé de serviteur plus fidèle que moi, je puis l'affirmer hardiment. Je sais beaucoup de gens à la cour qui m'en veulent pour cela. Je perdrais votre amitié, si les mensonges de mes ennemis vous paraissaient croyables, comme ils le désirent. Heureusement vous pesez ce que chacun vous débite; vous écoutez l'accusé aussi bien que l'accusateur, et, s'ils ont beaucoup menti par derrière moi, je demeure tranquille dans cette pensée, que ma fidélité vous est assez connue, et que c'est elle qui m'attire la persécution.

— Taisez-vous, dit le roi; le babil et la flatterie ne servent de rien. Votre crime est manifeste, et la peine vous attend. Avez-vous observé la paix que j'ai imposée aux animaux? que vous avez jurée? Voici le coq: menteur et méchant larron que vous êtes, vous lui avez ravi ses enfants l'un après l'autre; et l'affection que vous avez pour moi, vous prétendez, je crois, la prouver en insultant à ma grandeur et offensant mes sujets. Le pauvre Hinze a perdu la santé; combien de temps, avant que l'ours blessé soit guéri de ses maux! Mais je fais trêve aux reproches, car vos accusateurs sont ici en foule; beaucoup de faits sont prouvés : il vous serait difficile d'échapper.

— Gracieux seigneur, suis-je coupable pour cela? répliqua Reineke. En puis-je mais, si Brun est revenu le crâne saignant? Il s'est risqué, et il a voulu hardiment piller le miel de Rusteviel. Et, si les lourds paysans lui sont tombés sur le corps, certes il a les membres forts et vigoureux; si ces gens le battaient et l'outrageaient, avant de se jeter à l'eau, il aurait dû, en robuste champion, tirer de l'outrage une juste vengeance; et, si Hinze, le chat, que j'ai reçu honorablement et traité selon mon pouvoir, ne s'est pas abstenu de voler; s'il s'est glissé, de nuit, dans la demeure du curé, malgré tous mes avis fidèles, et s'il y a souffert quelque mal, ai-je mérité d'être puni, parce qu'ils ont agi follement? En vérité, ce serait un affront pour votre couronne royale. Cependant vous pouvez agir envers moi selon votre volonté, et, toute claire que la chose paraît, décider ce qu'il vous plaira, que ce soit pour mon salut, que ce soit pour ma perte. Si je dois être bouilli, rôti, aveuglé ou pendu ou décapité, ainsi soit-il! Nous sommes tous en votre pouvoir, vous nous tenez dans vos mains. Vous êtes fort et puissant : comment le faible résisterait-il? S'il vous plaît de me mettre à mort, ce sera pour vous assurément un petit avantage ; mais, advienne que pourra, je me présente loyalement en justice. »

Alors Bellin le bélier s'écria : « Le moment est venu : portons plainte. » Et Ysengrin se présenta avec ses parents, Hinze, le chat, et Brun, l'ours, et des bêtes en foule. On vit encore l'âne Baudouin, et Lampe le lièvre, Wackerlos le petit chien, et Ryn le dogue, la chèvre Metke, Hermen le bouc; puis l'écureuil, la belette et l'hermine. Le bœuf et le cheval n'étaient pas non plus restés en arrière. Avec eux on vit les bêtes sauvages, comme le cerf et le chevreuil, et Bockert le castor, la martre, le lapin, le sanglier, et tous se pressaient à l'envi. Bartolt la cigogne, et Markart le geai, et Lutke la grue, vinrent à tire-d'ailes ; se présentèrent aussi, Tybbke le canard, Alheid l'oie, et d'autres encore, exposant leurs griefs. Henning, le triste coq, avec le peu d'enfants qui lui restaient, faisait des plaintes véhémentes; il vint des oiseaux sans nombre et des bêtes aussi. Qui pourrait nommer cette multitude? Tous, ils tombaient sur le renard ; ils espéraient publier ses crimes et contempler son supplice. Ils se pressaient devant le roi, avec des discours violents; ils entassaient plainte sur plainte, et produisaient les histoires vieilles et nouvelles. On n'avait jamais entendu, en un jour d'audience, tant de plaintes devant le trône du roi. Reineke se tenait là tranquille, et savait se conduire avec beaucoup d'adresse. Car, s'il prenait la parole, ses discours pleins de grâce coulaient, pour sa justification, comme vérité pure. Il savait tout écarter et tout établir. Qui l'entendait était émerveillé et le croyait justifié. Il avait même des droits en sa faveur et bien des plaintes à faire. Mais enfin il se présenta, pour accuser Reineke, des gens honnêtes, véridiques, qui témoignèrent contre lui, et tous ses crimes se trouvèrent éclaircis. C'en était fait ; car, dans le conseil du roi, l'on décida, d'une voix unanime, que Reineke, le renard, était passible de mort. « Il faut le saisir, il faut l'enchaîner et le pendre par le cou, afin qu'il expie par une mort infâme ses graves attentats. »

Alors Reineke lui-même crut la partie perdue. Ses habiles paroles avaient eu peu d'effet. Le roi prononça la sentence. Quand l'effronté malfaiteur fut pris et enchaîné, sa fin lamentable plana devant ses yeux.

Lors donc qu'à teneur de la sentence et de la loi, Reineke fut mis aux fers, que ses ennemis s'ébranlèrent pour le mener promptement à la mort, ses amis furent consternés et douloureusement affligés : c'étaient Martin le singe, avec Grimbert et beaucoup de gens de la clique de Reineke. Ils avaient entendu le jugement avec chagrin, et ils étaient tous affligés plus qu'on ne l'aurait cru. Aussi Reineke était un des premiers barons, et maintenant on le voyait dépouillé de tous ses honneurs et dignités, et condamné à une mort infâme. Combien ce spectacle devait révolter ses parents! Ils prirent tous ensemble congé du roi, et, tous tant qu'ils étaient, ils s'éloignèrent de la cour. Le roi fut affligé de voir que tant de chevaliers le quittaient. On voyait la foule des parents qui s'éloignaient, très-mécontents de la mort de Reineke. Et le roi dit à un de ses confidents :

« Reineke est sans doute méchant, mais on devrait réfléchir que beaucoup de ses parents sont indispensables à la cour. »

Cependant Ysengrin, Brun et Hinze, le chat, faisaient diligence autour du prisonnier; ils voulaient faire subir à leur ennemi la peine infamante, comme le roi l'avait ordonné; ils l'entraînaient à la hâte, et voyaient de loin le gibet. Alors le chat courroucé dit au loup :

« Rappelez-vous, seigneur Ysengrin, comme Reineke travailla de toutes ses forces, comme sa haine réussit à voir votre frère au gibet; qu'il fut aise de l'accompagner! Ne tardez pas à le payer selon son mérite. Et vous, seigneur Brun, il vous a outrageusement trahi; il vous a perfidement livré, dans la cour de Rusteviel, à une troupe furieuse et grossière d'hommes et de femmes, aux coups, aux blessures et à la honte enfin, qui est connue en tous lieux. Prenez garde et tenez ferme. S'il nous échappait aujourd'hui, si son esprit et ses méchantes ruses le délivraient, jamais l'heure de la douce vengeance ne nous serait donnée. Hâtons-nous, et vengeons les maux qu'il a faits à tout le monde.

— Que servent les paroles ? dit Ysengrin. Trouvez-moi vite une bonne corde. Abrégeons son supplice. »

C'est ainsi qu'ils menaçaient le renard et ils suivaient leur chemin. Reineke les écoutait en silence; enfin il prit la parole :

« Puisque vous me haïssez si cruellement, et que vous demandez une vengeance mortelle, ne pouvez-vous en venir à bout? Combien vous m'étonnez! Hinze devrait savoir se procurer une bonne corde, car il en a fait l'épreuve, lorsqu'il a couru à la chasse des souris dans la maison du curé, d'où il ne s'est pas tiré avec honneur. Mais vous, Ysengrin, et vous, Brun, vous traînez violemment votre oncle à la mort, et vous croyez faire merveilles. »

Et le roi se leva, avec tous les seigneurs de la cour, pour voir exécuter la sentence. La reine se joignit au cortége, accompagnée de ses femmes. Derrière eux affluait la multitude des pauvres et des riches. Tous désiraient la mort de Reineke et voulaient en être témoins. Cependant Ysengrin, s'adressant à ses parents et à ses amis, les exhortait à serrer les rangs, et à veiller attentivement sur le renard enchaîné, car ils craignaient toujours que le rusé ne parvînt à se sauver. Le loup faisait des recommandations particulières à sa femme :

« Sur ta vie, prends garde; aide à tenir le scélérat. S'il échappait, ce serait pour nous tous un affront sensible. »

Et il disait à Brun :

« Songez comme il s'est joué de vous. Vous pouvez maintenant lui payer tout avec usure. Hinze sait grimper; à lui de nous attacher la corde là-haut. Tenez-le et assistez-moi, j'avance l'échelle. Quelques minutes encore, et c'en est fait de ce vaurien. »

Brun répondit :

« Placez seulement l'échelle, je le tiendrai bien.

— Voyez donc, lui dit Reineke, comme vous êtes pressé de mettre votre oncle à mort! Vous deviez plutôt le protéger et le défendre, et, s'il était dans la détresse, avoir pitié de lui. Je demanderais grâce volontiers, mais de quoi cela me servirait-il? Ysengrin me hait trop; il ordonne même à sa femme de me tenir et de me fermer le chemin de la fuite. Si elle se rappelait le temps d'autrefois, assurément elle ne pourrait me nuire. Cependant, si je dois y passer, je voudrais que ce fût vite fait. Mon père aussi s'est vu dans cette affreuse extrémité, mais cela finit promptement. Moins de gens, il est vrai, l'accompagnèrent à la mort. Que si vous vouliez m'épargner plus longtemps, assurément la chose tournerait à votre honte.

— Entendez-vous, dit l'ours, comme le méchant parle avec insolence? Qu'on le pende! qu'on le pende! Son heure est venue. »

Reineke se disait avec angoisse :

« Oh! si, dans cette grande détresse, je pouvais vite imaginer quelque bon moyen, pour que le roi me fît grâce de la vie, et que ces trois ennemis furieux en éprouvassent honte et dommage! Il nous faut tout considérer, et vienne à notre aide ce qui pourra servir! Car il s'agit de mon cou; la nécessité est pressante; comment pourrai-je échapper? Tous les maux s'amassent sur ma tête. Le roi est courroucé, mes amis sont partis et mes ennemis sont acharnés. Rarement j'ai fait quelque chose de bon; à vrai dire, j'ai peu respecté la puissance du roi, la sagesse de ses conseils; j'ai commis bien des crimes, et pourtant j'espérais détourner de moi ce malheur. Si seulement je pouvais obtenir la parole, certainement ces gens ne me pendraient pas. Je ne veux pas renoncer à l'espérance. »

Là-dessus il se tourna de l'échelle vers le peuple et s'écria :

« Je vois la mort devant mes yeux et je n'échapperai pas. Mais je vous adresse, à vous tous qui m'écoutez, une petite prière avant que je quitte ce monde. Je voudrais bien, pour la dernière fois, me confesser encore par-devant vous publiquement, en toute vérité, et reconnaître loyalement tout le mal que j'ai fait, afin qu'un autre ne soit pas accusé quelque jour de tel ou tel crime inconnu que j'ai commis en secret. Par là j'empêcherai encore quelques malheurs, et je puis espérer que Dieu m'en tiendra compte dans sa miséricorde. »

A ces paroles, beaucoup de gens furent touchés de compassion. Ils se dirent les uns aux autres :

« La prière est de peu de conséquence; le délai qu'il demande est bien court. »

Ils intercédèrent auprès du roi, et le roi consentit. Reineke se sentit le cœur un peu soulagé : il espérait une heureuse issue. Il profita sur-le-champ du répit qui lui était accordé et parla en ces termes :

« Que l'esprit du Seigneur me soit en aide ! Je ne vois personne dans cette grande assemblée, que je n'aie offensé de quelque manière. Je n'étais encore qu'un petit compagnon, et j'avais à peine appris à sucer la mamelle, que déjà je m'abandonnais à mes désirs parmi les jeunes agneaux et les chevrettes, qui se dispersaient en rase campagne à côté du troupeau ; j'écoutais trop volontiers les voix bêlantes ; je sentais l'envie d'une pâture délicate ; j'appris promptement à la connaître. Je mordis un agneau à le faire mourir ; je léchai le sang et lui trouvai un goût délicieux. Ensuite je tuai quatre des plus jeunes chevrettes et les mangeai, et je continuai à m'exercer de la sorte. Je n'épargnai ni les oiseaux, ni les poules, ni les canards, ni les oies, où que je les trouvasse, et j'ai enterré souvent dans le sable ce que j'avais égorgé, et qu'il ne me plaisait pas de manger tout à fait. Alors il m'arriva, un hiver, aux bords du Rhin, de faire la connaissance d'Ysengrin, qui était aux aguets derrière les arbres. D'abord il m'assura que j'étais de sa famille ; il sut même compter sur ses doigts les degrés de la parenté. Je me laissai persuader ; nous conclûmes une alliance, et nous nous jurâmes de voyager en fidèles compagnons. Je devais, hélas ! m'attirer par là bien des maux. Nous parcourûmes ensemble le pays. Il volait le gros, je volais le petit. Ce que nous avions attrapé devait nous être commun. Mais cela ne le fut pas comme l'équité le demandait : le loup partageait au gré de son caprice. Jamais je ne recevais la moitié. Il m'a fait bien pis. S'il avait dérobé un veau, enlevé un mouton, quand je le trouvais dans l'abondance, dévorant la chèvre qu'il venait d'égorger, tenant dans ses pattes un bouc couché à terre et palpitant, il ricanait à ma vue, prenait un air morose et me chassait en grondant. Ainsi ma part lui demeurait. Et voilà ce qui m'attendait toujours, si gros que fût le rôti. S'il nous arrivait même de prendre un bœuf ensemble, d'attraper une vache, aussitôt paraissaient sa femme et sept enfants, qui se ruaient sur la proie et m'écartaient du repas. Je ne pouvais obtenir une côte, qu'elle ne fût polie et rongée absolument. Il fallait me résigner à tout cela. Mais, Dieu merci, je ne souffrais pourtant pas de la faim : je me nourrissais en secret de mon magnifique trésor, de l'or et de l'argent que je garde cachés dans un lieu sûr. J'en ai en suffisance. Point de voiture qui pût l'emmener, quand elle y viendrait à sept reprises. »

Le roi, qui l'écoutait, entendant parler du trésor, se pencha en avant et lui dit :

« D'où vous est-il venu ? Expliquez-vous.... Je veux dire le trésor. »

Reineke répondit :

« Je ne vous tairai point ce secret. A quoi pourrait-il me servir ? Je n'emporterai avec moi aucune de ces choses précieuses. Et, puisque vous l'ordonnez, je vous conterai tout. Il faut parler enfin; pour aucune raison je ne voudrais, en vérité, cacher ce grand secret plus longtemps. Le trésor fut volé. Beaucoup de gens avaient conjuré, sire, de vous assassiner, et si, à la même heure, le trésor n'avait été subtilement dérobé, la chose était faite. Prenez-y garde, gracieux seigneur, car votre vie et votre salut tiennent à ce trésor. Et le vol qu'on en fit devint, hélas! pour mon propre père la source de grandes calamités; il en fut amené de bonne heure au triste passage, peut-être aux peines éternelles. Mais, monseigneur, cela est arrivé pour votre bien. »

La reine entendit avec saisissement ces paroles menaçantes, le mystère confus de l'assassinat médité sur son époux, de cette trahison, du trésor et de tout le reste.

« Reineke, s'écria-t-elle, songez que vous êtes en présence du grand voyage; déchargez votre conscience avec repentir; dites la pure vérité et parlez-moi clairement de l'assassinat. »

Le roi ajouta :

« Que chacun se taise. Reineke, descends, et viens (car la chose me concerne moi-même), viens plus près de moi, afin que je l'entende. »

A ces mots, Reineke se sentit rassuré; il descendit l'échelle, au grand chagrin de ses ennemis; il s'approcha du roi et de son épouse, qui lui demandèrent avec empressement comment les choses s'étaient passées.

Alors il se disposa à faire, sur nouveaux frais, de furieux mensonges.

« Si je pouvais, se dit-il, regagner la faveur du roi et de la reine, et si, par mes artifices, je parvenais en même temps à perdre les ennemis qui m'ont amené en face de la mort, cela me sauverait de tous dangers. Certainement ce serait pour moi un avantage inattendu; mais, je le vois d'avance, il faut des mensonges, il en faut sans mesure. »

La reine interrogea de nouveau Reineke avec impatience.

« Sachons clairement comme la chose s'est passée. Dites-nous la vérité, veillez sur votre conscience, délivrez votre âme de ce fardeau.

Reineke répondit :

« Je vous instruirai volontiers. Je vais mourir; plus de moyen d'échapper. Si je voulais charger ma conscience à la fin de ma vie, encourir les peines éternelles, ce serait agir follement. Il vaut mieux que j'avoue, et si, par malheur, je dois accuser mes chers parents et mes amis, hélas! je n'en puis mais : je suis menacé des tourments de l'enfer. »

Pendant cet entretien, le roi se sentait déjà le cœur oppressé. Il dit :

« Parles-tu selon la vérité? »

Reineke répondit, en composant son visage :

« Certes, je suis un homme coupable; cependant je dis la vérité. Que me servirait-il de vous mentir? Je prononcerais moi-même ma condamnation éternelle. Vous le savez bien, il est résolu que je dois périr : je suis en face de la mort et je ne mentirai pas, car il n'est ni bien ni mal qui puisse me venir en aide. »

Reineke prononça ces paroles en tremblant; il parut saisi de crainte, et la reine dit :

« J'ai pitié de son trouble. Monseigneur, je vous en prie, regardez-le avec miséricorde, et, songez-y bien, après son aveu, nous éviterons beaucoup de maux. Sachons, le plus tôt possible, le fond de l'histoire. Ordonnez à chacun de se taire, et laissez Reineke parler publiquement. »

Sur l'ordre du roi, toute l'assemblée fit silence, et Reineke prit la parole.

« Si tel est votre plaisir, monseigneur, apprenez ce que j'ai à vous dire. Bien que mon exposé se fasse sans plume et sans papier, il n'en sera pas moins exact et fidèle. Vous connaîtrez la conjuration, et je me propose de n'épargner personne. »

CHANT CINQUIÈME.

Apprenez maintenant la ruse, et par quels détours le renard sut cacher de nouveau ses crimes et nuire à autrui. Il imagina des abîmes de mensonge ; il outragea son père au delà du tombeau ; il chargea de grandes calomnies le blaireau, son plus loyal ami, qui l'avait servi constamment ; il se permit tout pour donner créance à son récit, pour se venger de ses accusateurs.

« Monsieur mon père, dit-il, avait été assez heureux pour découvrir un jour, par des voies secrètes, le trésor du puissant roi Emmeric ; mais cette trouvaille lui fut peu profitable, car il s'enorgueillit de sa grande richesse, et dès lors il n'estima plus ses égaux ; il fit beaucoup trop peu de compte de ses compagnons ; il chercha des amis plus illustres ; il envoya Hinze, le chat, dans les sauvages Ardennes, pour chercher Brun, l'ours, auquel il devait promettre fidélité ; il devait l'inviter à passer en Flandre, où il deviendrait roi. Quand Brun eut fait lecture de la lettre, il sentit une grande joie. Courageux et hardi, il se rendit bien vite en Flandre, car il avait eu dès longtemps de pareils desseins. Il y trouva mon père, qui le vit avec joie, manda sur-le-champ Ysengrin et Grimbert, le sage, et ces quatre personnages traitèrent l'affaire ensemble. Mais le cinquième, qui les assistait, était Hinze, le chat. Là se trouve un petit village nommé Ifte, et c'est justement là, entre Ifte et Gand, qu'ils se concertèrent. Une nuit longue et ténébreuse enveloppa l'assemblée. Mon Dieu, ce ne fut pas le diable, ce fut mon père, qui les subjugua avec son or funeste. Ils résolurent la mort du roi; ils se jurèrent une ferme, une éternelle alliance. Ainsi jurèrent tous les cinq sur la tête d'Ysengrin. Ils voulaient proclamer roi Brun, l'ours, et, sur le trône d'Aix-la-Chapelle, avec la couronne d'or, lui assurer l'empire solennellement. Si quelqu'un des amis ou des parents du roi voulait s'y opposer, mon père devait le persuader ou le corrompre, et, si cela ne réussissait pas, l'expulser sur-le-champ. Je vins à le savoir, parce que Grimbert, s'étant amusé à boire un matin, en était devenu babillard. L'imbécile conta tout le mystère à sa femme, en lui ordonnant de se taire. Il croyait la précaution suffisante; mais, bientôt après, elle rencontra ma femme, qui dut lui promettre solennellement, par les noms des trois rois, lui jurer sur son honneur et sa foi, que, par amour ni par crainte, elle n'en dirait pas un petit mot à personne; après quoi, elle lui découvrit toute l'affaire. Ma femme ne tint pas mieux sa promesse. Aussitôt qu'elle m'eut trouvé, elle me conta ce qu'elle avait appris, me donna un signe, auquel je reconnaîtrais aisément la vérité de ses discours. Ma situation n'en était que plus mauvaise : je me souvenais des grenouilles, dont le coassement était enfin parvenu dans le ciel aux oreilles du Seigneur. Elles voulaient avoir un roi, et voulaient vivre dans la contrainte, après avoir joui de la liberté dans toutes leurs provinces. Dieu les entendit, et leur envoya la cigogne, qui les poursuit constamment, et les déteste et ne leur laisse point de paix. Elle les traite sans pitié. Maintenant les folles se plaignent, mais, hélas! c'est trop tard, car le roi les tient sous le joug. »

Reineke parlait à haute voix, devant toute l'assemblée; tous les animaux entendaient ses paroles; il poursuivit son discours en ces termes :

« Je craignais cela pour tout le monde. Il en serait arrivé de même. Monseigneur, je veillai pour vous, et j'espérais une meilleure récompense.

« Les intrigues de Brun, son naturel perfide, me sont connus; je sais aussi de lui plus d'un méfait. Je craignais tout ce qu'il y a de pire. S'il devenait le maître, nous étions tous perdus. « Notre roi est de noble race et puissant et gracieux,

« me disais-je en silence; ce serait un triste échange, d'élever
« sur le trône un ours, un méchant lourdaud. » Je rêvai à la
chose quelques semaines, et cherchais à l'empêcher. Je compris, avant tout, que, si mon père restait maître de son trésor, il réunirait beaucoup de monde; il gagnerait sûrement
la partie, et le roi nous serait ravi. Alors mes pensées tendirent à découvrir le lieu où se trouvait le trésor, afin de le
dérober secrètement. Si mon père, le vieux madré, se mettait en campagne; s'il courait au bois, de jour ou de nuit,
par la gelée ou le chaud, par le sec ou l'humide, j'étais à
ses trousses, et je guettais sa marche. Un jour, j'étais couché,
blotti dans la terre, cherchant et rêvant par quel moyen je
pourrais découvrir le trésor, dont je savais tant de merveilles.
Tout à coup j'aperçus mon père qui se glissait hors d'une fente;
il sortait d'entre les rochers et montait d'une profondeur. Je
restai là immobile et caché. Il se croyait seul; il jeta les yeux de
tous côtés, et, ne voyant personne ni près ni loin, il commença
son jeu. Il faut vous le faire connaître. Il recouvrait le trou avec
du sable, et savait adroitement l'aplanir comme le sol d'alentour. Qui n'avait pas vu la chose ne pouvait le reconnaître. Et,
avant de s'éloigner, il savait balayer entièrement avec sa queue
la place où ses pieds s'étaient posés, et il en fouillait la trace
avec son museau. Voilà ce que m'apprit, ce jour-là, mon rusé
de père, qui était passé maître en malices, fourberies et toute
sorte de tours. Cela fait, il courut à ses affaires. Alors je me
demandai si le magnifique trésor ne se trouvait point dans le
voisinage. J'accourus, et m'étant mis à l'œuvre, j'eus bientôt
ouvert la crevasse avec mes pattes; je me traînai dedans avec
curiosité. J'y trouvai de précieux trésors, de l'argent fin et de
l'or vermeil en abondance. En vérité, le plus vieux de cette assemblée n'en a jamais tant vu. Je me mis à l'ouvrage avec ma
femme; nous portâmes, nous traînâmes, jour et nuit; nous ne
possédions ni charrettes ni voitures; il nous en coûta beaucoup
de peine et de fatigues; dame Ermeline les supporta fidèlement, et nous finîmes par emporter les joyaux à une place qui
nous paraissait plus commode. Cependant mon père avait journellement des conférences avec ceux qui trahissaient notre roi.
Ce qu'ils résolurent, vous le saurez et vous en frémirez. Brun

et Ysengrin envoyèrent sans délai des lettres circulaires dans plusieurs provinces, pour engager des mercenaires. Ils n'avaient qu'à venir par troupes au plus vite; Brun leur donnerait du service; il voulait même bonnement payer d'avance les mercenaires. Mon père courut les provinces et produisit les lettres, comptant sur son trésor, qui dormait, croyait-il, en sûreté. Mais, c'en était fait : avec tous ses compagnons, il aurait eu beau chercher, il n'aurait pas trouvé un denier. Il ne regretta aucune fatigue; il courut, en diligence, tous les pays entre l'Elbe et le Rhin. Il avait trouvé et gagné bien des mercenaires : l'argent devait prêter aux paroles beaucoup de poids. Enfin l'été revint; mon père rejoignit ses compagnons. Il eut bien des choses à conter sur ses peines, ses dangers et ses frayeurs, surtout, comme il avait failli perdre la vie devant les hauts manoirs de Saxe, où les chasseurs le poursuivaient journellement avec leurs chevaux et leurs chiens, si bien qu'il en avait à grand'peine sauvé sa peau. Là-dessus il produisit avec joie aux quatre félons la liste des camarades qu'il avait gagnés avec son or et ses promesses. Brun fut bien joyeux de cette nouvelle; les cinq firent lecture ensemble du papier, qui portait : « Douze « cents parents d'Ysengrin, gens audacieux, viendront, la gueule « ouverte, les dents acérées; en outre, les chats et les ours sont « tous gagnés pour Brun; tous les gloutons, tous les blaireaux « de Saxe et de Thuringe se présentent. Mais ils demandent « qu'on s'engage à leur payer d'avance un mois de solde, et « promettent, de leur côté, d'être prêts au premier commande- « ment. » Dieu soit béni à jamais, que j'aie déconcerté leurs desseins ! En effet, lorsqu'il eut tout disposé, mon père courut à travers champs et voulut revoir son trésor. Alors les angoisses commencèrent; il fouilla et chercha; plus il creusait, moins il trouvait; la peine qu'il se donna fut inutile, comme son désespoir; le trésor avait disparu; il ne put le découvrir nulle part : et, de chagrin et de honte (que ce souvenir est pour moi nuit et jour un affreux tourment!), mon père se pendit. Voilà tout ce que j'ai fait pour empêcher le crime. Cela tourne mal pour moi maintenant, mais je ne dois pas m'en repentir. Cependant Ysengrin et Brun, les gloutons, siègent aux côtés du roi dans le conseil; et toi, pauvre Reineke, comme on te remercie aujourd'hui d'avoir sacrifié ton propre père pour sauver le roi! Où trouvera-t-on des gens qui se sacrifient eux-mêmes, uniquement pour prolonger votre vie? »

Le roi et la reine avaient senti une grande envie d'acquérir le trésor; ils se retirèrent à l'écart, et ils appelèrent Reineke, pour l'entretenir en particulier. Ils le questionnèrent vivement.

« Parlez, où gardez-vous le trésor? Nous voudrions le savoir. »

Reineke répondit :

« Que me servirait-il de signaler ces richesses magnifiques au roi qui me condamne, puisqu'il aime mieux croire mes ennemis, les voleurs et les meurtriers, qui vous enveloppent de mensonges pour m'arracher la vie?

— Non, répliqua la reine, non, il n'en sera pas ainsi. Mon seigneur vous laisse la vie et il oublie le passé. Il se surmonte et il n'est plus en colère. Mais, à l'avenir, agissez plus sagement, et soyez toujours le fidèle serviteur du roi. »

Reineke répondit :

« Noble dame, engagez le roi à m'assurer en votre présence qu'il me reçoit en grâce ; qu'il ne me garde aucun ressentiment de tous mes crimes et méfaits, et de tout le mécontentement que j'ai eu le malheur de lui causer, et certainement aucun roi ne possédera de nos jours une richesse pareille à celle qu'il acquerra par ma fidélité. Le trésor est grand. Je vous montrerai l'endroit : vous serez étonnés.

— Ne le croyez pas, repartit le roi : mais, s'il parle de vols, de mensonges et de brigandages, à la bonne heure, vous pouvez le croire; car, en vérité, il ne fut jamais de plus grand menteur. »

La reine reprit la parole :

« Certes, jusqu'à ce jour, sa conduite lui a valu peu de confiance; cependant songez qu'il a inculpé cette fois son oncle le blaireau et son propre père et déclaré leurs crimes. S'il l'avait voulu, il pouvait les épargner; il pouvait faire sur d'autres animaux de pareils contes. Il ne mentirait pas si follement.

— Si c'est votre avis, reprit le roi, et si vous pensez que ce soit le plus sage, pour qu'il n'en résulte pas un plus grand mal, je veux faire ce que vous désirez, je veux couvrir de ma grâce royale les crimes de Reineke et ses déportements. Je me fie encore à lui, mais pour la dernière fois. Qu'il s'en souvienne. Car, je le jure par ma couronne, s'il retombe à l'avenir dans le désordre et le mensonge, il s'en repentira éternellement. Tous les siens, quels qu'ils soient, ne fussent-ils ses parents qu'au dixième degré, en porteront la peine ; aucun ne m'échappera ; ils seront plongés dans le malheur, dans la honte et dans de terribles procès. »

Quand Reineke vit comme le roi changeait promptement de pensée, il prit courage et dit :

« Serais-je assez insensé, monseigneur, pour vous conter des histoires dont la vérité ne se pourrait démontrer dans peu de jours ? »

Et le roi crut ses paroles et lui pardonna tout, d'abord la trahison du père, puis ses propres méfaits.

Reineke en sentit une joie excessive. Bien à propos, il avait échappé à la puissance de ses ennemis et à sa destinée.

« Noble roi, gracieux seigneur, dit-il, Dieu veuille vous rendre et à votre épouse tout ce que vous faites pour moi, indigne ! Je m'en souviendrai, et j'en montrerai toujours une profonde reconnaissance. Car assurément il n'est personne sous le ciel, dans tous les pays et les royaumes, que je visse plus volontiers possesseur de ces merveilleuses richesses. Quelles grâces ne m'avez vous pas faites ! En reconnaissance, je vous donne, de bon gré, le trésor du roi Emmeric, tel qu'il l'a possédé. Où il se trouve, je vais vous l'indiquer : je dirai la vérité. Écoutez-moi : à l'est de la Flandre est une plaine déserte, où se trouve un bocage isolé, qu'on appelle Husterlo : retenez bien ce nom ; ensuite il se trouve une fontaine du nom de Krekelborn, vous m'entendez, non loin du bocage. Pas un homme, pas une femme, ne viennent en ce lieu de toute l'année. Là ne séjournent que les hibous et les chouettes, et c'est là que j'ai enfoui les trésors. L'endroit s'appelle Krekelborn : retenez bien cette indication et profitez-en. Allez-y vous-même avec votre épouse. Il n'y aurait personne d'assez sûr pour être envoyé comme messager, et la perte serait trop grande. Je n'oserais vous le conseiller. Il faut aller vous-même. Vous passerez devant Krekelborn, vous verrez ensuite deux jeunes bouleaux, et, prenez garde, l'un d'eux n'est pas loin de la fontaine. Allez, monseigneur, droit à ces bouleaux, car les trésors sont dessous. Grattez et fouillez : vous trouverez d'abord de la mousse sur les racines, puis vous découvrirez aussitôt les plus riches bijoux, en or artistement travaillé; vous trouverez aussi la couronne d'Emmeric. Si les désirs de l'ours avaient été satisfaits, c'est lui qui l'aurait portée. Avec cela vous verrez des joyaux, des pierres précieuses, des ouvrages en or. On n'en fait plus de pareils. Qui voudrait les payer? Quand vous verrez toutes ces richesses assemblées, ô noble sire, je suis assuré que vous penserez à moi avec estime. « Reineke, honnête renard, direz-vous « en vous-même, toi qui as si prudemment enfoui ces trésors « sous la mousse, en quelque lieu que tu habites, oh! sois tou« jours heureux! »

Ainsi parla l'hypocrite, et le roi répondit :

« Vous m'accompagnerez. Comment pourrais-je en effet trouver seul la place? J'ai bien ouï parler d'Aix, comme aussi de Lubeck et de Cologne et de Paris; mais de ma vie je n'entendis une fois le nom de Husterlo, non plus que celui de Krekelborn. N'ai-je pas lieu de craindre que tu ne nous trompes et que tu n'inventes ces noms? »

Reineke n'entendit pas avec plaisir ces paroles circonspectes du roi et il dit :

« Je ne vous adresse pourtant pas loin d'ici, et ce n'est pas comme si vous aviez à chercher au bord du Jourdain. Pourquoi vous semblé-je suspect à présent? Je maintiens ce que j'ai dit : tout près d'ici, en Flandre, on trouvera tout. Interrogeons quelques personnes : un autre pourra vous le garantir. Krekelborn! Husterlo! vous dis-je : ce sont là les noms. »

Là-dessus il appela Lampe, et Lampe hésitait et tremblait. Reineke s'écria :

« Venez sans crainte; le roi vous demande. Il exige que vous disiez la vérité, au nom du serment et de l'hommage que vous lui avez prêté récemment. Indiquez donc, pour autant que vous le savez, où se trouvent Husterlo et Krekelborn? Écoutons! »

Lampe répondit :

« Je puis le dire. Ils se trouvent dans le désert : Krekelborn est près d'Husterlo. Les gens appellent Husterlo ce bocage où demeura longtemps Simonet le cambré, pour fabriquer de la fausse monnaie avec ses téméraires compagnons. J'ai beaucoup souffert en ce lieu de la faim et du froid, quand je fuyais en grande détresse devant Ryn, le chien. »

Reineke dit alors :

« Vous pouvez retourner auprès des autres. Vous avez suffisamment informé le roi. »

Et le roi dit à Reineke :

« Ne soyez pas fâché que j'aie été prompt, et que j'aie douté de vos paroles. Préparez-vous maintenant à me conduire sur la place. »

Reineke répondit :

« Que je m'estimerais heureux, s'il m'était permis d'accompagner aujourd'hui le roi et de le suivre en Flandre ! mais cela vous ferait tomber dans le péché. Tout honteux que j'en suis, il faut que je le dise, malgré toute mon envie de tenir encore la chose secrète. Il y a quelque temps, Ysengrin a pris l'habit de moine, non point pour servir le Seigneur, mais pour servir son ventre. Il dévorait, peut s'en faut, le couvent ; on lui servait à manger comme pour six. C'était toujours trop peu. Il me cria misère et famine. Enfin j'eus pitié de lui, le voyant maigre et malade. Je le tirai de là en ami fidèle : il est mon proche parent. Maintenant j'ai encouru pour cela l'excommunication du pape. Je voudrais bien sans retard, à votre connaissance et avec votre permission, pourvoir au salut de mon âme, et demain, au lever du soleil, me rendre à Rome en pèlerinage, pour chercher grâce et absolution, et, de là, passer outre-mer. Ainsi seront abolis tous mes péchés, et, quand je reviendrai chez nous, je pourrai marcher avec honneur à vos côtés. Mais, si je le faisais aujourd'hui, chacun dirait : « Comment le roi peut-il encore être en commerce « avec Reineke, qu'il vient de condamner à mort, et qui, par- « dessus tout cela, est excommunié du pape ? Monseigneur, vous « voyez bien que nous ferons mieux de nous abstenir. »

— Vraiment, répliqua le roi, je ne pouvais savoir cela. Si tu es excommunié, je serais blâmé de te mener avec moi. Lampe ou un autre pourra m'accompagner à la fontaine. Cependant, Reineke, je trouve utile et bon que tu cherches à te relever de l'excommunication. Je te donne la permission de partir demain matin ; je ne veux pas mettre obstacle à ton pèlerinage : car il me semble que vous voulez vous convertir du mal au bien. Dieu bénisse votre projet et vous permette d'accomplir votre voyage ! »

CHANT SIXIÈME.

C'est ainsi que Reineke regagna la faveur du roi. Et le roi s'avança sur un lieu élevé, parla du haut de la roche, et commanda à tous les animaux de faire silence. Ils eurent l'ordre de s'asseoir sur le gazon, selon leur dignité et leur naissance. Reineke était debout à côté de la reine. Le roi prononça ces paroles, avec beaucoup de gravité :

« Taisez-vous et m'écoutez, vous tous, oiseaux et bêtes, pauvres et riches ; écoutez-moi, petits et grands, mes barons, commensaux et courtisans. Reineke est ici en mon pouvoir ; on pensait tout à l'heure à le pendre, mais il a révélé à la cour tant de secrets, que je le crois, et qu'après mûre délibération, je lui redonne ma faveur. La reine, mon épouse, m'a aussi beaucoup prié pour lui, en sorte que je lui ai rendu ma bienveillance royale, que je l'ai complétement reçu en grâce, et le laisse en possession de la vie et de ses biens. Dès ce jour, ma paix le protége et le garantit. Soit donc ordonné à chacun, sous peine de la vie : Vous devrez respecter en tous lieux Reineke et sa femme et ses enfants, où que vous les rencontriez, de jour ou de nuit. Je ne veux plus entendre de nouvelles plaintes sur les faits et gestes de Reineke. S'il a fait du mal, c'est chose passée. Il s'amendera et il y travaillera sans doute. Car, dès demain, il prendra le bâton et le sac ; il partira, pieux pèlerin, pour se rendre à Rome, et, de là, il passera la mer. Il n'en reviendra pas avant d'avoir obtenu pleine absolution de ses péchés. »

Là-dessus Hinze se tourna, en colère, vers Brun et Ysengrin :

« Voilà nos peines et nos travaux perdus! s'écria-t-il. Oh! fussé-je loin d'ici! Si Reineke est rentré en faveur, il mettra en œuvre toutes les ruses pour nous détruire tous trois. J'ai perdu un œil : je crains pour l'autre.

— Le cas est difficile, dit Brun, je le vois. »

Ysengrin répliqua :

« La chose est étrange! Allons droit au roi. »

Aussitôt il se présenta, tout chagrin, avec Brun, devant le roi et la reine. Ils parlèrent beaucoup contre Reineke; ils parlèrent violemment. Le roi leur dit :

« Ne l'avez-vous pas entendu? Je l'ai de nouveau reçu en grâce. »

Le roi parlait ainsi avec colère, et, à l'instant, il fit saisir, lier et garrotter l'un et l'autre. Car il songeait à ce qu'il avait appris de Reineke et à leur trahison. Ainsi fut entièrement changée à cette heure la situation de Reineke. Il se tira d'affaire et ses accusateurs se virent confondus. Il sut même, par sa ruse, amener les choses au point qu'on enleva à l'ours un morceau de son cuir, d'un pied de long et un pied de large, afin de lui en faire un petit sac de voyage. Ainsi équipé, il avait assez l'air d'un pèlerin. Mais il pria la reine de lui faire avoir aussi des souliers et il dit :

« Vous me reconnaissez, cette fois, tout de bon, noble dame, pour votre pèlerin : aidez-moi donc à faire le voyage. Ysengrin a quatre bons souliers : l'équité voudrait qu'il m'en cédât une paire pour ma route. Faites, noble dame, que je les obtienne par mon seigneur le roi. Mme Giremonde pourrait bien aussi se passer d'une paire des siens : car, en bonne ménagère, elle reste le plus souvent dans sa chambre. »

La reine se montra favorable à cette requête.

« Ils peuvent bien, dit-elle gracieusement, se passer chacun d'une paire. »

Reineke la remercia et dit, avec une joyeuse révérence :

« Puisque j'obtiens encore quatre bons souliers, je ne veux pas tarder. Toutes les bonnes œuvres que je pourrai faire comme pèlerin, vous en aurez votre part certainement, vous et mon gracieux roi. Pendant le pèlerinage, nous sommes obligés de prier pour tous ceux qui nous ont jamais secourus. Que Dieu récompense votre charité! »

Le seigneur Ysengrin perdit, en conséquence, ses souliers aux pieds de devant, jusqu'aux chevilles; on n'épargna pas davantage Mme Giremonde : elle dut renoncer à ceux de derrière.

Ayant ainsi perdu tous deux la peau et les ongles des pieds, les misérables étaient gisants avec Brun et pensaient mourir, mais l'hypocrite avait gagné les souliers et le sac. Il survint et se moqua d'eux encore, surtout de la louve.

« Ma chère, ma bonne, lui disait-il, voyez comme vos souliers me vont bien! J'espère aussi qu'ils seront de durée. Vous vous êtes donné beaucoup de peine pour me perdre; j'ai fait de mon côté ce que j'ai pu, et cela m'a réussi. Si vous avez eu du plaisir, c'est enfin mon tour d'en avoir. Ainsi va le monde. On sait prendre son parti. Si je vais en voyage, je pourrai me souvenir chaque jour, avec reconnaissance, de mes chers parents : vous m'avez obligeamment fourni de souliers, et vous n'aurez pas à vous en repentir. Ce que je mériterai de pardons, je le partagerai avec vous : je vais les chercher à Rome et outremer. »

Mme Giremonde était couchée par terre, souffrant de grandes douleurs; elle ne pouvait presque parler; cependant elle fit un effort, et dit en soupirant :

« Pour nous punir de nos péchés, Dieu permet que tout vous réussisse. »

Ysengrin était gisant de son côté et gardait le silence avec Brun. Ils étaient tous deux assez misérables, enchaînés, blessés, et raillés par leur ennemi. Il ne manquait plus que Hinze, le chat : Reineke désirait fort lui jouer aussi quelque tour.

Le lendemain, l'hypocrite s'occupa d'abord à cirer les souliers que ses parents avaient perdus. Il courut se présenter au roi et lui dit :

« Votre serviteur est prêt à entreprendre le saint voyage : veuillez ordonner, par grâce, à votre chapelain de me bénir, afin que je parte d'ici avec confiance, et que ma sortie et mon entrée soient bénies. »

Ainsi dit-il. Le roi avait pour chapelain le bélier. C'était lui qui avait le soin de toutes les affaires ecclésiastiques. Le roi l'employait aussi comme secrétaire. On le nommait Bellin. Il le fit appeler et lui dit :

« Lisez-moi vite quelques saintes paroles en faveur de Reineke, que voici, pour le bénir dans le voyage qu'il médite. Il se rend à Rome et outre-mer. Attachez-lui le sac de voyage et mettez-lui le bourdon à la main. »

Bellin répliqua :

« Sire, vous avez, je crois, ouï dire que Reineke n'est pas relevé de l'excommunication, et j'aurais à souffrir un châtiment de mon évêque, qui l'apprendrait aisément et qui a le pouvoir de me punir. Mais je ne veux moi-même à Reineke ni bien ni mal. Si l'on pouvait arranger l'affaire, et si je ne devais essuyer aucun reproche de l'évêque, Mgr Ohnegrund[1], si le prieur, M. Losefund[2], ou le doyen Rapiamus, ne s'en fâchait point, je le bénirais volontiers, selon votre commandement. »

Le roi répliqua :

« Que signifient toutes ces chansons? Vous nous débitez beaucoup de paroles, et je vois peu de choses derrière. Si vous ne me lisez rien, droit ou tortu, en faveur de Reineke, au diable qui m'en soucie! Que m'importe l'évêque dans sa cathédrale? Reineke fait le pèlerinage de Rome : voulez-vous l'empêcher? »

Bellin se gratta derrière les oreilles avec inquiétude; il craignait la colère de son roi, et se mit sur-le-champ à lire, dans son livre, pour le pèlerin, qui n'y faisait guère attention. Aussi cela eut-il, comme on pense, l'effet que cela pouvait avoir.

La bénédiction était achevée; on lui donna ensuite le sac et le bourdon : le pèlerin était prêt. C'est ainsi qu'il feignait le saint voyage. Des larmes hypocrites coulaient sur les joues du scélérat, et lui baignaient la barbe, comme s'il avait senti le plus douloureux repentir. Sans doute aussi il était affligé de ne les avoir pas précipités dans le malheur tous tant qu'ils étaient, et de n'en avoir outragé que trois. Cependant il se leva et demanda en grâce que tous voulussent bien prier fidèlement pour lui du

---

1. *Sans fond.*
2. *Mauvaise trouvaille.*

mieux qu'ils pourraient. Il se disposait donc à partir promptement. Il se sentait coupable et il avait lieu de craindre.

« Reineke, dit le roi, vous êtes bien pressé ! Pourquoi cela ?

— Qui fait une bonne entreprise ne doit jamais tarder, répliqua Reineke. Je vous demande congé ; l'heure est venue, monseigneur, laissez-moi partir.

— Je vous donne congé, » dit le roi ; puis il ordonna à tous les seigneurs de la cour de cheminer quelque peu avec le faux pèlerin et de l'accompagner. Cependant Brun et Ysengrin étaient tous deux prisonniers, dans l'affliction et les douleurs.

Reineke avait donc regagné toute la faveur du roi, et il s'éloignait de la cour avec de grands honneurs. Il semblait partir avec le sac et le bourdon pour le Saint-Sépulcre, quoiqu'il n'y eût pas plus affaire qu'un bouleau dans Aix-la-Chapelle. Il avait dans l'esprit des projets tout différents. Il avait eu l'adresse de façonner pour son roi barbe de lin et nez de cire ; tous ses accusateurs durent l'accompagner à son départ et l'escorter avec honneur. Mais il ne pouvait renoncer à la ruse et il dit encore, au moment de partir :

« Prenez garde, monseigneur, que les deux traîtres ne vous échappent, et tenez-les bien enchaînés en prison. S'ils étaient libres, ils ne renonceraient pas à leur criminelle entreprise. Votre vie est menacée, sire, veuillez y songer. »

Il se mit donc en chemin, avec un maintien tranquille et dévot, avec un air candide, comme s'il n'avait fait autre chose de sa vie. Puis le roi revint à son palais, et tous les animaux le suivirent. Selon ses ordres, ils avaient d'abord accompagné Reineke à quelque distance, et le fripon avait témoigné tant d'angoisse et de tristesse, qu'il avait excité la compassion de maintes bonnes gens. Lampe, le lièvre, était surtout fort affligé.

« Il faut, cher Lampe, dit le fripon.... Et faut-il nous séparer ?... Ah ! s'il vous plaisait aujourd'hui, et à Bellin, le bélier, de cheminer encore avec moi ! Votre société me ferait le plus grand bien. Vous êtes une agréable compagnie et d'honnêtes gens. Chacun ne dit que du bien de vous : cela me ferait honneur. Vous êtes ecclésiastiques et de sainte conduite ; vous vivez justement comme j'ai vécu étant ermite ; les plantes suffisent à votre nourriture ; vous apaisez votre faim avec des feuilles et de l'herbe, et ne vous souciez ni de pain ni de viande ni d'autres mets. »

Il sut donc abuser par ses louanges la faiblesse des deux personnages. Tous deux le suivirent dans sa demeure, et, quand ils virent le château de Maupertuis, Reineke dit au bélier :

« Restez dehors, Bellin, et régalez-vous à souhait de plantes et de gazon. Ces montagnes produisent en abondance des herbes salutaires et de bon goût. Je prends Lampe avec moi; mais priez-le de consoler ma femme, qui déjà s'afflige, et qui sera au désespoir, quand elle apprendra que je m'en vais à Rome en pèlerinage. »

Le renard usait de douces paroles pour les tromper tous deux. Il fit entrer Lampe. Il trouva la triste renarde couchée avec ses petits, accablée d'inquiétude, car elle ne croyait plus que Reineke dût revenir de la cour. Maintenant elle le voyait avec le sac et le bourdon : cela lui parut étrange et elle dit :

« Reineke, mon ami, apprenez-moi donc ce qui vous est arrivé. Que vous a-t-on fait? »

Et il répondit :

« J'étais déjà condamné, pris, enchaîné; mais le roi s'est montré clément, il m'a délivré, et je suis parti comme pèlerin. Brun et Ysengrin sont demeurés pour gage. Ensuite le roi m'a donné Lampe en expiation, et nous pouvons en faire ce que nous voudrons, car le roi a fini par me dire pour ma gouverne : « C'est « Lampe qui t'a trahi! » Il a donc mérité un grave châtiment et il va me payer tout. »

Lampe entendit avec effroi ces paroles menaçantes; il fut troublé, il voulut se sauver et il prit la fuite. Reineke lui ferma vite la porte; le meurtrier saisit à la gorge l'infortuné, qui appelait au secours, avec des cris affreux.

« A l'aide, Bellin! Je suis perdu! Le pèlerin m'assassine! »

Mais il ne cria pas longtemps; Reineke lui eut bientôt déchiré la gorge. Et voilà comme il reçut son hôte.

« Venez, dit-il, et mangeons vite, car le lièvre est gras et de bon goût. En vérité, c'est la première fois qu'il est bon à quelque chose, le sot imbécile. Je l'avais juré dès longtemps. Voilà qui est fait. A présent le traître peut me dénoncer. »

Reineke se mit à l'œuvre avec sa femme et ses enfants. Ils se hâtèrent d'écorcher le lièvre et s'en régalèrent à plaisir. La renarde le trouvait exquis, et ne cessait de s'écrier :

« Grand merci au roi et à la reine! Nous faisons, par leur grâce, un repas délicieux. Que Dieu les récompense!

— Mangez, mangez, dit Reineke. C'est bien assez pour cette fois. Nous sommes tous rassasiés, et je me propose d'en attraper davantage : ils finiront tous par me payer leur écot, ceux qui s'attaquent à Reineke et qui songent à lui faire tort. »

Dame Ermeline prit la parole :

« Je voudrais apprendre de vous comment vous êtes sorti d'affaire.

— Il me faudrait bien des heures, répondit-il, pour vous raconter comme j'ai subtilement tourné le roi, et comme je l'ai trompé lui et son épouse. Oui, je ne vous le cache pas, mon amitié avec le roi est fragile et ne subsistera pas longtemps. Quand il saura la vérité, il entrera dans une furieuse colère. S'il me tient de nouveau en son pouvoir, ni l'or ni l'argent ne pourront me sauver; il me poursuivra certainement et tâchera de me prendre. Je ne puis attendre aucune grâce, je le sais parfaitement. Il ne manquera pas de me pendre. Il faut nous sauver. Fuyons en Souabe. Là nous ne serons connus de personne. Nous nous conformerons aux usages du pays. Le ciel nous aide! C'est là qu'on trouve une douce nourriture et tous les biens en abondance : des coqs, des oies, des lièvres, des lapins, et le sucre, et les dattes, les figues, les raisins secs, et des oiseaux de toute sorte et de toute grandeur; et, dans le pays, on cuit le pain au beurre et aux œufs; l'eau est limpide et pure, l'air est agréable et serein; il y a des poissons en abondance, qu'on appelle *gallines*, et d'autres qu'on nomme *pullus* et *gallus* et *anas* : qui pourrait les nommer tous? Voilà des poissons à mon goût! Je n'ai pas besoin de les pêcher dans l'eau profonde. C'était ma nourriture ordinaire, quand je menais ma vie d'ermite. Oui, ma petite femme, si nous voulons enfin jouir de la paix, partons, suivez-moi. Mais écoutez-moi bien : le roi m'a laissé échapper cette fois, parce que je lui ai débité d'étranges impostures. J'ai promis de lui livrer le trésor magnifique du roi Emmeric; j'ai dit comme il se trouvait près de Krekelborn : quand ils iront le chercher, ils ne trouveront ni ceci ni cela; ils fouilleront vainement la terre, et, quand le roi se verra trompé de la sorte, il sera horriblement furieux. Car, ce que j'ai imaginé de mensonges, avant d'échapper, vous pouvez vous le figurer. Vraiment, j'avais déjà la corde au cou. Je ne fus jamais dans un plus grand péril, ni plus cruellement tourmenté. Non, je ne souhaite pas de me revoir dans un pareil danger. Bref, quoi qu'il me puisse arriver, je ne me laisserai jamais persuader de retourner à la cour, pour me remettre au pouvoir du roi. Certes il me faudrait être bien habile pour tirer à grand'peine mon pouce de ses mâchoires. »

Mme Ermeline dit tristement :

« Que deviendrons-nous ? nous serons étrangers et misérables dans tout autre pays. Ici nous avons tout à souhait. Vous êtes le maître de vos paysans. Et vous est-il si nécessaire de risquer une aventure ? En vérité, quitter le certain pour chercher l'incertain n'est ni sage ni glorieux. Nous vivons ici en sûreté. Combien le château n'est-il pas fort? Quand le roi nous envahirait avec son armée, quand il occuperait la route avec ses forces, nous avons tant de portes dérobées, tant d'issues secrètes, que nous échapperons heureusement. Vous le savez mieux que moi, pourquoi faut-il que je le dise ? Avant de nous tenir par force dans ses mains, il aurait bien à faire. Cela ne m'inquiète point. Mais, que vous ayez juré de passer la mer, voilà ce qui m'afflige. Je me possède à peine. Comment cela finira-t-il ?

— Chère femme, ne vous affligez pas, répondit Reineke. Écoutez-moi et retenez bien ceci : mieux vaut jurer que pleurer. Voici ce que me dit une fois un sage au confessionnal. « Un ser-« ment forcé signifie peu de chose. » Cela ne m'arrête pas plus que la queue du chat. C'est le serment que je veux dire : vous m'entendez. Qu'il en soit comme vous avez dit : je reste à la maison. A vrai dire, j'ai peu de chose à espérer de Rome, et, quand j'en aurais fait dix fois le serment, je ne voudrais jamais voir Jérusalem. Je reste auprès de vous, et certes j'y serai plus à mon aise. Je ne trouverais pas ailleurs mieux que je n'ai. Si le roi veut me faire de la peine, il faut que je l'attende. Il est fort et trop puissant pour moi, mais je réussirai peut-être à l'attraper encore, à le coiffer du bonnet à grelots. Que je vive, et il trouvera pis qu'il ne cherche. J'en fais serment. »

Bellin, impatient, se mit à vociférer à la porte.

« Lampe, ne voulez-vous pas partir? Venez donc. Il faut nous en aller. »

Reineke l'entendit crier, il accourut et dit :

« Mon ami, Lampe vous prie fort de l'excuser : il se divertit là dedans avec madame sa tante. Vous voudrez bien, dit-il, le lui permettre. Prenez les devants à petits pas. Madame Ermeline ne le laissera pas aller de sitôt. De grâce, ne troublez pas leur plaisir. »

Bellin répondit :

« J'ai entendu crier : qu'était-ce donc? J'ai entendu Lampe, il me criait : « Bellin, au secours! au secours! » Lui avez-vous fait quelque mal ? »

L'habile Reineke répondit :

« Écoutez donc : je parlais du pèlerinage dont j'ai fait le vœu; ma femme en a été tout à fait désespérée ; une mortelle frayeur l'a saisie; elle est tombée dans mes bras sans connaissance. A cette vue, Lampe a eu peur, et, dans son trouble, il s'est écrié : « Au secours Bellin! Bellin! Oh! ne tardez pas : certaine-« ment ma tante va mourir. »

— Tout ce que je sais, dit Bellin, c'est qu'il a poussé des cris d'angoisse.

— On ne lui a pas touché un poil, jura le menteur. J'aimerais mieux qu'il m'arrivât malheur à moi-même qu'à Lampe. Avez-vous entendu, ajouta Reineke, que le roi m'a demandé hier, quand je serais arrivé chez moi, de lui communiquer, dans quelques lettres, mes idées sur des affaires importantes? Mon cher neveu, veuillez vous en charger. Elles sont toutes prêtes. Je dis dans ces lettres de belles choses, et je donne les avis les plus sages. Lampe s'est diverti à l'excès. J'avais du plaisir à l'entendre se rappeler avec sa tante de vieilles histoires. Comme ils jasaient! Ils ne pouvaient finir. Ils ont bu et mangé et se sont réjouis, tandis que j'écrivais les lettres.

— Mon bon ami, dit Bellin, veuillez garder vos lettres : je n'ai pas une petite poche pour les mettre. Si je brisais les sceaux, je m'en trouverais fort mal.

— Je sais un bon remède, dit Reineke. Le sac que l'on m'a fait avec la peau de l'ours fera justement l'affaire. Il est épais et fort ; je mettrai les lettres dedans, et le roi vous donnera une bonne récompense ; il vous recevra avec honneur ; vous serez trois fois le bienvenu. »

Bellin, le bélier, crut tout cela. L'autre courut dans la maison, prit le sac et y fourra bien vite la tête de Lampe égorgé. Il songea en même temps au moyen d'empêcher le pauvre Bellin d'ouvrir la gibecière, et il dit, comme il sortait :

« Suspendez le sac à votre cou, et n'allez pas, mon neveu, prendre fantaisie de jeter les yeux sur les lettres : ce serait un fâcheux désir ; car je les ai soigneusement fermées, et vous ne devez pas y toucher. N'ouvrez pas même le sac. J'ai entrelacé les nœuds artistement, ainsi que j'en ai la coutume, dans les affaires importantes entre le prince et moi. S'il trouve les cordons entrelacés comme d'habitude, vous mériterez sa faveur et ses cadeaux, en qualité de messager fidèle. Même, aussitôt que vous verrez le roi, si vous voulez vous mettre encore auprès de lui en meilleure posture, faites-lui entendre que vous avez donné vos bons avis pour ces lettres ; que vous avez prêté secours à l'écrivain : vous y gagnerez honneur et profit. »

Bellin fut ravi, et, dans sa joie, il s'élança de la place où il était, bondissant à droite et à gauche.

« Reineke, dit-il, mon neveu, mon seigneur, je vois à présent que vous m'aimez, que vous voulez me mettre en honneur. Cela me vaudra des louanges devant tous les seigneurs de la cour, d'avoir arrangé de si bonnes idées, de belles et charmantes paroles. Car, à la vérité, je ne sais pas écrire comme vous; mais ils vont le croire, et c'est à vous seul que j'en serai redevable. C'est pour mon plus grand bien que je vous ai accompagné jusqu'ici. Maintenant, dites-moi, qu'en pensez-vous? Lampe ne s'en vient-il pas à cette heure avec moi ?

— Non, m'entendez-vous! dit le rusé. C'est encore impossible. Prenez l'avance doucement. Il vous suivra, aussitôt que je lui aurai confié et commandé certaines affaires d'importance.

— Dieu soit avec vous, dit Bellin, je vais donc partir. »

Et il fit diligence : vers midi il arrivait à la cour.

Dès que le roi l'aperçut, et qu'en même temps, il remarqua le petit sac :

« Parlez, Bellin, dit-il, d'où venez-vous? Où donc Reineke

est-il resté? Vous portez le sac de voyage : qu'est-ce que cela veut dire?

— Monseigneur, dit Bellin, il m'a prié de vous apporter deux lettres. Nous les avons méditées ensemble. Vous trouverez les affaires les plus importantes subtilement traitées; et, ce qu'elles renferment, je l'ai conseillé. Elles se trouvent dans le sac; Reineke a serré les nœuds. »

Le roi fit appeler sur-le-champ le castor. C'était le notaire et le secrétaire royal. On le nommait Bokert. Son office était de lire devant le prince les lettres difficiles et importantes, car il savait plusieurs langues. Le roi fit aussi appeler Hinze, et voulut qu'il fût présent. Lors donc que Bokert eut délié le nœud aidé de Hinze, son confrère, il tira du sac, avec étonnement, la tête du lièvre assassiné, et s'écria :

« Voilà ce que j'appelle des lettres! C'est fort singulier! Qui les a écrites? Qui peut expliquer cela? C'est la tête de Lampe : nul ne peut la méconnaître. »

Le roi et la reine furent saisis de frayeur. Mais le roi dit, en baissant la tête :

« O Reineke, si je vous tenais encore ! »

Le roi et la reine éprouvaient une douleur extrême.

« Reineke m'a trompé! s'écria le roi. Oh! si je m'étais défié de ses infâmes mensonges ! »

En faisant ces cris, il paraissait troublé, et les autres animaux étaient confondus comme lui. Lupardus, proche parent du roi, prit la parole :

« Par ma foi, je ne vois pas pourquoi vous êtes si troublés, vous et la reine. Éloignez ces pensées. Prenez courage. Cela pourrait vous faire honte aux yeux de tout le monde. N'êtes-vous pas le maître? Tous ceux qui sont ici vous doivent l'obéissance.

— Et justement! reprit le roi, vous ne devez pas être surpris de mon chagrin. Je me suis, hélas! fourvoyé. Car le traître m'a poussé, avec une ruse infâme, à punir mes amis. Brun et Ysengrin sont accablés d'ignominie, et je ne devrais pas en éprouver un vif repentir? Cela ne me fait pas honneur, d'avoir si maltraité les premiers barons de ma cour, d'avoir donné tant de créance au menteur et d'avoir agi sans prévoyance. J'ai trop vite écouté ma femme; elle s'est laissé séduire; elle m'a prié et supplié pour lui. Oh! que n'ai-je été plus ferme! A présent, le repentir est tardif et tout conseil inutile.

— Sire, reprit Lupardus, écoutez ma prière : ne vous affligez pas plus longtemps. Le mal qui s'est fait peut se réparer. Donnez à l'ours, au loup, à la louve, le bélier en dédommagement. Car Bellin a confessé ouvertement et effrontément qu'il a conseillé la mort de Lampe. Il faut maintenant qu'il l'expie. Ensuite nous marcherons ensemble contre Reineke; nous le prendrons, si nous pouvons, puis nous le pendrons bien vite. Si on lui donne la parole, il se sauvera par son bavardage et ne sera pas pendu. Non, je le sais parfaitement, ces gens se laisseront apaiser. »

Le roi entendit avec plaisir ces paroles, et dit à Lupardus :

« Votre avis me plaît. Allez donc sur-le-champ me quérir les deux barons. Je veux qu'ils reprennent avec honneur leur place à mes côtés dans le conseil. Convoquez tous les animaux qui se trouvaient à la cour : il faut qu'ils sachent tous comme Reineke a menti honteusement; comme il s'est échappé, et comme ensuite, avec le secours de Bellin, il a tué Lampe. J'entends que chacun traite avec honneur l'ours et le loup, et, comme vous le conseillez, je donne à ces seigneurs, en expiation, le traître Bellin et ses parents à perpétuité. »

Lupardus fit diligence, jusqu'à ce qu'il eût trouvé les deux prisonniers, Brun et Ysengrin. Ils furent déliés, puis il leur dit :

« Apprenez de moi une bonne nouvelle. Je vous apporte de la part du roi paix assurée et sauf-conduit. Entendez-moi, seigneurs : si le roi vous a fait du mal, il en a du regret; il vous le fait savoir, et il désire que vous soyez contents : en expiation, vous recevrez Bellin avec sa race, et même avec tous ses parents à perpétuité. Sans autres façons, vous pouvez les assaillir, que vous les trouviez dans les bois, que vous les trouviez dans les champs; ils vous sont tous livrés. Mon gracieux seigneur vous permet en outre de faire toute sorte de maux à Reineke, qui vous a trahis. Vous pouvez le poursuivre, lui, sa femme, ses enfants et tous ses parents, où que vous les trouviez : nul ne s'y oppose. Cette précieuse liberté, je vous l'annonce au nom du roi. Lui, et tous ceux qui régneront après lui, la maintiendront. Oubliez seulement ce qui vous est arrivé de fâcheux; jurez de lui être dévoués et fidèles : vous le pouvez avec honneur. Jamais il ne vous fera plus aucun tort. Je vous le conseille, acceptez la proposition. »

Ainsi fut conclu l'accommodement. Le bélier dut le payer de sa vie, et depuis lors tous ses parents sont poursuivis sans cesse par la redoutable engeance d'Ysengrin. Ainsi commença la haine éternelle. Maintenant les loups continuent à sévir, sans pudeur et sans crainte, contre les agneaux et les moutons; ils croient avoir la justice de leur côté; leur courroux n'en épargne aucun; ils ne se laissent jamais fléchir. Mais, en faveur de Brun et d'Ysengrin, et pour leur faire honneur, le roi tint sa cour douze jours de plus; il voulait montrer publiquement combien il avait à cœur de satisfaire les barons.

CHANT SEPTIÈME.

On vit alors la cour magnifiquement ordonnée et disposée; maints chevaliers arrivèrent; les quadrupèdes furent suivis d'innombrables oiseaux, et tous ensemble rendirent de grands honneurs à Brun et Ysengrin, qui oublièrent leurs souffrances. Ils se virent fêtés par la meilleure compagnie qui se fût jamais rassemblée. Trompettes et timbales résonnaient. Le bal de la cour fut du meilleur goût. On servit avec profusion ce que chacun pouvait désirer. Messagers sur messagers coururent le pays et convièrent les hôtes. Oiseaux et bêtes se mirent en chemin; ils venaient par couples, voyageaient de jour et de nuit, et se hâtaient d'arriver. Mais Reineke, le renard, resta chez lui aux écoutes; il n'avait pas dessein de se rendre à la cour, le faux pèlerin; il attendait peu de merci. Le fripon ne trouvait pas de plus grand plaisir que d'exercer sa malice selon son vieil usage. On entendit à la cour les plus beaux chants; on servait aux hôtes; en abondance, à boire et à manger; on vit des tournois et des joutes; chacun s'était rapproché des siens; on dansait, on chantait, puis on entendait le sifflet par intervalles, on entendait le chalumeau. Le roi regardait, avec bienveillance, des fenêtres du salon; il se plaisait à ce grand tumulte; ses yeux en étaient réjouis.

Huit jours étaient passés; le roi s'était mis à table avec ses premiers barons; il était assis à côté de la reine, quand le lapin sanglant se présenta devant le roi, et lui dit tristement:

« Sire, sire, et vous tous, seigneurs, ayez pitié de moi : car vous avez rarement ouï parler d'une trahison aussi perfide et d'actes aussi sanguinaires que ceux dont Reineke m'a rendu victime. Hier matin je le trouvai assis; c'était vers six heures; je passais sur la route devant Maupertuis, et je croyais aller mon chemin en paix. Vêtu en pèlerin, il était assis devant sa porte, et semblait lire ses prières du matin. Je voulais passer vite, pour me rendre à votre cour. Quand il me vit, il se leva soudain, et vint à ma rencontre. Je crus qu'il voulait me saluer, mais il me saisit avec ses pattes en véritable assassin : je sentis ses ongles entre mes oreilles, et je crus, en vérité, avoir la tête arrachée : car ses ongles sont longs et pointus. Il me renversa par terre. Heureusement je me dégageai, et, comme je suis leste, je pus m'échapper. Il grondait après moi, et jura qu'il me trouverait : moi, sans répondre, je m'éloignai; mais, hélas! je lui ai laissé une de mes oreilles; j'arrive la tête sanglante. Voyez, j'en rapporte quatre plaies. Vous jugerez avec quelle violence il m'a frappé. Il s'en est peu fallu que je ne sois resté sur la place. Songez maintenant au péril, songez à votre sauf-conduit! Qui peut voyager, qui peut se rendre à votre cour, si le brigand occupe la route et insulte tout le monde? »

Il finissait à peine, que Merkenau, la corneille bavarde, vint dire à son tour :

« Noble seigneur et gracieux roi, je vous apporte de tristes nouvelles. Je ne suis pas en état de parler beaucoup, étant saisie de douleur et d'angoisse, et je crains, à le faire, que mon cœur ne se brise, car il m'est arrivé aujourd'hui une chose lamentable. Ma femme Scharfenebbe et moi, nous passions ensemble ce matin. Reineke était gisant comme mort sur la bruyère, les yeux tournés, la bouche ouverte et la langue pendante. Je me mis à crier d'horreur; il ne bougeait pas. Je criais et le plaignais, disant : « Ah ! ah ! hélas ! » et je recommençais mes plaintes. « Ah ! il est mort ! Que j'en suis affligé ! Que j'en suis désolé ! » Ma femme aussi se lamentait; nous gémissions tous deux. Je tâtai le ventre et la tête; ma femme s'avança de même, et s'approcha du museau, pour savoir si la respiration n'indiquerait point quelque vie; mais elle observait en vain : nous en aurions juré tous deux. Or, écoutez le malheur ! Comme, dans sa tristesse, elle approchait, sans défiance, son bec de la gueule du scélérat, il l'observa, le traître, la saisit horriblement, et lui emporta la tête. Combien je fus effrayé, je ne veux pas le dire. « Oh ! malheur à moi ! oh ! malheur à moi ! » m'écriai-je. Il s'élança, et voulut aussi me happer. Je tressaillis et m'enfuis au plus vite. Si j'avais été moins agile, il m'aurait saisi tout de même. J'échappai à grand'peine aux pattes du meurtrier; je volai sur un arbre. Oh ! je voudrais n'avoir pas sauvé ma triste vie. Je voyais ma femme sous les ongles du scélérat. Ah ! il eut bientôt mangé la pauvre bonne ! Il me semblait aussi glouton, aussi affamé, que s'il avait voulu en manger encore quelques-unes. Il n'a pas laissé le plus petit membre, pas le moindre osselet. Je n'ai rien vu d'aussi lamentable. Il partit, et moi, je ne pus m'empêcher de voler vers la place, la tristesse au cœur. Je ne trouvai que du sang et quelques plumes de ma femme. Je les apporte, comme preuve de crime. Hélas ! ayez pitié de moi, monseigneur. Si vous deviez cette fois épargner le traître, différer une juste vengeance, ne pas donner force à votre paix et votre sauf-conduit, on ferait là-dessus bien des discours qui pourraient vous déplaire. Car les gens disent : « Il est coupable « du fait, celui qui a le pouvoir de punir et qui ne punit pas. » Alors chacun fait le maître. Votre dignité en souffrirait : veuillez y songer. »

La cour avait entendu la plainte du bon lapin et celle de la corneille. Noble, le roi, entra en colère et s'écria :

« J'en fais serment par ma foi conjugale, je punirai ce forfait, et l'on s'en souviendra longtemps. Se moquer de mon sauf-conduit et de mes ordonnances! Je ne veux pas le souffrir. Je me suis fié au scélérat et l'ai laissé échapper beaucoup trop aisément. Je l'ai même équipé en pèlerin, et l'ai vu partir d'ici comme se rendant à Rome. Que de choses le menteur ne nous a-t-il pas fait accroire! Comme il a su gagner aisément l'intercession de la reine! Elle m'a persuadé; maintenant il est échappé. Mais je ne serai pas le dernier qui se soit repenti d'avoir suivi les conseils des femmes. Et, si nous laissons plus longtemps le scélérat courir impuni, c'est pour nous une honte. Il fut toujours un fripon et le sera toujours. Or, messieurs, délibérez ensemble sur les moyens de l'arrêter et de lui faire son procès. Si nous y mettons de la vigueur, la chose réussira. »

Ysengrin et Brun entendirent avec joie le discours du roi. « Nous serons enfin vengés, » se disaient-ils l'un et l'autre; cependant ils n'osèrent prendre la parole : ils voyaient que le roi était troublé et irrité à l'excès. La reine dit enfin :

« Il ne faudrait pas, monseigneur, vous courroucer si violemment, ni jurer si aisément : votre dignité en est compromise et vos paroles en ont moins de poids. Nous ne voyons point encore la vérité dans tout son jour; il faut commencer par entendre l'accusé. S'il était présent, tel qui parle contre Reineke resterait muet. Il faut toujours entendre les deux parties. Plus d'un téméraire porte plainte pour couvrir ses crimes. J'ai tenu Reineke pour habile et sage; je ne songeais pas à mal et n'avais que votre intérêt devant les yeux, bien que les choses aient tourné autrement. Car ses conseils sont bons à suivre, si sa vie mérite quelque blâme. Il faut d'ailleurs bien considérer l'étroite alliance de sa race. La précipitation ne rend pas les choses meilleures, et, ce que vous résoudrez, vous finirez toujours par l'accomplir comme maître et souverain. »

Là-dessus Lupardus prit la parole :

« Vous écoutez tant d'avis, écoutez aussi celui-là : que Reineke comparaisse, et, ce que vous résoudrez, qu'on l'exécute sur-le-champ. C'est là probablement ce que pensent tous les seigneurs, comme votre noble épouse. »

Ysengrin dit à son tour :

« Que chacun conseille pour le mieux. Seigneur Lupardus,

écoutez-moi. Quand Reineke serait ici à cette heure, et quand il se disculperait de la double plainte que portent ces deux personnes, il me serait toujours facile de montrer qu'il a mérité de perdre la vie. Néanmoins je passe tout sous silence, jusqu'à ce qu'il soit dans nos mains. Et avez-vous oublié comme il a trompé le roi avec le trésor, disant qu'il devait le trouver à Husterlo, près de Krekelborn, et autres grossiers mensonges? Il a trompé tout le monde, et il nous a outragés, Brun et moi, mais j'y mettrai ma vie. Voilà comme le menteur se comporte sur la bruyère : il rôde, il pille, il tue. Si le roi et les seigneurs le trouvent bon, eh bien, que l'on procède ainsi. Cependant, s'il avait voulu tout de bon se rendre à la cour, il se serait présenté dès longtemps. Les messagers du roi ont couru le pays pour convier les hôtes, et il est resté chez lui. »

Là-dessus le roi prononça ces paroles :

« Pourquoi l'attendre longtemps ici? Préparez-vous (telle est ma volonté), préparez-vous tous à me suivre dans six jours; car, en vérité, je veux voir la fin de ces débats. Qu'en dites-vous, seigneurs? Ne serait-il pas capable enfin de ruiner un pays? Préparez-vous aussi bien que vous pourrez, et venez sous le harnois; venez avec des arcs, des piques et toute sorte d'armes, et comportez-vous vaillamment; et tous ceux que j'armerai chevaliers en campagne, qu'ils en portent le titre avec honneur. Nous assiégerons Maupertuis, le château. Nous verrons ce que Reineke renferme dans sa maison. »

A ces mots, tous s'écrièrent :

« Nous obéirons! »

Le roi et ses guerriers songeaient donc à prendre d'assaut le château de Maupertuis, à punir le renard; mais Grimbert, qui avait assisté au conseil, s'éloigna secrètement et courut chez Reineke pour lui annoncer la nouvelle. Il cheminait, le cœur affligé, faisant des plaintes à part lui, et disant :

« Hélas! que deviendra mon oncle maintenant? C'est avec raison que toute la famille te pleure, ô toi, le chef de toute la famille! Quand tu plaidais notre cause devant la justice, nous étions tranquilles : personne ne pouvait tenir devant toi et ton adresse. »

En parlant ainsi, il atteignit le château, et il trouva Reineke assis en plein air. Il venait de prendre deux jeunes pigeons. Ils s'étaient risqués hors du nid pour essayer de voler; mais leurs plumes étaient trop courtes : ils tombèrent, et ne furent pas en état de se relever, et Reineke les saisit, car il chassait souvent aux environs. Il vit de loin Grimbert approcher et l'attendit. Il le salua et lui dit ces mots :

« Mon neveu, soyez le bien-venu plus que toute autre personne de ma famille! Pourquoi courez-vous si fort? Vous êtes haletant! M'apportez-vous quelque nouvelle? »

Grimbert lui répondit :

« La nouvelle que je vous annonce n'est point rassurante. Vous le voyez, j'accours plein d'angoisse. Votre vie, vos biens, tout est perdu. J'ai vu la colère du roi. Il jure de vous arrêter et de vous faire subir une mort infâme. Il a ordonné à chacun de paraître ici en armes dans six jours, avec l'arc et l'épée, avec l'arquebuse et les chariots. Tout le monde vient vous assaillir : hâtez-vous de faire vos réflexions. Ysengrin et Brun sont de nouveau dans la confidence du roi, mieux que moi dans la vôtre, et l'on fait tout ce qu'ils veulent. Ysengrin vous proclame le plus affreux des meurtriers et des brigands, et, par ces discours, il anime le roi. Il sera maréchal; vous verrez la chose dans peu de semaines. Le lapin est survenu, puis la corneille : ils ont fait contre vous de grandes plaintes; et, si le roi vous prend cette fois, vous n'aurez pas longtemps à vivre; j'ai lieu de le craindre.

— Voilà tout? répliqua le renard. Tout cela ne m'inquiète pas le moins du monde. Quand le roi, avec tout son conseil, aurait promis et juré deux fois et trois fois, il me suffira de paraître pour triompher de tout. Ils délibèrent, ils délibèrent, et ne savent jamais toucher au but. Mon cher neveu, laissez aller la chose; suivez-moi, et voyez ce que je vous servirai. Je viens d'attraper là des pigeons jeunes et gras. C'est toujours mon plus friand régal. Ils sont faciles à digérer; on les avale tout doucement, et les petits os ont si bon goût! Ils se fondent dans la bouche. C'est moitié lait, moitié sang. Cet aliment léger me convient, et ma femme a le même goût. Venez, elle nous fera un bon accueil. Mais ne lui dites pas pourquoi vous êtes venu : chaque bagatelle la saisit et l'inquiète. Demain, je vous suivrai à la cour. Là, mon cher neveu, vous me seconderez, j'espère, comme il convient entre parents.

— Je mets à votre service mes biens et ma vie, » dit le blaireau.

Et Reineke reprit :

« Je m'en souviendrai. Que je vive longtemps, et cela tournera à votre profit.

— Présentez-vous avec assurance devant les seigneurs, dit le blaireau, et soutenez au mieux votre cause; ils vous écouteront. Lupardus a déjà opiné qu'on ne doit pas vous punir avant que vous vous soyez suffisamment défendu. La reine elle-même a partagé cet avis. Remarquez cette circonstance et tâchez de la mettre à profit.

— Soyez tranquille, dit Reineke, tout s'arrangera. Quand le monarque irrité m'aura entendu, il changera de sentiment, et je finirai par gagner mon procès. »

Alors ils entrèrent tous deux, et furent gracieusement reçus par la dame du logis. Elle servit tout ce qu'elle avait. On partagea les pigeons; on les trouva succulents, et chacun en mangea sa part. Les convives ne furent pas rassasiés, et ils en auraient sans doute dévoré une demi-douzaine, s'ils les avaient eus.

Reineke dit au blaireau :

« Avouez, notre oncle, que j'ai des enfants délicieux et qui doivent plaire à chacun. Dites-moi comment vous plaisent Rossel et Reinhart, le petit. Ils multiplieront un jour notre race, et commencent peu à peu à se former. Ils font ma joie du matin jusqu'au soir. L'un prend une poule, l'autre attrape un poulet. Ils plongent aussi dans l'eau bravement, pour atteindre le canard et le vanneau. Je les enverrais volontiers à la chasse plus souvent encore; mais il faut que je leur enseigne avant tout la sagesse et la prévoyance; comme ils doivent prudemment se garantir des piéges, des chasseurs et des chiens. Quand ils sauront bien se conduire, quand ils seront dressés comme il faut, ils iront chaque jour quérir et apporter de la nourriture, et rien ne manquera dans la maison, car ils marcheront sur mes traces et joueront de terribles tours. Si une fois ils se mettent à l'œuvre, les autres bêtes auront le dessous. L'ennemi se sentira pris à la gorge et ne se débattra pas longtemps. C'est la manière et le jeu de Reineke. Ils saisiront vivement et ne feront pas faux bond. C'est là, selon moi, l'essentiel.

— Cela fait honneur, dit Grimbert, et l'on peut se féliciter d'avoir des enfants tels qu'on les désire, qui s'accoutument de bonne heure au métier pour aider leurs parents. Je me réjouis sincèrement de les savoir de ma famille, et j'espère merveilles.

— Restons-en là pour aujourd'hui, reprit Reineke. Allons nous coucher, car nous sommes tous fatigués, et Grimbert surtout est accablé. »

Ils se couchèrent dans la salle, qui était jonchée abondamment de foin et de feuilles, et ils dormirent ensemble. Mais l'inquiétude tint Reineke éveillé. La chose lui semblait exiger de sages mesures, et le matin le trouva dans ses réflexions. Il se leva de sa couche et dit à sa femme :

« Ne vous affligez pas. Grimbert m'a prié de le suivre à la cour. Restez tranquillement à la maison. Si quelqu'un parle de moi, donnez aux choses le tour le plus favorable, et gardez le château : comme cela, tout ira bien pour nous. »

Mme Ermeline dit alors :

« Cela me semble étrange! Vous osez retourner à la cour, où l'on est si mal disposé pour vous! Êtes-vous forcé? Je ne conçois pas cela. Songez au passé.

— Assurément, reprit Reineke, ce n'était pas une plaisanterie. Beaucoup de gens me voulaient du mal; je me suis trouvé dans une grande détresse. Mais il se passe bien des choses sous le soleil. Contre toute apparence, on éprouve ceci et cela, et qui pense tenir une chose en est privé tout à coup. Laissez-moi donc aller. J'ai maintes choses à faire là-bas. Demeurez tranquille, je vous en prie, vous n'avez nul besoin de vous tourmenter. Attendez: vous me reverrez, ma chère, si du moins cela m'est possible, dans cinq ou six jours. »

A ces mots, il partit, accompagné de Grimbert, le blaireau.

CHANT HUITIÈME.

Grimbert et Reineke marchaient ensemble à travers la bruyère, droit au château du roi, et Reineke disait :

« Quoi qu'il arrive, j'ai, cette fois, le pressentiment que le voyage aura une heureuse issue. Mon cher neveu, écoutez-moi : depuis que je vous ai fait ma dernière confession, je me suis de nouveau rendu coupable de péché. Écoutez le gros et le menu et ce que j'ai alors oublié.

« Je me suis procuré un bon morceau du corps de l'ours et de sa peau ; le loup et la louve m'ont cédé leurs souliers ; de la sorte j'ai satisfait mon petit ressentiment. Ce sont mes mensonges qui m'ont valu cela. J'ai su exciter la colère du roi, et, en outre, je l'ai affreusement trompé : car je lui ai fait un conte, et j'ai su inventer des trésors. Cela ne m'a pas suffi ; j'ai tué Lampe ; j'ai fourré dans un paquet la tête du mort, et j'en ai chargé Bellin. Le roi l'a regardé avec colère : il a dû payer l'écot. Pour le lapin, je l'ai pressé rudement derrière les oreilles, si bien qu'il a failli en perdre la vie, et j'ai eu regret de le voir échappé. Je dois avouer aussi que la corneille ne se plaint pas à tort : j'ai mangé sa petite femme, Mme Scharfenebbe. Voilà les péchés que j'ai commis depuis ma confession. Mais alors j'avais oublié une chose, une seule, et je veux la conter. Il faut vous dire une malice que j'ai faite. Je ne voudrais pas avoir pareille chose à souffrir. Je l'ai mise dans le temps sur le dos du loup. Nous cheminions ensemble entre Kackys et Elverdingen, et nous vîmes de loin une jument avec son poulain, l'un et l'autre noirs comme les corbeaux. Le poulain pouvait avoir quatre mois. Ysengrin était tourmenté de la faim, et il me fit cette prière :

« Veuillez demander à la jument si elle nous vendrait son pou-
« lain et à quel prix. » Je me rendis auprès d'elle et je risquai
la drôlerie. « Ma chère dame la jument, lui dis-je, le poulain est
« vôtre, je pense : le vendriez-vous peut-être ? Je voudrais bien
« le savoir. » Elle répondit : « Si vous le payez bien, je pourrai
« m'en dessaisir ; et la somme pour laquelle je consens à le ven-
« dre, vous pourrez la lire : elle est écrite sous mon pied de
« derrière. » Je devinai ce qu'elle voulait et je répliquai : « Je
« dois vous avouer que je ne sais guère lire et écrire, comme je
« voudrais. D'ailleurs je ne demande pas l'enfant pour moi-
« même. C'est Ysengrin qui voudrait proprement savoir vos
« conditions ; c'est lui qui m'envoie. — Faites-le venir, dit-elle ;
« il apprendra la chose. » J'allai vers Ysengrin, qui restait à
sa place et m'attendait. « Voulez-vous faire un bon repas ? lui
« dis-je. Allez, la jument vous cédera le poulain ; le prix est
« marqué sous le pied de derrière.... Je n'avais qu'à voir moi-
« même, a-t-elle dit ; mais, à mon vif chagrin, j'ai déjà manqué
« mainte aubaine, parce que je n'ai pas appris à lire et à
« écrire. Essayez, mon oncle, et voyez l'écriture : vous la com-
« prendrez peut-être. » Ysengrin répondit : « Que ne lirais-je
« pas ? Je le trouverais étrange ! Je sais l'allemand, le latin, le
« welche et même le français : car j'ai fréquenté l'école à Erfurt,
« sous les habiles et les doctes ; j'ai formulé des questions et
« des sentences avec les maîtres en droit ; j'ai pris mes licences
« en forme ; et quelques écritures que l'on trouve, je puis les
« lire comme si ce fût mon nom. Aussi la chose ne peut-elle
« manquer aujourd'hui. Demeurez, je vais et je lirai l'écriture :
« nous verrons bien. » Il alla et dit à la dame : « Combien le
« poulain ? Faites un prix raisonnable. » Elle répondit : « Vous
« n'avez qu'à lire la somme : elle est écrite sous mon pied de
« derrière. — Faites que je voie, reprit le loup. — C'est ce que je
« fais, » dit-elle. Puis elle leva le pied de dessus l'herbe. Il était
nouvellement garni de six clous. Elle frappa juste et ne s'écarta
pas d'un poil. Elle l'atteignit à la tête ; il tomba par terre tout de
son long, étourdi, comme mort. Mais elle s'enfuit au plus vite.
Il resta longtemps ainsi gisant et blessé. Au bout d'une heure, il
revint à lui et hurla comme un chien. Je m'approchai et lui dis :
« Monsieur mon oncle, où est la jument ? Le poulain avait-il

« bon goût? Vous vous êtes rassasié; vous m'avez oublié. Ce
« n'est pas bien fait à vous; c'est moi qui vous ai porté le mes-
« sage. Après le repas, il vous a plu de faire un petit sommeil.
« Que portait, dites-moi, l'écriture sous le pied? Vous êtes un
« grand savant. — Ah! répliqua-t-il, vous raillez encore? Que
« j'ai été malheureux cette fois! Une roche même serait atten-
« drie. Oh! cette jument aux longues jambes! Que le bourreau
« le lui rende! Le pied était garni de fer: voilà l'écriture! Des
« clous neufs. J'en ai six blessures à la tête. » Il faillit en perdre
la vie. A présent j'ai tout confessé: cher neveu, pardonnez-moi
mes mauvaises œuvres! Comment les choses tourneront à la
cour, c'est douteux; mais j'ai déchargé ma conscience, et me
suis purifié de péché. Dites-moi comment je puis me corriger,
afin que j'obtienne grâce. »

Grimbert lui répondit:

« Je vous trouve encore sous le poids du péché; mais les morts
ne reviennent pas à la vie. Il vaudrait mieux sans doute qu'ils
vécussent encore. Je veux donc, mon oncle, en considération de
l'heure épouvantable, en considération de la mort prochaine qui
vous menace, vous remettre vos péchés, comme serviteur du
Seigneur: car on vous poursuit avec violence; je crains tout ce
qu'il y a de pire, et l'on vous reprochera avant tout la tête du
lièvre. Ce fut une grande témérité, avouez-le, de provoquer
le roi, et cela vous nuira plus que ne le pensait votre légèreté.

— Je n'y perdrai pas un poil, repartit le fripon, et, s'il faut
vous le dire, c'est un talent tout particulier de savoir se tirer
d'affaire dans le monde. On ne peut se garder aussi saintement
que dans un cloître, vous le savez. Si quelqu'un fait commerce
de miel, il se lèche de temps en temps les doigts. Lampe me
séduisait fort; il sautait par-ci par-là, me tournait devant les
yeux; son embonpoint me plut, et je mis à part l'amitié. Je
voulais aussi peu de bien à Bellin. Ils ont le dommage; j'ai le
péché. Mais ils sont parfois si stupides, si lourds et si grossiers en toute affaire! Devais-je faire tant de cérémonies? Je
m'y sentais peu disposé. Je m'étais sauvé de la cour avec angoisse, et leur enseignais une chose puis une autre: peine inutile!
cela n'avançait pas. Sans doute chacun devrait aimer le prochain,
je dois en convenir; cependant je les estimais peu, et mort est

mort, vous le dites vous-même. Parlons d'autre chose. Les temps sont dangereux. En effet, comment cela va t-il du haut en bas? Il ne faut pas causer : pourtant, nous autres, nous observons ce qui se passe, et nous faisons nos réflexions. Le roi lui-même vole aussi bien qu'un autre, nous le savons. Ce qu'il ne prend pas, il le laisse emporter aux ours et aux loups, et il croit que c'est juste. Il ne se trouve personne qui ose lui dire la vérité, si profond est le mal; point de confesseur, point de chapelain. Ils se taisent! Pourquoi cela? Ils ont part aux profits, quand ils ne feraient qu'attraper une soutane. Que l'on vienne ensuite se plaindre : on gagnerait autant de happer l'air; on tue le temps, et l'on ferait mieux de chercher de nouveaux profits. Car ce qui est perdu est perdu, et ce qu'une fois un puissant te ravit, tu ne le rattraperas plus; on prête peu l'oreille à la plainte, et elle fatigue à la fin. Notre seigneur est le lion, et il tient pour conforme à sa dignité de tirer tout à lui. Il nous appelle d'ordinaire ses gens : en vérité, il semble que notre bien lui appartienne.

« Oserai-je le dire, mon oncle? Le noble sire aime surtout les gens qui apportent, et qui savent danser comme il chante. On le voit clairement. Que l'ours et le loup soient rentrés au conseil, cela va nuire encore à bien des gens. Ils volent, ils pillent; le roi les aime; chacun le voit et se tait : on espère avoir son tour. Il s'en trouve ainsi plus de quatre aux côtés du roi; distingués entre tous, ils sont les plus grands à la cour. Un pauvre diable, comme Reineke, attrape-t-il quelque poulet, aussitôt ils veulent tous fondre sur lui, le poursuivre et le prendre, et, à grand bruit, d'une voix unanime, ils le condamnent à mort. Les petits voleurs sont pendus sans façon; les gros ont un grand privilége : ils gouvernent à leur gré le pays et les châteaux. Voyez-vous, mon oncle, lorsque j'observe ces choses et que je médite là-dessus, je joue aussi mon jeu, et me dis souvent à part moi : « Il faut que ce soit bien, puisque tant « de gens le font! » A la vérité, la conscience s'éveille aussi, et me montre de loin la colère et le jugement de Dieu; elle me fait considérer la fin; le bien illégitime, si petit qu'il soit, il faut le restituer. Alors je sens dans mon cœur le repentir, mais cela ne dure pas longtemps. Eh! que te sert d'être le meilleur? Les meilleurs n'échappent pas aujourd'hui à la médisance du peuple. La foule sait parfaitement s'enquérir de chacun; elle n'oublie guère personne; elle découvre ceci et cela. Il y a peu de bien dans la société; et, véritablement, peu de gens méritent d'avoir de bons et justes seigneurs; car ils disent et ils chantent toujours, toujours le mal, et le bien que peuvent faire les seigneurs, grands et petits, ils le savent sans doute, mais ils s'en taisent ou n'en parlent que rarement. Cependant je trouve pire que tout le reste l'outrecuidance de l'aveugle erreur qui s'empare des hommes, que chacun, dans le délire de sa volonté passionnée, peut gouverner et juger le monde. Si chacun tenait du moins dans l'ordre sa femme et ses enfants, savait contenir d'insolents domestiques, pouvait être heureux sans bruit, dans une vie modeste, tandis que les fous dissipent leurs biens! Mais comment le monde se pourrait-il amender? Chacun se permet tout, et veut contraindre les autres par violence. Et voilà comme nous tombons toujours plus avant dans le mal. Calomnies, mensonges, trahisons, larcins, faux serments, meurtre et pillage, on n'entend plus parler d'autre chose; des faux prophètes et des hypocrites trompent outrageusement les hommes. Voilà comme les gens passent leur vie, et, si l'on veut leur adresser des avis fidèles, ils prennent la chose à la légère et disent même : « Eh! si le péché était grave et funeste, comme « çà et là nous le prêchent maints docteurs, le curé éviterait lui-« même le péché. » Ils s'excusent sur le mauvais exemple, et ressemblent tout à fait à la race des singes, qui, née pour imiter, parce qu'elle ne choisit ni ne pense, éprouve de sensibles maux.

« Certes, messieurs du clergé devraient se mieux conduire. Ils pourraient faire bien des choses, à condition de les faire en secret. Mais ils ne nous ménagent point, nous autres laïques, et font tout ce qui leur plaît devant nos yeux, comme si nous étions frappés d'aveuglement. Cependant nous voyons trop clairement que les vœux de ces bons messieurs ne leur plaisent pas plus qu'ils ne sourient à l'ami coupable des œuvres mondaines. Car, au delà des Alpes, les moines ont d'ordinaire une bonne amie; et il n'en est pas moins dans nos provinces qui s'abandonnent au péché. On m'assure qu'ils ont des enfants comme les personnes mariées; qu'ils se donnent beaucoup de mouvement pour les doter, et qu'ils les élèvent aux dignités. Ces enfants ne songent plus ensuite d'où ils sont venus; ils ne cèdent le pas à personne; ils passent fièrement, la tête haute, comme s'ils étaient de noble race, et restent persuadés que leur position est toute régulière. Avant ce temps, on ne faisait pas grand compte des enfants de prêtres; maintenant on les qualifie tous de seigneurs et de dames. Certes l'argent peut tout faire. On trouve peu de principautés où les prêtres ne lèvent des péages et des impôts, et ne tiennent en usufruit des villages et des moulins. Ils corrompent le monde; la paroisse apprend le mal, car on voit qu'ainsi fait le prêtre : alors tout le monde pêche, et un aveugle en détourne un autre du bien. Aussi, qui remarquerait les bonnes œuvres des prêtres pieux, et comme ils édifient la sainte Église par leur bon exemple? Qui les imite dans sa vie? On se fortifie dans le mal. Voilà ce qui se passe chez le peuple: comment le monde se pourrait-il amender?

« Mais écoutez encore : quelqu'un est-il de naissance illégitime, il ne doit pas s'en émouvoir. Que peut-il faire à la chose? Voici mon avis, écoutez-moi : si une telle personne se comporte avec humilité, et ne provoque pas les autres par une conduite vaine, on n'est point choqué, et l'on aurait tort si l'on causait de ces gens-là. La naissance ne nous rend pas nobles et bons; elle ne peut non plus faire notre honte. C'est la vertu et le vice qui distinguent les hommes. Les ecclésiastiques bons et savants sont tenus, comme de raison, en grand honneur; mais les mauvais donnent un mauvais exemple. Si un tel homme prêche la vertu, les laïques finissent par dire : « Il dit le bien et il « fait le mal; lequel faut-il choisir? » Il ne fait non plus aucun bien à l'Église. Il prêche à tout le monde: « Donnez de l'argent « et bâtissez l'église. Je vous le conseille, mes amis, s'il vous « plaît de mériter la grâce et le pardon. » Voilà comme il conclut son discours, et il donne peu de chose pour l'œuvre, ou même il ne donne rien du tout, et, s'il ne tenait qu'à lui, l'église tomberait en ruine. Il estime que la meilleure vie consiste à se vêtir d'habits précieux et à manger des morceaux friands. Et lorsqu'un homme s'inquiète ainsi outre mesure des choses mondaines, comment veut-il prier et chanter? Les bons prêtres sont chaque jour, à chaque heure, occupés diligemment au service du Seigneur, et ils font le bien, ils sont utiles à la sainte Église; ils savent, par un pieux exemple, conduire les laïques à la bonne porte sur le chemin du salut. Mais je connais aussi les frocards : ils crient et bavardent toujours pour l'apparence, et toujours ils cherchent les riches; ils savent flatter les gens et n'aiment rien tant que la table. Si l'on convie l'un, l'autre vient aussi, et aux premiers s'en joignent encore deux ou trois. Et, dans le couvent, qui sait bien jaser est élevé en dignité: on le fait lecteur ou custode ou prieur. On laisse les autres de côté. Les plats sont servis de la manière la plus inégale : en effet les uns doivent chanter, officier, la nuit, dans le chœur, visiter les tombeaux; les autres ont la bonne part et le loisir, et mangent les fins morceaux. Et les légats du pape, les abbés, les prieurs, les prélats, les béguines, les nonnes.... c'est là qu'on aurait beaucoup à dire! Partout la même chanson : « Donnez-moi le « vôtre et laissez-moi le mien. » Il s'en trouve peu vraiment, il ne s'en trouve pas sept, qui, selon les règles de leur ordre, mènent une sainte vie. Et voilà comme l'état ecclésiastique est faible et chancelant.

— Oncle, dit le blaireau, je trouve que vous confessez surtout les péchés d'autrui. Qu'est-ce que vous y gagnerez? Il me semble qu'il suffirait des vôtres. Et dites-moi, mon oncle, ce qui vous pousse à vous inquiéter du clergé, et de ceci et de cela? Que chacun porte son fardeau, et que chacun dise et fasse voir comme il s'efforce de remplir les devoirs de son état : nul ne doit s'y soustraire, ni vieux, ni jeune, ni dans le monde ni dans le cloître. Mais vous discourez trop sur mille choses diverses, et vous pourriez à la fin m'induire en erreur. Vous savez parfaitement comme va le monde et comme tout est disposé : nul ne serait meilleur curé. Je viendrais, avec les autres ouailles, me confesser chez vous, pour entendre vos leçons, pour apprendre votre sagesse; car, en vérité, il faut que je l'avoue, la plupart d'entre nous sont grossiers et stupides, et ils en auraient besoin. »

En discourant ainsi, ils s'étaient approchés de la cour du roi.

« Le sort en est jeté, » dit Reineke, en recueillant toute sa force.

Et ils rencontrèrent Martin, le singe, qui venait de se mettre en chemin pour se rendre à Rome. Il salua les deux voyageurs.

« Cher oncle, dit-il au renard, prenez courage. »

Là-dessus il lui fit des questions sur ceci, sur cela, quoique la chose lui fût connue.

« Ah! que la fortune m'est contraire aujourd'hui! reprit Reineke. Quelques voleurs m'ont de nouveau accusé; ce sont tels et tels, entre autres la corneille et le lapin. L'un a perdu sa femme, à l'autre il manque une oreille. Cela ne m'inquiète guère; si je pouvais seulement parler au roi en personne, tous deux le sentiraient. Mais ce qui me gêne le plus, c'est que je suis encore excommunié du pape. Et le prévôt du chapitre, qui est en crédit chez le roi, a plein pouvoir dans cette affaire. Et je me trouve excommunié pour l'amour d'Ysengrin, qui s'était fait moine un jour, et qui s'est enfui du couvent d'Elkmar, où il a demeuré. Il jurait qu'il ne pouvait pas vivre comme cela; qu'on le tenait trop serré; qu'il ne pouvait jeûner longtemps ni prier toujours. Alors je vins à son aide. J'en ai du regret, car il me calomnie maintenant auprès du roi, et cherche sans cesse à me nuire. Dois-je me rendre à Rome? Mais dans quelle perplexité les miens seront-ils au logis? Ysengrin ne manquera pas de leur nuire, où qu'il les trouve. Il y a tant de gens encore qui me veulent du mal, et qui s'en prendront aux miens! Si j'étais relevé de l'excommunication, ma situation serait bien meilleure: je pourrais à mon aise tenter de nouveau la fortune à la cour. »

Martin répondit:

« Je puis vous aider; cela se rencontre bien: je vais justement à Rome, et je vous y servirai avec adresse. Je ne vous laisserai pas opprimer. Comme secrétaire de l'évêque, je me flatte d'entendre la chose. Je ferai en sorte que l'on cite à Rome directement le prévôt du chapitre; là je bataillerai contre lui. Laissez, mon oncle, je ferai marcher l'affaire et je saurai la conduire. Je fais exécuter la sentence; vous obtenez certainement l'absolution; je vous la rapporte. Vos ennemis n'auront qu'une fausse joie; ils perdront en même temps leur argent et leur peine. Je connais le train des choses à Rome, et je sais ce qu'on doit faire et ne pas faire. Là M. Simon, mon oncle, est puissant et considéré; il vient en aide aux bons payeurs. Et Schalkefund, voilà un seigneur! Et le docteur Greifzu, et Wendemantel, et Losefund¹!... Ils sont tous mes amis. J'ai envoyé mon argent à l'avance : car, voyez-vous, là-bas, c'est ainsi qu'on se fait le mieux connaître. Ils parlent bien de citer, mais ce n'est que l'argent qu'ils veulent. Et, si tortueuse que soit l'affaire, je la redresse avec de bon argent. Apportez-vous de l'argent, vous trouvez de la faveur; sitôt qu'il vous manque, les portes se ferment. Restez tranquille au pays, je me charge de votre affaire; je délierai le nœud. Allez sans crainte à la cour; vous y trouverez Mme Ruckenau, mon épouse. Elle est aimée du roi, notre maître, et de la reine aussi; elle a l'esprit vif et prompt; elle sait parler sagement; elle s'emploie volontiers pour les amis. Vous trouverez là beaucoup de parents. Ce n'est pas toujours un avantage d'avoir raison. Vous trouverez auprès d'elle deux sœurs et mes trois enfants et bien des gens encore de votre famille, prêts à vous servir, comme vous pourrez le souhaiter. Et, si l'on vous refusait justice, vous apprendriez ce que je puis. Que si l'on vous opprime, mandez-le-moi promptement. Je fais lancer l'excommunication sur le pays, sur le roi et tous les hommes, les femmes et les enfants. J'envoie un interdit : on ne pourra plus ni chanter, ni dire la messe, ni baptiser, ni ensevelir personne. Soyez tranquille, mon neveu : le pape est vieux et malade; il ne s'occupe plus des affaires, on le respecte peu. A sa cour, tout le pouvoir est maintenant dans les mains du cardinal Ohnegenuge, jeune homme actif, ardent, prompt et résolu. Il aime une femme de ma connaissance. Elle lui portera une lettre. Ce qu'elle désire, elle sait parfaitement en venir à bout. Son secrétaire Jean Partey connaît aussi, au plus juste, les monnaies vieilles et nouvelles. Horchenau, son compère, est un courtisan; Schleifenundwenden² est notaire, bachelier *in utroque*³, et, s'il exerce seulement encore une année, il sera accompli dans la pratique. Là se trouvent encore deux juges, qui

---

1. SCHALKEFUND, *le fripon*; GREIFZU, *le rapace*; WENDEMANTEL, *celui qui tourne son manteau, qui passe d'un parti à l'autre*; LOSEFUND, *le mauvais sujet*, etc.
2. Pron. OHNEGUENUGUE. *L'insatiable*; JEAN PARTEY, *l'homme partial*; HORCHENAU, *celui qui épie*; SCHLEIFENUNDWENDEN, *celui qui glisse et qui tourne*.
3. Dans l'un et l'autre droit : droit civil et droit canon.

s'appellent Moneta et Denarius. S'ils condamnent, c'est une chose dite. Voilà comme on pratique à Rome maintes ruses et finesses, dont le pape ne sait rien. Il faut se faire des amis. Par eux on pardonne les péchés et l'on relève les peuples de l'anathème. Reposez-vous là-dessus, mon digne oncle. Le roi sait depuis longtemps que je ne vous laisserai pas tomber. Je viendrai à bout de votre affaire : j'en ai le pouvoir. Il peut d'ailleurs songer que les singes et les renards ont beaucoup de parents, qui sont ses meilleurs conseillers, et cela vous servira certainement, quoi qu'il arrive. »

Reineke répondit :

« Cela me rassure beaucoup. Je vous en témoignerai ma reconnaissance, pourvu que j'en réchappe cette fois. »

Ils prirent congé l'un de l'autre. Reineke, sans autre escorte que Grimbert, le blaireau, se rendit à la cour du roi, où l'on était mal disposé pour lui.

CHANT NEUVIÈME.

Reineke était arrivé à la cour; il songeait à détourner les accusations qui le menaçaient : mais lorsqu'il vit assemblés ses nombreux ennemis, comme tous étaient là, et comme ils demandaient tous qu'on les vengeât et qu'on le punît de mort, le courage lui manqua; il hésita. Cependant il passa tout droit avec audace au milieu des barons; Grimbert s'avançait à ses côtés. Ils parvinrent au trône du roi, et Grimbert dit tout bas :

« Ne vous laissez pas intimider, Reineke. Songez que le poltron n'a pas le bonheur en partage; l'audacieux cherche le danger et y prend plaisir : le danger l'aide à sortir d'embarras. »

Reineke répondit :

« Vous me dites la vérité ; je vous rends mille grâces pour ces précieux encouragements ; si je recouvre la liberté, je saurai les reconnaître. »

Il jeta les yeux autour de lui ; il se trouvait dans l'assemblée beaucoup de ses parents, mais peu de partisans : il avait souvent rendu à la plupart de mauvais services ; même parmi les loutres et les castors, parmi les grands et les petits, il avait exercé sa malice. Cependant il découvrit encore bon nombre d'amis dans la salle du roi.

Reineke s'agenouilla devant le trône et dit avec retenue :

« Dieu, à qui toutes choses sont connues, et qui demeure puissant en éternité, veuille vous garder toujours, mon seigneur et roi ; veuille garder aussi Madame la reine, et puisse-t-il vous donner à tous deux la sagesse et les bonnes pensées, afin que vous reconnaissiez avec discernement le juste et l'injuste ; car il règne aujourd'hui beaucoup de fausseté parmi les hommes ; beaucoup de gens paraissent au dehors ce qu'ils ne sont pas. Oh ! si chacun portait écrit sur le front ce qu'il pense, et si le roi le voyait, on reconnaîtrait que je ne mens pas et que je suis toujours prêt à vous servir. Il est vrai que les méchants m'accusent avec emportement ; ils voudraient me nuire et me ravir votre faveur, comme si j'en étais indigne. Mais je sais quel est, chez mon seigneur et roi, l'austère amour de la justice : nul ne pourrait l'induire à restreindre jamais la voie du droit, et sa volonté subsistera. »

Tout le monde approchait et se pressait ; chacun admirait l'audace de Reineke ; chacun désirait l'entendre. Ses crimes étaient connus, comment voulait-il échapper ?

« Reineke, scélérat, dit le roi, pour cette fois, tes paroles effrontées ne te sauveront pas ; elles ne t'aideront pas plus longtemps à déguiser le mensonge et l'imposture : tu es arrivé au terme. Apparemment tu as montré comme tu m'es fidèle, dans ta conduite avec le lapin et la corneille ! Cela serait suffisant : mais tu exerces la trahison en tous lieux ; tes malices sont perfides et soudaines. Elles ne dureront pas plus longtemps : car la mesure est comble. Je ne m'arrêterai pas davantage aux remontrances. »

Reineke se dit à lui-même :

« Que vais-je devenir? Oh! si je pouvais seulement regagner ma demeure! Où trouverai-je un moyen de défense? Quoi qu'il arrive, il faut aller en avant : essayons tout. Puissant roi, noble prince, dit-il, en élevant la voix, si vous estimez que j'ai mérité la mort, vous n'avez pas considéré la chose du bon côté. C'est pourquoi je vous prie de vouloir bien d'abord m'entendre. Je vous ai donné autrefois d'utiles conseils; dans l'adversité, je suis demeuré auprès de vous, quand d'autres s'éloignaient, qui se placent maintenant entre vous et moi pour ma perte, et qui profitent de l'occasion, quand je suis éloigné. Noble sire, quand j'aurai parlé, vous pourrez terminer l'affaire. Si je suis trouvé coupable, assurément je dois en porter la peine. Vous avez peu songé à moi, tandis que j'ai fait, dans le pays, la garde la plus fidèle de nombreuses places et frontières. Pensez-vous que je fusse venu à la cour, si je me sentais coupable de grands ou de petits méfaits? Je fuirais prudemment votre présence, et j'éviterais mes ennemis. Non certainement, tous les trésors du monde ne m'auraient pas induit à quitter mon château pour venir dans ces lieux. Là j'étais libre et sur mes terres; mais je n'ai aucune mauvaise action sur la conscience, et c'est pourquoi je suis venu. Comme j'étais à faire la garde, mon oncle est venu m'apporter la nouvelle qu'il fallait me rendre à la cour. J'avais de nouveau réfléchi aux moyens de me soustraire à l'anathème : là-dessus Martin m'a fait beaucoup de promesses, et m'a juré solennellement qu'il me délivrerait de ce fardeau. « J'irai à « Rome, m'a-t-il dit, et, dès ce moment, je prends toute l'affaire « sur mes épaules. Allez seulement à la cour, vous serez relevé « de l'anathème. » Voilà le conseil que Martin m'a donné. Il doit s'y connaître, car l'excellent évêque, Mgr Ohnegrund, l'emploie constamment. Voilà cinq années que Martin le sert dans les affaires juridiques. C'est ainsi que je suis venu, et je trouve plaintes sur plaintes. Le lapin, mauvais sujet, me calomnie; eh bien, voici Reineke à présent : qu'il se produise devant mes yeux! C'est chose facile d'accuser les absents, mais il faut entendre la partie adverse avant de juger. Ces imposteurs, sur ma foi, ils ont reçu de moi un bon accueil, la corneille comme le lapin. Avant-hier matin, au point du jour, le lapin vient à moi et me salue poliment. Je venais de m'asseoir devant mon château, et je lisais les prières du matin. Il m'annonça qu'il se rendait à la cour; alors je lui dis : « Dieu vous accompagne! » Là-dessus il dit en gémissant : « Oh! que j'ai faim! Que je suis fatigué! » Je lui dis avec amitié : « Désirez-vous manger? — J'accepte avec « reconnaissance, » répliqua-t-il. Moi, je dis : « Je vous donnerai « de quoi volontiers. » Je l'emmenai donc, et lui servis avec empressement des cerises et du beurre. J'ai coutume de ne pas manger de viande le mercredi. Il se rassasia de pain, de beurre et de fruits. Mais mon fils, le plus jeune, s'approcha de la table, pour voir s'il n'était rien resté, car les enfants ont toujours bon appétit. Et le petit garçon happa quelque chose. Le lapin lui porta vivement un coup sur le museau : les dents et les lèvres en saignèrent. Reinhart, mon autre fils, vit la chose et prit le drôle à la gorge; il joua son jeu et vengea son frère. Voilà ce qui s'est passé, ni plus ni moins. Je ne tardai guère, j'accourus, je punis les enfants, et je séparai, non sans peine, les combattants. S'il y a gagné quelque chose, qu'il le garde, car il avait mérité plus encore, et les jeunes lurons, si j'avais eu de mauvais desseins, l'auraient eu bientôt dépêché. Et voilà comme il me remercie! Je lui ai, dit-il, arraché une oreille? Il a joui de l'honneur, et il en a gardé une marque. Ensuite la corneille est venue chez moi, et s'est plainte d'avoir perdu sa femme, qui s'était, par malheur, étouffée en mangeant; elle avait avalé un assez gros poisson avec toutes les arêtes. Où cela est arrivé, le mari le sait mieux que personne. Maintenant il vient dire que je l'ai tuée. Il l'a fait peut-être lui-même, et, si on lui faisait subir un interrogatoire sérieux, si j'osais le faire, peut-être parlerait-il autrement. Mais ils volent dans les airs plus haut que tous les sauts ne peuvent atteindre. Si désormais quelqu'un veut m'accuser de pareils délits, qu'il le fasse avec d'honnêtes et valables témoins. C'est ainsi qu'il convient d'agir avec les gens d'honneur. Jusque-là je devrais attendre. Que s'il ne s'en trouve point, il est un autre moyen. Me voici prêt à combattre. Que l'on fixe le jour et le lieu. Qu'il se présente un digne adversaire, mon égal en naissance; que chacun soutienne son droit, et, qui en aura l'honneur, que l'honneur lui demeure. Telle fut la loi de tout temps, et je ne demande pas mieux. »

Tout le monde écoutait, et l'on était grandement surpris des paroles que Reineke avait si fièrement prononcées. La corneille et le lapin s'effrayèrent tous deux; ils vidèrent la cour, et n'osèrent plus dire le moindre mot. Ils s'en allèrent, se disant l'un à l'autre :

« Il serait imprudent de plaider contre lui davantage. Nous aurions beau tout essayer, nous n'en viendrions pas à bout. Qui l'a vu? Nous étions tout seuls avec le drôle : qui pourrait témoigner? À la fin le dommage sera pour nous. Que le bourreau l'accommode pour tous ses crimes, et le récompense comme il l'a mérité! Il veut combattre avec nous? Nous pourrions nous en mal trouver. Non, ma foi, nous aimons mieux le laisser quitte, car nous le savons agile et menteur et méchant et perfide. En vérité, cinq, tels que nous, seraient trop peu contre lui : il nous faudrait le payer cher. »

Cependant Ysengrin et Brun étaient fort mécontents. Ils virent avec déplaisir la corneille et le lapin se glisser hors de la cour. Le roi dit alors :

« Quelqu'un a-t-il encore des plaintes à faire? qu'il vienne; qu'on l'entende. Hier beaucoup de gens faisaient des menaces; voici l'inculpé : où sont-ils? »

Reineke prit la parole :

« Ainsi vont les choses; on accuse, on inculpe celui-ci et celui-là; mais, qu'il se présente, on reste chez soi. Le lapin et la corneille, méchants traîtres, auraient bien voulu m'infliger honte et dommage et châtiment : ils me demandent pardon, et je pardonne, puisque, à mon arrivée, ils rentrent en eux-mêmes et se retirent. Les ai-je assez confondus! Vous voyez comme il est dangereux d'écouter les méchants calomniateurs de serviteurs éloignés. Ils faussent la justice et sont odieux aux honnêtes gens. C'est pour les autres seulement que je m'afflige : pour moi je m'en soucie peu.

— Écoute-moi, méchant traître, reprit le roi, qui t'a poussé, dis-moi, à tuer indignement Lampe, le fidèle, qui avait coutume de porter mes lettres? N'avais-je pas pardonné tout le mal que tu avais jamais fait? Tu as reçu de moi le sac de voyage et le bourdon; tu étais équipé; tu devais te rendre à Rome et passer la mer; je t'avais tout accordé; j'espérais ton amendement, et je vois, pour début, que tu as égorgé Lampe! Bellin t'a servi de messager ; il a apporté la tête dans le sac, et a déclaré publiquement qu'il m'apportait des lettres que vous aviez méditées et écrites ensemble ; qu'il en avait conseillé la meilleure part. Et dans le sac s'est trouvée la tête, ni plus ni moins. C'est pour m'insulter que vous l'avez fait. J'ai retenu aussitôt Bellin pour gage ; il a perdu la vie : il s'agit de la tienne maintenant. »

Reineke s'écria :

« Qu'entends-je? Lampe est-il mort? Et ne trouverai-je plus Bellin? Que vais-je devenir? Oh! fussé-je mort! Hélas! avec eux je perds un trésor, un trésor de grand prix. Car je vous envoyais par eux des joyaux aussi beaux qu'on puisse en trouver sur la terre. Qui pouvait croire que le bélier tuerait Lampe et vous déroberait les trésors? Qu'on se tienne sur ses gardes, où nul ne soupçonne la ruse et le danger! »

Le roi, courroucé, n'entendit pas jusqu'au bout ce que disait Reineke ; il se retira dans son appartement, et il n'avait pas clairement saisi le discours du renard. Il songeait à le punir de mort. Il trouva justement la reine dans sa chambre avec Mme Ruckenau. La guenon était singulièrement chérie du roi et de la reine. Cela devait profiter à Reineke. Elle était instruite et sage et savait parler. Où qu'elle parût, chacun portait les yeux sur elle et l'honorait infiniment. Elle remarqua le chagrin du roi et dit avec réserve :

« Monseigneur, quand vous avez quelquefois prêté l'oreille à mes prières, vous ne vous en êtes jamais repenti, et vous m'avez pardonné mon audace, de vous faire entendre, quand vous étiez en colère, un mot d'avis tranquille. Cette fois encore, soyez disposé à m'entendre, car enfin il s'agit de ma propre race! Qui peut renier les siens? Quel qu'il soit, Reineke est mon parent, et, à ce qu'il me semble de sa conduite, je dois le déclarer franchement, puisqu'il se présente en justice, j'ai la meilleure opinion de sa cause. Son père, qui avait la faveur du vôtre, eut beaucoup à souffrir aussi des mauvaises langues et des fausses accusations ; mais il les confondait toujours. Aussitôt qu'on examinait l'affaire avec plus de soin, elle se trouvait claire. Les malins envieux cherchaient même à faire passer ses services pour des crimes. Comme cela, il se maintint sans cesse à la cour en plus grand crédit que Brun et Ysengrin ne s'y trouvent maintenant : car, pour eux, il serait à souhaiter qu'ils fussent capables aussi d'écarter tous les griefs qu'on élève souvent contre eux. Mais ils entendent peu de chose au droit : c'est ce que prouvent leurs conseils, c'est ce que prouve leur vie. »

Le roi répondit :

« Comment pouvez-vous être surprise que je sois irrité contre Reineke, le voleur, qui m'a tué Lampe naguère, qui m'a séduit Bellin, et qui, plus effronté que jamais, nie tout, et ose se vanter d'être un loyal et fidèle serviteur; tandis que toutes les plaintes s'élèvent à la fois et ne prouvent que trop clairement qu'il viole mon sauf-conduit, et qu'il désole le pays et mes fidèles par ses vols, ses meurtres et ses brigandages? Non, je ne le souffrirai pas plus longtemps. »

La guenon répondit :

« Assurément il n'est pas donné à beaucoup de gens d'agir sagement et de délibérer sagement dans toutes les occasions, et celui à qui cela réussit gagne la confiance : mais les envieux cherchent à lui faire tort en secret, et, s'ils deviennent nombreux, ils se produisent publiquement. Ainsi est-il arrivé plusieurs fois à Reineke : néanmoins ils ne vous feront pas oublier les sages conseils qu'il vous a donnés dans des cas où tout le monde restait muet. Vous le savez encore (l'aventure est récente), l'homme et le serpent se présentèrent devant vous, et nul ne savait démêler l'affaire : Reineke lui seul en trouva le moyen, et, ce jour-là, il fut loué de vous plus que tous les autres. »

Le roi répondit, après un moment de réflexion :

« Je me rappelle bien l'affaire, mais j'en ai oublié l'enchaînement : elle était embrouillée, il me semble. Si vous la savez encore, faites que je l'entende : cela me fera plaisir.

— Si monseigneur l'ordonne, répondit-elle, il sera satisfait. Voilà juste deux ans qu'un serpent vint faire devant vous, monseigneur, des plaintes violentes. Un paysan, un homme, que deux jugements avaient condamné, ne voulait pas se soumettre à la justice. Le reptile appela le paysan devant votre tribunal et rapporta le fait avec un flot de paroles véhémentes.

« Le serpent avait voulu se glisser par un trou dans la haie, et il s'était pris dans un lacet posé devant l'ouverture ; le lacet se serrait plus fort et le serpent y laissait la vie, quand, par bonheur, un passant survint, et le serpent cria avec angoisse :

« Aie pitié de moi et me délivre! Laisse-toi fléchir! »

« L'homme répondit :

« Je veux te délivrer, car ta détresse me fait pitié : mais tu commenceras par me jurer que tu ne me feras point de mal. »

« Le serpent se déclara prêt; il fit le serment le plus sacré, qu'il ne léserait en aucune manière son libérateur, et ainsi l'homme le dégagea.

« Ils cheminèrent ensemble quelque temps, et le serpent sentit une faim cruelle; il se jeta sur l'homme et voulait l'égorger, le dévorer. Le malheureux lui échappa avec frayeur, avec peine. « Voilà mon salaire? Voilà ce que j'ai mérité? s'écria-t-il, et n'as-tu pas fait le serment le plus sacré? » Le serpent répondit : « La faim me tourmente; je suis sans ressource, nécessité n'a point de loi : cela me justifie. » L'homme répliqua : « Épargne-moi seulement jusqu'à ce que nous trouvions des gens qui nous jugent avec impartialité. » Le reptile répondit : « Je prendrai patience jusque-là. »

« Ils passèrent plus loin et ils trouvèrent, de l'autre côté de l'eau, Pfluckebeutel [1], le corbeau, avec son fils, qu'on appelle Quackeler [2]. Le serpent les appela et leur dit : « Venez et écoutez. » Le corbeau écouta l'histoire avec attention, et il jugea aussitôt qu'il fallait manger l'homme. Il espérait en attraper lui-même un morceau. Le serpent fut très-joyeux. « A présent, j'ai gagné. Personne ne peut me blâmer. — Non, reprit l'homme, je n'ai pas complétement perdu. Un brigand devrait-il condamner à mort? Et un seul juge devrait-il statuer? Je demande une nouvelle information, selon les voies du droit. Portons la cause devant quatre, devant dix juges, et entendons-les.

— Allons, » dit le serpent. Ils allèrent et ils rencontrèrent le loup et l'ours, et ils se réunirent tous ensemble. L'homme craignait tout maintenant, car il était dangereux de se trouver parmi les cinq personnages, parmi de tels compagnons. Il se

---

1. Coupe bourse. — 2. Le croasseur.

voyait entouré du serpent, du loup, de l'ours et des corbeaux. Il était fort inquiet, car le loup et l'ours s'accordèrent bientôt à prononcer l'arrêt en ces termes : « Le serpent pouvait tuer « l'homme; la faim cruelle ne connaissait point de loi; la né- « cessité déliait du serment. » Le voyageur fut saisi de souci et d'angoisse, car tous ensemble ils voulaient sa vie. Alors le serpent s'élança avec un sifflement furieux; il vomit son venin contre l'homme, qui s'écarta avec frayeur. « Tu commets, s'écria- « t-il, une grande injustice. Qui t'a fait maître de ma vie? » Le reptile répondit : « Tu l'as entendu : les juges ont prononcé « deux fois, et deux fois ils t'ont condamné! » L'homme répliqua : « Ils volent et pillent eux-mêmes. Je les récuse; allons « au roi. Qu'il prononce, je me soumettrai. Si je perds, j'aurai « encore assez de mal, toutefois je le supporterai. » Le loup et l'ours dirent avec moquerie : « Tu peux essayer, mais le serpent « gagnera; il ne peut demander mieux. » Ils pensaient que tous les seigneurs de la cour prononceraient comme eux. Ils se présentèrent donc hardiment; ils amenèrent le voyageur, et devant vous parurent le serpent, le loup, l'ours et les corbeaux. Même le loup se présenta, lui troisième, avec deux enfants : l'un se nommait Eitelbauch et l'autre Nimmersatt[1]. Ils lui donnaient tous deux beaucoup à faire; ils étaient venus pour manger leur part. Car ils sont toujours affamés; ils hurlaient alors, en votre présence, avec une insupportable grossièreté : vous interdîtes la cour à ces deux manants.

« L'homme invoqua votre grâce; il rapporta comme le serpent méditait sa mort; comme il avait oublié complétement le bienfait; comme il se parjurait. L'homme implorait le salut. Le serpent convint du fait : « La force toute-puissante de la faim me « fait violence; elle ne connaît point de loi. » Monseigneur, vous fûtes embarrassé. La chose vous parut fort délicate et difficile à décider juridiquement. Il vous semblait dur de condamner ce bonhomme, qui s'était montré secourable. D'un autre côté, vous preniez en considération la faim outrageuse. Vous appelâtes vos conseillers. Par malheur, les avis de la plupart étaient défavorables à l'homme; car ils désiraient le repas, et ils son-

---

1. Eitelbauch, *ventre vide*; Nimmersatt, *jamais rassasié*.

geaient à aider le serpent. Vous envoyâtes des messagers à Reineke. Tous les autres tenaient force discours, et ne pouvaient décider la chose convenablement. Reineke vint, il entendit l'exposé du fait, vous le laissâtes maître de prononcer; ce qu'il statuerait ferait loi. Reineke dit, après mûre réflexion : « Je « trouve, avant tout, nécessaire de visiter le lieu. Quand j'aurai « vu le serpent lié comme l'a trouvé le paysan, le jugement sera « facile à prononcer. » On lia de nouveau le serpent à la même place, de la même façon que le paysan l'avait trouvé dans la haie. Là-dessus Reineke dit : « Les voilà tous les deux replacés « dans leur première situation; aucun n'a gagné ni perdu. Main-« tenant le droit me semble s'expliquer de lui-même. Si cela « plaît à l'homme, il délivrera encore une fois le serpent du « lacet; sinon, il le laissera pendu. Il peut librement, avec hon-« neur, passer son chemin et aller à ses affaires. Le serpent « s'étant montré infidèle après avoir reçu le bienfait, il est « juste que l'homme puisse choisir. Tel est, à mon avis, le véri-« table esprit de la loi. Qui l'entendra mieux, nous le fasse con-« naître. » La sentence vous plut alors, comme à vos conseillers. Reineke fut loué. Le paysan vous remercia, et chacun vanta la sagesse de Reineke; la reine elle-même lui donna des louanges. Il se dit alors bien des choses : Ysengrin et Brun seraient de meilleur emploi dans la guerre; on les craignait tous deux au loin; ils se trouvaient volontiers aux lieux où l'on dévorait tout. Ils étaient l'un et l'autre grands et forts et hardis, on ne pouvait le nier; mais, dans le conseil, ils manquaient souvent de la sagesse nécessaire, étant trop accoutumés à se prévaloir de leur force. Cependant que l'on entre en campagne, et qu'on se mette à l'œuvre, cela marche fort mal. Il ne se peut voir personne de plus courageux au logis; dehors, ils se tiennent volontiers en embuscade. Qu'une fois on en vienne aux coups, on les reçoit aussi bien que les autres. Les ours et les loups dévastent le pays; ils s'inquiètent peu de savoir à qui appartient la maison que la flamme dévore; leur coutume ordinaire est de se chauffer au brasier, et ils n'ont pitié de personne, pourvu que leur gorge s'emplisse. On avale les œufs; on laisse la coque aux misérables, et l'on croit toujours partager loyalement. Reineke, le renard, au contraire, et sa race ont de la sagesse et des ressources, et, s'il a fait quelque faute, monseigneur, il n'est pas de pierre. Mais vous n'aurez jamais un meilleur conseiller que lui. C'est pourquoi, pardonnez-lui, je vous en prie. »

Le roi répondit :

« Je veux y réfléchir. Le jugement fut prononcé comme vous dites : le serpent fut puni. N'importe, Reineke n'en est pas moins un fripon achevé. Comment pourrait-il se corriger ? Si l'on fait un accord avec lui, on finit par être trompé ; il se tire d'affaire avec une adresse que nul ne saurait égaler. L'ours et le loup et le chat, le lapin et la corneille, ne sont pas assez alertes pour lui ; il leur fait souffrir honte et dommage. A l'un, il attrape une oreille, à l'autre un œil ; il ôte la vie au troisième. En vérité, je ne sais comment vous pouvez parler en faveur de ce méchant et défendre sa cause.

— Monseigneur, répondit la guenon, je ne puis le dissimuler, sa race est noble et grande ; vous devez y songer. »

Alors le roi se leva et sortit : tous les courtisans étaient réunis et l'attendaient. Il vit dans l'assemblée beaucoup des plus proches parents de Reineke : ils étaient venus pour défendre leur cousin. Il serait difficile de les nommer. Il considéra cette grande famille, et, de l'autre côté, les ennemis de Reineke : la cour semblait se partager. Le roi prit la parole :

« Écoute-moi, Reineke : peux-tu te justifier du crime d'avoir mis à mort, avec le secours de Bellin, mon fidèle Lampe, et d'avoir, vous deux, téméraires, logé sa tête dans le sac, comme on ferait des lettres ? C'est pour m'insulter que vous l'avez fait. J'ai déjà puni l'un des coupables ; Bellin a expié son crime : attends-toi au même sort.

— Malheur à moi ! s'écria Reineke. Je voudrais être mort ! Veuillez m'entendre, et qu'on me traite selon mes mérites. Si je suis coupable, faites-moi mourir sur l'heure : je ne serai d'ailleurs jamais délivré d'angoisse et de souci ; c'en est fait, je suis perdu, car le traître Bellin m'a dérobé les plus grands trésors ; jamais créature mortelle n'en a vu de semblables. Hélas ! ils ont coûté la vie à Lampe. Je les avais confiés à tous deux, et voilà que Bellin a volé ces trésors ! Si pourtant l'on pouvait en découvrir la trace ! Mais je crains que personne ne les retrouve, et qu'ils ne soient perdus pour toujours. »

Là-dessus la guenon prit la parole.

« Pourquoi désespérer? Pourvu qu'ils soient sur la terre, il reste encore de l'espérance. Tôt ou tard nous irons, et nous interrogerons diligemment laïques et clercs. Cependant faites-nous le détail de ces trésors. »

Reineke répondit :

« Ils étaient si précieux que nous ne les retrouverons jamais. Qui les tient, les garde assurément. Combien Mme Ermeline n'en sera-t-elle pas désolée! Elle me le reprochera sans cesse; car elle me déconseillait de remettre à ces deux personnages les précieux joyaux. Maintenant on forge des mensonges sur mon compte, et l'on vient m'accuser : mais je soutiendrai mon droit, j'attendrai mon arrêt, et, si je suis libéré, j'irai courir les pays et les royaumes; je chercherai à recouvrer les trésors, dussé-je y perdre la vie. »

CHANT DIXIÈME.

« O mon roi, dit ensuite l'artificieux orateur, souffrez, très-noble prince, que j'énumère, en présence de mes amis, tout ce qui vous était destiné par moi d'objets précieux. Bien que vous ne les ayez pas reçus, mon intention était cependant louable.

— Parle, répondit le roi, et parle en peu de mots.

— Le bonheur et l'honneur sont perdus. Vous saurez tout, dit tristement Reineke. Le premier de ces précieux joyaux était une bague. Je la donnai à Bellin, qui devait la remettre au roi. Cet anneau était agencé d'une merveilleuse manière; il était d'or fin, et digne de briller dans le trésor de mon prince. Sur la face intérieure, qui est tournée vers le doigt, étaient gravées et fondues des lettres : c'étaient trois mots hébreux d'une signification toute particulière. Personne, dans nos contrées, n'expliquait aisément ces caractères; maître Abryon de Trèves pouvait seul les lire. C'est un savant juif, qui sait toutes les langues, tous les dialectes qui sont parlés depuis le Poitou jusqu'à Lunebourg, et le juif a une connaissance particulière des herbes et des pierres.

« Quand je lui montrai l'anneau, il dit : « Des choses précieuses « sont cachées là dedans. Ces trois mots gravés furent rapportés « du paradis par Seth, le pieux, lorsqu'il cherchait l'huile de « miséricorde; et qui porte à son doigt cet anneau est à l'abri « de tous dangers : ni le tonnerre ni l'éclair ni la magie ne peu- « vent l'atteindre. » Le maître disait encore avoir lu que celui qui gardait la bague à son doigt ne pouvait geler par un froid rigoureux, et passerait certainement une tranquille vieillesse. Il se trouvait en dehors une pierre précieuse, une brillante escarboucle, qui éclairait la nuit, et faisait voir distinctement les objets. Cette pierre avait beaucoup de vertus : elle guérissait les malades; qui la touchait se sentait libre de toute infirmité, de toute souffrance : la mort seule ne se laissait pas vaincre. Le maître signala encore d'admirables vertus de la pierre; le possesseur voyage heureusement par tout pays; ni l'eau ni le feu ne lui peuvent nuire; on ne saurait ni le prendre ni le surprendre, et il échappe à toutes les attaques de l'ennemi; s'il regarde la pierre étant à jeun, il pourra triompher de cent adversaires, de plus encore; la vertu de la pierre enlève leurs effets au poison et à tous les sucs malfaisants; elle extirpe également la haine, et, si quelqu'un n'aime pas le possesseur, il se sentira bientôt changé. Qui pourrait énumérer toutes les vertus de cette pierre, que j'avais trouvée dans le trésor de mon père et que mon dessein était d'envoyer au roi? Car je n'étais pas digne d'un si précieux anneau; je le savais très-bien. Il devait appartenir, me disais-je, à celui-là seul qui sera toujours le plus noble de tous. Notre bonheur et notre fortune ne reposent que sur lui, et j'espérais préserver sa vie de tout mal.

« Le bélier Bellin devait aussi offrir à la reine un peigne et un miroir, afin qu'elle se souvînt de moi. Je les avais un jour tirés, pour mon plaisir, du trésor de mon père. Il n'était point sur la terre de plus bel ouvrage. Oh! que de fois ma femme les a-t-elle essayés et comme elle désirait les posséder! Elle ne demandait rien de plus parmi tous les biens du monde, et c'était entre nous un sujet de dispute. Elle n'a jamais pu m'ébranler. J'envoyai, croyant bien faire, le peigne et le miroir à ma très-honorée dame, la reine, qui m'a toujours comblé de biens et m'a préservé de malheur. Souvent elle a dit pour moi un petit mot favorable ; elle est noble, de haute naissance, parée de vertu, et son antique origine se manifeste en œuvres et en paroles. Elle était digne du peigne et du miroir. Hélas! elle ne les a pas vus de ses yeux ; ils sont à jamais perdus.

« Parlons du peigne maintenant. L'artiste avait pris, pour le fabriquer, de l'os de panthère, débris de ce noble animal, qui séjourne entre l'Inde et le paradis. Toutes les couleurs ornent sa fourrure, et de doux parfums se répandent partout où il s'avance. C'est pourquoi les animaux suivent si volontiers sa trace par tous les chemins ; car ils sont guéris par cette odeur : ils le sentent et le déclarent tous. De ces ossements, le beau peigne était fabriqué avec beaucoup de travail ; clair comme l'argent et d'une blancheur, d'une pureté inexprimable ; ce peigne avait une odeur plus douce que l'œillet et la cannelle. Quand l'animal vient à mourir, l'odeur passe dans tous les os, y demeure fixement et les empêche de se corrompre. Elle dissipe tous les miasmes et tous les poisons. On voyait en relief sur le dos du peigne les plus admirables figures, entrelacées avec d'élégants rameaux d'or, mêlés d'outremer et de corail. Dans le milieu était représentée artistement l'histoire de Pâris, le Troyen, qui, étant assis un jour près d'une fontaine, vit devant ses yeux trois femmes divines : on les nommait Junon, Pallas et Vénus. Elles commencèrent par disputer longtemps : car chacune voulait posséder la pomme, qui jusqu'alors leur avait appartenu en commun. Enfin elles convinrent que Pâris donnerait la pomme d'or à la plus belle : elle seule la posséderait. Le jeune homme les considérait avec une grande attention. Junon lui dit : « Si « j'obtiens la pomme, si tu me déclares la plus belle, tu seras « le plus riche des hommes. » Pallas dit à son tour : « Songes-y « bien, donne-moi la pomme, et tu seras l'homme le plus puis- « sant de la terre ; tout le monde te craindra ; ton nom sera « proclamé par les amis et les ennemis. » Vénus prit la parole : « Que sert la puissance ? Que servent les trésors ? Le roi Priam

« n'est-il pas ton père? Tes frères, Hector et les autres, ne sont-
« ils pas riches et puissants dans le pays? Troie n'est-elle pas
« défendue par son armée, et n'avez-vous pas subjugué le pays
« d'alentour et les peuples lointains? Si tu me déclares la plus
« belle, et si tu m'adjuges la pomme, le plus magnifique trésor
« de la terre fera ton bonheur : ce trésor est une femme excel-
« lente, la plus belle de toutes, vertueuse, noble et sage. Qui
« pourrait la louer dignement? Donne-moi la pomme, tu pos-
« séderas le trésor des trésors, l'épouse du roi grec, je veux dire
« Hélène, la belle. » Et il lui donna la pomme et la déclara la
plus belle des trois. Elle l'aida en récompense à ravir la reine
admirable, l'épouse de Ménélas : elle devint la sienne dans
Troie. On voyait cette histoire en relief au milieu du champ, et,
alentour, des écussons, avec des inscriptions ingénieuses. Chacun n'avait qu'à lire et il était au fait de la fable. Écoutez maintenant ce que j'ai à vous dire du miroir, où la place du verre
était occupée par un béryl d'un grand éclat et d'une grande
beauté. Tout s'y reflétait, la chose se fût-elle passée à des lieues
de distance, et de jour ou de nuit. Et si quelqu'un avait un défaut à la figure, quel qu'il fût, une tache dans l'œil, il n'avait
qu'à se regarder dans le miroir : à l'instant même disparais-
saient tous ses défauts, toutes ses difformités étrangères. Est-
ce merveille que je sois affligé d'avoir perdu ce miroir? On
avait pris pour le cadre un bois précieux, qu'on appelle Sethim,
bois compacte et brillant. Nul insecte ne l'attaque : aussi est-il,
on le comprend, beaucoup plus estimé que l'or : la seule ébène
en approche. Avec ce bois, un artiste excellent fabriqua un jour,
sous le roi Krompardès, un cheval doué d'une merveilleuse puissance. Il ne fallait qu'une heure, une heure sans plus, au cavalier pour faire cent milles. Je ne saurais maintenant conter à
fond la chose, car il ne se vit jamais pareil cheval, depuis que
le monde existe. Le cadre, dans toute sa largeur, d'un pied et
demi, était orné d'élégantes ciselures, et, sous chaque figure,
l'explication était inscrite en lettres d'or. Je vous conterai les
histoires en peu de mots. La première était celle du cheval jaloux. Il voulut disputer avec un cerf le prix de la course; mais
il se vit dépassé, et il en eut un violent dépit. Il courut s'adresser à un berger et lui dit : « Tu feras une bonne prise, si tu

« veux me croire. Monte sur mon dos, je te porterai. Un cerf
« vient de se cacher dans la forêt : tu peux en faire ta proie.
« Tu vendras à grand prix la chair, la peau et le bois. Monte
« sur mon dos : nous le poursuivrons. — J'essayerai volon-
« tiers, » dit le berger, et il se mit à cheval : ils coururent. Ils
découvrirent bientôt le cerf : ils suivirent sa trace vivement, et
lui donnèrent la chasse. Il avait de l'avance ; le cheval n'en
pouvait plus ; il dit à l'homme : « Descends un peu, je suis fati-
« gué, j'ai besoin de repos. — Non vraiment, répliqua l'homme :
« tu m'obéiras, tu sentiras mes éperons. C'est toi-même qui
« m'as enseigné cette allure. » Et voilà comme le cavalier le
dompta. C'est ainsi qu'il s'attire beaucoup de mal pour sa récompense, celui qui, pour nuire aux autres, s'impose à lui-
même peine et tourment.

« Je vous dirai encore ce qui était sculpté sur le miroir. On
voyait comme un âne et un chien étaient ensemble au service
d'un riche. Le chien était naturellement le favori. Il prenait
place à la table du maître, et mangeait avec lui chair et poisson ;
même il reposait aussi sur les genoux du maître. L'âne Baudouin voyait le bonheur du chien, et il en devint triste en son
cœur. Il se dit à part lui : « A quoi pense notre maître de faire
« tant de caresses à ce paresseux animal ? Le chien saute sur
« lui et lui lèche la barbe.... Et moi, il faut que je travaille,
« et que je porte les sacs péniblement. Qu'il essaye une fois de
« faire avec cinq chiens, même avec dix, autant d'ouvrage en
« une année que j'en fais en un mois ! Et pourtant on lui sert les
« meilleurs morceaux, tandis qu'on me nourrit de paille ; on
« me laisse couché sur la terre dure ; et, en quelque lieu qu'on
« me pousse ou qu'on me monte, on se moque de moi. Je ne
« veux et je ne puis le souffrir plus longtemps ; je veux gagner
« aussi la faveur du maître. » Comme il parlait ainsi, le maître
vint justement à passer. L'âne leva la queue, et se jeta sur
l'homme en bondissant ; il criait et chantait et brayait de toute
sa force ; il lui lécha la barbe, et voulut, à la manière du chien,
se coller contre ses joues, et lui fit quelques bosses. Le maître,
effrayé, s'écarta en criant : « Prenez-moi cet âne, et qu'on l'as-
« somme. » Les valets accoururent, et les coups de bâton commencèrent à pleuvoir. On le chassa dans l'écurie, où il resta

un âne. Il y en a beaucoup encore de son espèce, qui envient aux autres leur prospérité, et qui ne s'en trouvent pas mieux. Mais que l'un d'eux parvienne une fois à la richesse, cela va aussi bien que si le cochon mangeait la soupe avec la cuiller; pas beaucoup mieux du moins. Que l'âne porte les sacs, qu'il couche sur la paille et se nourrisse de chardons. Si l'on veut le traiter autrement, il n'en reste pas moins ce qu'il était auparavant. Quand un âne parvient à l'empire, cela produit peu de bien. Ces gens cherchent leur avantage, mais ont-ils d'autre souci? Il faut, mon roi, vous conter le reste : ne vous lassez pas de m'entendre. Sur le cadre du miroir se trouvait encore artistement ciselé et clairement représenté, comme mon père avait fait autrefois alliance avec Hinze, pour courir les aventures, et comme ils s'étaient juré tous deux solennellement de tenir ferme ensemble avec courage dans tous les dangers, et de partager chaque proie. Lorsqu'ils se furent mis en campagne, ils aperçurent, non loin de la route, des chasseurs et des chiens. Alors Hinze, le chat, se prit à dire : « Un bon expédient viendrait « à propos, ce me semble. » Mon vieux répliqua : « Oui, le cas « semble étrange, mais j'ai mon sac plein de bons expédients, « et nous songerons à notre serment; nous tiendrons ferme « ensemble avec vaillance : c'est toujours l'essentiel. » Hinze répliqua : « Quoi qu'il arrive, je sais toujours un moyen, et je « vais l'employer. » Puis il s'élança lestement sur un arbre pour se sauver de la fureur des chiens, et voilà comme il laissa son oncle. Mon père était là dans l'angoisse; les chasseurs arrivèrent; Hinze lui dit : « Eh bien, mon oncle, comment cela va-t-il? « Ouvrez donc le sac! S'il est plein d'expédients, faites-en usage « à cette heure : le moment est venu. » Les chasseurs sonnèrent du cor, et s'appelèrent l'un l'autre. Mon père courut, les chiens coururent; ils le suivirent en aboyant. Il suait d'angoisse et laissait échapper ses fumées en abondance. Il se trouva le plus léger, et il se déroba aux ennemis. Vous l'avez entendu, il fut trahi d'une manière infâme par son plus proche parent, auquel il s'était fié plus qu'à tout autre. Il y allait pour lui de la vie; car les chiens étaient agiles, et, s'il ne s'était pas souvenu, en courant, d'une caverne, c'en était fait de lui. Il se glissa dedans, et les ennemis le perdirent. Il en est beaucoup encore de ces drôles, tels que Hinze se montra cette fois à mon père. Comment le pourrais-je aimer et honorer ? Je lui ai pardonné à demi, il est vrai, cependant il en reste encore quelque chose. Tout cela était ciselé sur le miroir, en images et en paroles.

« On y voyait encore une malice particulière du loup, et comme il est disposé à reconnaître le bien qu'il a reçu. Il trouva dans un pâturage un cheval, dont il ne restait plus que les os. Mais il avait grand'faim ; il les rongea gloutonnement, et un os pointu se plaça en travers de sa gorge. Le voilà dans l'angoisse ; son cas était fâcheux. Il envoya messagers sur messagers, pour appeler les médecins ; nul ne pouvait le secourir, bien qu'il promît à chacun une grande récompense. Enfin la grue se présenta, la barrette rouge sur la tête. Le malade la supplia : « Docteur, « tirez-moi vite de ce péril ; je vous donne, si vous retirez l'os, « tout ce que vous demanderez. » La grue, se fiant à ses paroles, introduisit son bec et sa tête dans le gosier du loup et retira l'os. « Malheur à moi, hurla le loup, tu me blesses ! Quelle douleur ! « Que cela ne t'arrive plus ! Pour aujourd'hui, je te pardonne. « D'un autre que toi, je ne l'aurais pas souffert patiemment. — « Réjouissez-vous, repartit la grue, vous êtes guéri. Donnez- « moi la récompense : je l'ai méritée, je vous ai secouru. — « Entendez-vous la folle ? dit le loup. J'ai le mal, elle demande « la récompense ; elle oublie la grâce que je viens de lui faire ! « N'ai-je pas laissé échapper sans dommage son bec et sa tête, « que j'ai sentis dans ma gueule ? La friponne ne m'a-t-elle pas « blessé ? S'il est question de récompense, c'est moi-même, en « vérité, qui pourrais d'abord en demander une. » C'est ainsi que les drôles ont coutume d'en user avec leurs serviteurs. Ces histoires, et bien d'autres, artistement sculptées, ornaient le cadre du miroir, ainsi que maint ornement gravé, mainte inscription en lettres d'or. Je ne me jugeais pas digne de ce précieux joyau ; je suis trop chétif : aussi je l'envoyais à Madame la reine. Je voulais lui témoigner par là, comme à son époux, mes sentiments respectueux. Mes enfants, les gentils garçons, s'affligèrent fort quand je livrai le miroir : ils avaient coutume de sauter et jouer devant la glace ; ils s'y regardaient volontiers ; ils regardaient leurs petites queues pendantes et riaient à leur petit museau. Hélas! je ne m'attendais pas à la mort de l'honnête Lampe, quand je recommandai solennellement, à lui et à Bellin, sur leur parole et leur bonne foi, ces trésors; je les tenais tous deux pour d'honnêtes gens; je ne croyais pas avoir jamais eu de meilleurs amis. Que maudit soit le meurtrier! Il faut que je sache qui peut cacher ces objets précieux. Aucun meurtrier ne reste caché. Quelqu'un dans cette assemblée peut-être saurait dire où les trésors sont restés et comment Lampe a été mis à mort.

« Mon gracieux seigneur, il se présente chaque jour devant vous tant d'affaires importantes, que vous ne pouvez tout vous rappeler; mais peut-être vous souvient-il encore du service signalé que mon père rendit au vôtre à cette place. Votre père était malade : le mien lui sauva la vie. Et pourtant vous dites que ni moi ni mon père ne vous avons jamais fait aucun bien. Veuillez m'entendre jusqu'au bout. Soit dit avec votre permission, mon père vivait à la cour du vôtre en grande considération et dignité, comme habile médecin. Il savait observer avec discernement l'eau du malade; il aidait à la nature; si les yeux, si les nobles membres du sire éprouvaient quelque infirmité, il savait les guérir; il connaissait les sels émétiques; il s'entendait bien aussi à soigner les dents, et savait extraire, en se jouant, celles qui faisaient mal. Je me doute bien que vous l'avez oublié; ce n'est pas merveille : vous n'aviez que trois ans. Dans ce temps-là, votre père se mit au lit, durant l'hiver, avec de grandes douleurs. Il fallait le lever et le porter. Il fit appeler tous les médecins d'ici à Rome, et tous l'abandonnèrent. Enfin il manda mon vieux père, qui se fit rendre compte du cas et observa la dangereuse maladie. Mon père en fut très-affligé. « Monseigneur, dit-il, que je donnerais volontiers ma propre « vie pour vous sauver! Mais faites-moi voir de votre eau dans « un verre. » Le roi se prêta aux désirs de mon père; cependant il se plaignait qu'il allait toujours plus mal. On voyait représenté sur le miroir comme heureusement votre père guérit sur l'heure. Le mien dit avec réserve : « Si votre santé l'exige, « résolvez-vous, sans balancer, à manger le foie d'un loup; mais « il faudrait qu'il eût au moins sept ans. Mangez-le-moi; ne l'é- « pargnez pas, car il y va de votre vie. Votre eau est comme du

« sang : décidez-vous bien vite. » Le loup se trouvait dans l'assemblée, et il n'entendit pas la chose avec plaisir. Votre père dit là-dessus : « Vous l'avez entendu, seigneur loup : vous ne me
« refuserez pas votre foie pour ma guérison. » Le loup répondit : « Je n'ai pas cinq ans : quel bien peut-il vous faire ? —
« Vains discours ! repartit mon père. Cela ne doit pas nous arrê-
« ter. Je le connaîtrai tout de suite au foie. » Le loup fut traîné sur-le-champ à la cuisine, et le foie se trouva tel qu'il fallait. Votre père le mangea incontinent, et à la même heure il était délivré de toute maladie et de toute infirmité. Il ne manqua pas de témoigner à mon père sa reconnaissance. A la cour, chacun dut le qualifier de docteur; on ne se permettait jamais d'y manquer ; il marchait constamment à la droite du roi. Votre père, je le sais fort bien, lui fit ensuite présent d'une agrafe d'or et d'une barrette rouge, qu'il portait devant tous les seigneurs, et tous le tinrent en grande considération. Mais, hélas! les choses ont bien changé pour le fils, et l'on ne pense plus au mérite de son père. Tous les fripons les plus avides sont élevés en dignité; on ne songe qu'à l'intérêt et au profit; la justice et la sagesse sont en discrédit. Les valets deviennent de grands seigneurs, et d'ordinaire le pauvre doit en pâtir. Quand de telles gens ont la puissance, ils frappent en aveugles sur la foule; ils ne se souviennent plus d'où ils sont venus; ils songent à tirer leur avantage de tous les jeux : il s'en trouve beaucoup de cet acabit autour des grands. Ils n'écoutent aucune prière, si elle n'est pas d'abord accompagnée d'un riche cadeau; et, quand ils assignent les gens, c'est pour leur dire : « Apportez, appor-
« tez une fois, deux fois, trois fois. » Ces loups voraces gardent volontiers pour eux les morceaux délicats, et, quand il s'agirait de sauver par un petit sacrifice la vie de leur maître, ils feraient difficulté. Le loup ne voulait pas renoncer à son foie pour le service du prince ! Et quel foie ! Je le dis franchement : quand vingt loups perdraient la vie, si celle du roi et de sa chère épouse était sauvée, le mal serait petit. Car une mauvaise semence, que peut-elle produire de bon? Ce qui est arrivé dans votre enfance, vous l'avez oublié : mais je le sais parfaitement, comme si la chose était d'hier. L'événement était gravé sur le miroir : ainsi l'avait voulu mon père; des pierreries et des ra-

meaux d'or décoraient l'ouvrage. Je donnerais mes biens et ma vie pour savoir où trouver ce miroir.

— Reineke, dit le roi, j'ai compris tes discours; j'ai entendu tes paroles et tous les récits que tu as faits. Si ton père était à notre cour un grand personnage, et s'il a fait tant de choses salutaires, il y a, je pense, de cela fort longtemps. Je ne m'en souviens pas et personne ne m'en a informé. Vos actions, au contraire, viennent souvent à mes oreilles; vous êtes sans cesse au jeu, du moins je l'entends dire. Si l'on vous fait tort et que ce soient de vieilles histoires, je voudrais entendre une fois quelque chose de bon : c'est ce qui n'arrive guère.

— Sire, répliqua Reineke, je puis bien m'expliquer là-dessus devant vous, car la chose me concerne: je vous ai fait moi-même du bien. Ce n'est pas un reproche, Dieu m'en garde! Je me reconnais obligé de faire pour vous tout ce qui est en mon pouvoir. Assurément vous n'avez pas oublié l'affaire. Je fus un jour assez heureux, avec Ysengrin, pour attraper à la chasse un pourceau: il criait, il périt sous nos morsures. Vous vîntes, faisant beaucoup de plaintes, et disant que votre femme arrivait sur vos pas, que, si quelqu'un voulait partager avec vous sa nourriture, ce serait pour vous et pour elle un réconfort. « Faites-moi part « de votre capture, » disiez-vous alors. Ysengrin consentit, mais il murmurait dans sa barbe, de façon qu'on l'entendait à peine. De mon côté, je répondis : « Monseigneur, nous vous of- « frons volontiers les pourceaux, fussent-ils sans nombre. Par- « lez, qui doit faire le partage? — Le loup, » avez-vous répondu. Ysengrin en fut charmé. Il fit le partage sans pudeur et sans gêne, selon sa coutume, et vous servit justement un quartier, à votre épouse l'autre, et il se jeta sur la moitié, la dévora gloutonnement, et, avec les oreilles, il me donna seulement le museau et une moitié de poumon. Il garda tout le reste pour lui, vous l'avez vu. Il nous montra dans cette occasion peu de générosité. Vous le savez, mon roi. Vous eûtes bientôt mangé votre part, mais j'observai que vous n'aviez pas apaisé votre faim : Ysengrin seul ne voulait pas le voir; il ne cessa de manger et mâcher, sans vous offrir la moindre chose. Alors vous lui portâtes derrière les oreilles un violent coup de patte, qui lui déchira la peau. Il s'enfuit, le crâne pelé et sanglant,

avec des bosses à la tête, et hurlant de douleur. Et vous lui criâtes encore : « Reviens, apprends à rougir. Si tu fais de nou-
« veau le partage, que je sois mieux servi, sinon je t'apprendrai
« ton devoir. Maintenant, va-t'en bien vite nous chercher en-
« core de quoi manger. — Vous l'ordonnez, seigneur, vous dis-
« je. Je vais donc le suivre, et je suis sûr que je vous apporterai
« bientôt quelque proie. » Vous approuvâtes la chose. Ysengrin faisait alors une triste figure : il saignait, soupirait, gémissait : cependant je le fis marcher. Nous allâmes chasser ensemble ; nous prîmes un veau. Vous aimez ce gibier. Et quand nous l'apportâmes, il se trouva gras. Cela vous fit sourire, et vous dîtes à ma louange mainte parole amicale. J'étais, disiez-vous, excellent à mettre en campagne à l'heure du besoin, et vous me dîtes encore : « Partage le veau. » Je répondis : « Une moitié vous
« appartient et l'autre appartient à la reine. Ce qui se trouve
« dans le corps, comme le cœur, le foie et les poumons, revient
« de plein droit à vos enfants. Je prends les pieds, que j'aime
« à ronger, et le loup aura la tête, morceau délicat. » Après m'avoir entendu parler de la sorte, vous me dîtes : « Qui donc t'a
« instruit à partager ainsi, à la manière de la cour ? Je voudrais
« bien le savoir. » Je répondis : « Mon maître est proche : celui-
« ci, avec sa tête rouge, son crâne pelé et sanglant, m'a ouvert
« l'esprit. J'ai fort bien vu comme il a partagé le cochon ce ma-
« tin, et j'ai appris à comprendre le fin d'un pareil partage.
« Veau ou cochon, je saurais m'en tirer aisément et je n'y man-
« querai pas. » Honte et dommage punirent le loup et sa convoitise. Ses pareils sont assez nombreux. Ils dévorent les fruits des riches domaines et les vassaux en même temps. Ils détruisent d'abord toute prospérité ; il ne faut espérer d'eux aucun ménagement, et malheur au pays qui nourrit de tels hôtes !

« Sire, je vous ai souvent témoigné mon respect. Tout ce que je possède et que je puis acquérir, je le consacre de bon cœur à vous et à notre reine ; que ce soit peu de chose ou beaucoup, vous en prendrez la plus grande part. Si vous songez au veau et au pourceau, vous reconnaîtrez la vérité et où se trouve la fidélité sans reproche. Ysengrin oserait-il peut-être se mesurer avec Reineke ? Mais, par malheur, le loup est en haute considération, comme grand prévôt, et il opprime tout le monde. Il ne veille pas trop à vos intérêts. Il sait avancer les siens à merveille. Et maintenant il prendra sans doute la parole avec Brun, et, ce que Reineke aura dit, on en fera peu de cas.

« Monseigneur, le fait est que l'on m'accuse, et je ne céderai pas, car je dois poursuivre l'affaire jusqu'au bout; et voici ce que je dis : Est-il quelqu'un ici qui pense me convaincre? Qu'il se présente avec des témoins; qu'il s'attache constamment au fait, et qu'il mette en gage juridique son bien, ses oreilles, sa vie, pour le cas où il viendrait à perdre, et j'en fais autant de mon côté. Tel fut toujours l'usage. Qu'on l'observe encore, et que toute l'affaire, telle qu'elle sera exposée pour et contre, soit loyalement traitée et jugée : j'ose le demander.

—Quoi qu'il en soit, reprit le monarque, je ne veux et ne puis gêner les voies du droit; je ne l'ai jamais souffert. Tu es gravement suspect, il est vrai, d'avoir pris part au meurtre de Lampe, le fidèle messager. Je l'aimais singulièrement, et sa perte m'a été sensible; je fus troublé affreusement lorsqu'on tira, sous mes yeux, sa tête sanglante de ton sac. Bellin, le compagnon perfide, expia le crime sur-le-champ. Tu peux maintenant défendre ta cause en justice. Pour ce qui me regarde personnellement, je pardonne tout à Reineke, car il m'a témoigné son attachement dans mainte occasion dangereuse. Si quelqu'un avait à l'accuser encore, nous l'entendrons. Qu'il produise des témoins irréprochables, et qu'il porte contre Reineke une plainte régulière : il se présente en justice. »

Reineke prit la parole :

« Monseigneur, je vous rends grâce. Vous entendez chacun, et chacun jouit du bénéfice de la loi. Laissez-moi déclarer solennellement avec quelle tristesse je vis partir Bellin et Lampe. J'avais, je crois, le pressentiment de ce qui devait arriver à tous deux. Je les aimais tendrement. »

C'est ainsi que Reineke arrangeait habilement ses récits et ses paroles. Chacun le croyait. Il avait si agréablement décrit les trésors, il s'était comporté si gravement, qu'il semblait dire la vérité. On cherchait même à le consoler. C'est ainsi qu'il trompa le roi, à qui les trésors plaisaient. Il aurait bien voulu les posséder. Il dit à Reineke :

« Rassurez-vous, vous irez voyager, et vous chercherez de

toutes parts à retrouver les objets perdus; vous ferez votre possible. Si vous avez besoin de mon secours, il vous est assuré.

— Je suis reconnaissant de cette faveur, dit Reineke. Ces paroles me réconfortent et me donnent de l'espérance. Punir le meurtre et le brigandage est votre droit suprême. La chose est encore obscure pour moi, mais elle s'éclaircira. Je m'en occuperai avec la plus grande diligence; je voyagerai sans relâche, de jour et de nuit, et je questionnerai tout le monde. Si je découvre où se trouvent les trésors, sans pouvoir les recouvrer moi-même; si je suis trop faible, j'invoquerai votre secours. Vous me l'accorderez, et certainement la chose réussira. Que je produise heureusement les trésors devant vous, ma peine sera enfin récompensée et ma fidélité reconnue. »

Le roi entendit ces paroles avec plaisir, et donna en tout point son approbation à Reineke, qui avait si artistement arrangé ses mensonges. Tous les assistants le crurent aussi. Il pouvait de nouveau s'en aller et courir où bon lui semblerait et sans demander permission.

Alors Ysengrin ne put se contenir davantage, et il dit, en frémissant :

« Monseigneur, vous croyez donc encore le voleur qui vous a menti deux et trois fois! Qui n'en serait pas étonné? Ne voyez-vous pas que le scélérat vous trompe, et nous offense tous? Il ne dit jamais la vérité, et il invente de frivoles mensonges. Mais je ne le laisse pas quitte si aisément. Il faut que je vous montre qu'il est un fourbe, un hypocrite. Je sais trois grands crimes qu'il a commis. Il n'échappera point, nous fallût-il combattre. On nous demande, il est vrai, des témoins : à quoi serviraient-ils? S'ils étaient là, et s'ils parlaient et remplissaient l'audience de leurs témoignages, cela serait-il bon à quelque chose? Il n'en ferait pas moins à sa fantaisie. Souvent on ne peut produire des témoins : le scélérat devrait-il pratiquer ses ruses après comme auparavant? Qui donc ose parler? Il joue à chacun quelque tour, et chacun craint le dommage. Vous et les vôtres, vous le sentirez aussi et tous ensemble. Aujourd'hui je prétends le tenir : qu'il ne braule ni ne recule, et qu'il plaide contre moi. Il n'a qu'à prendre garde à lui. »

CHANT ONZIÈME.

Ysengrin, le loup, porta sa plainte, et dit :
« Vous le reconnaîtrez, monseigneur, Reineke fut de tout temps un fripon, il le sera toujours, et il vient dire des choses infâmes, pour m'insulter moi et ma famille. C'est ainsi qu'il m'a toujours fait, et plus encore à ma femme, de sensibles outrages. Un jour, il l'engage à passer dans un étang, à travers le marécage : il lui avait promis qu'elle prendrait ce jour-là beaucoup de poissons. Elle n'avait qu'à plonger la queue dans l'eau et la laisser pendre : les poissons viendraient y mordre, et seraient pris. Elle ne pourrait, elle et trois autres, les manger tous. Elle s'avança donc, pataugeant et nageant, vers le bout, vers la bonde. En ce lieu, l'eau avait plus de profondeur, et Reineke dit à ma femme d'y laisser pendre sa queue. Vers le soir, le froid fut grand, et il commença de geler très-fort, en sorte qu'elle ne pouvait presque plus y tenir, et bientôt sa queue fut prise dans la glace. Elle ne pouvait la remuer; elle croyait que c'était la pesanteur des poissons, et qu'elle avait réussi. Reineke, l'infâme voleur, s'en aperçut, et, ce qu'il fit, je n'ose le dire. Il vint, hélas! et lui fit violence. Il ne m'échappera pas! Il faut qu'aujourd'hui même ce forfait coûte la vie à l'un de nous, tels que nous voilà; car il ne pourra se tirer d'affaire par son babil : je l'ai pris moi-même sur le fait. Le hasard m'amena vers la colline. J'entendis ma femme crier au secours. La pauve dupe était prise dans la glace et ne pouvait résister à Reineke. Je vins et je dus tout voir de mes propres yeux. C'est un miracle vraiment que mon cœur n'ait pas éclaté. « Reineke, « m'écriai-je, que fais-tu? » Il m'entendit venir, et il prit la

fuite. Je m'approchai tristement. Il me fallut marcher dans l'eau gelée, et j'eus beaucoup de peine à rompre la glace pour délivrer ma femme. Hélas! la chose ne réussit pas heureusement. Elle tira violemment, et un bout de la queue resta pris dans la glace. Elle gémissait et poussait de grands cris : les paysans l'entendirent. Ils paraissent, ils nous découvrent, et s'appellent les uns les autres. Ils accourent, furieux, sur la digue, avec des pics et des haches; les femmes viennent avec leurs quenouilles, et font un grand vacarme. « Prenez-les! « frappez! tuez! » Ainsi se criaient-ils les uns aux autres. Je ne sentis de ma vie une pareille angoisse. Giremonde dira les mêmes choses. Nous sauvâmes à peine notre vie. Nous courûmes : notre poil fumait. Un jeune garçon nous poursuivait, méchant drôle, armé d'un pic. Léger à la course, il nous en faisait sentir la pointe et nous pressait rudement. Si la nuit ne fût pas venue, nous y laissions la vie. Et les femmes criaient toujours, les sorcières, que nous avions mangé leurs agneaux. Elles nous auraient tués volontiers, et nous poursuivaient de leurs insultes et leurs injures. Mais nous revînmes de la campagne vers l'étang, et nous nous glissâmes vite entre les joncs. Les paysans n'osèrent pas nous poursuivre plus loin, parce que la nuit était devenue sombre. Ils retournèrent chez eux. Voilà comme, à grand'peine, nous échappâmes. Vous le voyez, sire, violence, meurtre et trahison, voilà les crimes dont il s'agit : mon roi, vous les punirez sévèrement. »

L'accusation entendue, le roi dit :

« Qu'il soit statué juridiquement sur le cas, mais entendons Reineke. »

Reineke prit la parole :

« Si la chose se fût ainsi passée, elle me ferait peu d'honneur; et Dieu me préserve qu'on la trouve telle qu'Ysengrin la raconte! Je ne veux point nier que j'ai enseigné à Giremonde le moyen de prendre les poissons, et le meilleur chemin pour arriver à l'eau, et que je l'ai conduite à l'étang. Mais elle courut avec une ardeur si grande, dès qu'elle entendit parler de poisson, qu'elle en oublia la manière, la mesure et la leçon. Si elle demeura gelée dans la glace, c'est qu'elle était restée beaucoup trop longtemps assise : car, si elle avait retiré sa queue à propos, elle aurait pris assez de poisson pour un excellent repas. Une convoitise trop forte est toujours funeste. Si le cœur s'accoutume à l'intempérance, il doit éprouver beaucoup de privations. Qui a l'esprit avide vivra dans de continuels soucis : nul ne peut le rassasier. Mme Giremonde l'a éprouvé, lorsqu'elle était prise dans la glace. Maintenant elle me remercie mal de mes efforts. C'est ma récompense, pour l'avoir honnêtement aidée. Car je la poussais, et voulais, de toutes mes forces, la soulever : mais elle était trop pesante pour moi. C'est au milieu de ces efforts qu'Ysengrin me trouva, en passant le long du bord. Il s'arrêta et cria, et me chargea d'imprécations furieuses. J'eus peur, je l'avoue, à l'ouïe de ces bénédictions. Une fois, deux fois et trois fois, il vomit contre moi les plus horribles menaces; il poussait des cris de fureur, et je me dis : « Va-t'en d'ici, « et n'attends pas davantage. Mieux vaut courir que pourrir. » Mon affaire était faite, car, à ce moment, il m'aurait déchiré. Lorsqu'il arrive que deux chiens se mordent pour un os, il faut bien que l'un soit battu. Il me parut donc aussi que le meilleur était de céder à sa colère et à son sens égaré. Il était furieux et l'est encore : qui peut le nier ? Interrogez sa femme : qu'ai-je à faire avec ce menteur ? Aussitôt qu'il vit sa femme prise dans la glace, il blasphéma et invectiva, puis il vint et l'aida à s'en tirer. Si les paysans les poursuivirent, ce fut pour le mieux, car cela mit leur sang en mouvement, et ils cessèrent d'avoir froid. Que dirai-je encore ? C'est mal se conduire, de déshonorer sa propre femme par de semblables mensonges. Interrogez-la elle-même : la voici. S'il avait dit la vérité, elle n'aurait pas manqué de porter plainte elle-même. Cependant je demande une huitaine, pour conférer avec mes amis sur la réponse que je dois faire au loup et à sa plainte. »

Giremonde prit ensuite la parole :

« Il n'y a dans votre conduite et votre caractère que malice, nous le savons bien, et mensonge et tromperie, scélératesse, fourberie et insolence. Qui ajoute foi à vos discours insidieux en souffre toujours à la fin. Vous usez constamment de paroles fausses et ambiguës. J'en ai fait l'épreuve vers le puits. Car deux seaux y pendaient. Vous vous étiez placé dans l'un, sais-je pourquoi ? et vous étiez descendu au fond. Vous ne pouviez vous reguinder vous-même, et vous faisiez de grandes plaintes. Je vins au puits le matin, et je vous demandai qui vous avait mis là dedans. Vous me dîtes : « Venez vite, chère commère : « je vous fais part volontiers de tous mes avantages. Mettez-vous « dans le seau qui est là haut, vous descendrez ici et vous man- « gerez du poisson autant qu'il vous plaira. » J'étais venue là pour mon malheur : je vous crus. Vous me jurâtes même que vous aviez mangé du poisson jusqu'à vous incommoder. Je me laissai séduire, folle que j'étais, et je me plaçai dans le seau. Il descendit, et l'autre remonta. Vous veniez à ma rencontre. Cela me parut singulier, et je vous en témoignai ma surprise. « Dites, « comment cela se fait-il ? » Vous me répondîtes : « Haut et bas, « ainsi va le monde, ainsi allons-nous. Tel est le cours des « choses. Les uns sont abaissés et les autres élevés, selon le « mérite de chacun. » Vous vous élancez du seau et vous partez bien vite. Moi, j'étais dans l'angoisse au fond du puits, où je dus attendre tout le jour et souffrir, le même soir, assez de coups avant de m'échapper. Quelques paysans vinrent au puits. Ils me remarquèrent. Tourmentée d'une faim cruelle, j'attendais dans la tristesse et l'angoisse ; j'étais dans un état pitoyable. L'un disait : « Vois-tu là-bas dans le seau l'ennemi qui mange « nos moutons ? — Guinde-le en haut, répliqua l'autre : je me « tiendrai prêt et le recevrai sur le bord. Il nous payera nos « agneaux. » Mais, comme il m'accueillit, ce fut une pitié. Les coups me tombèrent sur le dos comme une grêle. Je n'avais pas vu de ma vie un plus triste jour, et j'échappai avec peine à la mort. »

Reineke répliqua :

« Réfléchissez plus attentivement aux conséquences, et vous reconnaîtrez sans doute combien ces coups vous furent salutaires. Pour ce qui me regarde, j'aime mieux m'en passer, et, dans la circonstance, il fallait qu'un de nous deux reçût une volée : nous ne pouvions échapper tous deux. Si vous gardez souvenir de la chose, elle vous servira, et, à l'avenir, en pareil cas, vous n'écouterez personne aussi aisément. Le monde est plein de fourberie.

— Oui, répliqua le loup, qu'est-il besoin d'autres preuves ? Personne ne m'a fait plus de tort que ce méchant traître. Je n'ai pas encore conté comme un jour, en Saxe, il m'attira, parmi les singes, honte et dommage. Il me persuada de me glisser dans une caverne, et il savait d'avance qu'il m'en arriverait mal. Si je ne m'étais enfui promptement, j'y perdais les yeux et les oreilles. Il m'avait prévenu, avec des paroles trompeuses, que Mme sa tante se trouvait là dedans. Il voulait dire la guenon. Il fut bien fâché, le drôle, de me voir échappé. Il m'avait envoyé perfidement dans ce repaire abominable : je crus que c'était l'enfer. »

Là-dessus Reineke dit, en présence de tous les seigneurs de la cour :

« Ysengrin parle confusément : il semble n'être pas entièrement dans son bon sens. S'il veut parler de la guenon, qu'il dise la chose clairement. Il y a deux ans et demi qu'il se rendit, avec grand étalage, en Saxe, où je le suivis. Cela est vrai, le reste est mensonge. Ce n'est point de singes, c'est de marmots, qu'il a parlé, et jamais je ne les reconnaîtrai pour mes parents. Martin, le singe, et Mme Ruckenau, sa femme, sont de ma famille ; je les honore, elle, comme ma tante, et lui, comme mon cousin. Il est notaire et versé dans la jurisprudence. Mais ce qu'Ysengrin dit de ces autres créatures est une insulte pour moi. Je n'ai rien à démêler avec elles ; elles ne furent jamais de ma famille, car elles ressemblent au diable d'enfer. Et, si j'appelai alors la vieille ma tante, je le fis de propos délibéré. Je n'y perdis rien, je l'avouerai volontiers ; elle me traita bien : autrement fût-elle crevée !

« Messieurs, veuillez m'entendre. Nous nous étions écartés du chemin ; nous passâmes derrière la montagne, et nous y remarquâmes une sombre caverne, longue et profonde. Ysengrin se trouva, comme d'ordinaire, malade de faim. Personne l'a-t-il jamais vu rassasié au point d'être satisfait ? Et je lui dis : « Il se « trouve dans cette caverne assez de nourriture. Je ne doute pas « que les habitants ne partagent avec nous volontiers ce qu'ils « ont : nous arrivons à propos. » Ysengrin repartit : « Je vous « attendrai, mon oncle, ici, sous l'arbre. Vous êtes, à tous « égards, plus habile à faire de nouvelles connaissances, et, si « l'on vous sert à manger, faites-le-moi savoir. » Le drôle voulut donc attendre d'abord, à mes risques, ce qui arriverait. J'entrai dans la caverne. Ce ne fut pas sans frissonner que je parcourus la longue et tortueuse galerie; elle ne finissait pas. Mais ce que je trouvai ensuite, je ne voudrais pas, pour beaucoup d'or, le revoir de ma vie. Quel repaire d'affreuses bêtes, grandes et petites! Et la mère encore!... Je crus que c'était le diable. Une grande et large gueule, garnie de longues, horribles dents; des ongles longs aux mains et aux pieds, et une longue queue pendante. Je ne vis de mes jours quelque chose d'aussi effroyable. Ses noirs et misérables enfants étaient singulièrement bâtis, comme on dirait de jeunes fantômes. Elle me jeta un regard affreux. Je me dis : « Fussé-je hors d'ici! » Elle était plus grande qu'Ysengrin lui-même, et quelques-uns de ses enfants presque de même taille.

« Je trouvai l'horrible engeance couchée sur le foin pourri, et barbouillée d'ordures jusqu'aux oreilles. Il régnait dans leur domicile une puanteur pire que la poix infernale. Pour dire la pure vérité, je me plaisais peu là dedans; car ils étaient nombreux, et je me voyais seul. Ils faisaient d'horribles grimaces. Alors je me recueillis et je cherchai un expédient. Je leur donnai le bonjour (ce n'était pas ma pensée), et je sus me présenter avec grâce et familiarité. Je qualifiai la vieille de madame ma tante, et j'appelai cousins les enfants. Les paroles ne me firent pas défaut. « Que le bon Dieu vous ménage de longs jours de « bonheur! Sont-ce là vos enfants? En vérité, je ne devrais pas « le demander. Comme ils me plaisent! O ciel! qu'ils sont éveil- « lés! Qu'ils sont jolis! On les prendrait tous pour les fils du roi. « Que je vous loue mille fois d'avoir accru notre race de ces dignes « rejetons! J'en ai une joie inconcevable. Je me trouve heureux « d'avoir appris à connaître de pareils cousins; car, dans les « temps d'adversité, on a besoin de ses parents. » Quand je lui eus montré tant de politesse, quoique mes pensées fussent bien différentes, elle me fit les mêmes civilités; elle m'appela son oncle et prit des airs d'intimité, si peu que la folle appartienne à ma famille. Mais il ne pouvait me nuire, pour cette fois, de l'appeler ma tante. En attendant, je suais d'angoisse des pieds à la tête. Pour elle, avec un air amical : « Reineke, me dit-elle, « digne parent, soyez le très-bien venu. Êtes-vous bien aussi? « Je vous serai obligée toute ma vie d'être venu chez moi. Vous « inculquerez à l'avenir de sages pensées à mes enfants, afin

« qu'ils se fassent honneur. » Voilà comme ils me parlèrent. Je l'avais largement mérité par ce peu de mots, en l'appelant ma tante et en ménageant la vérité. Toutefois je me serais vu aussi volontiers en rase campagne; mais elle ne me donna point congé, et elle dit : « Mon oncle, vous ne pouvez partir sans avoir pris « quelque chose. Attendez, laissez-vous servir. » Elle apporta des mets en abondance. Je ne saurais, en vérité, les nommer tous à présent. Je me demandais, avec la plus grande surprise, comment ils avaient pu se procurer tout cela. Je mangeai du poisson, du chevreuil et d'autre bon gibier, que je trouvai d'une saveur exquise. Quand je fus rassasié, elle m'apporta encore une pièce de cerf, dont elle me chargea. Je devais la porter à ma famille. Là-dessus je pris congé fort poliment. « Reineke, dit-elle en-« core, venez me voir souvent. » J'aurais promis tout ce qu'elle aurait voulu. Je réussis à partir. L'odorat et la vue n'étaient pas flattés dans ce lieu. J'aurais presque voulu être mort. Je me hâtai de fuir, et courus bien vite, le long de la galerie, jusqu'à l'ouverture, au pied de l'arbre. Ysengrin s'y trouvait encore gisant et gémissant. Je lui dis : « Comment va, mon oncle? — Pas bien, répondit-il; je vais mourir de faim. » J'eus pitié de lui, et lui donnai le précieux rôti que j'avais apporté. Il le mangea de grand appétit. Il me fit alors beaucoup de remercîments : à présent, il ne s'en souvient plus. Lorsqu'il eut achevé, il me dit : « Apprenez-moi qui habite la caverne. Comment vous êtes-« vous trouvé là dedans? Bien, ou mal? » Je lui dis là-dessus la plus pure vérité; je l'instruisis bien. Le nid était mauvais, mais il s'y trouvait beaucoup d'excellentes provisions. Du moment qu'il désirait en avoir sa part, il n'avait qu'à entrer hardiment, et, avant tout, se garder de dire la franche vérité. « Afin que « tout succède selon vos désirs, ménagez la vérité, lui répétai-je « encore; car, si quelqu'un l'a sans cesse à la bouche inconsidé-« rément, il souffre la persécution, où qu'il se présente. Par-« tout on le laisse en arrière; les autres sont conviés. » Voilà comme je le congédiai : je l'exhortai, quoi qu'il trouvât, à dire de ces choses que chacun est bien aise d'entendre. De cette manière, il serait bien reçu. En cela, mon seigneur et roi, je lui parlai en bonne conscience : s'il fit ensuite le contraire, et s'il y attrapa quelque chose, qu'il le garde. Il devait me croire. Son poil est gris, il est vrai, mais c'est en vain qu'on cherche dessous la sagesse. Ses pareils n'estiment ni la prudence ni les fines pensées. Le prix de toute sagesse reste caché au peuple lourd et grossier. Je lui recommandai fidèlement de ménager, cette fois, la vérité. « Je sais bien moi-même ce qui convient, » me répondit-il fièrement, et il trotta dans la caverne. Il y trouva son affaire. Au fond était assise l'horrible femelle : il crut voir le diable devant lui; et les enfants encore! Il s'écria tout saisi : « Au secours! Quelles bêtes abominables! Ces créatures sont-« elles vos enfants? On les dirait, en vérité, de la bande infer-« nale. Allez vite les noyer, c'est le mieux, afin que cette en-« geance ne se répande pas sur la terre. S'ils étaient miens, je « les étranglerais. Vraiment, on pourrait s'en servir à prendre « de jeunes diables : il suffirait de les lier, dans un marais, sur « les roseaux, ces vilains et sales garnements! Oui, on devrait « les appeler singes de marais; ils seraient bien nommés. » La mère répliqua vivement et dit en colère : « Quel diable nous « envoie ce messager? Qui vous pousse à venir nous insulter « ici? Et mes enfants, qu'ils soient beaux ou laids, qu'avez-vous « à démêler avec eux? Reineke, le renard, vient de nous quitter; « c'est un homme d'expérience, qui doit s'y connaître : il affir-« mait bien haut qu'il trouvait tous mes enfants jolis, bien éle-« vés et de bonnes manières. Il se plaisait à les reconnaître avec « joie pour ses parents. Il y a une heure qu'il nous assurait tout « cela à cette place. S'ils ne vous plaisent pas comme à lui, per-« sonne ne vous a prié de venir. C'est là, Ysengrin, ce qu'il « vous faut savoir. » Aussitôt il lui demanda de quoi manger et dit : « Apportez vite, sinon je vous aiderai à chercher. » A quoi bon en dire davantage? Il se mit à l'œuvre, et voulut tâter de force aux provisions. Cela lui réussit mal; car elle se jeta sur lui, le mordit, lui déchira le cuir avec les ongles, le griffa et le tirailla violemment. Les enfants firent de même; ils le mordirent et l'égratignèrent horriblement. Il hurlait et criait, les joues sanglantes. Sans se défendre, il courut à toutes jambes vers l'entrée. Je le vis venir tout déchiré, dévisagé, avec des lambeaux de chair pendants, une oreille fendue et le nez sanglant. Ils lui avaient fait maintes blessures et laidement froissé la peau. Je lui dis, comme il sortait : « Avez-vous dit la vérité? »

Il me répondit : « Comme j'ai rencontré, j'ai parlé. La méchante
« sorcière m'a traité indignement. Je voudrais qu'elle fût ici
« dehors; elle me le payerait cher. Qu'en pensez-vous, Reineke?
« Avez-vous jamais vu des enfants pareils, si laids et si méchants?
« Je le lui dis, et, dès ce moment, je ne trouvai plus grâce de-
« vant elle; et j'ai mal passé mon temps dans ce trou.

« — Êtes-vous fou? lui dis-je. Je vous avais donné des avis
« plus sages. « Je vous salue de tout mon cœur, ma chère tante,
« deviez vous dire. Comment allez-vous? Comment se portent
« vos gentils, vos chers enfants? Je me félicite fort de revoir
« mes grands et mes petits cousins. » Mais Ysengrin repartit :
« Appeler tante cette femelle, et cousins ces vilains enfants!
« Que le diable les emporte! J'ai horreur d'une semblable pa-
« renté. Fi de cette abominable canaille! Je ne les reverrai de
« ma vie. » C'est pour cela qu'il fut si maltraité. Maintenant,
sire, jugez. Dit-il justement que je l'ai trahi? Il peut le confesser : la chose n'est-elle pas arrivée comme je la rapporte? »

Ysengrin repartit résolûment :

« Nous ne sortirons pas de ce procès avec des paroles. Que
nous sert-il de quereller? Le droit est toujours le droit, et qui
l'a pour lui, c'est ce qu'on voit à la fin. Vous vous présentez
fièrement, Reineke; vous l'avez donc peut-être. Combattons
l'un contre l'autre, l'affaire sera vidée. Vous savez dire beaucoup
de choses : comme j'ai souffert d'une grande faim devant la demeure des singes, et comme vous m'avez alors fidèlement nourri.
Je sais ce que vous voulez dire. Ce n'était qu'un os que vous
m'apportâtes; la chair, vous l'aviez sans doute mangée vous-
même. Où que vous soyez, vous me raillez, et vous tenez effrontément des discours qui m'offensent. Par des mensonges infâmes, vous m'avez rendu suspect d'avoir médité une coupable
conspiration contre le roi, et d'avoir désiré de lui ôter la vie.
Vous, en revanche, vous lui parlez fastueusement de trésors....
Il aurait de la peine à les trouver. Vous avez traité outrageusement ma femme, et vous me le payerez. Voilà de quoi je vous
accuse. Je prétends combattre pour les offenses anciennes et
nouvelles, et, je le répète, vous êtes un meurtrier, un traître,
un voleur. Nous combattrons vie pour vie; et que finissent les
querelles et les injures! Je vous jette le gant, comme le fait tout

appelant en justice. Recevez-le en gage, et nous nous trouverons
bientôt. Le roi l'a entendu, tous les seigneurs de même. J'espère
qu'ils seront témoins du combat judiciaire. Vous n'échapperez
pas que la chose ne soit enfin décidée, et nous verrons ! »

Reineke se dit à lui-même :

« Il y va de la fortune et de la vie. Il est grand et je suis petit,
et, si j'essuyais cette fois un échec, toutes mes ruses m'auraient
peu servi. Mais attendons l'événement ; car, lorsque j'y pense,
j'ai l'avantage. Il a déjà perdu ses ongles de devant. Si le fou
n'est pas devenu plus calme, il n'aura pas ce qu'il veut, quoi
qu'il en puisse coûter. »

Là-dessus Reineke dit au loup :

« C'est vous-même, Ysengrin, que j'estime un traître, et les
griefs dont vous prétendez me charger sont tous des mensonges.
Voulez-vous combattre? J'accepte le défi, et je ne branlerai pas.
Il y a longtemps que je le désirais. Voici mon gant. »

Le roi reçut les gages, que les deux champions présentèrent
hardiment, puis il parla en ces termes :

« Vous devez me donner caution que vous ne manquerez pas
de vous présenter demain pour le combat, car je trouve de part
et d'autre la cause embrouillée. Qui peut comprendre tous ces
discours ? »

Brun, l'ours, et Hinze, le chat, se présentèrent sur-le-champ
comme cautions d'Ysengrin; et, pour Reineke, s'engagèrent de
même son cousin Monèque, fils de Martin, le singe, et Grimbert.

« Reineke, dit là-dessus Mme Ruckenau, demeurez tranquille
et de sang-froid. Votre oncle, mon mari, qui est maintenant à
Rome, m'apprit un jour une prière que l'abbé de Schlouckauf[1]
avait composée, et qu'il donna par écrit à mon mari, auquel il
voulait du bien. « Cette prière, disait l'abbé, est salutaire pour
« les hommes qui vont au combat. Il faut la réciter à jeun, le
« matin, et l'on est exempt tout le jour d'accidents et de dan-
« gers, à l'abri de la mort, des souffrances et des blessures. »
Rassurez-vous, mon neveu : demain matin, au bon moment,
je veux la dire pour vous, et vous pourrez marcher sans crainte
et sans inquiétude.

---

1. Le glouton.

— Chère tante, dit le renard, je vous remercie de bon cœur. Je vous en témoignerai ma reconnaissance. Cependant la justice de ma cause et mon adresse devront m'aider plus encore que tout le reste. »

Les amis de Reineke restèrent assemblés toute la nuit, et ils dissipèrent ses inquiétudes par de joyeux entretiens. Mme Ruckenau fut plus attentive et plus empressée que tous les autres : elle fit bien vite tondre Reineke entre la tête et la queue, sur la poitrine et le ventre, et le fit frotter avec de la graisse et de l'huile. Reineke parut gras et rond, et en bon état. Ensuite elle dit :

« Écoutez-moi, et considérez bien ce que vous avez à faire. Écoutez les conseils d'amis intelligents; rien n'est plus salutaire. Buvez largement, et gardez votre eau; et demain, quand vous paraîtrez dans la lice, usez d'adresse : arrosez partout votre queue touffue, et tâchez d'en frapper l'adversaire. Si vous pouvez lui en frotter les yeux, rien de meilleur; sa vue en sera troublée, ce qui vous viendra fort à propos et le gênera fort. Commencez aussi par prendre un air craintif, et à fuir contre le vent d'une course rapide. S'il vous poursuit, soulevez la poussière, afin de lui aveugler les yeux avec l'ordure et le sable; puis, jetez-vous de côté, observez chaque mouvement, et, lorsqu'il se frottera les yeux, prenez votre avantage et mouillez-les encore avec l'eau corrosive, afin qu'il soit complétement aveuglé, qu'il ne sache plus où il en est, et que la victoire vous demeure. Mon cher neveu, prenez un peu de sommeil. Nous vous éveillerons quand il en sera temps. Mais, pour vous fortifier, je veux d'abord réciter, à votre intention, les saintes paroles dont je vous ai entretenu. »

Elle lui posa la main sur la tête et dit ces mots :

NEKRAEST NEGIBAUL GEID SUM NAMTEFLIH DNUDNA MEIN TEDACHS[1] !

« A présent, courage! vous êtes préservé. »

L'oncle Grimbert dit la même chose, et puis ils le menèrent coucher. Il dormit tranquillement. Au lever du soleil, la loutre

---

[1]. Anagramme, qui paraît revenir à ceci : DIE GLAUEBIGEN STAERKEN HILFT, UND SCHADET NIEMANDEN : *Fortifier les croyants est utile, et ne fait de mal à personne.*

et le blaireau vinrent éveiller leur cousin. Ils le saluèrent amicalement et lui dirent :

« Préparez-vous bien. »

Puis la loutre lui présenta un jeune canard et lui dit :

« Mangez-le. J'ai bien sauté pour vous l'attraper, le long de la digue, près de Hunerbrot[1]. Veuillez vous en régaler, mon cousin.

— Voilà de bonnes arrhes, repartit Reineke joyeux. Je ne dédaigne pas chose pareille. Que Dieu vous récompense d'avoir songé à moi ! »

Il se régala du canard et but un coup, puis il se rendit avec ses parents dans la lice, sablée, bien unie, où l'on devait combattre.

CHANT DOUZIÈME.

Quand le roi vit Reineke, et comme il se présentait ras tondu dans le champ clos, frotté, sur tout le corps, d'huile et de graisse glissante, il fut pris d'un rire immodéré.

« Renard, qui donc t'a enseigné cela ? s'écria-t-il. On peut bien t'appeler Reineke[2], le renard ; tu es toujours le madré ; tu trouves partout quelque issue, et tu sais te tirer d'affaire. »

Reineke fit au roi une profonde révérence, une plus profonde encore à la reine, et il entra dans la lice avec des sauts joyeux. Le loup s'y trouvait déjà avec ses parents. Ils souhaitaient au renard une honteuse fin. Il entendit mainte parole colère et mainte menace. Cependant Lynx et Lupardus, les juges du camp,

---

1. Le pain des poules.
2. REINEKE, qui est le même que REGINHART, signifie l'homme avisé, prudent.

produisirent les choses saintes, et les deux combattants, le loup et le renard, jurèrent avec recueillement ce qu'ils maintenaient.

Ysengrin jura en termes violents, et avec des regards pleins de menace, que Reineke était un traître, un voleur, un meurtrier, et coupable de tous les crimes; qu'il avait été pris en flagrant délit de violence et d'adultère; qu'il était faux en toute chose; que lui, loup, mettait, pour le soutenir, sa vie contre celle de son ennemi.

Reineke, de son côté, jura sur-le-champ qu'il ne se sentait coupable d'aucun de ces crimes; qu'Ysengrin mentait comme toujours; qu'il jurait faussement comme d'habitude, mais qu'il ne réussirait jamais à faire de ses mensonges des vérités, et cette fois moins que toute autre.

Et les juges du camp dirent alors :

« Que chacun fasse ce qu'il est tenu de faire, le droit s'ensuivra bientôt. »

Grands et petits quittèrent la lice, pour y laisser seuls les deux champions. La guenon se hâta de dire à voix basse :

« Rappelez-vous ce que je vous ai dit; n'oubliez pas de suivre mes conseils. »

Reineke répondit gaiement :

« Cette bonne exhortation me fait marcher avec plus de courage. Soyez tranquille; je n'oublierai pas dans ce moment l'audace et la ruse, par lesquelles j'ai échappé à maints périls plus grands où j'étais souvent tombé, lorsque j'allais faire telle ou telle emplette qui ne sont pas payées jusqu'à ce jour, et que je risquais hardiment ma vie. Comment ne tiendrais-je pas maintenant contre le scélérat? J'espère fermement le couvrir d'opprobre, lui et toute sa race, et faire honneur aux miens. Tous les mensonges qu'il dit, je vais les lui faire expier. »

Alors on laissa les deux champions dans la lice, et tous les regards se fixèrent sur eux avidement.

Ysengrin se montrait farouche et furieux : il allongea les pattes, il s'avança, la gueule ouverte, avec des sauts violents. Reineke, plus léger, échappa à son adversaire qui fondait sur lui, et mouilla vite de son eau corrosive sa queue touffue, et la traîna dans la poussière pour la remplir de sable. Ysengrin croyait déjà le tenir, quand le rusé lui donna sur les yeux un coup de sa queue, qui lui fit perdre la vue et l'ouïe. Ce n'était pas la première fois qu'il pratiquait cette ruse; bien des animaux avaient déjà ressenti l'effet nuisible de l'eau mordante. C'est ainsi qu'il avait aveuglé les enfants d'Ysengrin, comme on l'a dit au début. Maintenant il songeait à marquer aussi le père. Lorsqu'il eut ainsi humecté les yeux de son adversaire, il s'élança de côté, se plaça au-dessus du vent, remua le sable, et chassa beaucoup de poussière dans les yeux du loup, qui se frottait et s'essuyait à la hâte, avec maladresse, et augmentait ses douleurs. Reineke savait, au contraire, manœuvrer habilement avec sa queue, pour frapper de nouveau son ennemi et l'aveugler complétement. Le loup s'en trouva fort mal. Le renard profita de son avantage : dès qu'il vit les yeux de son adversaire baignés de larmes douloureuses, il se mit en devoir de l'assaillir avec des bonds impétueux, avec des coups violents; de l'égratigner et de le mordre, en continuant toujours de lui baigner les yeux. Le loup, à demi égaré, marchait à tâtons, et Reineke se moquait de lui plus hardiment, et disait :

« Sire loup, vous avez, je pense, avalé autrefois maint agneau innocent; vous avez dévoré, dans votre vie, mainte bête irréprochable : j'espère qu'à l'avenir elles jouiront du repos. En tout cas, résolvez-vous à les laisser en paix, et recevez en récompense la bénédiction. Cette pénitence sera profitable à votre âme, surtout si vous attendez patiemment la fin. Pour cette fois, vous n'échapperez pas de mes mains. Vous devriez m'apaiser par vos prières; je vous épargnerais volontiers, et je vous laisserais la vie. »

Reineke disait ces choses à la volée; il avait saisi fortement son ennemi à la gorge, et il espérait ainsi le vaincre. Mais Ysengrin, plus fort que lui, se secoua violemment, et, en deux coups, il se délivra. Reineke lui sauta au visage, le blessa grièvement et lui arracha un œil. Le sang lui coula le long du museau. Le renard s'écria :

« Voilà ce que je voulais ! J'ai réussi. »

Le loup sanglant se désespérait; son œil perdu le rendait furieux; oubliant ses blessures et ses douleurs, il se jeta sur Reineke et le coucha par terre. Le renard se trouvait en fâcheux état, et sa ruse lui servait de peu. Un de ses pieds de devant, dont il se servait comme de mains, fut saisi vivement par Ysengrin, qui le tenait entre ses dents. Reineke était gisant, fort en peine; il s'attendait sur l'heure à perdre sa main, et il avait mille pensées. Ysengrin lui murmura ces mots d'une voix sourde :

« Voleur, ton heure est venue. Rends-toi sur-le-champ, ou je te mets à mort pour tes actes perfides. Je vais te payer maintenant. Tu n'as pas gagné grand'chose à soulever de la poussière, à faire de l'eau, à te tondre le cuir, à te frotter de graisse. Malheur à toi! Tu m'as fait bien du mal; tu as menti contre moi; tu m'as arraché un œil; mais tu ne m'échapperas pas. Rends-toi, ou je mords! »

Reineke se dit en lui-même :

« Cela va mal pour moi. Que dois-je faire? Si je ne me rends pas, il me tue, et, si je me rends, je suis déshonoré à jamais. Oui, je mérite mon châtiment; car je l'ai trop maltraité, trop gravement offensé. »

Là-dessus il essaya de douces paroles pour attendrir son ennemi.

« Cher oncle, lui dit-il, je me déclare avec joie votre vassal dès ce moment, avec tout ce que je possède. J'irai volontiers pour vous, comme pèlerin, au saint sépulcre, en terre sainte, dans toutes les églises, et j'en rapporterai des pardons en abondance. Ils serviront au bien de votre âme, et il en restera pour votre père et votre mère, afin qu'ils profitent aussi de ce bienfait dans la vie éternelle. Qui n'en a pas besoin? Je vous honore, comme si vous étiez le pape, et je vous fais le serment le plus sacré d'être dès ce jour et pour jamais entièrement à vous avec tous mes parents. Tous ils vous serviront sans cesse. Je le jure. Ce que je ne promettrais pas au roi lui-même, je vous en fais hommage. Acceptez-le, et vous aurez un jour la souveraineté du pays. Tout ce que je sais attraper, je vous l'apporterai : oies, poules, canards et poissons, avant d'en manger moi-même la moindre part; je vous laisserai toujours le choix, à vous, à votre femme et à vos enfants. Je veux en outre veiller assidûment sur votre vie : aucun mal ne vous atteindra. On me dit malicieux et vous êtes fort : nous pourrons donc accomplir ensemble de grandes choses. Si nous restons unis, l'un ayant la

force, l'autre l'adresse, qui pourra nous vaincre? Si nous combattons l'un contre l'autre, nous avons tort. Je ne l'aurais jamais fait, si j'avais pu convenablement éviter le combat. Vous m'avez défié, et l'honneur me faisait une loi de m'y résoudre. Mais je me suis conduit avec courtoisie, et, pendant le combat, je n'ai pas montré toute ma force. « Tu te feras un grand hon-
« neur, me disais-je, en épargnant ton oncle. » Si je vous avais haï, les choses seraient allées autrement. Vous avez souffert peu de mal, et si, par inadvertance, je vous ai blessé un œil, j'en suis affligé sincèrement. Mais j'ai une excellente ressource : je connais le moyen de vous guérir, et je vous le communiquerai : vous m'en ferez des remercîments. Quand même l'œil serait perdu, pourvu d'ailleurs que vous soyez guéri, ce sera toujours pour vous une facilité. Quand vous irez dormir, vous n'aurez à fermer qu'une fenêtre, tandis que nous autres nous devons en fermer deux. Pour vous apaiser, mes parents s'inclineront sur-le-champ devant vous; sous les yeux du roi, en présence de cette assemblée, ma femme et mes enfants vous prieront et vous supplieront de me faire grâce et de me donner la vie. Ensuite je déclarerai publiquement que j'ai parlé contre la vérité, et que je vous ai outragé par des mensonges, que je vous ai trompé autant que j'ai pu. Je promets de jurer que je ne connais de vous aucun mal, et que je ne songerai plus à vous offenser de ma vie. Comment pourriez-vous jamais demander une plus grande expiation que celle à laquelle je suis prêt? Si vous me mettez à mort, qu'est-ce que vous y gagnerez? Vous avez toujours à craindre mes parents et mes amis. Au contraire, si vous m'épargnez, vous sortirez du champ clos avec honneur et gloire; vous paraîtrez à chacun noble et sage : car personne ne peut s'élever plus haut que lorsqu'il pardonne. Une occasion pareille ne s'offrira pas à vous de sitôt : profitez-en! Au reste, il m'est, à cette heure, tout à fait indifférent de vivre ou de mourir.

— Renard trompeur, répliqua le loup, que tu serais joyeux de m'échapper! Mais, quand le monde serait d'or, et que tu me l'offrirais dans ta détresse, je ne te lâcherais pas. Tu m'as déjà fait tant de frivoles serments, perfide camarade! Certainement, si je te laissais aller, je n'en aurais pas une coquille d'œuf. Je me soucie fort peu de tes parents. J'attendrai l'effet de leur puissance, et je porterai, je pense, assez facilement le poids de leur haine. Méchant, qui te plais à nuire, comme tu te moquerais de moi, si je te relâchais sur ta parole! Qui ne te connaîtrait pas serait trompé. Tu m'as épargné, dis-tu, aujourd'hui, méchant voleur : et n'ai-je pas un œil pendant hors de la tête? Scélérat, ne m'as-tu pas déchiré la peau en vingt endroits? Et pouvais-je seulement reprendre haleine, quand tu avais l'avantage? Ce serait agir follement de t'accorder, pour le dommage et l'opprobre, grâce et miséricorde. Traître, tu nous as causé, à moi et à ma femme, honte et préjudice : il t'en coûtera la vie. »

Ainsi disait le loup. Cependant le fripon avait porté son autre patte entre les cuisses de son adversaire : il le saisit par les parties sensibles, et le pressa, le tirailla cruellement.... Je n'en dis pas davantage. Le loup se mit à crier et hurler pitoyablement, la gueule béante. Reineke retira vite la patte de ses dents, qui l'avaient serrée. Avec les deux pattes, il saisit le loup toujours plus fort; il pinça, il tira. Le loup hurlait et criait avec une telle violence, qu'il commença de cracher le sang. De douleur, il suait par tout son corps; il fientait d'angoisse. Le renard en fut bien joyeux : maintenant il espérait de vaincre. Il tenait toujours, avec les pattes et les dents, le loup, qui sentait de grandes souffrances, de grandes tortures. Il se jugeait perdu. Le sang coulait de sa tête, de ses yeux; il tomba par terre, ne se connaissant plus. Le renard n'aurait pas donné ce moment pour tout l'or du monde. Il tenait toujours le loup serré, le traînait, le tirait, en sorte que tout le monde voyait sa détresse; il pinçait, pressait, mordait, égratignait le malheureux, qui, poussant des hurlements sourds, se roulait dans la poussière et dans son ordure, avec des convulsions et des gestes étranges.

Ses amis poussaient des gémissements; ils prièrent le roi d'arrêter le combat, si tel était son plaisir, et le roi répondit :

« Si vous le jugez tous convenable, si vous désirez tous qu'il en soit ainsi, je le veux bien. »

Et le roi commanda que les deux juges du camp, Lynx et Lupardus, se rendissent auprès des deux champions; et ils entrèrent dans la lice, et, s'adressant à Reineke vainqueur, lui dirent que c'en était assez; que le roi désirait arrêter le combat, et voir la lutte finie.

« Il demande, poursuivirent-ils, que vous lui abandonniez votre ennemi, que vous laissiez la vie au vaincu. Car, si l'un des adversaires était tué dans ce combat singulier, ce serait fâcheux pour chaque parti. Vous avez l'avantage; petits et grands, tout le monde l'a vu. Les personnes les plus distinguées vous donnent elles-mêmes leur approbation : vous les avez gagnées pour toujours. »

Reineke répondit :

« Je leur en témoignerai ma reconnaissance. Je me soumets de bon cœur à la volonté du roi, et je fais avec plaisir ce qui convient. J'ai vaincu, et je ne souhaite pas avoir de ma vie un plus beau triomphe. Que le roi me permette seulement de consulter mes amis. »

Alors tous les amis de Reineke s'écrièrent :

« Il nous paraît bon d'accomplir sur-le-champ la volonté du roi. »

Et tous les parents du vainqueur, le blaireau, le singe, la loutre, le castor, accoururent par troupes auprès de lui. Au nombre de ses amis furent dès lors aussi la martre, la belette; l'hermine et l'écureuil, et beaucoup d'autres, qui l'avaient haï, qui ne voulaient pas autrefois articuler son nom, accoururent tous à lui. Il s'en trouva même qui l'avaient accusé jadis, et qui venaient comme parents, et amenaient leurs enfants et leurs femmes, grands, moyens, petits, et jusqu'aux tout petits : chacun le félicitait, le flattait et ne pouvait en finir.

Il en va toujours ainsi dans le monde. On dit à l'homme heureux : « Soyez longtemps en santé! » Il trouve des amis en foule. Mais, s'il tombe dans la disgrâce, qu'il prenne patience! C'est ce qui arriva dans cette conjoncture. Chacun voulait être le plus proche et se pavaner à côté du vainqueur. Les uns jouaient de la flûte, les autres chantaient, sonnaient de la trompette ou battaient des timbales. Les amis de Reineke lui disaient :

« Réjouissez-vous : vous avez relevé en ce moment vous et votre race. Nous étions fort affligés de vous voir succomber, mais la chance a tourné bientôt; la pièce était excellente. »

Reineke répondit : « J'ai réussi. » Et il remercia ses partisans. Ils s'avancèrent ainsi en grand tumulte, et, à leur tête, Reineke, avec les juges du camp. Ils arrivèrent devant le trône du roi. Le vainqueur se mit à genoux. Le roi lui ordonna de se relever, et il dit en présence de tous les seigneurs :

« Vous avez bien défendu votre vie; vous avez soutenu votre cause avec honneur : c'est pourquoi je vous déclare absous. Vous êtes exempt de toute peine. Je veux en conférer prochainement dans le conseil avec mes nobles serviteurs, aussitôt qu'Ysengrin sera guéri. Aujourd'hui je déclare l'affaire terminée.

— Monseigneur, répondit Reineke avec modestie, il est salutaire de suivre vos conseils. Vous le savez fort bien, quand je vins ici, beaucoup de gens m'accusaient. Ils mentaient, pour flatter le loup, mon puissant ennemi, qui voulait me perdre, qui me tenait presque en son pouvoir. Les autres criaient : « Crucifie-le. » Ils m'accusaient avec lui, uniquement pour me réduire à l'extrémité, pour lui complaire. Car ils pouvaient tous observer que le loup était mieux placé auprès de vous que moi; et nul ne songeait à la fin, ni à ce que pouvait être la vérité. Je les compare à ces chiens qui avaient coutume de se tenir en foule devant la cuisine, espérant que le cuisinier, bien disposé, songerait aussi à leur jeter quelques os. Les chiens qui attendaient virent un de leurs camarades, qui avait dérobé au cuisinier un morceau de viande bouillie, et qui, pour son malheur, ne s'était pas enfui assez vite : car le cuisinier l'arrosa par derrière d'eau bouillante, et lui échauda la queue. Cependant il ne laissa pas tomber sa proie; il se mêla parmi ses frères, qui se dirent entre eux : « Voyez comme le cuisinier le
« favorise plus que tous les autres! Voyez quel excellent mor-
« ceau il lui a donné! » Et le chien répliqua : « Vous n'êtes pas
« bien au fait : vous me félicitez et me vantez par devant, où vous
« êtes séduits sans doute, à la vue de la chair succulente; mais
« observez-moi par derrière, et déclarez-moi heureux, si vous ne
« changez pas d'avis. » L'ayant considéré, ils le virent horriblement brûlé; les poils tombaient, la peau se ridait sur le corps. Ils furent saisis d'un frisson; nul ne voulut approcher de la cuisine; ils s'enfuirent et le laissèrent seul. Monseigneur, ce sont les gens avides que j'ai ici en vue. Aussi longtemps qu'ils sont puissants, chacun désire de les avoir pour amis; on les voit à

toute heure porter de la chair à la bouche; qui ne s'accommode pas à leurs façons en doit pâtir; il faut les louer sans cesse, si mal qu'ils agissent, et, par là, on ne fait que les affermir dans leur coupable conduite : ainsi fait toute personne qui ne considère pas la fin. Mais, le plus souvent, ces personnages sont punis, et leur puissance finit tristement. Personne ne les souffre plus; les poils leur tombent du corps à droite et à gauche : je veux dire que les anciens amis, petits et grands, les abandonnent, les laissent dépouillés, comme tous les chiens quittèrent sur-le-champ leur camarade, quand ils virent son mal et la moitié de son corps outrageusement blessée. Monseigneur; vous m'entendez, on ne parlera jamais ainsi de Reineke : mes amis ne rougiront pas de moi. Je suis infiniment obligé à Votre Grâce, et, si seulement je pouvais toujours connaître votre volonté, je l'accomplirais avec joie.

— Beaucoup de paroles sont inutiles, répondit le roi. J'ai tout entendu et j'ai compris votre pensée. Je veux vous revoir, noble baron, vous revoir, comme autrefois, dans le conseil; je vous fais un devoir de visiter à toute heure mon conseil secret; je vous rétablis pleinement dans vos honneurs et votre crédit, et vous le mériterez, j'espère. Aidez-moi à tout conduire pour le mieux. Je ne puis me passer de vous à la cour, et, si vous unissez la vertu avec la sagesse, personne ne vous surpassera en dignité, et ne donnera des conseils et des directions plus habiles et plus sages. Je n'écouterai plus à l'avenir de plaintes contre vous. Vous parlerez toujours à ma place et vous agirez comme chancelier du royaume. Que mon sceau vous soit donc remis. Ce que vous ferez, ce que vous écrirez, restera fait et écrit. »

C'est ainsi que Reineke s'est élevé honnêtement à la plus haute faveur : on obéit à tout ce qu'il conseille et résout pour favoriser ou pour nuire.

Reineke remercia le roi et dit :

« Mon noble sire, vous me faites trop d'honneur : je veux le reconnaître, comme j'espère conserver le jugement. Vous en ferez l'expérience. »

Que devenait le loup sur ces entrefaites? Quelques mots nous l'apprendront. Il était gisant dans la lice, blessé et maltraité.

Sa femme et ses amis accoururent; Hinze, le chat, Brun, l'ours, et ses enfants, et sa séquelle, et ses parents, le placèrent, en gémissant, sur un brancard (on l'avait rembourré de foin pour tenir au chaud le malade) et l'emportèrent hors du champ clos. On examina les blessures : on en compta vingt-six. Il vint des chirurgiens en nombre, qui le pansèrent sur-le-champ et lui firent prendre des élixirs. Tous ses membres étaient paralysés. Ils lui frottèrent aussi l'oreille avec des herbes; il éternua violemment par devant et par derrière. Ils se disaient entre eux : « Il faut le baigner et le frotter d'onguent. » Ils consolaient comme cela le triste entourage du loup. Ils le mirent au lit avec grand soin. Il dormit, mais peu de temps; il s'éveilla troublé et s'affligea; la honte, la douleur, le poursuivaient; il faisait de grands gémissements et semblait désespéré. Giremonde le veillait avec soin, le cœur dolent : elle songeait à sa grande perte. Agitée de peines diverses, elle pleurait sur elle, sur ses enfants et ses amis; elle observait son mari souffrant. Il ne pouvait absolument se surmonter. La douleur le rendait furieux; la douleur était grande et les suites déplorables.

Mais Reineke était fort satisfait; il causait gaiement avec ses amis, et s'entendait vanter et louer. Il partit de là avec une fière assurance. Le gracieux roi le fit accompagner d'une escorte, et lui dit, avec bienveillance, en lui donnant congé :

« Revenez bientôt. »

Le renard se prosterna devant le trône et répondit :

« Je vous remercie de tout mon cœur, ainsi que ma gracieuse dame, et votre conseil, et les seigneurs. Que Dieu vous conserve, mon roi, pour vous combler de gloire! Ce que vous ordonnerez, je le ferai avec joie. Je vous aime certainement, et je vous dois mon amour. Maintenant, si vous le permettez, je me dispose à me rendre chez moi, pour voir ma femme et mes enfants. Ils sont dans l'attente et le deuil.

— Allez, répondit le roi, et ne craignez plus rien. »

C'est ainsi que Reineke s'éloigna, après être parvenu à la plus haute faveur. Il en est beaucoup de son espèce, qui savent employer les mêmes artifices. Ils ne portent pas tous barbe rousse, mais ils sont en bonne position.

Reineke partit fièrement de la cour avec sa famille, avec quarante parents, qui mettaient en lui leur honneur et leur joie. Il s'avançait le premier, comme un seigneur; les autres le suivaient. Il se montrait de joyeux courage; sa queue s'était élargie. Il avait gagné la faveur du roi; il était rentré au conseil, et songeait à la manière d'en tirer avantage. « Ceux que j'aime s'en trouveront bien et mes amis en profiteront, se disait-il : la sagesse est plus à respecter que l'or. »

Accompagné de tous ses amis, il prit donc la route de Maupertuis, le château. Il témoigna sa reconnaissance à tous ceux qui l'avaient favorisé, qui étaient demeurés à ses côtés dans les temps difficiles. Il leur offrit ses services à son tour. Ils le quittèrent, et chacun rejoignit sa famille; et lui, il trouva, dans sa demeure, sa femme Ermeline. Elle le salua avec joie; elle lui demanda des nouvelles de sa fâcheuse affaire, et comment il avait encore échappé. Reineke répondit :

« Eh bien, j'ai réussi! J'ai regagné la faveur du roi. J'assisterai au conseil comme autrefois, et cela tournera à l'honneur de toute notre race. Il m'a nommé, devant tout le monde, chancelier du royaume, et m'a remis le sceau. Tout ce que Reineke fera et écrira sera, pour toujours, bien fait et bien écrit. Que chacun en garde mémoire.

« J'ai fait au loup sa leçon en quelques minutes, et il ne m'accusera plus. Il est éborgné, blessé, et toute sa race couverte d'opprobre. Je l'ai marqué. Il ne sera désormais guère utile au monde. Nous avons combattu et je l'ai vaincu. Il aura même de la peine à se guérir. Eh! que m'importe? Je demeure son supérieur, comme celui de tous ses amis et ses partisans. »

La femme de Reineke éprouva beaucoup de joie. Leurs deux petits garçons sentirent aussi croître leur courage, en voyant l'élévation de leur père. Ils se disaient l'un à l'autre, gaiement :

« Nous allons passer d'heureux jours, honorés de tout le monde. Cependant nous songerons à fortifier notre château et à mener une vie joyeuse et tranquille. »

Reineke est maintenant très-honoré. Que chacun se convertisse promptement à la sagesse, évite le mal, honore la vertu! C'est le sens de l'ouvrage, dans lequel le poëte a mêlé la fable avec la vérité, afin que vous puissiez distinguer le mal du bien et priser la sagesse, et aussi pour que les acheteurs de ce livre apprennent tous les jours à connaître le train du monde. Car c'est ainsi qu'il est fait, ainsi qu'il restera. Et voilà comme finit notre poëme des faits et gestes de Reineke. Veuille le Seigneur nous recevoir dans sa gloire éternelle! Amen.

ROMANS

LES SOUFFRANCES
DU JEUNE WERTHER

J'ai recueilli avec soin tout ce que j'ai pu trouver de l'histoire du malheureux Werther, et je vous le présente ici, et je sais que vous m'en serez obligé. Vous ne pourrez refuser à son esprit et à son caractère votre admiration et votre amour, ni vos larmes à son sort.

Et toi, pauvre âme, qui ressens les mêmes peines que lui, puise de la consolation dans ses souffrances, et que ce petit livre soit ton ami, si, par la volonté du sort ou par ta faute, tu ne peux en trouver un meilleur !

LES SOUFFRANCES
DU JEUNE WERTHER.

LIVRE PREMIER.

4 mai.

Comme je suis joyeux d'être parti! Cher ami, qu'est-ce que le cœur de l'homme? Te quitter, toi qui m'es si cher, toi dont j'étais inséparable, et sentir de la joie! Je sais que tu me le pardonnes. Mes autres relations n'étaient-elles pas choisies par le sort tout exprès pour tourmenter un cœur comme le mien? Pauvre Éléonore!... Et pourtant ce n'était pas ma faute... En pouvais-je davantage, si, tandis que la grâce piquante de sa sœur me procurait un agréable amusement, une passion se développait dans son pauvre cœur? Et pourtant.... suis-je tout à fait sans reproche? N'ai-je pas nourri ses sentiments? Ne me suis-je pas même amusé de ce naïf langage de la nature, qui si souvent nous faisait rire, si peu risible qu'il fût? N'ai-je pas...?

Oh! qu'est-ce que l'homme, pour qu'il ose se plaindre ! Je veux, cher ami, je le promets, je veux me corriger ; je ne veux plus, comme je l'ai toujours fait, ruminer le moindre mal que le sort nous envoie ; je veux jouir du présent, et le passé sera pour moi le passé. Assurément tu as raison, cher ami : il y aurait ici-bas moins de souffrances, si les hommes (Dieu sait pourquoi ils sont ainsi faits !) ne s'appliquaient pas, avec tant d'efforts d'imagination, à rappeler le souvenir des douleurs passées au lieu de supporter un présent tolérable.

Veuille dire à ma mère que je m'occuperai de son affaire avec le plus grand soin, et que je lui en donnerai des nouvelles au premier jour. J'ai vu ma tante, et je n'ai pas trouvé en elle, tant s'en faut, la méchante femme que l'on disait chez nous. Elle est vive, emportée, mais d'un cœur excellent. Je lui ai exposé les griefs de ma mère sur cette part d'héritage qu'elle retient : elle m'a dit ses raisons, ses motifs et les conditions auxquelles elle serait prête à livrer tout, et plus que nous ne demandions. Bref, je ne veux rien t'en écrire aujourd'hui : dis à ma mère que tout ira bien. J'ai pu voir une fois de plus, mon cher ami, dans cette petite affaire, que les malentendus et la nonchalance causent dans le monde plus de querelles peut-être que la ruse et la méchanceté, qui du moins sont certainement plus rares.

Du reste je me trouve fort bien ici. La solitude est pour mon âme un baume précieux dans ce paradis terrestre, et cette saison de la jeunesse échauffe de tous ses feux mon cœur, qui souvent frissonne. Chaque arbre, chaque buisson est un bouquet de fleurs, et l'on voudrait devenir une abeille, pour voltiger dans cette atmosphère embaumée et y puiser toute sa nourriture.

La ville, par elle-même, est désagréable ; mais, dans les environs, la nature est d'une inexprimable beauté. C'est ce qui avait engagé le feu comte de M.... à établir son jardin sur une des collines, qui se croisent avec une diversité charmante, et forment les plus agréables vallons. Le jardin est simple, et l'on s'aperçoit, dès l'entrée, que le plan n'en a pas été dessiné par un jardinier savant, mais par un homme sensible, qui voulait y jouir de lui-même. J'ai déjà donné plus d'une larme à sa mémoire dans le petit pavillon en ruine, qui était sa place favorité, et qui est aussi la mienne. Je serai bientôt le maître du jardin; après une couple de jours, le jardinier m'est déjà dévoué : il ne s'en trouvera pas mal.

10 mai.

Une merveilleuse sérénité s'est répandue dans tout mon être, pareille aux douces matinées de printemps, dont je jouis avec délices. Je suis seul, et me félicite de vivre dans cette contrée, qui est faite pour les âmes telles que la mienne. Je suis si heureux, mon cher ami, si entièrement absorbé dans le sentiment d'une existence tranquille, que mon art en souffre. Je ne saurais dessiner maintenant, je ne saurais faire un trait de crayon, et je ne fus jamais un plus grand peintre. Lorsque la gracieuse vallée se voile de vapeurs autour de moi; que le soleil de midi effleure l'impénétrable obscurité de ma forêt, et que seulement quelques rayons épars se glissent au fond du sanctuaire; que, dans les hautes herbes, couché près du ruisseau qui tombe, et plus rapproché de la terre, je découvre mille petites plantes diverses; que je sens, plus près de mon cœur, le tourbillonnement de ce petit univers parmi les brins d'herbe, les figures innombrables, infinies, des vermisseaux, des mouches; que je sens enfin la présence du Tout-Puissant, qui nous a créés à son image, le souffle de l'amour infini, qui nous porte et nous soutient, bercés dans une joie éternelle : mon ami, si le jour commence à poindre autour de moi, si le monde qui m'environne et le ciel tout entier reposent dans mon sein, comme l'image d'une bien-aimée, alors je soupire et je me dis : « Ah! si tu pouvais exprimer, si tu pouvais exhaler sur ce papier ce que tu sens vivre en toi avec tant de chaleur et d'abondance, en sorte que ce fût le miroir de ton âme, comme ton âme est le miroir du Dieu infini!... » Mon ami.... Mais je m'abîme, je succombe sous la puissance de ces magnifiques apparitions.

12 mai.

Je ne sais si des génies trompeurs planent sur cette contrée, ou si elle est dans mon cœur, l'ardente et céleste fantaisie qui donne l'air du paradis à tout ce qui m'environne. A l'entrée de la ville est une fontaine, une fontaine où je suis enchaîné par un charme, comme Mélusine avec ses sœurs.... On suit la pente d'une petite colline, et l'on se trouve devant une voûte; on descend une vingtaine de marches, et l'on voit l'eau transparente jaillir du rocher. Le petit mur qui forme l'enceinte, les grands arbres qui ombragent la place alentour, la fraîcheur du lieu, tout vous attire et vous cause un secret frissonnement.

Il ne se passe aucun jour où je ne vienne m'asseoir une heure en ce lieu. Les jeunes filles y viennent de la ville puiser de l'eau, fonction innocente et nécessaire, que remplissaient jadis les filles mêmes des rois. Assis à cette place, je vois soudain revivre autour de moi les mœurs patriarcales; je vois les hommes d'autrefois faire connaissance et chercher femme à la fontaine, et, autour des fontaines et des sources, planer des génies bienfaisants. Jamais, dans un jour d'été, après une marche pénible, il n'a goûté, près d'une source, une fraîcheur salutaire, celui qui ne peut sentir ce que je sens.

13 mai.

Tu me demandes si tu dois m'envoyer mes livres?... Mon ami, au nom du ciel, ne m'embarrasse pas de ce fardeau. Je ne veux plus être guidé, excité, animé : ce cœur fermente assez de lui-même. Ce qu'il me faut, c'est un chant qui me berce, et je l'ai trouvé abondamment dans mon Homère. Combien de fois j'apaise, à ses chants, mon sang qui bouillonne! Car tu n'as rien vu d'aussi inégal, d'aussi changeant que mon cœur. Mon ami, ai-je besoin de te le dire, à toi qui as souffert si souvent, à me voir passer de la tristesse au dérèglement, et d'une douce mélancolie à une passion dévorante? Aussi, je traite mon pauvre cœur comme un enfant malade : je lui accorde tout ce qu'il demande. Ne le dis à personne : il y a des gens qui m'en feraient un crime.

15 mai.

Les petites gens de l'endroit me connaissent déjà, et ils m'aiment, surtout les enfants. Au commencement, quand je m'approchais d'eux, et leur faisais telle ou telle question amicale, quelques-uns croyaient que je voulais m'amuser à leurs dépens, et ils se débarrassaient de moi grossièrement. Je ne m'en fâchai point ; mais je sentis vivement ce que j'avais déjà souvent observé, c'est que les personnes d'un certain rang se tiennent toujours froidement à distance du petit peuple, comme si elles croyaient perdre à s'en rapprocher ; et puis il se trouve des étourdis et de mauvais plaisants qui feignent de descendre, pour faire d'autant mieux sentir leur arrogance aux pauvres gens.

Je sais bien que nous ne sommes pas égaux, que nous ne pouvons pas l'être ; mais j'estime que celui qui croit nécessaire de s'éloigner de ce qu'on appelle le peuple, pour se faire respecter, est aussi blâmable qu'un lâche, qui se cache devant son ennemi, parce qu'il a peur de succomber.

Dernièrement je me rendis à la fontaine et je trouvai une jeune servante qui avait posé son seau[1] sur la dernière marche de l'escalier, et cherchait des yeux une de ses pareilles, qui voulût l'aider à le placer sur sa tête. Je descendis, et, arrêtant mes yeux sur elle : « Vous aiderai-je, mon enfant? » lui dis-je. Elle devint rouge comme le feu. « Oh! monsieur.... dit-elle. — Sans façon.... » Elle arrangea son coussinet et je l'aidai. Elle me remercia et remonta les degrés.

---

[1]. Le vase dont il est ici question est proprement une *seille*. Ce vieux mot, qui serait bien préférable à seau, est encore en usage dans quelques provinces. La seille est à deux anses, plus évasée qu'un seau ordinaire, et c'est exactement le vaisseau de bois que les servantes allemandes portent sur la tête.

17 mai.

J'ai fait toute sorte de connaissances : je n'ai pas encore trouvé de société. Je ne sais ce que je puis avoir d'attrayant, mais beaucoup de gens me prennent en gré et s'attachent à moi, et j'ai des regrets, quand nous n'avons à faire ensemble qu'un bout de chemin. Si tu me demandes comment sont les gens de ce pays, je te dirai : « Comme partout. » C'est une chose bien uniforme que l'espèce humaine. La multitude emploie la plus grande partie de son temps à travailler pour vivre, et le peu de liberté qui lui reste lui pèse tellement, qu'elle cherche tous les moyens de s'en débarrasser. O destinée de l'homme!

Mais de très-bonnes gens! Si je m'oublie quelquefois, si quelquefois je goûte avec eux les plaisirs qui sont encore accordés aux hommes, comme de jaser gaiement, avec franchise et cordialité, autour d'une table proprement servie; d'arranger à propos une promenade, une danse ou quelque autre partie de plaisir, cela produit sur moi un excellent effet, pourvu que je ne vienne pas à songer qu'il est en moi bien d'autres facultés, qui se rouillent faute d'exercice, et que je dois cacher soigneusement! Ah! cela serre le cœur.... Et pourtant être méconnu est la destinée de chacun.

Hélas! pourquoi l'amie de ma jeunesse n'est-elle plus! Pourquoi l'ai-je connue!... Je me dirais : « Tu es un insensé; tu cherches ce qu'on ne saurait trouver ici-bas; » mais je l'ai possédée; j'ai senti ce cœur, cette grande âme, en présence de laquelle je me figurais être plus que je n'étais, parce que j'étais tout ce que je pouvais être. Alors, bon Dieu, une seule force de mon âme restait-elle inactive? Ne pouvais-je pas développer devant elle toute cette merveilleuse sensibilité avec laquelle mon cœur embrasse la nature? Notre commerce n'était-il pas un enchaînement perpétuel des sentiments les plus délicats, des saillies les plus vives, dont toutes les modifications, jusqu'au trait burlesque, portaient l'empreinte du génie? Et maintenant!... Hélas! les années qu'elle avait de plus que moi l'ont emportée la première dans la tombe. Je ne l'oublierai jamais; jamais je n'oublierai sa ferme raison et sa divine indulgence.

Il y a quelques jours, je rencontrai M. V..., jeune homme ouvert et franc, et d'une très-heureuse physionomie. Il sort de l'université. Il ne se flatte pas précisément d'être un génie, mais il croit cependant en savoir plus que d'autres; au reste, il a travaillé : je m'en aperçois en bien des rencontres. Bref, il a de jolies connaissances. Ayant appris que je m'occupe beaucoup de dessin, et que je sais le grec (deux phénomènes en ce pays), il vint à moi et il étala beaucoup de science, depuis Batteux jusqu'à Wood, depuis de Piles jusqu'à Winkelmann; il m'assura qu'il avait lu toute la première partie de la théorie de Sulzer[1], et qu'il possédait un manuscrit de Heyne sur l'étude de l'art antique. Je l'ai laissé dire.

J'ai fait encore la connaissance d'un brave homme, le bailli du prince, caractère franc et loyal. On dit que c'est un charme de le voir au milieu de ses enfants. Il en a neuf. On fait surtout grand cas de sa fille aînée. Il m'a invité à l'aller voir, et j'irai au premier jour. Il habite, à une lieue et demie d'ici, une maison de chasse du prince, où il a demandé la permission de se retirer après la mort de sa femme : le séjour de la ville et de la maison bailliale lui était devenu trop pénible.

Du reste, j'ai rencontré sur mon chemin quelques originaux bizarres, chez qui tout me semble insupportable, et plus insupportables que tout le reste, leurs démonstrations d'amitié.

Adieu. Cette lettre te conviendra; elle est tout historique.

22 mai.

La vie de l'homme n'est qu'un songe, on l'a dit souvent, et ce sentiment m'accompagne aussi sans cesse. Quand je considère les étroites limites dans lesquelles les facultés actives et la pénétration de l'homme sont renfermées; quand je vois que

---

1. On prononce et l'on devrait peut-être écrire *Soulzer* : observation applicable à plusieurs noms propres allemands.

l'objet de tous nos efforts est de pourvoir à des besoins qui n'ont eux-mêmes d'autre but que de prolonger notre misérable existence, et qu'ensuite toute notre tranquillité, sur certains points de nos recherches, n'est qu'une résignation rêveuse, que l'on goûte à peindre de figures bigarrées et de brillantes perspectives les murs entre lesquels on se trouve prisonnier : tout cela, Wilhelm, me réduit au silence. Je rentre en moi-même, et j'y trouve un monde, mais de pressentiments et de vagues désirs, plutôt que de réalités et de forces vivantes. Alors tout flotte devant mes yeux, et je poursuis en souriant mon rêve à travers le monde.

Que les enfants ne sachent pas pourquoi ils veulent, c'est un point sur lequel tous les doctes instituteurs et gouverneurs sont d'accord; mais que les hommes faits, comme les enfants, s'avancent eux-mêmes sur cette terre d'une marche chancelante, et, comme eux, ne sachant pas d'où ils viennent, où ils vont, agissent tout aussi peu dans un but véritable, et soient tout aussi bien menés avec des biscuits, des gâteaux et des verges, c'est ce que personne ne veut croire, et moi, je trouve que la chose est palpable.

Je t'accorderai volontiers (car je sais ce que tu pourrais me répondre) que ceux-là sont les plus heureux, qui vivent au jour le jour comme les enfants, promènent leur poupée, l'habillent et la déshabillent, tournent, avec un grand respect, autour de l'armoire où la maman a serré les bonbons, et, s'ils finissent par attraper la friandise convoitée, la croquent à belles dents, et crient : « Encore !... » Ce sont là d'heureuses créatures. Ils sont heureux aussi, ceux qui donnent à leurs occupations frivoles, ou même à leurs passions, des noms magnifiques, et les portent en compte au genre humain, comme des œuvres de géants, entreprises pour son salut et son bonheur..... Heureux qui peut vivre de la sorte ! Mais celui qui reconnaît, dans son humilité, où toutes ces choses aboutissent; celui qui voit comme tout bourgeois à son aise sait façonner son petit jardin en un paradis; avec quelle ardeur aussi le malheureux poursuit sa route, haletant sous le fardeau, et comme tous aspirent également à voir, une minute de plus, la lumière du soleil : celui-là est tranquille, et se fait aussi un monde, qu'il tire de lui-même, et il est heureux aussi, parce qu'il est homme. Et, si étroite que soit sa sphère, il porte toujours dans le cœur le doux sentiment de la liberté, et il sait qu'il pourra quitter cette prison quand il voudra.

26 mai.

Tu connais dès longtemps ma manière de m'établir, de m'arranger, dans quelque lieu tranquille, une cabane, et de m'y loger le plus étroitement du monde : eh bien, j'ai trouvé encore ici un petit coin qui m'a séduit.

A une lieue de la ville est un village du nom de Wahlheim[1]. Sa situation au pied d'une colline est très-agréable ; et, lorsque, sortant du village, on monte le sentier, on embrasse d'un coup d'œil toute la vallée. Une bonne hôtesse, déjà vieille et pourtant joyeuse et prévenante, vend du vin, de la bière et du café. Ce qui vaut mieux que tout le reste, ce sont deux tilleuls, qui couvrent de leurs vastes rameaux la petite place devant l'église : alentour sont des maisons rustiques, des fermes et des granges. J'ai vu rarement un asile aussi secret, aussi paisible. C'est là que je fais porter, de l'auberge, ma petite table et ma chaise, que je prends mon café et que je lis mon Homère.

La première fois que je vins par hasard sous les tilleuls, par une belle après-midi, je trouvai la place solitaire. Tout le monde était aux champs. Seulement un petit garçon, qui pouvait avoir quatre ans, était assis par terre, et tenait, des deux bras, contre sa poitrine, un autre enfant de cinq ou six mois, assis entre ses jambes, lui formant ainsi une sorte de siége, et, malgré la vivacité avec laquelle il portait de tous côtés ses yeux noirs, il restait assis, parfaitement tranquille. Cet objet me charma. Je m'assis sur une charrue, qui se trouvait vis-à-vis, et je dessinai avec beaucoup de plaisir cette scène fraternelle. J'ajoutai la haie voisine, une porte de grange et quelques roues brisées, le tout comme il se trouvait, sur les divers plans, et

---

1. Le lecteur voudra bien ne pas se donner la peine de chercher les lieux ici nommés : on s'est vu forcé de changer les véritables noms, qui se trouvaient dans l'original. (*Note de l'auteur.*)

je vis, au bout d'une heure, que j'avais fait un dessin bien composé, très-intéressant, sans avoir mis du mien la moindre chose. Cela me confirma dans la résolution de m'en tenir désormais uniquement à la nature. Elle seule est d'une richesse infinie ; elle seule forme le grand artiste. On peut dire beaucoup de choses à l'avantage des règles, à peu près ce qu'on peut dire à la louange de la société civile. Un homme qui se forme d'après les règles ne produira jamais rien d'absurde et de mauvais, comme celui qui se modèle sur les lois et la bienséance ne peut jamais devenir un voisin insupportable, jamais un insigne scélérat ; mais aussi, quoi qu'on en dise, toute règle étouffera le vrai sentiment et la vraie expression de la nature. « C'est trop fort, diras-tu ; la règle ne fait que nous renfermer dans de justes bornes ; elle émonde les rameaux luxuriants.... » Mon ami, faut-il te faire une comparaison ? Il en est de cela comme de l'amour. Un jeune homme s'attache absolument à une femme ; il passe auprès d'elle toutes ses journées ; il prodigue toutes ses forces, tout son bien, pour lui prouver, à chaque moment, qu'il se donne à elle sans réserve. Vienne alors un bourgeois, un homme en place, qui lui dise : « Mon joli monsieur, aimer est de l'homme, mais il vous faut aimer en homme. Partagez vos heures ; consacrez-en une partie au travail, une autre au délassement, à votre maîtresse ; faites le compte de votre bien, et, quand vous aurez mis à part le nécessaire, je ne vous défends pas de faire, du surplus, un présent à votre amie, mais pas trop souvent ; à sa fête, par exemple, et à son jour de naissance.... » Si notre amoureux l'écoute, il devient un jeune homme utile, et je conseillerai même au prince de lui donner de l'emploi ; mais c'en est fait de son amour, comme de son art, s'il est artiste. O mes amis, pourquoi le torrent du génie déborde-t-il si rarement ? d'où vient que si rarement il bouillonne à grands flots et fait frémir vos âmes étonnées ?... Chers amis, c'est que sur les deux rives habitent des bourgeois tranquilles, dont les jolis pavillons, les planches de tulipes et les carrés d'herbages seraient ravagés, et qui savent, par conséquent, avec des digues et des saignées, prévenir à propos le danger qui les menace.

27 mai.

Je m'aperçois que je suis tombé dans l'extase, les comparaisons et la déclamation, et, là-dessus, j'ai oublié de te conter jusqu'au bout ce qui m'est arrivé avec les enfants. Plongé dans le sentiment d'artiste que ma lettre d'hier t'expose en termes fort décousus, je restai bien deux heures assis sur ma charrue. Vers le soir, une jeune femme, un panier au bras, vient chercher les enfants, et crie de loin : « Philippe, tu es un bon garçon! » Elle me salue; je la salue à mon tour; je me lève, je m'approche, et lui demande si elle est la mère de ces enfants. Elle me dit que oui, et, en donnant à l'aîné un petit pain blanc, elle prend le plus jeune et l'embrasse, avec toute la tendresse d'une mère. « J'avais chargé mon Philippe de tenir le petit, me dit-elle, et je suis allée à la ville, avec mon aîné, acheter du pain blanc, du sucre et un poêlon de terre. » Je voyais tout cela dans le panier, dont le couvercle était tombé. « Je veux faire, ce soir, une petite soupe à mon Jean. » C'était le nom du plus jeune. « Mon aîné, l'étourdi, m'a cassé hier le poêlon, en se disputant avec Philippe pour le gratin de la bouillie. » Je demandai où était l'aîné, et, comme elle me disait qu'il pourchassait dans le pré une couple d'oies, il revint en sautant, et apporta au second une baguette de noisetier. Je m'entretins encore quelques moments avec cette femme, et j'appris qu'elle était la fille du maître d'école, et que son mari était allé en Suisse pour recueillir l'héritage d'un cousin. « Ils voulaient le tromper, dit-elle, et ils ne répondaient pas à ses lettres : alors il est allé lui-même. Pourvu qu'il ne lui soit pas arrivé malheur! Je suis sans nouvelles de lui. » J'ai eu de la peine à me séparer de cette femme; j'ai donné un kreutzer à chacun des enfants et un autre à la mère pour le plus petit, afin d'acheter un pain blanc pour sa soupe, quand elle ira à la ville, et, là-dessus, nous nous sommes quittés.

Je te jure, mon ami, que, si je me sens agité, tout ce tumulte s'apaise, à la vue d'une créature comme celle-là, qui parcourt, dans une heureuse tranquillité, le cercle étroit de son existence, se tire d'affaire au jour le jour, et voit tomber les feuilles, sans que cela lui dise aucune chose, sinon que l'hiver approche.

Depuis ce temps, je me tiens souvent là dehors. Les enfants se sont accoutumés à moi parfaitement. Je leur donne du sucre, quand je prends mon café, et, le soir, ils partagent avec moi les tartines de beurre et le lait caillé. Le dimanche, le kreutzer ne leur manque jamais, et, si je ne suis pas là au sortir de l'église, l'hôtesse a l'ordre de le distribuer à ma place.

Ils sont familiers; ils me racontent toute sorte d'histoires, et je m'amuse surtout de leurs passions et des naïves explosions de leurs désirs, quand d'autres enfants du village se rassemblent.

J'ai eu beaucoup de peine à tranquilliser la mère, inquiète à l'idée que ses enfants pourraient incommoder le monsieur.

30 mai.

Ce que j'ai dit, l'autre jour, de la peinture, est aussi vrai de la poésie : il suffit de reconnaître l'excellent et d'oser l'exprimer. A la vérité, c'est beaucoup dire en peu de mots. Aujourd'hui j'ai assisté à une scène qui, fidèlement rendue, ferait la plus belle idylle du monde; mais, poésie, scène, idylle, qu'importe? Faut-il, quand nous devons nous intéresser à une manifestation de la nature, qu'elle soit artistement combinée?

Si, après cet exorde, tu attends quelque chose de grand et de relevé, tu seras bien loin de compte : c'est tout uniment un jeune villageois qui m'a inspiré cette vive sympathie.... Comme d'ordinaire, je raconterai mal, et, comme d'ordinaire, tu me trouveras, je pense, exagéré. C'est encore Wahlheim, et toujours Wahlheim, qui produit ces merveilles.

Une société était réunie sous les tilleuls, pour prendre le café. Comme elle n'était pas trop de mon goût, je pris un prétexte pour me tenir à l'écart.

Un jeune paysan sortit d'une maison voisine, et se mit à raccommoder quelque chose à la charrue que j'avais dessinée naguère. Son air me plut et je lui adressai la parole; je le questionnai sur sa position. La connaissance fut bientôt faite, et, comme il m'arrive d'ordinaire, avec cette sorte de gens, elle fut bientôt de l'intimité. Il me conta qu'il était en service chez une veuve, et qu'il en était fort bien traité. A tout ce qu'il sut m'en dire, et aux grands éloges qu'il en fit, je reconnus bientôt qu'il lui était dévoué de corps et d'âme. Elle n'était plus jeune, disait-il, elle avait eu à souffrir de son premier mari ; elle ne voulait plus du mariage, et son récit faisait si clairement paraître combien elle était belle, combien elle était ravissante, à ses yeux, combien il souhaitait qu'elle voulût bien le choisir, pour effacer le souvenir des torts de son premier mari, que je devrais tout redire, mot pour mot, pour te rendre parfaitement la pure inclination, l'amour et la fidélité de cet homme. Il me faudrait avoir le talent du plus grand poëte pour te représenter, en même temps, d'une manière vivante, l'expression de ses gestes, l'harmonie de sa voix, le feu céleste de ses regards. Non, aucunes paroles ne peuvent exprimer la tendresse qui paraissait dans tout son être et son langage : tout ce que j'en pourrais dire serait sans grâce. J'étais particulièrement touché de voir comme il craignait qu'il ne me vînt d'injustes pensées sur ses relations avec elle, et des doutes sur la bonne conduite de la veuve. Le plaisir que je goûtais à l'entendre parler de sa figure, de sa beauté, qui, sans avoir le charme de la jeunesse, l'attirait victorieusement et l'enchaînait, je ne puis que me le redire dans le fond du cœur. Je n'ai vu de ma vie le pressant désir, la passion ardente, unie à cette pureté ; oui, je puis le dire, je ne l'ai jamais imaginée et rêvée dans cette pureté. Ne me gronde pas, si je t'avoue qu'au souvenir de cette innocence et de cette candeur, je brûle d'une ardeur secrète ; que l'image de cette fidélité et de cette tendresse me poursuit partout, et que brûlé, pour ainsi dire, moi-même de ces feux, je languis et je me consume.

Je veux maintenant chercher à la voir sans tarder.... ou plutôt, en y songeant bien, je veux l'éviter. Il vaut mieux que je la voie par les yeux de son amant : peut-être les miens ne la verraient-ils pas comme elle est maintenant devant moi ; et pourquoi me gâter cette belle image ?

16 juin.

Pourquoi je ne t'écris pas?... Tu me le demandes, et pourtant tu es aussi un de nos savants! Tu dois deviner que je me trouve bien et que..., en deux mots, j'ai fait une connaissance qui me touche au cœur. J'ai.... je ne sais....

Te conter de point en point comme il est arrivé que j'ai fait la connaissance de la plus aimable personne, ce sera difficile. Je suis heureux et content, et, par conséquent, mauvais historien.

Un ange! fi! chacun le dit de la sienne, n'est-il pas vrai? Et pourtant je ne suis pas en état de te dire comment elle est parfaite, pourquoi elle est parfaite : bref, elle a captivé tout mon être.

Tant de simplicité avec tant d'esprit, tant de bonté avec tant de fermeté, et le repos de l'âme avec la vie et l'activité véritable!...

Tout cela n'est que sot bavardage, misérables abstractions, qui n'expriment pas un seul de ses traits. Une autre fois.... non, pas une autre fois, à l'instant même, je veux te le raconter. Ou maintenant ou jamais. Car, entre nous, depuis que j'ai commencé ma lettre, j'ai été déjà trois fois sur le point de poser la plume, de faire seller mon cheval et de courir. Et pourtant je me suis juré, ce matin, que je n'irais pas; n'importe, je vais sans cesse à la fenêtre, voir à quelle hauteur le soleil est encore.

. . . .

Je n'ai pu résister, il a fallu me rendre chez elle. Me voilà de retour. Wilhelm, je soupe de ma beurrée, et je t'écris.

Si je continue de la sorte, tu n'en sauras pas plus à la fin qu'au commencement. Écoute donc : je me fais violence, pour en venir aux détails.

Je t'écrivis dernièrement que j'avais fait la connaissance du bailli S... et qu'il m'avait invité à l'aller voir bientôt dans son ermitage, ou plutôt dans son petit royaume. Je négligeai la chose, et n'y serais peut-être jamais allé, si le hasard ne m'avait découvert le trésor caché dans ce paisible séjour.

Nos jeunes gens avaient arrangé un bal à la campagne, et je devais en être. J'offris d'accompagner une jeune fille de l'endroit, douce et belle, d'ailleurs insignifiante, et il fut convenu que je prendrais une voiture, que je conduirais ma danseuse et sa cousine au rendez-vous de fête, et que nous prendrions en chemin Charlotte S.... « Vous allez faire la connaissance d'une belle personne, me dit ma danseuse, comme nous traversions la grande forêt éclaircie, pour nous rendre à la maison de chasse. — Prenez garde, ajouta la cousine, d'en devenir amoureux. — Pourquoi donc ? lui dis-je. — Elle est, répondit-elle, déjà promise à un très-honnête homme, qui est parti, pour aller mettre en ordre ses affaires, parce que son père est mort, et pour solliciter un emploi considérable. » Ces détails m'étaient assez indifférents.

Il s'en fallait d'un quart d'heure encore que le soleil ne touchât la montagne, quand nous arrivâmes devant la porte de la cour. Il faisait une chaleur accablante, et les dames exprimèrent leur appréhension de voir éclater un orage, qui semblait se préparer dans de petits nuages grisâtres et sombres autour de l'horizon. J'apaisai leur crainte, en me donnant l'air de connaître le temps, bien que je commençasse moi-même à soupçonner que notre fête serait troublée.

J'étais descendu de voiture, et une servante, qui parut à la porte de la cour, nous pria d'attendre un moment : Mlle Charlotte viendrait bientôt. Je traversai la cour, et m'avançai vers la maison bien bâtie, et, lorsque j'eus monté l'escalier du perron et franchi la porte, mes yeux furent frappés du plus charmant spectacle que j'aie vu de ma vie. Dans la salle d'entrée, six enfants de deux à onze ans sautillaient autour d'une belle jeune fille, de moyenne taille, qui portait une simple robe blanche, avec des nœuds de rubans roses aux bras et au sein. Elle tenait un pain bis, et coupait tour à tour à chacun des petits son morceau, à proportion de leur âge et de leur appétit. Elle servait chacun, de l'air le plus gracieux, et chacun criait naïvement son merci..., après avoir tenu longtemps ses petites mains en l'air, avant même que le morceau fût coupé. Après quoi, munis de leur goûter, les uns s'éloignèrent sautant de joie, les autres, d'un caractère plus posé, se rendirent tranquillement à la porte de la cour, pour voir les étrangers et la voiture qui devait emmener leur Charlotte.... « Je vous demande pardon, me dit-elle, de vous avoir donné la peine d'entrer, et de faire attendre ces dames. Ma toilette et divers soins de ménage à prendre pour le temps de mon absence, m'ont fait oublier de donner à mes enfants leur goûter, et ils ne veulent recevoir leur pain que de moi. » Je lui fis un compliment insignifiant : je n'étais occupé que de sa figure, de sa voix, de son maintien, et j'étais à peine revenu de ma surprise, qu'elle courut dans sa chambre prendre ses gants et son éventail. Les enfants se tenaient à quelque distance, et me regardaient de côté : j'allai droit au plus jeune, qui était un enfant de la plus heureuse physionomie. Il reculait, au moment où Charlotte reparut et dit : « Louis, touche la main à monsieur ton cousin. » L'enfant obéit de très-bonne grâce, et, malgré son petit nez barbouillé, je ne résistai pas au plaisir de l'embrasser de bon cœur. « Cousin...! dis-je ensuite, en présentant la main à Charlotte. Croyez-vous que je mérite le bonheur d'être votre parent? — Oh! dit-elle, avec enjouement, notre cousinage est très-étendu, et je serais fâchée que les autres eussent l'avantage sur vous. »

En partant, elle chargea Sophie, l'aînée des sœurs après elle, petite fille de onze à douze ans, de bien surveiller les enfants, et de saluer de sa part le papa, quand il rentrerait de la promenade. Elle recommanda aux petits d'obéir à leur sœur Sophie, comme si ce fût elle-même, ce que plusieurs promirent expressément. Mais une petite espiègle, blondine de six ans, se prit à dire : « Et pourtant ce n'est pas toi, Lolotte! Et nous aimons bien mieux quand c'est toi. » Les deux aînés des garçons avaient grimpé sur la voiture, et, à ma prière, elle leur permit de nous accompagner jusqu'au bois, s'ils promettaient de ne pas se faire de niches et de se bien tenir.

A peine étions-nous placés, à peine les dames s'étaient-elles saluées, et avaient-elles fait quelques remarques réciproques sur leurs toilettes, particulièrement sur les chapeaux, et passé en revue la société qu'on s'attendait à voir, que Charlotte fit arrêter la voiture et descendre ses frères. Ils demandèrent encore une fois à lui baiser la main, et l'aîné le fit avec toute la tendresse qui peut appartenir à l'âge de quinze ans; le cadet, avec beaucoup de vivacité et d'étourderie. Elle les chargea encore une fois de dire bonsoir aux petits, et nous poursuivîmes notre course.

La cousine demanda à Charlotte si elle avait achevé le livre qu'elle lui avait envoyé dernièrement. « Non, dit-elle, il ne me plaît pas; je suis prête à vous le rendre. Le précédent ne valait pas mieux. » Je fus bien surpris, lorsqu'ayant demandé quels étaient ces livres, elle me répondit....[1] Je trouvais un sens remarquable à tout ce qu'elle disait; à chaque mot, je voyais briller de nouveaux charmes, de nouveaux rayons d'intelligence, sur son visage, qui semblait peu à peu s'épanouir, parce qu'elle sentait que je la comprenais.

« Quand j'étais plus jeune, dit-elle, je n'aimais rien comme les romans. Dieu sait quel plaisir c'était pour moi, lorsque, le dimanche, je pouvais m'asseoir dans un coin et m'intéresser, de tout mon cœur, au bonheur ou à l'infortune d'une miss Jenny. Je ne nierai pas non plus que ce genre de livres n'ait encore pour moi quelques charmes; mais, comme il m'arrive rarement de pouvoir prendre un livre, il faut qu'il soit parfaitement à mon goût. L'auteur que je préfère est celui dans lequel je trouve le monde où je vis, chez qui les choses se passent comme autour de moi, et dont le récit m'attache et m'intéresse autant que ma propre vie domestique, qui n'est pas un paradis, sans doute, mais qui, à tout prendre, est une source de bonheur inexprimable. »

Je m'efforçais de cacher l'émotion que me causaient ces paroles, mais je ne fus pas longtemps maître de moi, car, lorsque je l'entendis parler incidemment, avec tant de vérité, du *Vicaire de Wakefield*, de....[2] je fus transporté; je lui dis tout ce qui me vint à l'esprit, et ce fut seulement quelque temps après, quand Charlotte adressa la parole à ses compagnes, que je m'aperçus

---

1. On se voit obligé de supprimer ce passage de la lettre, pour ne donner à personne sujet de se plaindre, bien que, dans le fond, tout écrivain doive attacher peu d'importance aux jugements d'une jeune fille et d'un jeune homme fantasque. (*Note de l'auteur.*)

2. On a retranché encore les noms de quelques auteurs nationaux. Ceux qui ont part à l'approbation de Charlotte le sentiront dans leur propre cœur, s'ils viennent à lire cette lettre, et du reste personne n'a besoin de connaître ses préférences. (*Note de l'auteur.*)

qu'elles étaient demeurées là, les yeux ouverts, comme si elles n'y avaient pas été. La cousine me regarda plus d'une fois avec un petit air moqueur, mais je ne m'en inquiétai point.

La conversation tomba sur le plaisir de la danse. « Si cette passion est un défaut, dit Charlotte, je vous dirai sans détour que je ne vois rien au-dessus de la danse. Si j'ai quelque souci en tête, et que je tambourine, sur mon clavecin discord, une contredanse, tout est d'abord oublié. »

Pendant cet entretien, comme je me repaissais de ses yeux noirs! Comme ses lèvres animées et ses joues fraîches et riantes attiraient mon âme tout entière! Absorbé dans les belles pensées qu'elle énonçait, que de fois je laissai courir ses paroles sans les entendre! Tu peux t'en faire une idée, car tu me connais. Bref, je descendis de voiture tout rêveur, quand nous arrêtâmes devant la maison de fête, et j'étais tellement perdu dans mes songes, au milieu du crépuscule, que je pris à peine garde à la musique, dont le bruit descendait jusqu'à nous, de la salle illuminée.

M. Audran et un certain N. N.... (peut-on retenir tous ces noms?), qui étaient les danseurs de la cousine et de Charlotte, nous reçurent à la portière, s'emparèrent de leurs dames, et je montai avec la mienne.

Nous commençâmes par danser quelques menuets. J'invitai les dames l'une après l'autre, et les plus disgraciées étaient précisément celles qui ne pouvaient se résoudre à donner la main pour en finir. Charlotte et son danseur commencèrent une anglaise, et tu peux imaginer quel plaisir ce fut pour moi, quand notre tour vint de figurer avec elle. Il faut la voir danser! Elle y va si bien de tout son cœur et de toute son âme; toute sa personne est en harmonie, avec tant d'abandon, de naïveté, qu'il semble que la danse soit tout pour elle, qu'elle n'ait pas d'autre pensée, d'autre sentiment, et, dans ce moment sans doute, tout le reste s'évanouit devant elle.

Je lui demandai la deuxième contredanse : elle me promit la troisième, et, avec la plus aimable franchise du monde, elle m'assura qu'elle dansait très-volontiers l'allemande. « C'est ici l'usage, poursuivit-elle, que le danseur et sa danseuse restent ensemble pour l'allemande; mais mon cavalier valse mal, et me saura gré de lui épargner cette peine. Votre danseuse ne sait pas non plus, et ne s'en soucie pas, et j'ai remarqué, dans l'anglaise, que vous valsez bien ; s'il vous plaît de figurer avec moi pour l'allemande, allez me demander à mon cavalier, et je m'entendrai avec votre dame. » Là-dessus, je lui donnai la main, et il fut convenu que, dans l'intervalle, son danseur tiendrait compagnie à ma danseuse.

On commença, et nous nous amusâmes quelque temps à diverses passes de bras. Quel charme, quelle légèreté dans ses mouvements! Et, lorsque nous en vînmes à la valse, et que les couples, comme les sphères célestes, circulèrent les uns autour des autres, il y eut d'abord un peu de confusion, parce que les bons valseurs sont rares. Nous fûmes prudents : nous laissâmes les autres épuiser leur fougue, et, quand les plus gauches nous eurent fait place, nous partîmes, et nous tînmes bon avec un autre couple : Audran et sa danseuse. Je n'ai jamais été si leste. Je n'étais plus un homme. Tenir dans mes bras la plus aimable créature, et tourbillonner avec elle comme l'orage, à tout perdre de vue autour de soi, et.... Wilhelm, pour être sincère, j'ai fait le serment qu'une jeune fille que j'aimerais, sur laquelle j'aurais des prétentions, ne valserait jamais avec un autre que moi, jamais, dussé-je périr! tu m'entends?

Nous fîmes quelques tours de salle en marchant, pour reprendre haleine; puis elle s'assit, et les oranges que j'avais mises de côté, les seules qui restassent encore, firent un excellent effet ; mais, à chaque petit quartier qu'elle distribuait, par politesse, à une voisine indiscrète, je me sentais le cœur blessé.

A la troisième anglaise, nous étions le deuxième couple. Comme nous descendions la colonne, en dansant, et que (Dieu sait avec quelle volupté) je m'attachais à son bras, à ses yeux, où brillait la naïve expression du plaisir le plus franc et le plus pur, nous arrivons à une dame, dont j'avais remarqué l'aimable figure, qui n'avait plus l'air de la première jeunesse. Elle regarde Charlotte en souriant, lève un doigt menaçant, et, au passage, elle prononce deux fois le nom d'Albert d'un ton significatif.

« Qui est Albert, dis-je à Charlotte, s'il n'y a pas de témérité à le demander? » Elle allait me répondre, quand il fallut nous séparer pour faire la grande chaîne à huit, et je crus voir sur son front quelque rêverie, quand nous nous croisâmes l'un l'autre. « Pourquoi vous en ferais-je mystère? dit-elle en me présentant la main pour la promenade; Albert est un honnête homme, à qui je suis comme promise. » Ce n'était pas une nouvelle pour moi, car les jeunes filles me l'avaient dit en chemin, et cependant cela me parut tout nouveau, parce que je n'y avais pas encore songé par rapport à elle, qui, en si peu d'instants, m'était devenue si chère. Bref, je me troublai, je m'oubliai, je fis fausse route et brouillai si bien la figure, que toute la présence d'esprit de Charlotte, qui me tirait à droite et à gauche, fut nécessaire pour rétablir l'ordre promptement.

La danse n'était pas achevée, quand les éclairs, que nous avions vus depuis longtemps briller à l'horizon, et que j'avais toujours donnés pour des éclairs de chaleur, commencèrent à devenir beaucoup plus forts, et le tonnerre couvrit la musique. Trois dames s'échappèrent des rangs, et leurs cavaliers les suivirent; le désordre devint général et la musique cessa. Quand un accident ou quelque frayeur nous surprend au milieu du plaisir, il est naturel que cela produise sur nous des impressions plus fortes que d'ordinaire, soit à cause du contraste, qui se fait vivement sentir, soit, plus encore, parce que nos sens, une fois ouverts aux émotions, reçoivent une impression plus prompte. C'est à cela que je dois attribuer les façons étranges auxquelles je vis plusieurs dames s'abandonner. La plus sage courut s'asseoir dans un coin, tournant le dos à la fenêtre et se bouchant les oreilles; une autre se mit à genoux devant elle, et se cacha la tête sur les genoux de sa compagne; une troisième se blottit entre les deux premières, et embrassa ses petites sœurs en versant des torrents de larmes. Quelques-unes voulaient retourner chez elles; d'autres, qui savaient encore moins ce qu'elles faisaient, n'avaient pas assez de présence d'esprit pour réprimer les témérités de nos jeunes étourdis, qui semblaient être fort occupés à intercepter sur les lèvres des belles affligées toutes les timides prières qu'elles adressaient au ciel. Quelques-uns de nos messieurs étaient descendus pour fumer une pipe tranquillement. Le reste de la société saisit avec empressement l'heureuse idée de l'hôtesse, qui nous indiqua une chambre pourvue de volets et de rideaux. A peine y fûmes-nous entrés, que Charlotte fit ranger toutes les chaises en rond, et, lorsqu'à sa prière tout le monde eut pris place, elle proposa un jeu.

Je voyais maint cavalier qui, dans l'espoir de savourer un doux gage, faisait la bouche en cœur et se redressait. « Nous jouons à compter, dit-elle. Attention! je ferai le tour du rond, de droite à gauche, et vous compterez de même à la ronde, chacun le nombre qui lui viendra, et cela doit aller comme un feu roulant; qui hésite ou se trompe reçoit un soufflet.... Et ainsi jusqu'à mille.... » C'était amusant à voir. Elle tournait dans le cercle, le bras tendu : « un, » dit le premier; « deux, » le second; « trois, » le suivant, et toujours ainsi. Bientôt elle alla plus vite, toujours plus vite. Quelqu'un se trompe : paf! un soufflet, et, comme on éclate de rire, paf! aussi le suivant, et toujours plus vite. Moi-même j'attrapai mes deux tapes, et plus fortes, je crus le remarquer, avec un secret plaisir, que Charlotte ne les donnait aux autres. Le jeu finit au milieu du rire et du bruit général, avant que l'on eût compté jusqu'à mille. Les plus intimes se tirèrent ensemble à l'écart; l'orage était passé, et je suivis Charlotte dans la salle. Elle me dit en chemin : « Les soufflets leur ont fait oublier l'orage et le reste. » Je ne pus rien lui répondre. « J'étais, poursuivit-elle, une des plus peureuses, et, en prenant l'air résolu, pour donner aux autres du courage, je suis devenue courageuse. » Nous nous approchâmes de la fenêtre. Il tonnait dans le lointain; la pluie bienfaisante tombait à petit bruit sur la campagne, et les plus suaves parfums montaient jusqu'à nous, dans les flots d'une atmosphère attiédie. Charlotte était accoudée sur la fenêtre; son regard se promenait sur la campagne; elle le porta vers le ciel, puis vers moi; je vis ses yeux pleins de larmes; elle posa sa main sur la mienne et dit : « O Klopstock! » Je me rappelai sur-le-champ l'ode sublime qui était dans sa pensée, et je me plongeai dans le torrent d'émotions dont cette simple parole avait inondé mon cœur. Je ne pus résister, je me penchai sur sa main, et la baisai en versant de délicieuses larmes, et mes yeux s'arrêtèrent de nouveau sur les siens.... Noble poëte, oh! si tu avais vu dans ce regard ton apothéose! Et si je pouvais ne plus entendre jamais prononcer ton nom, si souvent profané!

19 juin.

Où en suis-je resté, l'autre jour, de mon récit? Je ne le sais plus. Ce que je puis dire, c'est qu'il était deux heures après minuit quand je me couchai, et que, si j'avais pu jaser avec toi au lieu de t'écrire, je t'aurais peut-être retenu jusqu'au jour.

Ce qui s'est passé à notre retour du bal, je n'en ai rien dit encore, et, aujourd'hui même, je n'en ai pas le temps.

C'était le plus magnifique lever de soleil!... Autour de nous, la forêt, qui s'essuyait, et les plaines rafraîchies.... Nos compagnes de voyage s'assoupirent. Elle me demanda si je ne voulais pas être de la partie, ajoutant que je ne devais point me gêner pour elle. « Tant que je verrai ces yeux ouverts, lui dis-je en fixant mon regard sur le sien, je ne cours pas le risque de m'endormir. » Et nous avons tenu bon tous les deux jusqu'à la porte, que la servante est venue lui ouvrir doucement, assurant, sur les questions de Charlotte, que le père et les petits étaient bien, et que tout le monde dormait encore. Alors je la quittai, en lui demandant la permission de revenir la voir le même jour. Elle me l'accorda, et j'y suis retourné, et, depuis lors, le soleil, la lune et les étoiles peuvent cheminer à leur aise : je ne sais s'il est jour ou s'il est nuit, et tout l'univers disparaît autour de moi.

21 juin.

Je passe des jours aussi heureux que Dieu en réserve à ses élus, et, quoi qu'il me puisse arriver, je ne saurais dire que je n'ai pas goûté les joies les plus pures de la vie.... Tu connais mon Wahlheim : j'y suis tout à fait établi. Là je ne suis qu'à une demi-lieue de Charlotte; là je jouis de moi-même et de toute la félicité que l'homme a reçue en partage.

Aurais-je pensé, quand je choisis Wahlheim pour but de mes promenades, qu'il fût si près du ciel! Que de fois, en poussant plus loin mes excursions, ai-je vu par delà la rivière, tantôt de la montagne, tantôt de la plaine, cette maison de chasse, qui renferme aujourd'hui tous mes vœux!

Cher Wilhelm, j'ai fait mille réflexions sur le désir de l'homme de se répandre, de faire des découvertes nouvelles, de courir à l'aventure, puis sur son inclination secrète à se borner volontairement, à cheminer dans l'ornière de l'habitude, sans s'inquiéter de ce qui est à droite et à gauche. Lorsque je vins ici et que, de la colline, je contemplai cette belle vallée, elle m'attira de toutes parts avec un charme inconcevable.... Là-bas, le petit bois.... « Ah! si tu pouvais te cacher sous ses ombrages!... » Là-haut la cime de la montagne....« Ah! si tu pouvais contempler de là le vaste paysage!... » Et ces collines enchaînées entre elles, et ces discrets vallons.... « Oh! si je pouvais me perdre dans leur sein! » J'accourais et je revenais, sans avoir trouvé ce que j'avais espéré. Il en est du lointain comme de l'avenir. Un immense, un obscur horizon se déroule devant notre âme; nos sentiments s'y perdent comme nos regards, et nous brûlons, hélas! de donner tout ce que nous sommes pour savourer pleinement les délices d'un sentiment unique, grand et sublime.... Et quand nous sommes accourus, quand *là-bas* est devenu *ici*, c'est toujours après comme auparavant; nous restons dans notre misère, dans notre sphère bornée, et notre âme soupire après le soulagement qui la fuit.

C'est ainsi que le plus inquiet vagabond regrette enfin sa patrie, et trouve en sa cabane, dans les bras de sa compagne, au milieu de ses enfants, dans les travaux qu'il s'impose pour leur entretien, le bonheur qu'il cherchait vainement dans tout l'univers.

Quand je sors le matin, au lever du soleil, pour me rendre à mon Wahlheim, et que je cueille moi-même mes pois-goulus dans le jardin de mon hôtesse; que je m'assieds et les effile, tout en lisant mon Homère; quand je me choisis un pot dans la petite cuisine, et me coupe du beurre, et mets au feu mes pois, et les couvre et m'assieds auprès, pour les remuer quelquefois; alors je sens à merveille comme les orgueilleux amants de Pénélope peuvent tuer, dépecer et rôtir eux-mêmes les bœufs et les porcs. Il n'y a rien qui me remplisse d'un sentiment paisible et vrai comme ces traits de la vie patriarcale, que, Dieu merci, je puis, sans affectation, entremêler dans ma façon de vivre.

Combien je suis heureux que mon cœur soit capable de sentir la simple et innocente joie de l'homme qui met sur sa table un chou qu'il a cultivé lui-même, et qui jouit non-seulement de son chou, mais aussi, en un seul moment, de tous ces heureux jours, de la belle matinée où il le planta, des charmantes soirées où il l'arrosa, et prit plaisir à le voir croître de jour en jour!

29 juin.

Avant-hier le médecin arriva de la ville chez le bailli, et me trouva par terre, au milieu des enfants de Charlotte, au moment où les uns me grimpaient dessus, les autres me tiraillaient, et où je les chatouillais, et faisais avec eux un grand bruit. Le docteur, qui est une poupée savante, qui arrange, tout en parlant, les plis de ses manchettes, et déploie un jabot qui n'a point de fin, trouva la chose indigne d'un homme sage : je m'en aperçus à sa mine. Mais je ne me dérangeai point; je le laissai débiter de discours graves, et je rebâtis aux enfants leurs châteaux de cartes, qu'ils avaient renversés. Là-dessus il s'en alla courir la ville, crier que les enfants du bailli étaient déjà assez mal élevés et que Werther achevait de les gâter.

Oui, cher Wilhelm, il n'est rien sur la terre que j'aime comme les enfants. Quand je les observe, et que je vois dans ces petits êtres les germes de toutes les vertus, de toutes les facultés, dont l'usage leur sera quelque jour si nécessaire; quand je découvre, dans l'obstination, la constance et la fermeté future; dans l'espièglerie, la bonne humeur et la facilité avec lesquelles ils glisseront sur les dangers de la vie.... tout cela si pur, si complet.... alors je redis toujours, toujours, les admirables paroles de l'Instituteur des hommes : « Si vous ne devenez comme un de ceux-ci ! » Et cependant, mon ami, ces enfants qui sont nos pareils, que nous devrions prendre pour nos modèles, nous les traitons comme des sujets. Il ne faut pas qu'ils aient aucune volonté.... Mais n'en avons-nous aucune ? Où donc est notre privi-

lége?.... C'est que nous sommes plus âgés et plus habiles?...
Bon Dieu, de ton ciel, tu vois de vieux enfants et de jeunes enfants, et rien de plus ! Et ceux auxquels tu prends plus de plaisir, ton fils nous l'a dès longtemps annoncé. Mais ils croient en lui et ne l'écoutent pas.... C'est là encore un vieil usage.... Et ils façonnent leurs enfants à leur ressemblance, et.... Adieu, Wilhelm; je ne veux pas radoter là-dessus davantage.

1er juillet.

Ce que Charlotte doit être pour un malade, je le sens à mon pauvre cœur, qui est plus souffrant que tel qui se consume sur le lit de douleur. Elle passera quelques jours à la ville, chez une excellente dame, qui, au dire des médecins, n'a plus longtemps à vivre, et qui, dans ces derniers moments, veut avoir Charlotte auprès d'elle. J'allai avec elle, la semaine dernière, visiter le pasteur de St....., petit village, à une lieue d'ici, reculé dans la montagne. Nous arrivâmes vers quatre heures. Charlotte avait pris avec elle sa sœur cadette. Quand nous entrâmes dans la cour du presbytère, ombragée de deux grands noyers, le bon vieillard était assis sur un banc, devant la porte de la maison. A la vue de Charlotte, il sembla reprendre une nouvelle vie; il oublia son bâton noueux, et se hasardait à venir au-devant d'elle. Elle courut à lui, l'obligea de s'asseoir en prenant place à ses côtés; elle lui fit mille amitiés de la part de son père; elle embrassa son jeune fils, petit garçon malpropre, l'enfant de sa vieillesse. Si tu avais vu comme elle s'occupait du vieillard, comme elle élevait la voix pour se faire entendre de son oreille dure; comme elle lui parlait de jeunes gens robustes, qui étaient morts d'une manière inattendue, lui vantait les eaux de Carlsbad, et approuvait sa résolution de s'y rendre l'été prochain; comme elle trouvait qu'il avait bien meilleur visage, qu'il était beaucoup plus dispos que la dernière fois qu'elle l'avait vu.... Dans l'intervalle, j'avais présenté mes devoirs à la femme du pasteur. Le vieillard devint tout joyeux; et, comme je ne résistai pas au plaisir de vanter les beaux noyers qui nous prêtaient une ombre si agréable, il entreprit, mais avec quelque difficulté, de nous en faire l'histoire : « Le vieux, dit-il, nous ne savons pas quelles mains l'ont planté : qui, nomme tel pasteur, qui, tel autre; mais le plus jeune, là derrière, est du même âge que ma femme, cinquante ans au mois d'octobre.... Son père le planta le matin, et elle vint au monde le soir. C'était mon prédécesseur. A quel point cet arbre lui fut cher, je ne saurais vous le dire; et certainement je ne l'aime pas moins. Ma femme était assise dessous, sur une poutre, occupée à tricoter (il y a de cela vingt-sept ans), le jour où, pauvre étudiant, j'entrai dans cette cour pour la première fois[1]. » Charlotte lui demanda des nouvelles de sa fille: on lui dit qu'elle était allée à la prairie avec M. Schmidt, voir les ouvriers, et le vieillard continua de raconter comme son prédécesseur l'avait pris en affection, et sa fille aussi, et comme il était devenu d'abord son vicaire, puis son successeur. L'histoire venait de finir quand la fille du pasteur arriva par le jardin avec M. Schmidt. Elle salua Charlotte avec une vive cordialité, et je dois dire qu'elle ne me déplut point. C'est une brunette vive et bien tournée, avec qui l'on passerait fort bien quelque temps à la campagne; son amant (car M. Schmidt se posa d'abord en cette qualité) était un homme de bon ton, mais taciturne, qui ne voulut pas se mêler à notre conversation, bien que Charlotte l'y invitât sans cesse. Ce qui me fâcha le plus, c'est que je crus remarquer, à sa physionomie, que c'était caprice et mauvaise humeur, plutôt que défaut d'intelligence, s'il refusait de se communiquer. Par malheur, cela ne devint bientôt que trop évident, car, Frédérique ayant fait un tour de promenade avec Charlotte, et accidentellement aussi avec moi, la figure de M. Schmidt, d'ailleurs un peu brune, prit si évidemment une teinte plus sombre, qu'il était temps que Charlotte me tirât par la manche, et me donnât à entendre que j'étais trop galant avec Frédérique. Or il n'est rien qui me fâche plus que de voir les hommes se tourmenter les uns les autres, et surtout de voir des personnes, dans la fleur de l'âge, quand elles pourraient s'ouvrir le mieux à toutes les joies, gâter par leurs grimaces ces quelques beaux jours, et ne

---

1. Le *bon vieillard* ne doit donc pas avoir actuellement plus de cinquante-deux ou cinquante-trois ans. On trouvera peut-être que notre auteur le représente comme une personne d'un plus grand âge.

s'apercevoir que trop tard de leur irréparable prodigalité. Cela me piquait au vif, et lorsque, vers le soir, nous revînmes au presbytère, et que nous fûmes assis autour d'une table où l'on nous servit du laitage, la conversation étant tombée sur les plaisirs et les peines de la vie, je ne pus m'empêcher de saisir l'occasion, et de parler, du fond de mon âme, contre la mauvaise humeur. « Les hommes, disais-je, se plaignent souvent de compter peu de beaux jours et beaucoup de mauvais, et il me semble que, la plupart du temps, c'est mal à propos. Si nous avions sans cesse le cœur ouvert pour jouir des biens que Dieu nous dispense chaque jour, nous aurions assez de force pour supporter le mal quand il vient. — Mais nous ne sommes pas les maîtres de notre humeur, dit la mère ; combien de choses dépendent de l'état du corps ! Quand on n'est pas bien, on est mal partout. » J'en tombai d'accord et j'ajoutai : « Eh bien, considérons la chose comme une maladie, et demandons-nous s'il n'y a point de remède. — C'est parler sagement, dit Charlotte : pour moi, j'estime que nous y pouvons beaucoup. Je le sais par expérience. Si quelque chose me contrarie et veut me chagriner, je cours au jardin et me promène, en chantant quelques contredanses : cela se passe aussitôt. — C'est ce que je voulais dire, repris-je à l'instant : il en est de la mauvaise humeur absolument comme de la paresse ; car c'est une sorte de paresse. Par notre nature, nous y sommes fort enclins, et cependant, si nous avons une fois la force de nous surmonter, le travail nous devient facile, et nous trouvons dans l'activité un véritable plaisir. » Frédérique était fort attentive, et le jeune homme m'objecta qu'on n'était pas maître de soi, et surtout qu'on ne pouvait commander à ses sentiments. « Il s'agit ici, répliquai-je, d'un sentiment désagréable, dont chacun est bien aise de se délivrer, et personne ne sait jusqu'où ses forces s'étendent avant de les avoir essayées. Assurément, celui qui est malade consultera tous les médecins, et il ne refusera pas les traitements les plus pénibles, les potions les plus amères, pour recouvrer la santé désirée. » Je remarquai que le respectable vieillard avançait l'oreille pour prendre part à notre conversation : j'élevai la voix en lui adressant mes paroles : « On prêche contre tant de vices, lui dis-je, je n'ai pas encore ouï dire que la prédication se soit occupée de la mauvaise humeur[1]. — C'est aux pasteurs des villes à le faire, dit-il; les paysans ne connaissent pas la mauvaise humeur. Toutefois, de temps en temps cela ne pourrait nuire: ce serait du moins une leçon pour la femme du pasteur et pour monsieur le bailli. »

On se mit à rire, et le vieillard lui-même rit de bon cœur, jusqu'à ce qu'il fut pris d'une toux, qui interrompit quelque temps notre conversation. Ensuite le jeune homme reprit la parole. « Vous avez appelé la mauvaise humeur un vice : cela me semble exagéré. — Nullement, lui répondis-je, si une chose avec laquelle on nuit à son prochain et à soi-même mérite ce nom. N'est-ce pas assez que nous ne puissions nous rendre heureux les uns les autres? faut-il encore nous ravir mutuellement le plaisir que chacun peut quelquefois se procurer? Et nommez-moi l'homme de mauvaise humeur, qui soit en même temps assez ferme pour la dissimuler, la supporter seul, sans troubler la joie autour de lui! N'est-ce pas plutôt un secret déplaisir de notre propre indignité, un mécontentement de nous-mêmes, qui se lie toujours avec une envie aiguillonnée par une folle vanité? Nous voyons heureux des gens qui ne nous doivent pas leur bonheur, et cela nous est insupportable. » Charlotte me sourit, en voyant avec quelle émotion je parlais, et une larme dans les yeux de Frédérique m'excita à continuer. « Malheur, m'écriai-je, à ceux qui se servent de l'empire qu'ils ont sur un cœur, pour lui ravir les joies innocentes dont il est lui-même la source! Tous les présents, toutes les prévenances du monde, ne peuvent compenser un moment de joie spontanée, que nous empoisonne une envieuse importunité de notre tyran. »

A ce moment, mon cœur était plein; mille souvenirs se pressaient dans mon âme, et les larmes me vinrent aux yeux. Je m'écriai :

« Si seulement on se disait chaque jour : Tu ne peux rien pour tes amis que respecter leurs plaisirs et augmenter leur bonheur en le goûtant avec eux. Peux-tu, quand le fond de leur être est tourmenté par une passion inquiète, brisé par la souffrance, leur verser une goutte de baume consolateur?... Et,

---

[1]. Nous avons maintenant sur ce sujet un excellent sermon de Lavater, parmi ceux qu'il a composés sur le livre de Jonas. (*Note de l'auteur.*)

quand la dernière, la plus douloureuse maladie surprendra la personne que tu auras tourmentée dans la fleur de ses jours, qu'elle sera couchée dans la plus déplorable langueur, que son œil éteint regardera le ciel, que la sueur de la mort passera sur son front livide, et que, debout devant le lit, comme un condamné, dans le sentiment profond qu'avec tout ton pouvoir tu ne peux rien, l'angoisse te saisira jusqu'au fond de l'âme, à la pensée que tu donnerais tout au monde pour faire passer dans le sein de la créature mourante une goutte de rafraîchissement, une étincelle de courage !... »

Le souvenir d'une scène pareille, à laquelle j'avais assisté, me saisit, à ces mots, avec toute sa violence. Je mis mon mouchoir sur mes yeux, je m'éloignai de la société, et la voix de Charlotte, qui me cria : « Nous partons, » me rappela seule à moi-même. Et comme elle m'a grondé, en chemin, de prendre à tout une part trop vive ! que cela me ferait mourir ; que je devais me ménager !... O mon ange, je veux vivre pour toi !

6 juillet.

Elle est toujours auprès de son amie mourante, et toujours la même, toujours cette vigilante et douce créature, dont le regard, où qu'il s'arrête, apaise la douleur et fait des heureux. Hier au soir, elle alla se promener avec Marianne et la petite Amélie : je le savais, et les joignis, et nous cheminâmes ensemble. Après avoir fait une lieue et demie, nous revînmes du côté de la ville, et nous arrivâmes à la fontaine, qui m'était si chère, et qui m'est à présent mille fois plus chère encore. Charlotte s'assit sur le petit mur ; nous étions debout devant elle. Je regardai autour de moi, et me retrouvai au temps où mon cœur était solitaire. « Fontaine chérie, disais-je en moi-même, depuis lors je n'ai plus goûté ta fraîcheur ; et, quand j'ai passé rapidement devant toi, quelquefois je ne t'ai pas regardée.... » En abaissant les yeux, je vis la petite Amélie qui montait, très-occupée à tenir un verre d'eau.... Je regardai Charlotte, et je sentis tout ce qu'elle est pour moi. Cependant Amélie arriva avec le verre.

Marianne voulut le lui prendre. « Non ! s'écria l'enfant, avec l'expression la plus douce, non !... Lolotte, c'est toi qui boiras la première.... » La vérité, la bonté, avec lesquelles la petite fille avait fait cette exclamation, me ravirent au point que, pour exprimer mon sentiment, je ne sus qu'enlever l'enfant de terre, et l'embrasser si vivement, qu'elle se mit aussitôt à crier et pleurer.... « Vous avez eu tort, » dit Charlotte. J'étais confus. « Viens, Amélie, poursuivit-elle, en la prenant par la main et lui faisant descendre les degrés. Lave-toi dans la source fraîche. Vite, vite : ça ne sera rien. » Et moi, j'étais là, et j'observais avec quelle ardeur la petite se frottait les joues, de ses mains mouillées ; avec quelle assurance que la source merveilleuse enlèverait toute souillure, et lui sauverait l'ignominie de se voir pousser une vilaine barbe ; et Charlotte lui disait : « C'est assez, » et l'enfant se lavait toujours avec une ardeur nouvelle, comme si beaucoup faisait plus que peu.... Wilhelm, je te l'assure, je n'ai jamais assisté à un baptême avec plus de respect.... Et, quand Charlotte remonta, je me serais volontiers prosterné devant elle, comme devant un prophète, qui aurait aboli les crimes d'une nation.

Le soir, dans la joie de mon cœur, je ne pus m'empêcher de raconter la chose à un homme que je croyais humain, parce qu'il a de l'esprit : comme je m'adressais mal ! Il dit que Charlotte avait eu grand tort ; qu'il ne faut rien faire accroire aux enfants ; que ces abus donnent naissance à des erreurs et des superstitions sans nombre, dont il faut garantir de bonne heure les enfants.... Alors je me rappelai que, huit jours auparavant, cet homme avait fait baptiser un enfant ; aussi je laissai passer la chose, et je demeurai, dans mon cœur, fidèle à cette vérité, qu'il faut faire avec les enfants comme fait avec nous le Seigneur, qui ne nous rend jamais plus heureux qu'en nous laissant dans l'ivresse d'une agréable illusion.

8 juillet.

Que l'on est enfant ! Avec quelle ardeur on sollicite un regard ! Que l'on est enfant ! Nous étions allés à pied à Wahlheim ;

les dames étaient en voiture, et, pendant notre promenade, je crus voir dans les yeux noirs de Charlotte.... Je suis un fou, pardonne-moi! Il te faudrait les voir, ces yeux!... Pour abréger (car les miens se ferment de sommeil): écoute, les dames montèrent en voiture; nous étions alentour, le jeune W., Selstadt, Audran et moi. On babillait par la portière avec ces jeunes étourdis, qui étaient certes assez évaporés et frivoles.... Je cherchais les yeux de Charlotte : hélas! ils allaient de l'un à l'autre; mais moi, qui étais là tout seul, absorbé en elle, ils ne me rencontrèrent pas!... Mon cœur lui dit adieu mille fois, mais elle ne me vit pas. La voiture partit, et une larme mouilla ma paupière.... Je la suivis des yeux; je vis Charlotte pencher la tête hors de la portière; elle se retourna pour voir.... Hélas! était-ce moi?... Mon ami, je flotte dans cette incertitude : c'est ma consolation. Peut-être s'est-elle retournée pour me voir; peut-être.... Bonne nuit. Oh! que je suis enfant !

10 juillet.

Il te faudrait voir la sotte figure que je fais, quand on parle d'elle dans une compagnie, quand on me demande même si elle me plaît.... Me plaire!... Je hais cette expression à la mort. Que doit être un homme auquel Charlotte plaît, un homme dont elle ne remplirait pas la pensée, le cœur tout entier? Plaire! Quelqu'un me demandait l'autre jour si Ossian me plaisait.

11 juillet.

Mme M. est fort mal. Je prie Dieu pour sa vie, parce que je souffre avec Charlotte. Je la vois rarement chez mon amie, et aujourd'hui elle m'a conté une singulière histoire.... Le vieux M. est un sordide et méchant avare, qui a tourmenté et tenu de fort près sa femme durant sa vie; cependant elle a su constamment se tirer d'affaire. Il y a peu de jours, quand le médecin l'eut condamnée, elle fit appeler son mari (Charlotte était dans la chambre), et lui parla en ces termes : « Je dois t'avouer une chose, qui, après ma mort, pourrait causer du trouble et du chagrin. J'ai gouverné, jusqu'à ce jour, le ménage avec tout l'ordre et toute l'économie possible ; mais tu me pardonneras de t'avoir trompé pendant ces trente ans. Au commencement de notre mariage, tu fixas une somme très-modique pour la table et les autres dépenses de la maison. Lorsque notre ménage s'agrandit, que nos affaires s'étendirent, tu ne voulus jamais augmenter ma semaine à proportion : bref, tu sais que, dans le temps où notre maison fut le plus considérable, tu m'obligeas de pourvoir à tout avec sept florins par semaine.... Je les ai acceptés sans contestation, et j'ai pris, chaque semaine, l'excédant sur nos recettes, nul ne soupçonnant la maîtresse de la maison de voler la caisse. Je n'ai rien prodigué, et, même sans faire cet aveu, je serais entrée avec confiance dans l'éternité ; mais celle qui devra tenir le ménage après moi ne saurait se tirer d'affaire, et tu aurais pu soutenir qu'avec cette somme ta première femme faisait face à la dépense. »

Je m'entretins avec Charlotte de l'incroyable aveuglement d'esprit d'un homme qui ne soupçonne pas quelque secret mystère, lorsqu'on peut suffire avec sept florins à une dépense que l'on voit monter au double. Mais j'ai connu même des gens qui auraient reçu sans étonnement dans leur maison l'inépuisable cruche d'huile du prophète.

13 juillet.

Non, je ne me trompe pas ; je lis dans ses yeux noirs un véritable intérêt pour ma personne et pour mon sort. Je le sens, et, là-dessus, j'ose me fier à mon cœur, elle.... Oh ! pourrai-je, oserai-je exprimer en ces mots le bonheur céleste ?... Je sens que je suis aimé.

Je suis aimé !... Et combien je me deviens cher à moi-même, combien.... J'ose te le dire, tu sauras me comprendre. Combien je suis relevé à mes propres yeux, depuis que j'ai son amour !....

Est-ce de la présomption ou le sentiment de ce que nous

sommes réellement l'un pour l'autre ?... Je ne connais pas d'homme dont je craigne quelque chose dans le cœur de Charlotte, et pourtant, lorsqu'elle parle de son fiancé, qu'elle en parle avec tant de chaleur, tant d'amour.... je suis comme le malheureux que l'on dépouille de tous ses honneurs et ses titres, et à qui l'on retire son épée.

16 juillet.

Ah ! quel frisson court dans toutes mes veines, quand, par mégarde, mes doigts touchent les siens, quand nos pieds se rencontrent sous la table ! Je me retire comme du feu, et une force secrète m'attire de nouveau.... Le vertige s'empare de tous mes sens. Et son innocence, son âme candide, ne sent pas combien ces petites familiarités me font souffrir. Si, dans la conversation, elle pose sa main sur la mienne, et si, dans la chaleur de l'entretien, elle s'approche de moi, en sorte que son haleine divine vienne effleurer mes lèvres.... je crois mourir, comme frappé de la foudre.... Wilhelm, et ce ciel, cette confiance, si j'ose jamais.... Tu m'entends.... Non, mon cœur n'est pas si corrompu. Faible ! bien faible !... Et n'est-ce pas de la corruption ?

Elle est sacrée pour moi. Tout désir s'évanouit en sa présence. Je ne sais jamais ce que j'éprouve, quand je suis auprès d'elle. Je crois sentir mon âme se répandre dans tous mes nerfs.... Elle a une mélodie, qu'elle joue sur le clavecin avec l'expression d'un ange, si simple et si charmante !... C'est son air favori : il chasse loin de moi troubles, peines, soucis, aussitôt qu'elle attaque la première note.

De tout ce qu'on rapporte sur l'antique magie de la musique, rien n'est invraisemblable pour moi. Comme ce simple chant me saisit ! et comme souvent elle sait le faire entendre, à l'instant même où je m'enverrais volontiers une balle dans la tête !... le trouble et les ténèbres de mon âme se dissipent, et je respire plus librement.

18 juillet.

Wilhelm, que serait pour notre cœur le monde sans l'amour? Ce qu'une lanterne magique est sans lumière. A peine la petite lampe est-elle introduite, que les images les plus variées apparaissent sur la muraille blanche. Et ne fussent-elles que des fantômes passagers, cela fait pourtant notre bonheur, lorsque nous nous arrêtons devant, comme des enfants joyeux, nous extasiant sur ces apparitions merveilleuses. Aujourd'hui je n'ai pu aller voir Charlotte : une société inévitable m'a retenu. Que faire? J'ai envoyé chez elle mon domestique, uniquement pour avoir quelqu'un près de moi qui eût approché d'elle aujourd'hui. Avec quelle impatience je l'attendais! avec quelle joie je l'ai revu! Je l'aurais embrassé, si j'avais osé m'en croire.

On conte que la pierre de Bologne, si on l'expose au soleil, en absorbe les rayons, et qu'elle éclaire quelque temps pendant la nuit. Il en était de même pour moi de ce garçon. L'idée que les yeux de Charlotte s'étaient arrêtés sur son visage, sur ses joues, sur les boutons de son habit et le collet de son surtout, me rendait tout cela précieux et sacré. Dans ce moment, je n'aurais pas donné mon valet pour mille écus. Sa présence me faisait du bien.... Dieu te garde d'en rire! Wilhelm, sont-ce là des fantômes, si nous sommes heureux?

19 juillet.

Je la verrai, dis-je avec transport le matin, quand je m'éveille, et que, plein de joie, je tourne mes regards vers le beau soleil, je la verrai! Et je n'ai plus, tout le jour, d'autres désirs. Tout le reste s'évanouit dans cette perspective.

20 juillet.

Votre idée de me faire partir avec l'ambassadeur pour *** n'est pas encore la mienne. Je n'aime guère la subordination, et d'ailleurs nous savons tous que cet homme est désagréable. Tu dis que ma mère aimerait à me voir occupé. Cela m'a fait rire. Ne suis-je pas occupé maintenant? Et, dans le fond, n'est-ce pas la même chose, que je compte des pois ou des lentilles? Tout, dans le monde, aboutit à des bagatelles, et un homme qui, pour plaire aux autres, mais sans goût, sans besoin particulier, se fatigue à poursuivre la fortune ou l'honneur ou autre chose, est toujours un fou.

24 juillet.

Puisque tu as tant à cœur que je ne néglige pas le dessin, j'aimerais mieux passer tout le chapitre sous silence, et n'avoir pas à te dire que, dans ces derniers temps, je m'en suis peu occupé.

Je ne fus jamais plus heureux; jamais le sentiment de la nature, eût-il pour objet un petit caillou, un brin d'herbe, ne fut chez moi plus complet et plus profond.... Et pourtant.... je ne sais quels termes je dois employer.... ma force d'expression est si faible, tout nage et vacille tellement devant moi, que je ne puis saisir un contour : mais je me figure que, si j'avais de l'argile ou de la cire, je saurais lui donner une forme heureuse. Si cela dure, je veux prendre de l'argile et la pétrir.... dussé-je ne faire que des boulettes!

J'ai entrepris trois fois le portrait de Charlotte, et trois fois je me suis fait honte. Cela m'afflige d'autant plus que j'étais, il y a quelque temps, fort heureux à saisir la ressemblance. Là-dessus j'ai donc fait sa silhouette, et il faut m'en contenter.

25 juillet.

Oui, Charlotte, j'aurai soin de tout; je m'acquitterai de tout : donnez-moi seulement plus de commissions; donnez-m'en bien souvent. Je vous ferai une seule prière : jamais de sable sur les billets que vous m'écrivez! Celui de ce jour, je l'ai porté vivement à mes lèvres, et le sable crie encore sous mes dents.

26 juillet.

Je me suis déjà proposé plus d'une fois de ne pas la voir si souvent : mais qui pourrait tenir cette promesse? Tous les jours je succombe à la tentation, et je me dis solennellement : « Demain tu resteras une fois loin d'elle, » et, lorsqu'arrive le lendemain, je trouve de nouveau un motif irrésistible, et, avant de me reconnaître, je suis chez elle. Ou bien elle m'a dit la veille : « Vous viendrez demain, je pense? » et qui pourrait alors ne pas aller? ou bien elle me donne une commission, et je trouve convenable de lui porter moi-même la réponse; ou bien la journée est trop belle : je vais à Wahlheim, et, lorsque j'y suis, il n'y a plus qu'une demi-lieue jusque chez elle.... Je suis trop avant dans son atmosphère.... Zest! m'y voilà. Ma grand'mère avait une histoire d'une montagne d'aimant : les vaisseaux qui s'en approchaient trop perdaient soudain tous leurs ferrements; les clous volaient à la montagne, et les pauvres navigateurs naufragcaient parmi les planches, qui fondaient les unes sur les autres.

30 juillet.

Albert est arrivé, et je vais partir. Fût-il le meilleur et le plus noble des hommes, auquel je me reconnaîtrais inférieur à tous égards, ce me serait une chose insupportable de le voir sous mes yeux posséder tant de charmes.... Posséder !... Il suffit, Wilhelm, le fiancé est là ! Un brave et galant homme, qu'on ne peut s'empêcher d'aimer. Heureusement, je n'étais pas là à son arrivée. Cela m'aurait déchiré le cœur. Il est si généreux, qu'il n'a pas encore embrassé une seule fois Charlotte en ma présence. Que Dieu l'en récompense! A cause de son respect pour cette jeune fille, je dois l'aimer. Il me veut du bien, et je soupçonne que c'est l'ouvrage de Charlotte plus que l'effet de sa propre inclination, car, là-dessus, les femmes sont habiles et elles ont raison : lorsqu'elles peuvent maintenir entre deux adorateurs la bonne intelligence, si rarement que la chose réussisse, c'est toujours un avantage pour elles.

Cependant je ne puis refuser à Albert mon estime. Son extérieur tranquille contraste fort vivement avec mon inquiétude naturelle, qui ne peut se cacher. Il a beaucoup de sensibilité, et sait quel trésor il possède en Charlotte. Il semble peu sujet à la mauvaise humeur, et, tu ne l'ignores pas, c'est le défaut que je déteste le plus.

Il me tient pour un homme de sens, et son triomphe s'augmente de mon attachement pour Charlotte et du vif plaisir que je prends à tout ce qu'elle fait; il ne l'en aime que mieux. S'il ne la tourmente point quelquefois par une petite bouffée de jalousie, c'est une chose que je ne veux pas examiner : j'avoue du moins qu'à sa place, ce démon ne me laisserait pas tout à fait tranquille.

Quoi qu'il en soit, la joie que je goûtais près de Charlotte s'est évanouie. Dois-je nommer cela folie ou bien aveuglement?... Qu'importe le nom?... La chose parle assez d'elle-même.... Tout ce que je sais maintenant, je le savais avant l'arrivée d'Albert; je savais qu'il m'était défendu de former aucune prétention sur elle; je n'en formais non plus aucune.... je veux dire, autant qu'il est possible de ne pas désirer, en présence de tant de charmes; et maintenant le fantasque fait de grands yeux, parce que l'autre arrive en effet et lui enlève la jeune fille!

Je grince les dents, et je renvoie bien loin, avec moquerie, ceux qui peuvent dire que je devrais me résigner, et, puisque la chose ne saurait être autrement.... Délivrez-moi de ces épouvantails.... Je cours les bois, et, lorsque j'arrive chez elle, et qu'Albert est assis à ses côtés, dans le petit jardin, sous le berceau, et que je me vois à bout, je suis fou à lier, et je fais mille extravagances.... « Au nom du ciel, m'a dit aujourd'hui Charlotte, je vous en prie, point de scène comme celle d'hier au soir! Vous êtes effrayant, quand vous êtes si gai.... » Entre nous, j'épie le moment où il a quelque affaire.... Preste, j'arrive, et je suis toujours charmé quand je la trouve seule.

8 août.

Je t'en prie, cher Wilhelm, sois assuré que je ne songeais pas à toi, quand j'appelais insupportables les hommes qui nous demandent la résignation aux destinées inévitables. Véritablement, je ne pensais pas que ce pût être aussi ton avis. Et, dans le fond, tu as raison. Une seule observation, mon ami! Dans le monde, il est très-rare qu'on sorte d'embarras avec un dilemme : les sentiments et les manières d'agir se nuancent d'autant de façons qu'il y a de gradations du nez aquilin au nez camus.

Ne trouve donc pas mauvais qu'en admettant ton argument tout entier, je tâche de m'esquiver entre OU BIEN et OU BIEN.

« Ou bien tu as l'espoir de réussir auprès de Charlotte, me dis-tu, ou bien tu ne l'as pas. Dans le premier cas, cherche à le réaliser, essaye d'obtenir l'accomplissement de tes vœux; dans le second cas, arme-toi de courage, et tâche de vaincre une passion funeste, qui consumera tes forces.... » Mon cher, cela est bien dit et.... bientôt dit.

Et peux-tu demander au malheureux dont la vie s'éteint peu à peu, par une force irrésistible, dans une lente maladie, peux-tu lui demander de mettre fin sur-le-champ à ses souffrances par un coup de poignard? Le mal qui mine ses forces ne lui ravit-il pas en même temps le courage de s'en délivrer?

Tu pourrais, il est vrai, me répondre par une comparaison analogue : qui n'aimera pas mieux se faire couper le bras que de jouer sa vie par hésitation et poltronnerie...? Je ne sais.... et, sans nous harceler avec des comparaisons.... Il suffit.... Oui,

Wilhelm, j'ai quelquefois un moment de courage soudain, furieux.... et alors, si seulement je savais où.... je m'en irais volontiers.

Le soir.

Mon journal, que j'ai négligé depuis quelque temps, m'est retombé aujourd'hui dans les mains, et je suis étonné de voir comme je me suis avancé sciemment, pas à pas, dans toute cette affaire; comme j'ai toujours vu clairement ma situation, et n'en ai pas moins agi en véritable enfant : aujourd'hui même, je la vois claire comme le jour, et il n'y a pas encore une apparence d'amélioration.

10 août.

Je pourrais mener la vie la plus douce, la plus heureuse, si je n'étais pas un fou. Des circonstances aussi favorables que celles où je me trouve se réunissent rarement pour charmer un cœur. Tant il est vrai que nous faisons seuls notre félicité.... Être membre de la plus aimable famille; être aimé du père comme un fils, des jeunes enfants comme un père, et de Charlotte.... Et cet excellent Albert! qui ne trouble mon bonheur par aucun fâcheux caprice, qui m'entoure d'une sincère amitié; pour qui je suis, après Charlotte, ce qu'il a de plus cher au monde!... Wilhelm, c'est un plaisir de nous entendre, lorsque nous sommes à la promenade, et que nous parlons d'elle ensemble : il ne s'est jamais rien vu de plus risible que notre situation, et pourtant j'en ai souvent les larmes aux yeux.

Lorsqu'il met la conversation sur la vertueuse mère de Charlotte; qu'il me raconte comment, à son lit de mort, elle remit à sa fille sa maison et ses enfants, et lui recommanda Charlotte à lui-même; comment, depuis ce temps, la jeune fille fut animée d'un esprit tout nouveau; comment elle devint, pour les soins du ménage et les pensées sérieuses, une véritable mère; comment tous les moments de sa vie furent voués sans réserve à l'active tendresse et au travail, sans que sa gaieté, sa bonne humeur, l'aient jamais quittée.... Je chemine à ses côtés, et je cueille des fleurs au passage ; j'en fais soigneusement un bouquet, et.... le jette dans la rivière voisine, et le suis des yeux pour le voir descendre doucement.... Je ne sais si je t'ai dit qu'Albert est fixé dans cette ville, et qu'il aura de la cour, où il est très-aimé, un emploi avec un joli revenu. Pour l'ordre et l'application aux affaires, j'ai rarement vu son pareil.

12 août.

Albert est assurément l'homme le meilleur qui soit sous le ciel. Nous avons eu ensemble, hier, une singulière scène. J'étais allé prendre congé de lui, car la fantaisie m'est venue de courir à cheval dans les montagnes, d'où je t'écris maintenant. En allant et venant dans sa chambre, j'aperçois ses pistolets. « Prête-moi tes pistolets pour le voyage, lui dis-je. —Volontiers, dit-il, si tu veux prendre la peine de les charger : ils ne sont pendus chez moi que pour la forme. » J'en pris un, et il continua : « Depuis que ma prévoyance m'a joué un vilain tour, je ne veux plus avoir affaire avec ces instruments. » Je fus curieux de savoir cette histoire. « J'étais allé, reprit-il, passer trois mois à la campagne, chez un ami ; j'avais une paire de pistolets non chargés, et je dormais tranquille. Un jour, par une après-midi pluvieuse, comme j'étais là sans rien faire, je ne sais comment l'idée me vint que nous pourrions être attaqués ; que nous pourrions avoir besoin des pistolets, que nous.... Enfin tu sais ce qu'on imagine. Je donnai les pistolets au domestique pour les nettoyer et les charger. Il badine avec les servantes, il veut leur faire peur, et, Dieu sait comment, le coup part, et la baguette, qui se trouvait dans le canon, blesse une pauvre fille aux muscles de la main droite et lui brise le pouce. Il me fallut essuyer ses lamentations et payer la cure, et, depuis lors, je laisse tous les pistolets sans les charger. Cher ami, qu'est-ce que la prévoyance ? Le danger ne se laisse pas voir tout entier. Pourtant.... » Écoute, tu sais que j'aime beaucoup l'homme, mais j'en excepte ses *pourtant.* Car ne s'entend-il pas de soi-même, que toute règle générale souffre des exceptions? Mais cet homme est si scrupuleux, que, s'il croit avoir dit une chose hasardée, absolue, une demi-vérité, il ne cesse pas de limiter, de modifier, d'ajouter et de retrancher, jusqu'à ce qu'il n'en reste plus rien. A cette occasion encore, il s'enfonça dans le texte; je finis par ne plus l'écouter, je tombai dans des rêveries, et, avec un geste soudain, j'appuyai le bout du pistolet sur mon front, au-dessus de l'œil droit. « Fi! dit Albert, en abaissant le pistolet. Que signifie cela? — Il n'est pas chargé, lui dis-je.— Et même ainsi....que signifie cela? reprit-il avec impatience. Je ne saurais comprendre qu'un homme puisse être assez fou pour se brûler la cervelle. La seule idée me révolte.... — Faut-il donc, m'écriai-je, que vous autres hommes, quand vous parlez d'une chose, vous disiez aussitôt : « Cela est « fou, cela est sage, cela est bon, cela est mauvais! » Que signifient tous ces jugements? Avez-vous pour cela approfondi les secrètes circonstances d'une action? Savez-vous démêler avec certitude les causes qui l'ont produite, qui devaient la produire? Si vous l'aviez fait, vous ne seriez pas si prompts dans vos jugements. — Tu m'accorderas, dit Albert, que certaines actions seront toujours criminelles, quels qu'en soient les mobiles. »

Je haussai les épaules et le lui accordai. « Mais, mon cher, continuai-je, il se trouve encore ici quelques exceptions. Il est vrai que le vol est un crime; mais l'homme qui va mourir de faim, lui et sa famille, et, qui, pour se sauver, se laisse aller au vol, mérite-t-il la pitié ou le châtiment? Qui lèvera la première pierre contre le mari, qui, dans sa juste colère, immole sa femme infidèle et le misérable séducteur? contre la jeune fille qui, dans une heure de volupté, s'abandonne aux irrésistibles délices de l'amour? Nos lois elles-mêmes, ces froides pédantes, se laissent émouvoir et suspendent leurs châtiments. — C'est tout autre chose, répondit Albert, parce qu'un homme que ses passions entraînent perd toute faculté de réfléchir, et qu'on ne voit plus en lui qu'un homme ivre, un insensé. — O gens raisonnables! m'écriai-je en souriant. Passion! ivresse! folie! vous voilà bien tranquilles, bien impassibles, hommes moraux! Vous condamnez le buveur, vous détestez l'insensé, vous passez, comme le sacrificateur, et vous remerciez Dieu, comme le pharisien, de ce qu'il ne vous a pas faits tels que l'un d'eux. J'ai été plus d'une fois troublé par l'ivresse, mes passions ont approché de la folie, et je n'en ai pas de regrets, car j'ai appris à concevoir, selon ma portée, comment on a dû décrier de tout temps, comme des gens ivres et des insensés, tous les hommes extraordinaires qui ont fait quelque chose de grand, quelque chose qui paraissait impossible.... Mais, jusque dans la vie ordinaire, c'est une chose insupportable d'entendre presque toujours crier, quand un homme est en train d'accomplir une action libre, généreuse, inattendue: « Il est ivre! il est fou! » Honte à vous, hommes sobres! Honte à vous, hommes sages! — Voilà encore de tes lubies! dit Albert. Tu exagères tout, et, cette fois, tu as du moins le tort de comparer le suicide, dont il s'agit maintenant, avec de grandes actions, tandis qu'on ne peut y voir autre chose qu'une faiblesse, puisque, assurément, il est plus facile de mourir que de supporter constamment une douloureuse vie. »

Je fus sur le point de couper court à l'entretien, car il n'y a point d'argument qui me mette hors de moi, comme de voir venir quelqu'un armé d'une banalité insignifiante, quand je parle du fond de mon cœur. Cependant je me contins, parce que j'avais déjà entendu maintes fois ce propos, et m'en étais indigné souvent; et je lui répliquai, avec quelque vivacité : « Tu nommes cela faiblesse? Je t'en prie, ne te laisse pas séduire par l'apparence. Un peuple, qui soupire sous le joug insupportable d'un tyran, oseras-tu l'appeler faible, s'il fermente à la fin, et brise ses chaînes? Un homme qui, dans sa frayeur de voir que l'incendie envahit sa maison, sent toutes ses forces exaltées, et emporte avec facilité des fardeaux que, de sang-froid, il peut remuer à peine; un homme qui, dans la fureur de l'offense, en attaque six autres et les terrasse, faut-il les appeler faibles? Eh! mon ami, si l'effort constitue la force, pourquoi l'effort extrême serait-il le contraire? » Albert me regarde et me dit: « Ne te fâche pas, mais les exemples que tu viens de citer ne semblent point du tout s'appliquer ici. — Cela peut être, lui dis-je; on m'a déjà souvent reproché que mes raisonnements touchent quelquefois au radotage.... Voyons donc si nous pouvons nous représenter d'une autre manière ce que doit éprouver l'homme qui se résout à rejeter le fardeau, d'ailleurs agréable, de la vie, car nous n'avons bonne grâce à parler d'une chose qu'autant qu'elle nous inspire de la sympathie.

« La nature humaine, poursuivis-je, a ses limites : elle peut supporter, jusqu'à un certain degré, la joie, la souffrance, la douleur; elle succombe, quand il est dépassé. Il ne s'agit donc pas ici de savoir si un homme est faible ou fort, mais s'il peut supporter la mesure de sa souffrance, qu'elle soit morale ou physique ; et je trouve aussi bizarre de dire qu'un homme est lâche parce qu'il se tue, qu'il serait absurde de nommer lâche celui qui meurt d'une fièvre maligne. — Paradoxe! étrange paradoxe! dit Albert. — Pas autant que tu crois, lui dis-je. Tu m'accorderas que nous appelons maladie mortelle, celle qui attaque la nature de telle sorte que ses forces sont en partie détruites, en partie paralysées, au point qu'elle est incapable de se relever, de rétablir par une révolution favorable le cours ordinaire de la vie.... Eh bien, mon cher ami, appliquons cela à l'esprit. Considère l'homme dans son étroite sphère, comme certaines impressions agissent sur lui, comme certaines idées s'emparent de lui, jusqu'à ce qu'une passion croissante finisse par lui ravir tout sang-froid, toute force de volonté, et l'entraîne à sa perte. C'est en vain que l'homme tranquille, raisonnable, regarde en pitié la situation d'un malheureux; c'est en vain qu'il l'exhorte : tout comme une personne bien portante, qui est au chevet d'un malade, ne lui peut infuser la moindre partie de ses forces. »

C'étaient là pour Albert des idées trop générales. Je le fis souvenir d'une jeune fille qu'on avait trouvée noyée peu de temps auparavant, et je lui rappelai son histoire.... C'était une bonne créature, qui avait vécu dès l'enfance dans le cercle étroit des occupations domestiques, d'un travail régulier de toute la semaine; qui ne connaissait aucune perspective de plaisir que d'aller parfois se promener, le dimanche, autour de la ville avec ses pareilles, parée de quelques atours assemblés peu à peu ; de danser peut-être une fois aux grandes fêtes et de babiller aussi, quelques heures, chez une voisine, avec toute la vivacité du plus sincère intérêt, au sujet d'une criaillerie ou d'une médisance. L'ardeur de sa jeunesse lui fait éprouver enfin des désirs secrets, qui sont augmentés par les cajoleries des hommes ; ses premiers plaisirs lui deviennent peu à peu insipides ; enfin elle rencontre un homme vers lequel un sentiment inconnu l'entraîne avec une force irrésistible, sur qui elle fait reposer toutes ses espérances ; elle oublie le monde entier ; elle n'entend rien, ne voit rien, n'aime rien que lui, lui seul ; ne soupire qu'après lui, après lui seul. Elle n'est point corrompue par les frivoles plaisirs d'une inconstante vanité, et son désir va droit au but ; elle veut être à lui : elle veut, dans une éternelle union, trouver tout le bonheur qui lui manque, goûter à la fois toutes les joies après lesquelles elle soupirait. Des promesses répétées, qui mettent le sceau à toutes ses espérances, des caresses hardies, qui augmentent ses désirs, subjuguent son âme tout entière ; elle flotte dans un confus sentiment, un avant-goût de toutes les joies ; elle est exaltée au plus haut point ; enfin elle tend les bras, pour étreindre tous ses désirs.... et son bien-aimé l'abandonne.... Immobile, éperdue, la voilà devant un abîme ; autour d'elle, une nuit profonde, nulle perspective, nulle consolation, nulle espérance : car il l'a délaissée, celui en qui seul elle se sentait vivre. Elle ne voit pas le vaste monde qui est devant elle, ni les nombreux amis qui pourraient la dédommager de sa perte ; elle se sent isolée, abandonnée de tout l'univers.... et, aveuglée, oppressée par l'horrible souffrance de son cœur, elle se précipite, pour étouffer toutes ses angoisses, dans une mort où tout s'engloutit.... Albert, voilà l'histoire de bien des gens.... Eh ! n'est-ce pas ce qui arrive dans la maladie ? La nature ne trouve aucune issue pour sortir du labyrinthe des forces troublées et contraires, et l'homme doit mourir. Malheur à celui qui pourrait voir la chose et dire : « L'insensée ! si elle avait attendu, si elle avait laissé le temps agir, le désespoir se serait calmé, un autre se serait trouvé pour la consoler.... » C'est précisément comme si l'on disait : « Le fou ! mourir de la fièvre ! S'il avait attendu que ses forces fussent rétablies, ses humeurs purifiées, le tumulte de son sang apaisé, tout serait bien allé, et il vivrait encore aujourd'hui. »

Albert, à qui cette comparaison ne semblait pas encore d'une justesse évidente, fit quelques nouvelles objections, et, entre autres, que j'avais parlé seulement d'une jeune fille simple : mais comment un homme d'esprit, dont les facultés ne sont pas aussi bornées, qui saisit un plus grand nombre de rapports, pourrait être excusé, c'était ce qu'il ne saurait comprendre.... « Mon ami, m'écriai-je, l'homme est toujours l'homme, et le peu d'esprit que tel ou tel peut avoir ne sert de guère ou même de rien, quand la passion fermente et que l'humanité est poussée aux limites de ses forces. Bien plus.... Nous en parlerons une autre fois, » dis-je en prenant mon chapeau. Oh! mon cœur était plein.... et nous nous quittâmes sans nous être entendus. Au reste, dans ce monde, il est rare que l'on s'entende.

15 août.

C'est une chose certaine que l'amour seul rend l'homme nécessaire à ses semblables. Je sens que Charlotte serait fâchée de me perdre, et les enfants n'ont pas d'autre idée, sinon que je revienne toujours le lendemain. Aujourd'hui j'étais allé chez elle pour accorder son clavecin; mais la chose m'a été impossible, parce que les petits m'ont poursuivi pour avoir un conte, et Charlotte elle-même a dit que je devais les satisfaire. Je leur ai coupé le pain du goûter, qu'ils acceptent maintenant aussi volontiers de moi que de Charlotte, et leur ai conté la belle histoire de la princesse qui est servie par des mains enchantées. J'apprends beaucoup à cela, je t'assure, et je suis étonné de l'impression que cela fait sur eux. Comme je suis quelquefois obligé d'inventer un incident, que j'oublie en répétant le conte, ils disent aussitôt que c'était autrement la première fois : aussi je m'applique maintenant à défiler invariablement mon chapelet d'un ton chantant et monotone. Par là j'ai appris qu'un auteur qui fait de son histoire une seconde édition modifiée, l'ouvrage eût-il gagné par là au point de vue poétique, doit nécessairement nuire à son livre. La première impression nous trouve dociles, et l'homme est fait de telle sorte qu'on peut lui persuader les choses les plus étranges : mais aussi elles se gravent d'abord profondément, et malheur à celui qui veu les extirper et les effacer.

18 août.

Fallait-il donc que ce qui fait la félicité de l'homme devînt aussi la source de sa misère !

Ce sentiment de la nature vivante, qui remplit, qui réchauffe mon cœur, qui versait dans mon sein des torrents de délices, et faisait à mes yeux un paradis du monde qui m'environne, devient maintenant pour moi un insupportable bourreau, un génie persécuteur, attaché sans cesse à mes pas. Quand, de la cime du rocher, je contemplais autrefois, par delà la rivière, jusqu'à ces collines lointaines, la fertile vallée, et que je voyais tout germer et ruisseler autour de moi ; quand je voyais ces montagnes revêtues, du pied jusqu'au sommet, de grands arbres touffus ; ces vallons ombragés, dans leurs divers contours, de bocages délicieux ; le paisible ruisseau, qui coulait parmi les roseaux murmurants, et reflétait les gracieux nuages que la douce brise du soir berçait dans le ciel ; lorsque ensuite j'entendais les oiseaux animer autour de moi la forêt, et que les innombrables essaims de moucherons dansaient gaiement dans les dernières flammes du soleil ; que son dernier regard scintillant délivrait de sa verte prison le scarabée bourdonnant, et qu'autour de moi le bruissement et la vie attiraient mon attention sur le sol ; que la mousse, qui tire de mon âpre rocher sa nourriture ; les genêts, qui croissent sur le penchant de l'aride colline sablonneuse, me manifestaient l'intime, ardente et sainte vie de la nature : comme j'embrassais toutes ces choses dans mon cœur enflammé ! Je me sentais comme un dieu dans ces flots de richesses, et les formes admirables de l'immense univers se mouvaient, animant toute la création dans le fond de mon âme ! Des montagnes énormes m'environnaient, des abîmes s'ouvraient devant moi, et des torrents orageux se précipitaient ; les fleuves coulaient sous mes pieds ; j'entendais mugir la forêt et la montagne, et je voyais toutes ces forces mystérieuses agir et se combiner dans les profondeurs de la terre ; puis, sur la terre et sous le ciel, tourbillonner les races innombrables des êtres. Tout est peuplé de mille formes diverses, et les hommes se blottissent ensemble dans des maisonnettes, et se nichent, et, dans leur pensée, ils règnent sur le vaste univers. Pauvre fou, qui juges tout si chétif, parce que tu es si petit!... Depuis la montagne inaccessible, par-dessus le désert, que nul pied n'a foulé, jusqu'à l'extrémité des océans inconnus, souffle l'esprit de l'éternel Créateur, et il prend plaisir à tous les grains de poussière qui le comprennent et qui vivent.... Ah! que de fois alors je désirai, avec les ailes de la grue qui passait sur ma tête, m'envoler aux rivages de la mer immense, pour boire, à la coupe écumante de l'infini, ces ravissantes délices, et sentir, ne fût-ce qu'un moment, dans l'espace étroit de mon sein, une goutte de la félicité de l'Être qui engendre toutes choses en lui et par lui.

Frère, le souvenir de ces heures suffit pour me fortifier. Même, les efforts que je fais pour rappeler ces sentiments ineffables, pour les exprimer encore, élèvent mon âme au-dessus d'elle-même, et me font ensuite sentir doublement l'angoisse de ma situation présente.

Il semble qu'on ait tiré devant mon âme un rideau, et la scène immense de la vie n'est plus devant moi que l'abîme de la tombe éternellement ouverte. Peux-tu dire: « Cela existe! » quand tout passe, quand tout se précipite avec la rapidité de la foudre, et conserve si rarement toute la force de son être, et se voit, hélas! entraîné, englouti dans le torrent, écrasé contre les rochers? Pas un moment qui ne te dévore, et les tiens autour de toi; pas un moment où tu ne sois un destructeur, où tu ne doives l'être; la plus innocente promenade coûte la vie à des milliers de pauvres insectes; un de tes pas ruine les laborieux édifices des fourmis, et enfonce tout un petit monde dans un injurieux tombeau. Ah! ce qui me touche, ce ne sont pas les grandes et rares catastrophes du monde, ces inondations, ces tremblements de terre, qui engloutissent vos cités; ce qui me ronge le cœur, c'est la force dévorante qui est cachée dans la nature entière, et n'a rien produit qui ne détruise son voisin et ne se détruise soi-même. C'est ainsi que je poursuis avec angoisse ma course chancelante, environné du ciel et de la terre et de leurs forces actives; je ne vois rien qu'un monstre qui dévore, qui rumine éternellement.

21 août.

C'est en vain que je lui tends les bras le matin, quand je me dégage de pénibles songes ; en vain que je la cherche, la nuit, sur ma couche, quand un rêve heureux, innocent, m'a fait croire que j'étais assis près d'elle dans la prairie, que je tenais sa main et la couvrais de mille baisers. Ah! quand je suis encore à demi dans l'ivresse du sommeil, si je la cherche de la main, et que, là-dessus, je m'éveille, un torrent de larmes jaillit de mon cœur oppressé, et je pleure, inconsolable, dans l'attente d'un sombre avenir.

22 août.

Quel malheur, Wilhelm! mes forces actives se consument dans une inquiète indolence ; je ne puis être oisif et ne puis non plus rien faire. Je n'ai aucune imagination, aucun sentiment de la nature, et les livres m'inspirent du dégoût. Quand l'homme se manque à lui-même, tout lui manque. Je te jure que j'ai maintes fois désiré d'être un journalier, pour avoir du moins, le matin, à mon réveil, la perspective du jour présent, un mobile, une espérance. Souvent j'envie Albert, que je vois enfoncé jusqu'aux yeux dans les paperasses, et je me figure que je serais heureux si j'étais à sa place. Déjà quelquefois j'ai été sur le point de t'écrire, ainsi qu'au ministre, et de solliciter ce poste à l'ambassade, qui, tu me l'assures, ne me serait pas refusé. Je le crois aussi. Le ministre m'aime depuis longtemps ; il m'avait souvent pressé de me vouer à quelque emploi. Cela peut me préoccuper durant une heure ; mais, lorsque j'y réfléchis, et que je pense à la fable du cheval, qui, impatient de sa liberté, se laisse mettre la selle et la bride, et qui est ensuite harassé de fatigue.... je ne sais ce que je dois faire.... Et d'ailleurs, mon cher Wilhelm, ce désir de changement d'état, qui me possède, n'est-il pas peut-être une impatience secrète, maladive, qui me poursuivra partout?

28 août.

Assurément, si mon mal pouvait se guérir, ces gens le guériraient. C'est aujourd'hui mon jour de naissance; et, de grand matin, je reçois d'Albert un petit paquet. En l'ouvrant, ce qui frappe d'abord mes yeux, c'est un des nœuds de rubans roses que Charlotte portait, le premier jour où je la vis, et que depuis lors je l'avais quelquefois priée de me donner; puis deux petits volumes in-douze, le petit Homère de Wetstein, édition que j'avais souvent désirée, pour ne pas traîner à la promenade celle d'Ernesti. Voilà comme ils préviennent mes désirs, comme ils cherchent à me témoigner toutes les petites complaisances de l'amitié, mille fois plus précieuses que ces présents magnifiques, par lesquels la vanité du donateur nous humilie. Je baise ce nœud mille fois le jour, et, à chaque aspiration, je savoure le souvenir des félicités dont me comblèrent ce peu de jours heureux, passés pour jamais. Wilhelm, c'est comme cela, et je ne murmure point : les fleurs de la terre ne sont que des apparitions. Combien se flétrissent sans laisser aucune trace. Combien peu fructifient, et combien peu de ces fruits mûrissent! Et pourtant il en est assez encore; et pourtant.... ô mon frère.... pouvons-nous négliger les fruits mûrs, les mépriser, et, sans en jouir, les abandonner à la pourriture?

Adieu. L'été est magnifique. Je grimpe souvent aux arbres du verger de Charlotte avec la longue perche, et j'atteins les poires aux plus hautes branches. Charlotte est sous l'arbre, et reçoit les fruits que je fais tomber à ses pieds.

30 août.

Malheureux! n'es-tu pas un insensé? Ne t'abuses-tu pas toi-même? Que deviendra cette passion furieuse et sans terme? Je n'ai plus de vœux que pour elle; il ne s'offre plus à mon imagination d'autre figure que la sienne, et tous les objets qui m'environnent, je ne les vois plus que dans leurs rapports avec elle. Et cela me procure quelques heures enchantées, jusqu'au moment où il faut m'arracher à cette image. Ah! Wilhelm, où mon cœur m'entraîne-t-il souvent!... Quand j'ai été assis près d'elle deux ou trois heures, à me repaître de sa figure, de ses gestes, de son céleste langage, peu à peu tous mes sens s'exaltent, une ombre se répand sur ma vue, j'entends à peine encore, je me sens saisir à la gorge, comme par une main meurtrière; puis mon cœur, dans ses battements précipités, cherche du soulagement pour mes sens oppressés, et ne fait qu'augmenter leur trouble.... Wilhelm, souvent je ne sais pas si je suis au monde; et, si quelquefois la tristesse ne prend pas le dessus, et si Charlotte ne m'accorde pas la douloureuse consolation de baigner sa main de mes larmes pour soulager mon angoisse.... il faut que je fuie, il faut que je sorte, et je vais m'égarer bien loin dans les champs. Alors mon plaisir est de gravir une montagne escarpée, de me frayer un sentier à travers un bois impraticable, à travers les buissons qui me blessent, les ronces qui me déchirent. Alors je me trouve un peu soulagé, un peu! Et, si quelquefois, épuisé de soif et de lassitude, je succombe et m'arrête en chemin; si quelquefois, dans la profonde nuit, quand la pleine lune brille là-haut sur ma tête, je m'assieds dans la forêt déserte, sur un tronc tortueux, pour donner quelque relâche à mes pieds déchirés, et qu'à la faveur de la clarté crépusculaire, je m'endorme d'un sommeil fatigant!... O Wilhelm, l'asile solitaire d'une cellule, la haire et le cilice, seraient des soulagements après lesquels mon âme soupire. Adieu. Je ne vois à cette souffrance d'autre terme que le tombeau.

3 septembre.

Il faut que je parte. Je te remercie, Wilhelm, d'avoir fixé ma résolution chancelante. Voilà déjà quinze jours que je nourris la pensée de la quitter. Il faut que je parte. Elle est de nouveau à la ville, chez une amie; et Albert.... et.... il faut que je parte.

10 septembre.

Quelle nuit, Wilhelm! Maintenant je puis tout supporter. Je ne la verrai plus. Oh! que ne puis-je voler dans tes bras! que ne puis-je, mon ami, t'exprimer par mes larmes et mes transports les sentiments qui oppressent mon cœur! Me voilà à mon pupitre, la poitrine haletante; je cherche à m'apaiser, j'attends le matin, et, au lever du soleil, les chevaux seront devant ma porte.

Ah! elle sommeille paisiblement, et ne pense pas qu'elle ne me reverra jamais. Je me suis arraché.... J'ai été assez fort pour ne pas trahir mon projet, pendant un entretien de deux heures. Et quel entretien, mon Dieu!

Albert m'avait promis de se trouver au jardin avec Charlotte, tout de suite après le souper. J'étais sur la terrasse, sous les grands marronniers, et je regardais le soleil, que, pour la dernière fois, je voyais se coucher derrière l'aimable vallée et la douce rivière. J'avais été si souvent à cette place avec elle, et j'avais assisté à ce même spectacle magnifique, et maintenant.... Je montais, je descendais cette allée, que j'aimais tant; un attrait secret, sympathique, m'avait souvent arrêté dans ce lieu, avant que je connusse Charlotte; et quel plaisir ce fut pour nous, dans les commencements de notre liaison, de découvrir mutuellement notre préférence pour ce site, un des plus romantiques sans doute que je connaisse parmi les créations de l'art!

D'abord tu jouis, entre les marronniers, d'une vaste perspective.... Ah! je me souviens de t'avoir déjà beaucoup parlé, dans mes lettres, de ces hautes murailles de charmilles, qui finissent par vous emprisonner, et de cette allée, qui devient toujours plus sombre, grâce à un bosquet voisin, jusqu'à ce qu'enfin tout aboutisse à une petite place fermée, autour de laquelle semblent courir tous les frissonnements de la solitude. Je sens encore le charme secret que j'éprouvai, la première fois que je pénétrai dans ce lieu, par un brillant soleil de midi : je pressentais vaguement quel théâtre de félicités et de douleur il devait être encore.

J'avais passé près d'une demi-heure, livré aux douloureuses, aux douces pensées de la séparation, du revoir, lorsque je les entendis monter sur la terrasse. Je courus au-devant d'eux, et, avec un frémissement, je pris la main de Charlotte et la baisai. Au moment où nous arrivâmes sur la terrasse, la lune se levait derrière la colline buissonneuse; nous parlâmes de choses diverses, et insensiblement nous approchâmes du cabinet sombre. Charlotte entra et s'assit, Albert auprès d'elle, et moi, de l'autre côté. Mais mon inquiétude ne me permit pas de rester longtemps assis : je me levai, je me plaçai devant elle, je fis quelques tours et je revins m'asseoir : c'était un état d'angoisse. Charlotte nous fit remarquer le bel effet de la lune, qui, à l'extrémité des charmilles, éclairait devant nous toute la terrasse : spectacle magnifique, et d'autant plus frappant, qu'une profonde obscurité nous environnait. Nous étions silencieux. Au bout de quelques moments, Charlotte prit la parole : « Jamais, dit-elle, jamais je ne me promène au clair de lune, que mes amis défunts ne me reviennent à la pensée, que je ne sois saisie par le sentiment de la mort et de l'avenir. Nous existerons! poursuivit-elle, avec l'accent du sentiment le plus sublime; mais, Werther, est-ce que nous devons nous retrouver, nous reconnaître? Qu'en pensez-vous? qu'en dites-vous? »

— Charlotte, lui dis-je, en lui tendant la main (et mes yeux se remplirent de larmes), nous nous reverrons! Ici et là-haut nous nous reverrons! »

Je ne pus en dire davantage. Wilhelm, devait-elle me faire cette question, quand j'avais dans le cœur ce cruel adieu?

« Et nos morts bien-aimés, poursuivit-elle, savent-ils quelque chose de nous? Est-ce qu'ils sentent que, dans nos moments de bonheur, nous nous souvenons d'eux avec un ardent amour? Oh! l'image de ma mère plane toujours autour de moi, lorsque, dans la paisible soirée, je suis assise au milieu de ses enfants, de mes enfants, et qu'ils sont assemblés autour de moi, comme ils étaient assemblés autour d'elle. Alors, si je regarde le ciel avec une larme de désir, et souhaite qu'elle puisse voir un moment comme je tiens la parole que je lui donnai à l'heure de la

mort, d'être la mère de ses enfants, avec quelle émotion je m'écrie : « Pardonne, mère chérie, si je ne suis pas pour eux ce
« que tu fus toi-même. Ah! je fais tout ce que je puis ; ils sont
« du moins vêtus, nourris, et, ce qui vaut mieux que tout cela,
« ils sont soignés, ils sont aimés. Si tu pouvais voir notre union,
« ô sainte bien-aimée, tu bénirais, avec les plus vives actions
« de grâce, ce Dieu à qui tu demandais, en versant les larmes
« les plus amères, les larmes suprêmes, le bonheur de tes
« enfants.... »

Voilà ce que disait Charlotte.... Ô Wilhelm, qui peut répéter ce qu'elle disait? Comment la lettre froide et morte pourrait-elle reproduire cette fleur céleste de l'âme? Albert l'interrompit avec douceur : « Cela vous affecte trop vivement, Charlotte. Je sais combien ces idées vous sont chères, mais, je vous en prie....

— Albert, dit-elle, je sais que tu n'as pas oublié les soirées où nous étions assis autour de la petite table ronde, lorsque papa était en voyage, et que nous avions envoyé coucher les enfants. Tu avais souvent un bon livre, et tu en venais rarement à lire quelque chose.... L'entretien de cette âme sublime n'était-il pas au-dessus de tout? O douce et belle femme, joyeuse et toujours active!... Dieu voit les larmes que je verse devant lui, à genoux sur ma couche, pour lui demander de me rendre semblable à ma mère.

— Charlotte, m'écriai-je, en me prosternant devant elle, et en prenant sa main, que je baignais de pleurs, Charlotte, la bénédiction de Dieu repose sur toi, ainsi que l'esprit de ta mère.

— Si vous l'aviez connue! dit-elle, en me serrant la main : elle était digne d'être connue de vous. » Je crus m'anéantir. Jamais on n'avait prononcé sur moi une plus grande, une plus glorieuse parole. Elle poursuivit : « Et cette femme a dû mourir à la fleur de son âge, quand le dernier de ses fils n'avait pas encore six mois! Sa maladie ne fut pas longue. Elle était calme, résignée; elle ne plaignait que ses enfants, surtout le petit. Lorsque son heure approcha et qu'elle me dit : « Fais-les monter, » et que je fis entrer les petits, qui ne savaient rien, les aînés, qui étaient hors d'eux-mêmes; lorsqu'ils entourèrent le lit, qu'elle leva les mains et pria sur eux, les embrassa l'un après l'autre, et les renvoya, et me dit : « Sois leur mère! » je lui donnai la main pour toute réponse. « Tu promets beaucoup, « ma fille, dit-elle : le cœur d'une mère et l'œil d'une mère! J'ai « vu souvent, à tes larmes reconnaissantes, que tu sens ce qu'ils « valent. Tu les auras pour tes frères et sœurs, et, pour ton père, « la fidélité et l'obéissance d'une femme. Tu le consoleras. » Elle demanda à le voir : il était sorti, pour nous cacher l'insupportable douleur qu'il éprouvait : il était déchiré.... Albert, tu étais dans la chambre : elle entendit marcher quelqu'un, et demanda qui c'était, et t'appela auprès d'elle; et comme elle jeta sur nous deux un regard calme et consolé, à la pensée que nous serions heureux, heureux ensemble!... » Albert l'embrassa, et s'écria : « Nous le sommes, nous le serons. » Le flegmatique Albert était hors de lui, et moi, je ne me connaissais plus.

« Werther, reprit-elle, et cette femme devait mourir! Dieu, quand je songe quelquefois comme on laisse emporter ce qu'on a de plus cher au monde! Et personne ne le sent aussi vivement que les enfants, qui se plaignirent longtemps encore, que « les « hommes noirs avaient emporté leur maman. »

Elle se leva, je m'étais réveillé; je tremblais. Je demeurais assis et tenais la main de Charlotte. « Il nous faut rentrer, dit-elle, il en est temps. » Elle voulut dégager sa main, et je la retenais avec plus de force. « Nous nous reverrons, m'écriai-je, nous nous retrouverons : sous quelque forme que ce soit, nous saurons nous reconnaître. Je m'en vais, poursuivis-je; je m'en vais volontairement, et pourtant, s'il me fallait dire « pour ja-« mais, » je ne pourrais soutenir cette pensée. Adieu, Charlotte! Adieu, Albert! Nous nous reverrons. — Demain, je pense, » répondit-elle en badinant. Je sentis ce *demain!* Ah! elle ne savait pas, quand elle retira sa main de la mienne.... Ils parcoururent l'allée, et la quittèrent.... Je restai immobile, je les suivis des yeux au clair de lune, et me prosternai, et fondis en larmes, et me relevai soudain; et je courus sur la terrasse, et je vis encore de loin, sous l'ombre des grands tilleuls, sa robe blanche briller vers la porte du jardin; je tendis les bras : elle disparut.

LIVRE DEUXIÈME.

20 octobre 1771.

Nous sommes arrivés hier. L'ambassadeur est indisposé et gardera la chambre quelques jours. Si seulement il était moins disgracieux, tout irait bien. Je vois, je vois que le sort m'a réservé de rudes épreuves. Mais courage! Un esprit léger supporte tout. Un esprit léger! Je ris de voir ce mot venir au bout de ma plume. Hélas! une humeur un peu plus légère ferait de moi l'homme le plus heureux qui fût sous le soleil. Eh quoi! d'autres, avec leur petite mesure de forces et de talents, se pavanent devant moi dans une agréable suffisance, et moi je désespère de mes avantages, de mes facultés! Bon Dieu, qui m'as fait tous ces dons, pourquoi n'en as-tu pas retenu la moitié, et ne m'as-tu pas donné la confiance et le contentement?

Patience! patience! cela ira mieux; car, je le reconnais, mon ami, tu as raison : depuis que je suis tous les jours mêlé dans la foule, et que je vois ce que font les autres et comment ils se comportent, je suis beaucoup plus content de moi. Assurément, puisque nous sommes ainsi faits, que nous comparons tout avec nous-mêmes, et nous-mêmes avec tout, le bonheur ou le malheur réside dans les objets avec lesquels nous nous mettons en parallèle : aussi rien n'est-il plus dangereux que la solitude. Notre imagination, portée par sa nature à s'élever, nourrie par les fantastiques images de la poésie, se crée une suite d'êtres parmi lesquels nous occupons le dernier rang, et hors de nous tout semble plus magnifique, toute autre personne est plus parfaite. Cela est tout à fait naturel : nous sentons souvent qu'il nous manque beaucoup de choses, et, précisément ce qui nous manque, il nous semble le trouver chez un autre, à qui nous attribuons d'ailleurs ce que nous possédons, et, de plus encore, une certaine grâce idéale. Ainsi se trouve achevé l'homme heureux, qui est notre ouvrage.

Au contraire, lorsqu'avec toute notre faiblesse, tous nos efforts, nous poursuivons franchement notre œuvre, nous trouvons bien souvent qu'à cheminer tranquillement et à louvoyer, nous avançons plus que d'autres à force de voiles et de rames.... Et l'on a pourtant un vrai sentiment de soi-même, lorsqu'on marche de front avec les autres ou que même on les devance.

26 novembre 1771.

A tout prendre, je commence à me trouver ici très-passablement. Ce qu'il y a de plus heureux, c'est que l'ouvrage ne manque pas, et puis ces gens de toute espèce, ces nouvelles figures de toute sorte, me font un spectacle bigarré. J'ai fait la connaissance du comte C., qui m'inspire de jour en jour plus de respect. C'est une grande et vaste intelligence, et il n'est point froid, pour voir beaucoup de choses d'un point de vue élevé; sa société révèle une âme vivement sensible à l'amitié et à l'affection. Il a pris de l'attachement pour moi à l'occasion d'une affaire que j'ai été chargé de régler avec lui. Dès les premiers mots, il remarqua que nous nous entendions, et qu'il pouvait parler avec moi comme il ne ferait pas avec chacun. Aussi ne puis-je assez me louer de sa franchise à mon égard. Il n'est pas au monde une plus vraie et plus vive jouissance que de voir une grande âme s'ouvrir à nous.

24 décembre 1771.

L'ambassadeur me donne beaucoup d'ennuis : je l'avais prévu. C'est le sot le plus ponctuel qu'il y ait au monde; marchant pas à pas et minutieux comme une vieille fille; c'est un homme qui n'est jamais content de lui-même, et qu'on ne réussit par conséquent jamais à contenter. J'aime à travailler couramment, et ce qui est écrit est écrit ; il est homme à me rendre un mémoire et à me dire : « C'est bien, mais revoyez-le : on trouve toujours une expression meilleure, une particule plus juste. » Alors je me donnerais au diable de bon cœur. Pas un *et*, pas une conjonction n'y doit manquer ; il est l'ennemi mortel de toutes les inversions qui m'échappent quelquefois ; si l'on n'a pas cadencé la période selon le rhythme traditionnel, il ne s'y reconnaît plus. C'est un supplice d'avoir affaire à un tel homme.

La confiance du comte de C. est la seule chose qui me dédommage encore. Il me disait dernièrement, avec une parfaite franchise, combien lui déplaisaient la lenteur et l'esprit minutieux de mon ambassadeur. « Ces gens-là sont à charge à eux-mêmes et aux autres, disait-il : il faut s'y résigner, comme un voyageur qui doit franchir une montagne. Sans doute, si la montagne n'était pas là, le chemin serait beaucoup plus commode et plus court ; mais elle est là, et il faut la franchir !... »

Mon vieux s'aperçoit fort bien de la préférence que le comte me donne sur lui : cela le fâche, et il saisit toutes les occasions de clabauder sur ce seigneur en ma présence. Naturellement, je riposte, et l'affaire s'envenime. Hier il me mit hors des gonds, car il m'avait aussi en vue : « Le comte, disait-il, entend parfaitement bien les affaires du monde ; il a le travail très-facile et il écrit bien, mais il manque de connaissances solides, comme tous les beaux esprits. » Là dessus il fit une mine qui voulait dire : « Sens-tu le trait ? » Mais il ne produisit sur moi aucun effet. Je méprisai l'homme qui pouvait penser et se conduire ainsi. Je lui résistai et je luttai d'une manière assez vive. Je dis que le comte était un homme digne de respect, non-seulement par son caractère, mais aussi par ses connaissances. « Je n'ai rencontré personne, ajoutai-je, qui ait aussi bien réussi à développer son esprit, à le déployer sur une multitude d'objets, et à conserver néanmoins cette activité pour la vie ordinaire. » C'était là pour mon sot de l'hébreu tout pur, et je lui tirai ma révérence, pour ne plus me faire de la bile à l'entendre déraisonner davantage.

Et c'est votre faute à vous tous, qui m'avez mis sous le joug par vos belles paroles, et m'avez chanté merveilles de l'activité. L'activité!... S'il ne fait pas plus de besogne que moi; celui qui plante des pommes de terre et qui va vendre son blé à la ville, je veux bien ramer encore dix ans sur la galère où je suis maintenant enchaîné.

Et la brillante misère, l'ennui, qui règnent parmi le sot peuple que l'on voit se presser ici! la manie du rang, avec laquelle ils guettent, ils épient, le moyen de gagner un pas les uns sur les autres; frivoles, misérables passions, qui se montrent sans le moindre voile! Voici, par exemple, une femme qui entretient tout le monde de sa noblesse et de ses terres, en sorte que chaque étranger doit se dire : « C'est une folle, à qui un peu de noblesse et le renom de ses domaines ont tourné la tête. » Mais c'est bien pis encore! Cette femme est la fille d'un greffier du voisinage.... Vois-tu, je ne puis comprendre que le genre humain ait assez peu de sens pour se prostituer si platement.

A la vérité, je remarque toujours plus, mon cher Wilhelm, combien l'on est fou de juger les autres d'après soi. Et puisque j'ai tant à faire avec moi-même, que mon cœur est si turbulent.... ah! je laisse volontiers les autres suivre leur voie, s'ils veulent seulement me laisser suivre la mienne.

Ce qui m'importune le plus, ce sont les misérables distinctions sociales. Je sais, tout comme un autre, combien la différence des conditions est nécessaire, combien d'avantages elle me procure à moi-même : mais je voudrais qu'elle ne vînt pas me barrer le passage, au moment où je pourrais goûter encore ici-bas un peu de joie, une apparence de bonheur. Dernièrement j'ai fait, à la promenade, la connaissance d'une demoiselle de B., aimable personne, qui, au milieu de ce monde guindé, a conservé beaucoup de naturel. Nous trouvâmes du plaisir à converser ensemble, et, quand nous nous séparâmes, je lui demandai la permission de lui rendre visite. Elle me l'accorda de si bonne grâce, que je pouvais à peine attendre le moment convenable pour me rendre chez elle. Elle n'est pas de cette ville, et demeure chez une tante. La physionomie de la vieille me déplut. Je montrai beaucoup d'attentions pour elle; je lui adressai presque toujours la parole, et, en moins d'une demi-heure, je parvins à démêler assez bien ce que la jeune demoiselle m'a depuis avoué elle-même : c'est que sa chère tante manque de tout dans sa vieillesse; qu'elle est sans fortune, sans esprit, sans autre ressource que la suite de ses aïeux, sans autre abri que le rang dans lequel elle se retranche, sans autre délassement que de regarder fièrement de sa fenêtre les bourgeois passer là-bas. Elle doit avoir été belle dans sa jeunesse, et a passé son temps à des bagatelles; elle fit d'abord, par ses caprices, le tourment de quelques pauvres jeunes hommes, puis, dans un âge plus mûr, elle se plia sous l'obéissance d'un vieil officier, qui, à ce prix, et pour un modique entretien, passa l'âge d'airain avec elle et mourut. Maintenant elle se voit seule dans l'âge de fer, et personne ne la regarderait, si sa nièce était moins aimable.

8 janvier 1772.

Quels hommes que ceux dont l'âme est absorbée tout entière par le cérémonial; dont la pensée et les efforts, durant des années, ne tendent qu'à chercher les moyens de se glisser à table un siége plus haut! Ce n'est pas qu'ils manquent d'ailleurs d'occupations : bien au contraire, les travaux s'amassent, parce que ces petits démêlés entravent l'expédition des affaires importantes. La semaine dernière, il y eut des difficultés dans une partie de traîneaux, et cela gâta tout notre plaisir.

Les fous, qui ne voient pas que la place ne signifie rien, et que celui qui occupe la première joue rarement le premier rôle! Combien de rois ne sont-ils pas gouvernés par leurs ministres! combien de ministres, par leurs secrétaires! Lequel est donc le premier? Selon moi, c'est celui qui domine les autres, qui possède assez de force ou de ruse pour faire servir leurs forces et leurs passions à l'accomplissement de ses desseins.

20 janvier.

Il faut que je vous écrive, mon aimable Charlotte, ici, dans la chambre d'une pauvre auberge de village, où je me suis réfugié contre le mauvais temps. Dans ce triste gîte de D., où je me traîne au milieu d'une foule étrangère, tout à fait étrangère à mes sentiments, je n'ai pas eu un moment, pas un seul, où le cœur m'ait dit de vous écrire : et maintenant, dans cette cabane, dans cette solitude, dans cette prison, tandis que la neige et la grêle se déchaînent contre ma petite fenêtre, ici, vous avez été ma première pensée. Dès que je fus entré, votre image, ô Charlotte, votre pensée m'a saisi, si sainte, si vivante! Bon Dieu, c'est le premier instant de bonheur que je retrouve.

Si vous me voyiez, mon amie, dans ce torrent de dissipations! Comme toute mon âme se dessèche! Pas un moment où le cœur soit plein! pas une heure fortunée! rien, rien! Je suis là comme devant une chambre obscure : je vois de petits hommes et de petits chevaux tourner devant moi, et je me demande souvent si ce n'est pas une illusion d'optique. Je m'en amuse, ou plutôt on s'amuse de moi comme d'une marionnette; je prends quelquefois mon voisin par sa main de bois, et je recule en frissonnant. Le soir, je fais le projet d'aller voir lever le soleil, et je reste au lit; le jour, je me promets le plaisir du clair de lune, et je m'oublie dans ma chambre. Je ne sais trop pourquoi je me lève, pourquoi je me couche.

Le levain qui faisait fermenter ma vie, je ne l'ai plus; le charme qui me tenait éveillé dans les nuits profondes s'est évanoui; l'enchantement qui, le matin, m'arrachait au sommeil a fui loin de moi.

Je n'ai trouvé ici qu'une femme, une seule, Mlle de B. Elle vous ressemble, ô Charlotte, si l'on peut vous ressembler. « Eh quoi? direz-vous, le voilà qui fait de jolis compliments! » Cela n'est pas tout à fait imaginaire : depuis quelque temps je suis très-aimable, parce que je ne puis faire autre chose; j'ai beaucoup d'esprit, et les dames disent que personne ne sait louer aussi finement.... « Ni mentir, ajouterez-vous, car l'un ne va pas sans l'autre, entendez-vous?... » Je voulais parler de Mlle B. Elle a beaucoup d'âme, on le voit d'abord à la flamme de ses yeux bleus. Son rang lui est à charge; il ne satisfait aucun des vœux de son cœur. Elle aspire à sortir de ce tumulte, et nous rêvons, des heures entières, au milieu de scènes champêtres, un

bonheur sans mélange ; hélas ! nous rêvons à vous, Charlotte !
Que de fois n'est-elle pas obligée de vous rendre hommage !...
Non pas obligée : elle le fait de bon gré ; elle entend volontiers
parler de vous ; elle vous aime.

Oh ! si j'étais assis à vos pieds, dans la petite chambre, gracieuse et tranquille ! si nos chers petits jouaient ensemble autour de moi, et, quand leur bruit vous fatiguerait, si je pouvais les rassembler en cercle et les calmer avec une histoire effrayante !

Le soleil se couche avec magnificence sur la contrée éblouissante de neige ; l'orage est passé ; et moi.... il faut que je rentre dans ma cage..... Adieu. Albert est-il auprès de vous ? Et comment ?... Dieu veuille me pardonner cette question !

8 février

Nous avons, depuis une semaine, le temps le plus affreux, et je m'en félicite, car, depuis mon arrivée, je n'ai pas encore vu luire un beau jour, qu'un fâcheux ne me l'ait gâté ou dérobé. Maintenant, lorsqu'il pleut bien fort, qu'il neige, qu'il gèle et dégèle, je me dis : « On ne peut être plus mal à la maison que dehors, » ou réciproquement, et je prends mon parti. Mais le soleil se montre-t-il le matin, et promet-il un beau jour, je ne manque jamais de m'écrier : « Voici encore une faveur céleste qu'ils peuvent se ravir les uns aux autres. » Il n'est rien qu'ils ne se ravissent de la sorte : santé, bonne renommée, joie, repos ; et, le plus souvent, par niaiserie, ignorance et préjugé, et, à les entendre, avec les meilleures intentions. Je voudrais quelquefois les prier à genoux de ne pas se déchirer eux-mêmes les entrailles avec tant de fureur.

17 février.

Je crains que mon ambassadeur et moi nous ne puissions plus tenir longtemps ensemble. Cet homme est tout à fait insupportable. Sa manière de travailler et de traiter les affaires est si ridicule, que je ne puis m'empêcher de le contredire, et souvent d'en faire à ma tête et à ma façon, et, naturellement, la chose n'est jamais à son gré. Il s'en est plaint dernièrement à la cour, et le ministre m'en a fait une remontrance, fort douce, à la vérité, mais enfin c'était une remontrance, et je songeais à demander mon congé, quand j'ai reçu de lui une lettre particulière[1], une lettre devant laquelle je me suis mis à genoux, pour adorer cet esprit élevé, noble et sage. Comme il reprend ma sensibilité trop vive! Comme il se plaît à voir une heureuse ardeur de jeunesse dans mes idées exaltées d'activité, d'influence sur les autres, de décision dans les affaires, et cherche, non pas à les extirper, mais à les modérer et à les conduire au point où elles peuvent trouver leur véritable développement et produire leur effet! Me voilà, pour huit jours, fortifié et d'accord avec moi-même. C'est une belle chose que la paix de l'âme et le contentement de soi. Cher ami, quel dommage que ce joyau soit aussi fragile qu'il est précieux et beau!

20 février.

Dieu veuille vous bénir, mes amis, et vous donner tous les heureux jours qu'il me retranche!

Albert, je te remercie de m'avoir trompé: j'attendais l'avis qui devait m'annoncer le jour de votre mariage, et j'avais résolu que ce jour là, j'ôterais solennellement de la muraille la silhouette de Charlotte, pour l'ensevelir parmi d'autres papiers. Vous êtes époux, et son image est toujours là! Qu'elle y reste! Et pourquoi pas? Je sais que je suis moi-même auprès de vous; que je suis, sans te faire tort, dans le cœur de Charlotte; j'y tiens, oui, j'y tiens la seconde place, et je veux et je dois la

---

1. Par égard pour ces nobles personnages, on a retranché du recueil cette lettre, ainsi qu'une autre, dont il est question plus bas, parce qu'on n'a pas cru que la plus vive reconnaissance du public pût faire excuser une pareille hardiesse. (*Note de l'auteur.*)

conserver. Oh! je deviendrais fou, si elle pouvait oublier....
Albert, il y a dans cette idée un enfer. Albert, adieu! Adieu
ange du ciel! Adieu, Charlotte!

15 mars.

J'ai essuyé une mortification qui me chassera d'ici. Je grince
les dents. Diable! la chose ne pourra s'arranger, et c'est vous
pourtant qui êtes cause de tout, vous qui m'avez aiguillonné,
tourmenté, pressé de prendre un emploi qui n'était pas à mon
gré. J'ai mon affaire à présent et vous avez la vôtre! Et, afin
que tu ne dises pas que mes idées exaltées font tout le mal, voici,
mon cher, un récit pur et simple, comme le tracerait un chroniqueur.

Le comte de C.... m'aime, il me distingue : c'est une chose
connue, je te l'ai déjà dit cent fois. Je dînais hier chez lui : c'était justement le jour où la noble société, hommes et femmes,
se réunit le soir dans sa maison. Je n'y avais pas songé, et il
ne m'était jamais venu à l'esprit que, nous autres subalternes, nous ne sommes pas là à notre place. Bien. Je dîne, et,
après dîner, nous nous promenons de long en large dans le
grand salon; je cause avec le comte, avec le colonel B...., qui
survient, et ainsi arrive l'heure de la réunion. Dieu sait si je
pense à rien! Arrive la très-noble dame de S.... avec monsieur
son époux et leur oison de fille, à la gorge plate, au joli corsage;
ils prennent « en passant[1] » leur air dédaigneux, et, comme j'ai
pour cette engeance une profonde antipathie, j'allais prendre
congé, et n'attendais que le moment où le comte serait délivré
de leur ennuyeux bavardage, quand je vis entrer ma chère demoiselle B.... Comme le cœur me bat toujours un peu quand je
la vois, je restai, je me plaçai derrière sa chaise, et il me fallut
quelque temps pour observer qu'elle me parlait avec moins d'abandon qu'à l'ordinaire, avec un peu d'embarras. Cela me surprit. « Est-elle aussi comme tout ce monde? » dis-je en moi-
même. J'étais piqué et je voulais partir, et pourtant je restai, car

---

1. Ces mots sont en français dans l'original.

j'aurais voulu l'excuser; je ne pouvais le croire, et j'espérais encore qu'elle m'adresserait quelque parole obligeante, et.... Que veux-tu? Dans l'intervalle, le salon se remplit. Le baron F..., avec toute la garde-robe du temps où l'on couronna François I[er1]; le conseiller aulique R..., mais annoncé ici *in qualitate* de M. de R..., avec sa sourde moitié, etc.; il ne faut pas oublier J..., le mal vêtu, qui remplit les lacunes de sa toilette gothique avec des lambeaux à la nouvelle mode. Cela devient une foule, et je parle avec quelques personnes de ma connaissance, qui sont toutes fort laconiques. Je ne pensais et ne prenais garde qu'à ma chère B...; je ne remarquais pas que les femmes se parlaient à l'oreille au bout de la salle; qu'il se passait quelque chose parmi les hommes; que Mme de S.... s'entretenait avec le comte. C'est Mlle B.... qui m'a tout rapporté depuis. Enfin le comte vint à moi, et me prit à part dans l'embrasure d'une fenêtre. « Vous connaissez, dit-il, nos coutumes bizarres: je m'aperçois que la société est mécontente de vous voir ici. Je ne voudrais pas pour tout au monde.... — Excellence, lui dis-je en l'interrompant, je vous fais mille excuses. Je devais y songer plus tôt, et je sais que vous me pardonnerez cette inconséquence. J'ai déjà voulu prendre congé de vous: un mauvais génie m'a retenu, » ajoutai-je en souriant et lui faisant la révérence. Le comte me serra les mains, avec un sentiment qui disait tout. Je me glissai doucement hors de la noble assemblée; je me jetai dans un cabriolet, et me fis conduire à M..., pour voir, de la colline, le coucher du soleil, et lire, dans mon Homère, le chant magnifique où l'on voit comme Ulysse est hébergé par le fidèle gardien des pourceaux. Tout cela était à merveille!

Le soir, je reviens souper à l'hôtel: il n'y avait encore que peu de gens dans la salle; ils jouaient aux dés sur un coin de la table, dont ils avaient relevé la nappe. Arrive l'estimable A...; il pose son chapeau, tout en me regardant; il vient à moi et me dit à voix basse: « Tu as eu un désagrément? — Moi? dis-je. — Le comte t'a fait sortir de son assemblée. — Au diable soit-elle! m'écriai-je. J'étais bien aise de respirer le grand air. — Tant mieux, dit-il, que tu prennes la chose légèrement. Je suis fâché

---

1. Empereur d'Allemagne en 1745.

seulement que déjà cela coure partout. » Alors enfin la chose commença à me piquer au vif. A mesure que les gens venaient se mettre à table et me regardaient, je disais en moi-même: « C'est pour cela qu'ils te regardent, » et cela m'échauffait le sang.

Et comme à présent, où que je paraisse, on me plaint; comme j'apprends que mes envieux triomphent, et disent qu'on voit ce qui arrive à ces présomptueux, qui se prévalent d'un peu d'esprit qu'ils ont, et se croient par là autorisés à se mettre au-dessus de toutes les bienséances, et autres aboiements de la sorte.... il y aurait là de quoi s'enfoncer un couteau dans le cœur. Que l'on vante en effet tant qu'on voudra l'indépendance de caractère: je voudrais bien voir l'homme qui pourra souffrir que des faquins glosent sur son compte, quand ils ont sur lui quelque prise! Quand leur bavardage est sans fondement, alors certes il est facile de les oublier.

16 mars

Tout me provoque. Aujourd'hui j'ai rencontré Mlle B.... à la promenade: je n'ai pu m'empêcher de lui adresser la parole, et, dès que nous fûmes un peu éloignés de la compagnie, je lui ai témoigné mon ressentiment de sa conduite d'avant-hier. « O Werther, m'a-t-elle dit d'un ton pénétré, avez-vous pu vous expliquer ainsi mon trouble, vous qui connaissez mon cœur? Que n'ai-je pas souffert pour vous, dès le moment où j'entrai dans le salon! Je prévoyais tout. Cent fois j'ai eu la parole sur les lèvres pour vous le dire. Je savais que les dames de S.... et T.... quitteraient plutôt la place avec leurs maris que de rester dans votre compagnie; je savais que le comte n'oserait pas se brouiller avec eux.... Et maintenant tout ce bruit.... — Comment, mademoiselle? » dis-je, en cachant mon trouble; car tout ce que Adelin m'avait dit avant-hier courut en ce moment dans mes veines comme de l'eau bouillante. « Qu'il m'en a déjà coûté! » ajouta la douce créature, les larmes aux yeux. Je n'étais plus maître de moi, j'étais sur le point de me jeter à ses pieds. « Expliquez-vous, » lui dis-je. Ses larmes coulèrent, j'étais hors de moi. Elle les essuya, sans vouloir les cacher. « Vous connaissez ma tante, reprit-elle ; elle était présente, et de quel œil a-t-elle vu cette scène ! Werther, hier au soir et ce matin, j'ai essuyé un sermon sur ma liaison avec vous, et il m'a fallu vous entendre rabaisser, ravaler, sans pouvoir, sans oser vous défendre qu'à demi. »

Chaque parole qu'elle prononçait me traversait le cœur comme une épée. Elle ne sentait pas comme il eût été charitable de me taire tout cela ; elle y ajouta tous les bavardages que l'on ferait encore, quelles gens allaient triompher, comme on s'applaudirait tout bas, comme on se réjouirait de voir punir mon orgueil et mon mépris des autres, qu'on me reproche depuis longtemps. Entendre d'elle tout cela, Wilhelm, avec l'accent de la plus vraie sympathie !... Je fus écrasé, et j'en ai encore la rage dans le cœur. Je voudrais que l'un d'eux osât me le dire en face, afin de pouvoir lui passer mon épée au travers du corps. Si je voyais du sang, cela me ferait du bien. Ah ! j'ai cent fois pris un couteau, pour donner de l'air à mon cœur. On parle d'une noble race de chevaux, qui, lorsqu'ils sont violemment échauffés et surmenés, se déchirent, par instinct, une veine, afin de respirer plus librement. Il en est souvent ainsi de moi : je voudrais m'ouvrir une veine qui me donnerait l'éternelle liberté.

24 mars.

J'ai demandé à la cour mon congé, et je l'obtiendrai, j'espère, et vous me pardonnerez de ne m'être pas assuré d'abord votre permission. Il faut que je parte, et tout ce que vous aviez à me dire pour m'engager à rester, je le sais. Ainsi donc faites que ma mère prenne la chose doucement. Je ne puis me contenter moi-même : il faut qu'elle prenne patience, si je ne puis la contenter non plus. Cela doit l'affliger sans doute. Cette belle course que son fils avait entreprise pour arriver droit au conseil privé et aux ambassades, la voir arrêtée tout à coup ! le voir ramener son petit cheval à l'écurie ! Tournez la chose comme vous voudrez, et combinez tous les cas possibles, dans lesquels j'aurais pu et j'aurais dû rester : il suffit, je pars. Et pour que vous sachiez où je vais, ici se trouve le prince ***, à qui ma société convient beaucoup; lorsqu'il a su mon dessein, il m'a pressé de l'accompagner dans ses terres, et d'y passer le printemps. Je serai tout à moi-même, il me l'a promis, et, comme nous nous entendons jusqu'à un certain point, je veux en courir la chance et partir avec lui.

Post-Scriptum.

19 avril.

Je te remercie de tes deux lettres. Je n'ai pas répondu, parce que j'ai attendu, pour expédier celle-ci, que j'eusse obtenu mon congé de la cour. Je craignais que ma mère ne s'employât auprès du ministre et ne gênât mon projet. Maintenant la chose est faite : voilà mon congé. Je ne puis vous dire avec quel regret on me l'a donné, et ce que m'écrit le ministre : vous éclateriez en nouvelles lamentations. Le prince héréditaire m'a envoyé une gratification de vingt-cinq ducats, avec un mot qui m'a touché jusqu'aux larmes. Je n'ai donc pas besoin de l'argent au sujet duquel j'écrivis dernièrement à ma mère.

5 mai.

Je pars demain, et, le lieu de ma naissance n'étant qu'à six milles de la route, je veux le revoir, et me rappeler ces anciens jours, doucement passés comme un songe. Je veux entrer par cette même porte de laquelle ma mère sortit avec moi, lorsqu'après la mort de mon père, elle quitta ce lieu cher et tranquille, pour s'emprisonner dans sa ville natale. Adieu, Wilhelm, tu auras des nouvelles de mon voyage.

9 mai.

J'ai fait ma visite au lieu natal avec toute la piété d'un pèlerin, et bien des sentiments inattendus m'ont saisi. Je fis arrêter près du grand tilleul qui se trouve à un quart de lieue de la ville du côté de S...; je quittai la voiture, et je l'envoyai en avant, afin de cheminer à pied et de savourer à mon gré chaque souvenir, dans toute sa vie et sa nouveauté. Je m'arrêtai sous le tilleul, qui avait été, dans mon enfance, le but et le terme de mes promenades. Quelle différence! Alors, dans une heureuse ignorance, je m'élançais avec ardeur vers ce monde inconnu, où j'espérais pour mon cœur tant de nourriture, tant de jouissances, qui devaient combler et satisfaire l'ardeur de mes désirs. Maintenant, j'en reviens de ce vaste monde.... O mon ami, avec combien d'espérances déçues, avec combien de plans renversés !... Les voilà devant moi les montagnes qui mille fois avaient été l'objet de mes vœux. Je pouvais rester des heures assis à cette place, aspirant à franchir ces hauteurs, égarant ma pensée au sein des bois et des vallons, qui s'offraient à mes yeux dans un gracieux crépuscule, et, lorsqu'au moment fixé il me fallait revenir, avec quel regret ne quittais-je pas cette place chérie!... J'approchai de la ville : je saluai tous les anciens pavillons de jardin; les nouveaux me déplurent, comme tous les changements qu'on avait faits. Je franchis la porte de la ville, et d'abord je me retrouvai tout à fait. Mon ami, je ne veux pas m'arrêter au détail : autant il eut de charme pour moi, autant il serait monotone dans le récit. J'avais résolu de me loger sur la place, tout à côté de notre ancienne maison. Je remarquai, sur mon passage, que la chambre d'école, où une bonne vieille femme avait parqué notre enfance, s'était transformée en une boutique de détail. Je me rappelai l'inquiétude, les chagrins, l'étourdissement, l'angoisse que j'avais endurés dans ce trou.... Je ne pouvais faire un pas qui ne m'offrît quelque chose de remarquable. Un pèlerin ne trouve pas en terre sainte autant de places consacrées par de religieux souvenirs, et je doute que son âme soit aussi remplie de saintes émotions.... Encore un exemple sur mille : je descendis le long de la rivière, jusqu'à une certaine métairie. C'était aussi mon chemin autrefois, et la petite place où les enfants s'exerçaient à qui ferait le plus souvent rebondir les pierres plates à la surface de l'eau. Je me rappelai vivement comme je m'arrêtais quelquefois à suivre des yeux le cours de la rivière; avec quelles merveilleuses conjectures je l'accompagnais; quelles étranges peintures je me faisais des contrées où elle allait courir; comme je trouvais bientôt les bornes de mon imagination, et pourtant me sentais entraîné plus loin, toujours plus loin, et finissais par me perdre dans la contemplation d'un vague lointain.... Mon ami, aussi bornés, aussi heureux, étaient les vénérables pères du genre humain; aussi enfantines, leurs impressions, leur poésie. Quand Ulysse parle de la mer immense et de la terre infinie, cela est vrai, humain, intime, saisissant et mystérieux. Que me sert maintenant de pouvoir répéter, avec tous les écoliers, qu'elle est ronde? Il n'en faut à l'homme que quelques mottes pour vivre heureux dessus, et moins encore pour dormir dessous....

Je suis maintenant à la maison de chasse du prince. On vit fort bien avec le maître. Il est simple et vrai. Il est entouré de gens singuliers, que je ne puis du tout comprendre. Ils ne semblent point des fripons, et je ne leur trouve pas non plus l'air d'honnêtes gens. Quelquefois ils me semblent honorables, cependant je ne puis me confier en eux. Ce qui m'afflige encore, c'est que le prince parle souvent de choses qu'il ne connaît que par la lecture ou la conversation, et il en parle toujours au point de vue sous lequel un autre a cru devoir les lui présenter.

En outre, il apprécie mes talents et mon esprit plus que mon cœur, la seule chose dont je suis fier, et qui seule est la source de tout, de toute force, de toute félicité, de toute misère. Ah! ce que je sais, chacun peut le savoir.... Mon cœur est à moi seul.

25 mai.

J'avais en tête une chose dont je ne voulais rien vous dire, jusqu'à ce qu'elle fût arrangée : maintenant, l'affaire n'ayant pas de suite, je puis tout aussi bien m'expliquer. Je voulais entrer au service. Cela m'a tenu longtemps au cœur. C'est surtout dans cette vue que j'avais suivi le prince, qui est général au service de.... Je lui ai découvert mon projet dans une promenade : il m'en a dissuadé, et il y aurait eu chez moi plus de passion que de fantaisie, si j'avais refusé de prêter l'oreille à ses raisons.

11 juillet.

Dis ce que tu voudras, je ne puis rester davantage. Que fais-je ici? Je commence à trouver le temps long. Le prince me traite aussi bien que possible, et pourtant je ne suis pas à mon aise. Au fond nous n'avons rien de commun l'un avec l'autre. C'est un homme d'esprit, mais d'un esprit tout à fait commun; sa conversation ne m'intéresse pas plus que ne ferait la lecture d'un livre bien écrit. Je resterai encore huit jours, et puis je recommencerai mes courses vagabondes. Ce que j'ai fait de mieux ici, c'est de dessiner. Le prince a le sentiment de l'art, et l'aurait plus vif encore, s'il était moins enchaîné par les ennuyeuses formes scientifiques et par une banale terminologie. Quelquefois je me mords les lèvres, lorsque mon imagination échauffée le promène dans les domaines de l'art et de la nature, et qu'il pense faire merveille, en jetant tout à coup à la traverse quelque terme technique.

16 juillet.

Oui, je ne suis qu'un voyageur, un passager sur la terre! Et vous donc, êtes-vous davantage?

18 juillet.

Où j'ai dessein d'aller ? Je vais te le dire en confidence. Je resterai ici quinze jours encore, après quoi, je me suis fait accroire que je voulais visiter les mines de... ; mais, dans le fond, il n'en est rien : je veux seulement me rapprocher de Charlotte, voilà tout. Et je ris de mon cœur.... et je fais tout ce qu'il veut.

29 juillet.

Non, c'est bien, tout est bien !... Moi, son époux ! O Dieu, qui m'as donné la vie, si tu m'avais réservé cette félicité, ma vie entière eût été une adoration continuelle. Je ne veux pas contester, mais pardonne-moi ces larmes, pardonne-moi mes vœux inutiles.... Elle, ma femme ! Si j'avais serré dans mes bras la plus aimable créature qui soit sous le soleil !... Wilhelm, tout mon corps frissonne, lorsqu'Albert entoure de son bras cette taille élégante.

Et l'oserai-je dire ? Pourquoi pas, Wilhelm ? Elle eût été plus heureuse avec moi qu'avec lui. Oh ! il n'est pas l'homme capable de remplir tous les vœux de cet ange. Un certain défaut de sensibilité, un défaut.... prends-le comme tu voudras.... Je ne vois pas la sympathie faire battre son cœur, à quelque passage d'un livre chéri, quand le cœur de Charlotte et le mien se rencontrent, et, dans cent autres occasions, lorsqu'il nous arrive d'exprimer nos sentiments sur les actions d'autrui.... Cher Wilhelm.... il est vrai qu'il l'aime de toute son âme; et que ne mérite pas un pareil amour ?...

Un homme insupportable m'a interrompu. Mes larmes sont séchées. Je suis distrait.

Adieu, cher ami.

4 août.

Je ne suis pas le seul : tous les hommes sont déçus dans leurs espérances, trompés dans leur attente. J'ai été voir ma bonne femme sous les tilleuls. L'aîné des enfants est accouru à ma rencontre : ses cris de joie ont amené la mère, qui m'a paru très-abattue. Sa première parole a été de me dire : « Mon bon monsieur, hélas! mon Jean est mort! » C'était le plus jeune de ses garçons. Je restai muet. « Et mon mari, a-t-elle dit encore, est revenu de Suisse, et n'a rien apporté; et, sans quelques bonnes gens, il lui aurait fallu mendier pour revenir. Il avait pris la fièvre en chemin.... » Je ne pus rien lui dire; je donnai quelque chose au petit. Elle me pria d'accepter quelques pommes, ce que je fis, et je quittai ce lieu de triste souvenir.

21 août.

En un tour de main, je suis tout changé. Quelquefois la vie s'éclaire encore d'un joyeux sourire.... Hélas! ce n'est que pour un moment.... Quand je me perds ainsi dans mes rêves, je ne puis écarter loin de moi cette pensée : « Quoi donc! si Albert venait à mourir! Tu serais, oui, elle serait.... » Et je poursuis cette vision jusqu'à ce qu'elle me conduise au bord des abîmes, devant lesquels je recule avec horreur.

Quand je sors de la ville par le chemin que je parcourus en voiture, le jour où j'allai, pour la première fois, prendre Charlotte, afin de la mener au bal, combien tout me paraît changé! Tout est passé, tout a disparu. Nul vestige de ce monde évanoui; pas un battement de cœur qui réponde à mes sentiments d'autrefois. Je suis comme un fantôme, qui reviendrait dans le manoir consumé, dévasté, que jadis, prince florissant, il avait bâti lui-même, décoré avec la dernière magnificence, et que, d'un cœur plein d'espoir, il avait laissé, en mourant, à son fils bien-aimé.

3 septembre.

Quelquefois je ne puis comprendre comment un autre peut l'aimer, ose l'aimer, quand je l'aime si uniquement, si profondément, si parfaitement; quand je ne connais et ne sais et ne possède rien qu'elle.

4 septembre.

Oui, c'est ainsi. Comme la nature incline vers l'automne, l'automne se fait en moi et autour de moi. Mes feuilles jaunissent, et déjà les feuilles des arbres voisins sont tombées. Ne te parlais-je pas un jour d'un jeune paysan, dès le temps où je vins ici? J'ai demandé de ses nouvelles à Wahlheim. On m'a dit qu'il avait été renvoyé de son service, et personne n'en savait davantage sur son compte. Hier je le rencontrai par hasard sur le chemin d'un autre village. Je lui adressai la parole, et il me conta son histoire, qui m'a touché profondément, comme tu le comprendras sans peine, quand je te l'aurai contée à mon tour. Mais à quoi bon ces détails? Ne devrais-je pas garder pour moi ce qui m'angoisse et m'afflige? Pourquoi t'affliger aussi? Pourquoi te fournir toujours l'occasion de me plaindre et de me blâmer? Soit, peut-être cela est-il aussi dans ma destinée.

Cet homme répondit à mes premières questions avec une morne tristesse, dans laquelle je crus remarquer un peu de confusion : mais bientôt, comme s'il s'était reconnu lui-même et m'avait reconnu soudain, il m'avoua ses fautes avec plus de franchise, il déplora son malheur. Que ne puis-je, mon ami, te rapporter chacune de ses paroles! Il avouait, il racontait (en éprouvant, à ce souvenir, une sorte de jouissance et de bonheur), que sa passion pour la maîtresse de la maison avait augmenté de jour en jour; qu'à la fin il ne savait plus ce qu'il faisait, ni, pour parler son langage, où donner de la tête. Il ne pouvait ni boire, ni manger, ni dormir; cela le prenait à la gorge; il faisait ce qu'il ne devait pas faire; ce qui lui était commandé, il l'oubliait; il avait été poursuivi comme par un mauvais esprit; un jour, enfin, où il avait su qu'elle était dans une chambre haute, il l'avait suivie, ou plutôt il s'était senti entraîné après elle. Comme elle ne se rendait pas à ses prières, il avait voulu employer la force. Il ne savait pas ce qui s'était passé en lui, et prenait Dieu à témoin que ses vues sur elle avaient toujours été pures, et qu'il n'avait rien désiré plus ardemment que de pouvoir l'épouser et passer sa vie avec elle. Après avoir ainsi parlé quelque temps, il hésita, comme une personne qui a quelque chose à dire encore, et qui n'ose le proférer. Enfin il m'avoua timidement les petites familiarités qu'elle lui avait permises, et les faveurs qu'elle lui avait accordées. Il s'interrompit deux ou trois fois, et me répéta ses plus vives protestations qu'il ne disait pas cela « pour la mépriser, » selon ses expressions; qu'il l'aimait et l'estimait comme auparavant; que ces choses-là n'étaient jamais sorties de sa bouche, et qu'il me les disait uniquement pour me convaincre qu'il n'était pas un méchant ni un insensé.... Et maintenant, mon ami, je recommence mon vieux refrain, que je répéterai toujours : si je pouvais te dépeindre ce jeune homme, tel qu'il était, tel qu'il est encore devant moi! Si je pouvais tout te dire parfaitement, pour te faire sentir comme je m'intéresse, comme je dois m'intéresser à son sort! Il suffit : tu connais aussi le mien, tu me connais, et tu ne sais que trop bien ce qui m'attire vers tous les malheureux, et particulièrement vers celui-là.

Je relis ma lettre, et je vois que j'ai oublié de te raconter la fin de l'histoire, qui se devine d'ailleurs aisément. La veuve se défendit; son frère survint : il haïssait depuis longtemps le valet; depuis longtemps il avait désiré le voir sortir de la maison, parce qu'il craignait qu'un nouveau mariage de sa sœur ne privât ses enfants de l'héritage, sur lequel ils avaient alors de belles espérances, la veuve n'ayant point d'enfants. Ce frère l'avait aussitôt chassé de la maison, et avait fait tant de bruit de la chose, que la maîtresse, quand même elle l'aurait voulu, n'aurait pas osé le reprendre. Maintenant elle avait un autre domestique, au sujet duquel on la disait aussi brouillée avec son frère, et l'on assurait qu'elle devait l'épouser : mais il était, lui, fermement résolu à ne pas souffrir la chose de son vivant.

Cette histoire n'est point exagérée, point embellie; je puis dire même que je l'ai racontée faiblement, très-faiblement, et qu'elle a perdu de sa délicatesse, parce que je l'ai rapportée avec nos formes de langage usuelles et réservées.

Cet amour, cette fidélité, cette passion, n'est donc pas une fiction poétique; elle vit, elle existe, dans sa parfaite pureté, parmi cette classe d'hommes que nous appelons incultes et grossiers, nous autres gens polis, polis jusqu'à n'être plus rien. Lis cette histoire avec recueillement, je t'en prie. Je suis calme aujourd'hui en t'écrivant ces choses; tu le vois à mon écriture, je ne me presse ni ne barbouille comme d'ordinaire. Lis, mon cher Wilhelm, et songe bien que c'est aussi l'histoire de ton ami. Oui, voilà ce qui m'est arrivé, voilà ce qui m'arrivera, et je ne suis pas de moitié aussi courageux, aussi résolu que ce pauvre malheureux, auquel j'ose à peine me comparer.

5 septembre.

Elle avait écrit un petit billet à son mari, qui était à la campagne, où des affaires le retenaient. Le billet commençait ainsi : « Cher, très-cher ami, reviens aussitôt que tu pourras; je t'attends avec mille joies.... » Un ami, qui survint, apporta la nouvelle que certaines circonstances empêcheraient Albert de revenir de sitôt. Le billet resta sur la table, et, le soir, il me tomba dans les mains. Je le lus et je souris. Elle me demanda pourquoi.... « Que l'imagination est un présent divin! m'écriai-je; j'ai pu me figurer un moment que cela m'était adressée. » Elle brisa là-dessus; cela parut lui déplaire, et je me tus.

6 septembre.

Ce n'est pas sans peine que je me suis résolu à mettre de côté le simple habit bleu que je portais, le jour où je dansai avec Charlotte pour la première fois, mais il avait fini par être tout à fait passé. J'en ai commandé un tout pareil, collet et parements, et toujours avec la veste et la culotte jaunes.

Cela ne fera plus sans doute le même effet. Je ne sais... avec le temps, celui-ci me deviendra, je crois, plus cher à son tour.

12 septembre.

Elle avait été quelques jours absente, elle était allée chercher Albert. Aujourd'hui j'entre dans sa chambre : elle vient au-devant de moi, et je lui baise la main avec transport.

Un serin de Canarie vole du miroir sur son épaule. « C'est un nouvel ami, dit-elle, puis elle l'attire sur sa main. Il est destiné à mes petits. Il est trop charmant. Voyez! quand je lui donne du pain, il bat des ailes et becquète si joliment! Il me baise aussi : voyez! »

Elle tendit la bouche au petit oiseau, et il se pressa aussi amoureusement contre ses douces lèvres que s'il avait pu sentir la félicité dont il jouissait.

« Il faut aussi qu'il vous baise, » dit-elle, et elle avança l'oiseau de mon côté. Le petit bec passa de la bouche de Charlotte à la mienne, et ses picotements étaient comme un souffle, un avant-goût d'amoureux plaisir.

« Son baiser, ai-je dit, n'est pas tout à fait désintéressé ; il cherche de la nourriture, et se retire mécontent après une caresse vide. — Il mange aussi à ma bouche, » dit-elle. Elle lui présenta quelques miettes de pain avec ses lèvres, sur lesquelles souriaient avec volupté les joies d'un innocent amour.

Je détournai le visage. Elle ne devait pas faire cela! Elle ne devait pas enflammer mon imagination avec ces emblèmes d'innocence et de félicité céleste, et réveiller mon cœur du sommeil où le berce quelquefois l'indifférence de la vie !... Et pourquoi non ? Elle se fie à moi ; elle sait comme je l'aime.

15 septembre.

Wilhelm, on deviendrait furieux de voir qu'il y ait des hommes incapables de goûter et de sentir le peu de biens qui ont encore quelque valeur sur la terre. Tu connais les noyers sous lesquels je me suis assis avec Charlotte, à St..., chez le bon pasteur, ces magnifiques noyers, qui, Dieu le sait, me remplissaient toujours d'une joie calme et profonde. Quelle paix, quelle fraîcheur ils répandaient sur le presbytère ! Que les rameaux étaient majestueux ! Et le souvenir enfin des vénérables pasteurs qui les avaient plantés, tant d'années auparavant !... Le maître d'école nous a dit souvent le nom de l'un d'eux, qu'il avait appris de son grand-père. Ce fut sans doute un homme vertueux, et, sous ces arbres, sa mémoire me fut toujours sacrée. Eh bien, le maître d'école avait hier les larmes aux yeux, comme nous parlions ensemble de ce qu'on les avait abattus. Abattus ! j'en suis furieux, je pourrais tuer le chien qui a porté le premier coup de hache. Moi, qui serais capable de prendre le deuil, si, d'une couple d'arbres tels que ceux-là, qui auraient existé dans ma cour, l'un venait à mourir de vieillesse, il faut que je voie une chose pareille !... Cher Wilhelm, il y a cependant une compensation. Chose admirable que l'humanité ! Tout le village murmure, et j'espère que la femme du pasteur s'apercevra au beurre, aux œufs et autres marques d'amitié, de la blessure qu'elle a faite à sa paroisse. Car c'est elle, la femme du nouveau pasteur (notre vieux est mort), une personne sèche, maladive, qui fait bien de ne prendre au monde aucun intérêt, attendu que personne n'en prend à elle. Une folle, qui se pique d'être savante ; qui se mêle de l'étude du canon ; qui travaille énormément à la nouvelle réformation morale et critique du christianisme ; à qui les rêveries de Lavater font lever les épaules; dont la santé est tout à fait délabrée, et qui ne goûte, par conséquent, aucune joie sur la terre de Dieu! Une pareille créature était seule capable de faire abattre mes noyers. Vois-tu, je n'en reviens pas. Figure-toi que les feuilles tombées lui rendent la cour humide et malpropre; les arbres interceptent le jour à madame, et, quand les noix sont mûres, les enfants y jettent des pierres, et cela lui donne sur les nerfs, la trouble dans ses profondes méditations, lorsqu'elle pèse et met en parallèle Kennikot, Semler et Michaëlis. Quand j'ai vu les gens du village, surtout les vieux, si mécontents, je leur ai dit : « Pourquoi l'avez-vous souffert ? — A la campagne, m'ont-ils répondu, quand le maire veut quelque chose, que peut-on faire ? » Mais voici une bonne aventure : le pasteur espérait aussi tirer quelque avantage des caprices de sa femme, qui d'ordinaire ne rendent pas sa soupe plus grasse, et il croyait partager le produit avec le maire : la chambre des domaines en fut avertie et dit : « A moi, s'il vous plaît! » car elle avait d'anciennes prétentions sur la partie du presbytère où les arbres étaient plantés, et elle les a vendus aux enchères. Ils sont à bas! Oh! si j'étais prince, la femme du pasteur, le maire, la chambre des domaines, apprendraient.... Prince!... Eh! si j'étais prince, que m'importeraient les arbres de mon pays ?

10 octobre.

Que je voie seulement ses yeux noirs et je suis heureux! Et ce qui me chagrine, c'est qu'Albert ne semble pas être aussi heureux qu'il.... l'espérait, que je — croyais l'être, si — Je n'aime pas à faire des traits de plume, mais ici je ne puis m'exprimer autrement — et il me semble que c'est assez clair.

12 octobre.

Ossian a pris la place d'Homère dans mon cœur. Quel monde que celui où me promène ce poëte sublime! Errer sur la bruyère, au murmure du vent des tempêtes, qui, dans les nues vaporeuses, emporte les fantômes des aïeux, à la pâle clarté de la lune; entendre de la montagne, à travers le mugissement du torrent des bois, les gémissements, à demi perdus dans l'orage, que les esprits exhalent de leurs cavernes, et les lamentations de la jeune fille, qui soupire sa douleur mortelle autour des quatre pierres moussues, gazonnées, du héros tombé, qu'elle aimait! Si je rencontre ensuite le barde aux cheveux blancs, à la course vagabonde, qui cherche sur la vaste bruyère les traces de ses aïeux, et ne trouve, hélas! que leurs tombeaux, et tourne ses regards en gémissant vers la douce étoile du soir, qui se cache dans la mer orageuse, et si les âges passés revivent dans l'âme du héros, alors que le rayon propice éclairait les périls des braves, et que la lune versait sa lumière sur le navire couronné, qui revenait vainqueur; si je lis sur son front la douleur profonde; si je vois le dernier héros, resté seul sur la terre, marcher, accablé de lassitude et chancelant, vers la tombe, tandis qu'il puise des joies toujours nouvelles, douloureuses, brûlantes, dans l'impuissante présence des ombres de ses morts bien-aimés, et baisse les yeux sur la terre glacée, sur les hautes herbes flottantes, et s'écrie : « Il viendra, il viendra, le voyageur qui me connut dans ma beauté, et il dira : « Où est le « barde, le noble fils de Fingal? » son pied foulera ma tombe, et il me demandera vainement sur la terre.... » o mon ami, je tirerais volontiers l'épée, comme un noble écuyer, pour délivrer tout d'un coup mon prince des poignantes tortures d'une vie qui lentement s'exhale, et pour envoyer mon âme rejoindre le demi-dieu délivré.

19 octobre.

Ah! ce vide, ce vide affreux, que je sens dans mon cœur!... Je me dis souvent : « Si tu pouvais une fois, une seule fois, la presser sur ton sein, tout ce vide serait comblé. »

26 octobre.

Oui, mon cher Wilhelm, je me persuade chaque jour davantage que l'existence d'une créature est peu de chose, bien peu de chose. Une amie de Charlotte était venue la voir, et je passai dans la chambre voisine pour prendre un livre, et je ne pouvais lire : alors je pris une plume pour essayer d'écrire. Je les entendais causer doucement : elles se racontaient l'une à l'autre des choses indifférentes, des nouvelles de la ville; que l'une se mariait, que l'autre était malade, très-malade; elle avait une toux sèche, la figure décharnée; il lui prenait des faiblesses. « Je ne donnerais pas un sou de sa vie, » disait l'une. « N. N. est aussi fort mal, » dit Charlotte. « Il est enflé, » reprit l'amie..... Et mon imagination me transportait vivement au chevet de ces malheureux; je voyais avec quelle répugnance ils tournaient le dos à la vie; avec quel.... Wilhelm, et mes deux petites dames parlaient de cela précisément comme on parle d'un étranger qui meurt.... Et quand je porte les yeux autour de moi, quand je regarde cette chambre et, tout alentour, les habits de Charlotte et les papiers d'Albert, et ces meubles auxquels je suis maintenant si accoutumé, même cet encrier, je me dis : « Vois ce que tu es pour cette maison! Tout pour tous. Tes amis te considèrent; tu fais souvent leur joie, et il semble à ton cœur qu'il ne pourrait vivre sans eux; et pourtant..., si tu venais à mourir, si tu disparaissais de ce cercle, sentiraient-ils, combien de temps sentiraient-ils, le vide que ta perte ferait dans leur existence? combien de temps?... » Ah ! l'homme est si éphémère, qu'aux lieux mêmes où il a l'entière certitude de son être, où il grave la seule véritable impression de sa présence dans le souvenir, dans l'âme de ses amis, là même, il doit s'effacer, disparaître, disparaître promptement!

27 octobre.

Je me déchirerais la poitrine, je me battrais la tête contre les murs, quand je vois combien nous pouvons peu de chose les uns pour les autres. Ah! l'amour, la joie, l'ardeur et la volupté que je ne porte pas en moi, un autre ne saurait me les donner, et je ne rendrai pas heureux celui qui est là devant moi sans chaleur et sans force.

27 octobre, au soir.

Tant de choses en moi, et sa pensée absorbe tout· tant de choses, et, sans elle, tout ne m'est rien.

30 octobre.

Si je n'ai pas été déjà cent fois sur le point de me jeter à son cou! Le grand Dieu sait ce que l'on souffre à voir passer et repasser devant soi tant de charmes, sans oser y porter la main; et porter la main sur les choses est pourtant le penchant le plus naturel de l'humanité. Les enfants ne veulent-ils pas saisir tout ce qui tombe sous leurs sens? Et moi!...

3 novembre.

Dieu le sait, je me couche souvent avec le désir, quelquefois même avec l'espérance de ne pas me réveiller, et, le matin, j'ouvre les yeux, je revois le soleil et je suis malheureux. Oh! si je pouvais être fantasque, si je pouvais m'en prendre au temps qu'il fait, à un tiers, à une entreprise manquée, l'insupportable fardeau du mécontentement ne pèserait sur moi qu'à demi. Malheur à moi! Je sens trop bien que toute la faute est à moi seul.... non pas la faute ! La vérité, c'est que la source de toutes les misères est cachée en mon sein, comme autrefois la source de toutes les félicités. Ne suis-je pas toujours ce Werther, qui flottait jadis dans un monde de sentiments; qu'un paradis suivait à chaque pas; qui avait un cœur capable d'embrasser dans son amour tout l'univers ? Et maintenant, ce cœur est mort; de lui ne s'épanchent plus aucuns ravissements; mon œil est sec, et, mes sens n'étant plus soulagés par des larmes rafraîchissantes, mon front se contracte avec angoisse. Je souffre beaucoup, car j'ai perdu ce qui était l'unique joie de ma vie, la force sainte, vivifiante, avec laquelle je créais des mondes autour de moi : elle est perdue !... Quand, de ma fenêtre, je vois la colline lointaine; et comme, sur la cime, le soleil matinal traverse le brouillard, et illumine, au fond de la vallée, les tranquilles prairies; comme la douce rivière serpente vers moi à travers les saules défeuillés.... oh ! quand cette magnifique nature est là sans vie devant moi, comme une estampe coloriée; quand tous ces objets ravissants ne peuvent faire monter de mon cœur à mon cerveau une étincelle de joie, et que le misérable est là tout entier devant la face de Dieu comme une fontaine tarie, comme un seau desséché !... Souvent je me suis prosterné sur la terre, et j'ai demandé à Dieu des larmes, comme un laboureur demande la pluie, quand il voit sur sa tête le ciel d'airain et autour de lui la campagne brûlée.

Mais, hélas ! je le sens, Dieu n'accorde point la pluie et le soleil à nos prières impatientes, et ces temps, dont le souvenir me torture, pourquoi furent-ils si fortunés, sinon parce que j'attendais avec patience son esprit, et recevais avec une entière, une profonde reconnaissance les délices qu'il répandait sur moi ?

8 novembre.

Elle m'a reproché mes excès !... hélas ! avec quelle grâce !... Mes excès, parce que, d'un verre à l'autre, je me laisse parfois entraîner à boire une bouteille. « Ne faites pas cela, dit-elle : pensez à Charlotte. — Penser ! lui dis-je, avez-vous besoin de me l'ordonner ? Je pense !... Je ne pense pas !... Vous êtes toujours présente à mon âme. Aujourd'hui j'étais assis à la place où, dernièrement, vous descendîtes de voiture.... » Charlotte s'est mise à parler d'autre chose, pour ne pas me laisser approfondir ce texte davantage. Cher ami, je ne suis plus rien : elle peut faire de moi ce qu'elle voudra.

15 novembre.

Je te remercie Wilhelm, de ta cordiale affection, de tes conseils bienveillants, et je te prie d'être en repos. Laisse-moi souffrir ce mal jusqu'à la fin. Quelle que soit ma peine, j'ai encore assez de force pour aller jusqu'au bout. J'honore la religion, tu le sais ; je sens qu'elle est le bâton de plusieurs, que la fatigue accable, le rafraîchissement de plusieurs qui languissent : mais peut-elle, doit-elle l'être pour chacun ? Si tu observes le monde, tu vois des milliers d'hommes, évangélisés ou non, pour qui elle ne l'a pas été, des milliers pour qui elle ne le sera jamais. Et le doit-elle être pour moi ? Le fils de Dieu ne dit-il pas lui-même que ceux-là seront auprès de lui, que le Père lui aura donnés ? Et si je ne lui fus pas donné ? si le Père veut me garder pour lui-même, comme mon cœur me le dit ? Je t'en prie, n'explique pas mal ma pensée ; ne vois pas une raillerie dans ces paroles innocentes ; c'est mon âme tout entière que j'expose devant toi. Autrement j'aimerais mieux avoir gardé le silence : car d'ailleurs je ne trouve aucun plaisir à perdre une parole sur des matières que chacun entend aussi peu que moi. N'est-ce pas la destinée de l'homme, de supporter sa mesure de souffrances et de boire sa coupe tout entière ?... Et si le Dieu du ciel trouva le calice trop amer pour ses lèvres humaines, pourquoi ferais-je le magnanime, et affecterais-je de le trouver agréable ? Et pourquoi sentirais-je une fausse honte dans le moment terrible où tout mon être frémit entre l'existence et le néant ; où le passé brille comme un éclair sur le ténébreux abîme de l'avenir ; où tout s'écroule autour de moi ; où tout l'univers s'abîme avec moi... ? N'est-ce pas la voix de la créature angoissée, défaillante, entraînée dans le précipice par une force irrésistible, de s'écrier, en frémissant, dans les plus secrètes profondeurs de ses forces, épuisées par d'inutiles combats : « Mon Dieu, mon Dieu, pourquoi m'avez-vous abandonné ? » Devrais-je rougir de cette parole, s'il m'arrivait de sentir de l'angoisse, en présence du moment auquel n'a pas échappé celui qui roule le ciel comme une tente ?

21 novembre.

Elle ne voit pas, elle ne sent pas qu'elle prépare un poison qui nous perdra tous deux, et moi, avec une pleine volupté, je bois jusqu'au fond la coupe qu'elle me présente pour ma perte. Que signifie le doux regard que souvent.... non, pas souvent, mais quelquefois, elle m'adresse ; sa complaisance pour accueillir une expression involontaire de mes sentiments ; sa compassion pour mes souffrances, qui se dessine sur son front ?

Hier, comme je me retirais, elle me tendit la main et me dit : « Adieu, cher Werther.... » Cher Werther ! C'était la première fois qu'elle me qualifiait ainsi, et cette parole me pénétra jusqu'à la moelle des os. Je me la suis répétée cent fois, et, comme je me couchais, et babillais avec moi de mille choses, je me suis dit tout à coup : « Bonne nuit, cher Werther, » et là-dessus je n'ai pu m'empêcher de rire de moi-même.

22 novembre.

Je ne puis dire : « Mon Dieu, laisse-la-moi ! » et pourtant il me semble souvent qu'elle est mienne. Je ne puis dire non plus : « Mon Dieu, donne-la-moi ! » car elle appartient à un autre. Je subtilise avec mes douleurs ; si je voulais me le permettre, je débiterais toute une litanie d'antithèses.

24 novembre.

Elle sent ce que je souffre : aujourd'hui son regard a pénétré jusqu'au fond de mon cœur. Je l'ai trouvée seule ; je ne disais rien, et elle m'a regardé. Et je ne voyais plus en elle la beauté charmante, je ne voyais plus la lumière de la noble intelligence; tout cela s'était évanoui devant mes yeux : un regard bien plus admirable encore agissait sur moi; il était plein de l'intérêt le plus tendre, de la plus douce pitié. Pourquoi n'osai-je pas tomber à ses pieds? Pourquoi n'osai-je pas me jeter à son cou et lui répondre par mille baisers? Elle s'est réfugiée au clavecin, et, d'une voix douce et légère, elle unissait à son jeu des notes harmonieuses. Jamais je n'avais vu ses lèvres aussi séduisantes; on eût dit qu'elles s'ouvraient avec ardeur pour boire les doux sons qui coulaient de l'instrument, et auxquels sa bouche pure répondait seulement comme un écho céleste.... Oui, si je pouvais te le dire.... Je n'ai pas résisté plus longtemps, je me suis incliné et j'en ai fait le serment. Jamais je n'oserai imprimer sur vous un baiser, ô lèvres, sur lesquelles voltigent les esprits du ciel. Et pourtant.... je veux.... Ah! vois-tu, c'est comme un mur de séparation devant mon âme.... Cette félicité.... et puis mourir pour expier cette faute!... Une faute?

26 novembre.

Quelquefois je me dis : « Ta destinée est unique : estime les autres heureux.... Personne encore ne fut tourmenté comme toi. » Ensuite je lis un ancien poëte, et il me semble voir dans mon propre cœur. J'ai tant à souffrir! Hélas! il y eut donc avant moi des hommes aussi malheureux!

30 novembre.

Jamais, non jamais je ne reviendrai à moi-même. Où que je porte mes pas, une apparition se présente, qui me met hors de moi. Aujourd'hui.... ô destinée!... pauvre humanité!

J'étais allé à la fontaine vers midi : je n'avais aucune envie de me mettre à table. Tout semblait désert; un vent d'ouest, humide et froid, soufflait de la montagne, et des nuages grisâtres, chargés de pluie, s'avançaient dans la vallée. J'ai vu au loin un homme vêtu d'un méchant habit vert, qui grimpait entre les rochers et semblait chercher des herbes. Quand je me fus approché de lui, et qu'au bruit que je fis, il eut tourné la tête, je vis une physionomie intéressante, dont une paisible tristesse faisait le principal caractère, mais qui d'ailleurs n'exprimait autre chose qu'un sentiment honnête et bon; une partie de ses cheveux noirs étaient fixés en deux rouleaux avec des épingles; les autres étaient réunis en une forte tresse qui lui descendait sur les épaules. Comme sa mise me semblait annoncer un homme de la classe inférieure, je crus qu'il ne s'offenserait pas de me voir attentif à son travail, et je lui demandai ce qu'il cherchait. « Je cherche des fleurs, répondit-il avec un profond soupir, et je n'en trouve point. — Aussi n'est-ce pas la saison, dis-je en souriant. — Il y a tant de fleurs! dit-il, en descendant jusqu'à moi. Dans mon jardin, il y a des roses et deux espèces de chèvrefeuilles, dont l'une m'a été donnée par mon père. Cela pousse comme la mauvaise herbe. Voilà deux jours que j'en cherche, et je ne puis en trouver. Là dehors, il y a toujours des fleurs aussi, des jaunes, des bleues, des rouges; et la centaurée est une jolie petite fleur. Je n'en puis trouver aucune.... » Je remarquais chez l'homme quelque chose d'inquiet, et je lui demandai, en prenant un détour, ce qu'il voulait faire de ces fleurs. Un sourire étrange et convulsif altéra son visage. « Ne me trahissez pas, dit-il, en se posant le doigt sur la bouche : j'ai promis un bouquet à ma bien-aimée. — C'est fort bien, lui dis-je. — Oh! reprit-il, elle a bien d'autres choses; elle est riche. — Et pourtant, repris-je, elle fait cas de votre bouquet. — Oh! poursuivit-il, elle a des joyaux et une couronne. — Et quel est son nom? — Si les états-généraux voulaient me payer, reprit-il, je serais un autre homme. Oui, il fut un temps où tout allait bien pour moi. Maintenant c'en est fait.... Je suis.... » Un regard humide vers le ciel avait tout dit. « Vous étiez donc heureux? demandai-je. — Ah! je voudrais être encore ainsi. J'étais si bien, si joyeux, à mon aise, comme un poisson dans l'eau. — Henri! cria une vieille femme, qui venait à nous, Henri! où es-tu fourré? Nous t'avons cherché partout. Viens dîner. — Est-ce votre fils? lui demandai-je en m'approchant d'elle. — Oui, mon pauvre fils. Dieu m'a imposé une lourde croix. — Depuis combien de temps est-il ainsi ? — Ainsi tranquille ? dit-elle ; depuis six mois. Dieu soit loué, qu'il en soit du moins venu là ! Auparavant il a été furieux toute une année, et on l'a tenu à la chaîne dans la maison des aliénés. A présent il ne fait de mal à personne ; seulement il a toujours affaire à des rois et des empereurs. Il était si bon, si tranquille ! il m'aidait à vivre ; il avait une belle écriture. Tout à coup il devient rêveur, il tombe dans une fièvre chaude, puis dans le délire. A présent il est comme vous voyez. Si je vous racontais, monsieur.... » J'interrompis ce flux de paroles, en disant : « Quel était donc ce temps, qu'il vante si fort, où il fut, dit-il, si heureux, si content ? — Le pauvre fou ! dit-elle, avec un sourire de pitié. Il veut parler du temps où il était hors de lui : c'est celui qu'il vante toujours, le temps où il était dans la maison de santé, où il ne se connaissait point. » Cette réponse me frappa comme un coup de tonnerre. Je mis une pièce d'argent dans la main de la vieille, et la quittai bien vite.

« Le temps où tu étais heureux ! m'écriai-je, en retournant à grands pas à la ville ; où tu étais comme un poisson dans l'eau !... Dieu du ciel, est-ce là le sort que tu as réservé aux hommes, qu'ils ne soient heureux qu'avant d'être arrivés à l'âge de la raison et après l'avoir perdue ?... Infortuné ! Et pourtant j'envie ton égarement et le trouble d'esprit dans lequel tu languis. Tu sors de chez toi plein d'espérance ; tu vas cueillir des fleurs pour ta reine.... en hiver.... et tu t'affliges de n'en point trouver, et ne peux comprendre pourquoi tu n'en trouves pas : et moi.... je sors sans espérance, sans but, et je reviens comme je suis allé.... Tu te figures quel homme tu serais, si les états généraux te payaient : homme heureux, qui peux attribuer à un obstacle terrestre ton défaut de bonheur ! Tu ne sens pas, tu ne sens pas qu'elle réside en ton cœur brisé, en ton cerveau troublé, ta misère, dont tous les rois de la terre ne peuvent te délivrer. »

Qu'il meure dans le désespoir, celui qui se raille d'un malade parti pour les eaux lointaines, qui augmenteront sa maladie et rendront sa fin plus douloureuse ; celui qui insulte au cœur oppressé, qui, pour se délivrer de ses remords et mettre un terme aux douleurs de son âme, entreprend un pèlerinage au saint sépulcre! Chaque pas qui déchire la plante de ses pieds sur des chemins non frayés est une goutte de baume pour son âme oppressée; à chaque journée de marche qu'il endure, son cœur se repose, soulagé de nombreux soucis. Et vous osez appeler cela folie, vous autres marchands de paroles, assis sur vos coussins?... Folie!... O Dieu, tu vois mes larmes! Fallait-il, après avoir créé l'homme assez pauvre, lui donner encore des frères, pour lui dérober le peu qu'il possède, le peu de confiance qu'il a en toi, en toi, Amour infini! Car la confiance dans une racine salutaire, dans les pleurs de la vigne, qu'est-ce autre chose que de la confiance en toi, et la persuasion que tu as communiqué à tout ce qui nous environne une vertu qui guérit ou qui soulage, dont nous avons besoin à toute heure? O Père, que je ne connais pas, Père, qui remplissais autrefois mon âme tout entière, et qui maintenant as détourné de moi ta face, daigne m'appeler à toi! Ne garde pas plus longtemps le silence! Ton silence n'arrêtera pas cette âme altérée.... Un homme, un père, pourrait-il entrer en courroux, quand son fils, revenu à l'improviste, se jetterait à son cou et s'écrierait: « Je reviens, mon père! Ne sois pas irrité, si j'abrége le pèlerinage, que, selon ta volonté, j'aurais dû poursuivre plus longtemps. Le monde est partout le même; après la peine et le travail, la récompense et le plaisir: mais que m'importe cela? Je ne suis bien qu'aux lieux où tu es, et je veux être heureux ou malheureux en ta présence.... » Et toi, bon Père céleste, ce fils, le repousserais-tu loin de toi?

1er décembre.

Wilhelm, cet homme dont je t'ai parlé, cet heureux infortuné, était commis chez le père de Charlotte, et une passion qu'il nourrissait pour elle, qu'il dissimulait, qu'il découvrit, et pour laquelle il fut congédié, l'a rendu fou. A ces sèches paroles, figure-toi dans quel égarement cette histoire m'a plongé, lorsqu'Albert me l'a racontée aussi froidement que tu la liras peut-être.

4 décembre.

Je t'en prie.... Vois-tu, c'en est fait de moi; je ne puis le souffrir plus longtemps. Aujourd'hui j'étais assis près d'elle.... j'étais assis, elle jouait du clavecin; c'étaient diverses mélodies, et toujours avec une expression!... Que dirai-je? Sa petite sœur habillait sa poupée sur mon genou. Les larmes me sont venues aux yeux. Je me suis baissé et son anneau de mariage a frappé ma vue.... Mes pleurs ont coulé.... Et tout à coup elle a commencé cette ancienne mélodie, d'une douceur céleste, tout à coup.... Et il s'éveille au fond de mon âme un délicieux sentiment et un souvenir du passé, des temps où j'avais entendu cette mélodie, des sombres intervalles qui suivirent, du chagrin, des espérances trompées, et puis.... J'allais et venais dans la chambre, mon cœur se brisait. « Au nom de Dieu, lui dis-je avec véhémence, en courant à elle, au nom de Dieu, finissez. » Elle cessa, et me regarda fixement. « Werther, » dit-elle, avec un sourire qui me pénétra, « Werther, vous êtes bien malade; vos mets favoris vous répugnent. Allez, calmez-vous, je vous prie. » Je me suis arraché d'auprès d'elle, et.... Dieu, tu vois ma souffrance et tu y mettras fin.

6 décembre.

Comme cette image me poursuit! Que je veille ou que je rêve, elle remplit toute mon âme. Ici, quand je ferme les yeux, ici, dans mon front, où se concentre la vision intérieure, sont toujours ses yeux noirs. Ici! Je ne puis t'exprimer cela. Si je ferme mes paupières, ils sont là; ils sont devant moi, dans moi, comme un abîme; ils possèdent tous mes sens.

Qu'est-ce que l'homme, ce demi-dieu si vanté? Les forces ne lui manquent-elles pas précisément quand elles lui sont le plus nécessaires? Et qu'il prenne l'essor dans la joie ou qu'il s'abîme dans la douleur, n'est-il pas arrêté soudain, ramené soudain au sentiment froid et borné de lui-même, quand il aspirait à se perdre dans l'océan de l'infini?

L'ÉDITEUR AU LECTEUR.

J'aurais vivement désiré qu'il nous fût resté, sur les derniers jours, si remarquables, de notre ami, assez de renseignements écrits de sa main, pour ne pas être obligé d'interrompre par le récit la suite des lettres qu'il a laissées.

Je me suis attaché à recueillir d'exactes informations de la bouche des personnes qui pouvaient être bien instruites de son histoire; elle est simple, et toutes les relations s'accordent entre elles, sauf dans quelques détails insignifiants. C'est seulement sur les caractères des personnages que les opinions sont diverses et les jugements partagés. Que nous reste-t-il à faire, sinon de raconter fidèlement ce que nos recherches multipliées ont pu nous apprendre; d'insérer dans le récit les lettres qui restent du défunt, sans dédaigner le plus petit billet qu'on a pu retrouver? d'autant qu'il est bien difficile de découvrir les propres et vrais mobiles même d'une seule action, quand elle se passe parmi des hommes qui sortent de la ligne commune!

Le découragement et la tristesse avaient jeté dans l'âme de Werther des racines toujours plus profondes; elles s'étaient entrelacées plus fortement et s'étaient emparées par degrés de tout son être. L'harmonie de son esprit était complétement détruite; une ardeur et une violence secrètes, qui agitaient confusément toutes ses facultés, produisirent les plus fâcheux effets, et ne lui laissèrent à la fin qu'un abattement auquel il ne s'arrachait plus qu'avec des angoisses plus pénibles que tous les maux contre lesquels il avait lutté jusqu'alors. L'angoisse de son cœur consuma les dernières forces de son esprit, sa vivacité, sa pénétration; il devenait morose, toujours plus malheureux, et, à proportion, toujours plus injuste. C'est là du moins ce que disent les amis d'Albert; ils soutiennent que Werther, qui consumait, pour ainsi dire, chaque jour tout son bien, pour éprouver, le soir, la souffrance et la disette, n'avait pu apprécier ni cet homme pur et paisible, qui était parvenu à jouir d'un bonheur longtemps désiré, ni sa conduite pour s'assurer ce bonheur dans l'avenir. Albert, disent-ils, n'avait point changé en si peu de temps; c'était toujours l'homme que Werther avait connu dès l'origine, qu'il avait tant estimé et honoré. Il aimait Charlotte par-dessus tout; il mettait en elle son orgueil, et il souhaitait que chacun la reconnût pour la plus parfaite des créatures. Pouvait-on le blâmer, par conséquent, s'il désirait écarter loin d'elle toute apparence de soupçon? s'il n'était alors disposé à partager avec personne, même de la manière la plus innocente, un si précieux trésor? Ils avouent qu'Albert quittait souvent la chambre de sa femme quand Werther était chez elle, mais ce n'était ni par haine, ni par éloignement pour son ami; c'était seulement parce qu'il avait senti que Werther était gêné par sa présence.

Le père de Charlotte fut pris d'une indisposition qui l'obligea de garder la chambre; il envoya sa voiture à sa fille, qui se rendit chez lui. C'était un beau jour d'hiver; la première neige était tombée en abondance, et couvrait tout le pays. Werther la rejoignit le lendemain, pour la ramener chez elle, si Albert ne venait pas la chercher. La sérénité du ciel produisit peu d'effet sur son humeur sombre; une morne tristesse pesait sur son cœur; de lugubres images s'étaient emparées de lui, et son esprit ne savait plus que passer d'une idée douloureuse à une autre. Comme il vivait dans un mécontentement perpétuel de lui-même, la situation des autres lui semblait aussi plus critique et plus troublée; il croyait avoir détruit la bonne intelligence entre Albert et sa femme; il s'en faisait des reproches, auxquels se mêlait un dépit secret contre le mari. En chemin, ses pensées tombèrent aussi sur ce sujet. « Oui, oui, se disait-il, avec une sourde colère, voilà cette union intime, affectueuse, tendre et toujours sympathique! cette paisible et constante fidélité! Ce n'est que satiété et indifférence. L'affaire la plus misérable ne l'occupe-t-elle pas plus que cette chère et précieuse femme? Sait-il apprécier son bonheur? Sait-il estimer Charlotte comme elle le mérite? Elle est à lui! fort bien, elle est à lui!... Je sais cela, comme je sais autre chose. Je crois être accoutumé à cette pensée : elle me rendra furieux, elle me tuera.... Et son amitié pour moi, a-t-elle persisté? Déjà ne voit-il pas, dans mon attachement à Charlotte, une atteinte à ses droits; dans mes attentions pour elle, un secret reproche? Je le sais bien, je le sens, il me voit de mauvais œil, il désire que je m'éloigne : ma présence lui pèse. »

Souvent il ralentissait sa marche rapide, souvent il s'arrêtait, et semblait vouloir retourner sur ses pas, mais il poursuivait toujours son chemin; et, avec ces pensées et ces monologues, il était enfin arrivé, comme malgré lui, à la maison de chasse.

Il entra, il demanda des nouvelles du vieillard et de Charlotte. Il trouva dans la maison quelque mouvement. L'aîné des fils lui dit qu'il était arrivé un malheur à Wahlheim; un paysan venait d'être assassiné.... Cela ne fit sur lui aucune impression particulière.... Il entra dans la chambre, et trouva Charlotte occupée à dissuader le vieillard, qui, malgré sa maladie, voulait se transporter sur les lieux pour faire l'enquête. Le coupable était encore inconnu; on avait trouvé la victime le matin devant la porte de la maison. On formait des conjectures : le mort était le domestique d'une veuve, qui en avait eu auparavant un autre, lequel était sorti de la maison en mauvais termes.

A cette nouvelle, Werther tressaillit. « Est-ce possible? s'écria-t-il. J'y vais, il le faut : je ne puis tarder un moment. » Il courut à Wahlheim. Tous ses souvenirs se réveillèrent, et il ne douta pas un instant que le coupable ne fût ce jeune homme auquel il avait parlé souvent, et qui lui était devenu si cher.

Comme il passait sous les tilleuls, pour se rendre au cabaret où l'on avait déposé le corps, il fut saisi d'horreur, à la vue de cette place, qu'il avait tant aimée. Le seuil sur lequel les enfants du voisin avaient joué tant de fois était souillé de sang. L'amour et la fidélité, les plus beaux sentiments de l'homme, s'étaient transformés en violence et en assassinat. Les grands arbres étaient sans feuillage et couverts de frimas; les belles haies qui se courbaient par-dessus les petits murs du cimetière étaient défeuillées, et les pierres des tombeaux, couvertes de neige, paraissaient dans les places dégarnies.

Comme Werther approchait du cabaret, devant lequel tout le village était rassemblé, un cri se fit entendre soudain. On voyait au loin une troupe de gens armés, et chacun s'écria qu'on amenait le meurtrier. Werther jeta les yeux sur lui, et ne resta pas longtemps dans le doute. Oui, c'était le valet qui aimait tant cette veuve, celui qu'il avait rencontré naguère, courant la campagne, avec une morne fureur, avec un secret désespoir.

« Qu'as-tu fait, malheureux! » cria Werther, en s'approchant du prisonnier.

Il jeta sur Werther un regard tranquille, garda un moment le silence, et répondit enfin sans s'émouvoir:

« Personne ne l'aura, elle n'aura personne. »

On fit entrer le prisonnier dans le cabaret, et Werther s'éloigna.

Cette affreuse et violente émotion lui avait causé une révolution générale. Il fut arraché pour un moment à sa tristesse, à son découragement, à sa résignation indifférente; la compassion s'empara de lui avec une force irrésistible, et il fut saisi d'un indicible désir de sauver cet homme. Il le sentait si malheureux, il le trouvait même, comme meurtrier, si excusable, il se mettait si bien à sa place, qu'il croyait fermement persuader aussi les autres. Déjà il désirait pouvoir parler en sa faveur; déjà le plus vif plaidoyer se pressait sur ses lèvres; il courut à la maison de chasse, et, chemin faisant, il ne pouvait s'empêcher de débiter à demi-voix ce qu'il voulait représenter au bailli.

A son entrée dans la chambre, il se trouva en présence d'Albert. Cela le déconcerta un moment, mais il se remit bientôt, et il exposa avec chaleur ses sentiments au bailli, qui secouait la tête par moments; et, quoique Werther présentât, avec la vivacité, la passion, la vérité la plus grande, ce qu'un homme peut dire pour en excuser un autre, le vieillard, comme on l'imagine aisément, n'en fut point ébranlé, et même il ne laissa pas notre ami aller jusqu'au bout : il le contredit vivement, et le blâma de prendre un meurtrier sous sa protection ; il lui représenta que, de la sorte, toutes les lois seraient violées, que toute sûreté sociale serait anéantie ; il ajouta que d'ailleurs, dans un cas pareil, il ne pouvait rien faire sans se charger de la plus grande responsabilité ; tout devait se passer dans l'ordre et suivre la marche prescrite.

Werther ne se rendit pas encore, mais il se réduisit à demander que le bailli voulût bien fermer les yeux, si l'on facilitait l'évasion du jeune homme. Le bailli refusa encore. Albert, qui finit par se mêler à la conversation, se rangea à l'avis du vieillard ; Werther fut réduit au silence, et il se mit en chemin navré de douleur, après que le bailli lui eut dit plusieurs fois encore :

« Non, il ne peut être sauvé. »

Ces paroles le saisirent vivement, et nous pouvons en juger par un petit billet qui se trouva parmi ses papiers, et qui fut sans doute écrit le même jour.

« On ne peut te sauver, malheureux! Je vois bien qu'on ne peut nous sauver. »

Ce qu'Albert avait fini par dire sur l'affaire du prisonnier, en présence du bailli, avait blessé Werther au plus haut point ; il avait cru y remarquer une certaine animosité contre lui. Après de plus mûres réflexions, son esprit pénétrant ne manqua pas de reconnaître que ces deux hommes pouvaient avoir raison ; mais il lui sembla qu'il ne pouvait l'avouer, en convenir, sans renoncer à ses plus intimes sentiments.

Nous trouvons dans ses papiers une petite note qui se rapporte à ce sujet, et qui peut-être exprime le fond de ses sentiments pour Albert :

« A quoi sert-il que je me dise et me dise encore : « Il est « honnête et bon, » si tout mon cœur est déchiré? Je ne puis être juste. »

La soirée était douce, le temps commençait à tourner au dégel, et Charlotte revint à pied avec Albert. Chemin faisant, elle regardait par moments autour d'elle, comme si la compagnie de Werther lui avait manqué. Albert se mit à parler de l'absent : il le blâmait, tout en lui rendant justice. Il toucha sa malheureuse passion, et il exprima le désir qu'il fût possible de l'éloigner.

« Je le désire aussi pour nous, ajouta-t-il, et, je t'en prie, tâche de donner à ses façons d'agir avec toi une autre direction; tâche de rendre plus rares ses trop fréquentes visites. Le monde commence à les remarquer, et je sais qu'on en a parlé en quelques lieux. »

Charlotte ne répondit rien, et Albert parut avoir entendu son silence : du moins, dès ce moment, il ne parla plus de Werther devant elle, et, lorsqu'elle en parlait, il laissait tomber la conversation ou la détournait sur un autre sujet.

La tentative inutile que Werther avait faite pour sauver le malheureux fut le dernier éclair d'une lumière qui s'éteint; il retomba plus profondément dans la langueur et la mélancolie; il fut presque hors de lui, lorsqu'il ouït dire qu'on l'appellerait peut-être comme témoin contre l'homme, qui avait pris le parti de nier.

Tout ce qui lui était jamais arrivé de désagréable dans sa vie active, ses ennuis à l'ambassade, ses autres échecs, ses chagrins, lui revenaient sans cesse à l'esprit. Il se trouvait par tout cela comme autorisé à rester inactif; il se voyait sans aucune perspective, incapable de prendre une de ces résolutions avec lesquelles on conduit les affaires de la vie ordinaire; ainsi, entièrement livré à ses sentiments, à ses pensées étranges, à une passion sans espérance, dans l'éternelle monotonie d'une douloureuse société avec une femme aimable et chérie, dont il troublait le repos, luttant contre ses forces, les consumant sans but et sans objet, il s'approchait toujours plus d'une triste fin.

Quelques lettres, qu'il a laissées, et que nous insérons ici, attestent, plus fortement que tout le reste, son trouble, sa passion, ses efforts, ses combats sans trêve et son dégoût de la vie.

12 décembre.

« Cher Wilhelm, je suis dans l'état où doivent avoir été ces malheureux que l'on croyait possédés d'un esprit malin. Cela me prend quelquefois : ce n'est pas angoisse, ce n'est pas désir.... c'est un tumulte intérieur, inconnu, qui menace de déchirer ma poitrine, qui me serre la gorge. Hélas! hélas! Alors je cours à l'aventure, au milieu des affreuses scènes nocturnes de cette saison ennemie des hommes.

« Hier au soir je ne pus tenir au logis. Le dégel était survenu tout à coup; on m'avait dit que la rivière était débordée, tous les ruisseaux enflés, et que, depuis Wahlheim, ma vallée chérie était inondée. J'y courus entre onze heures et minuit. C'était un effrayant spectacle, de voir, du rocher, les vagues furieuses tourbillonner au clair de lune, sur les champs, les prairies et les clôtures, et la grande vallée tout entière ne former plus qu'une mer soulevée au murmure du vent. Et quand la lune se montrait de nouveau et reposait sur le noir nuage, et que, devant moi, les flots, avec un reflet terrible et magnifique, roulaient retentissants, j'étais saisi d'un frissonnement et puis d'un désir. Ah! les bras ouverts, je me penchais sur le gouffre, et j'aspirais à l'abîme, et me perdais dans la pensée ravissante de précipiter là-bas mes douleurs, mes souffrances, de rouler en mugissant comme les vagues! Oh!... Et tu ne pouvais détacher ton pied de la terre, et finir tous tes maux!... Mon sablier n'est pas encore écoulé, je le sens. O Wilhelm, que j'aurais donné volontiers mon existence d'homme, pour déchirer les nues avec ce vent d'orage, pour soulever les flots! Et cette joie ne sera-t-elle point un jour le partage du prisonnier?

« Avec quelle douleur j'abaissai mes regards vers une petite place, où je m'étais reposé sous un saule avec Charlotte, pendant la chaleur du jour, dans une promenade!... La place était aussi submergée, et je reconnus à peine le saule. « Et ses prai-
« ries, me disais-je, et la campagne autour de sa maison de
« chasse!... Comme notre berceau est dévasté maintenant par

« les eaux dévorantes! » Et le rayon de soleil du passé brilla dans mon sein, comme sourit au prisonnier un rêve de troupeaux, de prairies, ou d'honneurs et de gloire. J'étais là!... Je ne m'accuse point; car j'ai le courage de mourir.... J'aurais.... Et maintenant me voilà comme une vieille femme, qui ramasse brin à brin son bois le long des haies, et qui mendie son pain aux portes, afin de prolonger encore un moment et de soulager sa languissante et misérable vie.

14 décembre.

« Qu'est-ce que j'éprouve, mon ami? J'ai peur de moi-même. Mon amour pour elle n'est-il pas l'amour le plus saint, le plus pur, le plus fraternel? Ai-je senti jamais dans mon âme un désir coupable?... Je ne veux pas jurer.... Et maintenant, des rêves!... Oh! qu'il était vrai, le sentiment des hommes qui attribuaient ces effets contradictoires à des puissances étrangères! Cette nuit, je tremble de le dire, je la tenais dans mes bras, étroitement serrée contre ma poitrine, et je couvrais de baisers sans nombre sa bouche qui balbutiait l'amour; mes yeux nageaient dans l'ivresse des siens. Dieu, suis-je coupable d'éprouver, à cette heure encore, un ravissement céleste, à me rappeler avec toute ma tendresse ces ardentes voluptés? Charlotte! Charlotte!... C'est fait de moi : mes sens s'égarent; voilà huit jours que je n'ai plus la force de penser; mes yeux sont pleins de larmes; je ne suis bien nulle part et je suis bien partout; je ne souhaite rien, je ne demande rien. Le meilleur pour moi serait de partir. »

Cependant, au milieu de ces circonstances, la résolution de quitter la vie avait pris toujours plus de force dans l'âme de Werther. Depuis son retour auprès de Charlotte, cette résolution avait toujours été sa perspective et son espérance suprême; mais il s'était dit que ce ne devait pas être une action soudaine, précipitée; qu'il voulait faire ce pas avec la plus sérieuse conviction, avec la résolution la plus calme.

Ses doutes, ses combats intérieurs se révèlent dans un petit billet, qui paraît être le commencement d'une lettre à Wilhelm, et qui s'est trouvé, sans date, parmi ses papiers.

« Sa présence, sa destinée, l'intérêt qu'elle prend à la mienne, expriment la dernière larme de mon cerveau calciné.

« Lever le rideau et passer derrière.... voilà tout! Et pourquoi craindre et balancer? Parce qu'on ne sait pas ce qu'il y a derrière? parce qu'on n'en revient pas? et que c'est le propre de notre esprit d'imaginer que tout est confusion et ténèbres, aux lieux dont nous ne savons rien de certain? »

Enfin il s'accoutuma et se familiarisa toujours plus avec cette triste pensée, et l'on trouve un témoignage de sa résolution ferme et irrévocable dans cette lettre ambiguë, qu'il écrivait à son ami :

20 décembre.

« Je rends grâce à ton amitié, Wilhelm, d'avoir entendu ce mot comme tu l'as fait. Oui, tu as raison : le meilleur pour moi serait de partir. La proposition que tu me fais de retourner auprès de vous ne me plaît pas tout à fait; du moins je voudrais faire encore un détour, d'autant plus que nous pouvons espérer une gelée soutenue et de bons chemins. Il m'est aussi très-agréable que tu veuilles venir me chercher : seulement, laisse encore passer quinze jours, et attends encore une lettre de moi avec d'autres avis. Il ne faut rien cueillir avant qu'il soit mûr, et quinze jours de plus ou de moins font beaucoup. Tu diras à ma mère de prier pour son fils, et de vouloir bien me pardonner tous les chagrins que je lui ai faits. C'était ma destinée d'affliger ceux que le devoir m'appelait à rendre heureux. Adieu, mon très-cher ami. Que le ciel répande sur toi toutes ses bénédictions! Adieu. »

Ce qui se passait alors dans l'âme de Charlotte, quels étaient ses sentiments pour son mari, pour son malheureux ami, à peine osons-nous l'exprimer; quoique, d'après la connaissance de son caractère, nous puissions nous en faire une secrète idée, et que toute femme d'une belle âme puisse descendre dans celle de Charlotte et sentir avec elle.

Ce qu'il y a de certain, c'est qu'elle était fermement résolue à tout faire pour éloigner Werther, et, si elle hésitait, c'était l'effet d'un ménagement tendre et bienveillant, parce qu'elle savait combien la chose coûterait à son ami, et même qu'elle lui serait presque impossible. Cependant elle se sentait plus vivement pressée d'agir sérieusement; son mari gardait sur cette liaison le silence absolu qu'elle-même avait toujours observé; elle en souhaitait davantage de lui prouver en effet qu'elle avait des sentiments dignes des siens.

Le jour même où Werther écrivit à son ami la lettre que nous venons de rapporter (c'était le dimanche avant Noël), il se rendit le soir auprès de Charlotte et la trouva seule. Elle était occupée à mettre en ordre quelques jouets, qu'elle avait destinés pour étrennes à ses petits frères et ses petites sœurs. Il parla du plaisir que les enfants allaient goûter, et du temps où l'ouverture soudaine d'une porte et l'apparition d'un arbre[1] décoré de bougies, de bonbons et de pommes, faisaient éclater les joies du paradis.

« Vous aussi, dit Charlotte, en cachant son embarras sous un gracieux sourire, vous aurez votre cadeau, si vous êtes bien sage : une petite bougie et quelque chose encore.

— Et qu'appelez-vous être sage? s'écria-t-il : comment dois-je l'être? comment puis-je l'être, bonne Charlotte?

— Jeudi soir, dit-elle, est la veille de Noël; les enfants viendront, mon père viendra, chacun recevra son cadeau : venez aussi.... mais pas auparavant. »

Werther fut interdit.

« Je vous en prie, poursuivit-elle, c'est comme cela; je vous en prie pour mon repos : cela ne peut, non, cela ne peut rester ainsi.... »

Elle détournait les yeux, allait et venait dans la chambre et murmurait tout bas :

« Cela ne peut rester ainsi. »

Charlotte, qui sentait dans quel horrible état ces paroles

---

1. L'arbre de Noël, qui, originaire d'Allemagne, commence à s'acclimater en France. C'est un petit sapin, coupé par le pied et fixé sur une base. On l'éclaire de nombreuses bougies, et l'on suspend à ses branches des bonbons et des cadeaux de toute sorte.

avaient jeté Werther, chercha par diverses questions à détourner ses pensées, mais ce fut inutile.

« Non, Charlotte, s'écria-t-il, je ne vous reverrai plus.

— Pourquoi cela? reprit-elle; Werther, vous pouvez, vous devez nous revoir : seulement, modérez-vous. Oh! pourquoi le ciel vous a-t-il fait naître avec cette violence, cette passion irrésistible, obstinée, pour tout ce qui vous attache une fois! Je vous en prie, poursuivit-elle, en le prenant par la main, modérez-vous! Votre esprit, vos connaissances, vos talents, quelles jouissances diverses ne vous offrent-ils pas? Soyez un homme; renoncez à ce malheureux attachement pour une personne qui ne peut rien que vous plaindre. »

Il grinçait les dents et regardait Charlotte d'un air sombre. Elle le tenait par la main.

« Un moment de sang-froid, Werther, lui dit-elle; ne sentez-vous pas que vous vous trompez, que vous courez volontairement à votre perte? Pourquoi donc moi, Werther, justement moi, qui appartiens à un autre? pourquoi cela justement? Je le crains, je le crains, c'est l'impossibilité de me posséder, qui seule irrite votre désir. »

Il dégagea sa main, en regardant Charlotte d'un œil fixe et mécontent.

« Sage, très-sage pensée! dit-il. Est-ce Albert peut-être qui a fait cette observation? Elle est profonde, très-profonde!

— Chacun peut la faire, reprit-elle. Eh quoi! ne se trouvera-t-il dans le monde entier aucune femme qui puisse remplir les vœux de votre cœur? Prenez cela sur vous, cherchez, et, je vous le jure, vous trouverez. Car depuis longtemps je m'afflige pour vous et pour nous de l'isolement dans lequel vous vous êtes vous-même confiné. Prenez cela sur vous. Un voyage ne peut manquer de vous distraire. Cherchez, trouvez un digne objet de votre amour, et revenez, et jouissons ensemble des douceurs d'une amitié véritable.

— On pourrait imprimer cela, dit-il avec un froid sourire, et le recommander à tous les gouverneurs. Bonne Charlotte, laissez-moi prendre encore un peu de repos. Tout s'arrangera.

— Mais, je vous en prie, Werther, ne revenez pas avant la veille de Noël. »

Il allait répondre, lorsque Albert entra : ils se saluèrent l'un l'autre d'une manière glaciale, et se promenèrent de long en large dans la chambre, avec une contenance embarrassée. Werther commença un discours insignifiant, qu'il eut bientôt fini ; Albert fit de même, puis il demanda à sa femme où en étaient certaines commissions, et, apprenant qu'elles n'étaient pas faites encore, il lui dit quelques mots, que Werther trouva froids et même durs. Il voulait s'en aller et ne pouvait pas, et tarda jusqu'à huit heures, son dépit et sa mauvaise humeur ne faisant que s'accroître : enfin, comme on vint mettre le couvert, il prit sa canne et son chapeau. Albert le pria de rester ; mais lui, qui ne voyait dans ces paroles qu'une politesse insignifiante, il remercia froidement et sortit.

Arrivé chez lui, il prit la lumière des mains de son domestique, qui voulait l'éclairer, et se retira seul dans son appartement. Il sanglotait, se parlait à lui-même avec véhémence, allait et venait dans sa chambre à grands pas, et finit par se jeter tout habillé sur son lit, où le domestique le trouva, lorsqu'il se permit d'entrer, vers onze heures, pour lui demander s'il ne devait pas le débotter. Il le laissa faire, et lui défendit d'entrer dans sa chambre le lendemain avant d'être appelé.

Le lendemain matin, 21 décembre, il écrivit la lettre suivante, qu'après sa mort on trouva cachetée sur son secrétaire, et qui fut remise à Charlotte. Je la citerai par fragments, comme il paraît, par les circonstances, qu'elle fut écrite.

« C'est résolu, Charlotte, je veux mourir, et je te l'écris sans exaltation romanesque, tranquillement, le matin du jour où je te verrai pour la dernière fois. Quand tu liras ceci, mon amie, déjà la froide tombe couvrira la dépouille insensible de l'homme inquiet, infortuné, qui, pendant les derniers moments de sa vie, ne connaît pas de plus grande douceur que de s'entretenir avec toi. J'ai passé une horrible nuit, hélas ! une nuit bienfaisante ; c'est elle qui a fortifié, déterminé ma résolution. Je veux mourir. Hier, lorsque je me fus arraché de ta présence, dans l'affreuse révolte de mes sens ; que tout cela se pressait sur mon cœur, et que, désespéré, inconsolable, auprès de toi, je sentais avec horreur l'existence me saisir de son étreinte glacée, j'eus de la peine à gagner ma chambre; hors de moi, je tombai à genoux, ô Dieu, et tu m'accordas le suprême soulagement des larmes les plus amères! Mille projets, mille perspectives se combattaient dans mon âme, et à la fin elle y demeura, immuable, entière, l'unique, la dernière pensée : « Je « veux mourir!... » Je me suis couché, et, ce matin, dans le calme du réveil, elle est encore arrêtée, encore tout affermie dans mon cœur. « Je veux mourir!... » Ce n'est point désespoir, mais certitude que j'ai achevé de porter mon fardeau, et que je me sacrifie pour toi. Oui, Charlotte, pourquoi devrais-je le taire? Il faut que l'un de nous trois s'en aille, et, je le veux, ce sera moi. O ma chère, dans ce cœur déchiré s'est glissée souvent la furieuse pensée.... de tuer ton mari!... toi!... moi!... C'est résolu.... Quand tu monteras sur la colline par un beau soir d'été, souviens-toi de moi; rappelle-toi comme je montai souvent cette vallée; porte ensuite tes regards vers le cimetière, vers ma tombe; vois comme le vent balance les hautes herbes aux rayons du soleil qui décline.... J'étais tranquille quand j'ai commencé, et voilà, voilà que je pleure comme un enfant, à voir tout cela plein de vie autour de moi. »

Sur les dix heures, Werther appela son domestique, et, pendant qu'il se faisait habiller, il lui dit qu'il partirait dans quelques jours; qu'il fallait donc nettoyer les habits, et préparer tout pour faire les malles; il lui donna aussi l'ordre de demander partout les notes à payer, de retirer quelques livres prêtés, et de compter deux mois d'avance à quelques pauvres, auxquels il avait coutume de donner une aumône chaque semaine.

Il se fit apporter à manger dans sa chambre, et, après dîner, il se rendit à cheval chez le bailli, qu'il ne trouva pas à la maison. Il se promena au jardin, plongé dans la rêverie, et semblait vouloir amasser encore une fois dans son cœur toute la mélancolie des souvenirs.

Les enfants ne le laissèrent pas longtemps en repos; ils le poursuivirent, grimpèrent sur lui, lui dirent comment, après un jour et encore un jour et encore un autre, ils iraient chez la sœur Charlotte recevoir les présents de Noël, et débitèrent les merveilles que se promettait leur imagination enfantine.

« Un jour! s'écria-t-il, et encore un jour! et encore un!... »

Il les embrassa tous tendrement, et se disposait à les quitter, quand le plus jeune voulut encore lui dire quelque chose à l'oreille. Il lui confia que ses grands frères avaient écrit de beaux compliments de bonne année, mais si grands!... Il y en avait un pour papa, un pour Albert et Charlotte, un aussi pour M. Werther. Ils les présenteraient le matin du jour de l'an. Ce dernier trait l'accabla. Il fit un petit cadeau à chacun des enfants, monta à cheval, fit saluer le père et partit, les larmes aux yeux.

Il rentra chez lui vers cinq heures, et commanda à la servante d'avoir soin du feu et de l'entretenir jusqu'à la nuit. Il donna l'ordre au domestique de serrer les livres et le linge au fond de la malle, et d'empaqueter les habits. C'est alors vraisemblablement qu'il écrivit le passage suivant de sa dernière lettre à Charlotte :

« Tu ne m'attends pas! tu crois que j'obéirai et ne te reverrai pas avant la veille de Noël! Ô Charlotte, aujourd'hui ou jamais! La veille de Noël, tu tiendras ce papier dans ta main, tu trembleras et tu le mouilleras de tes larmes. Je le veux, il le faut. Oh! que je me trouve bien d'avoir pris ma résolution! »

Cependant Charlotte se voyait dans une étrange situation. Après son dernier entretien avec Werther, elle avait senti combien elle aurait de peine à se séparer de lui, ce qu'il souffrirait quand il devrait s'éloigner d'elle.

On avait dit, comme en passant, en présence d'Albert, que Werther ne reviendrait pas avant la veille de Noël, et Albert était monté à cheval, pour se rendre chez un fonctionnaire du voisinage, avec lequel il avait des affaires à régler, et chez qui il devait passer la nuit.

Charlotte se trouvait seule; aucun de ses frères et sœurs n'était autour d'elle; elle s'abandonnait à ses réflexions, qui passaient doucement sa situation en revue. Elle se voyait pour jamais unie à un homme dont elle connaissait l'amour et la fidélité, à qui elle était dévouée, dont le calme, la solidité, semblaient destinés par le ciel même à fonder, pour la vie, le bonheur d'une honnête femme; elle sentait ce qu'il serait toujours pour elle et pour sa famille. D'un autre côté, Werther lui était devenu bien cher; dès le premier moment où ils avaient appris à se connaître, la sympathie de leurs caractères s'était révélée de la manière la plus heureuse; leur longue liaison, tant de situations diverses où ils s'étaient trouvés, avaient fait sur le cœur de Charlotte une impression ineffaçable. Tous les sentiments, toutes les pensées qui l'intéressaient, elle était accoutumée à les partager avec lui, et le départ de Werther menaçait de faire dans toute son existence un vide, qui ne pourrait plus être comblé. Oh! si elle avait pu dans ce moment le changer en un frère! qu'elle se serait trouvée heureuse!... Si elle avait osé le marier avec une de ses amies, elle aurait pu espérer de rétablir tout à fait la bonne intelligence entre Albert et lui.

Elle avait passé en revue toutes ses amies, et trouvait à chacune quelque défaut; elle n'en voyait aucune à qui elle eût donné Werther volontiers.

En faisant toutes ces réflexions, elle finit par sentir profondément, sans se l'expliquer d'une manière bien claire, que le secret désir de son cœur était de le garder pour elle, et elle se disait en même temps qu'elle ne pouvait, qu'elle ne devait pas le garder; son âme pure et belle, jusqu'alors si libre et si courageuse, sentit le poids d'une mélancolie à laquelle est fermée la perspective du bonheur. Son cœur était oppressé, et un sombre nuage couvrait ses yeux.

Le temps se passait, il était six heures et demie, lorsqu'elle entendit Werther monter l'escalier, et reconnut bientôt son pas, sa voix, qui demandait après elle. Oh! que, pour la première fois, nous pouvons presque le dire, le cœur lui battit à son arrivée! Elle lui aurait volontiers fait dire qu'elle n'était pas à la maison, et, lorsqu'il entra, elle s'écria, dans une sorte de trouble passionné :

« Vous n'avez pas tenu parole!

— Je n'ai rien promis, répondit-il.

— Vous deviez du moins avoir égard à ma prière, répliqua Charlotte : je vous le demandais pour notre repos à tous deux. »

Elle ne savait trop ce qu'elle disait, tout aussi peu ce qu'elle faisait, lorsqu'elle envoya chercher quelques amies, pour ne pas être seule avec Werther. Il posa sur la table des livres, qu'il avait apportés, et il en demanda d'autres. Charlotte souhaitait et craignait tour à tour de voir paraître ses amies.

La servante revint, et dit que les deux amies se faisaient excuser.

Elle voulait que la servante se tînt avec son ouvrage dans la chambre voisine, puis elle changea d'idée. Werther allait et venait dans la chambre. Charlotte se mit au clavecin et commença un menuet. Le menuet n'allait pas. Elle reprit du sang-froid, et s'assit tranquillement auprès de Werther, qui avait pris sa place accoutumée sur le canapé.

« N'avez-vous rien à lire? » dit-elle.

Il n'avait rien.

« Là, dans mon tiroir, reprit-elle, se trouve votre traduction de quelques chants d'Ossian : je ne les ai pas encore lus, parce que j'espérais toujours vous les entendre lire vous-même; mais, depuis, cela n'a jamais pu s'arranger ni se mettre à exécution. »

Il sourit, il alla prendre le poëme; un frisson le saisit, lorsqu'il tint le cahier dans ses mains; ses yeux se remplirent de larmes, en le parcourant; il s'assit et commença la lecture.

« Étoile du soir, ta belle lumière scintille au couchant; tu lèves du sein de la nue ta tête rayonnante; tu avances sur ta colline avec majesté : que regardes-tu dans la bruyère? Les vents orageux se sont apaisés; de loin arrive le murmure du torrent; les vagues mugissantes se jouent au pied de la roche lointaine; les insectes du soir bourdonnent dans les campagnes. Que regardes-tu, belle lumière? Mais tu souris et tu passes; les flots joyeux t'environnent et baignent ta gracieuse chevelure. Adieu, paisible clarté! Et toi, parais, magnifique lumière de l'âme d'Ossian!

« Elle se montre dans tout son éclat. Je vois mes amis trépassés : ils se rassemblent sur Lora, comme dans les jours d'autrefois.... Fingal s'avance, comme une colonne de vapeur humide; autour de lui sont ses héros, et voici les bardes du chant : Ullin aux cheveux blancs, le majestueux Ryno, Alpin, l'aimable chanteur, et toi, douce et plaintive Minona!... Que vous êtes changés, mes amis, depuis les jours de Selma, ces jours de fête, où nous disputions le prix du chant, comme les vents printaniers, caressant tour à tour la colline, font plier l'herbe murmurante!

« Alors Minona s'avança dans sa beauté, les paupières baissées et les yeux pleins de larmes; son abondante chevelure flottait au vent vagabond qui s'élançait de la montagne.... Une sombre tristesse saisit l'âme des héros, quand sa douce voix s'éleva; car ils avaient vu souvent le tombeau de Salgar, souvent la sombre demeure de la blanche Colma, de Colma, délaissée sur la colline avec sa voix mélodieuse! Salgar avait promis de venir, mais la nuit se répandait alentour. Écoutez la voix de Colma, lorsqu'elle était seule, assise sur le rocher.

COLMA.

« Il est nuit.... Je suis seule, égarée sur l'orageuse colline. Le vent gémit dans les montagnes; le torrent tombe du rocher en mugissant; aucune cabane ne m'abrite contre la pluie, moi, délaissée sur l'orageuse colline.

« O lune, sors de tes nuages! paraissez, étoiles de la nuit! Qu'un rayon me conduise aux lieux où mon amant se repose des fatigues de la chasse, ayant auprès de lui son arc détendu, autour de lui ses chiens haletants!

« Pourquoi tarde-t-il, mon Salgar? A-t-il oublié sa promesse? Voilà le rocher et l'arbre, et voici le torrent qui gronde. Tu avais promis d'être en ce lieu à l'approche de la nuit : hélas! où mon Salgar s'est-il égaré? Je voulais fuir avec toi, quitter mon père et mon frère, les orgueilleux! Dès longtemps nos races sont ennemies, mais nous, ô Salgar, nous ne sommes pas ennemis.

« O vents, faites un peu de silence; ô torrent, cesse un moment de gronder, afin que ma voix retentisse à travers la vallée! que mon voyageur m'entende! Salgar, c'est moi qui t'appelle. Voici l'arbre et le rocher; Salgar, mon bien-aimé, me voici : pourquoi tarder à venir?

« Voici, la lune paraît, les flots brillent dans la vallée, les rochers grisâtres se dressent sur la colline, mais je ne le vois pas sur les sommets; ses chiens ne le devancent point, pour annoncer sa venue. Il faut que je reste ici solitaire.

« Mais qui sont-ils, ceux que je vois-là bas couchés dans la bruyère ?... mon amant ? mon frère ?... Parlez, ô mes amis! Ils ne répondent pas. Que mon âme est angoissée!... Ah! ils sont morts! Leurs glaives sont teints de sang! O mon frère, mon frère, pourquoi as-tu frappé de mort mon Salgar? O mon Salgar, pourquoi as-tu frappé de mort mon frère? Vous m'étiez tous les deux si chers! Oh! tu étais beau entre mille sur la colline. Il était terrible dans le combat. Répondez-moi! Entendez ma voix, mes bien-aimés! Mais, hélas! ils sont muets, muets pour toujours; leur sein est froid comme la terre.

« Oh! des rochers sauvages, du sommet de la montagne orageuse, parlez, esprits des morts, parlez, je ne frémirai pas.... Où êtes-vous allés chercher le repos? Dans quelle caverne des montagnes vous trouverai-je?... Je n'entends pas une faible voix dans le souffle du vent, pas une réponse, qui vole avec l'orage de la colline.

« Je demeure dans ma détresse, j'attends le matin dans les larmes. Creusez la tombe, amis des morts, mais ne la fermez pas avant que je vienne. Mes jours s'évanouissent comme un songe. Comment pourrai-je leur survivre? Je veux habiter avec mes amis vers le torrent de la roche bruyante.... Lorsqu'il fera nuit sur les monts, et que l'orage passera sur la bruyère, mon ombre s'arrêtera dans l'orage et pleurera la mort de mes amis. Le chasseur m'entendra de sa feuillée; il craindra, il aimera ma voix; car ma voix sera douce pour pleurer mes amis : ils m'étaient tous les deux si chers! »

« C'est ainsi que tu chantais, ô Minona, fille de Thorman, aux joues de roses. Nos pleurs coulèrent pour Colma, et notre âme fut saisie de tristesse.

« Ullin parut avec sa harpe et accompagna le chant d'Alpin.... La voix d'Alpin était douce, l'âme de Ryno était un rayon de feu. Mais déjà ils reposaient dans l'étroite maison, et leur voix ne s'entendait plus dans Selma. Un jour Ullin revenait de la chasse, avant que les héros fussent tombés : il entendit leurs chants rivaux sur la colline. Leur voix était douce, mais triste : ils pleuraient le trépas de Morar, le premier des héros. Son âme était comme l'âme de Fingal; son glaive, comme le glaive d'Oscar.... Mais il tomba, et son père gémit, et les yeux de sa sœur se remplirent de larmes; ils se remplirent de larmes, les yeux de Minona, la sœur du beau Morar. Elle recula devant les chants d'Ullin, comme la lune au couchant, quand elle prévoit la tempête, et cache sa belle tête dans un nuage. Avec Ullin, j'accompagnai de la harpe le chant de douleur.

RYNO.

« Le vent et la pluie sont passés, le midi est serein, les nuages se dispersent, le soleil inconstant éclaire en fuyant les cimes; coloré de ses feux, le torrent de la montagne coule dans la vallée. Il est doux ton murmure, ô torrent; mais elle est plus douce la voix d'Alpin: il chante, il pleure le mort. Sa tête est courbée de vieillesse et son œil est rouge de pleurs. Alpin, noble barde, pourquoi seul sur les monts silencieux ? pourquoi gémir comme un tourbillon dans la forêt, comme une vague sur la plage lointaine ?

ALPIN.

« Mes larmes, Ryno, sont pour les morts, mes chants, pour les habitants de la tombe. Ta haute taille brille sur la colline, tu es beau parmi les fils de la bruyère, mais tu succomberas comme Morar, et l'affligé s'assiéra sur ta tombe; les collines t'oublieront; ton arc détendu reposera dans la salle du festin.

« Tu étais rapide, ô Morar, comme un chevreuil sur le rocher, terrible, comme une flamme nocturne dans le ciel. Ta colère était un orage; ton glaive, dans le combat, était comme l'éclair dans la bruyère; ta voix, comme le torrent de la forêt après la pluie, comme le tonnerre grondant des montagnes lointaines. Mille tombèrent sous ton bras, la flamme de ton courroux les consuma. Mais, quand tu revenais des combats, comme ta voix était douce! Ton visage était comme le soleil après la tourmente, comme la lune dans la nuit silencieuse; ton sein était tranquille comme le lac, quand le bruit du vent s'est apaisé.

« Elle est désormais étroite ta demeure, elle est obscure ta retraite; avec trois pas je mesure ta tombe, ô toi, qui fus si grand! Quatre pierres, aux têtes moussues, sont ton unique monument; un arbre défeuillé, de longues herbes qui murmurent au vent, indiquent à l'œil du chasseur le tombeau du puissant Morar. Tu n'as point de mère qui te pleure; aucune jeune fille ne te donne les larmes de l'amour; elle est morte celle qui t'a enfanté; elle est tombée la fille de Morglan.

« Quel homme s'avance appuyé sur son bâton? Sa tête est blanchie par les années, ses yeux sont rouges de larmes.... C'est ton père, ô Morar! ton père, qui n'eut point d'autre fils que toi. Il apprit ta vaillance dans le combat; il apprit la défaite des ennemis; il apprit la gloire de Morar: hélas! ne sut-il rien de sa blessure? Pleurez, père de Morar, pleurez.... mais votre fils ne vous entend pas. Il est profond, le sommeil des morts; il est couché bien bas, leur oreiller de poussière. Jamais ton fils n'écoutera ta voix; il ne s'éveillera plus à ton appel. Oh! quand fera-t-il jour dans la tombe, pour crier à celui qui sommeille: « Réveille-toi! »

« Adieu, ô le plus noble des hommes, invincible sur le champ de bataille! Mais le champ de bataille ne te verra plus; la forêt sombre ne brillera plus des éclairs de ton glaive. Tu ne laisses aucun fils après toi, mais le chant du barde maintiendra ton nom, les âges futurs entendront parler de toi; on leur dira le trépas de Morar.

« Elles furent bruyantes, les plaintes des héros; ils éclatèrent surtout, les soupirs d'Armin, oppressé de douleur. Ce chant lui rappelait la mort de son fils, tombé dans les jours de la jeunesse. Carmor s'était assis près du héros, Carmor, le prince de Galmal aux échos sonores.

« Pourquoi, dit-il, éclatent les sanglots d'Armin? Pourquoi pleurer ici? La musique et le chant ne résonnent-ils pas pour attendrir l'âme et la réjouir? Ils sont comme une vapeur légère, qui, montant du lac, se répand sur la vallée et baigne de rosée les fleurs épanouies: mais le soleil revient dans sa force et la vapeur s'exhale. Pourquoi es-tu si affligé, Armin, maître de Gorma que les flots environnent?

— Affligé! Je le suis, et la cause de ma douleur n'est pas légère. Carmor, tu n'as point perdu de fils, tu n'as point perdu de fille florissante: le vaillant Colgar est vivant; elle est vivante, Amira, la plus belle des vierges. Les rameaux de ta tige fleurissent, ô Carmor; mais Armin est le dernier de sa race. Ta couche est ténébreuse, ô Daura; il est profond ton sommeil dans la tombe.... Quand te réveilleras-tu avec tes chants, avec ta voix mélodieuse? Levez-vous, vents d'automne, levez-vous, déchaînez-vous sur la bruyère sombre! Torrents des bois, grondez;

mugissez, tempêtes, dans la cime des chênes! Chemine à travers les nuages déchirés, ô lune, et montre par moments ton pâle visage! Rappelle-moi la nuit horrible où mes enfants succombèrent, où le puissant Arindal tomba, où l'aimable Daura cessa de vivre.

« Daura, ma fille, tu étais belle, belle comme la lune sur la colline de Fura, blanche comme la neige nouvelle, douce comme le souffle de l'air. Arindal, ton arc était fort, ta lance, rapide sur le champ de bataille, ton regard, comme la nue sur le flot, ton bouclier, un nuage de feu dans la tempête.

« Armar, guerrier fameux, rechercha l'amour de Daura; elle ne résista pas longtemps: elles étaient belles, les espérances de ses amis.

« Mais Erath, fils d'Odgal, frémissait de rage: Armar avait tué son frère. Il vint déguisé en matelot. Sa barque était belle sur les ondes, ses cheveux étaient blanchis par l'âge; sa figure était calme: « O la plus belle des vierges, dit-il, aimable fille d'Ar-« min, là sur le rocher, non loin du rivage, Armar attend Daura: « je viens pour passer sa bien-aimée sur les vagues roulantes. »

« Elle le suivit, elle appela Armar: seule la voix du rocher lui répondit. « Armar, mon bien-aimé, mon bien-aimé, pour-« quoi me tourmenter ainsi? Écoute, fils d'Arnath! écoute! c'est « Daura qui t'appelle. »

« Erath, le traître, fuyait en riant vers la terre. Elle éleva la voix, elle appela son père et son frère. « Arindal! Armin! aucun « de vous ne viendra-t-il sauver sa Daura? »

« Sa voix traversa la mer. Arindal, mon fils, descendait de la colline, ardent et chargé du butin de la chasse; ses flèches résonnaient à son côté, il portait son arc à la main, cinq dogues noirs étaient autour de lui. Il vit l'audacieux Erath sur le rivage; il le saisit et l'attacha au tronc d'un chêne; il entoura ses flancs de liens solides; le captif remplissait l'air de ses plaintes.

« Arindal s'embarque pour délivrer Daura. Armar survient plein de fureur; il décoche la flèche aux plumes grises; elle siffle, elle perce ton cœur, Arindal, ô mon fils! Tu succombas, au lieu d'Erath, le traître; la barque atteignit le rocher; Arindal tomba et mourut. A tes pieds coulait le sang de ton frère, ô Daura: quelle fut ta douleur!

« Les vagues brisèrent la barque ; Armar s'élança dans la mer, pour sauver sa Daura ou mourir. Soudain un coup de vent fondit de la colline sur les flots : Armar fut englouti et ne revint pas de l'abîme.

« Mais j'entendais ma fille gémir sur le rocher battu des ondes ; ses cris répétés venaient jusqu'à moi, et son père ne pouvait la sauver. Toute la nuit je restai sur le rivage ; je la voyais aux faibles rayons de la lune ; toute la nuit j'entendis ses plaintes : le vent grondait, et la pluie s'élançait à flots impétueux vers la montagne. La voix de Daura s'affaiblit avant la naissance du jour ; elle s'exhala comme la brise du soir parmi les herbes des rochers. Accablée de douleur, elle mourut et laissa Armin désolé. Il n'est plus, celui qui était ma force dans la guerre ; elle est tombée, celle qui était mon orgueil parmi les vierges.

« Quand viennent les orages de la montagne, quand le nord soulève les flots, je m'assieds sur le rivage sonore, je regarde l'affreux rocher : souvent, dans les rayons de la lune penchante, je vois les ombres de mes enfants ; environnées d'une douteuse lumière, elles passent ensemble dans un triste concert. »

Un torrent de larmes, qui s'échappa des yeux de Charlotte, et soulagea son cœur oppressé, interrompit la lecture de Werther. Il jeta de côté le cahier, il prit la main de Charlotte, et versa des larmes amères. Elle appuyait sa tête sur son autre main, et couvrait ses yeux de son mouchoir. Leur émotion à tous deux était affreuse. Ils sentaient leur propre infortune dans la destinée de ces héros ; ils la sentaient ensemble, et leurs larmes s'unirent. Les lèvres et les yeux de Werther brûlaient le bras de Charlotte, un frissonnement la saisit ; elle voulut s'éloigner : la douleur et la pitié l'accablaient et la tenaient enchaînée. Elle exhala un soupir, essayant de se remettre, et pria Werther en sanglotant de continuer sa lecture. Elle le priait d'une voix toute céleste : il trembla, son cœur éclatait ; il prit le cahier, et lut, d'une voix entrecoupée :

« Pourquoi me réveilles-tu, souffle du printemps ? Tu me caresses, et tu dis : « Je baigne la terre de la rosée du ciel. » Mais il approche, le temps où je dois me flétrir ; elle approche, la tempête qui dévastera mon feuillage. Demain le voyageur viendra; il viendra, celui qui vit ma beauté; ses yeux me chercheront dans la campagne, et ne me trouveront pas. »

Toute la force de ces paroles saisit l'infortuné. Il se jeta aux pieds de Charlotte, dans le dernier désespoir; il lui prit les mains, les pressa contre ses yeux, contre son front, et un pressentiment de son affreux dessein sembla traverser l'âme de Charlotte. Hors d'elle-même, égarée, elle pressa les mains de Werther, elle les pressa contre son sein, se pencha vers lui avec une douloureuse émotion, et leurs joues brûlantes se touchèrent. Le monde n'existait plus pour eux. Il entoura Charlotte de ses bras, la pressa contre son cœur, et couvrit de baisers furieux ses lèvres tremblantes.

« Werther! s'écria-t-elle, d'une voix étouffée, en se détournant, Werther!... »

Et, d'une main faible, elle l'écartait de son sein.

« Werther! » s'écria-t-elle encore, avec le ton contenu du plus noble sentiment.

Il ne résista point, il la laissa échapper de ses bras, et se prosterna devant elle, comme égaré. Elle se leva avec violence, et, dans un égarement douloureux, palpitante d'amour et de colère, elle dit :

« C'est la dernière fois, Werther! vous ne me verrez plus. »

Et jetant sur le malheureux un regard plein d'amour, elle courut dans la chambre voisine et la ferma sur elle. Werther lui tendait les bras : il n'osa pas la retenir. Il était gisant sur le plancher, la tête sur le canapé, et il resta dans cette position plus d'une demi-heure. Enfin quelque bruit vint le rappeler à lui-même. C'était la servante qui se disposait à mettre la table. Il allait et venait dans la chambre, et, lorsqu'il se vit seul de nouveau, il s'approcha de la porte du cabinet, et dit à voix basse :

« Charlotte, Charlotte, encore un mot seulement, un adieu! »

Elle garda le silence. Il pria, il attendit, puis il s'arracha de cette place, en s'écriant :

« Adieu, Charlotte! Pour jamais, adieu! »

Il gagna la porte de la ville. Les gardes, qui étaient accoutumés à le voir, le laissèrent passer sans lui rien dire. Il tombait de la neige fondue. Il était près de onze heures lorsqu'il heurta à sa porte. Son domestique fut frappé de voir qu'il revenait sans chapeau, et n'osa pas lui dire un mot. Il le déshabilla. Tous ses vêtements étaient trempés. On trouva plus tard son chapeau sur un rocher qui s'élève au penchant du coteau et domine la vallée. C'est une chose inconcevable que, par cette nuit pluvieuse et sombre, il ait gravi ce rocher sans se précipiter.

Il se coucha et dormit longtemps. Le lendemain, le domestique le trouva occupé à écrire, quand il lui apporta son café. Il ajoutait le passage suivant à sa lettre pour Charlotte :

« Ainsi donc, pour la dernière fois, pour la dernière fois, j'ouvre les yeux ! Hélas ! ils ne verront plus le soleil ; un jour triste et nébuleux le tient caché. Oui, prends le deuil, ô nature ; ton fils, ton ami, ton bien-aimé, approche de sa fin. Charlotte, c'est un sentiment sans pareil, mais qui ressemble à un songe confus plus qu'à toute autre chose, de se dire : « Voilà mon der-
« nier jour ! » Le dernier ! Charlotte, je ne puis absolument le comprendre, ce mot : « Le dernier ! » Ne suis-je pas debout dans toute ma vigueur ? Et demain je serai gisant sans force sur la terre ! Mourir ! Qu'est-ce que cela signifie ? Crois-moi, nous rêvons, quand nous parlons de la mort. J'ai vu souvent mourir : mais les bornes de l'humanité sont si étroites, qu'elle n'a aucune idée sur le commencement et la fin de son existence. Maintenant je suis encore à moi, à toi ! à toi, ô bien-aimée ! Et un moment de plus.... séparé, passé.... peut-être pour jamais !... Non, Charlotte ! non ! Comment puis-je périr ? Comment peux-tu périr ? Nous sommes !... Eh bien, périr !... Qu'est-ce que cela veut dire ? C'est encore un mot, un son vide, qui n'a point de sens pour mon cœur. Mort, Charlotte, enfoui sous la froide terre, dans un lieu si étroit ! si noir !... J'avais une amie, qui fut tout pour moi dans ma jeunesse dépourvue : elle mourut, et je suivis son convoi, et je me tins au bord de la fosse, au moment où l'on descendait le cercueil, où les cordes coulèrent dessous en murmurant et remontèrent ; puis la première pelletée de terre roula dans la fosse, et le coffre funèbre rendit un bruit sourd, plus sourd et plus sourd encore, et il fut couvert enfin. Je me prosternai à côté de la fosse.... saisi, ébranlé,

oppressé, déchiré au fond de l'âme, mais sans savoir ce qui m'était arrivé.... ce qui m'arrivera.... La mort! La tombe! Je n'entends pas ces mots.

« Oh! pardonne-moi! pardonne-moi! Hier!... Ce devait être le dernier moment de ma vie. O mon ange, pour la première fois, pour la première fois, et sans aucun doute, il a pénétré, embrasé mon cœur, ce délicieux sentiment : elle m'aime! elle m'aime! Il brûle encore sur mes lèvres, le feu sacré qui coulait des tiennes par torrents; une nouvelle, une ardente ivresse est dans mon cœur. Pardonne-moi! pardonne-moi!

« Ah! je le savais bien que tu m'aimais; je le savais, à tes premiers regards, où se montrait ton âme, à ton premier serrement de main; et pourtant, quand je t'avais quittée, quand je voyais Albert à tes côtés, je retombais dans mes doutes fiévreux.

« Te souvient-il des fleurs que tu m'envoyas, dans cette maudite assemblée où tu ne pus me dire un seul mot ni me toucher la main? Ah! je passai la moitié de la nuit à genoux devant elles, et elles furent pour moi le sceau de ton amour. Mais, hélas! ces impressions passaient, comme s'efface peu à peu dans l'âme du fidèle le sentiment de la grâce de son Dieu, qu'il a reçue, avec une plénitude céleste, dans des signes visibles et sacrés.

« Tout cela est passager, mais l'éternité même ne saurait éteindre la flamme de vie que je recueillis hier sur tes lèvres et que je sens en moi. Elle m'aime! Ce bras l'a pressée, ces lèvres ont tremblé sur ses lèvres; cette bouche a balbutié sur la sienne. Elle est à moi! Tu es à moi, Charlotte, pour toujours!

« Et qu'importe qu'Albert soit ton mari? Ton mari! C'est bon pour ce monde.... et pour ce monde, le péché de t'aimer, de vouloir te ravir de ses bras. Le péché! Soit! Je m'en punis. Je l'ai savouré, ce péché, dans toute sa volupté céleste; j'ai puisé pour mon cœur le baume et la force de la vie. Dès ce moment, tu es à moi, à moi, Charlotte. Je te précède, je vais vers mon père, vers ton père. Je me plaindrai à lui, il me consolera, en attendant que tu viennes, et je volerai au-devant de toi, et je te prendrai, et je resterai auprès de toi, devant la face de l'Infini, dans des embrassements éternels.

« Je ne rêve point, je ne délire point : près de la tombe un nouveau jour m'éclaire. Nous serons! nous nous reverrons! Nous verrons ta mère; je la verrai, je la trouverai, et je répandrai tout mon cœur devant elle. Ta mère, ta parfaite image! »

Vers onze heures, Werther demanda à son domestique si Albert était revenu. Le domestique répondit que oui, et qu'il avait vu ramener son cheval à l'écurie. Là-dessus Werther lui donna un billet non cacheté portant ces mots :

« Voulez-vous bien me prêter vos pistolets pour un voyage que je projette? Adieu, portez-vous bien. »

La bonne Charlotte avait peu dormi la nuit précédente : ce qu'elle avait craint s'était réalisé, réalisé d'une manière qu'elle n'avait pu ni craindre ni pressentir. Son sang, jusqu'alors si pur et si paisible, était dans une fiévreuse agitation; mille sentiments divers bouleversaient ce noble cœur. Était-ce le feu des embrassements de Werther qu'elle sentait dans son sein ? Était-ce indignation de sa témérité ? Était-ce la comparaison pénible de son état présent avec ces jours de naïve et libre innocence et de tranquille confiance en elle-même? Comment devait-elle accueillir son mari? comment lui révéler la scène qu'elle pouvait avouer si bien, et qu'elle n'osait pourtant s'avouer à elle-même? Ils avaient si longtemps gardé le silence l'un avec l'autre! serait-elle la première à le rompre, et, dans un si fâcheux moment, ferait-elle à son mari cette révélation inattendue? Elle craignait déjà que la seule nouvelle de la visite de Werther ne fît sur son mari une impression désagréable : que serait-ce de cette catastrophe inattendue? Pouvait-elle bien espérer qu'il la verrait sous son vrai jour, qu'il la jugerait sans prévention? et pouvait-elle désirer qu'il parvînt à lire dans son âme? D'un autre côté, pouvait-elle dissimuler avec l'homme aux yeux duquel elle avait toujours été ouverte et transparente comme le cristal? à qui elle n'avait jamais caché ni pu cacher aucun de ses sentiments? Toutes ces choses la remplissaient de souci et de perplexité; et ses pensées revenaient toujours à Werther, qui était perdu pour elle, qu'elle ne pouvait quitter, qu'elle devait, hélas! abandonner à lui-même, et auquel il ne resterait plus rien, une fois qu'il l'aurait perdue.

Combien lui était pénible, quoiqu'elle ne pût se l'expliquer alors, le refroidissement survenu entre Albert et Werther ! Ces hommes, si intelligents et si bons, avaient, pour quelques dissentiments secrets, commencé par se renfermer dans un mutuel silence ; chacun songeait à son droit et au tort de l'autre, et les rapports s'étaient brouillés et envenimés, au point qu'il devint impossible de délier le nœud dans le moment critique, duquel tout dépendait. Si une heureuse intimité les avait rapprochés plus tôt ; si l'amitié et l'indulgence s'étaient ranimées chez eux, et avaient ouvert les cœurs, peut-être notre ami pouvait-il encore être sauvé.

Ajoutons à cela une singulière circonstance : Werther, comme nous l'avons appris par ses lettres, n'avait jamais fait un secret du désir qu'il avait de quitter la vie ; Albert l'avait souvent combattu, et Charlotte en avait parlé quelquefois avec son mari ; Albert, qui sentait pour le suicide une aversion décidée, avait fort souvent exprimé, avec une certaine vivacité, tout à fait peu naturelle à son caractère, ses doutes sur la sincérité d'un pareil projet ; il s'était même permis là-dessus quelques plaisanteries, et avait fait partager à Charlotte son incrédulité : elle en était, il est vrai, tranquillisée, quand ses pensées lui présentaient cette funeste image ; mais, d'un autre côté, elle se sentait par là empêchée de communiquer à son mari les inquiétudes qui la tourmentaient dans ce moment.

Albert revint, et Charlotte alla au-devant de lui avec une vivacité embarrassée. Il n'était pas gai : son affaire n'était pas terminée ; il avait trouvé dans le bailli, son voisin, un homme inflexible et minutieux ; les mauvais chemins avaient contribué à lui donner de l'humeur.

Il demanda s'il ne s'était rien passé de nouveau, et Charlotte répondit avec précipitation que Werther était venu la veille au soir. Il demanda s'il était arrivé des lettres : elle répondit qu'il y avait des lettres et des paquets dans sa chambre. Il y passa, et Charlotte resta seule. La présence du mari qu'elle aimait et qu'elle honorait avait fait sur son cœur une impression nouvelle. Le souvenir de sa générosité, de son amour et de sa bonté, lui avait donné plus de calme ; elle sentit un secret désir de le suivre ; elle prit son ouvrage et monta chez lui, comme elle faisait souvent. Elle le trouva occupé à ouvrir les paquets et à lire. Quelques-uns semblaient ne pas apporter des nouvelles fort agréables. Charlotte lui fit diverses questions, auxquelles il répondit brièvement, puis il se mit à son bureau pour écrire.

Ils avaient passé de la sorte une heure, à côté l'un de l'autre, et Charlotte devenait toujours plus sombre; elle sentait combien il lui serait difficile d'avouer à son mari, fût-il même de l'humeur la plus gaie, ce qu'elle avait sur le cœur. Elle tomba dans une mélancolie d'autant plus douloureuse, qu'elle s'efforçait de la cacher et de dévorer ses larmes.

L'apparition du domestique de Werther la jeta dans la plus grande perplexité; elle tendit le billet à Albert, qui se tourna tranquillement vers sa femme et lui dit :

« Donne-lui les pistolets. Vous lui souhaiterez de ma part un bon voyage, » ajouta-t-il, en s'adressant au domestique.

Ce fut pour Charlotte comme un coup de foudre. Elle se leva chancelante; elle ne savait ce qui se passait en elle; elle s'avança lentement vers la cloison; elle y prit les pistolets d'une main tremblante, en essuya la poussière, hésita, et aurait tardé longtemps encore, si Albert ne l'avait pressée, en l'interrogeant du regard. Elle donna au domestique ces armes funestes, sans pouvoir articuler un mot, et, lorsqu'il fut sorti, elle plia son ouvrage, et se retira chez elle dans un état d'inexprimable incertitude. Son cœur lui présageait toutes les horreurs. Tantôt elle était sur le point de se jeter aux pieds de son mari, de lui tout avouer, l'histoire de la veille, sa faute et ses pressentiments; tantôt elle ne voyait à cette démarche aucun résultat, et surtout elle ne pouvait espérer de résoudre son mari à se rendre chez Werther. On mit le couvert, et une amie, qui n'était venue que pour s'informer de quelque chose, qui voulait s'en aller d'abord, et.... qui resta, rendit, pendant le repas, l'entretien supportable : on se contraignit, on causa, on s'oublia.

Le domestique apporta les pistolets à Werther, qui les prit dans ses mains avec transport, lorsqu'il apprit que Charlotte les avait donnés elle-même. Il se fit apporter du pain et du vin, il dit au domestique d'aller dîner et se mit à écrire.

« Ils ont passé par tes mains, tu en as essuyé la poussière;

je les couvre de baisers : tu les as touchés. Toi-même, ange du ciel, tu favorises ma résolution; toi-même, Charlotte, tu fournis les armes à celui qui désirait recevoir la mort de tes mains, et qui la reçoit, hélas! aujourd'hui. Oh! j'ai interrogé mon domestique : tu tremblais en lui remettant ces armes; tu n'as prononcé aucun adieu!... Malheur! malheur! aucun adieu!... Devais-tu me fermer ton cœur, à cause du moment qui m'a enchaîné à toi pour l'éternité? Charlotte, les siècles des siècles n'effaceront pas cette impression, et, je le sens, tu ne peux haïr celui qui brûle ainsi pour toi. »

Après le repas, il ordonna au domestique d'achever les malles; il déchira beaucoup de papiers, il sortit, et régla quelques petites dettes. Il revint à la maison, sortit encore de la ville, et, malgré la pluie, il se rendit au jardin du comte; il alla se promener plus loin dans la campagne; il revint à la nuit tombante et il écrivit :

« Wilhelm, j'ai vu pour la dernière fois les champs, les bois et le ciel. A toi aussi mes adieux!... Pardonnez-moi, bonne mère!... Console-la, Wilhelm! Dieu veuille vous bénir! Adieu! Nous nous reverrons, plus heureux.

« Albert, je t'ai mal récompensé, et tu me pardonnes. J'ai troublé la paix de ta maison; j'ai fait naître la défiance entre vous. Adieu! Je veux y mettre fin. Oh! puissiez-vous être heureux par ma mort! Albert, Albert, rends heureux cet ange! Ainsi repose sur toi la bénédiction de Dieu! »

Il passa une partie de la soirée à fouiller encore dans ses papiers; il en déchira beaucoup et les jeta dans le poêle; il cacheta quelques paquets adressés à Wilhelm. Ils contenaient de petites dissertations, des pensées détachées, dont j'ai vu plusieurs; et, vers dix heures, après avoir ordonné qu'on remît du bois dans le poêle et qu'on lui apportât une bouteille de vin, il envoya coucher le domestique, dont la chambre, comme celles des autres personnes de la maison, était fort loin sur les derrières. Le domestique se coucha tout habillé, pour être tout prêt de bon matin : car son maître lui avait dit que les chevaux de poste seraient à la porte avant six heures.

« Après onze heures.

« Tout est calme autour de moi, et mon âme est tranquille. Je te remercie, mon Dieu, de donner à mes derniers moments cette chaleur et cette force.

« Je vais à ma fenêtre, chère amie, et je vois, je vois encore à travers les nues, que l'orage emporte, quelques étoiles des cieux éternels. Non, vous ne tomberez pas! L'Éternel vous porte dans son cœur, comme il me porte aussi. Je vois les premières étoiles du Chariot, la plus aimable des constellations. La nuit, quand je sortais de chez toi, quand je franchissais le seuil de ta porte, elle était là-haut devant moi. Avec quelle ivresse je l'ai souvent contemplée! Que de fois, levant les mains, je l'ai prise pour témoin, pour signe sacré de ma félicité présente! Et puis.... ô Charlotte, qu'est-ce qui ne me fait pas souvenir de toi? Ne suis-je pas entouré de ta présence? Et, comme un enfant, n'ai-je pas dérobé avidement mille bagatelles que tu avais touchées, ô ma sainte?

« Silhouette chérie!... Je te la donne, Charlotte, et je te prie de l'honorer. Elle a reçu de moi mille et mille baisers; mille fois je l'ai saluée, lorsque je sortais ou que je rentrais à la maison.

« J'ai prié ton père, par un petit billet, de protéger mon corps. Dans le cimetière sont deux tilleuls, derrière, dans le coin qui donne sur la campagne : c'est là que je souhaite reposer. Il peut le faire et le fera pour son ami. Unis ta prière à la mienne. Je ne veux pas exiger de pieux chrétiens qu'ils déposent leur cendre à côté d'un pauvre malheureux. Ah! je voudrais être par vous enseveli au bord du chemin ou dans la vallée solitaire; le prêtre, le lévite, passeraient, en se signant, devant la pierre marquée, et le Samaritain y verserait une larme.

« Je m'arrête, Charlotte! Je ne frémis point de prendre en

main l'horrible et froid calice, où je vais boire l'ivresse de la mort. Tu me l'as présenté et je n'hésite point. Voilà donc comme sont accomplis tous les vœux, toutes les espérances de ma vie! Je frappe d'une main glacée à la porte de bronze de la mort!

« Oh! si j'avais eu le bonheur de mourir pour toi, Charlotte, de me dévouer pour toi!... Je saurais mourir avec courage, avec joie, si je pouvais te rendre le repos, le bonheur de tes jours. Mais, hélas! il ne fut donné qu'à un petit nombre d'hommes généreux de répandre leur sang pour ceux qu'ils aimaient, et d'allumer pour eux, par leur mort, le flambeau d'une vie nouvelle et féconde.

« Je veux, Charlotte, qu'on m'ensevelisse avec ces habits : tu les as touchés, consacrés. J'en fais aussi la demande à ton père. Mon âme planera sur le cercueil : que l'on ne fouille pas dans mes poches. Ce nœud rose, que tu portais sur ton sein quand je te vis pour la première fois, au milieu de tes enfants.... Oh! embrasse-les mille fois, et raconte-leur l'histoire de leur malheureux ami! Chers enfants!... Ils se pressent autour de moi! Comme je te fus attaché! Dès le premier instant, je ne pouvais plus te quitter!... Ce nœud, je veux qu'on l'ensevelisse avec moi. Tu me le donnas pour mon jour de naissance! Comme je recevais avidement toutes ces choses!... Ah! je ne pensais pas que ce chemin me conduirait là!... Calme-toi, je t'en prie, calme-toi!

« Ils sont chargés.... Minuit sonne : que mon sort s'accomplisse! Charlotte, Charlotte, adieu! adieu! »

Un voisin vit l'éclair et entendit le coup : mais, comme tout resta tranquille, il n'y songea plus.

Le lendemain, vers six heures, le domestique entrait dans la chambre avec de la lumière : il trouve son maître gisant sur le plancher; il voit le pistolet et le sang. Il l'appelle, il le prend dans ses bras : point de réponse; seulement il râlait encore.... Il court chez le médecin, chez Albert. Charlotte entend sonner : un tremblement la saisit dans tous ses membres. Elle éveille son mari; ils se lèvent; le domestique, pleurant et balbutiant, annonce la nouvelle : Charlotte tombe évanouie aux pieds d'Albert.

Quand le médecin arriva près du malheureux, il le trouva dans un état désespéré; le pouls battait encore, tous les membres étaient paralysés. Il s'était tiré le coup au-dessus de l'œil droit; la cervelle avait sauté. Pour ne rien négliger, on lui ouvrit la veine du bras; le sang jaillit : il respirait encore.

Le sang qu'on voyait au dossier du fauteuil put faire juger qu'il s'était tiré le coup, étant assis devant son secrétaire : puis il était tombé, et avait roulé convulsivement autour du fauteuil. Il était gisant vers la fenêtre, couché sur le dos, sans mouvement; il était entièrement habillé, botté, en habit bleu et veste jaune.

La maison, le voisinage, la ville, s'émurent. Albert arriva. On avait placé Werther sur le lit, le front bandé; son visage était celui d'un mort, il ne faisait aucun mouvement. Le râle était encore effrayant, tantôt faible, tantôt plus fort. On attendait sa fin.

Il n'avait bu qu'un verre de vin. Le drame d'Émilia Galotti[1] était ouvert sur son bureau.

La consternation d'Albert, la douleur de Charlotte, ne peuvent s'exprimer.

Le vieux bailli monta à cheval et vint au galop, à la nouvelle de ce malheur. Il embrassa le mourant et le baigna de larmes.

Les aînés de ses fils arrivèrent à pied, bientôt après lui. Ils se prosternèrent auprès du lit, avec les signes de la plus violente douleur; ils baisaient les mains et la bouche de leur ami; l'aîné, qui lui avait toujours été le plus cher, s'attacha à ses lèvres jusqu'à son dernier soupir, et l'on dut l'entraîner par force. Werther mourut vers midi. La présence du bailli et les mesures qu'il prit calmèrent l'effervescence. Vers onze heures de la nuit, il fit ensevelir son ami à la place qu'il avait choisie. Le père et les fils suivirent le convoi; Albert en fut incapable. On craignit pour la vie de Charlotte. Des ouvriers portèrent le corps. Aucun ecclésiastique ne l'accompagna.

---

1. De Lessing. C'est l'histoire de Virginie sous des noms modernes.

LES

AFFINITÉS ÉLECTIVES

LES AFFINITÉS ÉLECTIVES.

PREMIÈRE PARTIE.

CHAPITRE I.

Édouard, riche baron, dans la force de l'âge, avait passé les plus belles heures d'une après-midi d'avril dans sa pépinière, pour enter sur de jeunes pieds des greffes qu'il avait reçues tout récemment. Il venait d'achever; il renfermait ses outils dans leur étui, et considérait son ouvrage avec satisfaction, quand le jardinier survint, et se réjouit de voir son maître prendre avec ardeur sa part de ces travaux.

« N'as-tu pas vu ma femme? lui dit Édouard, en se disposant à s'éloigner.

— Oui, de l'autre côté, dans les nouvelles plantations, répondit le jardinier. La cabane de mousse, qu'elle fait bâtir contre la paroi de rocher, en face du château, sera terminée aujourd'hui. Tout est devenu très-beau et doit plaire à monsieur. On a une vue superbe : là-bas, le village; un peu vers la droite, l'église, et même, par-dessus le clocher, le regard peut s'étendre au loin; vis-à-vis, le château et les jardins.

— Fort bien, reprit Édouard, à quelques pas d'ici, j'ai pu voir travailler les ouvriers.

— Et puis, continua le jardinier, à droite s'ouvre le vallon, et l'on voit, par-dessus les riches vergers, une gracieuse perspective; le sentier qui monte aux rochers est tracé fort joliment. Mme la baronne s'y entend; c'est un plaisir de travailler sous ses ordres.

— Va la prier de m'attendre. Dis-lui que je désire voir cette nouvelle création et l'admirer à mon tour. »

Le jardinier s'éloigna promptement : Édouard le suivit bientôt.

Il descendit les terrasses, visita en passant les serres et les couches, jusqu'à ce qu'il fût arrivé au ruisseau et, après un petit pont, à l'endroit où le sentier qui conduisait aux nouvelles plantations se divisait en deux.

Il laissa celui qui, traversant le cimetière, menait assez directement aux rochers, pour prendre l'autre, qui, tournant à gauche, montait un peu plus loin, par une pente douce, à travers un agréable bosquet. A l'endroit où les deux chemins se rencontraient, il s'assit un moment sur un banc fort bien placé, puis il commença la véritable montée, et, par une suite d'escaliers et de plates-formes, il se vit conduit à un étroit chemin, tantôt plus, tantôt moins escarpé, et enfin à la cabane de mousse.

Charlotte reçut son mari à l'entrée, et le fit asseoir de façon qu'il pût voir d'un coup d'œil, par la porte et par la fenêtre, les divers tableaux, qui présentaient le paysage comme encadré. Il les contempla d'un cœur joyeux, avec l'espérance que bientôt le printemps animerait tout d'une vie nouvelle.

« Je n'ai qu'une observation à faire, ajouta-t-il; la cabane me semble un peu trop petite.

— Elle est pourtant assez grande pour nous deux, répondit Charlotte.

— Oui vraiment, dit Édouard, il y aurait même encore de la place pour un troisième.

— Pourquoi pas? Pour un quatrième encore. Aux sociétés plus nombreuses nous ménagerons d'autres reposoirs.

— Puisque nous voilà seuls et tranquilles, dit Édouard, et d'humeur tout à fait calme et sereine, je t'avouerai que j'ai, depuis quelque temps, sur le cœur une chose que je dois et que je voudrais bien te confier, sans pouvoir en trouver le moment.

— J'ai bien remarqué chez toi quelque chose comme cela, dit Charlotte.

— Et si le courrier de demain matin ne me pressait pas, si nous ne devions pas nous résoudre aujourd'hui même, je te l'avoue, j'aurais peut-être gardé le silence plus longtemps.

— Eh bien, de quoi s'agit-il? demanda Charlotte, avec une gracieuse prévenance.

— Il s'agit de notre ami le capitaine. Tu sais la triste position à laquelle il est réduit, comme bien d'autres, sans qu'il y ait de sa faute. Combien il doit être douloureux pour un homme tel que lui, avec ses connaissances, ses talents, son expérience, de se voir hors d'activité, et.... Je ne veux pas te cacher davantage ce que je désire faire pour lui : je voudrais le prendre quelque temps avec nous.

— C'est une chose qui mérite réflexion, reprit Charlotte, et qu'il faut considérer sous plus d'une face.

— Je suis prêt à te faire part de mes vues, repartit Édouard. Dans sa dernière lettre règne une expression secrète de profond découragement, non qu'il soit hors d'état de suffire à ses besoins.... car il sait se restreindre à tous égards, et j'ai pourvu au nécessaire. Recevoir quelque chose de moi n'est pas non plus ce qui lui pèse; nous nous sommes rendu l'un à l'autre, dans le cours de notre vie, tant de services, que nous ne saurions venir à bout d'en régler le compte : son véritable tourment, c'est d'être désoccupé. Employer, tous les jours et à toute heure, pour l'avantage d'autrui, les talents divers qu'il a cultivés en lui, est son unique plaisir et même sa passion. Et maintenant, se croiser les bras, ou se livrer à de nouvelles études, acquérir des talents nouveaux, quand il ne peut mettre à profit ceux qu'il possède en abondance, vois-tu, ma chère enfant, c'est une situation pénible, dont il sent doublement le malheur dans sa solitude.

— Je croyais, dit Charlotte, qu'on lui avait fait des offres de divers côtés. J'avais moi-même écrit en sa faveur à plusieurs de mes amis et de mes amies, qui savent agir, et, si je ne me trompe, ces démarches ne sont pas restées sans effet.

— Fort bien; mais ces divers emplois, ces offres, lui causent une nouvelle inquiétude, un nouveau tourment. Aucune de ces positions ne lui convient. On ne lui demande pas d'agir, on lui demande de se sacrifier lui-même, de sacrifier ses sentiments, sa manière d'être, et cela lui est impossible. Plus je réfléchis à tout cela et plus j'en suis affecté, plus je désire vivement de le voir chez nous.

— C'est très-beau et très-aimable à toi, reprit Charlotte, de prendre tant d'intérêt à la situation de ton ami; mais souffre que je te presse de songer aussi à toi-même, de songer à nous.

— Je l'ai fait; nous ne pouvons nous promettre de sa présence que plaisir et avantage. Je ne parlerai pas de la dépense, qui, dans tous les cas, sera peu de chose pour moi, surtout si je considère que sa présence ne causera pas le moindre embarras. Il peut habiter l'aile droite du château, et tout le reste s'arrangera. Quel service nous lui rendrons par là! Et que d'agréments, que d'avantages même aura pour nous sa société! Je désire depuis longtemps faire lever le plan de mon domaine et des environs : il se chargera du travail et le dirigera. Mon intention est de faire valoir moi-même nos terres, aussitôt que les baux de nos fermiers seront expirés : combien cette entreprise n'est-elle pas difficile! Que de directions ne pourra-t-il pas nous donner! Je sens trop que j'ai besoin d'un homme tel que lui. Les campagnards ont des idées justes, mais ils les communiquent confusément et sans bonne foi. Les agronomes de la ville et des académies sont clairs et méthodiques, mais ils manquent d'expérience. Je puis me promettre l'un et l'autre avantage de mon ami, et il en résulte encore cent autres conséquences, que j'aime à me représenter, qui même te concernent et dont j'attends beaucoup de bien. Maintenant je te remercie de m'avoir écouté avec amitié, mais parle à ton tour avec une entière liberté, avec détail, et dis-moi tout ce que tu as à dire : je ne veux pas t'interrompre.

— Eh bien, dit Charlotte, je commencerai par une observation générale. Les hommes considèrent surtout le cas particulier, le présent, et c'est avec raison, parce qu'ils sont appelés à l'action ; les femmes, au contraire, pensent davantage à l'enchaînement de la vie, et ce n'est pas moins naturel, parce que leur sort, le sort de leur famille, est lié à cet enchaînement, et que même on exige d'elles cette liaison. Jetons un regard sur notre vie présente, sur notre vie passée, et tu m'avoueras que, si nous appelons à nous le capitaine, cela ne s'accorde guère avec nos projets, nos plans, nos arrangements.

« Il m'est doux de me rappeler nos premières relations. Un amour tendre nous unit dès nos jeunes années. On nous sépara, nous fûmes ravis l'un à l'autre, toi, parce que ton père, trop amoureux de la fortune, te maria avec une femme riche, mais d'un certain âge ; moi, parce que, sans raison particulière, on m'obligea de donner ma main à un homme opulent, honorable, mais que je n'aimais point. Nous redevînmes libres, toi le premier, et ta petite maman te laissa en possession d'une grande fortune ; moi, plus tard, à l'époque même où tu revins de tes voyages. Nous nous retrouvâmes ; nous avions de doux souvenirs : il nous fut agréable de les cultiver, et nous pouvions vivre ensemble sans obstacles. Tu insistas sur notre union : je ne consentis pas d'abord, car le nombre de nos années est à peu près égal, et, comme femme, je suis maintenant plus âgée que toi. A la fin, je n'ai pas voulu te refuser ce que tu semblais considérer comme ton unique bonheur. Tu voulais te reposer à mes côtés de toutes les fatigues que tu avais essuyées à la cour, au service, dans tes voyages ; tu voulais te recueillir, jouir de la vie, mais avec moi seule. Je mis ma fille unique en pension, où elle se développe sans doute d'une manière plus variée que la chose n'était possible dans un séjour champêtre. Et ce ne fut pas elle seulement, mais encore Ottilie, ma chère nièce, que je plaçai dans ce pensionnat, elle qui peut-être se serait mieux préparée sous ma direction à me seconder dans les soins du ménage. Tout cela s'est fait, avec ton approbation, uniquement afin qu'il nous fût permis de vivre pour nous-mêmes, de goûter sans trouble le bonheur que nous avions ardemment désiré dès le jeune âge, et bien tard enfin obtenu. C'est ainsi que nous sommes entrés dans notre séjour champêtre. Je me suis chargée de l'intérieur, toi des affaires du dehors et de l'ensemble. Mes arrangements sont pris pour aller au-devant de tous tes désirs et ne vivre que pour toi : essayons, du moins quelque temps, jusqu'à quel point nous pourrons ainsi nous suffire l'un à l'autre.

— L'enchaînement, reprit Édouard, est, comme tu le dis, le véritable élément des femmes; aussi faut-il ne pas vous entendre exposer de suite vos pensées, ou se résoudre à vous donner raison, et en effet tu as raison jusqu'à ce jour. Les dispositions que nous avons prises jusqu'à présent pour notre vie, sont bien entendues; mais ne voulons-nous rien édifier de plus sur ces bases, et ne leur donnerons-nous aucun autre développement? Mes travaux dans le jardin, les tiens dans le parc, ne les aurons-nous faits que pour des ermites?

— Très-bien, repartit Charlotte, fort bien! Prenons garde seulement d'y rien introduire d'importun, d'étranger! Songe que nos projets, même pour ce qui regarde l'amusement, supposaient, en quelque sorte, que nous ne serions que nous deux. Tu voulais d'abord me communiquer, d'une manière suivie, le journal de tes voyages; mettre en ordre, à cette occasion, divers papiers qui s'y rapportent, et, avec ma coopération, avec mon secours, composer de ces feuilles inestimables, mais confuses, un ouvrage agréable pour nous et pour les autres. J'avais promis de t'aider pour la copie, et il nous semblait facile, charmant, délicieux et doux, de parcourir, en souvenir, ce monde que nous n'avions pu voir ensemble. Nous avons même déjà commencé. Et puis, le soir, tu as repris ta flûte; tu accompagnes mon piano; nous ne manquons pas de voisins, qui nous visitent et que nous visitons. Pour moi, du moins, je me suis promis, de tout cela, le premier été vraiment agréable que j'aie passé de ma vie.

— J'ai beau faire, reprit Édouard en se frottant le front, malgré tout ce que tu peux dire avec tant de grâce et de raison, il me revient toujours à l'esprit que la présence du capitaine ne gâterait rien; qu'au contraire tout en serait facilité et en recevrait une vie nouvelle. Il a fait lui-même avec moi une partie de mes voyages; il a recueilli bien des observations dans un esprit différent : nous pourrions fondre tout cela et en faire un ouvrage charmant.

— Laisse-moi donc t'avouer franchement, repartit Charlotte, avec quelque impatience, que je me sens de la répugnance pour ce projet; qu'un pressentiment secret ne m'en promet rien de bon.

— De cette manière, vous seriez vraiment irrésistibles, vous autres femmes : premièrement, raisonnables, en sorte qu'on ne peut vous contredire; gracieuses, qu'on vous cède volontiers; sensibles, qu'on ne veut pas vous affliger; superstitieuses, que l'on s'effraye à son tour.

— Je ne suis pas superstitieuse, et je n'attache aucune importance à ces impulsions aveugles, en tant qu'elles ne seraient que cela : mais ce sont le plus souvent de vagues souvenirs, des suites, heureuses et malheureuses, que nous avons vues résulter de nos propres actions ou de celles des autres. Il n'est rien de plus grave, dans toute position, que l'intervention d'un tiers. J'ai vu des amis, des frères, des amants, des époux, dont les rapports ont été complétement changés, et la situation absolument bouleversée, par l'arrivée accidentelle ou voulue d'une troisième personne.

— Cela peut arriver chez les hommes qui vivent en aveugles, sans prévoyance, non chez les personnes éclairées par l'expérience, et qui ont mieux la conscience d'elles-mêmes.

— La conscience, mon ami, n'est point une arme suffisante; elle est même quelquefois dangereuse pour celui qui s'en sert; et de tout cela il résulte du moins que nous ne devons rien précipiter. Accorde-moi encore quelques jours, ne décide rien!

— La chose étant ce qu'elle est, dit Édouard, agir dans quelques jours serait encore de la précipitation. Nous avons exposé tour à tour les raisons pour et contre; il s'agit de prendre un parti, et le mieux serait de nous en remettre au sort.

— Je sais, répondit Charlotte, que, dans les cas douteux, tu aimes une gageure ou un coup de dés; mais, dans une chose si grave, je regarderais cela comme une témérité.

— Alors que dois-je écrire au capitaine? Car il faut que je le fasse sur-le-champ.

— Écris une lettre calme, sage, consolante.

— C'est comme si je n'écrivais pas!

— Et néanmoins, dans mainte occasion, il est nécessaire et amical d'écrire des riens plutôt que de ne rien écrire. »

CHAPITRE II.

Édouard se trouvait seul dans sa chambre, et, véritablement, Charlotte, en lui retraçant les divers événements de leur vie, en lui représentant leur position mutuelle, leurs projets, avait éveillé dans son cœur vif et tendre d'agréables impressions. Il avait goûté tant de plaisir auprès d'elle et dans sa société, qu'il se préparait à écrire au capitaine une lettre affectueuse, amicale, mais calme, et qui ne fît aucune allusion à son projet. Cependant, lorsqu'il se mit à son secrétaire et qu'il prit la lettre de son ami, pour la parcourir encore une fois, la triste situation de cet excellent homme le saisit comme elle avait fait d'abord: tous les sentiments qui l'avaient tourmenté depuis quelques jours se réveillèrent, et il lui parut impossible d'abandonner son ami dans une si pénible position.

Édouard n'était pas accoutumé à se refuser quelque chose. Enfant unique, enfant gâté de riches parents, qui avaient su lui persuader de contracter un mariage bizarre, mais extrêmement avantageux, avec une femme beaucoup plus âgée que lui; dorloté ensuite de mille manières par cette femme, qui cherchait à le récompenser de ses bons procédés pour elle par la plus grande libéralité; devenu son propre maître, par un veuvage qui ne tarda guère, il avait mené dans ses voyages une vie indépendante, changeant à son gré, et passant d'une chose à une autre, ne voulant rien d'excessif, mais voulant beaucoup de choses et très-diverses, sincère, bienfaisant, courageux et même vaillant dans l'occasion.... Quelle chose au monde pouvait résister à ses désirs?

Jusqu'alors tout avait marché selon ses vues; il était parvenu à posséder Charlotte, qu'il avait enfin conquise par une fidélité inébranlable, romanesque même; et, pour la première fois, il se voyait contredit, pour la première fois, arrêté, et cela, lorsqu'il voulait appeler à lui son ami d'enfance, lorsqu'il voulait, en quelque sorte, arranger toute son existence. Il était chagrin, impatient; plusieurs fois il prit la plume et la reposa, parce qu'il ne pouvait se mettre d'accord avec lui-même sur ce qu'il devait écrire. Il ne voulait pas aller contre les vœux de sa femme; il ne pouvait accéder à sa demande; agité comme il l'était, il devait écrire une lettre tranquille : cela lui aurait été tout à fait impossible. Le plus naturel était de chercher un délai. En peu de mots, il demanda pardon à son ami d'avoir tardé quelques jours à lui écrire, de ne pas lui écrire encore avec détail, et il promit une lettre prochaine, plus significative et de nature à le tranquilliser.

Le lendemain, Charlotte, dans une promenade qu'ils firent au même lieu, saisit l'occasion de renouer la conversation, étant peut-être convaincue que le meilleur moyen de faire tomber un projet était d'en parler souvent.

Édouard fut charmé de revenir sur ce sujet. Il s'exprima, suivant sa coutume, d'une manière gracieuse et agréable; en effet, ouvert aux impressions comme il l'était, s'il s'enflammait aisément, si ses vives instances devenaient trop pressantes, si son obstination pouvait donner de l'impatience, cependant toutes ses expressions étaient tellement adoucies par les ménagements les plus attentifs, qu'il fallait encore le trouver aimable, lors même qu'on le trouvait importun.

De cette manière, il commença ce jour-là par mettre Charlotte de joyeuse humeur; ensuite, par le tour agréable de sa conversation, il sut l'entraîner, au point qu'elle s'écria :

« Tu veux sans doute que j'accorde à l'amant ce que j'ai refusé au mari! Tu dois du moins t'apercevoir, mon ami, que tes désirs, que l'aimable vivacité avec laquelle tu les exprimes, ne me laissent pas froide, ne me laissent pas insensible. Cela m'oblige à te faire un aveu. Moi aussi, jusqu'à présent je t'ai caché quelque chose. Je me trouve dans une situation semblable à la tienne, et je me suis soumise à la même contrainte que je te conseille de t'imposer.

— Je suis charmé de le savoir. Je vois bien qu'en ménage il faut parfois disputer : c'est le moyen d'apprendre quelque chose l'un de l'autre.

— Eh bien, je te dirai qu'il en est de moi, à l'égard d'Ottilie, comme de toi pour le capitaine. Je souffre beaucoup de savoir cette chère enfant dans une pension où elle se trouve dans une situation fort pénible. Tandis que ma fille, qui est née pour le monde, s'y forme pour le monde; qu'avec les langues, l'histoire et les autres choses qu'on lui enseigne, elle joue à livre ouvert, comme avec sa musique et ses variations; qu'avec sa vivacité naturelle et son heureuse mémoire, on pourrait dire qu'elle oublie tout et se rappelle tout en un moment; que, par l'aisance de ses manières, sa grâce à danser, l'élégante facilité de sa conversation, elle se distingue parmi toutes ses compagnes, et, naturellement disposée à dominer, se fait la reine de ce petit cercle; tandis que la directrice de l'établissement la considère comme une petite divinité, qui commence à se développer entre ses mains, qui lui fera honneur, inspirera de la confiance en elle, et attirera une affluence d'autres jeunes personnes; tandis que les premières pages de ses lettres et de ses rapports mensuels ne sont jamais que des hymnes sur les qualités admirables de cette enfant, mais que je sais fort bien me traduire en prose: en revanche, ce qu'elle rapporte, en concluant, sur Ottilie, se réduit toujours à des excuses de ce que cette jeune fille, d'ailleurs si belle, ne veut pas se développer et montrer quelque aptitude et quelque talent. Le peu qu'elle ajoute encore n'est point non plus une énigme pour moi, parce que je reconnais dans cette aimable enfant tout le caractère de sa mère, ma chère et digne amie, qui fut élevée avec moi, et dont la fille deviendrait, j'en suis sûre, une femme accomplie, si je pouvais la garder sous ma surveillance et ma direction. Mais, comme cela n'entre pas dans notre plan et qu'on ne peut tant déranger et tirailler sa vie, y ajouter toujours quelque chose de nouveau, j'aime mieux me résigner à ce sacrifice; je surmonte même la peine que j'éprouve quand ma fille, qui sait fort bien que la pauvre Ottilie dépend entièrement de nous, use fièrement contre elle de ses avantages, et, par là, détruit en quelque sorte notre bienfait. Mais qui donc est assez sage pour ne pas faire valoir quelquefois cruellement contre les autres sa supériorité? Qui se trouve assez haut placé pour n'avoir pas eu quelquefois à souffrir ce genre de tyrannie? Le mérite d'Ottilie s'accroît par ces épreuves. Cependant, depuis que je connais clairement sa pénible situation, j'ai fait des démarches pour la placer ailleurs. Je recevrai une réponse incessamment : alors je n'hésiterai plus. Voilà où j'en suis, mon cher ami. Tu vois que nous portons tous deux les mêmes soucis dans nos cœurs bienveillants et fidèles : portons-les en commun, puisqu'ils ne peuvent se soulager l'un l'autre.

— Nous sommes d'étranges créatures, dit Édouard, en souriant. Quand nous pouvons seulement éloigner de notre présence ce qui nous inquiète, nous croyons avoir tout fait. En général nous sommes capables de grands sacrifices, mais nous dévouer en détail est le plus souvent au-dessus de nos forces. Telle était ma mère. Aussi longtemps que je vécus près d'elle, enfant, puis jeune homme, les soucis du moment la préoccupaient sans cesse. Si je revenais un peu tard d'une promenade à cheval, il devait m'être arrivé un accident; une averse m'avait-elle trempé, j'étais assuré d'avoir la fièvre. Je voyageai, je m'éloignai d'elle, et dès lors je semblai à peine lui appartenir. A considérer la chose de plus près, poursuivit le baron, nous agissons tous deux d'une manière injuste et déraisonnable, de laisser dans le chagrin et la souffrance deux personnes du caractère le plus noble, et chères à nos cœurs, uniquement pour nous mettre à l'abri de tout danger. Si ce n'est pas là de l'égoïsme, que faut-il appeler de ce nom? Prends Ottilie, laisse-moi le capitaine, et, au nom de Dieu, faisons un essai.

— On pourrait risquer la chose, dit Charlotte avec gravité, si le danger était pour nous seuls. Mais crois-tu donc qu'il soit prudent de réunir dans nos foyers Ottilie et le capitaine: un homme à peu près de ton âge, de l'âge (que je te dise en face cette flatterie!) où l'homme devient vraiment aimable et digne d'amour, et une jeune fille si charmante?

— Je ne sais pas, je l'avoue, repartit Édouard, comment tu peux élever si haut le mérite d'Ottilie. C'est apparemment que la fille a hérité de ton affection pour la mère. Elle est jolie, c'est vrai, et je me souviens que le capitaine me la fit remarquer lorsque, à notre retour, il y a une année, nous la rencontrâmes avec toi chez ta tante. Elle est jolie; elle a surtout de beaux yeux; mais je ne saurais dire qu'elle ait fait sur moi la moindre impression.

— Cela fait ton éloge, dit Charlotte, car j'étais présente, et, quoiqu'elle soit bien plus jeune, la présence de l'ancienne amie eut tant de charmes pour toi, que tu ne fis aucune attention à tout ce que promettait cette beauté naissante. Cela tient encore à ta manière d'être, et c'est pourquoi il m'est doux de passer avec toi ma vie. »

Charlotte, quelle que parût être la sincérité de son langage, dissimulait pourtant quelque chose. En effet, c'était à dessein qu'elle avait fait paraître Ottilie aux yeux d'Édouard, au retour de ses voyages, afin de procurer à sa chère pupille un parti si considérable, car elle ne songeait plus à Édouard pour elle-même. Elle avait aussi engagé secrètement le capitaine à fixer sur la jeune fille l'attention de son ami; mais celui-ci, qui avait gardé constamment à Charlotte son ancien amour, ne jeta les yeux ni à droite ni à gauche, uniquement heureux de sentir qu'il lui était possible enfin de posséder le bien, si vivement désiré, qu'une suite d'événements semblait lui avoir interdit pour jamais.

Les deux époux étaient sur le point de descendre vers le château par les nouvelles plantations, quand un domestique monta au-devant d'eux, et s'annonça d'en bas par ses rires.

« Venez vite, monsieur et madame! M. Mittler est arrivé au galop dans la cour du château. Il nous a tous fait courir à ses cris. Il fallait vous chercher; il fallait vous demander si le cas est pressant. « Si le cas est pressant, nous a-t-il crié encore. Entendez-vous? mais vite, vite! »

— Le drôle d'homme! s'écria Édouard. Ne vient-il pas justement à propos, Charlotte?... Retourne vite! dit-il au valet : réponds que le cas est pressant, très-pressant. Qu'il mette pied à terre. Ayez soin de son cheval; faites entrer M. Mittler, et qu'on lui serve à déjeuner. Nous arrivons tout de suite. Prenons le plus court, » dit-il à sa femme, et il avança par le sentier qui traversait le cimetière, qu'il avait coutume d'éviter.

Mais quelle ne fut pas sa surprise de trouver que, même en ce lieu, Charlotte avait songé au sentiment! En ménageant, le plus possible, les anciennes tombes, elle avait su tout arranger et aplanir, en sorte que le cimetière offrait un espace agréable, sur lequel les yeux et l'imagination s'arrêtaient avec plaisir.

Elle avait respecté jusqu'à la plus ancienne pierre. Elle les avait fait dresser, par ordre de dates, enchâsser ou du moins appliquer le long de la muraille; le haut socle de l'église même en était décoré de place en place. Édouard éprouva une surprise extraordinaire, lorsqu'il entra par la petite porte; il pressa la main de Charlotte, et une larme brilla dans ses yeux.

Mais l'hôte bizarre les arracha bientôt de ce lieu : il n'avait pu durer au château, et avait galopé, à travers le village, jusqu'à la grande porte du cimetière, où il s'arrêta, criant à ses amis :

« Vous ne vous moquez pas de moi, j'espère? Si le cas est réellement pressant, je reste à dîner. Ne me retardez pas; j'ai encore beaucoup à faire aujourd'hui.

— Puisque vous avez pris la peine de venir si loin, lui dit Édouard, entrez ici à cheval : nous nous rencontrons dans un lieu sévère, et voyez comme Charlotte a décoré agréablement cette funèbre enceinte!

— Je n'entrerai là ni à cheval, ni à pied, ni en voiture, s'écria le cavalier. Ceux-là reposent en paix : je n'ai rien à démêler avec eux. C'est bien assez de souffrir qu'on m'y porte un jour les pieds en avant. Ainsi donc, vous parlez sérieusement?

— Oui, dit Charlotte, très-sérieusement. C'est la première fois que les nouveaux époux sont dans un embarras et une perplexité d'où ils ne savent se tirer.

— On ne le dirait pas à vous voir, répliqua-t-il; cependant je veux bien le croire. Si vous m'attrapez à l'avenir, je vous abandonne. Hâtez-vous de me suivre : cette halte viendra fort à propos pour mon cheval. »

Ils se trouvèrent bientôt réunis tous trois dans la salle. On servit le déjeuner. Mittler conta ses travaux et ses projets de la journée. Cet homme bizarre avait été autrefois ecclésiastique, et, avec une activité infatigable, il s'était distingué dans son ministère, en ce qu'il savait aplanir et apaiser toutes les querelles de famille ou de voisinage, d'abord entre simples particullers, puis de communes entières et de nombreux propriétaires. Aussi longtemps qu'il avait été en fonctions, il ne s'était pas vu un seul divorce, et les tribunaux du pays n'avaient été importunés d'aucun démêlé, d'aucun procès de ses paroissiens. Il n'avait pas tardé à sentir combien la connaissance du droit lui était nécessaire : il s'était livré tout entier à cette étude, et il devint bientôt un avocat très-habile. Sa sphère d'activité s'étendit merveilleusement, et il allait être appelé dans la capitale, pour achever d'en haut ce qu'il avait commencé d'en bas, lorsqu'il fit un gain considérable à la loterie, acheta un domaine de médiocre étendue, le donna à ferme, et en fit le centre de son activité, en prenant l'inébranlable résolution, ou plutôt en observant son ancienne coutume et son goût, de ne s'arrêter dans aucune maison où ne se trouvait pas quelque différend à apaiser, quelque affaire à régler. Les personnes superstitieuses qui observent le sens des noms propres, soutiennent que c'est le nom de Mittler[1] qui l'avait prédestiné à suivre cette étrange carrière.

Quand on eut servi le dessert, Mittler invita sérieusement ses hôtes à ne pas lui faire attendre plus longtemps leurs confidences, parce qu'aussitôt après le café, il devait partir. Les deux époux firent leurs aveux en détail ; mais, à peine eut-il compris de quoi il s'agissait, qu'il se leva de table avec humeur, courut à la fenêtre, et donna l'ordre de seller son cheval.

« Ou bien vous ne me connaissez pas, s'écria-t-il, vous ne me comprenez pas, ou vous y mettez beaucoup de malice. Est-ce là une querelle ? Avez-vous besoin de secours ? Croyez-vous que je sois au monde pour donner des conseils ? C'est le plus sot métier qu'on puisse faire. Que chacun se conseille soi-même, et qu'il fasse ce qu'il ne peut éviter de faire. Si la chose tourne bien, qu'il s'applaudisse de sa sagesse et de son bonheur ; si le succès est mauvais, alors je suis là. Celui qui veut être délivré d'un mal sait toujours ce qu'il veut ; celui qui veut avoir mieux que ce qu'il a est absolument aveugle.... Oui, oui, riez seulement !... Il joue à colin-maillard ; il attrape quelque chose peut-

---

1. Médiateur. On croit que Goethe avait en vue Merk, un de ses plus fidèles amis.

être, mais quoi ? Faites ce que vous voudrez : c'est tout à fait égal. Prenez vos amis chez vous, laissez-les à l'écart : tout cela est égal. J'ai vu tourner mal les résolutions les plus sages ; j'ai vu réussir les plus absurdes. Ne vous cassez pas la tête, et, si le parti que vous prendrez, quel qu'il soit, a des suites fâcheuses, ne vous la cassez pas non plus : envoyez-moi chercher et je vous tirerai d'affaire. Jusque-là, votre serviteur ! »

A ces mots, il sortit et sauta sur son cheval, sans attendre le café.

« Tu vois, dit Charlotte, combien un tiers est de peu de secours, quand deux personnes étroitement unies ne peuvent s'accorder tout à fait. Nous sommes, s'il est possible, encore plus embarrassés et plus incertains qu'auparavant. »

Les deux époux auraient peut-être balancé quelque temps encore, s'il n'était pas arrivé une lettre du capitaine, en réponse à la dernière d'Édouard. Il avait résolu d'accepter une des places qui lui étaient offertes, bien qu'elle ne lui convînt en aucune façon. Il s'agissait de partager l'ennui de personnes riches et de qualité, qui comptaient sur lui pour se distraire.

Édouard jugea d'un coup d'œil toute la situation et il en fit une vive peinture.

« Laisserons-nous notre ami dans une position pareille ? s'écria-t-il. Charlotte, tu n'auras pas cette cruauté !

— Notre bizarre personnage, notre Mittler, répliqua-t-elle, pourrait bien avoir raison. Toutes ces entreprises sont des coups de dés. Ce qui en résultera, nul ne saurait le prévoir. Ces nouvelles relations peuvent être fécondes en bonheur et en malheur, sans que nous puissions précisément l'attribuer à notre mérite ou à notre faute. Je ne me sens pas la force de te résister plus longtemps. Faisons un essai. La seule prière que je t'adresse, c'est qu'il soit envisagé comme de peu de durée. Permets-moi de m'employer pour le capitaine avec plus d'activité que je n'ai fait jusqu'à ce jour ; de mettre à profit et de faire agir mon influence et mes relations, pour lui procurer une place qui puisse le rendre heureux à sa manière. »

Édouard exprima à Charlotte sa vive reconnaissance de la manière la plus agréable. Le cœur libre et joyeux, il se hâta d'écrire à son ami pour lui faire des propositions. Charlotte dut ajouter, dans une apostille, quelques mots d'approbation, et joindre ses prières amicales à celles de son mari. Elle écrivit, d'une plume facile, avec grâce, avec obligeance, mais avec une sorte de précipitation qui ne lui était pas ordinaire ; et, ce qui ne lui arrivait guère, elle fit à la fin sur le papier une tache d'encre, qui lui causa du dépit, et qu'elle ne fit qu'étendre davantage en voulant l'effacer.

Édouard plaisanta là-dessus, et, comme il restait encore de la place, il ajouta une seconde apostille : leur ami devait voir par ce signe avec quelle impatience on l'attendait, et régler la célérité de son voyage sur l'empressement qu'on avait mis à écrire la lettre.

Le messager était parti : Édouard ne crut pouvoir mieux témoigner sa reconnaissance, qu'en faisant auprès de Charlotte des instances réitérées pour qu'elle retirât, sans tarder, Ottilie de sa pension et l'appelât auprès d'elle.

Charlotte demanda un délai et sut engager, ce soir-là, son mari à faire un peu de musique. Elle jouait fort bien du clavecin ; Édouard n'était pas aussi habile sur la flûte : car, bien qu'il se fût donné, de temps à autre, beaucoup de peine, il ne s'était pas trouvé la patience, la persévérance nécessaire pour perfectionner ce talent. Il exécuta donc sa partie d'une manière très-inégale : quelques endroits allaient bien, mais trop vite peut-être ; dans d'autres, il ralentissait la mesure, parce qu'il ne pouvait les jouer couramment, et il eût été difficile pour toute autre personne d'exécuter avec lui un duo jusqu'au bout ; mais Charlotte savait s'y retrouver : elle ralentissait, et puis se laissait entraîner, et remplissait ainsi le double devoir d'un bon chef d'orchestre et d'une femme prudente, qui savent maintenir constamment la mesure dans l'ensemble, alors même que, dans chaque passage, elle n'est pas toujours observée.

CHAPITRE III.

Le capitaine arriva. Il s'était fait précéder d'une lettre fort sage, qui tranquillisa Charlotte parfaitement. Il se jugeait lui-même avec une si grande netteté, il s'exprimait d'une manière si claire sur sa position et celle de ses amis, que cela produisait une heureuse et riante perspective.

Dans les premières heures, la conversation fut vive, presque étourdissante, comme il arrive d'ordinaire entre amis qui sont restés quelque temps sans se voir. Vers le soir, Charlotte ménagea une promenade aux nouvelles plantations. Le capitaine trouva la contrée charmante, et remarqua chacune des beautés que les nouvelles allées découvraient et faisaient apprécier. Il avait l'œil exercé et pourtant facile à satisfaire; et, quoiqu'il sût fort bien connaître ce qu'on pouvait désirer, il n'excitait pas, comme beaucoup de gens, la mauvaise humeur des personnes qui le promenaient dans leurs propriétés, en demandant plus que les circonstances n'avaient permis, ou en rappelant des choses plus parfaites qu'il avait vues autre part.

Parvenus à la cabane de mousse, ils la trouvèrent décorée, de la manière la plus agréable, de fleurs artificielles, il est vrai, et de plantes vertes; mais de belles gerbes de blé et d'autres fruits des champs et des vergers s'y entremêlaient d'une manière qui faisait honneur au goût de celle qui avait ordonné cette décoration.

« Bien que mon mari n'aime pas que l'on célèbre son jour de naissance ou celui de sa fête, dit Charlotte, il me pardonnera cependant de consacrer ces modestes guirlandes à la triple fête de ce jour.

— Une triple fête? dit Édouard.

— Sans doute! reprit Charlotte : l'arrivée de notre ami en est une pour nous, et puis vous n'avez songé peut-être ni l'un ni l'autre que c'est aujourd'hui votre fête. Othon n'est-il pas le nom de tous deux ? »

Les amis se tendirent la main par-dessus la petite table.

« Tu me rappelles, dit Édouard, un trait d'amitié de mon jeune âge. Dans notre enfance, c'était notre nom à tous deux; mais, quand nous fûmes ensemble en pension, il en résulta mainte confusion, et je te cédai volontairement ce nom laconique et charmant.

— En quoi tu ne fus pas trop généreux, dit le capitaine, car je me rappelle fort bien que le nom d'Édouard te plaisait mieux, et en effet, prononcé par une jolie bouche, il a un son très-flatteur. »

Ils étaient assis tous trois autour de la même petite table, auprès de laquelle Charlotte s'était opposée si vivement à la venue de leur hôte. Édouard, au milieu de sa joie, ne voulut pas rappeler ces moments à sa femme, mais il ne put s'empêcher de lui dire :

« Il y aurait encore de la place pour une quatrième personne. »

A ce moment, des cors de chasse se firent entendre du château; ils semblaient confirmer et fortifier les bons sentiments et les vœux des amis, qui goûtaient ensemble un doux loisir. Ils écoutaient sans rien dire, chacun se recueillant en lui-même, et sentant doublement son propre bonheur dans une si belle union.

Édouard interrompit le premier ce silence, en se levant et sortant de la cabane.

« Conduisons notre ami sur le sommet de la colline, dit-il à Charlotte, afin qu'il ne suppose pas que cette vallée étroite soit tout notre héritage et notre séjour : là-haut le regard est plus libre et l'on respire plus à l'aise.

— En ce cas, reprit Charlotte, nous devrons, cette fois encore, gravir l'ancien sentier, qui est un peu pénible; mais j'espère que mes degrés et ma montée ne tarderont pas à nous conduire plus commodément jusqu'au sommet. »

On parvint en effet, par-dessus des rochers, à travers des

buissons et des broussailles, à la dernière sommité, qui ne formait pas une plaine, mais une suite de mamelons fertiles. Là derrière, le village et le château ne se voyaient plus. Dans le fond, on apercevait de vastes étangs ; au delà, des collines boisées, au pied desquelles ils s'étendaient ; enfin des roches escarpées, dont les parois verticales formaient le dernier encadrement du miroir liquide, et qui réfléchissaient, à la surface des eaux, leur formes imposantes. Là-bas, dans le ravin, d'où l'on voyait un large ruisseau courir vers les étangs, était caché à demi un moulin, qui paraissait, avec ses environs, comme un charmant reposoir. Dans tout le demi-cercle que l'on embrassait, se succédaient avec variété vallons et collines, bocages et forêts, dont la naissante verdure promettait pour la suite l'aspect le plus riche. Des groupes d'arbres isolés arrêtaient en quelques endroits le regard. Au pied des spectateurs, un massif de peupliers et de platanes se faisait surtout remarquer avec avantage, sur les bords de l'étang du milieu. Ces arbres étaient en pleine croissance, sains, vigoureux, dressant leurs têtes et déployant leurs bras.

Édouard les signala particulièrement à l'attention de son ami.

« Je les ai plantés moi-même dans ma jeunesse, lui dit-il. C'étaient de jeunes pieds, que je sauvai, quand mon père, qui s'occupait d'agrandir le jardin du château, les fit arracher au milieu de l'été. Ils continueront sans doute à se montrer reconnaissants, cette année encore, en poussant des branches nouvelles. »

Les promeneurs revinrent joyeux et satisfaits. On assigna au capitaine, dans l'aile droite du château, un logement agréable et spacieux, où il eut bientôt transporté et mis en ordre ses livres, ses papiers et ses instruments, pour continuer la vie active dont il avait l'habitude. Mais, dans les premiers jours, Édouard ne lui laissa point de repos : il le promenait partout, soit à pied soit à cheval, et lui faisait parcourir son domaine et la contrée. Cependant il lui faisait part du désir qu'il nourrissait depuis longtemps de mieux connaître ses terres et d'en tirer un parti plus avantageux.

« La première chose à faire, répondit un jour le capitaine, serait que je levasse le plan des domaines avec la boussole.

C'est une opération facile et amusante, et, si elle n'est pas de la plus grande exactitude, elle est du moins utile et satisfaisante pour le commencement. On peut la faire sans beaucoup de secours et l'on est sûr d'en venir à bout. Si tu songes plus tard à un mesurage plus exact, cela pourra se faire aussi. »

Le capitaine était fort exercé à cette manière de lever un plan. Il avait apporté les instruments nécessaires et se mit à l'œuvre aussitôt. Il instruisit Édouard et quelques chasseurs et paysans, qui devaient l'aider dans ce travail. Le temps fut favorable; le capitaine dessinait le soir et de grand matin : tout fut bientôt lavé et colorié. Édouard vit, avec une netteté parfaite, ses domaines paraître sur le papier comme une création nouvelle. Il croyait apprendre à les connaître pour la première fois : ils semblaient enfin lui appartenir tout de bon.

Cela conduisit les amis à parler de ces terres, des travaux, qu'on pouvait beaucoup mieux exécuter avec cette vue d'ensemble, qu'en essayant d'agir sur la nature, d'après des inspirations isolées et accidentelles.

« C'est là ce qu'il faut rendre sensible à ma femme, dit Édouard.

— Ne va pas l'essayer, répliqua le capitaine, qui n'aimait pas à heurter les idées d'autrui, l'expérience lui ayant appris que les vues des hommes sont beaucoup trop diverses pour que les raisonnements même les plus sages puissent jamais les faire converger vers un même point. Ne va pas l'essayer, s'écria-t-il; elle en serait aisément déconcertée. Pour elle, comme pour tous ceux qui se mêlent de pareils travaux en amateurs, l'important est de s'occuper, plutôt que de faire quelque chose. On tâtonne avec la nature; on a une prédilection pour telle ou telle petite place; on ne se risque pas à écarter tel ou tel obstacle; on n'est pas assez hardi pour sacrifier quelque chose; on ne peut se représenter d'avance le résultat; on fait des essais : ils réussissent, ils manquent.... on change, on change peut-être ce qu'on devrait conserver.... on conserve ce qu'on devrait changer, et il ne reste plus à la fin qu'un rhabillage, qui plaît et qui amuse, mais qui ne satisfait point.

— Avoue-le-moi franchement, dit Édouard, tu n'es pas satisfait de ses travaux.

— Si l'exécution répondait à la pensée, qui est très-bonne, il n'y aurait rien à dire. Elle s'est fatiguée à gravir péniblement à travers les rochers, et elle fatigue maintenant tous ceux qu'elle y fait monter; on ne marche ni côte à côte, ni à la file, avec une certaine liberté; la mesure du pas est sans cesse interrompue..... Et que n'aurait-on pas encore à dire?...

— Était-il facile de faire autrement?

— Très-facile : ta femme n'avait qu'à faire abattre un angle de rochers, qui même est sans apparence, parce qu'il se compose de petites parties; elle obtenait de la sorte une courbe élégante pour la montée et, en même temps, des pierres en abondance, pour construire des murs de soutènement aux places où le chemin se serait trouvé étroit ou mauvais. Mais que cela soit dit entre nous; autrement elle serait inquiétée et mécontente. Il faut laisser subsister ce qui est fait. Si l'on veut y mettre plus tard de l'argent et du travail, il y aurait encore, depuis la cabane de mousse jusqu'en haut, et sur la colline, bien des travaux à exécuter et beaucoup à faire pour l'agrément. »

Si les deux amis trouvaient ainsi dans le présent de quoi s'occuper, le passé leur offrait en abondance de vifs et charmants souvenirs, auxquels Charlotte avait coutume de prendre part. On se proposa encore, quand les travaux les plus pressants seraient achevés, de travailler au journal de voyage et de faire aussi revivre par ce moyen les temps passés.

Au reste Édouard avait, en tête-à-tête avec Charlotte, moins de sujets d'entretien, surtout depuis qu'il avait sur le cœur la critique, si juste à ses yeux, des travaux qu'elle avait faits dans le parc. Longtemps il se tut sur les confidences du capitaine; mais enfin, voyant que sa femme faisait construire encore de petits escaliers et de petits sentiers, pour gravir péniblement de la cabane sur la hauteur, il ne put se contenir davantage, et, après quelques préambules, il lui fit part de ses lumières nouvelles.

Charlotte fut saisie. Cette femme si intelligente reconnut d'abord qu'ils avaient raison. Mais ce qui était achevé jurait avec les nouveaux plans; d'ailleurs la chose était faite; elle l'avait trouvée agréable, et même ce que l'on blâmait lui souriait dans chaque détail; elle ne voulait pas être convaincue; elle défendait sa petite création ; elle blâmait les hommes, qui visent d'abord au grand, et, d'un badinage, d'un amusement, voudraient faire tout de suite un ouvrage, ne songeant pas aux dépenses qu'un plus vaste plan entraîne absolument après lui. Elle était émue, blessée, mécontente; elle ne pouvait abandonner ses anciennes idées ni rejeter tout à fait les nouvelles ; mais, naturellement résolue, elle arrêta sur-le-champ ses travaux, et prit du temps pour peser la chose et mûrir ses idées.

Tandis qu'elle était privée de cette agréable occupation, les deux amis, toujours mieux d'accord, poursuivaient leurs travaux et prenaient un soin particulier des jardins d'agrément et des serres; ils se livraient, dans les intervalles, à leurs exercices accoutumés; ils allaient à la chasse; ils achetaient ou échangeaient des chevaux, les dressaient pour la selle et la voiture, et Charlotte se sentait plus seule de jour en jour. Elle se remit à sa correspondance (même en faveur du capitaine) avec une vivacité nouvelle, et toutefois elle avait bien des heures d'isolement. Les rapports qu'elle reçut du pensionnat en furent pour elle d'autant plus agréables et plus intéressants.

Une lettre détaillée de la directrice, qui s'étendait, comme d'ordinaire, avec complaisance sur les progrès de Luciane, était accompagnée d'une courte apostille, que suivait une note écrite par un des professeurs de la maison. Nous donnerons l'une et l'autre.

Apostille de la Directrice.

Pour ce qui regarde Ottilie, madame la baronne, je n'aurais proprement qu'à répéter ce que j'ai dit dans mes rapports précédents. Je ne saurais en faire des plaintes, et pourtant je ne puis en être satisfaite. Elle est, comme toujours, modeste et complaisante pour les autres; mais cette retenue, ces manières officieuses, ne me plaisent point. Dernièrement vous lui avez envoyé, madame, de l'argent et diverses étoffes : elle n'a pas touché à l'argent, et les étoffes sont encore là sans emploi. Elle maintient dans ses effets beaucoup d'ordre et de propreté :

c'est comme cela seulement qu'elle semble changer d'habits. Je ne puis approuver non plus son extrême sobriété. Il n'y a rien de superflu sur notre table, mais rien ne m'est plus agréable que de voir les enfants manger avec appétit des mets sains et savoureux. La nourriture, qui est présentée et servie avec choix et prudence, doit aussi être consommée. Je ne puis jamais y décider Ottilie. Elle trouve toujours un service à rendre, une lacune à remplir (si les servantes négligent quelque chose), uniquement pour esquiver un plat ou le dessert. Je dois ajouter, madame, une observation que j'ai faite récemment, c'est qu'elle a quelquefois au côté gauche de la tête une douleur qui est passagère, il est vrai, mais violente et digne d'attention. C'est tout ce que j'avais à vous dire sur cette aimable et belle enfant.

Billet de l'Instituteur.

Notre excellente directrice me fait lire souvent les lettres dans lesquelles elle adresse aux parents et aux tuteurs des observations sur le compte de ses élèves. Je lis toujours avec une double attention et un double plaisir celles qui vous sont adressées, madame la baronne ; car, en même temps que nous avons lieu de vous féliciter de posséder une fille qui réunit toutes les qualités brillantes par lesquelles on se fait honneur dans le monde, je ne dois pas vous estimer moins heureuse, qu'il vous soit échu en partage, dans votre fille adoptive, une enfant née pour la joie, pour la satisfaction de ses alentours, et sans doute aussi pour son propre bonheur. Ottilie est presque la seule de nos élèves sur laquelle je ne puis être du même avis que notre respectable directrice. Je comprends fort bien que cette femme pleine d'activité désire qu'on voie paraître les fruits de ses soins ; mais il est aussi des fruits cachés, qui sont les véritables, les plus excellents, et qui acquièrent tôt ou tard un développement magnifique. Telle est certainement votre pupille. Depuis le temps que je suis chargé de l'instruire, je la vois avancer toujours du même pas, et, si sa marche est lente, elle ne recule jamais. Si, avec un enfant, il est nécessaire de commencer par le commencement, sans aucun doute il en est ainsi avec elle. Une chose qui ne découle pas de ce qui précède, elle ne la comprend pas ; elle reste troublée, et comme stupide, devant une idée facile à saisir, qui, pour elle, ne se rattache à rien ; mais, si l'on peut trouver les chaînons intermédiaires et les lui faire voir clairement, elle comprend les choses les plus difficiles.

Assujettie à ce progrès modéré, elle reste en arrière de ses compagnes, qui, avec de tout autres facultés, courent sans cesse en avant ; qui saisissent, qui retiennent tout sans peine, même ce qui est incohérent, et en font aisément usage. Aussi n'apprend-elle absolument rien et ne recueille-t-elle aucun profit d'un enseignement précipité, comme c'est le cas dans certaines leçons, qui sont données par des maîtres habiles, mais prompts et impatients. On s'est plaint de son écriture, de son incapacité à saisir les règles de la grammaire : j'ai examiné ces plaintes de plus près. Il est vrai que son écriture est lente et manque de souplesse ; toutefois elle n'est point timide et mal formée. Ce que je lui ai enseigné graduellement de la langue française, qui n'est pas, il est vrai, de mon ressort, elle l'a saisi facilement. Chose singulière, elle sait beaucoup et fort bien ; cependant, lorsqu'on l'interroge, elle semble ne rien savoir.

Si vous me permettez de finir par une observation générale, j'oserai dire qu'elle apprend, non comme une personne qui vise seulement à s'instruire, mais comme une personne qui veut instruire les autres ; non comme une écolière, mais comme une maîtresse future. Peut-être vous semblera-t-il étrange, madame la baronne, qu'étant moi-même instituteur et professeur, je ne croie pouvoir mieux louer une personne qu'en l'égalant à moi.

« Vos vues supérieures, votre profonde connaissance du monde et des hommes, choisiront ce qui peut se trouver de bon dans mes paroles modestes et bien intentionnées. Vous serez persuadée qu'on peut espérer aussi de cette enfant beaucoup de satisfaction. Je vous présente, madame, mes très-humbles hommages et je vous demande la permission de vous écrire encore, dès que je croirai pouvoir vous mander quelque chose d'agréable et d'intéressant. »

Ce billet fit grand plaisir à Charlotte. Le contenu s'accordait tout à fait avec l'opinion qu'elle avait elle-même d'Ottilie. Elle ne put d'ailleurs s'empêcher de sourire, parce que l'affection de l'instituteur semblait plus tendre que celle qu'inspirent communément les qualités d'une élève. Avec sa manière de penser, calme et libre de préjugés, elle ne prit aucun ombrage de ces relations, comme de tant d'autres; elle jugea précieux l'intérêt que cet homme sage prenait à Ottilie, car elle avait assez appris, par l'expérience de la vie, la haute valeur de toute affection véritable, dans un monde où l'indifférence et l'antipathie ont établi leur empire.

CHAPITRE IV.

Le plan topographique du domaine et de ses environs, levé sur une assez grande échelle, et qui devait aux hachures et aux couleurs quelque chose de caractéristique et de saisissable, rendu plus exact au moyen de quelques opérations trigonométriques exécutées par le capitaine, fut achevé en peu de temps. C'est qu'il était difficile de trouver quelqu'un à qui moins de sommeil fût nécessaire qu'à cet homme diligent, et que sa journée était constamment consacrée à l'œuvre du moment : aussi, chaque soir, quelque chose se trouvait fait.

« Passons à la suite maintenant, dit-il à son ami, à la description des terres, pour laquelle doivent exister déjà des matériaux suffisants; elle servira plus tard de base aux projets de baux à ferme et à d'autres choses. Adoptons seulement un principe invariable : sépare toujours de la vie les affaires. Les affaires veulent du sérieux et de la rigueur, la vie, du caprice; les affaires veulent la suite la plus régulière; il faut souvent à la vie quelque inconséquence, qui même nous charme et nous égaye. Plus tu seras exact dans les affaires, plus tu pourras goûter de liberté dans la vie : tandis que, par le mélange, la liberté emporte l'exactitude et la détruit. »

Édouard sentit dans ces conseils un léger reproche. Il n'était point un homme sans ordre; cependant il ne pouvait jamais en venir à classer ses papiers. Ce qu'il avait à régler avec d'autres, ce qui ne dépendait que de lui, n'était pas séparé; il ne distinguait pas non plus suffisamment les affaires et les occupations des divertissements et des plaisirs : mais la chose lui devint facile, depuis qu'un ami entreprit cette tâche, qu'un second lui-même effectua cette séparation, à laquelle l'homme, réduit à ses propres forces, ne sait pas toujours se résigner.

Ils établirent dans l'aile du château où logeait le capitaine un bureau pour les affaires courantes, des archives pour les affaires passées; ils tirèrent de divers dépôts, chambres, armoires et coffres, les documents, les papiers, les notes de tout genre, et ce fatras fut bientôt mis dans un ordre satisfaisant; tout fut étiqueté et placé dans des cases séparées. Ce qu'on désirait fut trouvé plus complet qu'on ne l'avait espéré. Nos amis furent très-bien secondés par un vieux secrétaire, qui, durant tout le jour et même une partie de la nuit, ne quittait pas son pupitre, et dont Édouard avait toujours été mécontent jusqu'alors.

« Je ne le reconnais plus, disait-il à son ami; j'admire combien cet homme est actif et utile.

— C'est, répondit le capitaine, que nous ne lui imposons aucun nouveau travail, avant qu'il ait terminé à son aise celui dont il s'occupe. Comme cela, il fait, tu le vois, beaucoup d'ouvrage. Aussitôt qu'on le trouble, il n'est bon à rien. »

Après avoir ainsi passé la journée ensemble, les deux amis ne manquaient pas de se rendre chaque soir auprès de Charlotte. S'il ne se trouvait chez elle aucune compagnie du voisinage, ce qui arrivait le plus souvent, la conversation, comme la lecture, roulait d'ordinaire sur les objets qui augmentent la prospérité, les avantages et le bien-être de la société civile.

Charlotte, d'ailleurs accoutumée à faire emploi du temps, voyant son mari satisfait, se sentait elle-même une ardeur nouvelle. Divers établissements domestiques, qu'elle désirait depuis longtemps, mais qu'elle n'avait pas réussi à former, furent organisés par l'activité du capitaine. La pharmacie de maison, qui n'avait possédé jusqu'alors qu'un petit nombre de médicaments, fut augmentée; des livres faciles et quelques entretiens mirent Charlotte en état d'exercer son active bienfaisance plus souvent et avec plus d'effet que jusqu'alors.

Comme on vint à songer aux accidents ordinaires, et qui néanmoins surprennent trop souvent à l'improviste, on se procura tout ce qui est nécessaire pour secourir les noyés, d'autant plus que le voisinage de nombreux étangs, des eaux et des appareils hydrauliques, rendait assez communs les accidents de ce genre. Cet objet occupa longtemps le capitaine. Édouard laissa échapper l'observation qu'un événement pareil avait fait époque, de la manière la plus étrange, dans la vie de son ami. Mais, comme celui-ci gardait le silence, et semblait vouloir écarter un triste souvenir, Édouard se tut également, et Charlotte, qui savait aussi le principal de l'affaire, détourna la conversation.

« Toutes ces mesures de précaution sont dignes d'éloges, dit un soir le capitaine : mais le plus nécessaire nous manque toujours, c'est un homme habile, qui sache se servir de tout cela. Je puis vous proposer un chirurgien militaire de ma connaissance, qu'on pourrait avoir à des conditions raisonnables, homme distingué dans son état, et qui m'a rendu souvent à moi-même de meilleurs services qu'un fameux médecin n'aurait fait, dans le traitement de maux internes et violents; et un prompt secours est toujours, à la campagne, ce qui manque le plus. »

Cet homme fut appelé sans retard, et les deux époux s'applaudirent d'avoir trouvé l'occasion d'employer aux dépenses les plus nécessaires quelques fonds qui leur restaient pour celles de fantaisie.

C'est ainsi que Charlotte mettait elle-même à profit, selon son goût, les connaissances et l'activité du capitaine; elle commençait à se féliciter de son arrivée, et à se tranquilliser tout à fait sur les conséquences. Elle se préparait d'ordinaire à lui faire diverses questions, et, comme elle aimait la vie, elle s'attachait à écarter tout ce qui était nuisible et dangereux; le vernis de plomb des poteries, le vert-de-gris, qui s'attache aux vases de cuivre, lui avaient souvent causé de l'inquiétude : elle demanda là-dessus des explications, et l'on fut naturellement ramené aux éléments de la physique et de la chimie.

Édouard, qui aimait à faire une lecture à haute voix, fournissait à ces entretiens un aliment accidentel, mais toujours bien reçu. Sa voix était grave et sonore; précédemment on avait apprécié et vanté sa récitation vive et sentie d'ouvrages de poésie et d'éloquence. Maintenant d'autres objets l'occupaient, il lisait à ses amis d'autres livres, et, précisément depuis quelque temps, c'étaient, de préférence, des ouvrages de physique, de chimie et de technologie.

Une de ses singularités (qui du reste lui était peut-être commune avec beaucoup de gens), c'est qu'il ne pouvait souffrir que personne jetât les yeux dans le livre tandis qu'il lisait. Autrefois, quand ses lectures avaient pour sujet des poëmes, des drames, des récits, cette disposition était la suite naturelle du vif désir que le lecteur éprouve, aussi bien que le poëte, le comédien, le narrateur, d'exciter la surprise, de faire des pauses, d'éveiller la curiosité; or, c'est une chose fort contraire à cet effet calculé, de savoir qu'un tiers nous devance du regard tandis que nous lisons. Aussi, dans ces occasions, avait-il coutume de se placer toujours de manière à n'avoir personne derrière lui. Maintenant qu'ils n'étaient que trois, cette précaution était inutile, et, comme il ne s'agissait cette fois ni d'exciter le sentiment ni d'étonner l'imagination, Édouard ne songeait guère à se tenir sur ses gardes.

Mais, un soir, qu'il s'était placé négligemment, il s'aperçut tout à coup que Charlotte avait les yeux fixés sur le livre. Son ancienne impatience s'éveilla, et il le lui reprocha un peu sèchement.

« Si l'on voulait bien renoncer une fois pour toutes à cette mauvaise habitude comme à telles autres, qui sont désagréables à la société! Quand je fais une lecture à quelqu'un, n'est-ce pas comme si je lui exposais verbalement quelque chose? L'écriture, l'imprimé, tient la place de mes propres idées, de mes propres sentiments; et me donnerais-je la peine de parler, si j'avais au front, à la poitrine, une petite fenêtre, en sorte que la personne à qui je veux développer une à une mes pensées, communiquer un à un mes sentiments, pût toujours savoir longtemps d'avance où j'en voudrais venir? Lorsqu'on regarde dans mon livre, il me semble toujours que je suis coupé en deux. »

Charlotte, qui se distinguait, dans les grandes et les petites assemblées, par l'heureuse adresse avec laquelle elle savait écarter toute parole désagréable, violente ou vive seulement, couper court à une conversation qui se prolongeait trop, ranimer celle qui languissait, ne fut pas non plus cette fois laissée au dépourvu par son aimable don.

« Tu me pardonneras assurément ma faute, dit-elle à son mari, si je te fais connaître ce qui m'est arrivé dans ce moment. Il s'agissait d'affinités, et j'ai pensé soudain à l'affinité de sang; j'ai pensé à deux cousins qui me donnent du souci dans ce moment. Mon attention se reporte sur ta lecture, j'entends qu'il s'agit de choses inanimées, et je jette les yeux sur ton livre pour me retrouver.

— C'est une expression figurée qui t'a induite en erreur, dit Édouard. Il ne s'agit ici que de terres et de minéraux, mais l'homme est un véritable Narcisse; il aime à se mirer partout; il ne voit que lui dans le monde entier.

— Rien de plus vrai, dit le capitaine; c'est ainsi qu'il traite tout ce qu'il trouve hors de lui : sa raison comme sa folie, sa volonté comme son caprice, il prête tout aux animaux, aux plantes, aux éléments et aux dieux.

— Pour ne pas vous détourner trop loin du sujet qui nous occupe, reprit Charlotte, voudriez-vous bien m'apprendre en peu de mots ce qu'on entend proprement ici par les affinités?

— Volontiers, répondit le capitaine, à qui Charlotte s'était adressée. Je vous le dirai de mon mieux, comme je l'ai appris il y a dix ans, comme les livres me l'ont enseigné. Est-ce encore l'opinion du monde savant, et s'accorde-t-elle avec les nouvelles doctrines, je ne saurais vous le dire.

— Nous sommes fort à plaindre, s'écria Édouard, de ne pouvoir plus rien apprendre pour toute la vie! Nos aïeux s'en tenaient aux enseignements qu'ils avaient reçus dans leur jeunesse : mais nous, il nous faut recommencer nos études tous les cinq ans, si nous ne voulons passer entièrement de mode.

— Nous autres femmes, dit Charlotte, nous n'y regardons pas

de si près, et, à parler franchement, tout mon désir se borne à savoir le sens du mot, car il n'est rien de plus ridicule dans le monde que d'employer à contre-sens un mot étranger, un terme technique. Je voudrais donc savoir seulement dans quel sens cette expression est employée en cette occasion. Quant à l'enchaînement scientifique, nous le laisserons aux savants, qui du reste, comme j'ai pu m'en apercevoir, auront presque toujours assez de peine à s'entendre.

— Mais par où commencerons-nous, pour arriver plus vite au fait? dit, après un instant de silence, Édouard au capitaine, qui repartit, avec quelque hésitation :

— S'il m'est permis d'aller chercher, en apparence, la chose au loin, nous serons vite au but.

— Comptez sur toute mon attention, dit Charlotte, en mettant de côté son ouvrage.

— Nous observons d'abord, dit le capitaine, que tous les êtres de la nature qui tombent sous nos sens ont un attrait pour eux-mêmes. Il peut nous sembler bizarre d'entendre exprimer ce qui se comprend de soi, mais c'est seulement lorsqu'on est bien d'accord sur le connu, qu'on peut s'avancer ensemble vers l'inconnu.

— Il me semble, dit Édouard, en l'interrompant, que nous rendrons la chose facile, pour Charlotte et pour nous, par des exemples. Considère seulement l'eau, l'huile, le mercure : tu trouveras de l'unité, de la cohésion dans leurs parties. Cette unité, ils n'y renoncent que par la force ou par une autre détermination. Cette influence est-elle écartée, leurs parties se réunissent aussitôt.

— Sans doute, dit Charlotte avec assentiment, les gouttes de pluie se réunissent en rivières; et, dans nos jeux d'enfance, le mercure n'était-il pas déjà pour nous un sujet de surprise, lorsque nous le séparions en globules et le laissions ensuite se réunir?

— Ceci me permet, ajouta le capitaine, de signaler en passant un point essentiel, c'est que cet attrait, parfaitement pur, rendu possible par la fluidité, se manifeste décidément et toujours par la forme sphérique. La goutte d'eau qui tombe est ronde; vous avez déjà parlé vous-même des globules de mercure : et même le plomb fondu, qui tombe, s'il a le temps de se prendre entièrement, arrive en bas sous la forme d'une boule.

— Laissez-moi prendre les devants, dit Charlotte, pour voir si je touche le point où vous en voulez venir. Comme tout être a de l'attrait pour lui-même, il doit avoir aussi des rapports avec d'autres.

— Et ces rapports seront différents, reprit vivement Édouard, selon la différence des êtres. Tantôt ils se rencontrent comme des amis et de vieilles connaissances, qui s'unissent, se confondent promptement, sans se dénaturer l'un l'autre (c'est ainsi que l'eau se mêle avec le vin); tantôt ils s'obstinent à demeurer étrangers à côté l'un de l'autre, et ne peuvent être unis même par un frottement et par un mélange mécanique (c'est ainsi que l'eau et l'huile, brouillées ensemble, se séparent aussitôt après).

— Il ne s'en faut guère, dit Charlotte, qu'on ne voie dans ces simples formes les hommes que l'on a connus; mais elles font surtout souvenir des sociétés dans lesquelles on a vécu. Toutefois, rien n'a plus de ressemblance avec ces êtres inanimés que les masses qui sont en présence dans le monde, les conditions, les professions, la noblesse et le tiers état, le militaire et le civil.

— Et cependant, reprit Édouard, comme ces masses peuvent être unies par les mœurs et les lois, il est aussi, dans notre monde chimique, des intermédiaires pour unir ce qui se sépare.

— C'est ainsi, dit le capitaine, que nous unissons l'huile avec l'eau par le sel alcalin.

— N'allez pas trop vite, dit Charlotte, afin que je puisse montrer que je soutiens le pas. Ne sommes-nous pas déjà parvenus aux affinités ?

— Justement, madame, et nous allons apprendre à les connaître dans toute leur force et leur précision. Les substances qui, venant à se rencontrer, s'emparent promptement l'une de l'autre, et se fixent mutuellement, nous disons qu'elles ont entre elles de l'affinité. Cette affinité est assez surprenante dans les alcalis et les acides, qui, malgré leur opposition mutuelle, et peut-être même à cause de cette opposition, se recherchent et se saisissent de la manière la plus décidée, se modifient et forment ensemble un nouveau corps. Citons seulement la chaux, qui manifeste pour tous les acides une grande inclination, un penchant décidé à s'incorporer avec eux. Aussitôt que nous aurons notre cabinet de chimie, nous vous ferons voir différents essais, qui sont très-amusants, et qui vous donneront de la chose une notion plus satisfaisante que ne peuvent le faire des mots, des noms et des termes techniques.

— Laissez-moi vous avouer, dit Charlotte, que, si vous nommez affinité le rapport qui existe entre vos singulières substances, je ne saurais y voir pour moi une parenté de sang, mais plutôt une parenté de l'esprit et de l'âme. C'est justement ainsi qu'il peut se former entre les hommes des amitiés vraiment sérieuses, car des qualités opposées rendent possible une plus intime union. J'attendrai donc ce que vous me ferez voir de ces effets mystérieux. A présent, dit Charlotte, en se tournant vers Édouard, je ne veux pas troubler plus longtemps ta lecture : beaucoup mieux instruite, je vais l'écouter avec attention.

— Puisque tu nous as provoqués, repartit Édouard, tu n'échapperas pas si aisément, car ce sont proprement les cas les plus complexes qui offrent le plus d'intérêt. C'est par eux seulement qu'on apprend à connaître les degrés d'affinité, les rapports prochains ou éloignés, forts ou faibles : les affinités ne commencent à devenir intéressantes que lorsqu'elles opèrent des séparations.

— Eh quoi! s'écria Charlotte, ce triste mot, que, de nos jours, hélas! on entend si souvent dans le monde, se rencontre aussi dans l'histoire naturelle?

— Certainement, reprit Édouard : c'était même un titre d'honneur affecté aux chimistes, de les appeler artistes-séparateurs [1].

— On ne les appelle donc plus ainsi, reprit Charlotte, et l'on fait très-bien. Réunir est un plus grand art, un plus grand mérite. Un « artiste-assembleur » serait, dans chaque sphère,

---

1. Scheidekünstler.

bienvenu chez tout le monde.... Mais, puisque vous voilà embarqués, citez-moi donc quelques exemples.

— Eh bien, dit le capitaine, revenons d'abord à ce que nous avons déjà mentionné. Ce qu'on appelle pierre à chaux est une terre calcaire, plus ou moins pure, combinée avec un acide subtil, que nous avons appris à connaître sous forme de gaz. Si l'on plonge un morceau de cette pierre dans de l'acide sulfurique étendu d'eau, l'acide s'empare de la chaux et paraît sous forme de gypse; tandis que l'autre acide, l'acide subtil, aériforme, se dissipe et s'enfuit. Ici s'est opérée une séparation et une nouvelle combinaison, et l'on se croit désormais autorisé à employer l'expression d'affinité élective, parce qu'il semble en effet qu'un rapport soit préféré à l'autre, que l'un soit choisi plutôt que l'autre.

— Excusez-moi, dit Charlotte, comme j'excuse le naturaliste: je ne saurais jamais voir ici un choix, mais plutôt une nécessité physique; et c'est à peine encore, car enfin ce n'est peut-être que l'effet de l'occasion. L'occasion fait les rapports, comme elle fait les larrons; et, s'il est question de vos composés naturels, le choix me semble résider uniquement dans les mains du chimiste, qui rapproche ces corps. Mais, une fois qu'ils sont ensemble, que Dieu les assiste! Dans le cas actuel, je ne plains que le pauvre acide aérien, que je vois réduit à flotter dans l'espace.

— Il ne tient qu'à lui, repartit le capitaine, de s'unir avec l'eau, et de servir, comme source minérale, au rafraîchissement des valides et des malades.

— Le gypse peut en parler à son aise, reprit Charlotte; sa fortune est faite; il est un corps, il est pourvu, tandis que ce pauvre banni peut avoir encore bien des maux à souffrir avant de retrouver un établissement.

— Ou je suis bien trompé, dit Édouard en souriant, ou une petite moquerie se cache sous tes paroles! Allons, avoue ta malice! Je suis à tes yeux la chaux, que le capitaine, en qualité d'acide sulfurique, a saisie, dérobée à ton agréable société, et transformée en gypse réfractaire.

— Si ta conscience t'inspire de pareilles réflexions, répondit Charlotte, je puis être sans crainte. Ces comparaisons sont jolies et récréatives, et qui ne joue volontiers avec les ressemblances?

Mais enfin l'homme est bien au-dessus de ces éléments, et, s'il s'est montré ici un peu libéral des beaux termes d'élection et d'affinités électives, il fera bien de rentrer en lui-même, et de bien peser, à cette occasion, la valeur de ces mots. Je connais, par malheur, assez de cas où l'intime union de deux personnes, union qui semblait indissoluble, a été détruite par l'association accidentelle d'une troisième, et où l'un des êtres unis d'un si beau lien s'est vu chassé au bout du monde.

— Dans ce cas-là, les chimistes sont beaucoup plus galants, dit Édouard; ils font intervenir un quatrième, afin que personne ne reste isolé.

— Oui sans doute, dit le capitaine, ce sont même les cas les plus intéressants et les plus remarquables, où l'on peut réellement présenter l'attraction, l'affinité, et ce délaissement, cette réunion, comme se croisant l'un l'autre; où quatre substances, unies jusque-là deux à deux, étant mises en contact, renoncent à leur première union, et en forment une nouvelle. Dans ce délaissement et cette appréhension, dans cette fuite et cette recherche, on croit réellement voir une destination supérieure, on attribue à ces êtres une sorte de choix et de volonté, et l'on regarde comme entièrement justifié le terme scientifique d'affinité élective.

— Décrivez-moi, je vous prie, un cas de ce genre!

— Ce n'est pas avec des mots, reprit le capitaine, qu'il faudrait s'expliquer. Comme je vous l'ai dit, aussitôt que je pourrai faire sous vos yeux les expériences, tout deviendra plus agréable et plus clair. Maintenant il me faudrait vous embarrasser d'horribles termes scientifiques, qui ne vous donneraient aucune idée. Il faut voir agir devant ses yeux ces substances, qui semblent inanimées et cependant toujours prêtes intérieurement à l'activité; il faut observer avec intérêt comme elles se cherchent l'une l'autre, s'attirent, se saisissent, se détruisent, s'absorbent, se dévorent, puis, de la plus intime union, passent à une forme rajeunie, nouvelle, inattendue : alors seulement on leur attribue une vie éternelle, et même des sens et une intelligence, car nous éprouvons que nos sens suffisent à peine pour les bien observer, et que notre raison est à peine capable de les comprendre.

— J'avoue, dit Édouard, que cette bizarre nomenclature doit sembler fatigante et même ridicule à celui qui n'est pas familiarisé avec elle par des objets, des idées sensibles. Mais nous pourrions, en attendant, exprimer par des lettres le rapport dont il était ici question.

— Si vous ne trouvez pas la chose trop pédantesque, reprit le capitaine, je puis me résumer brièvement dans la langue des signes. Figurez-vous A intimement uni avec B, sans que de nombreux essais et de nombreux efforts aient pu les séparer; figurez-vous C uni de même avec D; mettez maintenant les deux couples en contact : A va se joindre à D et C à B, sans qu'on puisse dire lequel a quitté l'autre le premier, lequel s'est uni le premier avec l'autre.

— Eh bien! dit vivement Édouard, en attendant que nous voyions tout cela de nos yeux, nous regarderons cette formule comme une allégorie, qui nous offre une leçon pour notre usage immédiat. Tu es A, ma Charlotte, et je suis ton B; car, à proprement parler, je dépends de toi seule et je te suis, comme le B vient à la suite de l'A. Le C est évidemment le capitaine, qui, pour cette fois, me dérobe à toi en quelque sorte. Maintenant, pour que tu ne disparaisses pas dans le vague, il est juste que l'on te procure un D, et, sans aucun doute, c'est la petite demoiselle Ottilie, à la venue de laquelle tu ne dois pas t'opposer plus longtemps.

— Fort bien, reprit Charlotte. Quoique l'exemple ne me semble pas s'appliquer tout à fait à notre cas, je regarde comme un bonheur que nous nous soyons rencontrés aujourd'hui parfaitement, et que ces affinités électives et naturelles accélèrent entre nous une intime explication. Je t'avouerai donc que, depuis cette après-midi, je suis décidée à faire venir Ottilie auprès de nous, car ma fidèle femme de charge et gouvernante va me quitter, parce qu'elle se marie. Voilà comment je suis intéressée à la chose. Ce qui me détermine dans l'intérêt d'Ottilie, tu vas nous le lire. Prends ces lettres. Je ne suivrai pas des yeux ta lecture, mais, à vrai dire, j'en sais déjà le contenu. Tiens, lis! »

En disant ces mots, Charlotte présenta les lettres à Édouard.

CHAPITRE V.

Lettre de la maîtresse de pension.

Vous m'excuserez, madame la baronne, de me borner aujourd'hui à peu de mots. Après avoir achevé l'examen public, sur ce que nous avons enseigné à nos élèves dans l'année qui vient de s'écouler, je dois en faire connaître le résultat à tous les parents et les tuteurs. J'ose, d'ailleurs, être brève, parce que je puis dire beaucoup en peu de mots. Mademoiselle votre fille s'est montrée, à tous égards, supérieure. Les témoignages ci-joints, sa propre lettre, qui renferme le détail des prix qu'elle a remportés, et, en même temps, exprime le contentement que lui fait éprouver un si heureux succès, seront pour vous un sujet de satisfaction et de joie. Ce qui diminue la mienne, c'est de prévoir que nous n'aurons pas sujet de garder chez nous plus longtemps une élève si avancée. Je me recommande à vos bontés, madame la baronne, et je vous demande la permission de vous communiquer prochainement mes idées sur ce qui me paraît le plus avantageux à mademoiselle votre fille. Mon obligeant associé vous parlera d'Ottilie.

Lettre de l'instituteur.

Notre respectable directrice me charge de vous écrire au sujet d'Ottilie, soit parce qu'avec sa manière de voir, il lui serait trop pénible de vous faire le rapport qui doit vous être présenté, soit parce qu'elle aime mieux que je vous fasse pour elle les excuses qu'elle vous doit.

Je sais trop combien la bonne Ottilie est peu capable de faire paraître ce qu'elle sait et ce qu'elle vaut : aussi, l'examen public me donnait assez d'inquiétude, d'autant plus qu'en général il est impossible de s'y préparer, et que, cela fût-il permis, selon l'usage ordinaire, Ottilie n'aurait pas voulu de ces fausses apparences. Le résultat n'a que trop justifié mes craintes : elle n'a obtenu aucun prix, et se trouve même dans le nombre des élèves qui n'ont reçu aucun témoignage de satisfaction. Que dirai-je encore? Pour l'écriture, les autres élèves, dont les lettres étaient à peine aussi bien formées, ont la main beaucoup plus libre et dégagée. Dans le calcul, toutes ont été plus promptes, et les questions difficiles, qu'elle résout le mieux, n'ont pas fait l'objet de l'examen. Le français a fait briller plusieurs belles parleuses. Dans l'histoire, elle retrouvait difficilement les noms et les dates, et, dans la géographie, on a regretté qu'elle eût négligé la classification politique. Le temps et le loisir ont manqué pour l'entendre exécuter ses rares et simples mélodies. Pour le dessin, elle aurait certainement remporté le prix ; son esquisse était pure et l'exécution pleine de soin et d'intelligence; par malheur, elle avait entrepris quelque chose de trop grand : elle n'a pu l'achever.

Quand les écolières furent sorties, les examinateurs tinrent conseil et permirent aux professeurs de présenter quelques observations : je remarquai bientôt qu'on ne disait pas un mot d'Ottilie, ou que, si l'on en parlait, c'était avec désapprobation ou du moins avec indifférence. J'espérai d'intéresser un peu en sa faveur par une fidèle peinture de son caractère, et je l'essayai avec un zèle particulier, d'abord, parce que je pouvais parler en conscience, ensuite, parce que je m'étais trouvé, pendant ma première jeunesse, dans une situation aussi fâcheuse. On m'écouta attentivement : toutefois, lorsque j'eus fini, le président me répondit, d'un ton bienveillant mais sévère :

« Les dispositions sont présumées : il faut qu'elles deviennent des talents. C'est l'objet de toute éducation; c'est l'intention déclarée et manifeste des parents et des préposés; les enfants eux-mêmes marchent vers ce but, sans le savoir ou ne le sachant qu'à demi. C'est aussi l'objet de l'examen, où l'on juge en même temps les maîtres et les élèves. Ce que nous apprenons de votre bouche nous fait bien espérer de cette enfant, et vous méritez des éloges pour l'attention avec laquelle vous observez les facultés des disciples. Faites que, l'année prochaine, ces facultés soient devenues des talents, et notre approbation ne fera défaut ni au professeur ni à l'élève qui l'intéresse. »

Je m'étais déjà résigné aux conséquences, mais un accident plus fâcheux, que je n'appréhendais pas, s'en est bientôt suivi. Notre bonne directrice, qui, semblable à un berger fidèle, ne saurait voir une de ses brebis perdue, ou, comme dans le cas présent, laissée sans parure, ne put dissimuler son mécontentement, après le départ des examinateurs, et dit à Ottilie, qui se tenait tranquillement à la fenêtre, tandis que ses compagnes se réjouissaient des prix qu'elles avaient remportés :

« Au nom du ciel, dites-moi comment on peut sembler si stupide quand on ne l'est pas.

— Pardonnez-moi, chère maman, mon mal de tête m'a justement repris aujourd'hui et même assez fort.

— Qui peut le savoir? » répliqua cette dame, d'ordinaire si compatissante, puis elle s'éloigna avec dépit.

Et il est vrai que personne ne peut le savoir, car Ottilie ne change point de visage, et je n'ai pas remarqué non plus qu'elle ait porté une seule fois sa main à la tempe.

Ce ne fut pas tout encore, madame la baronne. Mademoiselle votre fille, toujours vive et franche, s'abandonnait avec orgueil et avec transport au sentiment de son triomphe. Elle courait dans les salles, avec ses prix et ses bulletins, et les agita, en passant, devant les yeux d'Ottilie.

« Tu as mal mené ta voiture aujourd'hui! lui cria-t-elle.

— Ce n'est pas encore le dernier jour d'examen, répondit doucement Ottilie.

— Qu'importe? Tu resteras toujours la dernière, » lui répliqua mademoiselle votre fille, qui s'éloigna en sautant.

Ottilie parut tranquille aux autres personnes, mais je n'y fus pas trompé. Une émotion intérieure, vive et pénible, qu'elle cherche à combattre, se montre par la couleur inégale de son visage. La joue gauche devient rouge pour un moment, tandis que la droite pâlit. Je remarquai ce symptôme et je ne pus dissimuler ma compassion. Je pris à part notre directrice et lui parlai sérieusement de la chose. Cette femme excellente reconnut sa faute. Nous eûmes une longue conférence, mais, sans m'étendre davantage, je vous présenterai, madame, notre décision et notre prière. Veuillez appeler quelque temps Ottilie auprès de vous, Vous comprendrez nos motifs mieux que personne. Si vous prenez cette résolution, je vous en dirai davantage sur la manière de traiter cette aimable enfant. Quand mademoiselle votre fille nous aura quittés, comme nous devons nous y attendre, nous verrons avec joie revenir Ottilie.

Encore une observation, que je pourrais oublier plus tard. Je n'ai jamais vu qu'elle ait rien demandé, rien sollicité, avec instance; mais il arrive des occasions, bien rares cependant, où elle cherche à refuser ce qu'on lui demande. Elle le fait avec un geste irrésistible pour celui qui en a saisi le sens. Elle appuie l'une contre l'autre ses mains ouvertes, les élève vers le ciel, puis les ramène vers sa poitrine, en faisant une légère inclination, et en adressant à celui qui fait la demande importune un regard si expressif, qu'il renonce volontiers à tout ce qu'il pouvait souhaiter ou demander. Si jamais vous lui voyez faire ce geste, madame la baronne, ce qui n'est pas vraisemblable avec vos procédés pour elle, souvenez-vous de moi et ménagez Ottilie.

Édouard, en lisant cette lettre, n'avait pu s'empêcher de sourire quelquefois et de secouer la tête. Les réflexions sur les personnes et sur toute l'affaire ne pouvaient manquer non plus.

« Il suffit! s'écria-t-il enfin. C'est décidé; elle viendra. Nous avons pourvu à ce qui te regarde, ma chère amie, et nous oserons maintenant te faire aussi notre proposition. Il devient extrêmement nécessaire que j'aille m'établir à l'aile droite auprès du capitaine. Le soir et le matin sont les heures les plus favorables pour travailler ensemble. Ces dispositions te permettront de t'arranger commodément de ton côté avec Ottilie. »

Charlotte donna les mains à tout; Édouard se mit à dépeindre leur nouveau genre de vie, et finit par s'écrier:

« En vérité, ta nièce est fort aimable d'avoir un peu mal à la tête du côté gauche; moi, j'en souffre quelquefois du côté droit;

si nos accès se rencontrent, et que nous soyons assis vis-à-vis l'un de l'autre, elle appuyée sur le coude gauche et moi sur le droit, nos têtes dans nos mains, chacune penchée de côté, cela fera deux jolis portraits en regard! »

Le capitaine trouvait cela dangereux.

« Songez à vous, cher ami, lui dit Édouard, et tenez-vous en garde contre le D! Que deviendrait le B, si le C lui était ravi?

— Il me semble, dit Charlotte, que cela s'entend de soi-même.

— Sans doute, dit vivement Édouard, il reviendrait à son A, son Alpha et son Oméga! »

En parlant ainsi, il s'élança de son siége et pressa Charlotte sur son cœur.

CHAPITRE VI.

La voiture qui amenait Ottilie était arrivée. Charlotte alla au-devant de sa pupille. L'aimable enfant accourut, se jeta à ses pieds et lui embrassa les genoux.

« Pourquoi t'humilier ainsi? dit Charlotte un peu embarrassée, en s'efforçant de la relever.

— Ce n'est pas un acte d'humilité, répondit Ottilie, qui demeurait dans la même attitude: mais j'aime à me rappeler le temps où je n'atteignais encore qu'à vos genoux et où j'étais déjà sûre de votre amour. »

Elle se leva et Charlotte l'embrassa tendrement. Elle fut présentée au baron et au capitaine, et aussitôt accueillie avec une bienveillance particulière. La beauté est partout bienvenue. Ottilie parut attentive à la conversation sans y prendre part. Le lendemain, Édouard dit à Charlotte:

« Cette jeune fille est fort aimable.

— Aimable ? dit Charlotte en souriant: elle n'a pas encore ouvert la bouche.

— Vraiment ? répliqua Édouard, en paraissant consulter ses souvenirs. Ce serait singulier ! »

Il suffit à Charlotte de donner à sa pupille quelques indications sur la manière de gouverner la maison : Ottilie eut bientôt saisi ou plutôt deviné toute cette organisation. Elle comprit aisément ce qu'elle avait à faire pour tous et pour chacun. Tout s'exécutait ponctuellement. Elle savait donner des ordres sans avoir l'air de commander, et, si quelqu'un négligeait une chose, elle la faisait aussitôt elle-même.

Dès qu'elle eut fait le compte du temps qui lui restait, elle demanda à Charlotte la permission de distribuer ses heures, qui furent dès lors employées exactement. Elle suivait dans son travail la méthode que le professeur avait exposée à Charlotte. On la laissait aller. Seulement, la baronne cherchait de temps en temps à la stimuler. Par exemple, elle mettait quelquefois sous sa main des plumes fatiguées, pour l'amener à écrire d'une manière plus courante : mais Ottilie les taillait bientôt, pour les rendre plus dures.

Les dames étaient convenues de parler français entre elles, quand elles seraient seules ; et Charlotte persista d'autant plus, que sa nièce causait davantage dans cette langue étrangère, dans laquelle on lui avait fait un devoir de s'exercer. Alors elle disait souvent plus qu'elle ne semblait vouloir. Charlotte s'amusait surtout à l'entendre faire, dans l'occasion, la description fidèle, mais bienveillante, du pensionnat. Ottilie devenait pour elle une aimable compagne, et la baronne se flatta de trouver un jour en elle une fidèle amie.

Elle relut les anciens rapports qu'on lui avait faits sur sa pupille, pour se remettre en mémoire les jugements que la maîtresse de pension, que le professeur, avaient portés sur l'aimable enfant et les comparer avec ce qu'elle voyait d'Ottilie ; car Charlotte estimait qu'on ne peut trop tôt connaître le caractère des personnes avec lesquelles on doit vivre, pour savoir ce qu'on peut en attendre, ce qu'on peut modifier en elles, et ce qu'il faut, une fois pour toutes, leur passer et leur pardonner.

Cet examen ne lui apprit rien de nouveau ; mais bien des choses, qu'elle savait, lui parurent plus remarquables et plus surprenantes. Ainsi, par exemple, l'extrême sobriété d'Ottilie fut pour elle un véritable sujet d'inquiétude.

Un objet qui occupa d'abord les dames, fut la toilette. Charlotte exigea de sa pupille de mettre plus de luxe et de recherche dans ses vêtements. Aussitôt la bonne et diligente jeune fille coupa elle-même les étoffes qu'on lui avait données précédemment, et, avec peu de secours, elle sut bientôt les accommoder parfaitement à sa taille. Ces robes, faites à la mode, relevèrent sa beauté : car les agréments d'une personne se répandent sur son habillement, et l'on croit toujours la voir nouvelle et plus jolie, quand ses charmes se communiquent à de nouveaux ajustements.

Par là, et pour dire la chose par son vrai nom, elle fut toujours davantage, aux yeux du baron et du capitaine, un objet délicieux ; car, si l'émeraude fait du bien à la vue par sa riche couleur, si elle exerce même sur ce noble sens une influence salutaire, la beauté humaine agit avec une puissance bien plus grande encore sur le sens intérieur et extérieur. Qui la contemple ne peut être effleuré d'aucun mal, et se sent en harmonie avec lui-même et avec l'univers.

La société avait donc gagné de plusieurs manières à l'arrivée d'Ottilie. Les deux amis, plus exacts aux réunions, arrivaient toujours à l'heure, même à la minute ; ils ne se faisaient jamais trop attendre pour les repas, le thé et la promenade ; ils n'étaient point trop pressés, surtout le soir, de quitter la table. Charlotte s'en aperçut fort bien, et ne manqua pas de les observer tous deux. Elle cherchait à découvrir si l'un plus que l'autre amenait ce changement : mais elle ne put remarquer aucune différence. Tous deux, ils se montraient, en général, plus prévenants. Dans leurs conversations, ils semblaient fixer leur attention sur ce qui pouvait intéresser Ottilie, sur ce qui était à la mesure de ses lumières et de ses connaissances. S'ils faisaient une lecture ou un récit, ils attendaient, pour le reprendre, qu'elle fût rentrée. Leurs manières devenaient plus douces et, en général, plus communicatives.

De son côté, Ottilie se montrait de jour en jour plus officieuse et plus empressée. A mesure qu'elle apprenait à connaître la maison, les personnes et les choses, elle agissait plus vivement, elle comprenait plus vite un mot, un demi-mot, un geste, un regard. Sa tranquille attention demeurait toujours égale, tout comme sa paisible activité. On la voyait s'asseoir, se lever, aller, venir, sortir, rentrer et reprendre sa place, sans une apparence d'inquiétude; c'était une action continuelle, un mouvement sans trêve et toujours agréable; ajoutez qu'on n'entendait jamais ses pas, tant sa démarche était légère.

Cette gracieuse complaisance causait beaucoup de joie à Charlotte. Une seule chose lui semblait pécher contre la mesure; elle n'en fit pas mystère à Ottilie.

« C'est une attention louable, lui dit-elle un jour, de vous baisser promptement, pour ramasser ce qu'une personne a laissé tomber de sa main; par là nous déclarons, en quelque sorte, que nous sommes prêts à son service; mais, dans le monde, il faut prendre garde à qui nous témoignons cette déférence. A l'égard des femmes, je ne veux te prescrire aucune règle. Tu es jeune : envers celles qui sont d'un rang plus élevé ou plus âgées, c'est un devoir; envers tes égales, une politesse; envers les plus jeunes et les inférieures, c'est de l'humanité et de la bonté; mais il ne sied pas à une femme de rendre à un homme de pareils services.

— Je tâcherai de m'en désaccoutumer, répondit Ottilie; cependant vous me pardonnerez cette mauvaise habitude, quand je vous aurai dit comment je l'ai contractée. On nous a enseigné l'histoire; je n'en ai pas retenu autant que j'aurais dû peut-être, parce que je ne savais à quoi cela pourrait me servir. Mais certaines particularités se sont gravées profondément dans ma mémoire, et, par exemple, celle que voici :

« Lorsque Charles Ier, roi d'Angleterre, était en présence de ceux qui se prétendaient ses juges, la pomme d'or de la canne qu'il tenait tomba. Accoutumé, en pareille circonstance, à voir tout le monde empressé de le servir, il parut jeter les yeux autour de lui, et attendre que, cette fois aussi, quelqu'un lui rendît ce petit service. Personne ne bougea; il se baissa lui-même pour ramasser la pomme. Je ne sais si c'est avec raison, mais cela me fit tant de peine, que, dès ce moment, je n'ai pu voir personne laisser tomber quelque chose, sans me baisser pour le relever. Enfin, comme cela peut bien n'être pas toujours convenable, et que je ne puis, poursuivit-elle en souriant, raconter chaque fois mon histoire, je saurai mieux me contraindre à l'avenir. »

Cependant les deux amis travaillaient avec assiduité aux bons établissements qu'ils se sentaient appelés à fonder. Sans cesse ils trouvaient une nouvelle occasion de méditer ou de mettre à exécution quelque entreprise.

Un jour qu'ils traversaient le village ensemble, ils remarquèrent, avec chagrin, combien il était éloigné, pour l'ordre et la propreté, de ces villages où, la place étant précieuse, les habitants sont obligés de mieux s'observer sous l'un et l'autre rapport.

« Tu t'en souviens, dit le capitaine, quand nous visitâmes la Suisse, nous exprimions le vœu d'embellir un parc champêtre, en établissant dans un village, placé comme celui-ci, non pas l'architecture, mais l'ordre et la propreté des villages suisses, qui offrent, pour l'exploitation, de si grands avantages.

« Ici, par exemple, reprit Édouard, cela serait bien praticable. La colline qui porte mon château s'abaisse et se termine en angle saillant; le village est bâti vis-à-vis, en demi-cercle assez régulier; le ruisseau coule entre deux, et, contre ses grosses eaux, l'un veut se défendre avec des pierres, l'autre avec des pieux, un troisième avec des poutres, et le voisin avec des planches; mais aucun ne seconde les autres; ils se nuisent plutôt à eux-mêmes et à leurs voisins. Le chemin est aussi mal établi : tantôt il monte, tantôt il descend; ici il passe à travers le ruisseau, là par-dessus des roches. Si les gens voulaient mettre la main à l'œuvre, il en coûterait peu pour construire ici un mur en demi-cercle, relever, par derrière, le chemin jusqu'aux maisons, gagner de la place, faire régner la propreté et, par un grand ouvrage, faire disparaître à la fois toutes ces petites précautions insuffisantes.

— Faisons un essai, dit le capitaine, en mesurant d'un coup d'œil et jugeant d'abord la situation.

— Avoir affaire avec les bourgeois et les paysans ne me plaît nullement, dit Édouard, quand je ne puis leur donner des ordres positifs.

— Tu as assez raison ; des affaires de ce genre m'ont souvent causé, dans ma vie, de grands ennuis. Il est si difficile aux hommes de bien calculer ce qu'ils doivent sacrifier pour obtenir l'avantage qu'ils se proposent! si difficile de vouloir le but et de ne pas dédaigner les moyens! Beaucoup de gens confondent même le moyen et le but : ils s'attachent à l'un, sans arrêter leur vue sur l'autre. On veut toujours combattre le mal à la place où il se montre; on ne s'inquiète nullement du point où il prend son origine, et d'où il exerce son action. C'est pourquoi il est si difficile de délibérer, surtout avec la multitude, qui juge très-bien l'affaire de chaque jour, mais qui étend rarement ses vues au delà du lendemain. S'il se trouve encore que l'un doive gagner peut-être et que l'autre doive perdre à l'établissement commun, il est absolument impossible de rien faire par accommodement. Toute œuvre d'utilité générale doit être soutenue par la puissance illimitée du souverain. »

Comme ils étaient arrêtés et discouraient de la sorte, un homme, dont l'extérieur annonçait plutôt l'audace que l'indigence, vint leur demander l'aumône. Édouard, fâché de se voir distrait et importuné, le réprimanda, après l'avoir plusieurs fois éconduit inutilement, d'une manière plus douce; cependant, comme le drôle s'éloignait à petits pas, en murmurant, en grondant même à son tour; comme il faisait valoir avec fierté les droits du mendiant, auquel on pouvait bien refuser l'aumône, mais qu'on ne devait pas offenser, parce qu'il est aussi bien qu'un autre sous la protection de Dieu et du souverain, Édouard perdait tout à fait patience. Le capitaine lui dit pour l'apaiser :

« Prenons cet incident comme un avis d'étendre aussi sur ce point notre police rurale. Il faut faire l'aumône, mais il vaut mieux ne pas la faire soi-même, surtout chez soi. Il faudrait de la mesure et de l'uniformité en toutes choses, même dans la bienfaisance. Une aumône trop considérable attire les mendiants au lieu de nous en défaire : d'un autre côté, en voyage, en passant, d'une course rapide, on aime à paraître au pauvre, sur la route, sous la figure de la bonne fortune, et lui jeter une aumône inattendue. La situation du village et du château nous rend cet arrangement très-facile : c'est une chose à laquelle j'ai déjà réfléchi. A l'un des bouts du village, se trouve l'auberge;

à l'autre, demeure un ménage de bonnes vieilles gens : dépose dans l'un et l'autre lieu une petite somme d'argent. On donnera, non à celui qui entre dans le village, mais à celui qui en sort; et, comme les deux maisons sont au bord des chemins qui mènent au château, tous ceux qui voudraient s'y acheminer seront adressés à ces deux endroits.

— Viens, dit Édouard, mettons sur-le-champ la chose à exécution; nous pourrons revenir plus tard aux détails. »

Ils allèrent chez l'aubergiste et chez les vieux époux, et la chose fut faite.

« Je vois bien, dit Édouard au capitaine, en remontant avec lui au château, je vois bien que, dans le monde, tout dépend d'une judicieuse pensée et d'une ferme résolution. Ainsi, tu as parfaitement jugé les travaux de ma femme dans le parc, et tu m'as suggéré de meilleures idées, dont je lui ai fait part aussitôt, pour ne rien te dissimuler.

— Je m'en suis douté, mais je ne puis t'approuver. Tu l'as déconcertée; elle laisse tout en suspens, et, sur ce point, elle a de l'humeur contre nous, car elle évite d'en parler et ne nous mène plus à la cabane de mousse, bien qu'elle y monte avec Ottilie quand elles sont seules.

— Nous ne devons point nous décourager pour cela, reprit Édouard. Quand je suis persuadé qu'une chose est bonne, qu'elle pourrait et qu'elle devrait se faire, je n'ai point de repos que je ne la voie faite. Nous saurons bien, j'espère, amener doucement la chose. Prenons pour amusements de la soirée les descriptions de parcs anglais, accompagnées de gravures; ensuite nous produirons ton plan du domaine; nous traiterons d'abord l'affaire sous forme de problème, et comme un simple badinage : elle deviendra bientôt une chose sérieuse. »

Après s'être ainsi concertés, ils ouvrirent les livres où l'on voyait chaque fois le plan de la contrée et son aspect champêtre, dans son état de nature primitive et sauvage; puis, sur d'autres feuillets, les changements que l'art y avait apportés, pour mettre à profit et faire valoir les avantages existants. De là il était bien facile d'en venir à leur propre domaine, à leurs propres environs et aux embellissements dont ils étaient susceptibles.

Prendre pour base le plan tracé par le capitaine, était dès

lors une occupation agréable; mais on ne put s'écarter entièrement des premières idées que Charlotte avait suivies jusque-là dans les travaux. Cependant on trouva moyen d'arriver sur la colline par une montée plus douce; on voulait construire en haut, sur la pente, devant un agréable bosquet, un pavillon de plaisance, qui devait être en rapport avec le château; on le verrait des fenêtres de cet édifice, et, du pavillon, le regard se promènerait sur le château et les jardins.

Le capitaine, qui avait tout bien médité et mesuré, remit sur le tapis le chemin du village, le mur le long du ruisseau, le remblai....

« En construisant, disait-il, un chemin commode, pour mener sur la hauteur, je gagne autant de pierres qu'il m'en faut pour la muraille. Aussitôt qu'une entreprise se combine avec une autre, toutes deux s'exécutent plus promptement et à moins de frais.

— Voici qui me concerne, dit Charlotte. Il faut nécessairement présenter quelque chose de fixe, et, quand on saura combien ce travail doit coûter, on divisera la somme par mois, si ce n'est par semaines. C'est moi qui tiens la caisse; je paye les mémoires et je règle les comptes.

— Tu ne sembles pas avoir trop de confiance en nous, dit Édouard.

— Non, pas dans les choses de fantaisie. Nous savons mieux que vous commander à la fantaisie. »

On fit les dispositions nécessaires; les travaux commencèrent vivement; le capitaine les surveillait sans cesse, et Charlotte put constater, presque journellement, la sagesse et la solidité de ses vues. Il apprenait lui-même à mieux connaître Charlotte, et il leur devint facile à tous deux d'agir ensemble et d'arriver à un résultat.

Il en est des affaires comme de la danse : les personnes qui vont du même pas doivent se devenir indispensables; il en doit résulter nécessairement une bienveillance mutuelle, et une preuve certaine que Charlotte, depuis qu'elle connaissait mieux son hôte, lui voulait réellement du bien, c'est qu'elle laissa tranquillement, et sans le plus léger chagrin, détruire un beau reposoir, qu'elle avait particulièrement choisi et décoré dans ses premiers travaux, mais qui gênait le plan du capitaine.

CHAPITRE VII.

Charlotte ayant trouvé une occupation commune avec l'ami de la maison, il en résulta qu'Édouard se rapprocha davantage d'Ottilie. D'ailleurs il sentait pour elle, depuis quelque temps, une tendre et secrète inclination. Ottilie était officieuse et prévenante pour tout le monde, et la vanité d'Édouard lui faisait croire qu'elle l'était pour lui plus que pour les autres. Une chose certaine, c'est qu'elle avait parfaitement remarqué quels étaient ses mets favoris et comment il les aimait; elle n'avait pas manqué d'observer ce qu'il prenait de sucre dans son thé, et autres attentions pareilles. Elle veillait, avec un soin particulier, à le garantir des courants d'air, pour lesquels il était d'une sensibilité excessive, ce qui amenait quelquefois des contestations avec sa femme, qui ne trouvait jamais l'appartement assez aéré. Ottilie s'entendait aussi à soigner la pépinière et le parterre. Elle cherchait à prévenir les désirs du baron, à éloigner ce qui pouvait lui causer de l'impatience, si bien qu'en peu de temps, elle fut pour lui comme un ange tutélaire, qui lui devint indispensable, et qu'il commençait à ressentir péniblement son absence. Ajoutez qu'elle semblait plus ouverte et plus communicative, aussitôt qu'ils étaient seuls.

Malgré le progrès des années, Édouard avait conservé quelque chose d'enfantin, qui s'accordait fort bien avec la jeunesse d'Ottilie. Ils aimaient à se rappeler les premiers temps où ils s'étaient vus : ces souvenirs remontaient jusqu'à la première époque des amours d'Édouard et de Charlotte. Ottilie prétendait avoir conservé l'idée des deux amants, comme du plus beau couple de la cour; et, le baron ne voulant pas croire qu'elle eût gardé ces souvenirs de sa première enfance, elle soutenait qu'une circonstance entre autres lui était parfaitement présente ; qu'un jour, comme il entrait, elle s'était cachée dans le sein de Charlotte, non par frayeur ; mais par une surprise enfantine : elle aurait pu ajouter, parce qu'il avait fait sur elle une vive impression, parce qu'il lui avait plu singulièrement.

Grâce à leur nouvelle situation, les deux amis avaient laissé en suspens beaucoup d'affaires, qu'ils avaient entreprises ensemble, en sorte qu'ils trouvèrent nécessaire d'en faire la revue, d'ébaucher quelques mémoires, d'écrire des lettres. Ils retournèrent donc à leur bureau, où ils trouvèrent le vieux copiste désœuvré. Ils se mirent au travail, et ils lui donnèrent bientôt de l'ouvrage, sans observer qu'ils se reposaient sur lui de bien des choses dont ils avaient auparavant l'habitude de se charger eux-mêmes. Le capitaine ne pouvait venir à bout de son premier mémoire, non plus qu'Édouard de sa première lettre : ils se tourmentèrent quelque temps à méditer et à rédiger ; enfin Édouard, qui était le plus mal disposé, demanda l'heure qu'il était.

Or il se trouva que, pour la première fois depuis bien des années, le capitaine avait oublié de remonter sa montre à secondes, et ils reconnurent, ou du moins ils pressentirent, que la marche du temps commençait à leur devenir indifférente.

Tandis que les hommes se relâchaient un peu de leur activité, celle des dames augmentait. En général, le train de vie accoutumé d'une famille, tel qu'il résulte des personnes qui la composent et de circonstances nécessaires, peut admettre en soi une inclination extraordinaire, une passion naissante, et peut-être se passera-t-il un temps assez long, avant que le nouvel élément, introduit dans le vase, produise une fermentation sensible, et se répande à flots écumants par-dessus les bords.

Les inclinations mutuelles qui naissaient chez nos amis produisirent l'effet le plus agréable ; les cœurs s'ouvraient, et une bienveillance générale résultait de la bienveillance particulière Chaque couple se sentait heureux et souriait au bonheur de l'autre.

Une pareille situation élève l'esprit, en même temps qu'elle dilate le cœur, et tout ce qu'on fait, ce qu'on entreprend, a une tendance vers l'infini. Les amis ne restaient plus confinés dans leur demeure; leurs promenades s'étendaient plus au loin, et, tandis qu'Édouard courait en avant avec Ottilie, pour choisir les sentiers, pour frayer les chemins, le capitaine suivait tranquillement avec Charlotte la trace de ces rapides éclaireurs, en se livrant à de graves entretiens, s'intéressant aux petites retraites nouvellement découvertes, aux points de vue inattendus.

Un jour, étant sortis du château par la porte de l'aile droite, ils descendirent du côté de l'auberge, puis, traversant le pont, ils dirigèrent leur promenade vers les étangs, et ils en côtoyèrent les bords, aussi loin qu'on avait coutume de suivre l'eau, dont la rive, fermée ensuite par une colline buissonneuse et plus loin par des rochers, cessait d'être praticable.

Néanmoins Édouard, qui, dans ses courses de chasseur, avait appris à connaître les environs, pénétra plus loin, avec Ottilie, par un sentier obstrué de broussailles, sachant bien que le vieux moulin, enfoncé entre des rochers, ne pouvait être loin de là. Mais le sentier, peu foulé, se perdit bientôt, et ils s'égarèrent dans le bois touffu, parmi des roches moussues. Ce ne fut pas long, car le bruit des roues leur annonça aussitôt le voisinage de l'endroit qu'ils cherchaient.

En s'avançant sur une roche saillante, ils virent devant eux, dans le ravin, la vieille maison de bois, noire, pittoresque, ombragée par des rochers à pic et par de grands arbres. Ils se résolurent hardiment à descendre par-dessus la mousse et les roches brisées, Édouard marchant le premier. Lorsqu'il se retournait vers la hauteur et qu'il voyait Ottilie, qui, d'une marche légère, sans crainte et sans embarras, le suivait de pierre en pierre, en gardant le plus gracieux équilibre, il croyait voir planer sur lui une créature céleste. Et si quelquefois, dans les endroits difficiles, elle saisissait la main qu'il lui tendait ou même s'appuyait sur son épaule, alors il ne pouvait se dissimuler que c'était bien une femme, une femme délicieuse, qui le touchait. Il aurait presque désiré la voir trébucher et glisser, afin de pouvoir la prendre dans ses bras, la presser sur son cœur. Mais c'est ce qu'il n'aurait fait en aucun cas, et par plus d'une raison : il aurait craint de l'offenser, de la blesser.

Comment s'explique la chose, c'est ce que nous allons apprendre. Lorsqu'ils furent arrivés en bas, qu'Édouard fut assis vis-à-vis d'Ottilie, sous de grands arbres, à une table rustique; qu'il eut dit à la gentille meunière d'aller querir du lait, et à son joyeux mari d'aller au-devant de Charlotte et du capitaine, Édouard se mit à dire, avec quelque hésitation :

« J'ai une prière à vous adresser, chère Ottilie ; veuillez l'excuser, dans le cas même où vous ne l'accueilleriez pas favorablement. Vous ne faites pas mystère (et il n'en est pas besoin) que vous portez sous vos vêtements, sur votre poitrine, un portrait en miniature. C'est celui de votre père, homme respectable, que vous avez à peine connu, et qui, sous tous les rapports, mérite une place auprès de votre cœur. Mais, pardonnez-moi, ce portrait est d'une grandeur exagérée, et ce métal, ce verre, me causent mille angoisses, lorsque vous prenez un enfant dans vos bras, que vous portez quelque chose devant vous, que la voiture balance, que nous pénétrons dans le bois, et, tout à l'heure, tandis que vous descendiez du rocher. Je frémis à la pensée qu'un choc imprévu, une chute, une pression, pourrait vous être nuisible et funeste. Par amitié pour moi, ôtez ce portrait, non pas de votre mémoire, non pas de votre chambre.... donnez-lui au contraire la place la plus belle, la plus sainte de votre appartement.... mais éloignez de votre poitrine un objet dont une crainte, exagérée peut-être, me fait juger le voisinage si dangereux. »

Ottilie avait écouté en silence et les yeux baissés ; ensuite, sans se presser, sans hésiter, détachant son regard de la terre et l'élevant un peu vers le ciel, elle ouvrit la chaîne, tira le portrait de son sein, le pressa sur son front et le présenta à son ami en lui disant :

« Gardez-le-moi jusqu'à la maison. Je ne puis mieux vous témoigner combien je sais apprécier votre amicale inquiétude. »

Édouard n'osa pas appuyer le portrait sur ses lèvres, mais il prit la main d'Ottilie et la pressa contre ses yeux. C'étaient peut-être les deux plus belles mains qui se fussent jamais serrées l'une l'autre. Il crut sentir son cœur soulagé d'un poids accablant, et voir s'abaisser une barrière qui le séparait d'Ottilie.

Guidés par le meunier, Charlotte et le capitaine descendirent par un sentier plus commode. On fut charmé de se revoir, et l'on prit quelques rafraîchissements. On ne voulut pas s'en retourner par le même chemin. Édouard proposa un sentier de rochers, par l'autre bord du ruisseau, et, en le gravissant avec quelque fatigue, on se retrouva en vue des étangs. Ensuite on traversa divers bocages, et l'on apercevait, dans la campagne, des villages, des bourgs, des fermes, entourés de vertes et fertiles prairies; tout près, une métairie offrait, sur la hauteur, au milieu du bois, une paisible retraite. Mais la richesse de la contrée se déploya, en avant et en arrière, dans toute sa beauté, sur la colline, où l'on arriva par une pente douce; de là on gagna un joli bosquet, et, à la sortie, on se trouva sur le rocher vis-à-vis du château.

Comme ils furent charmés, lorsqu'ils arrivèrent dans ce lieu, d'une manière presque inattendue! Ils avaient fait le tour d'un petit monde. Ils s'arrêtèrent sur la place où devait s'élever le nouvel édifice, et ils se retrouvaient en face du manoir.

On descendit à la cabane de mousse, et, pour la première fois, les quatre promeneurs y prirent place. Naturellement, on fut unanime pour exprimer le vœu que le chemin qu'on avait fait, ce jour-là, lentement et non sans fatigue, fût tracé et construit de telle sorte, qu'une société pût le parcourir comme une facile promenade. Chacun proposa ses idées, et l'on calcula que, si le chemin, pour lequel il avait fallu quelques heures de marche, était bien établi, une heure suffirait pour revenir au château. Déjà l'on projetait, au-dessous du moulin, à l'endroit où le ruisseau se verse dans les étangs, un pont, qui abrégerait le trajet et qui embellirait le paysage, quand Charlotte arrêta un peu l'essor de l'imagination créatrice, en faisant songer à la dépense qu'exigerait une pareille entreprise.

« Je sais un bon moyen, dit Édouard. Cette métairie dans la forêt, dont la situation paraît si belle et qui rapporte si peu, nous n'avons qu'à la vendre et consacrer à ces embellissements la somme qui en proviendra. Ainsi, une promenade inestimable nous payera en douces jouissances les intérêts d'un capital bien employé, tandis qu'aujourd'hui nous en tirons péniblement, après règlement de compte, au bout de l'année, un misérable revenu. »

Charlotte elle-même ne pouvait, en bonne ménagère, faire à

cela beaucoup d'objections. Il avait déjà été question de la chose auparavant. Le capitaine proposa de partager le terrain entre les paysans, habitants de la forêt; mais Édouard préféra un expédient plus prompt et plus commode. Le fermier actuel, qui avait déjà fait des offres, obtiendrait le fonds; il payerait par termes, et l'on exécuterait aussi par termes et à diverses reprises les travaux projetés.

Un arrangement si sage et si prudent devait obtenir une approbation sans réserve. Tous nos amis voyaient déjà, en imagination, serpenter les nouveaux chemins, et l'on espérait découvrir, soit sur le parcours, soit dans le voisinage, les points de vue et les stations les plus agréables.

Pour se faire de chaque détail une idée plus claire, on déploya, le soir, le nouveau plan; on étudia le chemin qu'on avait parcouru et les corrections dont il paraissait susceptible en quelques endroits. Tous les anciens projets furent de nouveau discutés et combinés avec les idées nouvelles; la place de la nouvelle construction, vis-à-vis du château, fut derechef approuvée, et, dans leur développement, les chemins y venaient aboutir.

Pendant toute cette discussion, Ottilie avait gardé le silence; enfin Édouard mit devant elle le plan, qui avait été jusque-là placé devant Charlotte, et l'invita en même temps à dire son avis. Comme elle hésitait un moment à répondre, il la pressa avec grâce de ne pas se taire plus longtemps; on était toujours libre de choisir, rien n'était fait encore.

« Quant à moi, dit-elle, en posant le doigt sur le plateau le plus élevé de la colline, c'est ici que je bâtirais la maison. On ne verrait pas le château, il est vrai, car il est masqué par le bois; mais aussi on se trouverait comme dans un monde étranger et nouveau, car le village et toutes les habitations seraient cachés en même temps. La vue sur les étangs, sur le moulin, les coteaux, les montagnes et le pays, est d'une beauté extraordinaire : je l'ai remarqué en passant.

— Elle a raison! s'écria Édouard. Comment cette idée ne nous est-elle pas venue? Voyez, Ottilie, n'est-ce pas là votre pensée? »

Il prit un crayon et traça à gros traits un carré long sur le haut de la colline. Le capitaine en fut blessé au cœur; il voyait avec chagrin défigurer un plan dessiné avec tant de soin et de netteté; cependant il se contint, après avoir exprimé doucement sa mauvaise humeur.

« Ottilie a raison, dit-il. Ne fait-on pas volontiers une longue promenade pour prendre le café, pour manger un poisson, qu'on n'aurait pas trouvé aussi bon chez soi ? Nous demandons de la variété et des objets nouveaux. Tes aïeux ont sagement fait de bâtir ici le château, car il est à l'abri des vents et à portée de toutes les choses nécessaires à la vie; mais un bâtiment destiné aux parties de plaisir plutôt qu'à l'habitation sera très-bien placé là-haut, et l'on y passera dans la belle saison des heures fort agréables. »

Plus on s'entretint de ce projet, plus il parut avantageux. Édouard ne put dissimuler combien il était ravi que cette pensée fût venue d'Ottilie. Il en était aussi fier que si elle eût été de lui.

CHAPITRE VIII.

Dès le jour suivant, le capitaine visita l'emplacement de grand matin. Il traça d'abord une ébauche légère, et, quand la société se fut décidée encore une fois sur les lieux mêmes, il fit un plan exact, accompagné du devis et de tout le nécessaire. Il ne manquait plus rien aux préparatifs indispensables. On reprit aussi, sans tarder, l'affaire de la vente de la métairie. Les deux amis avaient trouvé un nouveau champ d'activité.

Le capitaine fit observer à Édouard que la politesse, que le devoir même, exigeait qu'on célébrât le jour de naissance de Charlotte par la pose de la première pierre. Il ne fut pas difficile de vaincre l'ancienne aversion d'Édouard pour ces sortes de fêtes, parce qu'il se proposa sur-le-champ de célébrer d'une manière aussi solennelle le jour de naissance d'Ottilie, qui venait plus tard.

Charlotte, à qui les nouvelles constructions et leurs conséquences paraissaient graves, sérieuses et même inquiétantes, s'occupait à revoir les plans, à calculer le temps et les dépenses; on se voyait moins pendant le jour, et l'on était d'autant plus empressé à se rejoindre le soir.

Cependant Ottilie avait déjà tout le gouvernement du ménage; et pouvait-il en être autrement, avec sa conduite calme et posée? Son caractère la portait vers les occupations domestiques, plutôt que vers le monde et la vie extérieure. Édouard ne tarda pas à observer que c'était par simple complaisance qu'elle les accompagnait à la promenade, et par devoir de société qu'elle prolongeait la veille en plein air; que parfois elle alléguait des affaires de ménage, afin de rentrer dans la maison. Il sut donc bientôt arranger les promenades communes, de façon que l'on était rentré avant le coucher du soleil. Il reprit aussi son habitude, longtemps interrompue, de lire à ses amis des poésies, surtout de celles qui offraient l'expression d'un amour pur, mais passionné.

D'ordinaire ils étaient assis, le soir, autour d'une petite table, chacun à sa place accoutumée. Charlotte sur le sofa, Ottilie vis-à-vis, dans un fauteuil, et les hommes de part et d'autre. Ottilie était à la droite d'Édouard, et, lorsqu'il faisait une lecture, c'était de son côté qu'il plaçait la lumière. Alors elle s'approchait d'ordinaire pour regarder dans le livre, car elle aussi, elle se fiait plus à ses yeux qu'à des lèvres étrangères. Le baron, de son côté, s'approchait, afin de lui rendre la chose plus commode. Souvent même il faisait des pauses plus longues qu'il n'était nécessaire, afin de ne pas tourner le feuillet avant qu'elle fût aussi arrivée à la fin de la page.

Charlotte et le capitaine observaient fort bien la chose, et se regardaient quelquefois en souriant; mais l'un et l'autre furent surpris par un autre signe, dans lequel se manifesta accidentellement le secret penchant d'Ottilie.

Une visite importune ayant fait perdre une fois à la petite société une partie de la soirée, Édouard proposa à ses amis de ne pas se séparer encore. Il se sentit disposé à reprendre sa flûte, qui depuis longtemps n'avait pas été à l'ordre du jour. Charlotte chercha les sonates qu'ils avaient coutume d'exécuter ensemble. Elle ne les trouvait pas, et, après quelque hésitation, Ottilie avoua qu'elle les avait emportées dans sa chambre.

« Ainsi donc, vous pouvez et vous voudrez bien m'accompagner ? dit Édouard, les yeux brillants de joie.

— Je crois, répondit-elle, que cela pourra marcher. »

Elle alla chercher la musique et se mit au clavecin. Les auditeurs prêtèrent une oreille attentive, et admirèrent la perfection avec laquelle Ottilie avait étudié les morceaux, mais plus encore, comme elle savait bien suivre le jeu d'Édouard. « Savait suivre » n'est pas la véritable expression : car, s'il dépendait de Charlotte, de son habileté et de sa complaisance, de s'arrêter ici, de courir là, par égard pour son mari, qui tantôt ralentissait, tantôt pressait la mesure, Ottilie, qui les avait quelquefois entendus jouer les sonates, semblait les avoir apprises de la manière dont Édouard les accompagnait. Elle s'était si bien approprié ses défauts, qu'il en résultait comme un ensemble plein de vie, qui ne marchait pas en mesure, à la vérité, mais qui produisait sur l'oreille un effet gracieux et charmant. Le compositeur lui-même aurait eu du plaisir à entendre son œuvre si agréablement défigurée.

Charlotte et le capitaine assistèrent en silence à cette scène étrange, inattendue, avec le sentiment qu'on éprouve souvent, lorsqu'on voit les enfants faire certaines choses qu'on ne saurait approuver, à cause de leurs suites alarmantes, et que pourtant l'on ne peut blâmer, que peut-être même on envie. Car, à vrai dire, l'inclination mutuelle de Charlotte et du capitaine était aussi en progrès, et peut-être plus dangereuse encore, parce qu'ils étaient l'un et l'autre plus sérieux, plus sûrs d'eux-mêmes, plus capables de se contenir.

Déjà le capitaine commençait à sentir qu'une habitude irrésistible menaçait de l'enchaîner à Charlotte. Il gagna sur lui d'éviter les heures où elle avait coutume de visiter les plantations. Il se levait de grand matin, donnait ordre à tout, et se retirait, pour travailler dans son logement de l'aile droite. Les premiers jours, la baronne crut que c'était un hasard ; elle le chercha à toutes les places où elle pouvait s'attendre à le trouver; ensuite elle crut le comprendre et l'en estima davantage.

Cependant s'il évitait de se trouver seul avec Charlotte, il n'en était que plus diligent à presser et accélérer les préparatifs de la fête brillante qui devait célébrer le jour de naissance, dont le moment approchait. En effet, en même temps qu'il avançait de bas en haut la construction du chemin par derrière le village, il faisait aussi travailler de haut en bas, sous prétexte d'exploiter de la pierre; et il avait tout disposé et calculé de sorte que les deux parties du chemin devaient se joindre précisément dans la dernière nuit. Les excavations de la maison de plaisance n'étaient guère que commencées, et l'on avait taillé une belle pierre fondamentale, avec ses cases et les dalles destinées à les couvrir.

Cette activité extérieure, ces petits calculs, bienveillants et mystérieux, ces sentiments plus ou moins comprimés, ne rendaient pas la conversation fort animée quand la société était réunie : si bien qu'un soir, Édouard, qui sentait quelque vide, pressa le capitaine de prendre son violon et d'accompagner Charlotte sur le clavecin. Leur ami ne put résister au désir général, et ils exécutèrent tous deux, avec sentiment, avec aisance et liberté, un morceau des plus difficiles, auquel ils prirent, ainsi que le couple qui les écoutait, le plus grand plaisir. On se promit d'y revenir souvent et de s'exercer davantage ensemble.

« Ils jouent mieux que nous, dit Édouard à Ottilie : admirons-les, mais sachons pourtant trouver aussi du plaisir ensemble. »

CHAPITRE IX.

Le jour de naissance était arrivé, et tout se trouvait prêt: d'abord le mur qui côtoyait et relevait, le long du ruisseau, le chemin du village, puis le chemin qui passait à côté de l'église, où il suivait quelque temps le sentier tracé par Charlotte, serpentait sur le flanc des rochers, laissait, d'abord à gauche, la cabane de mousse au-dessus de lui, et, après un circuit, la laissait encore à gauche, mais au-dessous, enfin arrivait par degrés au sommet de la colline.

Une société nombreuse était réunie. On se rendit à l'église, où l'on trouva tous les villageois en habits de fête. Après le service divin, les petits garçons, les jeunes gens et les hommes faits sortirent les premiers, selon l'ordre convenu; puis les maîtres du château avec leurs amis et leur suite; les petites filles, les sœurs aînées et les femmes fermaient la marche.

Au détour du chemin, on avait disposé sur le rocher une place élevée, où le capitaine invita la baronne et ses hôtes à se reposer. De là ils voyaient tout le chemin, les hommes, arrivés sur la hauteur, les femmes, venues à leur suite, et qui maintenant passaient devant la société. Le temps était magnifique et le coup d'œil admirable. Charlotte se sentit surprise, touchée; elle serra tendrement la main du capitaine.

On suivit la foule, qui s'avançait doucement, et qui avait déjà formé un cercle autour de l'emplacement de la maison future. Le propriétaire, sa famille et les hôtes les plus distingués furent invités à descendre dans l'excavation, où la pierre fondamentale, soutenue d'un côté, était prête à être posée. Un maçon, en habit de fête, tenant la truelle d'une main et le marteau de l'autre, débita un agréable discours en vers, que nous ne pouvons reproduire qu'imparfaitement en prose.

« Il y a, dit-il, trois choses à considérer dans un bâtiment : qu'il soit bien placé, bien fondé et bien exécuté. Le premier point est proprement l'affaire du maître : car, de même que, dans la ville, c'est au prince et à la commune de fixer la place où l'on doit bâtir, à la campagne, c'est le privilége du propriétaire de dire : « Ici et non pas ailleurs sera ma demeure. »

A ces mots, Édouard et Ottilie, bien qu'ils fussent rapprochés et vis-à-vis l'un de l'autre, n'osèrent se regarder.

« Le troisième point, l'achèvement, est l'œuvre de nombreux métiers. Il en est peu même qui n'y travaillent pas. Mais le second point, la fondation, est l'affaire du maçon, et, nous le dirons hardiment, c'est le plus important de toute l'entreprise. C'est une affaire sérieuse, et notre invitation est sérieuse : car cette solennité se célèbre dans la profondeur. Ici, dans l'intérieur de cette étroite excavation, vous nous faites l'honneur de paraître comme témoins de notre mystérieux ouvrage. Nous allons poser cette pierre bien taillée, et bientôt ces fossés, où brillent maintenant de belles et honorables personnes, ne seront plus accessibles : ils seront comblés.

« Cette pierre fondamentale, qui, par son angle, indique l'angle de droite du bâtiment; qui, par sa coupe régulière, en indique la régularité, et, par ses faces verticales et horizontales, l'aplomb et le niveau de tous les murs et de toutes les cloisons, nous pourrions la coucher tout simplement, car elle serait fixée par son poids; mais, ici même, on veut le secours de la chaux et du ciment : car, de même que les hommes, qui, par nature, ont une inclination mutuelle, sont encore mieux unis quand la loi les enchaîne, les pierres dont les formes conviennent sont jointes mieux encore par ces forces liantes; et, comme il ne sied pas d'être oisif parmi ceux qui travaillent, vous ne dédaignerez pas de travailler ici avec nous. »

En disant ces mots, le maçon présenta sa truelle à Charlotte, qui jeta de la chaux sous la pierre. On invita plusieurs personnes à en faire autant, et aussitôt la pierre fut couchée; puis le marteau fut présenté à Charlotte et aux autres assistants, pour consacrer expressément, en frappant trois coups, l'union de la pierre avec le sol.

« Le travail du maçon, poursuivit l'orateur, qui se fait, il est vrai, maintenant au grand jour, s'accomplit, sinon toujours avec mystère, du moins pour le mystère. Les fondements, régulièrement construits, sont ensevelis, et, même en voyant les murs que nous élevons au-dessus du sol, on finit par ne plus songer à nous. Les travaux du tailleur de pierre et du sculpteur frappent davantage les yeux, et nous devons même trouver bon que le peintre efface entièrement les traces de nos mains et s'approprie notre ouvrage avec sa crépissure, son enduit et ses couleurs.

« Qui donc est plus intéressé que le maçon à bien faire pour lui-même ce qu'il fait? Qui trouve plus que lui son premier encouragement dans la satisfaction de sa conscience? Quand la maison est achevée; quand les parquets, les carrelages, sont posés; quand l'extérieur est couvert d'ornements, son œil perce à travers toutes ces enveloppes, et il distingue encore ces joints réguliers et soigneusement ménagés, auxquels tout l'édifice doit son existence et sa solidité.

« Mais, comme celui qui a fait une mauvaise action doit craindre que, malgré tous ses efforts, elle ne soit mise en lumière, celui qui a fait le bien en secret doit s'attendre à le voir aussi mis au jour contre sa volonté. C'est pourquoi nous voulons que cette pierre fondamentale soit aussi une pierre monumentale. Dans ces diverses entailles et ces enfoncements, seront déposées plusieurs choses, comme témoignages auprès de la postérité. Ces cylindres de métal soudés renferment divers écrits; sur ces plaques de métal sont gravés des faits remarquables; dans ces jolies bouteilles de verre, nous allons ensevelir d'excellent vin vieux, avec l'indication de son âge; il ne manque pas de monnaies diverses que cette année a vu frapper. Tout cela nous le devons à la générosité du propriétaire; mais il reste de la place encore pour ceux des amis ou des spectateurs qui auraient le désir de transmettre quelque chose à la postérité. »

Après un court moment de silence, le maçon jeta les yeux autour de lui : mais, comme il arrive en pareil cas, personne n'était prêt; chacun était embarrassé; enfin un jeune et joyeux officier prit la parole :

« Si je dois fournir ma part et mettre dans ce trésor quelque chose qui ne s'y trouve pas, je vais couper à mon uniforme une couple de boutons, qui méritent bien aussi de passer à la postérité. »

Aussitôt dit, aussitôt fait, et plusieurs personnes suivirent son exemple. Les dames s'empressèrent de déposer les petits peignes qui retenaient leur chevelure, des flacons d'eau de senteur et quelques ornements. Ottilie seule hésitait : enfin, une parole amicale d'Édouard l'ayant arrachée à la contemplation de toutes les offrandes déposées à l'envi, elle ôta de son cou la chaîne d'or qui avait porté le portrait de son père, et la posa, d'une main légère, sur les autres bijoux; alors Édouard ordonna, avec quelque précipitation, que le couvercle, bien adapté, fût posé et cimenté sur-le-champ.

Le jeune compagnon, qui avait montré dans l'opération plus d'activité que personne, reprit son attitude oratoire et poursuivit en ces termes :

« Nous posons cette pierre pour l'éternité, pour assurer la plus longue jouissance aux possesseurs actuels et futurs de cette maison. Mais, en même temps que nos mains ensevelissent, en quelque sorte, un trésor, nous pensons, dans cette œuvre d'une solidité sans égale, à la fragilité des choses humaines; nous pensons que ce couvercle, fortement scellé, on le lèvera peut-être un jour, ce qui ne saurait arriver qu'après la destruction de tout l'édifice, que nous n'avons pas même encore bâti.

« Mais, pour le construire, arrachons-nous aux pensées de l'avenir; revenons au présent! Après la fête de ce jour, accélérons notre ouvrage, afin qu'aucune des industries qui travailleront sur la base que nous aurons fondée ne soit forcée de chômer; que l'édifice s'élève et se termine promptement, et que, des fenêtres, qui n'existent pas encore, le propriétaire, et sa famille, et ses hôtes, contemplent avec joie le pays d'alentour. C'est à leur santé, à celle de tous les assistants, que je bois cette rasade ! »

A ces mots, il vida, d'un seul trait, une coupe d'un verre bien poli, et la jeta en l'air : car c'est le signe d'une joie sans mesure de briser le verre dont on s'est servi dans la fête. Mais, cette fois, il en arriva autrement : la coupe ne retomba pas à terre, et ce fut sans miracle.

En effet, pour avancer la construction, on avait déjà terminé les fondements à l'angle opposé ; on avait même commencé à élever les murs, et dressé pour cela les échafaudages à la hauteur nécessaire.

Pour cette cérémonie, on les avait garnis de planches, et l'on y avait admis, au profit des ouvriers, une foule de spectateurs. C'est vers ce côté que la coupe vola. Elle fut saisie par un des assistants, qui vit dans cet événement un heureux présage pour lui. Il montra la coupe à la ronde, sans la laisser sortir de sa main, et l'on y remarqua les lettres E et O élégamment entrelacées. C'était un des verres qu'on avait fabriqués pour Édouard dans sa jeunesse.

La foule avait évacué l'échafaudage : les plus lestes des conviés y montèrent pour jouir du coup d'œil. Ils ne pouvaient assez vanter la belle vue qui s'offrait de toutes parts. En effet, que ne découvre-t-on pas, lorsque, se trouvant sur un point élevé, on monte sur le moindre échafaudage ? Dans l'intérieur du pays, on apercevait plusieurs nouveaux villages ; on voyait nettement les sillons argentés de la rivière ; quelqu'un prétendit même qu'il distinguait les clochers de la capitale. Lorsqu'on se retournait, on voyait s'élever au loin, derrière des collines boisées, les cimes bleues d'une chaîne de montagnes, et l'on dominait toutes les campagnes voisines.

« Il ne faudrait plus, dit quelqu'un, que réunir les trois étangs en un lac : alors il ne manquerait rien à cette vue pour le charme et la grandeur.

— La chose est faisable, dit le capitaine, car ces étangs formaient déjà autrefois un lac de montagne.

— Je demande seulement, dit Édouard, qu'on épargne mes platanes et mes peupliers, qui font un si bel effet au bord de l'étang du milieu. Voyez, dit-il en se tournant vers Ottilie, qu'il fit avancer de quelques pas avec lui : ces arbres là-bas, c'est moi-même qui les ai plantés.

— Depuis combien d'années sont-ils là ? demanda Ottilie.

— Depuis que vous êtes au monde, je pense, répondit Édouard. Oui, ma chère enfant, je les plantais, que vous étiez encore au berceau. »

La société retourna au château. Après dîner, elle fut invitée à une promenade dans le village, afin de visiter aussi les nouveaux établissements qu'on y avait faits. Sur l'invitation du capitaine, les habitants s'étaient réunis devant leurs maisons : ils n'étaient point rangés à la file, mais groupés naturellement par familles, les uns livrés aux occupations du soir, les autres se reposant sur des bancs neufs. On leur avait imposé l'agréable devoir de renouveler, au moins chaque dimanche et chaque jour de fête, ce bel ordre et cette propreté.

Une douce intimité, comme celle qui avait pris naissance entre nos amis, est toujours désagréablement interrompue par une société nombreuse. Ils étaient charmés tous les quatre de se retrouver seuls dans le grand salon; mais ce sentiment paisible fut un peu troublé par une lettre, qui vint annoncer à Édouard de nouveaux hôtes pour le lendemain.

« Nous l'avions deviné, dit Édouard à Charlotte, le comte ne veut pas se faire attendre : il arrive demain.

— En ce cas, la baronne n'est pas loin, dit Charlotte.

— Non, sans doute! Elle arrivera aussi demain de son côté. Ils nous demandent l'hospitalité pour une nuit, et ils se proposent de repartir ensemble après-demain.

— Ottilie, dit Charlotte, hâtons-nous de faire nos préparatifs.

— Quels arrangements ordonnez-vous? » demanda-t-elle.

Et aussitôt après avoir reçu quelques indications générales, elle s'éloigna. Le capitaine demanda des explications sur les relations de ces deux personnes, car il n'en avait qu'une idée vague. Mariés l'un et l'autre, ils s'étaient épris d'une passion mutuelle, qui avait troublé, non sans éclat, deux ménages. On songea au divorce. Celui de la baronne avait été possible, mais non celui du comte. Quoiqu'elle fût rompue en apparence, leur intimité subsista; et si, l'hiver, ils ne pouvaient paraître ensemble à la cour, l'été, ils avaient, pour se dédommager, les voyages et les eaux. Ils étaient l'un et l'autre un peu plus âgés qu'Édouard et Charlotte, et, tous ensemble, intimes amis, depuis qu'ils s'étaient vus à la cour. Ces bons rapports avaient toujours duré, bien que l'on n'approuvât pas tout chez ses amis. Mais, cette fois, leur arrivée fut désagréable à Charlotte, et, si elle en avait bien recherché la raison, elle aurait reconnu que c'était à cause de sa nièce. Cette bonne et innocente enfant ne devait pas avoir si tôt sous les yeux un pareil exemple.

« Ils auraient bien fait de venir deux ou trois jours plus tard, dit le baron, comme elle rentrait dans la salle, et de nous laisser achever la vente de la métairie. Le projet d'acte est prêt et j'en ai une copie, mais j'aurais besoin d'en avoir une seconde, et mon vieux secrétaire est malade. Le capitaine offrit ses services, Charlotte aussi : il y avait quelques inconvénients à les charger de ce travail.

« Donnez-moi cela! s'écria vivement Ottilie.

— Tu n'en viendras pas à bout, dit Charlotte.

— A vrai dire, j'aurais besoin de cette copie après-demain matin, dit Édouard, et il y a beaucoup d'ouvrage.

— Ce sera fait, » dit Ottilie, et la feuille était déjà dans ses mains.

Le jour suivant, comme ils observaient, de l'étage supérieur, si leurs hôtes arrivaient, parce qu'ils ne voulaient pas manquer d'aller à leur rencontre :

« Quel est, dit Édouard, le cavalier que je vois s'avancer si lentement sur la route? »

Le capitaine fit de sa figure une description plus exacte.

« C'est donc lui! reprit Édouard, car les détails, que tu distingues mieux que moi, s'accordent parfaitement avec l'ensemble, que je vois très-bien. C'est Mittler. Mais comment se fait-il qu'il chevauche si lentement? »

Le cavalier approcha, et c'était Mittler en effet. On alla le recevoir avec cordialité, comme il montait l'escalier d'un pas tranquille.

« Pourquoi n'êtes-vous pas venu hier? lui dit Édouard.

— Je n'aime pas les fêtes bruyantes, répondit-il, mais je viens aujourd'hui pour fêter, après coup, sans bruit, l'anniversaire de mon amie.

— Comment donc pouvez-vous prendre tant de loisir? dit le baron.

— Si ma visite a pour vous quelque prix, vous en êtes redevables à une réflexion que j'ai faite hier. J'ai passé la moitié du jour à me réjouir cordialement dans une maison où j'avais rétabli la paix, et j'ai appris ensuite qu'on célébrait ici la

fête de madame. « On pourra bien enfin t'appeler égoïste, me
« suis-je dit à moi-même, de ne vouloir te réjouir qu'avec ceux
« que tu as amenés à faire la paix. Pourquoi ne pas t'associer
« une fois aussi à la joie d'amis qui ont la paix chez eux et qui
« la maintiennent? » Aussitôt dit, aussitôt fait. Me voici, comme
je l'ai résolu.

— Hier, vous auriez trouvé une nombreuse société, dit Charlotte : aujourd'hui vous n'en trouverez qu'une petite. Vous verrez le comte et la baronne, qui vous ont déjà donné de l'occupation. »

Mittler s'élança brusquement, avec mauvaise humeur, du milieu de ses hôtes, qui avaient entouré l'homme bizarre et bienvenu ; il courait prendre son chapeau et sa cravache.

« Une mauvaise étoile me poursuit donc toujours, aussitôt que je veux me reposer une fois et prendre du bon temps! Mais aussi pourquoi sortir de mon caractère? Je n'aurais pas dû venir, et maintenant je suis chassé, car je ne veux pas loger sous le même toit que ces gens-là. Et prenez garde à vous : ils n'apportent rien avec eux que le malheur. Leur nature est comme un levain qui communique la fermentation. »

On tâcha de l'apaiser : tout fut inutile.

« Celui que je vois attaquer le mariage, s'écria-t-il; celui que je vois ébranler, par ses paroles ou ses actions, ce fondement de toute société morale, aura affaire à moi. Et, si je ne puis le mettre à la raison, je ne veux plus avoir rien de commun avec lui. Le mariage est le principe et le couronnement de toute civilisation. Il adoucit l'homme sauvage, et le plus cultivé n'a pas de meilleur moyen de montrer sa douceur. Il doit être indissoluble, car il apporte tant de bonheur, que tout malheur particulier ne peut être mis en balance. Et que vient-on parler de malheur? C'est l'impatience qui assaillit l'homme de temps en temps, et alors il lui plaît de se trouver malheureux. Qu'on laisse passer ce moment, et l'on s'estimera heureux de ce qu'une chose qui a subsisté si longtemps subsiste encore. Se séparer? Il n'en est point de raison suffisante. La condition humaine est si remplie de peines et de plaisirs, qu'on ne peut absolument calculer ce que deux époux se doivent l'un à l'autre. C'est une dette infinie, qui ne saurait être acquittée que par l'éternité. Le mariage peut être incommode quelquefois, je veux bien le croire, et c'est justement ce qu'il faut. Ne sommes-nous pas aussi mariés avec la conscience, dont nous voudrions souvent être délivrés, parce qu'elle est plus incommode qu'un mari ou une femme ne pourrait jamais l'être?

C'est ainsi qu'il discourait vivement, et il aurait poursuivi longtemps peut-être, si les postillons, sonnant du cor, n'avaient annoncé l'arrivée du comte et de la baronne, qui entrèrent en même temps, et comme de concert, dans la cour du château par les deux portes opposées. Tandis que les habitants de la maison allaient au-devant d'eux, Mittler se cacha; il fit conduire son cheval à l'auberge et partit de fort mauvaise humeur.

CHAPITRE X.

On souhaita la bienvenue aux hôtes et on les fit entrer. Ils revirent avec joie la maison, les salles, où ils avaient déjà passé d'heureux jours, et qu'ils n'avaient pas visitées depuis longtemps. Leur présence fut aussi très-agréable à nos amis. Le comte et la baronne étaient de ces figures nobles et belles, qui plaisent presque plus dans l'âge moyen que dans la jeunesse : car, si elles ont perdu quelque chose de leur premier éclat, elles éveillent, par leur bienveillance, une confiance entière. Ils étaient tous deux d'un commerce extrêmement facile. La liberté avec laquelle ils considéraient et traitaient les divers états de la vie, leur gaieté, leur apparente candeur, étaient d'abord communicatives, et une décence parfaite présidait à toute leur conduite, sans que l'on pût remarquer aucune espèce de contrainte.

La société ressentit sur-le-champ cette influence. Les nouveaux venus, qui sortaient immédiatement du grand monde comme on pouvait le reconnaître à leurs habits, à leur équipage et à toute leur suite, faisaient avec nos amis, avec leur situation paisible et secrètement passionnée, une sorte de contraste, mais qui disparut bientôt, les anciens souvenirs et la sympathie présente s'étant confondus, et une conversation vive et rapide s'étant liée promptement.

Cependant on ne tarda pas à se séparer. Les dames se retirèrent dans leur aile, et y trouvèrent assez de quoi s'entretenir, dans les confidences diverses qu'elles se firent, et dans la revue qu'elles entreprirent des formes et des coupes les plus nouvelles des robes et des chapeaux d'été ; tandis que les hommes s'occupaient de voitures nouvelles, de chevaux, que l'on fit amener, et qui donnèrent lieu tout d'abord à des marchés et à des échanges.

On ne se réunit que pour le dîner. On avait changé de toilette ; et les arrivants se montrèrent encore à leur avantage. Tout leur habillement était nouveau et, en quelque sorte, inattendu, et cependant l'habitude y mettait déjà l'aisance et la familiarité.

La conversation fut vive et variée, car, dans une société pareille, tout semble intéresser également. On parla français, pour n'être pas entendu des domestiques ; et l'on discourut, avec un malin plaisir, sur la noblesse et la bourgeoisie. Il y eut un seul point sur lequel la conversation se fixa plus longtemps que de raison. Charlotte ayant demandé des nouvelles d'une amie d'enfance, et apprenant, avec quelque surprise, qu'elle était sur le point de divorcer :

« Il est pénible, dit-elle, lorsque l'on croit ses amis absents établis pour toujours, et une chère amie bien pourvue, qu'il faille apprendre soudain que sa destinée est chancelante, et qu'elle va s'engager dans de nouveaux et peut-être encore de dangereux sentiers.

— Ma chère baronne, répliqua le comte, c'est proprement notre faute, si nous sommes surpris de la sorte. Il nous plaît de nous figurer les choses humaines, et surtout le mariage, comme tout à fait durables ; et, pour ce qui regarde le dernier point, ce sont les comédies que nous voyons répéter sans cesse qui nous donnent ces fausses idées, en désaccord avec le train du monde. Dans la comédie, un mariage nous apparaît comme le dernier terme d'un vœu différé par des obstacles pendant plusieurs actes; et, à l'instant même où l'on touche au but, le rideau tombe, et cette satisfaction momentanée nous laisse une impression durable. Dans le monde, il en est autrement : on continue à jouer derrière le rideau, et, s'il se relève, on ne se soucie plus de rien voir et de rien entendre.

— Il faut bien que la chose ne soit pas si mauvaise, dit Charlotte en souriant, puisque des personnes qui sont descendues de ce théâtre y reprennent un rôle volontiers.

— Il n'y a rien à répliquer, dit le comte : on aime à se charger d'un nouveau rôle, et, quand on connaît le monde, on voit bien que, dans le mariage aussi, c'est seulement cette durée absolue, éternelle, au milieu d'une vie si changeante, qui renferme en soi quelque chose de choquant. Un de mes amis, dont la bonne humeur se déployait surtout en projets de lois nouvelles, soutenait que tout mariage ne devrait être conclu que pour cinq ans. Ce beau nombre, ce nombre impair et sacré, cet espace de temps, suffisait, disait-il, pour apprendre à se connaître, pour mettre au monde quelques enfants, se brouiller, et, ce qui était le plus joli, pour se raccommoder. Il s'écriait souvent : « Comme la première période se passerait heureuse« ment ! Deux ou trois ans du moins, s'écouleraient dans la joie. « Ensuite un des époux aurait sans doute à cœur de voir la liai« son durer plus longtemps; la complaisance augmenterait à « mesure qu'on approcherait du terme de la séparation; l'époux « indifférent, et même le mécontent, serait apaisé et gagné par « une telle conduite. Comme on oublie les heures dans une « bonne compagnie, on oublierait que le temps passe, et l'on se « trouverait surpris de la manière la plus agréable, lorsqu'on « s'apercevrait, après l'expiration du terme, qu'il a été prolongé « tacitement. »

Bien que cela fût très-spirituel et très-gai, et qu'il fût possible, comme Charlotte le sentait bien, de donner à cette plaisanterie une explication d'une moralité profonde, cependant cette conversation lui était désagréable, surtout à cause d'Ottilie. Elle savait fort bien qu'il n'est rien de plus dangereux que des discours trop libres, qui présentent comme ordinaire, commune et même digne d'éloges, une situation absolument ou à demi coupable, et, assurément, il faut ranger dans cette catégorie tout ce qui porte atteinte à l'union conjugale. Elle chercha donc, avec son adresse ordinaire, à détourner la conversation, et, comme elle ne pouvait y réussir, elle regrettait que la jeune ménagère eût tout disposé si bien, pour n'avoir pas besoin de se lever. Tranquille et attentive, elle n'avait qu'à faire un signe au maître d'hôtel, pour que tout le service se fît parfaitement, et cependant elle avait quelques domestiques nouveaux, assez gauches sous leurs livrées.

Le comte, sans remarquer l'intention de Charlotte, poursuivit donc ses discours sur le même sujet. Lui, qui n'avait point la coutume de s'appesantir sur une matière, avait trop celle-ci sur le cœur, et les difficultés qu'il rencontrait à se séparer de sa femme le rendaient amer dans tout ce qui regarde l'union conjugale, qu'il désirait toutefois, si passionnément, de contracter avec la baronne.

« Mon ami, poursuivit-il, présentait encore un autre projet de loi. Un mariage ne devait être tenu pour indissoluble qu'autant que les époux, ou du moins l'un des deux, auraient été mariés trois fois : car, pour une telle personne, elle déclarait incontestablement qu'elle regardait le mariage comme une chose indispensable. On savait d'ailleurs assez bien comme elle s'était comportée dans ses premiers engagements, et si elle avait de ces singularités qui donnent lieu plus souvent aux séparations que de mauvaises qualités. On aurait donc à prendre des informations réciproques ; on aurait à surveiller les gens mariés, aussi bien que les non mariés, parce qu'on ne savait pas comment les choses pouvaient tourner.

— Cela donnerait sans doute à la société un nouvel intérêt, dit Édouard : en effet, maintenant, une fois que nous sommes mariés, personne ne s'informe de nos vertus non plus que de nos défauts.

— Dans ce système, dit en souriant la baronne, nos aimables hôtes auraient déjà franchi heureusement deux degrés et pourraient se préparer pour le troisième.

— Les choses ont bien tourné pour vous, dit le comte : la mort s'est plu à faire ce que les consistoires ne font le plus souvent que de mauvaise grâce.

— Laissons les morts en paix, dit Charlotte, d'un air plus grave.

— Pourquoi, reprit le comte, lorsqu'on peut en parler honorablement? Ils ont été assez modestes pour se contenter de quelques années, en échange de tout le bien qu'ils ont laissé.

— Quel dommage, dit la baronne, en étouffant un soupir, qu'il faille, en pareil cas, sacrifier ses meilleures années!

— C'est vrai, reprit le comte; il y aurait de quoi se désespérer, si l'on ne voyait dans le monde presque toutes les espérances déçues. Les enfants ne tiennent pas ce qu'ils promettent; les jeunes gens le tiennent bien rarement, et, s'ils sont fidèles à leur parole, le monde ne l'est pas à leur égard. »

Charlotte, heureuse de voir la conversation prendre un autre tour, dit avec gaieté :

« Eh! nous devons d'ailleurs nous accoutumer assez tôt à ne jouir du bonheur qu'en détail et en partie.

— Assurément, dit le comte, vous avez eu tous deux de beaux jours. Quand je me rappelle ces années où vous étiez, Édouard et vous, le plus beau couple de la cour, je trouve qu'on ne parle plus aujourd'hui de temps aussi brillants ni de figures aussi remarquables. Lorsque vous dansiez ensemble, tous les regards étaient fixés sur vous, et combien vous faisiez de conquêtes, tandis que vous n'aviez des yeux que l'un pour l'autre!

— Comme tout cela est beaucoup changé, dit Charlotte, nous pouvons écouter ces belles choses avec modestie.

— J'ai souvent blâmé Édouard en secret, dit le comte, de n'avoir pas été plus persévérant : car ses bizarres parents auraient cédé à la fin, et gagner dix années de jeunesse n'est pas une bagatelle.

— Je dois prendre sa défense, dit la baronne. Charlotte n'était pas sans avoir quelques torts; elle n'était pas exempte de toute coquetterie, et, quoiqu'elle aimât Édouard avec tendresse, et que son cœur l'eût choisi comme époux, j'ai pu voir quelquefois comme elle le tourmentait, en sorte qu'il ne fut pas difficile de le pousser à la malheureuse résolution de voyager, de s'éloigner, pour se désaccoutumer d'elle. »

Édouard fit un signe à la baronne, et parut la remercier de son intervention.

« Je dois ajouter un mot, poursuivit-elle, pour excuser Charlotte : l'homme qui la recherchait alors en mariage s'était fait remarquer depuis longtemps par son amour pour elle, et, lorsqu'on le connaissait bien, on le trouvait certainement plus aimable que vous autres ne voulez en convenir.

— Ma chère amie, reprit le comte, avec quelque vivacité, avouons qu'il ne vous était pas tout à fait indifférent, et que Charlotte avait plus à craindre de vous que d'une autre. Je trouve que c'est un trait charmant du naturel des femmes, de garder si longtemps leur attachement pour un homme, sans se laisser troubler ni distraire par aucune espèce de séparation.

— Cette bonne qualité, les hommes la possèdent peut-être plus encore, dit la baronne : du moins, pour ce qui vous regarde, mon cher comte, je l'ai bien remarqué, personne n'a plus de pouvoir sur vous qu'une femme que vous avez autrefois aimée. J'ai pu voir qu'à la prière d'une ancienne amante, vous vous êtes donné plus de mouvement pour venir à bout de quelque chose, que l'amie du moment n'en aurait peut-être obtenu de vous.

On peut accepter de bonne grâce un pareil reproche, répondit le comte ; mais, pour ce qui regarde le premier mari de Charlotte, je ne pouvais le souffrir, justement parce qu'il m'avait séparé ce beau couple, un couple véritablement prédestiné, qui, une fois uni, n'avait plus à craindre la période de cinq ans, ni à s'occuper d'une seconde et d'une troisième alliance.

— Nous essayerons, dit Charlotte, de réparer le temps perdu.

— Vous ferez bien de vous y attacher, dit le comte. Vos premiers mariages, poursuivit-il avec quelque vivacité, étaient proprement de la mauvaise espèce ; et, par malheur, les mariages (passez-moi cette expression un peu vive) ont quelque chose de maladroit : ils gâtent les plus douces relations, et cela ne tient proprement qu'à la grossière sécurité dont une des parties au moins se prévaut. Tout s'entend de soi-même, et l'on semble s'être marié uniquement pour que l'un comme l'autre suive désormais son chemin. »

A ce moment, Charlotte, qui voulait absolument couper court à cette conversation, recourut à une transition hardie, qui eut un plein succès. La conversation devint plus générale; les deux époux et le capitaine purent y prendre part; Ottilie elle-même fut engagée à se produire, et l'on fut, au dessert, de l'humeur la plus agréable; à quoi contribuèrent principalement les beaux fruits étalés dans d'élégantes corbeilles, et les fleurs diaprées qui brillaient à profusion dans des vases magnifiques.

Il fut aussi question des nouveaux embellissements du parc, et, en sortant de table, on alla les visiter. Ottilie se retira, sous prétexte d'occupations domestiques, mais, en réalité, elle retourna à la copie. Le comte s'entretint avec le capitaine; plus tard Charlotte vint les rejoindre. Lorsqu'ils furent arrivés sur la hauteur, le capitaine étant descendu à la hâte, pour aller querir le plan, le comte dit à Charlotte:

« Cet homme me plaît singulièrement. Il a des connaissances étendues et fort bien liées, et il me paraît avoir l'activité d'un esprit sérieux et conséquent: ce qu'il fait ici aurait, dans une plus haute sphère, une grande valeur. »

Charlotte entendit avec une satisfaction secrète l'éloge du capitaine. Cependant elle se contint, et confirma, dans un langage clair et posé, les paroles du comte; mais quelle fut sa surprise, lorsqu'il poursuivit en ces termes:

« J'ai fait sa connaissance bien à propos: je sais une place à laquelle cet homme convient parfaitement. Si je le recommande, je puis, en faisant son bonheur, rendre le meilleur service à un puissant ami. »

Ce fut pour Charlotte comme un coup de foudre. Le comte ne s'aperçut de rien, car les femmes, accoutumées à se maîtriser sans cesse, gardent toujours, dans les cas les plus extraordinaires, une sorte de contenance. Mais elle n'entendait déjà plus le comte, lorsqu'il ajouta:

« Quand ma conviction est arrêtée, je vais promptement en besogne. Ma lettre est déjà arrangée dans ma tête, et j'ai hâte de l'écrire. Veuillez me procurer un homme à cheval, que je puisse expédier dès ce soir. »

Charlotte avait le cœur déchiré. Étonnée de ces projets, tout comme de ses propres sentiments, elle ne pouvait proférer une parole. Heureusement son hôte continua de parler des plans qu'il formait pour le capitaine et dont les avantages ne frappaient que trop vivement les yeux de la baronne. Il était temps que notre ingénieur vînt déployer son rouleau devant le comte. Mais comme elle vit avec d'autres yeux l'ami qu'elle allait perdre! Après une légère révérence, elle s'éloigna et descendit bien vite à la cabane de mousse. Elle n'était pas à moitié chemin, que ses larmes coulèrent en abondance. Elle se blottit dans l'étroit espace du petit ermitage, et s'abandonna tout entière à une douleur, une passion, un désespoir, qu'elle n'aurait pas cru le moins du monde possible quelques minutes auparavant.

Édouard et la baronne s'étaient acheminés de leur côté vers les étangs. Cette femme adroite, qui aimait à être informée de tout, s'aperçut bientôt, en faisant parler Édouard, qu'il se répandait en éloges sur Ottilie ; elle sut l'animer peu à peu, d'une manière si naturelle, qu'à la fin il ne lui resta plus aucun doute qu'il y avait là une passion, non pas naissante, mais arrivée à son entier développement.

Les femmes mariées, lors même qu'elles ne s'aiment pas entre elles, se liguent tacitement, surtout contre les jeunes filles. Les suites d'une pareille inclination se présentèrent bientôt à l'esprit d'une personne si clairvoyante. Au reste elle avait déjà parlé d'Ottilie avec Charlotte pendant la matinée ; elle avait désapprouvé le séjour de la campagne pour cette jeune fille, surtout à cause de son caractère calme et paisible ; elle avait proposé de la placer à la ville, chez une amie, qui faisait de grands sacrifices pour l'éducation de sa fille unique, et cherchait pour elle une compagne d'un bon naturel, qui serait traitée comme l'enfant de la maison, et jouirait des mêmes avantages. Charlotte avait demandé le temps d'y réfléchir.

Aussitôt que la baronne eut pénétré les secrets sentiments d'Édouard, elle fut entièrement affermie dans son projet, et, plus elle fut prompte à se déterminer, plus elle flatta en apparence les désirs de son hôte. Car personne ne se possédait mieux que cette femme, et cet empire qu'on a sur soi-même dans les occasions extraordinaires accoutume ceux qui en sont doués à user de dissimulation, même dans les cas ordinaires, et les dispose, en même temps qu'ils se font à eux-mêmes tant de violence, à étendre aussi leur autorité sur les autres, pour se dédommager, en quelque façon, par cet avantage extérieur, de leurs privations secrètes.

A ces sentiments se joint d'ordinaire une sorte de maligne joie, que leur causent l'aveuglement des autres et l'ignorance avec laquelle ils courent au piége. On se réjouit non-seulement du succès actuel, mais encore de la confusion qui les surprendra plus tard. La baronne fut assez malicieuse pour inviter Édouard et Charlotte à passer dans sa terre le temps des vendanges, et, comme Édouard demanda s'ils pourraient amener Ottilie, elle répondit d'une manière qu'il pouvait interpréter en sa faveur.

Déjà il célébrait avec transport la magnifique contrée, le grand fleuve, les coteaux, les rochers et les vignes, les vieux manoirs, les promenades sur l'eau, les joies de la vendange, du pressoir et le reste : heureux de s'associer, par avance, dans l'innocence de son cœur, à l'impression que de pareilles scènes feraient sur la jeune âme d'Ottilie. Dans ce moment, ils la virent s'approcher, et la baronne dit bien vite à Édouard de tenir secret ce projet de voyage d'automne, parce qu'on voit d'ordinaire échouer les desseins dont on s'est réjoui longtemps à l'avance. Édouard le promit, mais il lui fit presser le pas, pour aller au-devant d'Ottilie, et il finit par courir lui-même quelques pas en avant, pour joindre l'aimable jeune fille. Une vive joie parut dans toute sa personne. Il baisa la main d'Ottilie, en lui offrant un bouquet de fleurs champêtres, qu'il avait cueillies pendant la promenade. A cette vue, la baronne sentit presque de la fureur; car, si elle ne pouvait approuver ce qu'un tel amour avait de coupable, elle enviait toutefois à cette jeune personne insignifiante ce qu'il avait d'aimable et de charmant.

Lorsqu'on se fut réuni pour souper, la société se trouva dans une disposition d'esprit toute nouvelle. Le comte, qui avait déjà écrit sa lettre et expédié le courrier, entretenait le capitaine, qu'il étudiait toujours davantage, avec réserve et sagacité, et qu'il avait eu soin de faire placer auprès de lui. La baronne, assise à la droite du comte, trouvait donc de ce côté peu de conversation et tout aussi peu du côté d'Édouard, qui, d'abord altéré, puis échauffé, ne ménageait pas le vin, et causait très-vivement avec Ottilie, qu'il avait fait asseoir auprès de lui; tandis que Charlotte, placée vis-à-vis, à côté du capitaine, faisait des efforts pénibles, et presque inutiles, pour cacher les secrets mouvements de son cœur.

La baronne eut tout le loisir de faire des observations. Elle remarqua le malaise de Charlotte, et, comme elle n'avait dans l'esprit que les rapports d'Édouard avec Ottilie, elle se persuada aisément que c'était la conduite du mari qui rendait son amie triste et rêveuse : là-dessus, elle réfléchissait aux meilleurs moyens d'atteindre son but.

Après souper, la société fut de nouveau partagée. Le comte, qui voulait approfondir le capitaine, avait besoin de varier la conversation, pour apprendre ce qu'il désirait, avec un homme si calme, si exempt de vanité et si laconique. Ils allaient et venaient ensemble d'un côté du salon, tandis qu'Édouard, animé par le vin et l'espérance, badinait près d'une fenêtre avec Ottilie, et que, de leur côté, Charlotte et la baronne se promenaient, sans mot dire, à l'autre bout de la salle. Leur silence et leur oisive inquiétude finirent par jeter de la froideur dans le reste de la société. Les dames se retirèrent dans leur aile gauche, les hommes dans l'aile droite, et la journée parut finie.

CHAPITRE XI.

Édouard accompagna le comte dans sa chambre, et se laissa entraîner par la conversation à rester quelque temps encore avec lui. Le comte se perdit dans le temps passé, et parla vivement de la beauté de Charlotte, qu'il développait en connaisseur avec beaucoup de feu.

« Un joli pied, disait-il, est un don précieux de la nature : c'est une grâce impérissable. J'ai observé aujourd'hui sa démarche. On voudrait toujours baiser son soulier, et renouveler l'hommage, un peu barbare, il est vrai, mais profondément senti, des Sarmates, qui ne voient rien de mieux que de boire dans le soulier d'une personne chérie et honorée, pour porter sa santé. »

La pointe du pied ne fut pas le seul objet d'éloge dans ces épanchements des deux amis. La personne les ramena aux anciennes aventures, et ils passèrent aux obstacles qu'on avait autrefois opposés aux entrevues de ces deux amants, à la peine qu'ils s'étaient donnée, aux artifices qu'ils avaient imaginés, seulement pour se pouvoir dire qu'ils s'aimaient.

« Te souviens-tu, poursuivit le comte, des aventures dans lesquelles, avec une amitié et un désintéressement véritables, je te prêtai mon secours, quand nos princes allèrent visiter leur oncle et se réunirent dans le vaste manoir? Le jour s'était passé en solennités et en pompeuses cérémonies : une partie de la nuit devait du moins être consacrée à d'aimables et libres entretiens.

— Vous aviez su, dit Édouard, découvrir le passage qui menait aux logements des dames : nous arrivâmes heureusement chez ma belle.

— Qui avait plus songé à la décence qu'à mon contentement, reprit le comte, et avait gardé auprès d'elle une suivante fort laide; si bien que, pendant votre amoureux entretien, tu me laissas en partage un rôle fort désagréable.

— Hier encore, reprit Édouard, quand vous vous êtes fait annoncer, j'ai rappelé cette histoire à ma femme, et principalement notre retraite. Nous manquâmes le chemin, et nous arrivâmes à l'antichambre des gardes. Comme nous savions fort bien retrouver de là notre route, nous crûmes pouvoir traverser sans difficulté, et passer devant ce poste comme devant les autres. Mais quelle ne fut pas notre surprise en ouvrant la porte! Le passage était jonché de matelas, sur lesquels dormaient ces géants couchés sur plusieurs lignes. Le soldat de faction nous regardait avec étonnement : mais nous, avec l'audace et la gaieté de la jeunesse, nous passâmes tout uniment par-dessus les bottes alignées, sans qu'un seul de ces fils d'Énac[1] s'éveillât et cessât de ronfler.

---

1. *Nombres*, chap. XIII.

— J'avais grande envie de trébucher, dit le comte, afin de causer du vacarme : quel étrange réveil nous aurions vu ! »

A ce moment, l'horloge du château sonna minuit.

« Minuit ! dit le comte en souriant : c'est le moment propice. Mon cher baron, j'ai une grâce à vous demander. Conduisez-moi aujourd'hui, comme je vous conduisis alors. J'ai donné promesse à la baronne de lui rendre visite. Nous n'avons pas eu, de tout le jour, un moment de conversation particulière ; nous sommes restés longtemps sans nous voir, et il n'est rien de plus naturel que de souhaiter une heure d'intimité. Montrez-moi le chemin : je saurai bien trouver celui du retour, et, en tous cas, je ne cours pas le risque de trébucher sur des bottes.

— Je vous rendrais volontiers ce service d'hospitalité, répondit Édouard ; mais ces trois dames sont ensemble à l'aile gauche : qui sait si nous ne les trouverons pas réunies encore, ou quelle scène bizarre nous allons peut-être provoquer !

— Soyez sans crainte : la baronne m'attend. A l'heure qu'il est, elle se trouve sans doute dans sa chambre ; elle y est seule.

— La chose est d'ailleurs facile, » dit Édouard. Il prit une lumière, et, précédant le comte, il lui fit descendre un escalier dérobé, qui menait à un long corridor. A l'extrémité, Édouard ouvrit une petite porte. Ils montèrent un escalier tournant. Quand ils furent arrivés à un étroit palier, Édouard indiqua au comte, en lui remettant la lumière, une portière à droite, qui s'ouvrit au premier signal, recueillit le comte et laissa Édouard dans l'obscurité.

Une autre porte, à gauche, conduisait dans la chambre à coucher de Charlotte. Il entendit causer et prêta l'oreille. Charlotte parlait à sa femme de chambre :

« Ottilie est-elle déjà couchée ?

— Non, madame, répondit la femme de chambre. Elle est encore en bas ; elle écrit.

— Allumez donc la veilleuse et retirez-vous. Il est tard. J'éteindrai moi-même la bougie, et me coucherai seule. »

Édouard fut ravi de savoir Ottilie encore occupée à écrire. « Elle travaille pour moi ! » se disait-il en triomphant. Concentré en lui-même par l'obscurité, il la voyait assise, il la voyait écrire; il croyait s'approcher d'elle, la voir se retourner vers lui; il sentait un invincible désir de se trouver encore une fois auprès d'elle. Mais, du lieu où il était, aucun passage ne menait à l'entre-sol, où elle demeurait. Il se trouvait, à ce moment, devant la porte de sa femme. Il se fit dans son âme une singulière confusion. Il essaya d'ouvrir la porte : il la trouva fermée. Il heurta légèrement : Charlotte n'entendit pas. Elle se promenait avec agitation dans la chambre voisine, plus spacieuse. Elle ne cessait pas de se redire ce qu'elle avait assez souvent roulé dans son esprit, depuis cette soudaine proposition du comte. Elle croyait voir le capitaine devant elle. Il remplissait encore la maison; il animait encore les promenades et il allait partir! Tout serait bientôt désert! Elle se disait tout ce qu'on peut se dire; elle se présentait même par avance, comme on a coutume de le faire, cette funeste consolation, que même de pareilles douleurs sont apaisées par le temps; elle maudissait le temps nécessaire pour les guérir; elle maudissait l'époque funèbre où elles seraient guéries.

Enfin elle eut recours aux larmes, soulagement d'autant plus doux, qu'il était rare chez elle. Elle se jeta sur le sofa, et se livra tout entière à sa douleur. Édouard, de son côté, ne pouvait quitter la porte. Il heurta une seconde fois et une troisième, un peu plus fort, si bien que Charlotte l'entendit distinctement dans le silence de la nuit, et tressaillit d'effroi. Sa première pensée fut que ce pouvait être le capitaine, que ce devait être lui; la seconde, que c'était impossible. Elle prit la chose pour une illusion : mais elle avait entendu; elle désirait, elle craignait d'avoir entendu. Elle passa dans la chambre à coucher; elle approcha doucement de la porte verrouillée. Elle se reprochait sa frayeur. « C'est apparemment la baronne, qui a besoin de moi, » se dit-elle; puis, élevant la voix, elle dit d'un ton ferme et posé :

« Qui est là ?

— C'est moi, répondit une voix faible.

— Qui ? » reprit Charlotte.

Elle n'avait pu reconnaître la voix. Elle voyait encore devant la porte l'image du capitaine. On lui répondit un peu plus fort :

« C'est Édouard. »

Elle ouvrit, et son mari était devant elle. Il la salua d'une façon badine : elle se trouva capable de poursuivre sur le même ton. Il enveloppa sa visite énigmatique d'explications aussi obscures.

« Pourquoi je viens ?... dit-il enfin, je dois te l'avouer : j'ai fait le vœu de baiser ce soir ton soulier.

— Il y a longtemps que cette idée ne t'est venue, dit Charlotte.

— Tant pis et tant mieux, » repartit Édouard.

Charlotte s'était jetée dans un fauteuil, pour dérober à ses regards son léger déshabillé. Il se prosterna devant elle, et elle ne put empêcher qu'il ne baisât son soulier, et que, le soulier lui étant resté à la main, il ne saisît le pied et ne le pressât tendrement contre sa poitrine.

Charlotte était une de ces femmes naturellement calmes et modestes, qui conservent, sans effort et sans dessein, dans le mariage les manières d'une amante. Jamais elle ne faisait d'avances à son mari, et à peine répondait-elle aux siennes : mais, sans froideur et sans sévérité rebutante, elle ressemblait toujours à une tendre épouse, qui éprouve encore un secret effroi de la chose permise. Telles furent, à double titre, les dispositions dans lesquelles Édouard la trouva cette nuit. Avec quelle ardeur elle souhaitait de le voir s'éloigner ! Car l'image du capitaine semblait lui faire des reproches. Mais ce qui aurait dû éloigner le baron ne faisait que l'attirer davantage. Une certaine émotion était visible chez elle; elle avait pleuré, et, si les femmes faibles y perdent le plus souvent quelque chose de leur grâce, celles que nous voyons d'ordinaire calmes et fortes y gagnent infiniment. Édouard était si aimable, si gracieux, si pressant; il la priait de souffrir qu'il restât auprès d'elle; il n'exigeait rien; moitié sérieux, moitié plaisant, il cherchait à la persuader; il ne songeait pas qu'il eût des droits, et enfin il éteignit la bougie en folâtrant.

A la faible clarté de la veilleuse, l'inclination secrète, l'imagination, prévalurent sur la réalité. Édouard tenait Ottilie dans ses bras; Charlotte voyait, ou plus près ou plus loin, planer devant elle l'image du capitaine, et c'est ainsi que, par une sorte de prodige, le présent et l'absent s'entrelacèrent et s'unirent avec délice et volupté.

Toutefois le présent ne se laisse pas ravir ses droits absolus. Ils passèrent une partie de la nuit au milieu de conversations diverses et de badinages, d'autant plus faciles que le cœur n'y prenait, hélas! aucune part. Mais, le lendemain, lorsque Édouard s'éveilla dans les bras de sa femme, le jour lui sembla jeter dans la chambre un regard menaçant; le soleil lui parut éclairer un crime; il s'esquiva sans bruit, et Charlotte éprouva un sentiment assez étrange, en se trouvant seule à son réveil.

CHAPITRE XII.

Quand la société fut réunie pour le déjeuner, un observateur attentif aurait pu deviner, par les manières de chacun, la diversité de leurs pensées et de leurs sentiments. Le comte et la baronne se saluèrent avec la tranquille sérénité de deux amants, qui, après une pénible séparation, se sont donné de nouvelles assurances de leur affection mutuelle; Édouard et Charlotte, au contraire, accueillirent Ottilie et le capitaine avec une sorte de confusion et de repentir. Car c'est le propre de l'amour de croire qu'il a tous les droits, et que tous les autres s'effacent devant lui. Ottilie était d'une gaieté enfantine, et, pour elle, on pouvait le dire, c'était de l'expansion. Le capitaine paraissait sérieux. Après ses entretiens avec le comte, dont les paroles avaient réveillé ce qui dormait depuis quelque temps dans son cœur, il n'avait senti que trop bien qu'il ne remplissait pas sa véritable mission chez son ami, et qu'il ne faisait au fond que languir dans une demi-oisiveté.

A peine les deux hôtes se furent-ils éloignés, qu'il arriva une nouvelle visite, agréable pour Charlotte, qui désirait sortir d'elle-même et se distraire, importune pour Édouard, qui sentait redoubler son désir de s'occuper d'Ottilie, fâcheuse également pour elle, qui n'avait pas encore achevé la copie, si nécessaire pour le lendemain matin. Et, le soir, dès que les étrangers furent partis, elle se hâta de monter dans sa chambre.

La nuit approchait. Édouard, Charlotte et le capitaine, qui avaient accompagné à pied les étrangers, à quelque distance du château, avant qu'ils montassent en voiture, furent tous d'avis de faire encore une promenade aux étangs. Il était arrivé un canot, qu'Édouard avait fait venir de loin à grands frais. On voulait essayer s'il était d'une marche et d'une manœuvre faciles.

Il était amarré au bord de l'étang du milieu, non loin de quelques vieux chênes, sur lesquels on avait déjà compté pour les arrangements futurs. Là devait s'établir un lieu de débarquement, et s'élever sous les arbres un lieu de repos, d'une construction élégante, vers lequel gouverneraient ceux qui voudraient passer l'étang en bateau.

« Et vis-à-vis, où conviendra-t-il d'établir l'arrivage? dit le baron. Il me semble que c'est vers mes platanes.

— Ils sont un peu trop reculés vers la droite, dit le capitaine. Si l'on aborde plus bas, on se trouve plus près du château. Cependant il faut y réfléchir. »

Et déjà il s'était placé à l'arrière du canot et il avait pris une rame. Charlotte s'embarqua, et, à sa suite, Édouard, qui prit l'autre aviron. Mais, au moment de démarrer, il songea à Ottilie, il songea que cette promenade le retarderait, et le ramènerait Dieu sait à quelle heure. Il prit sa résolution sur-le-champ, sauta sur le bord, tendit la seconde rame au capitaine, et, s'excusant à la hâte, il courut à la maison.

Il demanda Ottilie : on lui dit qu'elle s'était enfermée et qu'elle écrivait. A l'agréable pensée qu'elle était occupée pour lui, se mêla le vif chagrin d'être privé de sa présence. Son impatience augmentait de moment en moment. Il se promenait de long en large dans le grand salon; il essayait de tout, et rien ne pouvait fixer son attention. Il désirait la voir, la voir seule, avant le retour de Charlotte et du capitaine. La nuit vint: on alluma les flambeaux.

Enfin elle parut. Elle était brillante de grâce : le sentiment d'avoir fait quelque chose pour son ami l'avait élevée au-dessus d'elle-même. Elle posa l'original et la copie devant lui, sur la table.

« Voulez-vous collationner ? » dit-elle en souriant.

Il ne savait que lui répondre Il jeta les yeux sur elle, puis sur la copie. Les premières pages étaient écrites avec le plus grand soin, avec une délicate écriture de femme; puis les traits semblaient se modifier, devenir plus libres et plus légers; mais, quelle ne fut pas sa surprise, lorsqu'il parcourut les dernières pages !

« Au nom du ciel ! s'écria-t-il, que vois-je ? C'est mon écriture ! »

Il regarda Ottilie, puis les feuilles encore : la dernière surtout était absolument telle que s'il l'eût écrite lui-même. Elle gardait le silence, mais ses yeux fixés sur lui exprimaient la joie la plus vive. Il lève les bras avec transport et s'écrie :

« Tu m'aimes ! Ottilie, tu m'aimes ! »

Et ils se tenaient l'un l'autre embrassés. Lequel avait saisi l'autre le premier, il eût été impossible de le dire.

Dès ce moment, tout avait changé de face pour Édouard ; il n'était plus ce qu'il avait été ; le monde n'avait plus le même aspect. Ils restaient debout l'un devant l'autre. Le baron tenait les mains d'Ottilie dans les siennes ; leurs yeux ne se quittaient pas ; ils étaient sur le point de s'embrasser encore.

Charlotte entra avec le capitaine. A leurs excuses d'avoir tardé si longtemps, Édouard souriait à part lui.

« Ah ! comme vous arrivez trop tôt ! » disait-il en lui-même.

On se mit à souper. Les visites du jour furent passées en revue. Le baron, disposé aux sentiments affectueux, parla favorablement de chacun, toujours avec ménagement, souvent avec éloge. Charlotte, qui n'était pas tout à fait de son avis, remarqua cette disposition et le plaisanta de ce qu'il était, ce jour-là, si indulgent et si doux, lui toujours disposé à juger si sévèrement les hôtes qui venaient de les quitter.

Édouard s'écria avec chaleur et avec une effusion sincère :

« Il suffit d'aimer un seul être du fond de son âme, pour que tous les autres nous paraissent aimables. »

Ottilie baissa les yeux, et Charlotte regarda fixement devant elle. Le capitaine prit la parole :

« Les sentiments d'estime et de respect font éprouver, dit-il, quelque chose de semblable. On ne reconnaît bien ce qui est digne d'estime dans le monde, que lorsqu'on trouve l'occasion de nourrir ces sentiments pour un objet unique. »

Charlotte sut bientôt se retirer dans sa chambre, pour s'abandonner au souvenir de ce qui s'était passé ce soir-là entre elle et le capitaine.

Lorsque Édouard, en sautant sur la rive, eut écarté du bord la nacelle, et abandonné à l'élément mobile sa femme et son ami, Charlotte vit l'homme pour qui elle avait déjà tant souffert en secret, assis devant elle, dans le crépuscule, et, sous l'impulsion des rames, faisant cheminer la barque à son gré. Alors elle éprouva une tristesse profonde, qu'elle avait rarement sentie. Le tournoiement du bateau, le léger bruit des rames, la brise du soir, qui passait frémissante sur le miroir liquide, le murmure des roseaux, quelques oiseaux encore, planant sur leurs têtes, la lumière vacillante des premières étoiles, tout avait quelque chose de fantastique dans ce silence universel. Il lui semblait que son ami l'emmenait bien loin, pour la déposer à terre et la laisser seule; elle sentait en elle une émotion étrange et ne pouvait pleurer.

Cependant le capitaine lui parlait des embellissements du parc, comme il les avait conçus; il vantait la bonne construction du canot, qu'une seule personne pouvait manœuvrer et conduire aisément avec deux rames. Elle apprendrait elle-même la manœuvre; c'était une sensation agréable de voguer quelquefois seul et d'être soi-même son batelier et son pilote.

Ces paroles rappelèrent vivement à son amie leur séparation prochaine. « Est-ce à dessein qu'il parle ainsi? se dit-elle. Sait-il quelque chose? A-t-il quelque soupçon ou parle-t-il de la sorte au hasard, et, sans le savoir, m'annonce-t-il mon sort? » Une profonde mélancolie, une vive impatience la saisirent : elle pria son guide d'aborder le plus tôt possible et de la ramener au château.

C'était la première fois que le capitaine se promenait sur l'étang, et, quoiqu'il en eût observé en général la profondeur, il ne la connaissait pas en détail. La nuit commençait à devenir sombre : il dirigea sa course vers un endroit où il supposait le débarquement facile, et qu'il savait être peu éloigné du sentier qui menait au château. Mais il fut encore détourné de cette direction, quand Charlotte répéta, avec une sorte d'anxiété, le vœu d'être bientôt débarquée. Il s'approcha de la rive avec de nouveaux efforts : par malheur, il se sentit arrêté à quelque distance. La barque était échouée, et ses efforts pour la dégager furent inutiles. Que faire? Il ne lui restait qu'à descendre dans l'eau, qui était assez basse pour qu'il pût porter son amie jusqu'au bord. Il fit heureusement le trajet avec le fardeau chéri; il était assez fort pour ne point chanceler et ne donner à Charlotte aucune inquiétude; cependant elle lui avait passé avec anxiété le bras autour du cou, tandis qu'il la tenait avec force e la pressait contre lui. Il attendit d'avoir atteint une pelouse penchante pour la poser à terre, et ce ne fut pas sans émotion et sans trouble. Elle était encore suspendue à son cou; il la pressa de nouveau dans ses bras, et imprima sur ses lèvres un ardent baiser. Mais, au même instant, il tombait à ses pieds, et s'écriait : « Charlotte, me pardonnerez-vous? »

Le baiser que son ami avait osé lui donner, et qu'elle lui avait presque rendu, fit rentrer Charlotte en elle-même. Elle lui serra la main, sans le relever : toutefois, se baissant vers lui et posant la main sur son épaule, elle s'écria :

« Nous ne pouvons empêcher que ce moment fasse époque dans notre vie, mais il dépend de notre volonté que cette époque soit digne de nous. Il faut que vous partiez, cher ami, et vous partirez. Le comte s'occupe d'améliorer votre sort : cela me réjouit et m'afflige. Je voulais vous le taire jusqu'à ce que la chose fût certaine. Ce moment m'oblige à vous découvrir ce secret. Je ne puis vous pardonner, je ne puis me pardonner à moi-même, qu'autant que nous aurons le courage de changer notre position, puisqu'il ne dépend pas de nous de changer nos sentiments. »

A ces mots, Charlotte releva le capitaine; elle s'appuya sur son bras, et ils revinrent en silence au château.

Maintenant elle était dans sa chambre à coucher, où elle devait se sentir et se reconnaître la femme d'Édouard. Au milieu de ces contradictions, son caractère solide, formé par des épreuves diverses, vint à son secours. Toujours accoutumée à se rendre compte d'elle-même, à se dominer elle-même, elle put sans difficulté, cette fois encore, s'approcher, par une sérieuse méditation, de l'équilibre souhaité ; même elle ne put s'empêcher de sourire, en songeant à la singulière visite nocturne. Mais aussitôt elle fut saisie d'un pressentiment singulier, d'un inquiet et joyeux frémissement, qui se changea en pieux désirs et en espérances. Elle était émue, et, tombant à genoux, elle répéta le serment qu'elle avait fait à Édouard devant l'autel. L'amitié, l'amour, le renoncement, lui apparurent comme de riantes images ; elle se sentait intérieurement régénérée ; bientôt elle éprouva une douce lassitude et s'endormit d'un paisible sommeil.

CHAPITRE XIII.

Édouard, de son côté, est dans une disposition toute différente. Il songe si peu à dormir, que l'idée ne lui vient même pas de se déshabiller. Il baise mille fois la copie du document, le commencement du moins, où se montre la main enfantine et timide d'Ottilie ; mais la fin, il ose à peine la baiser, parce qu'il croit voir sa propre écriture. Oh ! si ces pages avaient un autre objet ! se dit-il à lui-même. Cependant elles sont pour lui l'heureux témoignage que son vœu le plus cher est accompli. Elles resteront dans ses mains, et ne pourra-t-il pas les presser toujours sur son cœur, quoique profanées par la signature d'un tiers !

La lune, à son déclin, se lève sur la forêt. La nuit tiède invite Édouard à sortir ; il se promène de tous côtés ; il est le plus agité et le plus heureux des hommes. Il parcourt les jardins ; il s'y trouve à l'étroit ; il court dans la campagne et il se sent trop éloigné. Il est ramené vers le château ; il se trouve sous les fenêtres d'Ottilie. Là il s'assied sur l'escalier d'une terrasse.

« Des murs et des verrous nous séparent maintenant, se dit-il, mais nos cœurs ne sont pas séparés. Si elle était devant moi, elle tomberait dans mes bras, et moi dans les siens; et que me faut-il de plus que cette certitude? »

Tout était silencieux autour de lui; pas un souffle de vent; le calme était si profond, qu'il pouvait entendre sous terre le travail des animaux, mineurs infatigables, pour lesquels la nuit et le jour sont égaux. Plongé dans ses rêves heureux, il s'endormit enfin, et, lorsqu'il s'éveilla, le soleil reparaissait déjà dans sa magnificence et dissipait les vapeurs matinales.

Il se trouva le premier debout dans ses domaines : les ouvriers lui semblèrent en retard. Ils arrivèrent : ils lui parurent trop peu nombreux, et l'ouvrage commandé pour ce jour-là, trop peu de chose au gré de ses désirs. Il demanda des ouvriers en plus grand nombre : on les promit et on les procura dans le cours de la journée. Mais ceux-là ne lui suffisent pas encore, pour voir ses projets promptement exécutés. Le travail même ne lui fait plus aucun plaisir : il faut que tout soit terminé sans délai : et pour qui?... Il faut que les chemins soient aplanis, afin qu'elle les parcoure aisément; que les bancs soient à leur place, afin qu'elle se puisse reposer. Il presse de tout son pouvoir les travaux de la nouvelle maison : il faut que la charpente soit montée le jour de la fête d'Ottilie. Édouard ne garde plus de mesure dans ses sentiments comme dans ses actions. L'idée d'aimer et d'être aimé l'entraîne dans l'infini. Comme les appartements, comme les environs sont changés à ses yeux! Il ne se retrouve plus dans sa propre maison. La présence d'Ottilie absorbe pour lui tout le reste ; il ne vit plus qu'en elle; nulle autre idée ne se présente à lui; la conscience ne lui parle plus; tout ce qui était enchaîné dans sa nature brise ses liens, tout son être se précipite vers Ottilie.

Le capitaine observe ces mouvements passionnés et il désire en prévenir les suites funestes. Tous ces travaux, maintenant accélérés outre mesure sous une impulsion exclusive, il les avait calculés pour une société de paisibles amis. La vente de la métairie avait été effectuée par ses soins, le premier terme payé, et, selon la convention, Charlotte l'avait versé dans sa caisse. Mais, dès la première semaine, l'attention, l'ordre, la patience, lui deviennent plus nécessaires que d'habitude, car, avec cette marche précipitée, la somme affectée à l'entreprise ne suffira pas longtemps.

On avait beaucoup entrepris et beaucoup à faire : le capitaine pouvait-il laisser Charlotte dans cette situation? Ils se consultèrent et ils reconnurent qu'il valait mieux hâter les travaux convenus, faire un emprunt pour les achever, et en assigner le payement sur les termes qui restaient dus pour la métairie. Cela pouvait se faire presque sans perte, par la cession de ces droits; on aurait les mains plus libres; on ferait plus d'ouvrage à la fois, puisque les travaux étaient en train et qu'on avait assez d'ouvriers, et l'on arriverait certainement et promptement au terme. Édouard donna son consentement volontiers, parce que ce projet s'accordait avec ses vues.

Cependant Charlotte persiste au fond du cœur dans ses idées et ses résolutions; animé des mêmes sentiments, son ami la seconde avec courage. Mais par là même leur intimité ne fait que s'accroître. Ils s'expliquent ensemble sur la passion d'Édouard; elle fait le sujet de leurs entretiens. Charlotte rapproche Ottilie de sa personne; elle l'observe de plus près; et, plus elle connaît l'état de son propre cœur, plus elle pénètre profondément dans celui de la jeune fille. Elle ne voit d'autre moyen de salut que de l'éloigner.

Ce fut alors à ses yeux une heureuse circonstance, que Luciane eût été dans sa pension l'objet d'éloges si marqués; car sa grand'tante, qui en fut informée, voulut tout de bon la prendre chez elle, l'avoir auprès d'elle, pour l'introduire dans le monde. Ottilie pouvait retourner à la pension; le capitaine s'éloignait, pourvu d'une bonne place, et tout allait comme quelques mois auparavant, même beaucoup mieux. Charlotte espérait rétablir bientôt ses rapports avec Édouard; elle arrangeait tout cela si sagement dans sa tête, qu'elle se fortifiait toujours davantage dans la vaine pensée que l'on pourrait revenir à l'ancienne vie plus restreinte, et que la passion déchaînée se laisse réduire à de justes bornes.

Cependant Édouard sentait vivement les obstacles qu'on lui opposait. Il remarqua bientôt qu'on le séparait d'Ottilie; qu'on lui rendait difficiles les moyens de lui parler en particulier, même de s'approcher d'elle, sinon en présence d'autres personnes : mécontent de ce procédé, il le fut aussi d'autre chose. S'il pouvait lui adresser quelques mots en passant, ce n'était pas seulement pour l'assurer de son amour; c'était aussi pour se plaindre de sa femme et du capitaine. Il ne sentait pas que, par sa précipitation, il devait épuiser la caisse; il blâmait avec amertume Charlotte et son ami d'agir dans cette affaire contrairement à la première convention; cependant il avait consenti aux nouveaux arrangements, et c'était lui-même qui les avait occasionnés et rendus nécessaires.

La haine est partiale, mais l'amour l'est encore davantage. Ottilie, à son tour, semblait s'éloigner de Charlotte et du capitaine. Édouard se plaignant un jour de lui à Ottilie, et disant qu'il n'agissait pas en ami et avec une entière sincérité dans cette circonstance, elle répondit inconsidérément :

« J'ai été déjà choquée de voir qu'il manque avec vous de franchise. Je l'ai entendu dire un jour à Charlotte : « Je voudrais « bien qu'Édouard nous fît grâce de sa flûte : il n'y sera jamais « habile, et cela fatigue les oreilles : » Vous pouvez juger combien cela m'a blessée, moi qui ai tant de plaisir à vous accompagner. »

A peine eut-elle dit ces mots, que la sagesse lui souffla dans l'oreille qu'elle aurait dû se taire : mais la parole était échappée. Édouard changea de visage. Jamais rien ne l'avait plus vivement blessé. Il était offensé dans ses fantaisies les plus chères. Il se sentait une émulation enfantine, sans la moindre prétention. Ses amis devaient montrer de l'indulgence pour ce qui l'amusait et lui donnait du plaisir. Il ne songeait pas combien l'on souffre à se laisser déchirer les oreilles par un médiocre talent; il était offensé, furieux, au point de ne pouvoir pardonner; il se sentait dégagé de tous ses devoirs.

Le besoin d'être auprès d'Ottilie, de la voir, de lui dire quelques mots tout bas, de lui faire ses confidences, augmentait tous les jours. Il résolut de lui écrire, de lui demander une correspondance secrète. La petite feuille de papier sur laquelle il lui avait fait cette proposition en quelques mots était déposée sur son bureau, et un courant d'air la poussa sur le plancher, au moment où son valet de chambre vint lui friser les cheveux.

Ordinairement, pour essayer la chaleur du fer, il ramassait par terre les morceaux de papier : cette fois, il prit le billet, le pinça vivement, et le billet fut brûlé. Son maître, observant la méprise, le lui arracha des mains. Bientôt après, il entreprit d'en écrire un autre, mais qui ne put couler de sa plume aussi aisément; Édouard sentait quelque scrupule, quelque inquiétude, qu'il surmonta néanmoins. Il glissa le billet dans la main d'Ottilie, dès le moment qu'il put s'approcher d'elle.

Ottilie ne tarda pas à lui répondre. Avant d'avoir pu le lire, il mit le petit billet dans la poche de sa veste, qui, étant à la mode et fort courte, ne garda pas bien le papier. Il glissa dehors et tomba sans qu'Édouard s'en aperçût. Charlotte le vit, le ramassa et le lui remit, en y jetant un léger coup d'œil.

« Voici quelque chose de ta main, lui dit-elle, que tu serais peut-être fâché d'avoir perdu. »

Il fut consterné : « Est-ce qu'elle dissimule? se dit-il; a-t-elle vu ce que renferme ce billet, ou est-elle abusée par la ressemblance des écritures? Il espéra, il crut, que la dernière supposition était la vraie. Il était averti, deux fois averti, mais ces signes étranges, accidentels, par lesquels un être supérieur semble nous parler, sa passion ne pouvait les comprendre; et, comme elle l'entraînait toujours plus loin, il sentait, au contraire, d'une manière toujours plus désagréable, la gêne dans laquelle on semblait le tenir. La douce intimité disparut. Son cœur était fermé, et, lorsqu'il se trouvait obligé d'être avec son ami et sa femme, il ne pouvait retrouver, ranimer dans son cœur sa première affection pour eux. Les secrets reproches qu'il devait se faire là-dessus lui étaient incommodes, et il s'efforçait d'y échapper par une sorte de gaieté, qui, étant sans amour, n'avait pas non plus sa grâce accoutumée.

Charlotte échappa à toutes ces épreuves par l'état secret de son cœur. Elle se sentait sérieusement résolue de renoncer au plus noble, au plus doux attachement.

Combien elle désirait de venir aussi en aide à ces deux amants! L'éloignement, elle le sentait bien, ne suffirait pas à guérir un si grand mal. Elle se propose d'avoir une explication avec la pauvre enfant, mais elle ne peut s'y résoudre : le souvenir de sa propre faiblesse l'arrête en chemin. Elle essaye de s'exprimer en termes généraux : alors ses paroles conviennent aussi à sa propre situation, qu'elle craint de dépeindre. Tous les avis qu'elle veut donner à la jeune fille retombent sur son propre cœur. Elle veut conseiller, et elle sent qu'elle pourrait bien elle-même avoir besoin de conseils.

Elle se tait, elle continue à tenir les amants éloignés l'un de l'autre. Les légères allusions qui lui échappent quelquefois n'agissent pas sur Ottilie, Édouard l'ayant persuadée que Charlotte est éprise du capitaine, et qu'elle désire, de son côté, un divorce, qu'il ne songe lui-même à effectuer que d'une manière décente.

Ottilie, soutenue par le sentiment de son innocence dans sa marche vers le bonheur, objet de tous ses vœux, ne vit plus que pour Édouard. Fortifiée dans tout ce qui est bien par l'amour qu'elle a pour lui, exerçant, à cause de lui, son activité avec une joie nouvelle, plus ouverte avec chacun, elle trouve le ciel sur la terre.

C'est ainsi qu'ils continuent tous ensemble, chacun à sa manière, leur vie habituelle, avec et sans réflexion. Tout semble suivre son cours ordinaire : de même que dans des situations terribles, où tout est en jeu, on continue à vivre comme s'il n'était question de rien.

CHAPITRE XIV.

Cependant il était arrivé une lettre du comte au capitaine, ou, pour mieux dire, il en était arrivé deux : l'une, ostensible, lui présentait dans l'éloignement de très-belles perspectives; l'autre, qui renfermait dès à présent une offre décisive, un office important d'administration et de cour, le grade de major, un traitement considérable et d'autres avantages, devait, par divers motifs particuliers, être encore tenue secrète. Il instruisit donc ses amis de ces espérances lointaines, et il cacha ce qui était si voisin.

Mais il poursuivit diligemment les travaux actuels, et il fit en secret ses dispositions nécessaires pour qu'en son absence, tout pût suivre son cours sans obstacles. Il lui importait maintenant à lui-même qu'un terme fût fixé pour bien des travaux et que l'anniversaire d'Ottilie en accélérât l'exécution.

Désormais les deux amis agissent ensemble avec zèle, quoique sans convention expresse. Édouard était charmé de voir la caisse remplie, au moyen des sommes qu'on avait touchées d'avance; il était charmé de voir tout l'ouvrage avancer rapidement.

Le capitaine aurait bien voulu déconseiller maintenant de transformer les trois étangs en un lac. Il fallait renforcer la digue inférieure, enlever les digues intermédiaires, et, sous plus d'un rapport, l'entreprise était sérieuse et difficile. Mais les deux ouvrages, qui se facilitaient l'un l'autre, étaient déjà commencés, et l'on vit arriver très à propos un ancien élève de notre ami, un jeune architecte, qui, soit en employant des maîtres habiles, soit en donnant à forfait les travaux, quand la chose était possible, avança l'entreprise, et promit que l'ouvrage aurait la solidité et la durée. Le capitaine se félicitait en secret de ce qu'on ne sentirait point son absence; car il avait pour maxime de ne pas quitter une œuvre inachevée, dont il s'était chargé, avant de voir sa place convenablement remplie; il méprisait ceux qui, pour rendre sensible leur départ, commencent par mettre la confusion dans les travaux qu'ils dirigent; grossiers égoïstes, qui se plaisent à détruire l'ouvrage qu'ils ne doivent pas achever de leurs mains.

On continuait ainsi à travailler sans relâche, pour célébrer l'anniversaire d'Ottilie, sans s'expliquer là-dessus et sans le déclarer ouvertement. Charlotte, quoique étrangère aux sentiments jaloux, estimait que ce jour ne devait pas être une fête marquante. La jeunesse d'Ottilie, son humble fortune, ses rapports avec la famille, ne l'autorisaient pas à paraître comme la reine d'une fête; Édouard, de son côté, ne voulut point s'expliquer : tout devait naître comme de soi-même, et causer une surprise, une joie naturelle.

Ainsi donc l'on s'accorda tacitement sur le prétexte : ce jour-là, sans se proposer un autre objet, on monterait la charpente de la maison de plaisance, et, à cette occasion, on pourrait annoncer une fête aux gens du village de même qu'aux amis.

Mais la passion d'Édouard ne connaissait plus de bornes; comme il voulait posséder son amante, il ne mettait plus de terme à ses libéralités, à ses cadeaux, à ses promesses. Pour quelques présents qu'il voulait faire à Ottilie ce jour-là, Charlotte lui avait fait des propositions beaucoup trop mesquines. Il en parla au valet de chambre qui avait soin de sa garde-robe, et qui était sans cesse en rapport avec les marchands et les modistes. Cet homme, qui savait choisir les cadeaux les plus agréables et les présenter comme il faut, commanda aussitôt à la ville la boîte la plus élégante, couverte de maroquin rouge, garnie de clous d'acier, et qui fut remplie de cadeaux dignes de la cassette.

Il fit encore une autre proposition à Édouard. Il y avait au château un petit feu d'artifice, qu'on avait toujours négligé de tirer. On pouvait aisément l'augmenter et l'étendre. Édouard saisit cette idée, et le valet promit de veiller à l'exécution. La chose devait rester secrète.

Dans l'intervalle, à l'approche de ce jour, le capitaine avait arrêté des mesures de police, qu'il jugeait bien nécessaires, quand on invite ou qu'on attire en un même lieu une foule de monde. Il avait même pris des précautions pour écarter les mendiants et les autres importuns qui peuvent troubler le plaisir d'une fête.

En revanche, Édouard et son confident s'occupaient surtout du feu d'artifice. On devait le tirer vers l'étang du milieu, devant les grands chênes; la société serait placée vis-à-vis, sous les platanes, afin qu'elle pût, commodément et sans risque, voir l'effet à une distance convenable, les reflets dans l'eau et ce qui devait même voguer en brûlant à la surface.

Sous un autre prétexte, Édouard fit donc enlever les broussailles, l'herbe et la mousse de dessous les platanes, et les arbres parurent dans toute leur grandeur et toute leur beauté sur la place nettoyée. Il en ressentit la plus grande joie.

« C'est à peu près dans cette saison que je les plantai, se disait-il, mais combien peut-il y avoir d'années? » Aussitôt qu'il fut de retour à la maison, il feuilleta les anciens journaux, que son père avait tenus avec beaucoup d'ordre, principalement à la campagne. A la vérité, cette plantation ne pouvait s'y trouver mentionnée; mais un autre événement domestique, un événement important, arrivé le même jour, et dont il se souvenait fort bien, y devait être marqué nécessairement. Il parcourut quelques volumes; la note se trouva, et l'on peut juger quelles furent sa surprise et sa joie, lorsqu'il découvrit la plus merveilleuse coïncidence. Le jour et l'année de cette plantation étaient en même temps le jour et l'année de la naissance d'Ottilie.

CHAPITRE XV.

Enfin brilla pour Edouard la matinée attendue avec tant d'impatience. Les hôtes arrivèrent successivement en grand nombre, car on avait adressé les invitations au loin à la ronde, et beaucoup de personnes, qui avaient négligé d'assister à la pose de la première pierre, solennité dont on rapportait mille choses agréables, ne voulurent pas manquer cette seconde fête. Avant le dîner, les charpentiers parurent dans la cour du château, musique en tête, portant leur riche couronne, composée de plusieurs cerceaux de feuillage et de fleurs, qui s'élevaient par étages et se balançaient les uns sur les autres. Ils débitèrent leur compliment, et prièrent les dames de leur donner, pour la décoration d'usage, des mouchoirs de soie et des rubans. Tandis que la compagnie dînait, ils continuèrent leur procession bruyante, et, après s'être un peu arrêtés dans le village, où ils tirèrent aussi quelques rubans des femmes et des jeunes filles, ils arrivèrent enfin, accompagnés et attendus par une grande foule, sur la hauteur où s'élevait la maison.

Charlotte retint quelque temps la compagnie après le dîner : elle ne voulait point de procession régulière et solennelle, et les conviés, s'étant mis en marche par groupes isolés, sans suite et sans ordre, se rendirent doucement sur la place. Charlotte resta en arrière avec Ottilie, mais elle n'en atteignit pas mieux son but; car, la jeune fille ayant paru la dernière, il sembla que les trompettes et les timbales n'avaient attendu que sa présence, comme si la solennité n'avait dû commencer qu'à son arrivée.

Pour ôter à la maison son apparence brute, on l'avait artistement décorée de branchages et de fleurs, selon les indications du capitaine. Cependant, à son insu, Édouard avait invité l'architecte à dessiner avec des fleurs la date sur le fronton. Cela pouvait passer encore, mais le capitaine survint assez tôt pour empêcher que le nom d'Ottilie ne brillât aussi dans le tympan. Il sut adroitement empêcher la chose et mettre à l'écart les lettres en fleurs, déjà toutes prêtes.

La couronne était arborée et se voyait de loin dans le pays. Les rubans et les mouchoirs bariolés flottaient au vent; une courte harangue se perdit en grande partie dans l'air; la solennité touchait à sa fin; la danse allait commencer, sur une place entourée de feuillage et aplanie, devant la maison : un jeune charpentier, en habit de fête, amena à Édouard une gentille villageoise, et pria Ottilie, qui se trouvait auprès, de vouloir bien danser avec lui. Les deux couples eurent bientôt des imitateurs. Édouard ne tarda pas à changer de danseuse : il s'empara d'Ottilie et dansa la ronde avec elle. Les jeunes gens de la société se mêlèrent gaiement au bal du peuple, tandis que l'âge mûr faisait cercle autour des danseurs.

Avant qu'on se dispersât pour la promenade, il fut convenu qu'on se rassemblerait, au coucher du soleil, vers les platanes. Le baron s'y rendit à l'avance, régla tout, et s'entendit avec le valet de chambre, qui, placé sur l'autre bord avec l'artificier, devait veiller à l'exécution.

Le capitaine ne vit pas avec plaisir ces préparatifs. Il voulut aire des représentations à son ami sur la presse à laquelle il fallait s'attendre; mais Édouard le pria, avec quelque vivacité, de le laisser présider seul à cette partie de la fête.

Déjà la foule s'était amassée sur les digues, entamées par en haut et dépouillées de gazon, où le sol était inégal et mal sûr. Le soleil se coucha, le crépuscule naissait, et, en attendant que l'obscurité fût plus grande, on servit des rafraîchissements à la société sous les platanes. On trouvait ce lieu d'une beauté incomparable, et l'on se réjouissait, à l'idée de pouvoir plus tard contempler de cette place un grand lac, bordé de rives charmantes.

Une soirée tranquille, sans un souffle de vent, promettait de favoriser la fête nocturne, quand tout à coup des cris horribles retentirent. De grosses mottes de terre s'étaient détachées de la digue. On vit plusieurs personnes précipitées dans l'eau. La terre avait cédé sous la pression et le mouvement de la foule, qui augmentait sans cesse. Chacun voulait avoir la meilleure place, et personne ne pouvait plus avancer ni reculer.

Tout le monde accourait, plus pour regarder que pour agir. En effet, qu'y avait-il à faire où personne ne pouvait atteindre? Le capitaine survint avec quelques hommes résolus; il fit redescendre la foule de la digue vers les rives, pour laisser agir librement ceux qui cherchaient à tirer de l'eau les malheureux submergés. Déjà tous étaient revenus à terre, soit par leurs propres efforts, soit par le secours d'autrui, excepté un jeune garçon, qui, par ses mouvements précipités, au lieu de se rapprocher de la digue, s'en était éloigné. Ses forces paraissaient l'abandonner; on ne voyait plus par moments qu'un pied, une main, se montrer encore.

Par malheur, le canot était de l'autre côté, rempli de feux d'artifice. On ne pouvait le décharger que lentement, et le secours se faisait attendre. La résolution du capitaine fut bientôt prise. Il ôte son habit; tous les regards se portent sur lui; sa taille souple et nerveuse inspire à chacun la confiance; mais la foule poussa un cri de surprise, quand on le vit se jeter à l'eau. Tous les yeux suivaient l'habile nageur, qui eut bientôt atteint le jeune garçon, et le ramena sur la digue, mais ne donnant plus aucun signe de vie.

Cependant le canot fut amené à force de rames; le capitaine

y monta, et s'informa exactement, auprès des personnes présentes, si tout le monde était sauvé. Le chirurgien arrive et donne des soins à l'enfant, que l'on croyait mort. Charlotte accourt, elle prie le capitaine de ne plus songer qu'à lui-même, de retourner au château changer de vêtements. Il balance, jusqu'à ce que des personnes calmes, intelligentes, et qui ont vu les choses de tout près, qui ont concouru elles-mêmes à tirer de l'eau les malheureux, lui déclarent, de la manière la plus formelle, que tout le monde est sauvé.

Charlotte le voit aller à la maison : elle réfléchit que le vin, le thé, et tout ce qui serait nécessaire, est enfermé sous clef, que d'ordinaire, en ces occasions, les hommes font tout à rebours; elle court à travers la société dispersée, qui se trouve encore sous les platanes; elle voit Édouard occupé à persuader chacun de rester; il songe à donner le signal et l'on va tirer le feu d'artifice : elle s'approche et le supplie de renoncer à un divertissement, qui serait déplacé et dont on ne pourrait jouir à cette heure; elle lui rappelle les soins que l'on doit à l'enfant sauvé et à son sauveur.

« Le chirurgien fera son devoir, réplique Édouard. Il est pourvu de tout, et notre empressement ne ferait que l'embarrasser. »

Charlotte persista et fit un signe à Ottilie, qui se disposa sur-le-champ à partir. Édouard la prit par la main et s'écria :

« Nous ne finirons pas ce jour à l'hôpital. Elle est trop bien, pour que l'on fasse d'elle une sœur de la charité. Ceux qui semblent morts n'ont pas besoin de nous pour se réveiller, ni les vivants pour s'essuyer. »

Charlotte se tut et s'en alla. Quelques-uns l'accompagnèrent, d'autres suivirent les premiers; enfin personne ne voulut être le dernier, et peu à peu tout le monde s'écoula. Édouard et Ottilie se trouvèrent seuls sous les platanes. Il voulut rester absolument, malgré ses vives et pressantes prières de revenir avec elle au château.

« Non, Ottilie! s'écria-t-il, l'extraordinaire ne suit pas les routes unies et communes. L'incident imprévu de cette soirée nous unit plus promptement. Tu es à moi, je te l'ai déjà dit et juré souvent; nous ne voulons plus le jurer ni le dire : c'est une chose accomplie maintenant. »

Le canot s'avança de l'autre bord : c'était le valet de chambre, qui demanda, d'un air embarrassé, ce que deviendrait le feu d'artifice.

« Fais-le partir! lui cria le baron. Il fut préparé pour toi seule, Ottilie, et tu seras seule à le voir. Permets-moi d'en jouir à ton côté. »

Il prit place auprès d'elle, avec une tendre réserve, sans la toucher.

Les fusées partirent, les détonations retentirent, les étoiles montèrent, les serpenteaux coururent et éclatèrent, les soleils sifflèrent, d'abord isolément, puis par couples, puis tous ensemble, et toujours plus fort, successivement et tous à la fois. Édouard, dont le cœur était embrasé, suivait, d'un regard animé et satisfait, ce spectacle de flammes; mais Ottilie, tendrement émue, sentit plus d'angoisse que de plaisir devant ces feux bruyants, ces éclairs, qui ne s'allumaient que pour s'éteindre. Elle se pencha timidement vers Édouard, à qui cette approche, cette confiance, donnèrent la pleine certitude qu'elle lui appartenait tout entière.

La nuit était à peine rentrée dans ses droits, que la lune se leva pour éclairer le sentier des amants, qui retournaient au château. Un homme, le chapeau à la main, leur barra le passage, et leur demanda l'aumône, car on l'avait négligé dans ce jour de fête. La lune éclairait son visage, et le baron reconnut les traits du mendiant importun. Heureux comme il l'était, il ne pouvait se fâcher, il ne pouvait lui venir à l'esprit qu'on avait défendu sévèrement la mendicité pour ce jour-là. Il ne fouilla pas longtemps dans ses poches, et donna au pauvre une pièce d'or. Il aurait voulu rendre heureux tout le monde, car son bonheur lui paraissait sans bornes.

Au château, tout allait pour le mieux. L'habileté du chirurgien, la promptitude des secours, l'assistance de Charlotte, tout avait concouru pour rappeler le petit garçon à la vie. Les hôtes se séparèrent, soit pour voir encore de loin quelque chose du feu d'artifice, soit pour regagner, après cette scène de confusion, leurs tranquilles demeures.

Le capitaine, ayant bientôt changé d'habits, avait pris une part active aux soins nécessaires. Le calme était rétabli, et il se trouva seul avec Charlotte. Alors, avec la confiance de l'amitié, il lui déclara que son départ était proche. Elle avait tant souffert ce soir-là, que cette nouvelle fit sur elle peu d'impression. Elle avait vu comme son ami se dévouait, comme il sauvait les autres ; elle le voyait sauvé lui-même : ces événements extraordinaires lui parurent présager un avenir important, mais non point malheureux.

Édouard, qui survint avec Ottilie, fut également informé de ce prochain départ. Il soupçonna que Charlotte avait su la chose avant lui, mais il était trop occupé de lui-même et de ses projets pour se sentir offensé. Au contraire, il apprit avec intérêt et avec joie la situation avantageuse et honorable dans laquelle le capitaine allait être placé. Ses vœux secrets devançaient avec ardeur les événements. Déjà il le voyait uni avec Charlotte et lui-même avec Ottilie. On ne pouvait lui faire pour cette fête un plus beau présent.

Mais quelle ne fut pas la surprise de la jeune fille, lorsqu'elle entra dans sa chambre et qu'elle vit la précieuse boîte sur sa table ! Elle ne tarda pas à l'ouvrir. Tout s'offrit à ses yeux si bien empaqueté, si bien arrangé, qu'elle osait à peine déplacer un objet, à peine y toucher. La mousseline, la batiste, la soie, les châles et les dentelles, rivalisaient de finesse, d'élégance et de beauté. Les bijoux n'avaient pas été oubliés. Elle comprit fort bien qu'Édouard avait l'intention de l'habiller plus d'une fois de la tête aux pieds : mais elle trouvait tout si précieux et si rare, qu'elle n'osait croire que cela fût pour elle.

CHAPITRE XVI.

Le lendemain, le capitaine avait disparu et avait laissé à ses amis une lettre pleine des témoignages d'une vive reconnaissance. Le soir, il avait déjà pris congé de Charlotte par quelques mots d'adieu. Elle sentit que cette séparation serait éternelle; et elle s'y résigna : dans la seconde lettre du comte, que le capitaine avait fini par lui communiquer, on lui ouvrait aussi la perspective d'un mariage avantageux; et, bien qu'il ne fît aucune attention à cet article, elle tint dès lors la chose pour certaine, et renonça à lui entièrement.

Mais elle crut pouvoir exiger des autres l'effort qu'elle avait fait sur elle-même. Ce qui ne lui avait pas été impossible ne devait pas l'être à d'autres. C'est dans ces dispositions qu'elle engagea avec son mari une conversation, d'autant plus franche et sincère, qu'elle sentit qu'il fallait en finir une bonne fois.

« Notre ami nous a quittés, dit-elle : nous voilà de nouveau vis-à-vis l'un de l'autre comme auparavant, et il ne tiendrait qu'à nous de revenir tout à fait à notre ancien état. »

Édouard, qui n'entendait rien que ce qui flattait sa passion, supposa que ces paroles de Charlotte faisaient allusion à leur état de veuvage, et qu'elle voulait, quoique d'une manière vague, lui faire espérer un divorce : aussi répondit-il en souriant :

« Pourquoi pas? Il ne s'agirait que de s'entendre. »

Il se trouva donc bien trompé, quand Charlotte ajouta :

« Quant à Ottilie, pour la placer dans une autre position, nous n'avons maintenant qu'à choisir, car il se présente une double occasion de la mettre dans une situation désirable pour elle. Elle peut retourner à la pension, puisque ma fille est établie chez sa tante; elle peut aussi être reçue dans une grande maison, pour jouir, avec une fille unique, de tous les avantages d'une éducation distinguée.

— Cependant, reprit Édouard d'un air assez calme, Ottilie est bien devenue enfant gâté au milieu de ses amis, et une autre société aura de la peine à lui plaire.

— Nous avons tous contracté de mauvaises habitudes, dit Charlotte, et toi des premiers. Mais voici un moment qui nous invite à réfléchir, qui nous exhorte sérieusement à songer au plus grand bien de tous les membres de notre petit cercle, et à ne pas refuser de faire quelque sacrifice.

— Du moins, reprit Édouard, je ne trouve pas équitable que l'on sacrifie Ottilie, et c'est ce qui arriverait, si elle était jetée maintenant au milieu de personnes étrangères. La bonne étoile du capitaine est venue le chercher ici; nous pouvons le laisser partir avec tranquillité, même avec joie : mais elle, qui sait quel sort lui est réservé? pourquoi précipiter les choses?

— Le sort qui nous est réservé est assez clair, » répondit Charlotte avec quelque émotion; et, comme elle était résolue à s'expliquer une fois pour toutes, elle poursuivit: « Tu aimes Ottilie, tu t'accoutumes à sa présence. L'amour et la passion naissent et se nourrissent aussi chez elle. Pourquoi ne pas dire ouvertement ce que chaque heure nous avoue et nous révèle? N'aurons-nous pas assez de prévoyance pour nous demander ce que cela deviendra?

— Bien qu'on ne puisse répondre sur-le-champ à cette question, dit Édouard, qui rassemblait ses forces, on pet dire du moins que, si l'on prend volontiers le parti d'attendre ce que l'avenir découvrira, c'est justement lorsqu'on ne saurait prévoir avec certitude quelles seront les suites d'une affaire.

— Pour prévoir les suites de celle-ci, répliqua Charlotte, il n'est pas besoin d'une grande sagesse : en tout cas, on peut dire que nous ne sommes plus assez jeunes l'un et l'autre pour courir en aveugles où nous ne voulons ni ne devons aller. Personne ne saurait plus veiller sur nous; nous devons être nos propres amis, nos propres gouverneurs. Personne ne s'attend à nous voir tomber dans les derniers égarements; personne ne s'attend à nous trouver blâmables ou même ridicules.

— Peux-tu me blâmer, dit-il, ne sachant que répliquer au langage franc et sincère de sa femme, peux-tu trouver mauvais que je m'intéresse au bonheur d'Ottilie? non pas à son bonheur futur, qui toujours échappe à nos calculs, mais à son bonheur présent? Figure-toi, franchement et sans illusion, Ottilie arrachée de notre intérieur et livrée à des étrangers!... Pour moi du moins je ne me sens pas la cruauté de lui imposer un pareil changement. »

Charlotte vit parfaitement, derrière la dissimulation de son mari, quelle était sa résolution. C'est alors enfin qu'elle sentit combien il s'était éloigné d'elle. Elle s'écria avec émotion :

« Ottilie peut-elle être heureuse, si elle nous divise? si elle m'enlève un époux? si elle ôte un père à ses enfants?

— Pour nos enfants, dit Édouard avec un froid sourire, je croyais que nous y avions pourvu. » Puis il ajouta d'un ton un peu plus amical : « Qui va donc penser tout de suite à ces extrémités ?

— Ces extrémités touchent de bien près à la passion, fit observer Charlotte. Ne repousse pas, avant qu'il soit trop tard, le bon conseil, le secours que j'offre à tous deux. Dans les cas difficiles, c'est à celui qui voit le plus clair d'agir et de porter secours. Aujourd'hui, c'est moi. Mon cher, mon très-cher Édouard, laisse-moi faire. Peux-tu exiger que je renonce tout d'un coup à mon bonheur légitime, à mes droits les plus chers, à toi ?

— Qui dit cela ? reprit-il avec quelque embarras.

— Toi-même ! Quand tu veux retenir Ottilie auprès de nous, est-ce que tu n'avoues pas tout ce qui doit en résulter ? Je ne veux pas insister : mais, si tu ne peux te vaincre, tu ne pourras du moins t'abuser plus longtemps. »

Édouard sentit combien elle avait raison. Un mot prononcé est terrible, s'il exprime tout à coup ce que l'on s'est permis longtemps en secret, et, pour échapper du moins un moment, il répondit :

« Je ne vois pas encore clairement quel est ton dessein.

— Mon dessein était de peser avec toi les deux projets. Tous les deux ont des avantages. La pension conviendrait mieux à Ottilie, dans l'état où je vois aujourd'hui cette enfant; mais l'autre position, plus grande et plus belle, promet davantage, quand je pense à ce qu'elle doit être un jour. »

Là-dessus Charlotte exposa en détail à son mari les deux situations, puis elle conclut en ces termes :

« Pour moi, je préférerais la maison de cette dame, par plusieurs motifs, mais surtout parce que je ne voudrais pas augmenter le penchant, disons mieux, la passion du jeune instituteur pour Ottilie. »

Édouard parut l'approuver, mais ce n'était que pour gagner du temps. Charlotte, qui voulait arriver à quelque chose de décisif, saisit le moment où il ne lui opposait pas une résistance directe, et fixa aux premiers jours le départ de sa nièce : elle avait déjà tout préparé secrètement.

Édouard frémit ; il se crut trahi ; il crut le tendre langage de sa femme prémédité, artificieux, et combiné pour le séparer à jamais de son bonheur. Il feignit de lui abandonner toute l'affaire, mais au fond sa résolution était prise. Pour se donner le temps de respirer, pour détourner le malheur immense, imminent, de voir éloigner Ottilie, il résolut de quitter la maison, et ce ne fut pas tout à fait sans en prévenir Charlotte, qu'il sut toutefois abuser, en alléguant qu'il ne voulait pas être présent au départ d'Ottilie ; que même, dès ce moment, il ne voulait plus la voir. Charlotte, qui croyait avoir tout gagné, lui aplanit toutes les voies. Il commanda ses chevaux ; il donna au valet de chambre les ordres nécessaires, indiqua les effets qu'il voulait emporter, comment il voulait être accompagné, enfin, sur le point de partir, il se mit à son bureau, et il écrivit la lettre suivante :

Édouard à Charlotte.

Ma chère, que le mal qui nous a surpris se puisse guérir ou non, je ne sens qu'une seule chose, c'est que, pour ne pas tomber dès à présent dans le désespoir, il faut que j'obtienne un répit pour moi, pour nous tous. Puisque je me sacrifie, je puis le demander. Je quitte ma maison et n'y reviendrai que dans des conjonctures plus heureuses et plus tranquilles. Tu l'habiteras dans l'intervalle, mais avec Ottilie. Je veux la savoir auprès de toi, et non chez des étrangers. Prends soin d'elle, traite-la comme autrefois, comme jusqu'à ce jour, avec plus de bienveillance encore, plus d'amitié et de tendresse. Je promets de ne rechercher aucune relation secrète avec elle. Laissez-moi plutôt ignorer quelque temps comment vous vivez : je penserai que tout va pour le mieux. Faites-vous la même idée de moi. Je te demande une seule chose, de la manière la plus forte et la plus pressante, c'est de ne faire aucune tentative pour placer quelque part Ottilie, pour changer sa position. Hors de l'enceinte de ton château, de ton parc, confiée à des étrangers, elle m'appartient, et je m'empare d'elle. Mais, si tu respectes mon inclination, mes vœux, mes douleurs, si tu flattes mon illusion, mes espérances, je ne refuserai pas la guérison, au cas où elle viendrait s'offrir à moi.

Ces derniers mots coulèrent de sa plume, et non pas de son cœur. Même, lorsqu'il les vit sur le papier, il versa des pleurs amers. Il lui fallait, de quelque manière que ce fût, renoncer au bonheur, même au malheur, d'aimer Ottilie! C'est alors seulement qu'il sentit ce qu'il faisait. Il s'éloignait, sans savoir ce qui pouvait en résulter. Du moins devait-il ne pas la revoir à présent. De savoir s'il la reverrait un jour, quelle assurance pouvait-il s'en promettre? Mais la lettre était écrite; les chevaux étaient devant la porte; il devait craindre à chaque instant de rencontrer sa bien-aimée, et de voir en même temps sa résolution s'évanouir. Il rassembla toutes ses forces; il se dit qu'après tout, il pouvait toujours revenir, et, en s'éloignant, se rapprocher du but de ses désirs. Il se représenta, au contraire, Ottilie, forcée, s'il restait, de quitter la maison. Il cacheta la lettre, descendit rapidement l'escalier, et sauta sur son cheval.

Comme il passait devant l'auberge, il vit sous le berceau le mendiant auquel il avait fait la veille une si riche aumône. Cet homme dînait joyeusement. Il se leva et salua le baron avec respect, avec vénération. Cette même figure, Édouard l'avait vue le jour précédent, lorsqu'il menait Ottilie à son bras; elle lui rappelait douloureusement la plus belle heure de sa vie. Sa souffrance en devint plus vive. Le sentiment de ce qu'il abandonnait lui était insupportable; il jeta encore une fois les yeux sur le mendiant. « Que tu es digne d'envie! lui dit-il du cœur; l'aumône de la veille te nourrit encore; mais le bonheur de la veille ne me nourrit plus. »

CHAPITRE XVII.

Ottilie courut à la fenêtre, au moment où elle entendit quelqu'un partir à cheval, et elle put voir encore Edouard par derrière. Elle fut extrêmement surprise qu'il s'éloignât sans l'avoir vue, sans lui avoir souhaité le bonjour. Elle devint inquiète, et toujours plus pensive, quand Charlotte la prit avec elle pour une longue promenade, où elle lui parla de divers sujets, mais évita, avec intention, selon toute apparence, de prononcer le nom de son mari. Elle fut bien plus saisie encore, à son retour, lorsqu'elle ne vit sur la table que deux couverts.

Nous ne pouvons renoncer sans regret à des habitudes qui semblent insignifiantes, mais c'est seulement dans les circonstances graves que nous sentons ces privations avec douleur. Edouard et le capitaine manquaient; pour la première fois depuis longtemps, Charlotte avait commandé elle-même le dîner, et Ottilie se sentait comme destituée. Les deux dames se placèrent vis-à-vis l'une de l'autre : Charlotte parla, avec un air tout à fait naturel, de la nouvelle position du capitaine et du peu d'espérance qu'on avait de le revoir bientôt. La seule consolation d'Ottilie, c'est qu'elle pouvait croire qu'Édouard était parti à cheval, pour accompagner son ami à quelque distance.

Mais, lorsqu'elles se levèrent de table, elles virent sous la fenêtre la voiture de voyage du baron, et, Charlotte ayant demandé avec un peu d'humeur qui l'avait placée là, on lui répondit que c'était le valet de chambre, qui voulait encore emballer quelques objets. Ottilie eut besoin de tous ses efforts pour cacher son étonnement et sa douleur.

Le valet de chambre entra et demanda encore certaines choses : c'était la tasse de monsieur, quelques cuillers d'argent et divers objets, qui semblaient annoncer un grand voyage et une longue absence. Charlotte lui répondit fort sèchement qu'elle ne savait ce qu'il voulait dire, puisque c'était lui-même qui avait sous sa garde tout ce qui appartenait au service de son maître. Le rusé drôle, qui ne voulait proprement que dire quelques mots à la jeune fille, et, sous un prétexte quelconque, l'attirer hors de la chambre, s'excusa et persista dans sa demande, qu'elle-même aurait bien voulu accueillir favorablement : Charlotte refusa ; le valet de chambre dut se retirer et la voiture partit.

Ce fut pour Ottilie un moment terrible. Elle n'entendait pas, elle ne comprenait pas, mais elle pouvait sentir qu'Édouard lui était arraché pour longtemps. Charlotte fut touchée de son état et la laissa seule. Nous n'essayerons pas de peindre sa douleur et ses larmes. Elle souffrit cruellement. Elle pria Dieu de l'aider seulement à traverser ce jour. Elle endura le jour et la nuit, et, quand elle revint à elle-même, elle ne se reconnaissait plus.

Elle ne s'était pas remise, ne s'était pas résignée ; cependant, après une si grande perte, elle était là toujours et avait toujours plus à craindre. Sa première inquiétude, quand elle se fut reconnue, était qu'après le départ d'Édouard et du capitaine, elle ne fût éloignée à son tour. Elle ne soupçonnait point les menaces d'Édouard, par lesquelles était garanti son séjour auprès de Charlotte. Mais, par sa manière d'agir la baronne sut lui donner quelque tranquillité. Elle cherchait à occuper la pauvre enfant, et ne se séparait d'elle que rarement, ne s'en séparait qu'à regret ; elle savait bien que les paroles sont de peu d'effet sur une passion décidée ; cependant elle connaissait le pouvoir de la réflexion, de la conscience, et ne négligeait pas de s'entretenir avec elle sur divers sujets.

C'était, par exemple, une grande consolation pour sa nièce de l'entendre lui présenter, avec intention et avec ménagement, de sages réflexions, comme celle-ci :

« Qu'elle est vive, la reconnaissance de ceux que nous aidons doucement à sortir des embarras où les passions les précipitent ! Mettons-nous à l'œuvre avec ardeur et avec joie, pour continuer ce que nos amis ont laissé imparfait : nous nous préparerons ainsi la plus belle perspective pour le moment de leur retour, en maintenant et en avançant par notre modération ce que leur fougue et leur impatience ont failli détruire.

— Puisque vous parlez de modération, ma chère tante, répondit-elle, je ne puis vous cacher que je suis frappée de la conduite immodérée des hommes, surtout dans l'usage du vin. Que de fois j'ai été affligée et peinée, quand j'ai dû observer que la pure intelligence, la sagesse, la délicatesse, la grâce et l'amabilité étaient perdues, même pour bien des heures, et que souvent, au lieu de tout le bien qu'un homme excellent peut produire et procurer, il menaçait de causer du désordre et du mal! Que de fois cela doit amener des résolutions violentes! »

Charlotte approuva ces réflexions, mais elle ne poursuivit pas l'entretien; car, elle le sentait trop bien, Ottilie n'avait encore songé qu'à Édouard, qui se laissait entraîner, non pas d'habitude, mais dans l'occasion et plus souvent qu'il n'aurait dû, à exciter par l'usage du vin sa joie, sa conversation et son activité.

Si les paroles de Charlotte avaient pu rappeler à sa pupille les hommes en général et Édouard en particulier, la jeune fille fut d'autant plus surprise de l'entendre parler du prochain mariage du capitaine, comme d'une chose tout à fait connue et décidée, ce qui donnait à toute l'affaire une autre face qu'elle ne pouvait se le figurer par les précédentes assurances d'Édouard. Elle en fut rendue plus attentive à chaque parole, à chaque signe, à toutes les actions et les démarches de Charlotte. Elle était devenue habile, clairvoyante, soupçonneuse, sans le savoir.

Cependant la baronne, avec sa pénétration naturelle, entra dans tout le détail des affaires domestiques et y déploya son adresse intelligente, obligeant sa nièce d'y prendre une part assidue. Elle réduisit la dépense sans tomber dans une anxieuse parcimonie. Tout bien considéré, elle regarda comme une dispensation favorable les passions qui s'étaient allumées; car, en suivant le chemin où l'on était entré, on se serait aisément perdu dans une dépense infinie, et, en avançant toujours sur cette voie, sans ouvrir les yeux assez tôt, on aurait, sinon détruit, du moins ébranlé une belle fortune.

Elle laissa les travaux commencés suivre leur cours. Elle fit continuer ce qui devait servir de base aux embellissements futurs. Mais on s'en tint là : Édouard trouverait, à son retour, assez d'occupations agréables.

Dans tous ces travaux et ces desseins, elle ne pouvait assez se louer de l'architecte. En peu de temps elle vit le lac se déployer devant ses yeux et les nouvelles rives couvertes, avec goût et variété, de plantations et de pelouses. A la maison neuve, tout le gros du travail était achevé ; on avait pourvu à tout ce qui était nécessaire pour la conservation, et Charlotte s'arrêta au point où l'on pouvait reprendre les travaux avec plaisir. Au milieu de ces occupations, elle était calme et sereine. Ottilie ne l'était qu'en apparence, car en toute chose elle ne voyait que des symptômes, d'où elle pût conclure si Édouard était ou n'était pas attendu bientôt. Rien ne l'intéressait que cette pensée.

Aussi vit-elle avec joie prendre une mesure pour laquelle on rassembla les enfants du village, et qui avait pour objet de tenir dans une propreté constante le parc agrandi. Édouard avait eu déjà cette pensée. On habilla les enfants d'une sorte d'uniforme agréable, qu'ils mettaient vers le soir, après s'être bien lavés et nettoyés. La garde-robe était au château ; on confia la surveillance au plus soigneux et au plus raisonnable d'entre eux. L'architecte dirigea toute l'affaire, et bientôt ces enfants eurent tous une certaine adresse. On les trouva fort dociles, et ils faisaient leur travail comme une sorte de manœuvre. Assurément, lorsqu'ils s'avançaient avec leurs racloirs, leurs petites bêches, leurs râteaux, leurs pioches, leurs balais en éventail ; que d'autres les suivaient avec des corbeilles, pour enlever les pierres et la mauvaise herbe, d'autres enfin, traînant derrière eux le grand cylindre de fer, cela présentait une jolie et riante procession, dans laquelle l'architecte trouva une suite charmante d'actions et d'attitudes, pour la frise d'un pavillon de jardin. Ottilie, de son côté, n'y voyait qu'une sorte de parade, destinée à saluer le retour du maître.

Cela lui fit naître le désir et l'envie de préparer pour son arrivée quelque chose de semblable. On avait tâché jusqu'alors d'encourager les jeunes villageoises à coudre, à tricoter, à filer, et à faire d'autres ouvrages de femme. Ces bonnes habitudes étaient aussi en progrès, depuis qu'on avait approprié et embelli le village. Ottilie avait pris part à ces soins, mais c'était plutôt d'une manière accidentelle, par occasion, par fantaisie. Maintenant elle voulut s'en occuper d'une façon plus complète et plus suivie. Or, d'une troupe de petites filles on ne fait pas un corps, comme d'une troupe de petits garçons : elle écouta son bon sens, et, sans se rendre un compte bien clair de ce qu'elle faisait, elle tâcha uniquement d'inspirer à chacune de ses élèves de l'attachement pour sa maison, ses parents, ses frères et sœurs.

Elle réussit avec un grand nombre. Une vive fillette provoqua seule des plaintes constantes; elle était sans talents, disait-on; elle ne voulait rien faire au logis. Ottilie ne pouvait se fâcher contre cette enfant, qui lui témoignait une affection particulière, s'attachait à sa personne, allait et courait avec elle, quand elle en obtenait la permission. Alors elle était active, animée, infatigable. L'attachement pour sa belle maîtresse semblait être un besoin de cette enfant. Au commencement, Ottilie supporta sa compagnie, puis elle prit à son tour de l'inclination pour elle, enfin elles devinrent inséparables, et Nannette suivait partout sa maîtresse.

Ottilie se rendait souvent au jardin et jouissait de cette végétation florissante. Le temps des fraises et des cerises touchait à sa fin, mais Nannette en trouvait encore de quoi se régaler. Les autres fruits, qui promettaient pour l'automne une si riche récolte, rappelaient sans cesse au jardinier le souvenir du maître, et ce n'était jamais sans exprimer des vœux pour son retour. Ottilie écoutait le bon vieillard avec un grand plaisir. Il entendait parfaitement son métier, et puis il ne cessait pas de lui parler d'Édouard.

Comme elle témoignait sa joie de voir que les greffes du printemps avaient parfaitement réussi, le jardinier répondit d'un air soucieux :

« Je souhaite seulement que notre bon maître y puisse trouver beaucoup de plaisir. S'il était ici cet automne, il verrait quelles précieuses espèces restent encore, du temps de monsieur son père, dans le vieux jardin du château. Messieurs les jardiniers d'aujourd'hui ne sont pas aussi sûrs que l'étaient les chartreux autrefois. On ne trouve que de beaux noms dans les catalogues : on greffe et l'on élève des sujets, et, lorsqu'enfin ils portent des fruits, on voit que ce n'est pas la peine de faire à de tels arbres une place dans le jardin. »

Le fidèle serviteur ne voyait guère Ottilie sans lui demander des nouvelles de son maître, et quand il reviendrait. Et, comme elle ne pouvait lui en donner, le bonhomme lui faisait entendre, non sans un chagrin secret, qu'il croyait qu'elle se défiait de lui ; elle en trouvait plus pénible le sentiment de son ignorance, que ces questions réveillaient vivement en elle. Cependant elle ne pouvait se séparer de ces plates-bandes et de ces couches. Ce qu'ils avaient semé et planté ensemble était alors en pleine croissance : il y fallait à peine encore d'autres soins que ceux de Nannette, qui était toujours prête à arroser. Avec quels sentiments Ottilie regardait-elle les fleurs tardives, qui ne faisaient alors que s'annoncer, dont l'éclat et la beauté devaient briller plus tard et témoigner son amour et sa reconnaissance, quand viendrait le jour de naissance d'Édouard, qu'elle se promettait quelquefois de célébrer! Mais l'espérance de cette fête n'était pas toujours également vive chez elle : sans cesse le doute et le souci murmuraient sourdement dans l'âme de la bonne jeune fille.

Elle ne pouvait revenir à une véritable et franche harmonie avec Charlotte. En effet, la situation de ces deux femmes était fort différente. Si l'on s'en tenait à l'ancien état de choses, si l'on rentrait dans l'ornière de la vie régulière, Charlotte regagnait le bonheur présent, et une belle perspective s'ouvrait devant elle pour l'avenir ; Ottilie, au contraire, perdait tout, on peut le dire. Elle avait trouvé dans Édouard la vie et la joie, et, dans sa situation présente, elle éprouvait un vide immense, dont elle avait eu à peine autrefois quelque pressentiment. Car un cœur qui cherche sent bien que quelque chose lui manque; mais un cœur qui a perdu sent une privation réelle. Le désir se change en mécontentement et en impatience; et un cœur de femme, accoutumé à l'attente et à la patience, pourrait alors sortir de sa sphère, devenir agissant, entreprendre et accomplir aussi quelque chose pour son bonheur.

Ottilie n'avait pas renoncé à Édouard. Comment le pouvait-elle, bien que Charlotte, d'ailleurs si clairvoyante, voulût croire, contre sa propre conviction, la chose entendue, et supposât, comme un point décidé, que des relations amicales et tranquilles étaient possibles entre son mari et sa nièce? Mais que de fois, la nuit, la jeune fille, après s'être renfermée, s'était-elle mise à genoux devant la cassette ouverte, et avait-elle contemplé les cadeaux de fête, dont elle n'avait encore rien coupé, rien préparé, rien employé, pour son usage! Que de fois la pauvre enfant avait-elle couru, dès le lever du soleil, hors de la maison, dans laquelle naguère elle avait trouvé tout son bonheur, et s'était-elle avancée dans les campagnes, qui autrefois ne lui disaient rien! Elle ne pouvait même demeurer sur la terre. Elle s'élançait dans le canot, et le menait, à la rame, jusqu'au milieu du lac; puis elle tirait de sa poche une description de voyage, se laissait balancer par les ondes émues, lisait, rêvait aux pays étrangers, et y trouvait toujours son ami : elle était toujours dans le cœur d'Édouard, et lui dans le cœur d'Ottilie.

CHAPITRE XVIII.

On juge bien que l'homme actif et singulier avec lequel nous avons déjà fait connaissance, que Mittler, enfin, quand il eut reçu la nouvelle des orages qui avaient éclaté entre ses amis, se sentit disposé à témoigner, à mettre en œuvre son amitié, son expérience, quoique ni l'un ni l'autre parti n'eût encore invoqué son secours. Mais il crut plus sage de tarder d'abord quelque temps : car il savait fort bien qu'il est plus difficile de réconcilier, dans leurs brouilleries, les personnes cultivées que celles sans éducation. Il laissa donc quelque temps ses amis à eux-mêmes : enfin, ne pouvant plus y tenir, il courut à la recherche d'Édouard, dont il avait déjà découvert la trace.

Son chemin le conduisit dans une agréable vallée, dans laquelle une source vive, abondante, tantôt serpentait doucement, tantôt bouillonnait à travers des prairies couvertes d'une gracieuse verdure et de magnifiques ombrages. Sur les pentes doucement inclinées, se déployaient des champs fertiles et des vergers bien entretenus. Les villages étaient proches les uns des autres; tout l'ensemble avait un caractère paisible, et les diverses parties en étaient, sinon pittoresques, du moins faites pour rendre la vie douce et facile.

Une métairie bien entretenue, avec sa maison, propre et modeste, au milieu des jardins, frappa enfin ses yeux. Il soupçonna que c'était alors l'asile d'Édouard, et il ne se trompait point.

Tout ce que nous pouvons dire de cet ami solitaire, c'est que, dans la retraite, il s'abandonnait entièrement à sa passion, et formait mille projets, nourrrissait mille espérances. Il ne pouvait se dissimuler qu'il désirait voir Ottilie en ce lieu; qu'il désirait la conduire, l'attirer dans cette retraite; et que sais-je encore ce qu'il se permettait de concevoir de légitime et d'illégitime? Puis son imagination flottante passait en revue toutes les chances possibles. S'il ne devait pas la posséder ici, la posséder d'une manière légitime, il voulait du moins lui assurer la possession de cette terre. Elle y vivrait pour elle-même, tranquille, indépendante; elle serait heureuse, et, quand son imagination, se torturant elle-même, l'entraînait plus loin encore, il la voyait même heureuse avec un autre que lui.

Ainsi s'écoulaient ses jours, dans une alternative continuelle de crainte et d'espérance, de pleurs et de sérénité, de projets, de préparatifs et de désespoir. La vue de Mittler ne le surprit nullement : il attendait depuis longtemps son arrivée, qui ne laissait pas de lui être agréable à quelques égards. Comme il le croyait envoyé de Charlotte, à ce titre il avait déjà préparé toute sorte d'excuses, de moyens dilatoires, et enfin des propositions plus décisives; mais comme, d'un autre côté, il espérait apprendre par lui quelques nouvelles d'Ottilie, Mittler lui était aussi agréable qu'un envoyé du ciel.

Aussi fut-il mécontent et troublé, lorsqu'il apprit que l'officieux ami ne venait point de la part de Charlotte, mais de son propre mouvement. Son cœur se ferma, et, au premier abord, la conversation ne pouvait s'engager : cependant tout homme que l'amour possède éprouve le pressant besoin de s'épancher, de répandre devant un ami ce qui se passe en lui; Mittler ne l'ignorait pas, aussi après avoir échangé quelques paroles, il voulut bien sortir cette fois de son rôle, et jouer le confident au lieu du médiateur.

Comme il avait fait, en conséquence, quelques doux reproches à Édouard, au sujet de sa vie solitaire, le baron lui répondit:

« Je ne sais comment je pourrais passer mon temps d'une manière plus agréable. Je suis toujours occupé d'elle, toujours auprès d'elle. J'ai l'inestimable avantage de pouvoir me représenter où elle se trouve, où elle va, où elle s'arrête, où elle repose. Je la vois agir devant moi comme à son ordinaire, entreprendre et faire toujours ce qui est le plus à mon gré. Mais je n'en reste pas là; en effet, comment pourrais-je être heureux loin d'elle? Mon imagination cherche avec ardeur tout ce que devrait faire Ottilie pour se rapprocher de moi. J'écris en son nom des lettres intimes et tendres, qu'elle m'adresse; je lui réponds et je garde les feuilles ensemble. J'ai promis de ne faire aucune démarche pour me rapprocher d'elle, et je tiendrai ma promesse; mais quelle contrainte l'empêche de venir me rejoindre? Charlotte aurait-elle eu la cruauté d'exiger d'elle la promesse et le serment de ne pas m'écrire, de ne pas me donner de ses nouvelles? Cela est naturel, cela est vraisemblable, et pourtant je le trouve inouï, insupportable. Si elle m'aime, comme je le crois, comme je le sais, pourquoi ne se résout-elle pas, pourquoi ne se hasarde-t-elle pas à fuir, à se jeter dans mes bras? Elle devrait, pensé-je quelquefois, elle pourrait le faire. Si j'entends quelque bruit dans l'antichambre, je regarde du côté de la porte. C'est elle qui vient! Je l'imagine, je l'espère. Hélas! et, comme le possible ne se peut faire, je me figure que l'impossible se fera. La nuit, si je m'éveille, si la lampe jette dans ma chambre une lueur incertaine, que ne peut sa figure, son ombre, un pressentiment de sa personne, passer devant moi, s'approcher, me saisir, ne fût-ce qu'un instant, pour me donner, en quelque manière, l'assurance qu'elle pense à moi, qu'elle est à moi!

« Une seule jouissance me reste. Quand j'étais près d'Ottilie, je ne rêvais jamais d'elle : maintenant que j'en suis éloigné, nous sommes réunis dans mes songes. Et, chose étrange! c'est seulement depuis que j'ai fait la connaissance d'autres femmes aimables des environs, qu'elle m'apparaît dans le sommeil, comme si elle voulait me dire : « Tu peux regarder de toutes parts : « tu ne trouveras rien de plus beau, de plus aimable que moi. » Ainsi son image se mêle à chacun de mes rêves. Tout ce qui m'arrive avec elle se brouille et se confond. Quelquefois nous signons un contrat : voilà son écriture et la mienne, son nom et le mien ; ils s'effacent l'un l'autre, ils s'entrelacent tous deux. Ces voluptueux prestiges de l'imagination ne sont pas non plus sans douleurs. Parfois Ottilie fait quelque chose qui blesse l'idée que j'ai d'elle ; c'est alors que je sens combien je l'aime, car je suis angoissé au delà de toute expression. Quelquefois elle me provoque d'une manière tout à fait éloignée de son caractère, et me fait souffrir : alors son image se change aussitôt ; sa figure, belle, gracieuse, angélique, s'allonge.... ce n'est plus elle ; mais je n'en suis pas moins tourmenté, mécontent et troublé.

« Ne riez pas, cher Mittler, ou plutôt riez, je le veux bien. Je ne rougis pas de cet attachement, de ce penchant insensé, furieux, je le veux bien! Non, je n'avais pas encore aimé ; j'éprouve aujourd'hui, pour la première fois, ce que c'est que l'amour. Jusqu'ici, dans ma vie, tout ne fut qu'un prélude, un amusement, temps passé, temps perdu, jusqu'au moment où j'appris à la connaître, où je l'aimai de toutes mes forces et de toute mon âme. On m'a reproché, non pas en face, il est vrai, que je bousille, que je barbouille le plus souvent : c'est possible ; mais je n'avais pas encore trouvé la chose dans laquelle je puis me montrer en maître. Que l'on me fasse voir un homme qui sache mieux aimer que moi!

« C'est un don malheureux sans doute, plein de douleurs et d'amertume : n'importe, je trouve qu'il m'est si naturel, c'est tellement le mien, qu'il me sera, je crois, difficile d'y renoncer jamais. »

Par ces déclarations vives et sincères, Édouard s'était soulagé sans doute ; mais aussi chaque trait de sa situation étrange s'était offert à ses yeux d'une manière si saisissante, qu'il fut accablé par cette lutte douloureuse, et ses larmes coulèrent en abondance : ces épanchements avaient attendri son cœur.

Mittler, qui pouvait d'autant moins démentir sa brusquerie naturelle et son caractère inexorable, que, par cette explosion douloureuse de sa passion, son ami l'avait rejeté loin du but de son voyage, exprima avec une rude franchise sa désapprobation. Édouard devait, disait-il, recueillir son courage; il devait songer à ce qu'exigeait de lui sa dignité d'homme; il ne devait pas oublier que l'homme se fait le plus grand honneur en montrant de la fermeté dans l'infortune, en supportant la douleur avec calme et dignité, pour se concilier hautement l'estime, le respect, et se voir cité comme un modèle.

Animé, pénétré, comme il l'était, des plus douloureux sentiments, Édouard dut trouver ces paroles vides et frivoles.

« L'homme heureux et content peut en parler à son aise, s'écria-t-il; mais il rougirait, s'il pouvait voir combien il est insupportable à celui qui souffre. On veut qu'il existe une patience infinie, et les gens heureux s'obstinent à ne pas admettre une douleur infinie. Il y a des cas, oui, il en existe, où se consoler est d'un lâche, où le devoir est de désespérer. Un Grec illustre, qui sait aussi peindre les héros, ne dédaigne point de les faire pleurer, dans l'angoisse de la douleur. Même il pose en maxime que les hommes bons savent pleurer. Loin de moi celui qui a le cœur sec, les yeux secs! Je maudis les heureux pour qui l'infortuné n'est autre chose qu'un spectacle. Dans les plus cruelles angoisses du corps et de l'esprit, il doit, pour obtenir leur suffrage, conserver une noble contenance, et, pour qu'ils l'applaudissent au moment qu'il expire, il faut, comme un gladiateur, qu'il meure sous leurs yeux avec grâce. Cher Mittler, je vous remercie de votre visite, mais vous me donneriez une grande preuve d'amitié en allant faire un tour dans le jardin, dans la campagne. Nous nous retrouverons. Je tâcherai d'être plus calme et plus semblable à vous. »

Mittler aima mieux user de condescendance que de rompre un entretien qu'il n'aurait pu renouer aisément. Édouard, de son côté, était tout disposé à poursuivre la conversation, qu'il s'efforçait d'ailleurs de faire servir à son but.

« A dire la vérité, reprit-il, tant de réflexions, de discussions, ne servent à rien; cependant, au milieu de ces discours, j'ai fini par me reconnaître; j'ai fini par sentir décidément à quoi je devais me résoudre, à quoi je suis résolu. Je vois devant mes yeux ma vie présente et ma vie future. Je n'ai qu'à choisir entre l'infortune et la jouissance. Homme excellent, faites prononcer un divorce, qui est si nécessaire, qui est déjà réalisé. Procurez-moi le consentement de Charlotte. Je ne veux pas m'étendre sur les raisons que j'ai de croire qu'il se peut obtenir. Allez, cher ami, faites que nous soyons tous en paix; rendez-nous heureux. »

Mittler restait immobile; Édouard continua :

« Mon sort est indissolublement lié à celui d'Ottilie, et nous ne périrons pas. Voyez ce verre, nos chiffres y sont gravés : un joyeux compagnon le jeta en l'air; personne ne devait plus y boire; il devait se briser sur le sol rocailleux, mais il fut saisi en l'air. Je l'ai racheté à grand prix, et j'y bois tous les jours désormais, pour me convaincre tous les jours qu'ils sont indissolubles, les nœuds que le sort a formés.

— Malheureux que je suis! s'écria Mittler, quelle patience ne me faut-il pas avoir avec mes amis! Il faut que je rencontre encore ici la superstition, que je hais comme la chose la plus fatale qui se puisse loger chez les hommes. Nous jouons avec les pronostics, les pressentiments et les songes, et nous donnons par là de l'importance aux circonstances les plus vulgaires de la vie. Mais, quand la vie elle-même devient sérieuse, quand tout s'agite et gronde autour de nous, alors ces fantômes rendent l'orage encore plus affreux.

— Laissez, dit Édouard, dans ces fluctuations de la vie, entre ces craintes et ces espérances, laissez au cœur souffrant une étoile fidèle, sur laquelle il puisse arrêter ses yeux, quand même il ne doit pas diriger sa course sur elle.

— Je le souffrirais volontiers, répondit Mittler, si l'on pouvait seulement en espérer quelque chose; mais j'ai toujours observé que nul homme ne prend garde aux symptômes qui avertissent; l'attention est dirigée uniquement sur ceux qui flattent et qui promettent, et c'est pour eux seulement que la foi est vivante. »

Mittler, se voyant amené dans ces régions obscures, où il se sentait toujours plus mal à son aise, à mesure qu'il y séjournait plus longtemps, prêta plus volontiers l'oreille aux instances d'Édouard, qui le pressait de se rendre auprès de Charlotte. En effet, que pouvait-il encore opposer au baron dans ce moment? Gagner du temps, observer les dispositions où se trouvaient les femmes, c'était, même d'après ses propres sentiments, ce qui lui restait à faire.

Il se rendit promptement auprès de Charlotte, qu'il trouva, comme toujours, calme et sereine. Elle voulut bien l'instruire de tout ce qui était arrivé; car les discours d'Édouard n'avaient pu apprendre à Mittler que les résultats. De son côté, il aborda ce sujet avec précaution, mais il ne put prendre sur lui de prononcer, même en passant, le mot de divorce. Aussi, combien ne fut-il pas surpris, étonné, enfin, avec les sentiments qui l'animaient, combien ne fut-il pas réjoui, lorsque Charlotte, à la suite de tant de choses pénibles, lui dit enfin :

« Je dois croire, je dois espérer, que tout s'arrangera, qu'Édouard se rapprochera de moi. Comment en serait-il autrement, puisque j'ai l'espérance d'être mère ?

— Ai-je bien entendu? s'écria Mittler.

— Parfaitement, répondit Charlotte.

— Mille fois bénie cette nouvelle! reprit-il en joignant les mains. Je connais la force de cet argument sur le cœur d'un époux. Combien j'ai vu par là de mariages accélérés, décidés, rétablis! Un pareil espoir produit plus d'effet que mille bonnes paroles, et, véritablement, c'est la meilleure espérance que nous puissions avoir.

« Cependant, poursuivit-il, pour ce qui me concerne, j'aurais tout sujet d'être mécontent. Les choses étant ainsi, je vois bien que mon amour-propre n'aura pas lieu d'être flatté. Chez vous, mon empressement n'aura aucun droit à la reconnaissance. Me voilà comme mon ami le médecin, dont toutes les cures étaient heureuses, quand il traitait les gens pour l'amour de Dieu; mais il parvenait rarement à guérir les riches, qui le payaient bien. Heureusement la chose s'arrange d'elle-même, car mes efforts, mes conseils, seraient demeurés sans effet. »

Charlotte lui demanda de porter cette nouvelle à Édouard, de se charger d'une lettre qu'elle lui écrirait, et de voir ce qu'il y avait à faire, à réparer. Il ne voulut pas y consentir.

« Tout est fait, s'écria-t-il; écrivez-lui; le premier venu fera votre message aussi bien que moi. Il faut que je porte mes pas où je suis plus nécessaire. Je ne reviendrai que pour vous féliciter, je reviendrai pour le baptême. »

Cette fois, comme souvent, Charlotte fut mécontente de Mittler. Son humeur vive faisait parfois du bien, mais sa précipitation avait causé plus d'un échec. Personne n'était plus sous l'influence des impressions du moment.

Charlotte envoya un exprès à Édouard, qui le reçut avec une sorte de frayeur. La lettre pouvait être un refus comme un consentement. Il hésita longtemps à l'ouvrir, et quel ne fut pas son trouble, sa stupeur, lorsque, l'ayant lue, il arriva à ces mots, qui la terminaient :

« Rappelle-toi cette nuit, où, comme un amant, tu fis à ta femme cette visite aventureuse; où tu l'attiras irrésistiblement sur ton cœur; où tu la pressas dans tes bras comme une amante, comme une fiancée. Adorons dans cette singulière conjoncture une dispensation du ciel, qui a voulu former entre nous un nouveau lien, dans le moment où le bonheur de notre vie menace de s'écrouler et de disparaître. »

Ce qui se passa dès ce moment dans l'âme d'Édouard, il serait difficile de le dépeindre. Dans une situation si pénible, les anciennes habitudes, les anciennes inclinations, finissent par se reproduire, pour tuer le temps, pour remplir la vie. La chasse et la guerre sont alors pour un gentilhomme des ressources toujours prêtes. Édouard soupirait après le danger extérieur, pour faire équilibre au danger intérieur; il soupirait après la mort, parce que l'existence menaçait de lui devenir insupportable. C'était même une consolation pour lui de penser qu'il ne serait plus, et qu'il pourrait, par là même, faire le bonheur de ceux qu'il aimait. Personne ne mit d'obstacle à sa volonté, parce qu'il tint sa résolution secrète. Il fit son testament en bonne forme. Ce fut pour lui une douce satisfaction de pouvoir léguer à Ottilie la jolie ferme. Il pourvut au sort de Charlotte, de l'enfant qu'elle portait dans son sein, du capitaine, de ses domestiques. La guerre, qui venait de recommencer, favorisait son projet. Des chefs médiocres lui avaient causé beaucoup d'ennuis dans sa jeunesse, et c'était pour cela qu'il avait quitté les armes; maintenant il se félicitait de servir sous un général dont on pouvait dire : « Sous sa conduite la mort est probable et la victoire certaine. »

En apprenant le secret de Charlotte, Ottilie, consternée comme Édouard, et plus encore, rentra en elle-même. Tout était fini pour elle. Elle ne pouvait espérer; elle n'osait pas désirer. Son journal, dont nous nous proposons de communiquer quelques pages à nos lecteurs, nous fera entrevoir ce qui se passait dans son âme.

DEUXIÈME PARTIE.

CHAPITRE I.

Nous voyons souvent arriver dans la vie ordinaire ce que nous avons coutume de vanter, dans l'épopée, comme un artifice du poëte, savoir que, si les figures principales s'éloignent, se cachent, se livrent à l'inaction, aussitôt un second, un troisième personnage, à peine remarqué jusque-là, remplit la place, et, déployant toute son activité, nous paraît digne à son tour d'attention, d'intérêt, et même de louange et d'estime.

C'est ainsi qu'aussitôt après le départ du capitaine et du baron, l'architecte se fit remarquer chaque jour davantage. De lui seul dépendaient la direction et l'exécution de nombreux travaux, et il se montra, dans l'accomplissement de sa tâche, exact, habile et diligent. Il rendait en même temps aux dames divers services, et il savait les distraire dans les heures de silence et d'ennui. Il lui suffisait de se produire, pour inspirer l'affection et la confiance.

C'était, dans toute la force du mot, un beau jeune homme, d'une taille élancée, peut-être un peu trop grande; il était modeste sans timidité, communicatif sans être importun. Il se chargeait avec plaisir de tout ce qui exigeait des soins et de la peine, et, comme il calculait avec une grande facilité, il fut bientôt initié aux affaires de la maison, et il exerça sur tout une heureuse influence. On le chargeait, pour l'ordinaire, de recevoir les étrangers, et il savait écarter les visites inattendues ou du moins y préparer les dames, de sorte qu'elles ne leur étaient pas incommodes.

Un jour, entre autres, un jeune jurisconsulte lui donna beaucoup à faire. Envoyé par un gentilhomme du voisinage, il venait parler d'une affaire qui n'était pas, il est vrai, d'une grande importance, mais qui fit sur Charlotte une impression profonde. Nous devons faire connaître cet incident, parce qu'il donna une impulsion à diverses choses qui, sans cela, auraient peut-être longtemps sommeillé.

Nous n'avons pas oublié que Charlotte avait entrepris de changer l'état du cimetière. On avait déplacé tous les monuments, et on les avait rangés le long du mur, et autour du soubassement de l'église. Le terrain avait été aplani. A l'exception d'un large chemin, qui menait à l'église, et, le long de l'édifice, à la petite porte de l'autre côté, on avait ensemencé toute la place de différentes espèces de trèfle, dont la verdure et les fleurs formaient le plus beau tapis. Les nouvelles tombes devaient être disposées d'après un certain ordre, mais ensuite la place serait chaque fois nivelée et ensemencée. On ne pouvait nier que cet arrangement ne présentât, les dimanches et les jours de fête, aux personnes qui se rendaient à l'église, un aspect plus noble et plus riant. Le pasteur lui-même, avancé en âge, attaché aux anciennes coutumes, et qui, au commencement, n'avait pas été fort satisfait de cette mesure, avait fini par trouver fort agréable, lorsqu'il venait, comme Philémon, se reposer avec sa Baucis, sous les tilleuls antiques, derrière sa maison, de voir devant lui, au lieu de sépultures inégales, un beau tapis émaillé, qui d'ailleurs devait profiter à son ménage, Charlotte ayant fait assurer au presbytère la jouissance du terrain.

Cependant quelques membres de la commune avaient déjà trouvé mauvais qu'on eût enlevé les marques qui désignaient la place où reposaient leurs ancêtres, et qu'on eût en quelque sorte effacé par là leur souvenir : en effet les monuments conservés avec soin indiquent à la vérité qui est enseveli, mais non pas en quel lieu, et le lieu était l'essentiel, à ce que soutenaient beaucoup de gens.

Ce fut l'avis d'une famille du voisinage, qui s'était réservé, depuis nombre d'années, une place dans le dortoir commun, et qui avait fait, en échange, une petite fondation en faveur de l'église. Le jeune jurisconsulte était envoyé pour révoquer la fondation, et notifier qu'on ne la payerait plus, parce que la condition sous laquelle ce payement s'était fait jusqu'alors avait été violée par une des parties, et qu'on n'avait eu aucun égard à toutes les représentations et les oppositions. Charlotte, premier auteur de ce changement, voulut parler elle-même au jeune homme, qui exposa vivement, mais sans arrogance, les raisons de son client, et provoqua chez nos amis de sérieuses réflexions.

« Vous voyez, dit-il, après un court préambule, dans lequel il avait su justifier son insistance, vous voyez que le plus petit, comme le plus grand, attache de l'importance à marquer le lieu où reposent les siens. Le pauvre laboureur qui enterre un enfant trouve une sorte de consolation à ériger sur sa tombe une fragile croix de bois, à la décorer d'une couronne, pour conserver du moins le souvenir aussi longtemps que dure la douleur, quand même ce signe, ainsi que l'affliction, est usé par le temps. Les gens à leur aise changent ces croix de bois en croix de fer, les affermissent et les protégent de différentes manières, et cela dure un nombre d'années déjà considérable. Cependant, comme ces croix finissent elles-mêmes par s'affaisser et disparaître, les riches ne négligent pas d'ériger une pierre, qui promet de durer pendant beaucoup de générations, et que les descendants peuvent restaurer et renouveler. Mais cette pierre n'est pas ce qui nous attire : c'est ce qui est renfermé dessous, ce qu'on a confié à la terre. On a moins en vue la mémoire que la personne elle-même ; il ne s'agit pas du souvenir, il s'agit de la présence. J'embrasse bien mieux et plus intimement un mort chéri, sur la tombe que sur le monument : car, en soi, celui-ci n'est au fond que peu de chose ; mais, autour de lui, comme autour d'un signe de ralliement, les époux, les parents, les amis, devront se rassembler encore, même après leur mort ; et il faut que le survivant conserve le droit d'écarter et d'éloigner les étrangers et les malveillants de celui qu'il aima et qui repose en ce lieu. Je soutiens donc que mon commettant est pleinement en droit de retirer sa fondation ; et il se montre encore assez équitable, car le préjudice causé aux membres de la famille est de telle nature qu'on ne peut songer à aucun dédommagement. Ils perdent la douce et triste jouissance de porter une offrande funèbre à leurs bien-aimés, la consolante espérance de reposer un jour à leurs côtés.

— La chose n'est pas d'assez grande importance, répondit Charlotte, pour nous engager dans les embarras d'un procès. Je suis si loin de regretter ce que j'ai fait, que je dédommagerai volontiers l'église de l'avantage qu'elle perd. Mais je dois vous avouer avec franchise que vos arguments ne m'ont point convaincue. Le pur sentiment d'une égalité suprême, universelle, du moins après la mort, me semble plus satisfaisant que cette continuation capricieuse, obstinée, de nos personnalités, de nos attachements, de nos relations sociales. Quel est votre avis là-dessus? demanda Charlotte à l'architecte.

— Je ne voudrais, répondit-il, dans une pareille affaire, ni disputer, ni prononcer. Permettez-moi d'exprimer modestement ce qui touche de plus près à mon art, à ma façon de penser. Puisque nous ne sommes plus assez heureux pour presser contre notre poitrine les restes d'un objet aimé, enfermés dans une urne; que nous n'avons pas assez d'or et de sérénité, pour les conserver à l'abri de la corruption dans de grands et magnifiques sarcophages; que nous ne trouvons plus même de place dans les églises pour nous et pour les nôtres, et que nous sommes relégués dehors, en plein champ, nous avons tous sujet, madame la baronne, d'approuver l'arrangement que vous avez introduit. Quand les membres d'une paroisse reposent rangés les uns à côté des autres, ils reposent auprès et au milieu des leurs, et, puisque la terre doit enfin nous recueillir, je ne vois rien de plus naturel et de plus convenable que d'aplanir sans retard les buttes qui se sont élevées au hasard et qui s'affaissent peu à peu, et, en étendant sur tous la couverture, de la rendre plus légère pour chacun.

— Ainsi donc, repartit Ottilie, sans que la moindre marque de souvenir, sans que le moindre signe vienne s'offrir à la mémoire, tout devrait finir pour jamais !

— Nullement, poursuivit l'architecte : ce n'est pas au souvenir, c'est à la place qu'il faut renoncer. L'architecte, le sculpteur, sont hautement intéressés à ce que l'homme attende de leur art, de leur main, la durée de son existence : c'est pourquoi je voudrais voir des monuments bien conçus, bien exécutés, non pas semés au hasard et isolément, mais érigés dans un lieu où ils pourront se promettre de la durée. Puisque les saints et les grands eux-mêmes renoncent au privilége d'être ensevelis dans les églises, il faudrait du moins élever dans ces édifices, ou dans de belles salles autour des cimetières, des monuments, des inscriptions. Il y a mille formes que l'on peut leur prescrire, mille espèces d'ornements propres à les décorer.

— Vous dites que les artistes sont si riches! reprit Charlotte; apprenez-moi donc comment il se fait qu'on ne peut jamais sortir de la forme d'un petit obélisque, d'une colonne tronquée et d'une urne cinéraire. Au lieu des mille inventions que vous célébrez, je n'ai jamais vu autre chose que mille répétitions.

— Il en est peut-être ainsi chez nous, répondit l'architecte, mais non pas en tout pays. Et, en général, le sentiment et l'application convenables semblent être quelque chose de particulier. Il se présente, surtout dans ce cas, certaines difficultés; il faut répandre du charme sur un objet sérieux, et, dans un sujet douloureux, ne pas produire une impression douloureuse. Quant aux projets de monuments de toute espèce, j'en ai recueilli un grand nombre, et je les communique dans l'occasion : mais le monument le plus beau est toujours l'image de l'homme lui-même. Elle donne, mieux que toute autre chose, une idée de ce qu'il était : c'est le meilleur texte auquel on puisse rattacher des notes rares ou nombreuses. Mais il faudrait faire l'ouvrage quand l'homme est dans ses plus belles années, et c'est d'ordinaire ce qu'on néglige. Nul ne songe à conserver les formes vivantes, et, si la chose a lieu, c'est d'une manière insuffisante. Alors on se hâte de mouler en plâtre un mort; on pose ce masque sur un bloc, et cela s'appelle un buste. Qu'il est rare qu'on réussisse pleinement à l'animer! »

Charlotte répondit :

« Vous avez rencontré, peut-être sans le savoir et sans le vouloir, ma véritable pensée. L'image d'un homme est indépendante : où qu'elle se trouve, elle existe pour elle-même, et nous ne lui demanderons point de marquer la place de la sépulture. Mais dois-je vous avouer un sentiment singulier? J'ai pour les images elles-mêmes une sorte d'éloignement. Elles semblent toujours me faire un secret reproche. Elles rappellent quelque chose d'éloigné, quelque chose qui n'est plus, et me font souvenir combien il est difficile d'honorer convenablement ce qui existe. Si nous réfléchissons combien d'hommes nous avons vus, nous avons connus, et si nous nous avouons comme nous avons été peu de chose pour eux, comme ils ont été peu de chose pour nous, que sentons-nous alors ? Nous rencontrons l'homme ingénieux sans converser avec lui, le savant sans nous instruire dans sa compagnie, le voyageur sans rien apprendre de lui, l'homme affectueux sans lui rien dire d'aimable ; et, par malheur, cela n'arrive pas seulement avec les passants : c'est ainsi que les sociétés et les familles se conduisent envers leurs membres les plus chers ; les villes, envers leurs plus dignes citoyens ; les peuples, avec leurs meilleurs princes ; les nations, avec leurs hommes les plus excellents.

« J'ai entendu demander pourquoi l'on disait du bien des morts avec tant d'abandon, et des vivants toujours avec une certaine réserve. On a répondu : « C'est que nous n'avons rien « à craindre des premiers, et que les autres peuvent encore se « trouver quelque jour sur notre chemin. » Tel est le caractère intéressé de nos soins pour la mémoire des autres : ce n'est le plus souvent qu'un amusement égoïste, tandis que ce serait une chose sérieuse et sainte d'entretenir sans cesse l'activité et la vie dans nos rapports avec ceux qui nous restent. »

CHAPITRE II.

Animés par cet incident et par les entretiens auxquels il donna naissance, nos amis se rendirent le lendemain au cimetière, et l'architecte présenta quelques bonnes idées pour le décorer et l'embellir. Mais ses soins durent s'étendre aussi à l'église, car cet édifice avait fixé son attention dès le premier jour.

Il datait de plusieurs siècles; il était dans le goût et le style allemand, bâti dans de bonnes proportions, et décoré d'une manière ingénieuse. On pouvait reconnaître aisément que l'architecte d'un monastère voisin s'était plu à se signaler aussi dans la construction de cet édifice, moins considérable, qui produisait encore un effet agréable et imposant, quoique les changements apportés à la disposition intérieure, en vue du culte protestant, eussent fait perdre au temple quelque chose de sa paisible majesté.

L'architecte obtint sans peine de Charlotte une somme modique, au moyen de laquelle il se proposait de restaurer l'extérieur, aussi bien que l'intérieur, dans le style primitif, et de le mettre en harmonie avec le champ du repos, qui s'étendait devant l'église. Il travaillait lui-même avec beaucoup d'adresse, et quelques ouvriers, encore occupés à bâtir le pavillon, devaient être gardés pour achever aussi ce pieux ouvrage.

Il fallut donc visiter l'édifice, avec toutes ses dépendances, et, au grand étonnement, au grand plaisir de l'architecte, on découvrit une petite chapelle latérale, peu remarquée, dont l'architecture était plus encore ingénieuse et légère, et les ornements agréables et soignés. Elle renfermait aussi des restes de sculptures et de peintures appartenant à l'ancien culte, qui savait distinguer par des images et des appareils divers les différentes fêtes, et les célébrer chacune d'une façon particulière.

L'architecte ne put s'empêcher de faire entrer aussitôt la chapelle dans son plan, et de restaurer, avec un soin particulier, cet étroit espace, comme un monument des siècles passés et de leur goût. Il s'était déjà proposé de décorer à son gré les places vides, et se faisait une fête d'exercer son talent pour la peinture : mais il en fit d'abord un secret à ses hôtes.

Avant tout, il fit voir aux dames, comme il l'avait promis, les diverses copies et les esquisses de tombeaux antiques, de vases et d'autres objets pareils, et, comme la conversation tomba sur les sépultures, plus simples, des peuples du Nord, il produisit sa collection d'armes et d'ustensiles divers qu'on y avait trouvés. Il avait tout disposé, d'une manière très-propre et portative, dans des tiroirs à compartiments, sur des planches taillées, revêtues de drap, en sorte que ces objets antiques et sérieux avaient pris par ses soins un air d'élégance, et qu'on y jetait les yeux avec plaisir, comme dans les boîtes d'un marchand de nouveautés. Et lorsqu'une fois il eut commencé à produire ses trésors, comme la solitude réclamait des amusements, il prit l'habitude d'en montrer chaque soir une partie. Ils étaient la plupart d'origine allemande : bractéates, monnaies, sceaux et autres choses pareilles. Tous ces objets reportaient l'imagination vers les temps anciens, et, comme il couronna le divertissement en produisant les premiers essais d'imprimerie, de gravure sur bois et sur cuivre, et que, dans le même esprit, l'église aussi semblait reculer de jour en jour vers le passé, par les peintures et les autres ornements, on en venait presque à se demander si l'on vivait réellement dans les temps modernes; si ce n'était pas un rêve de se trouver désormais au milieu de mœurs, de coutumes, de pratiques et de convictions toutes différentes.

Les esprits étant ainsi préparés, un grand portefeuille, que l'architectecte apporta en dernier lieu, produisit le meilleur effet. Il ne renfermait guère, il est vrai, que des figures au simple trait, mais calquées sur les modèles mêmes, et qui en avaient conservé parfaitement le caractère antique : et combien il eut d'attrait pour nos dames! Dans toutes les figures se révélait le sentiment le plus pur; toutes avaient un caractère de noblesse où du moins de bonté manifeste. Le joyeux recueillement, l'adoration d'un Être suprême, la tranquille résignation dans l'amour et l'espérance, se lisaient sur tous les visages, dans tous les gestes. Le vieillard à la tête chauve, l'enfant à la chevelure bouclée, le vif adolescent, l'homme grave, le saint glorifié, l'ange déployant ses ailes, tous semblaient heureux dans une innocente joie, dans une pieuse attente. L'action la plus commune avait un trait de la vie céleste, et le service de Dieu semblait la vocation naturelle de chacun.

Les autres personnes contemplaient cette région comme un âge d'or évanoui, comme un paradis perdu : Ottilie seule était peut-être en état de se sentir au milieu de ses pareils.

Qui aurait pu refuser encore les offres de l'architecte, lorsque, à l'occasion de ces figures idéales, il proposa de peindre les espaces qui se trouvaient entre les nervures des voûtes de la chapelle, et d'attacher ainsi son souvenir à un lieu où il s'était vu si bien accueilli? Il s'expliqua là-dessus avec une certaine mélancolie, car il voyait bien, à la situation des choses, que son séjour au milieu d'une société si accomplie ne pourrait durer toujours, et que peut-être il devrait même se terminer bientôt.

Au reste, ces jours, qui ne furent pas remplis d'événements, amenèrent fréquemment de sérieux entretiens. Nous saisirons cette occasion pour citer quelques extraits du journal d'Ottilie qui s'y rapportent. Et nous ne trouvons pas ici de transition plus convenable qu'une comparaison, qui se présente à nous en parcourant cet aimable recueil.

On nous parle d'une singulière pratique établie dans la marine anglaise. Tous les cordages de la marine royale, depuis le plus gros jusqu'au plus mince, sont faits de telle sorte qu'un fil rouge les parcourt tout entiers et qu'on ne peut l'enlever sans tout défaire; ce qui permet de reconnaître les plus petites parties comme appartenant à la couronne. De même, il circule dans le journal d'Ottilie un fil d'amour et de tendresse, qui relie tout l'ensemble et le caractérise. Par là, ces remarques, ces réflexions, ces maximes empruntées, et les autres choses qu'on y peut rencontrer, deviennent propres à celle qui les écrit, et prennent pour elle de l'importance. Chacun des passages que nous avons choisis, et que nous allons citer, en fournira la preuve décisive.

Extrait du journal d'Ottilie.

Reposer un jour à côté de ceux qu'on aime est l'idée la plus agréable que l'homme puisse avoir, lorsque sa pensée se porte au delà de cette vie. « Être réuni avec les siens » est une expression si touchante!

Il y a des monuments et des souvenirs de plus d'un genre, qui nous rappellent les absents et les morts. Aucun ne vaut le portrait. S'entretenir avec une image chérie, même quand elle n'est pas ressemblante, a quelque chose qui charme, comme il est charmant quelquefois de disputer avec un ami. On sent, d'une manière agréable, que l'on est deux et que cependant on ne peut se diviser.

On s'entretient quelquefois avec une personne présente comme avec un portrait. Il n'est pas nécessaire qu'elle parle, qu'elle nous regarde, qu'elle s'occupe de nous : nous la voyons, nous sentons nos rapports avec elle ; ces rapports peuvent même augmenter, sans qu'elle fasse rien pour cela, ni qu'elle en sente rien, si bien qu'elle est simplement pour nous comme un portrait.

On n'est jamais content du portrait des personnes que l'on connaît ; c'est pourquoi j'ai toujours plaint les peintres adonnés à ce genre. Il est rare que l'on demande aux gens l'impossible, et c'est justement ce qu'on exige de ces artistes. On veut qu'ils fassent entrer dans leur peinture les rapports de chacun avec les personnes, son amour, son antipathie. Ils ne doivent pas représenter la personne simplement comme ils la conçoivent, mais comme chacun pourrait la concevoir. Je ne suis pas surprise que ces artistes deviennent peu à peu obstinés, indifférents et capricieux : la chose ne serait pas de conséquence, s'il n'en résultait pas justement qu'il faut renoncer à posséder l'image de tant d'êtres chéris.

Il n'est que trop vrai, la collection de l'architecte, ces armes, ces antiques ustensiles, qui étaient couverts, avec le corps, de grandes tombes et de larges pierres, nous démontrent combien sont inutiles les précautions des hommes pour conserver leur personnalité après la mort. Et nous sommes si peu d'accord avec nous-mêmes !... L'architecte avoue qu'il a ouvert de ses mains ces tombeaux des ancêtres, et cependant il continue à s'occuper de monuments pour la postérité.

Mais pourquoi prendre la chose à la rigueur? Tout ce que nous faisons est-il donc fait pour l'éternité? Ne s'habille-t-on pas le matin pour se déshabiller le soir? Ne nous mettons-nous pas en voyage pour revenir? Et pourquoi ne souhaiterions-nous pas de reposer auprès des nôtres, quand ce serait seulement pour un siècle?

Lorsqu'on voit tant de pierres sépulcrales enfoncées en terre, ou bien usées sous les pas des fidèles, et les églises mêmes écroulées sur leurs tombeaux, on peut toujours se représenter la vie après la mort comme une seconde vie, dans laquelle on entre par une image, par une inscription, et dans laquelle on subsiste plus longtemps que dans la véritable vie des vivants ; mais cette image, cette seconde existence, s'évanouit ou plus tôt ou plus tard. Le temps ne se laisse pas ravir ses droits sur les monuments plus que sur les hommes.

CHAPITRE III.

C'est un plaisir si doux de s'occuper des choses qu'on ne sait qu'à demi! Nul ne devrait blâmer l'amateur qui s'adonne à un art qu'il n'apprendra jamais, ni l'artiste qui, dépassant les bornes de son art, prend fantaisie de faire une excursion dans un champ voisin.

C'est avec ces sentiments équitables que nous observons l'architecte, se disposant à peindre la chapelle. Les couleurs étaient prêtes, les mesures étaient prises, les cartons dessinés : il ne prétendait point à l'invention; il s'en tenait à ses esquisses; son unique souci était de distribuer convenablement les figures assises et volantes, et d'en faire, pour la place, un ornement de bon goût.

L'échafaudage était dressé, le travail avançait, et, comme quelques parties, de nature à frapper les yeux, étaient déjà terminées, l'artiste ne pouvait être fâché des visites que Charlotte lui faisait avec Ottilie. Les figures d'anges, pleines de vie, les draperies flottantes, qui se détachaient sur l'azur du ciel, charmaient les regards, tandis que leur air calme et pieux invitait le cœur à se recueillir et disposait à l'attendrissement.

Les dames étaient montées sur l'échafaudage, et Ottilie eut à peine remarqué avec quelle facilité, quelle aisance, tout cela marchait, comme au compas, que le fruit de ses premières études parut se développer tout à coup ; elle prit la palette et le pinceau, et, sur les indications qui lui furent données, elle ébaucha, avec autant de pureté que d'adresse, une draperie aux plis nombreux.

Charlotte, qui la voyait avec plaisir s'occuper et se distraire d'une manière quelconque, laissa les deux amateurs poursuivre leur travail, et s'éloigna, pour se livrer à ses propres pensées, et s'entretenir avec elle-même des réflexions et des soucis qu'elle ne pouvait confier à personne.

Si les gens vulgaires nous font sourire de pitié, quand nous voyons les petits embarras de la vie journalière exciter chez eux une fiévreuse inquiétude, nous considérons au contraire avec respect un noble cœur, dans lequel a été semé le germe d'une grande destinée, obligé d'attendre jusqu'au bout que ce germe se développe, sans oser, sans pouvoir hâter le bien ou le mal qui doit en résulter.

Édouard, après avoir reçu dans sa solitude le message de Charlotte, lui avait répondu d'une manière amicale et sympathique, mais sur un ton plutôt sérieux et réservé que familier et affectueux. Peu de temps après, il avait disparu, et sa femme ne pouvait découvrir ce qu'il était devenu : enfin elle trouva un jour, par hasard, son nom dans les gazettes, où il était cité avec distinction, parmi les officiers qui s'étaient signalés dans une affaire importante. Elle sut alors quel chemin il avait pris ; elle put voir qu'il avait échappé à de grands périls ; mais en même temps elle fut persuadée qu'il en chercherait de plus grands, et en conclut, avec trop de certitude, que, de toute manière, on le détournerait difficilement de se porter aux dernières extrémités. Ces inquiétudes l'occupaient en silence, l'occupaient sans cesse, et, sous quelque face qu'elle considérât la chose, elle ne pouvait y découvrir matière à se tranquilliser.

Ottilie, qui ne soupçonnait rien de tout cela, avait pris le goût le plus vif pour son travail, et avait obtenu très-facilement de Charlotte la permission de le continuer régulièrement. Alors il avança avec rapidité, et l'azur du ciel fut bientôt peuplé de dignes habitants. Par un exercice soutenu, nos deux artistes acquirent, dans les dernières figures, une plus grande liberté de pinceau : elles étaient visiblement meilleures. Les visages, que l'architecte était seul chargé de peindre, présentèrent peu à peu une particularité tout à fait remarquable : par degrés, ils ressemblèrent tous à Ottilie. La présence de cette belle personne dut faire sur le jeune homme, qui n'avait encore saisi, dans la nature ni dans l'art, aucun type de physionomie, une impression si vive, qu'insensiblement tout passa de l'œil dans la main, sans que rien se perdît, et qu'à la fin l'œil et la main travaillèrent avec un parfait accord : bref, une des dernières figures réussit complétement, en sorte qu'on croyait voir Ottilie elle-même abaisser, des demeures célestes, ses regards vers la terre.

La voûte était achevée; on s'était proposé de laisser les murailles nues, et d'y passer seulement une couche brun clair, sur laquelle les colonnes délicates et les ornements de sculpture devaient ressortir par un ton plus foncé; mais comme, en pareil cas, une chose mène toujours à une autre, on résolut de peindre encore sur les murs des guirlandes de fleurs et de fruits, qui devaient, pour ainsi dire, unir ensemble la terre et le ciel. Ottilie se trouvait là tout à fait sur son terrain. Les jardins offrirent les plus beaux modèles, et, quoique l'on eût traité ces ornements avec une grande richesse, l'ouvrage fut achevé plus tôt qu'on ne l'avait cru.

Cependant tout semblait encore brut et négligé; les échafaudages étaient pêle-mêle, les planches, jetées les unes sur les autres, le pavé inégal, encore plus défiguré par les diverses couleurs qui s'y étaient répandues. L'architecte engagea les dames à lui laisser huit jours et à ne pas entrer jusque-là dans la chapelle. Enfin, par une belle soirée, il les pria de s'y rendre chacune de son côté; mais il demanda la permission de ne pas les accompagner, et là-dessus il se retira.

« Quelque surprise qu'il nous ait ménagée, dit Charlotte, lorsqu'il fut sorti, je n'ai dans ce moment aucune envie d'aller à la chapelle. Charge-toi seule de ce soin et tu m'en rendras compte. Il a sans doute exécuté quelque chose d'agréable. J'en jouirai d'abord par ta description et puis par la réalité. »

Ottilie, qui savait bien qu'en beaucoup de choses Charlotte se tenait sur ses gardes, qu'elle évitait toutes les émotions, et surtout ne voulait pas être surprise, se mit aussitôt seule en chemin, et, involontairement, elle chercha des yeux l'architecte; mais il ne parut point : peut-être s'était-il caché. Elle entra dans le temple, qu'elle trouva ouvert. Il était achevé depuis longtemps, nettoyé et consacré. Elle s'avança vers la porte de la chapelle, qui, toute pesante et toute garnie de bronze qu'elle était, s'ouvrit facilement, et lui laissa voir, dans un lieu qu'elle connaissait, un spectacle inattendu.

De l'unique et haute fenêtre, tombait une lumière sombre, agréablement mélangée des teintes diverses de vitraux coloriés. Cela donnait à l'ensemble un ton étrange, et faisait sur l'âme une impression toute particulière. La beauté de la voûte et des côtés était relevée par les ornements du pavé, composé de briques d'une forme particulière, disposées d'après un beau modèle, unies ensemble par un enduit de plâtre. Ces carreaux, comme les verres de couleur, l'architecte les avait fait préparer en secret, et peu de temps lui avait suffi pour tout assembler. Il avait pourvu à ce qu'on pût s'asseoir. Parmi l'antique mobilier de l'église, il s'était trouvé quelques stalles de chœur élégamment sculptées, et on les avait convenablement adossées aux murs qu'elles entouraient.

Ottilie jouissait des parties connues, qui se présentaient devant elle comme un ensemble nouveau. Elle était debout, elle allait et venait, regardait, observait; enfin elle s'assit dans une des stalles, et, levant les yeux vers la voûte, puis les promenant autour d'elle, il lui sembla qu'elle était et qu'elle n'était pas; qu'elle sentait et qu'elle ne sentait pas; que tout ce qu'elle voyait allait disparaître devant elle, et elle-même à ses propres yeux. Ce fut seulement quand le soleil abandonna la fenêtre, qu'il avait vivement éclairée jusqu'alors, que la jeune fille sortit de sa rêverie et se hâta de regagner le château.

Elle ne se cacha point à quelle époque singulière elle avait eu cette surprise : c'était la veille de l'anniversaire d'Édouard. Elle avait espéré le célébrer bien autrement. Comme tout devait être paré pour cette fête! Maintenant toutes les belles fleurs d'automne étaient épanouies, et l'on ne les cueillait pas. Ces hélianthes tournaient toujours leur face vers le ciel, ces asters baissaient toujours modestement les yeux vers la terre, et ceux qu'on avait tressés en guirlandes avaient servi de modèles pour décorer un lieu qui, s'il ne devait pas rester une simple fantaisie d'artiste, s'il devait être consacré à quelque usage, ne semblait convenir qu'à une sépulture commune.

Et puis elle se rappelait avec quelle bruyante activité son jour de naissance avait été célébré par Édouard; elle songeait à la maison neuve, sous le toit de laquelle on s'était promis tant de joies; le feu d'artifice éclatait encore devant ses yeux et à ses oreilles; plus elle était seule, plus son imagination en était occupée, mais elle n'en sentait que davantage sa solitude. Elle ne s'appuyait plus sur le bras d'Édouard, et n'avait aucune espérance de retrouver jamais en lui un soutien.

Extrait du Journal d'Ottilie.

Je dois noter une réflexion du jeune artiste : Tout comme chez l'artisan, on peut, chez l'artiste plastique, reconnaître, avec la dernière évidence, que l'homme ne s'approprie rien moins que ce qui lui appartient tout à fait en propre. Ses ouvrages l'abandonnent, comme les oiseaux le nid où ils furent couvés.

A cet égard, la destinée de l'architecte est surtout bien étrange. Que de fois il emploie tout son génie, tout son amour de l'art, pour élever des édifices d'où il doit s'exclure lui-même! Les demeures des rois lui doivent leur magnificence, et il n'est pas admis à jouir de leur plus grand effet; dans les temples, il trace une ligne de démarcation entre lui et le saint des saints; il ne doit plus fouler les marches qu'il a posées pour une solennité édifiante, tout comme l'orfévre n'adore que de loin l'ostensoir dont il a disposé l'émail et les pierreries. Avec la clef du palais, l'architecte en remet au riche toutes les jouissances et les agréments, sans y prendre lui-même aucune part. De cette manière, l'art ne doit-il pas s'éloigner peu à peu de l'artiste, si l'ouvrage, comme un enfant établi, ne réagit plus sur le père? Quels encouragements l'art ne devait-il pas trouver en lui-même, lorsqu'il se plaisait à s'occuper presque uniquement des ouvrages publics, de ce qui appartient à tout le monde et par conséquent aussi à l'artiste!

On avait chez les peuples anciens une idée sévère et qui peut sembler effrayante. Ils se figuraient leurs ancêtres assis sur des trônes dans le pourtour de grandes cavernes et conversant en silence : lorsqu'un nouveau membre se présentait, s'il en était digne, ils se levaient et s'inclinaient, pour lui souhaiter la bienvenue. Hier, quand je me fus assise dans la chapelle, et que, vis-à-vis de ma stalle sculptée, j'en vis plusieurs autres, rangées alentour, cette idée me parut tout à fait agréable et gracieuse. « Pourquoi ne peux-tu rester assise? me disais-je, rester assise, silencieuse et recueillie, longtemps, longtemps, jusqu'au jour où tes amis viendraient enfin, où tu te lèverais à leur aspect, et, avec une salutation amicale, leur indiquerais la place qui les attend? Les vitraux coloriés font du jour un sérieux crépuscule, et quelqu'un devrait fonder une lampe perpétuelle, afin de ne pas laisser la nuit même tout à fait ténébreuse. »

Que l'on se place comme on voudra, on se figure toujours que l'on voit. Je crois que l'homme rêve, uniquement pour ne pas cesser de voir. Il pourrait bien arriver que la lumière intérieure jaillît une fois de nous-mêmes, en sorte qu'aucune autre ne nous serait plus nécessaire.

L'année s'en va; le vent passe sur le chaume, et ne trouve plus rien à balancer; les baies rouges de ces arbres svelles semblent seules vouloir nous rappeler quelques idées riantes, comme les coups mesurés du batteur en grange réveillent en nous la pensée que, dans l'épi moissonné, sont renfermées en abondance la nourriture et la vie.

CHAPITRE IV.

Après de tels événements, après que le sentiment de la fragilité et du néant des choses humaines l'eut ainsi pénétrée, quel ne dut pas être le saisissement d'Ottilie, en apprenant (ce qu'on ne pouvait lui cacher plus longtemps) qu'Édouard s'était abandonné aux chances de la guerre! Hélas! elle ne manqua pas de faire toutes les réflexions que cela devait lui suggérer. Heureusement la nature humaine n'est capable que d'une certaine mesure de douleur. Le surplus la tue ou la laisse indifférente. Il y a des situations dans lesquelles la crainte et l'espérance se confondent, se balancent l'une l'autre, et se perdent dans une vague insensibilité. S'il n'en était pas ainsi, comment pourrions-nous savoir loin de nous, dans de continuels dangers, les personnes les plus chères, et cependant nous livrer encore aux occupations journalières de la vie?

Il semble donc qu'un génie tutélaire eût pris soin de veiller sur Ottilie, en amenant tout à coup dans la paisible retraite où elle se plongeait, solitaire et désoccupée, une armée tumultueuse, qui, en lui donnant au dehors assez d'affaires et l'arrachant à elle-même, éveilla en même temps chez elle le sentiment de ses propres forces.

Luciane, fille de Charlotte, avait à peine quitté sa pension pour entrer dans le monde; elle s'était vue à peine dans la maison de sa tante, entourée d'une société nombreuse, que sa volonté de plaire fut satisfaite, et qu'un jeune homme très-riche éprouva bientôt un ardent désir de la posséder. Sa grande fortune lui donnait le droit de s'approprier ce qu'il y avait de mieux en tout genre, et rien ne paraissait lui manquer désormais qu'une femme accomplie, que le monde lui dût envier comme tout le reste.

Cette affaire avait donné jusqu'alors à Charlotte beaucoup d'occupation; elle y avait consacré toutes ses réflexions; ses lettres n'avaient plus d'autre objet, à la réserve de celles qu'elle écrivait encore pour avoir des nouvelles d'Édouard. Aussi, dans les derniers temps, Ottilie était-elle demeurée seule plus souvent que de coutume. Elle savait, il est vrai, qu'on attendait Luciane; elle avait fait dans la maison tous les préparatifs nécessaires, mais on ne croyait pas la visite si prochaine. On voulait encore écrire, s'entendre, régler les détails, quand l'orage fondit tout à coup sur le château et sur Ottilie.

Les femmes de chambre et les valets arrivèrent en voiture, avec les malles et les coffres : on croyait avoir déjà dans la maison deux ou trois familles de maîtres. Bientôt les hôtes eux-mêmes parurent : la grand'tante, avec Luciane et quelques amies, le fiancé lui-même, bien accompagné. Le vestibule était rempli de bagages, de portemanteaux et de malles. Il fallut beaucoup de peine pour reconnaître tant de coffres et de cartons. On ne cessait pas de déballer, de traîner. Une pluie battante augmentait l'embarras. A cette agitation tumultueuse Ottilie opposa une activité tranquille; sa sérénité, son adresse, parurent dans tout leur éclat; en peu de temps, elle eut tout casé et réglé. Chacun était logé, chacun le fut commodément, à sa manière, et crut être bien servi, parce qu'on ne l'empêchait pas de se servir lui-même.

Après un voyage très-fatigant, tous auraient pris volontiers quelque repos; le futur aurait aimé à se rapprocher de sa belle-mère, pour l'entretenir de ses sentiments et de ses bonnes intentions, mais Luciane ne pouvait rester en repos.

Selon ses désirs, elle avait enfin un cheval : son fiancé en possédait de magnifiques, et il fallut s'en servir aussitôt. Le mauvais temps et le vent, la pluie et l'orage, n'étaient pas des obstacles : on ne semblait vivre que pour se mouiller et se sécher ensuite. Prenait-il fantaisie à Luciane de sortir à pied, elle ne considérait ni ses habits ni sa chaussure. Elle voulait visiter les travaux, dont elle avait beaucoup entendu parler. Ce qu'elle ne pouvait explorer à cheval, elle le parcourut à pied. Elle eus bientôt tout vu et tout jugé. Une personne si vive n'endurait pas aisément la contradiction. La société en souffrit souvent, mais surtout les femmes de chambre, qui ne cessaient pas de laver et de repasser, de découdre et de coudre.

A peine le château et ses environs eurent-ils épuisé sa curiosité, qu'elle se sentit obligée de faire des visites dans tout le voisinage. Et, comme on allait très-vite, soit à cheval, soit en voiture, le voisinage s'étendit assez loin. Le château fut inondé d'une foule de gens qui venaient rendre les visites, et, pour ne pas se manquer, on fixa des jours de réception.

Tandis que Charlotte était occupée, avec sa tante et l'homme d'affaires du futur, à régler les clauses du contrat, et que, avec les personnes placées sous ses ordres, Ottilie savait pourvoir à ce que rien ne manquât, au milieu d'une si grande presse (elle avait mis en mouvement les chasseurs et les jardiniers, les pêcheurs et les marchands) : Luciane paraissait toujours comme une ardente comète, qui traîne après elle une longue queue. Les amusements ordinaires de société lui semblèrent bientôt tout à fait insipides. A peine laissait-elle aux personnes les plus âgées quelque repos à la table de jeu. Quiconque pouvait encore un peu se remuer (et qui ne se laissait pas entraîner par ses charmantes importunités!) devait se mêler, sinon à la danse, du moins à ces jeux assaisonnés de gages, de punitions et d'attrapes. Et, quand même tous ces amusements, comme le rachat des gages qui les suivait, n'avaient qu'elle seule pour objet, personne, et surtout aucun homme, quel que fût son caractère, ne s'en retirait sans y gagner quelque chose. Elle réussit même à séduire tout à fait quelques vieilles gens d'un rang distingué, en célébrant leurs jours de fête ou de naissance, dont elle s'était informée. Elle savait, avec une singulière adresse, en favorisant tout le monde, faire croire à chacun qu'il était le préféré, faiblesse que le plus âgé de la société avait à se reprocher plus que personne.

Le plan de Luciane semblait être de captiver les hommes marquants, qui avaient pour eux le rang, la considération, la célébrité ou quelque autre avantage, d'humilier la sagesse et la prudence, et de rendre même les gens circonspects favorables à ses orageux caprices : et la jeunesse n'y perdait rien; chacun avait sa part, son jour, son heure, où elle savait le séduire et l'enchaîner. Elle eut bientôt remarqué l'architecte : mais il avait, sous ses longs cheveux noirs, un air de si parfaite candeur; il se tenait à l'écart, si simple et si tranquille; il faisait à toutes les questions des réponses si brèves et si sages, sans paraître disposé à s'engager plus avant, qu'à la fin, moitié par dépit, moitié par malice, elle se décida à faire une fois de lui le héros du jour et à l'enrôler dans son cortége.

Ce n'était pas en vain qu'elle avait amené tant de bagages, qu'il en était arrivé beaucoup encore après elle : elle avait pris des mesures pour changer sans fin d'ajustement. Outre qu'il lui plaisait de faire chaque jour trois ou quatre toilettes et de paraître sans cesse, du matin au soir, avec de nouvelles parures, elle se montrait aussi, dans l'intervalle, en véritable habit de masque, en paysanne, en femme de pêcheur, en fée, en bouquetière; elle ne dédaignait pas de se déguiser en vieille, afin que son jeune visage parût d'autant plus frais sous la coiffe, et, véritablement, elle mêlait de telle sorte le réel et l'imaginaire, qu'on se croyait en relation de parentage et d'alliance avec l'ondine de la Saale [1]. Mais elle se servait surtout de ces déguisements pour les scènes et les danses pantomimes, dans lesquelles elle savait à merveille exprimer différents caractères. Elle avait exercé un cavalier de sa suite à accompagner sur le clavecin ses gestes de quelques notes nécessaires. Peu de mots leur suffisaient pour se concerter, et ils étaient bientôt d'accord.

Un jour, qu'on faisait une pause au milieu d'un bal très-animé, et que, sur son instigation secrète, on lui demanda, comme à l'improviste, quelque scène de ce genre, elle parut embarrassée et surprise, et, contre sa coutume, elle se fit longtemps prier. Elle se montra irrésolue, laissa le choix à la compagnie; comme un improvisateur, elle demanda un sujet; enfin le cavalier qui l'accompagnait sur le piano, et avec qui elle s'était peut-être entendue, se mit à jouer une marche funèbre, et la pressa de représenter Artémise, rôle qu'elle avait parfaite-

---

[1]. La Saale traverse le duché de Saxe-Weimar, et le nom de cette rivière pouvait venir le premier à la pensée de Goethe : on sait d'ailleurs que, selon les fables allemandes, les ondins et les ondines habitent les lacs, les fleuves et les rivières, et correspondent aux Naïades des Grecs.

ment étudié. Elle se laissa persuader, et, après une courte absence, elle parut, aux sons tristes et touchants de la marche funèbre, en habits de veuve royale, à pas mesurés, tenant une urne dans ses bras. Derrière elle, on portait un grand tableau noir, et, dans un portecrayon d'or, un morceau de craie bien taillé.

Un de ses suivants et de ses adorateurs, à qui elle dit quelques mots à l'oreille, alla sur-le-champ prier l'architecte, le presser, et, en quelque façon, le pousser dans le cercle, en sorte qu'il lui fallut dessiner, en qualité d'artiste, le tombeau de Mausole, sans se borner à paraître comme figurant, mais en jouant un rôle sérieux. Si embarrassé qu'il parût être (car son habit étroit et moderne faisait un singulier contraste avec les voiles, les crêpes, les franges, les houppes, les parures de jais et les couronnes), l'architecte resta maître de lui, et la scène n'en fut que plus piquante. De l'air le plus grave, il se plaça devant le grand tableau, que soutenaient deux pages, et il dessina, avec beaucoup de soin et d'exactitude, un tombeau, qui aurait mieux convenu, il faut le dire, à un roi lombard qu'au monarque de Carie, mais dont les proportions étaient si belles, les diverses parties d'un goût si sévère, les ornements si ingénieux, qu'on le vit naître avec plaisir et qu'on l'admira lorsqu'il fut achevé.

Pendant tout ce temps, il ne s'était presque pas tourné du côté de la reine : il avait consacré toute son attention à son travail; enfin, lorsqu'il s'inclina devant elle, et lui fit entendre qu'il croyait avoir exécuté ses ordres, elle lui présenta l'urne, exprimant le désir de la voir figurer sur le haut du monument. Il obéit, mais à regret, parce qu'elle n'était pas en harmonie avec le caractère de son esquisse. Pour Luciane, elle se vit enfin délivrée de sa contrainte. Son intention n'avait été nullement de lui demander un dessin soigné : s'il avait seulement esquissé, en quelques coups de crayon, un objet qui eût l'air d'un monument, et s'était, le reste du temps, occupé d'elle, cela aurait beaucoup mieux répondu à ses vues et à ses désirs. La conduite de l'architecte la jeta au contraire dans le plus grand embarras. En effet, quoiqu'elle s'efforçât de mettre assez de variété dans sa douleur, dans ses ordres et ses indications, dans les éloges qu'elle donnait au travail, qui avançait peu à peu; quoiqu'elle fit quelquefois à l'artiste de véritables agaceries, pour engager une scène avec lui, il se montra si froid, qu'elle dut recourir beaucoup trop souvent à son urne, la presser sur son cœur, lever les yeux au ciel et, comme, dans ces situations, on enchérit toujours, elle finit par ressembler à une matrone d'Éphèse plutôt qu'à la reine de Carie. La scène se prolongeait; le cavalier d'ailleurs fort patient qui jouait du clavecin ne savait plus à quelles modulations il devait passer. Il bénit le ciel, quand il vit l'urne debout sur la pyramide, et, quand la reine voulut exprimer sa reconnaissance, il entra, sans y songer, dans une mélodie gaie, qui fit perdre, il est vrai, à la représentation son caractère, mais qui répandit l'allégresse dans la société. Elle se partagea aussitôt, pour féliciter vivement Luciane de son excellente pantomime et l'architecte de son élégant et beau dessin.

Le fiancé, surtout, entra avec lui en conversation.

« Je regrette, lui dit-il, que ce travail doive durer si peu. Permettez du moins que je le fasse porter dans ma chambre et que j'en parle encore avec vous.

— Si cela vous est agréable, répondit l'architecte, je vous ferai voir des dessins soignés de pareils monuments, dont celui-ci n'est qu'une ébauche fortuite et rapide. »

Ottilie n'était pas loin de là; elle s'approcha et dit à l'architecte :

« Ne manquez pas de faire voir, dans l'occasion, vos portefeuilles à monsieur le baron. Il est amateur des arts et de l'antique. Je souhaite que vous fassiez ensemble plus intime connaissance. »

Luciane survint et demanda de quoi il s'agissait.

« Il s'agit, dit le baron, d'une collection de monuments, que monsieur possède, et qu'il veut bien nous montrer un jour.

— Qu'il nous la montre sur-le-champ! s'écria Luciane. N'est-il pas vrai, monsieur, que vous nous les apporterez tout de suite? ajouta-t-elle d'une voix caressante, en lui prenant les mains avec amitié.

— Il me semble, répondit-il, que ce n'est guère le moment.

— Eh quoi! reprit Luciane, d'un ton impérieux, vous refusez d'obéir aux ordres de votre reine? »

Puis elle se mit à le prier d'un air badin.

« Ne soyez pas obstiné, » lui dit Ottilie à demi-voix.

L'architecte s'éloigna, en faisant une inclination de tête, qui n'était ni un consentement ni un refus.

A peine fut-il sorti, que Luciane se mit à courir dans la salle avec un lévrier.

« Ah! que je suis malheureuse! dit-elle, en heurtant par hasard sa mère. Je n'ai pas amené mon singe : on me l'a déconseillé; mais ce n'est que la paresse de mes gens qui me prive de ce plaisir. N'importe, je veux le faire venir; quelqu'un ira me le chercher. Si je pouvais seulement voir son portrait, je serais contente. Je ne veux pas manquer de le faire peindre, et il ne me quittera plus.

— J'ai peut-être de quoi te consoler, dit Charlotte; je vais te faire apporter de la bibliothèque un volume tout rempli des plus bizarres figures de singes. »

Luciane poussa un cri de joie et l'in-folio fut apporté. La vue de ces affreuses bêtes, semblables à l'homme, et que l'artiste avait plus humanisées encore, amusa beaucoup Luciane. Elle prit un singulier plaisir à trouver dans chacun de ces animaux la ressemblance de personnes connues.

« Celui-là n'a-t-il pas l'air de mon oncle? s'écria-t-elle sans miséricorde; celui-là, de M. N., le marchand de nouveautés? celui-là, du pasteur S...? et celui-ci, n'est-il pas.... chose.... au naturel? Dans le fond, les singes sont les vrais incroyables, et je ne conçois pas qu'on puisse les exclure de la bonne société. »

Elle disait cela au milieu de la bonne société, et personne ne le trouvait mauvais. On avait tellement l'habitude de beaucoup permettre à ses grâces, que l'on souffrait tout à son impolitesse.

Pendant ce temps, Ottilie s'entretenait avec le fiancé. Elle espérait que l'architecte allait revenir, et que ses collections, plus sérieuses et pleines de goût, délivreraient la compagnie de tous ces singes. En attendant, elle avait causé avec le baron, et avait porté son attention sur divers objets. Mais l'architecte se faisait attendre, et, lorsqu'enfin il reparut, il se perdit dans l'assemblée, sans rien apporter et sans paraître songer qu'il eût été question de quelque chose. Ottilie fut un moment.... dirai-je mécontente, piquée, interdite? Elle s'était adressée à lui d'une manière amicale; elle se réjouissait de procurer une heure agréable au fiancé, qui, malgré son amour sans bornes pour Luciane, paraissait souffrir de sa conduite.

Les singes firent place à une collation. Les jeux de société, la danse même, une conversation sans charme et la vaine poursuite du plaisir évanoui, durèrent cette fois, comme d'ordinaire, bien au delà de minuit : car Luciane avait déjà pris l'habitude de ne pouvoir ni se coucher ni se lever.

Nous trouvons, à cette époque, dans le journal d'Ottilie, peu d'événements, et, en revanche, beaucoup de maximes et de sentences relatives à la vie ou qui en sont tirées. Mais, comme la plupart ne semblent pas être le fruit de ses propres réflexions, il est probable qu'on lui avait prêté un manuscrit où elle avait pris ce qui lui convenait. On reconnaîtra aisément, au fil rouge[1], quelques idées particulières, tirées d'une source plus intime.

Extrait du Journal d'Ottilie.

Nous aimons à porter nos regards dans l'avenir, parce que nous ferions volontiers tourner en notre faveur, par des vœux secrets, les chances diverses qui flottent dans son sein.

Il est difficile de se trouver dans une société nombreuse, sans se dire que le hasard, qui rassemble tant de gens, devrait bien aussi nous amener nos amis.

On a beau vivre dans la retraite, on devient, avant de s'en douter, débiteur ou créancier.

Si nous rencontrons une personne qui nous doit de la reconnaissance, l'idée nous en vient sur-le-champ : combien de fois pouvons-nous rencontrer ceux auxquels nous en devons, sans que l'idée nous en vienne !

---

1. Allusion à ce qui est dit p. 463 de la marine anglaise.

Se communiquer aux autres est une disposition naturelle : recevoir ce qu'on nous communique, de la manière qu'on nous le donne, est éducation.

Personne ne parlerait beaucoup en société, s'il savait combien de fois il comprend mal les autres.

Si, en répétant les discours d'autrui, on les altère si fort, c'est parce qu'on ne les a pas compris.

Celui qui, dans une société, garde longtemps la parole sans flatter ses auditeurs, excite la répulsion.

Toute parole prononcée éveille l'idée contraire.

La contradiction et la flatterie font l'une et l'autre une misérable conversation.

Les sociétés les plus agréables sont celles où règne entre les membres une paisible estime.

Il n'est chose au monde par laquelle les gens dessinent mieux leur caractère que par ce qu'ils trouvent ridicule.

Le ridicule résulte d'un contraste moral, combiné de manière à ne pas blesser les sens.

L'homme sensuel rit souvent où il n'y a pas lieu de rire : quelque sujet qui l'excite, on voit sa bonne humeur paraître.

L'homme d'esprit trouve presque tout ridicule, l'homme raisonnable presque rien.

On blâmait un homme âgé de faire sa cour aux jeunes femmes. Il répliqua : « C'est le seul moyen de se rajeunir, ce qui est le désir de chacun. »

On se laisse reprocher ses défauts, on se laisse punir, on

souffre, à leur sujet, bien des choses avec patience ; mais on devient impatient lorsqu'il faut s'en défaire.

Certains défauts sont nécessaires à l'existence de l'individu. Il nous serait désagréable de voir nos vieux amis se défaire de certaines singularités.

On dit de quelqu'un : « Il mourra bientôt, » lorsqu'il agit contre son caractère et ses habitudes.

Quels défauts devons-nous conserver et même cultiver en nous ? Ceux qui flattent les autres plutôt qu'ils ne les blessent.

Les passions ne sont que des vertus ou des vices exaltés.

Nos passions sont de vrais phénix : quand l'ancien est consumé, soudain le nouveau naît de la cendre.

Les grandes passions sont des maladies désespérées : ce qui pourrait les guérir ne ferait que les rendre tout à fait dangereuses.

La passion s'exalte et s'adoucit par l'aveu. Peut-être le juste milieu ne serait-il en rien plus désirable que dans la confiance et la réserve envers ceux que nous aimons.

CHAPITRE V.

C'est ainsi que Luciane tenait sans cesse en haleine ses amis, qui vivaient dans un tourbillon de plaisirs. Sa cour augmentait journellement, soit parce que son ardeur animait et attirait les uns, soit parce qu'elle savait s'attacher les autres par sa grâce et sa libéralité. Elle était expansive au plus haut degré. Comme l'affection de sa tante et de son fiancé l'avait comblée tout d'un coup de mille choses belles et précieuses, elle semblait ne rien posséder en propre et ne pas connaître la valeur des richesses qui s'étaient amassées autour d'elle. Elle n'hésitait pas un instant à se dépouiller d'un châle de prix, pour le mettre sur les épaules d'une dame qui, auprès des autres, lui semblait trop modestement vêtue. Elle faisait ces choses avec tant d'adresse et de gaieté, que personne ne pouvait refuser ses cadeaux. Un de ses courtisans avait toujours une bourse, avec la commission de s'informer, dans les lieux où l'on se rendait, des personnes les plus âgées et les plus infirmes, et de soulager leur souffrance, du moins pour le moment. Elle se fit par là, dans toute la contrée, une réputation de bienfaisance, qui lui devint quelquefois incommode, parce qu'elle lui attirait une foule par trop importune de nécessiteux.

Mais rien n'augmenta plus sa renommée que sa conduite singulièrement bonne et persévérante envers un jeune homme malheureux, qui fuyait la société, parce qu'étant d'ailleurs beau et bien fait, il avait perdu, et pourtant avec gloire, la main droite dans une bataille. Cette mutilation excitait chez lui un tel découragement, il lui était si pénible de voir chaque nouvelle connaissance s'enquérir toujours de son malheur, qu'il aimait mieux se cacher, se livrer à la lecture et à l'étude, et rompre absolument avec la société.

Ce jeune homme ne resta pas inconnu à Luciane. Il fallut qu'il se montrât d'abord dans un petit cercle, puis dans un plus grand, enfin dans les plus nombreuses assemblées. Elle fut encore plus gracieuse avec lui qu'avec tout autre; par son obligeance empressée, elle sut lui faire trouver quelque douceur dans son infirmité, en se montrant assidue à lui venir en aide. A table, elle le plaçait auprès d'elle, lui découpait ses aliments, en sorte qu'il n'avait à se servir que de sa fourchette. Si des personnes âgées ou d'un rang élevé les séparaient, elle étendait jusqu'à lui son attention, de toute la longueur de la table, et l'empressement des domestiques devait suppléer à ce qui pouvait lui manquer si loin d'elle. Elle finit par l'encourager à écrire de la main gauche. Ce fut à Luciane qu'il dut adresser tous ses essais, et, de près ou de loin, elle était ainsi constamment en rapport avec lui. Le jeune homme ne se reconnaissait plus, et dès lors il entra réellement dans une vie nouvelle.

On croira peut-être que cette manière d'agir devait déplaire au fiancé, mais c'était le contraire. Il trouvait Luciane fort louable de faire ces efforts, et il était d'autant plus tranquille, qu'il connaissait sa disposition, presque exagérée, à écarter tout ce qui lui semblait offrir le moindre danger. Elle voulait être familière avec chacun, comme il lui plaisait; chacun était exposé à se voir attaqué, houspillé ou, de quelque façon, harcelé par Luciane, mais personne ne devait se permettre de lui rendre la pareille; personne n'osait l'effleurer seulement, personne, prendre, à son tour, la moindre des libertés qu'elle prenait. Elle tenait ainsi tout le monde dans les plus étroites limites de la modestie, qu'elle semblait dépasser elle-même à chaque instant.

En général, on aurait pu croire qu'elle s'était fait une maxime de s'exposer également au blâme et à la louange, à l'affection et à la désaffection. Car, si elle cherchait de mille manières à s'attacher les gens, elle se brouillait d'ordinaire avec eux par ses médisances, qui n'épargnaient personne. Elle ne faisait aucune visite dans le voisinage, elle n'était nulle part amicalement reçue, elle et sa compagnie, dans les châteaux et les maisons de campagne, sans laisser paraître, au retour, par les discours les moins mesurés, combien elle était disposée à voir tous les rapports des hommes entre eux sous leur côté ridicule. Ici c'étaient trois frères, qui, par pure cérémonie, chacun refusant de se marier le premier, avaient laissé passer l'âge; là c'était une jeune petite femme avec un grand vieux mari; ailleurs, au contraire, un joyeux petit homme et une lourde géante; dans cette maison, on bronchait à chaque pas sur un enfant; cette autre paraissait vide, avec une nombreuse société, parce que les enfants y manquaient; ces vieux époux n'avaient qu'à se faire vite enterrer, afin qu'on pût voir une fois quelqu'un rire dans la maison, car ils n'avaient point d'héritiers directs; ce jeune couple ferait bien de voyager : le ménage lui allait fort mal. Comme elle parlait des personnes, elle parlait aussi des choses, des bâtiments, des meubles, de la vaisselle; les tentures principalement provoquaient ses réflexions badines : depuis les tapisseries de haute lisse les plus antiques, jusqu'au papier le plus moderne; depuis le plus vénérable portrait de famille, jusqu'à la gravure nouvelle la plus frivole, tout fut déchiré, tout fut, pour ainsi dire, anéanti par ses railleries : si bien qu'on aurait pu s'étonner qu'il existât quelque chose encore à cinq milles à la ronde.

A proprement parler, il n'y avait peut-être aucune méchanceté dans cette tendance au dénigrement; le besoin de rire pouvait la provoquer souvent; mais Luciane avait montré une véritable aigreur dans ses rapports avec Ottilie. L'activité tranquille et continue de l'aimable jeune fille, qui était remarquée et louée de chacun, n'inspirait à sa cousine que du mépris; et, comme on parlait de l'intérêt avec lequel Ottilie s'occupait des jardins et des serres, elle commença par s'en moquer, et feignit d'être surprise (oubliant qu'on était au cœur de l'hiver) de ne voir ni fleurs ni fruits; puis elle se fit apporter tant de verdure, tant de branches, où germaient les moindres bourgeons; elle les prodigua tellement, pour décorer chaque jour les salles et la table, que le jardinier et Ottilie eurent le vif chagrin de voir leurs espérances détruites pour l'année suivante et peut-être pour plus longtemps.

Luciane laissa tout aussi peu Ottilie vaquer tranquillement aux affaires domestiques, qui lui faisaient une si douce occupation; elle l'obligea de figurer dans les parties de plaisir, les courses de traîneaux, de fréquenter les bals qui se donnèrent dans le voisinage : elle pouvait bien affronter la neige, le froid, les nuits orageuses, puisque tant d'autres n'en mouraient pas. La délicate jeune fille en souffrit assez gravement, mais Luciane n'y gagna rien : en effet, quoique très-simplement vêtue, Ottilie était toujours la plus belle, du moins aux yeux des hommes. Un doux attrait les rassemblait tous autour d'elle, qu'elle se trouvât, dans ces grandes salles, à la première ou à la dernière place. Le fiancé lui-même s'entretenait souvent avec elle, d'autant qu'il lui demandait ses conseils et son assistance dans une affaire qui l'occupait.

Il avait fait une connaissance plus intime avec l'architecte.

En examinant sa collection d'objets rares, il avait beaucoup discouru avec lui sur l'histoire de l'art; dans d'autres occasions encore, et particulièrement en visitant la chapelle, il avait appris à estimer son talent : le baron était jeune, riche; il faisait des collections; il voulait bâtir; son goût était vif, ses connaissances peu approfondies; il croyait trouver dans l'architecte l'homme avec lequel il pourrait atteindre plus d'un but. Il avait entretenu sa future de ce projet; elle l'approuva hautement, et fut ravie de cette proposition; mais c'était plus peut-être pour enlever à Ottilie ce jeune homme, chez qui elle croyait observer quelque inclination pour sa cousine, que dans la pensée de faire servir le talent de l'artiste à ses desseins. En effet, bien qu'il se fût montré plein d'activité dans les fêtes improvisées par Luciane, et qu'il eût déployé bien des ressources dans tels et tels préparatifs, elle croyait toujours entendre elle-même les choses beaucoup mieux; et, comme ses inventions étaient communes, l'habileté d'un valet de chambre intelligent suffisait pour les mettre à exécution, aussi bien que celle du meilleur artiste. Son imagination ne pouvait aller au delà d'un autel où se faisait le sacrifice, et d'un couronnement effectué soit sur une tête de plâtre, soit sur une tête vivante, lorsqu'elle se proposait d'adresser un compliment de fête à quelqu'un, pour son jour de noces ou de naissance.

Ottilie put donner les meilleurs renseignements au fiancé sur les rapports de l'architecte avec ses hôtes. Elle savait que Charlotte s'était déjà occupée de lui procurer une place : car, si la société ne fût pas arrivée, le jeune homme serait parti aussitôt après l'achèvement de la chapelle, parce que toutes les constructions devaient être suspendues pendant l'hiver. Il était donc fort désirable que l'habile artiste fût employé et encouragé par un nouveau protecteur.

Les relations d'Ottilie et de l'architecte étaient d'une simple et parfaite innocence. La société de ce jeune homme agréable et laborieux avait intéressé et amusé Ottilie, comme aurait pu le faire la compagnie d'un frère aîné. Ses sentiments pour lui n'allaient pas au delà de l'affection calme, tranquille et peu profonde, qu'inspire la parenté. Car il n'y avait plus de place dans son cœur; l'amour d'Édouard le remplissait tout entier.

et Dieu, qui pénètre tout, pouvait seul posséder ce cœur avec lui.

Cependant, plus l'hiver s'avançait et plus le temps était orageux et les chemins impraticables, plus il semblait charmant de passer en si bonne compagnie cette saison ténébreuse. Après de courts intervalles, la foule des visites inondait de temps en temps la maison. Des officiers affluèrent de garnisons éloignées. Ceux qui avaient des manières polies étaient fort bien reçus; les autres étaient à charge à la société. On ne manquait pas non plus de personnes de condition civile. Enfin l'on vit arriver un jour, tout à fait à l'improviste, le comte et la baronne.

Leur présence sembla former d'abord une véritable cour. Les hommes distingués par le rang et la politesse entourèrent le comte; les dames rendirent à la baronne la justice qu'elle méritait. On ne fut pas longtemps à s'étonner de les voir ensemble et joyeux : on apprit que la femme du comte était morte, et qu'il passerait à de nouveaux liens, aussitôt que les convenances le permettraient. Ottilie se rappela leur première visite, et chaque parole qui s'était dite sur le mariage et le divorce, l'union et la séparation, l'espérance, l'attente, la privation, le renoncement. Ces deux personnes, alors sans perspectives favorables, étaient maintenant devant elle; elles touchaient au bonheur espéré, et un soupir involontaire s'échappait de son cœur.

A peine Luciane eut-elle appris que le comte aimait la musique, qu'elle sut arranger un concert. Elle se proposait d'y chanter, en s'accompagnant de la guitare. Elle eut cette satisfaction. Elle ne jouait pas mal de cet instrument, sa voix était agréable : pour les paroles, on les entendit aussi peu qu'on les entend d'ordinaire, lorsqu'une jolie Allemande chante, en s'accompagnant de la guitare. Cependant chacun assura qu'elle avait chanté avec beaucoup d'expression. Elle put être satisfaite des bruyants applaudissements qu'elle obtint; mais elle eut, à cette occasion, un singulier mécompte. Dans la société, il se trouvait un poëte, qu'elle espérait aussi captiver particulièrement, parce qu'elle désirait qu'il lui adressât quelque poésie de sa composition. Dans cette espérance, elle ne chanta, presque tout le soir, que des siennes. Il fut, comme tout le monde, poli avec elle, mais elle avait espéré davantage, et le lui donna quelquefois à entendre, sans pouvoir tirer autre chose de lui. Enfin, dans son impatience, elle lui adressa un de ses courtisans, pour savoir sa pensée, et s'il n'avait pas été ravi d'entendre chanter si excellemment ses excellentes poésies. « Mes poésies? reprit-il avec étonnement. Pardonnez-moi, monsieur, je n'ai entendu que des voyelles, encore ne les ai-je pas toutes entendues. N'importe, il est de mon devoir de témoigner ma reconnaissance pour une si aimable intention. » Le courtisan se tut et garda la chose pour lui; l'autre se tira d'affaire par quelques compliments sonores. Luciane lui fit voir assez clairement son désir d'obtenir aussi quelques vers composés pour elle. Si la chose n'avait pas été trop malhonnête, il aurait pu lui présenter l'alphabet, pour s'en composer, selon son gré, un chant à sa louange, sur la première mélodie venue. Mais elle ne devait pas sortir de cette aventure sans humiliation : elle apprit bientôt après, que, ce même soir, le poëte avait composé, sur un air favori d'Ottilie, des vers délicieux et qui étaient plus qu'obligeants.

Luciane, comme toutes les personnes de son caractère, qui confondent sans cesse ce qui leur est avantageux et ce qui leur est défavorable, voulut s'essayer à déclamer. Sa mémoire était bonne, mais, il faut bien l'avouer, sa diction était inintelligente, et impétueuse sans être passionnée. Elle récita des ballades, des contes et d'autres morceaux propres à être déclamés. Elle avait d'ailleurs contracté la malheureuse habitude d'accompagner de gestes son débit, et par là les genres épique et lyrique sont malheureusement confondus bien plus qu'enchaînés avec le genre dramatique.

Le comte, qui avait l'esprit pénétrant, eut bientôt démêlé la société, ses inclinations, ses passions et ses goûts; et il eut l'idée, heureuse ou malheureuse, de conseiller à Luciane un nouveau genre de spectacle, qui semblait fait pour elle.

« Je trouve ici, lui dit-il, beaucoup de personnes bien faites, dont plusieurs sauraient sans doute imiter des mouvements et des attitudes pittoresques. N'auriez-vous pas encore essayé de représenter des tableaux connus? Cette imitation exige, il est vrai, quelques préparatifs pénibles, mais elle offre aussi un charme incroyable. »

Luciane comprit bien vite qu'elle serait là tout à fait dans son élément. Sa taille élancée, ses belles formes, sa figure régulière et pourtant expressive, ses tresses brunes, son col élégant, tout semblait fait pour servir de modèle. Et, si elle avait pu savoir encore qu'elle était plus belle en repos qu'en mouvement, parce que, dans ce dernier état, il lui échappait parfois quelque geste qui manquait de mesure et de grâce, elle se serait adonnée avec plus d'ardeur encore à cette sculpture naturelle.

On chercha donc des gravures de tableaux célèbres. On choisit d'abord le Bélisaire de Van Dyck. Un homme grand et bien fait, et d'un certain âge, devait représenter le général aveugle, assis; l'architecte, le guerrier arrêté devant lui, avec l'expression de la tristesse et de la compassion, et véritablement il lui ressemblait un peu. Luciane avait choisi pour elle, avec un air de modestie, la jeune femme qui, placée dans le fond du tableau, compte dans sa main ouverte la riche aumône qu'elle a tirée d'une bourse, tandis qu'une vieille semble la détourner et lui représenter qu'elle est trop libérale. Une autre femme, qui fait l'aumône au vieillard, n'avait pas été oubliée.

On s'occupa très-sérieusement de ce tableau et d'autres encore. Le comte donna, sur les arrangements à prendre, quelques conseils à l'architecte, qui éleva aussitôt un théâtre pour cet objet, et prit les soins nécessaires pour l'éclairage. On était déjà fort engagé dans les préparatifs, lorsqu'on s'aperçut qu'une pareille entreprise exigeait une dépense considérable, et qu'à la campagne, au milieu de l'hiver, on manquait de bien des choses nécessaires. Luciane, pour écarter tous les obstacles, fit couper en morceaux presque toute sa garde-robe, afin de fournir les différents costumes, que les artistes ont dessinés d'une manière assez arbitraire.

Un soir, enfin, le spectacle fut donné devant une nombreuse assemblée, et à la satisfaction générale. Une musique grave rendit l'attente plus vive. Bélisaire ouvrit la scène. Les attitudes étaient si justes, les couleurs si heureusement distribuées, l'éclairage si savamment ménagé, qu'on se croyait vraiment transporté dans un autre monde. Seulement, la présence du réel, au lieu de l'apparence, produisait je ne sais quelle impression pénible.

Le rideau tomba ; mais, à la demande des assistants, il fut relevé plus d'une fois. Un intermède musical amusa la société, que l'on voulait surprendre par un tableau d'un genre plus élevé : c'était la toile célèbre du Poussin, Esther devant Assuérus. Cette fois Luciane avait fait sa part plus belle. Elle déploya tous ses charmes dans le personnage de la reine évanouie ; elle avait habilement choisi, pour les femmes qui devaient l'entourer et la soutenir, des jeunes filles toutes jolies et bien faites, mais dont aucune ne pouvait le moins du monde soutenir la comparaison avec elle. Ottilie fut exclue de ce tableau comme des autres. Pour figurer le roi, qui ressemble à Jupiter, elle avait placé sur le trône d'or l'homme le plus fort et le plus beau de la société, en sorte que ce tableau atteignit réellement une perfection incomparable.

On avait choisi pour troisième sujet la Remontrance paternelle de Terbourg : et qui ne connaît pas l'excellente gravure que notre Wille[1] a faite de ce tableau? Un père, un noble chevalier, est assis, les jambes croisées, et semble adresser des paroles sévères à sa fille, debout devant lui. D'une taille avantageuse, vêtue d'une robe de satin blanc à grands plis, elle n'est vue que par derrière, mais toute sa pose annonce qu'elle fait un effort sur elle-même. Cependant la remontrance n'est point vive et humiliante : on le voit à la figure et au geste du père. Pour la mère, elle semble dissimuler un peu d'embarras, car elle regarde dans un verre de vin, qu'elle est sur le point de boire.

En cette occasion, Luciane devait paraître dans tout son éclat. Ses cheveux tressés, la forme de sa tête, son cou et ses épaules étaient d'une beauté inexprimable, et la taille, que laissaient peu paraître ses vêtements à la mode, dans le goût antique, cette taille élégante, svelte et légère, se dessinait dans le costume du vieux temps de la manière la plus avantageuse; l'architecte avait eu soin de disposer les larges plis du satin blanc avec une élégance naturelle; si bien que cette imitation vivante était sans aucun doute fort supérieure à l'original et causa un

---

1. Jean-Georges Wille, né en 1717 à Kœnigsberg (Bavière). Il vint à dix-neuf ans à Paris, où il vécut. Il mourut en 1807.

ravissement unanime. On ne cessait pas de redemander le tableau; et le désir, tout naturel, de voir aussi en face une si belle personne, prit tellement le dessus, qu'un joyeux étourdi, s'écria dans son impatience : « Tournez, s'il vous plaît[1] ! » phrase qu'on écrit souvent au bas d'une page. Et cette exclamation fut applaudie de tout le monde. Mais les acteurs connaissaient trop bien leur avantage, et s'étaient trop bien pénétrés du sens de ce tableau, pour céder au cri général. La jeune fille, dans l'attitude de la confusion, resta immobile, sans laisser voir aux spectateurs l'expression de son visage; le père demeura toujours assis, dans l'attitude de quelqu'un qui fait une remontrance, et la mère ne leva pas les yeux et le nez de dessus le verre transparent, où elle semblait boire, mais sans que le vin diminuât....

Que n'aurions-nous pas à dire encore des petites pièces, pour lesquelles on avait choisi les scènes d'auberges et de foires néerlandaises!

Le comte et la baronne partirent, en promettant de revenir dans les premières semaines de leur prochain mariage; et Charlotte, après deux mois de fatigue, espérait être aussi délivrée du reste de la société. Elle était assurée que son enfant serait heureuse, quand l'ivresse de la fiancée et de la jeune fille se serait un peu apaisée, car l'époux s'estimait l'homme du monde le mieux partagé. Avec une grande fortune et un caractère modéré, il semblait merveilleusement flatté de l'avantage de posséder une femme qui devait plaire à tout le monde. C'était chez lui une disposition si particulière de tout rapporter à elle, et, par elle seulement, à lui, qu'il éprouvait une impression désagréable, si les nouveaux venus ne portaient pas d'abord toute leur attention sur elle, et, si, se trouvant attirés par les bonnes qualités du baron, comme il arrivait surtout fréquemment aux personnes âgées, ils cherchaient à faire avec lui une connaissance particulière, sans trop prendre garde à sa fiancée. On fut bientôt d'accord avec l'architecte. Il devait rejoindre le baron au nouvel an, et passer avec lui le carnaval à la ville, où Luciane se promettait le plus grand plaisir des tableaux savam-

---

1. Ces mots sont en français dans l'original.

ment disposés, comme de cent autres choses, d'autant plus que sa tante et son fiancé semblaient ne point regarder à la dépense que ses plaisirs pourraient coûter.

Il fallut donc se quitter, mais cela ne pouvait se passer d'une façon tout ordinaire. On fit assez hautement des railleries sur le compte de Charlotte, dont les provisions d'hiver étaient, disait-on, presque épuisées; là-dessus le gentilhomme qui avait représenté Bélisaire, et qui était assez riche, entraîné par les charmes de Luciane, auxquels il rendait depuis longtemps hommage, s'écria étourdiment :

« Eh bien, agissons à la polonaise! Venez me dévorer à mon tour, et ainsi de suite, à la ronde!

— Soit fait comme vous dites! » repartit Luciane.

Le lendemain, on plia bagage, et la volée s'abattit sur un autre domaine. On y trouva aussi de la place largement, mais l'ordre et l'agrément laissaient à désirer. Il en résulta quelques inconvénients, qui, d'abord, amusèrent beaucoup Luciane. La vie devint toujours plus folle et plus tumultueuse. On arrangea des chasses au rabat dans la neige profonde, et tout ce qu'on put imaginer de plus difficile. Les dames n'osaient pas plus s'en dispenser que les hommes; et, ainsi, chassant et chevauchant, courant en traîneau et faisant vacarme, on passa de châteaux en châteaux jusqu'auprès de la résidence. Alors les nouvelles et les récits des plaisirs de la cour et de la ville donnèrent aux esprits une direction différente, et entraînèrent irrésistiblement Luciane, avec toute sa suite, dans un nouveau tourbillon, où sa tante l'avait déjà devancée.

Extrait du Journal d'Ottilie.

On prend dans le monde chacun pour ce qu'il se donne, mais il faut se donner pour quelque chose. On supporte plus aisément les fâcheux que les insignifiants.

On peut tout imposer à la société, excepté ce qui a une suite.

Nous n'apprenons pas à connaître les hommes quand ils viennent à nous : il nous faut aller à eux pour apprendre ce qu'ils sont.

Je trouve assez naturel que nous ayons bien des choses à reprendre chez ceux qui viennent nous voir, et que nous les jugions avec peu d'indulgence aussitôt qu'ils sont partis : car nous avons, pour ainsi dire, le droit de les mesurer à notre mesure. Les personnes équitables et sages ont elles-mêmes de la peine à s'abstenir, en pareil cas, d'une rigoureuse censure.

Si, au contraire, on est allé chez les autres, et si on les a vus avec leurs entours, leurs habitudes, dans leur situation nécessaire, inévitable, comme ils agissent dans ce milieu, ou s'en accommodent, il faut de la déraison et de la mauvaise volonté pour trouver ridicule ce qui, sous plus d'un rapport, devrait nous sembler respectable.

Ce que nous appelons conduite et bon usage doit faire obtenir ce qu'on n'obtiendrait d'ailleurs que par la force ou que l'on n'obtiendrait pas même avec elle.

La société des femmes est la source du bon usage.

Comment le caractère, le génie propre de l'homme, peut-il subsister avec le savoir-vivre ?

Il faudrait que le caractère fût d'abord bien relevé par le savoir-vivre. Tous les hommes aiment ce qui marque, pourvu que cela ne soit pas incommode.

Personne n'a de plus grands avantages dans la vie en général, comme dans les relations de société, qu'un militaire poli.

Les militaires grossiers restent du moins dans leur caractère, et, comme il y a presque toujours de la bonté cachée derrière la force, on peut aussi, au besoin, s'entendre avec eux.

Rien de plus importun qu'un lourdaud de condition civile. On pourrait exiger de lui la délicatesse, puisqu'il n'a point d'occupation grossière.

Quand nous vivons avec des personnes qui ont un sentiment exquis des convenances, nous souffrons pour elles, s'il se passe quelque chose d'inconvenant. C'est ce que j'éprouve pour Charlotte et avec elle, si quelqu'un vient à se balancer sur sa chaise, parce qu'elle en souffre à mourir.

Un homme ne se présenterait jamais, dans un cercle intime, les lunettes sur le nez, s'il savait que les femmes en perdent sur-le-champ l'envie de le regarder et de s'entretenir avec lui.

La familiarité qui prend la place du respect est toujours ridicule. Personne ne poserait son chapeau après avoir à peine salué la compagnie, s'il savait combien cela semble comique.

Il n'y a point de signe extérieur de politesse qui ne renferme une idée morale profonde. La véritable éducation consisterait à faire connaître en même temps le signe et l'idée.

Les manières sont un miroir dans lequel chacun montre son image.

Il y a une politesse du cœur : elle est parente de l'affection. De cette source découle la plus facile politesse des manières.

Une dépendance volontaire est l'état le plus beau ; et comment serait-il possible sans affection ?

Nous ne sommes jamais plus loin du terme de nos désirs qu'au moment où nous croyons posséder l'objet désiré.

Personne n'est plus esclave que celui qui se croit libre sans l'être.

Il suffit de se déclarer libre pour se sentir aussitôt dépendant : si l'on ose se déclarer dépendant, on se sent libre.

Contre les grands avantages d'un autre, l'unique moyen de salut c'est l'affection.

Affreuse condition que celle d'un homme supérieur dont les sots font parade !

Personne, dit-on, n'est un héros pour son valet de chambre. Cela tient seulement à ce que le héros ne peut être reconnu que par le héros. Mais il est vraisemblable que le valet de chambre saura estimer son pareil.

La plus grande consolation de la médiocrité, c'est que l'homme de génie n'est pas immortel.

Les plus grands hommes tiennent toujours à leur siècle par quelque faiblesse.

On croit d'ordinaire les hommes plus dangereux qu'ils ne sont.

Les sots et les gens sensés sont également inoffensifs : on court plus de risques avec les demi-sots et les demi-sages.

Les arts sont le plus sûr moyen de se dérober au monde; les arts sont le plus sûr moyen de s'unir avec lui.

Même au comble du bonheur, au comble de l'infortune, nous avons besoin de l'artiste.

L'art s'occupe de ce qui est difficile et bon.

A voir exécuter aisément le difficile, on a l'idée de l'impossible.

Les difficultés augmentent à mesure qu'on approche du but. Semer est moins pénible que moissonner.

CHAPITRE VI.

La visite que Charlotte avait reçue lui avait causé de grands embarras, mais elle en fut dédommagée en ce qu'elle apprit à juger sa fille parfaitement : en quoi la connaissance du monde lui fut d'un grand secours. Ce n'était pas la première fois qu'elle rencontrait un si singulier caractère, mais elle ne l'avait jamais vu aussi prononcé. Cependant l'expérience lui avait appris que la vie, que divers événements, que les relations de famille, peuvent développer chez ces personnes une aimable et charmante maturité : l'égoïsme diminue, et l'activité turbulente prend une direction positive. Comme mère, Charlotte fut d'autant plus disposée à voir d'un œil favorable ce qui pouvait produire sur d'autres un fâcheux effet, qu'il sied aux parents d'espérer, tandis que les étrangers ne veulent que jouir, ou du moins veulent ne pas être importunés.

Cependant, après le départ de sa fille, Charlotte eut à souffrir à son sujet, d'une façon particulière et inattendue, en ce qu'elle avait laissé derrière elle des impressions fâcheuses, moins pour ce qu'il y avait de répréhensible dans sa conduite que pour des choses qu'on aurait pu trouver louables. Luciane semblait s'être fait une loi d'être gaie avec les gens gais et triste avec les gens tristes, et, pour donner carrière à l'esprit de contradiction, d'attrister quelquefois les personnes gaies et d'égayer les personnes tristes. Dans toutes les familles qu'elle visitait, elle s'informait des malades et des infirmes, qui ne pouvaient paraître dans la société. Elle les visitait dans leur appartement; elle faisait le médecin, et les forçait de prendre des remèdes énergiques, tirés de la pharmacie de voyage qui la suivait partout. Le traitement, comme on l'imagine, avait un bon ou un mauvais résultat, selon que le hasard en décidait.

Elle exerçait ce genre de bienfaisance avec une véritable cruauté, et ne s'en laissait point dissuader, car elle était fermement convaincue qu'elle agissait parfaitement. Mais elle fut aussi malheureuse dans la tentative qu'elle fit de traiter une maladie morale, et ce fut pour Charlotte la cause de bien des soucis, parce que l'affaire eut des suites et que tout le monde en parla. Ce fut seulement après le départ de Luciane qu'elle en eut connaissance. Ottilie, qui avait fait cette promenade avec Luciane, dut rendre à Charlotte un compte détaillé de l'événement.

Une jeune personne de bonne famille avait eu le malheur de causer la mort d'une sœur cadette, et ne pouvait s'en remettre et s'en consoler. Elle vivait retirée dans son appartement, occupée et tranquille, et ne souffrait la vue de ses parents eux-mêmes, qu'autant que chacun venait seul : car, aussitôt qu'elle en voyait plusieurs ensemble, elle soupçonnait qu'ils faisaient entre eux des réflexions sur elle et sur son état. Dans la société de toute personne seule, elle était raisonnable, et pouvait s'entretenir avec elle des heures entières.

Luciane eut connaissance de la chose, et aussitôt elle se promit secrètement, quand elle irait dans cette maison, d'y faire une sorte de miracle, et de rendre la jeune fille à la société. Elle se conduisit dans cette occasion avec plus de précaution qu'à l'ordinaire ; elle sut s'introduire seule auprès de la malade, et, à ce qu'il paraît, gagner sa confiance au moyen de la musique. Mais à la fin elle se trompa : en effet, comme elle voulait faire sensation, un soir, elle amena tout à coup, dans une nombreuse et brillante assemblée, la pâle et belle jeune fille, qu'elle croyait avoir suffisamment préparée. Et la chose eût réussi peut-être, si les assistants, par curiosité et par inquiétude, ne s'étaient pas conduits avec maladresse, ne s'étaient pas rassemblés autour de la malade, ne l'avaient pas évitée ensuite, puis troublée et agitée, en chuchotant et se parlant à l'oreille. Ses nerfs délicats ne purent supporter cette scène. Elle s'enfuit, en poussant des cris affreux, comme saisie d'horreur devant un monstre menaçant. La société, effrayée, se dispersa. Ottilie fut du nombre des personnes qui ramenèrent dans sa chambre la jeune fille sans connaissance.

Cependant Luciane avait adressé, à sa manière, une forte réprimande à la société, sans songer le moins du monde qu'elle seule avait fait tout le mal, et sans que ce mauvais succès et d'autres encore la fissent renoncer à ses expériences.

Dès lors l'état de la jeune personne était devenu plus fâcheux ; le mal avait fait de tels progrès que les parents ne purent garder chez eux la pauvre enfant, et qu'ils durent la placer dans une maison de santé. Il ne restait plus à Charlotte qu'à s'efforcer d'adoucir un peu par sa conduite affectueuse envers cette famille la douleur que sa fille avait causée. Cet événement avait fait sur Ottilie une impression profonde. Elle plaignait d'autant plus la pauvre jeune fille, qu'elle était persuadée, comme elle le dit sans détour à Charlotte elle-même, qu'avec un traitement convenable, la malade se serait certainement guérie.

Comme, en revenant sur le passé, on s'entretient plus souvent des choses désagréables que de celles qui ont fait plaisir, on en vint à parler d'un petit démêlé survenu entre Ottilie et l'architecte, le soir où il avait refusé de montrer sa collection, malgré la prière amicale qu'elle lui en avait faite. Ce refus lui était toujours demeuré sur le cœur, elle ne savait elle-même pourquoi. Ce sentiment était juste : ce qu'une jeune personne comme elle pouvait demander, un jeune homme tel que l'architecte ne devait pas le refuser. Cependant, en réponse aux légers reproches qu'elle lui fit là-dessus en passant, il allégua d'assez valables excuses.

« Si vous saviez, dit-il, avec quelle grossièreté beaucoup de personnes, même bien élevées, traitent les œuvres d'art les plus précieuses, vous m'excuseriez de ne pas produire les miennes parmi la foule. Personne ne sait prendre une médaille par le bord ; on tâtonne les empreintes les plus belles, le fond le plus pur ; on fait aller et venir entre le pouce et l'index les pièces les plus délicates, comme si l'on appréciait de la sorte la beauté des formes. Sans songer qu'on doit prendre une grande feuille avec les deux mains, on saisit d'une seule une gravure inestimable, un dessin unique, comme un politique présomptueux prend une gazette, faisant connaître d'avance, en chiffonnant le papier, son opinion sur les événements. Nul ne songe que, si seulement vingt personnes, les unes après les autres, traitent de cette manière, une œuvre d'art, la vingt et unième n'aura pas grand'chose à voir.

— Ne vous ai-je pas moi-même donné quelquefois de ces inquiétudes? lui dit la jeune fille. Ne m'est-il pas arrivé d'endommager, sans m'en douter, quelqu'un de vos trésors?

— Jamais! repartit l'architecte, jamais! Cela vous serait impossible : le sentiment des convenances est inné chez vous.

— En tout cas, reprit-elle, il ne serait pas mal d'insérer, à l'avenir, dans les manuels de civilité, après les chapitres où l'on expose la manière de se comporter à table, un chapitre circonstancié sur la manière de se conduire dans les galeries d'objets d'art et les musées.

— Assurément, dit-il, les gardiens et les amateurs en auraient plus de plaisir à communiquer leurs trésors. »

Ottilie lui avait pardonné depuis longtemps : mais, comme il paraissait fort sensible à ce reproche, et comme il ne cessait de protester qu'il était charmé de montrer ses collections, d'obliger ses amis, elle comprit qu'elle avait blessé sa délicatesse, et elle se sentait en quelque sorte sa débitrice. Aussi ne put-elle lui refuser tout net une grâce qu'il lui demanda à la suite de cette conversation, quoique, s'étant recueillie sur-le-champ, elle ne vît pas comment elle pourrait accéder à ses vœux.

Voici de quoi il s'agissait. Il avait été extrêmement blessé de voir la jalousie de Luciane exclure sa cousine des représentations de tableaux; il avait d'ailleurs observé avec regret que Charlotte, se trouvant indisposée, n'avait pu assister que par moments à ces brillantes récréations. Il ne voulait pas s'éloigner sans témoigner sa reconnaissance, en arrangeant, à l'honneur de l'une et pour l'amusement de l'autre, une représentation beaucoup plus belle que les précédentes. Peut-être un motif secret s'ajoutait-il aux autres, sans qu'il en eût conscience : il lui était pénible de quitter cette maison; il ne pouvait se résoudre à s'éloigner d'Ottilie, dont le calme et doux regard avait presque seul, dans ces derniers temps, animé son existence.

Les fêtes de Noël approchaient, et il comprit tout à coup que ces représentations de tableaux en ronde bosse avaient eu proprement pour origine ce qu'on nomme les *présèpes*[1] et le pieux spectacle que l'on consacrait, dans ce saint temps, à la divine mère et à son enfant, recevant, dans leur apparente bassesse, d'abord l'hommage des bergers, et, bientôt après, celui des rois.

Il avait parfaitement reconnu la possibilité d'un pareil tableau. Un enfant frais et beau était trouvé; on ne manquerait pas non plus de bergers et de bergères : mais on ne pouvait rien faire sans Ottilie. Le jeune homme l'avait destinée à représenter la mère de Dieu, et, si elle refusait, nul doute que son entreprise ne dût échouer. Un peu embarrassée de sa proposition, elle lui dit de présenter sa demande à sa tante. Charlotte donna la permission volontiers, et même elle apaisa doucement les craintes de sa nièce, qui se faisait scrupule de représenter cette sainte figure. L'architecte travailla jour et nuit, afin que tout fût prêt pour la veille de Noël.

Il travailla jour et nuit, dans le vrai sens du mot. Il avait d'ailleurs peu de besoins, et la présence d'Ottilie paraissait suffire à sa vie. Lorsqu'il travaillait pour elle, il semblait n'avoir aucun besoin de sommeil; lorsqu'il était occupé auprès d'elle, on eût dit qu'il pouvait se passer de nourriture. Aussi tout fut-il achevé et prêt pour le soir de la fête. Il avait pu former une musique harmonieuse d'instruments à vent, qui jouèrent une introduction, et donnèrent aux esprits les dispositions désirées. Quand le rideau se leva, Charlotte éprouva une véritable surprise. Le tableau qui s'offrait devant elle avait été si souvent reproduit, qu'on devait à peine en attendre une impression nouvelle. Mais ici la réalité avait, comme image, ses avantages particuliers. Toute la scène était plutôt dans l'ombre que dans le crépuscule, et cependant aucun détail n'était confus. L'admirable pensée de faire émaner de l'enfant toute la lumière, l'artiste avait su la réaliser par un appareil ingénieux d'éclairage, que dissimulaient les figures du premier plan, qui recevaient seulement quelques jets de lumière. Des jeunes filles et des jeunes garçons pleins d'allégresse entouraient l'enfant, et leurs frais

---

[1]. Crèches.

visages étaient vivement éclairés d'en bas. Les anges ne manquaient pas non plus, et leur propre éclat semblait obscurci par l'éclat divin; leur corps éthéré paraissait matériel et sombre auprès du corps de l'Homme-Dieu.

L'enfant s'était heureusement endormi dans l'attitude la plus gracieuse, en sorte que rien ne troublait l'attention, quand le regard s'arrêtait sur la mère, qui, avec une grâce infinie, avait soulevé un voile, pour découvrir le trésor caché. Dans ce moment, la figure parut être fixe et immobile. Les yeux éblouis, l'âme étonnée, le peuple qui l'entourait semblait avoir fait tout à l'heure un mouvement, pour détourner ses yeux frappés par la lumière, puis, avec une joyeuse curiosité, les avoir reportés clignotants sur l'objet, et témoigner plus de surprise et de plaisir que d'admiration et de respect ; mais ces sentiments n'étaient pas non plus oubliés, et quelques figures de vieillards étaient chargées de les exprimer.

La taille, le geste, la figure et le regard d'Ottilie surpassaient tout ce qu'un peintre a jamais exprimé. Un connaisseur doué de sentiment, en présence de cette apparition, aurait craint de la voir faire le moindre mouvement; il aurait appréhendé que rien ne pût désormais lui plaire à ce point. Par malheur, il n'y avait là personne qui fût capable de saisir tout l'effet de l'ensemble. L'architecte seul, en berger à la taille élancée, et regardant de côté, par-dessus ceux qui étaient à genoux, sans être au véritable point de vue, jouissait le mieux du tableau. Mais qui pourrait décrire l'expression de la nouvelle reine du ciel? L'humilité la plus pure, la plus aimable modestie, au sein d'un honneur suprême, immérité, d'un bonheur inconcevable, immense, se peignaient dans ses traits, en tant qu'ils exprimaient et son propre sentiment et l'idée qu'elle devait se faire de la scène qu'elle représentait.

Charlotte jouissait de cet admirable tableau, mais ce fut surtout la vue de l'enfant qui fit impression sur elle. Ses yeux étaient baignés de larmes; elle fut vivement saisie, à la pensée qu'elle pouvait espérer de bercer bientôt sur ses genoux un être chéri, pareil à celui-là.

On avait baissé le rideau, soit pour donner un peu de relâche aux figurants, soit pour changer quelque chose au tableau.

L'artiste s'était proposé de transformer la scène de nuit et d'humilité en une scène de jour et de gloire; et, pour cet effet, il avait préparé de tous côtés un nombre infini de lumières qu'on alluma dans l'entr'acte.

Dans sa situation à demi théâtrale, Ottilie avait été jusque-là fort tranquille, persuadée qu'à l'exception de Charlotte et de quelques amis, personne n'avait vu cette pieuse et savante mascarade. Elle fut donc un peu troublée, lorsqu'elle s'aperçut dans l'entr'acte qu'un étranger était arrivé, et que Charlotte lui avait fait dans la salle un gracieux accueil. Quel était cet étranger? C'est ce qu'on ne put lui dire. Elle se résigna, pour ne causer aucun dérangement. Les bougies et les lampes brûlaient, et une éblouissante clarté l'environna. Le rideau se leva. Coup d'œil surprenant pour les spectateurs! Le tableau était tout lumière, et, à la place des ombres, qui avaient totalement disparu, il ne restait plus que les couleurs, dont le choix heureux tempérait agréablement la clarté. Sans lever ses longues paupières, Ottilie aperçut un homme assis à côté de Charlotte. Elle ne le reconnut point, mais elle crut distinguer la voix du sous-maître de la pension. Elle fut vivement émue. Que d'événements s'étaient passés, depuis qu'elle n'avait pas entendu la voix de ce fidèle instituteur! Aussi prompte que l'éclair, la suite de ses joies et de ses souffrances passa devant son âme. « Oseras-tu lui dire, lui confesser tout! se demanda-t-elle. Que tu es peu digne de paraître devant lui sous cette sainte image! Et qu'il doit lui sembler étrange de voir déguisée celle qu'il a toujours vue naturelle! » Le sentiment et la réflexion luttaient dans son âme avec une rapidité sans égale; son cœur était oppressé, ses yeux se remplirent de larmes, tandis qu'elle s'efforçait toujours de paraître une figure immobile. Qu'elle fut aise lorsque, l'enfant ayant commencé à se remuer, l'artiste se vit obligé de faire signe que l'on baissât le rideau!

Si le sentiment pénible de ne pouvoir courir au-devant d'un respectable ami s'était joint, dans les derniers moments, aux autres sensations d'Ottilie, elle se trouvait maintenant dans un embarras plus grand encore. Devait-elle se présenter à lui dans cette mise et cette parure étrangère? devait-elle changer d'habits? Sans délibérer, elle prit ce dernier parti, et tâcha de se recueillir, de se calmer, dans l'intervalle : mais elle ne fut tout à fait à elle-même que lorsqu'ayant repris ses habits ordinaires, elle put saluer enfin le nouveau venu.

CHAPITRE VII.

Comme l'architecte faisait pour ses protectrices les meilleurs souhaits, il était charmé, puisque enfin il devait les quitter, de les savoir dans la société de l'estimable instituteur : toutefois, en tant qu'il était jaloux de fixer sur lui-même leur bienveillance, il sentait quelque douleur de se voir sitôt, et, comme il paraissait à sa modestie, si bien et si complétement remplacé. Il avait toujours balancé jusqu'alors, mais cet incident pressa son départ : ce qu'il devait souffrir doucement, quand il se serait éloigné, du moins il ne voulait pas le voir de ses yeux.

Il trouva une diversion charmante à ces sentiments un peu tristes dans un cadeau que les dames lui firent à son départ : c'était une veste brodée de leurs mains. Il les avait vues longtemps occupées l'une et l'autre à cet ouvrage, non sans porter une secrète envie à l'heureux inconnu qui devait un jour le posséder. Un pareil présent est le plus agréable qu'un homme aimant et respectueux puisse recevoir : car il ne peut songer à ces jolies mains, agiles, infatigables, sans se flatter que le cœur ait eu aussi quelque part à un travail si persévérant.

Les dames avaient maintenant un nouvel hôte, à qui elles voulaient du bien, et qu'elles souhaitaient de voir satisfait auprès d'elles. Les femmes ont un intérêt particulier, secret, invariable, dont rien au monde ne saurait les détacher : mais, dans les relations sociales, elles se laissent aisément et volontiers déterminer par l'homme qui les occupe; et, par la résistance comme par la docilité, par l'obstination et la condescendance, elles exercent réellement l'empire, auquel, dans le monde civilisé, nul homme n'essaye de se soustraire.

L'architecte, en paraissant suivre son goût et son plaisir, avait exercé et déployé ses talents, sous les yeux de ses amies, pour leur amusement et leur service; les occupations et les passe-temps s'étaient arrangés dans cet esprit et selon ces vues: la présence de l'instituteur amena bientôt une autre manière de vivre. Son grand talent était de bien dire, et d'exposer, dans la conversation, les rapports mutuels des hommes, surtout en ce qui touche à l'éducation de la jeunesse. Ainsi prit naissance une opposition assez marquée aux habitudes qu'on avait eues jusqu'alors; d'autant plus que l'instituteur n'approuvait pas entièrement les choses dont on s'était occupé auparavant d'une manière exclusive.

Il ne dit pas un mot du tableau vivant qui l'avait accueilli à son arrivée. En revanche, lorsqu'on se plut à lui faire voir l'église, la chapelle et tout ce qui s'y rapportait, il ne put dissimuler son opinion, ses sentiments.

« Pour moi, disait-il, je n'aime pas ce rapprochement, ce mélange des choses sacrées avec ce qui frappe les sens; je n'aime pas que l'on voue, que l'on consacre et que l'on décore certains espaces particuliers, pour nourrir de la sorte et entretenir d'une manière exclusive le sentiment religieux. Aucune enceinte, même la plus ordinaire, ne doit troubler en nous le sentiment de la divinité, qui peut nous accompagner partout et faire un temple de chaque lieu. J'aimerais à voir célébrer un culte domestique dans la salle où l'on mange, où l'on se réunit pour les plaisirs de la société, pour les jeux, pour la danse. Ce qu'il y a de plus élevé, de plus excellent, dans l'homme n'a point de figure, et l'on doit se garder de le figurer autrement que par de nobles actions. »

Charlotte, qui avait déjà une idée générale de ses sentiments, et qui, en peu de temps, les approfondit encore davantage, le plaça bientôt dans sa sphère d'activité, en faisant défiler devant lui, dans la grande salle, les petits jardiniers, que l'architecte avait justement passés en revue avant son départ. Sous leur uniforme propre et gai, ils se présentèrent fort bien, avec des mouvements réguliers et des allures vives et naturelles. L'instituteur les examina à sa manière, et, par des questions et des détours divers, il eut bientôt découvert les caractères et les aptitudes des enfants, et, sans qu'il y parût, en moins d'une heure, il les avait instruits et avancés remarquablement.

« Comment donc faites-vous? dit Charlotte, tandis que les enfants se retiraient. J'ai écouté avec une grande attention; il n'a été question que de choses tout à fait connues, et pourtant je ne sais comment je devrais m'y prendre pour les exposer avec une telle suite, en un temps si court, à travers tout ce conflit de paroles.

— Peut-être faudrait-il, reprit l'instituteur, faire un secret des avantages de sa profession : cependant je ne puis vous cacher le principe tout simple à l'aide duquel on peut obtenir ce résultat et bien plus encore. Saisissez un objet, une matière, une idée, comme on voudra l'appeler; embrassez-la fortement, et faites-vous-en une notion bien claire dans toutes ses parties : alors il vous sera facile de reconnaître, par la conversation avec une troupe d'enfants, ce qu'ils savent déjà de la chose, ce qu'il faut encore leur en suggérer, leur en apprendre. Si peu que leurs réponses se rapportent à vos questions, si loin qu'ils s'écartent, pourvu que vous les rameniez ensuite à l'idée et à l'objet, que vous ne vous laissiez pas écarter de votre point de vue, les enfants doivent finir par concevoir, comprendre, et faire pénétrer dans leur esprit ce que l'instituteur veut leur apprendre, et la manière dont il veut qu'ils l'apprennent. Son plus grand défaut est de se laisser entraîner par les disciples, de ne pas savoir les arrêter au point qu'il traite maintenant. Faites-en bientôt l'épreuve, madame, et vous y trouverez un grand intérêt.

— C'est charmant! dit-elle; la bonne pédagogie est donc justement l'inverse du bon usage. Dans la société, il ne faut s'arrêter à rien, et, dans l'enseignement, la loi suprême serait de combattre toute distraction.

— Varier sans disperser, serait, pour l'enseignement et pour la vie, la plus belle maxime, mais cet heureux équilibre n'est pas facile à garder. »

Après avoir fait cette réponse, le professeur allait continuer, quand Charlotte le pressa de regarder encore une fois les enfants, dont la joyeuse troupe traversait la cour en ce moment,

Il témoigna sa satisfaction de ce qu'on les avait assujettis à l'uniforme.

« Les hommes, disait-il, devraient porter l'uniforme dès leur enfance, parce qu'il leur faut prendre l'habitude d'agir en commun, de se confondre parmi leurs égaux, d'obéir en masse et de travailler pour l'œuvre commune. D'ailleurs, toute espèce d'uniforme entretient l'esprit militaire et une discipline plus exacte et plus ferme. Et puis, tous les garçons ne sont-ils pas nés soldats? Il suffit de les voir, dans leurs jeux, combattre, jouter, aller à l'assaut et à l'escalade.

— Mais vous ne me blâmerez pas, dit Ottilie, de ne pas habiller mes petites filles de même?... Quand je vous les présenterai, j'espère vous réjouir par le mélange et la bigarrure.

— Je l'approuve fort, répondit-il. Les femmes devraient être vêtues de la manière la plus diverse, chacune à sa guise, afin que chacune apprît à sentir ce qui lui va et lui sied vraiment bien. Une raison plus importante, c'est que leur destinée est d'être seules, d'agir seules, toute'leur vie.

— Voilà, ce me semble, un étrange paradoxe, reprit Charlotte : nous ne vivons cependant presque jamais pour nous.

— Au contraire, répondit l'instituteur, vous vivez pour vous assurément, par rapport aux autres femmes. Que l'on considère une femme comme amante, comme fiancée, comme épouse, mère et maîtresse de maison, elle est toujours isolée, elle est toujours seule et veut l'être. La plus vaine elle-même est dans ce cas. Chaque femme exclut les autres : cela est dans sa nature, parce qu'on exige de chacune d'elles tout ce que doit accomplir son sexe tout entier. Il n'en est pas ainsi du nôtre. L'homme a besoin de l'homme, et il se créerait un second, s'il n'existait pas : une femme pourrait vivre une éternité, sans penser à produire sa pareille.

— Il suffit, reprit Charlotte, de dire le vrai d'une manière étrange, pour que l'étrange finisse par sembler vrai à son tour. Nous recueillerons ce qu'il y a de plus excellent dans vos remarques, et cependant, comme femmes, nous tiendrons ensemble, et nous agirons aussi ensemble, pour ne pas accorder aux hommes de trop grands avantages sur nous. Même vous nous passerez la maligne joie que nous sentirons d'autant plus vivement à l'avenir, quand nous verrons les hommes ne pas s'accorder trop bien entre eux. »

Le sage instituteur étudia ensuite avec beaucoup de soin la manière dont Ottilie traitait ses petites élèves, et il en témoigna sa franche approbation.

« C'est avec beaucoup de raison, lui dit-il, que vous appliquez vos élèves uniquement aux choses de première nécessité. La propreté engage les petites filles à s'estimer elles-mêmes, et tout est gagné, quand on les a portées à se réjouir et se complaire dans ce qu'elles font. »

Au reste, à sa grande satisfaction, il reconnut qu'on ne donnait rien à l'apparence et aux dehors, et, qu'au contraire, tout se faisait pour l'intérieur et pour les besoins indispensables.

« Qu'il faudrait peu de mots, s'écria-t-il ensuite, pour exposer tout le système de l'éducation, si l'on avait des oreilles pour entendre!

— Ne voulez-vous pas essayer avec moi? dit doucement Ottilie.

— Très-volontiers, mais ne me trahissez pas! Que l'on élève les garçons pour être des serviteurs, et les filles, des mères, et tout ira bien.

— Des mères, reprit-elle, les femmes pourraient l'accepter, en effet, sans être mères, elles doivent toujours se disposer à être bonnes d'enfants; mais nos jeunes hommes se croient trop au-dessus du rôle de serviteurs : on peut voir, à l'air de chacun, qu'ils se jugent plus capables de commander.

— C'est pourquoi nous leur ferons de ceci un mystère, dit l'instituteur. On se flatte dans le cours de la vie, mais la vie ne nous flatte pas. Beaucoup de gens savent-ils accorder volontairement ce qu'ils sont à la fin obligés d'accorder? Au reste, laissons ces réflexions, étrangères à ce qui nous occupe.

« Je vous félicite de pouvoir employer avec vos élèves une bonne méthode. Si vos plus petites filles s'amusent de leurs poupées, et cousent pièce à pièce quelques chiffons pour elles; si les sœurs aînées ont soin des plus jeunes, et si la maison se sert et s'entretient elle-même, le pas qui reste à faire pour entrer dans la vie n'est pas grand, et une jeune fille ainsi préparée trouve chez son mari ce qu'elle a quitté chez ses parents.

« Mais, dans les classes supérieures, la tâche est très-compliquée. Il nous faut tenir compte de relations plus élevées, plus délicates, plus déliées, surtout des relations sociales. Nous devons, par conséquent, former aussi l'extérieur chez nos élèves. C'est nécessaire, c'est indispensable, et ce pourrait être bon, si l'on ne dépassait la mesure. En effet, en songeant à développer les enfants pour une sphère plus vaste, on les entraîne aisément dans une carrière illimitée, sans considérer toujours ce que demande proprement leur caractère. Voilà le problème qui est plus ou moins résolu ou manqué par les instituteurs. Nous enseignons à nos jeunes pensionnaires beaucoup de choses qui me laissent une véritable inquiétude, parce que l'expérience me dit de quel faible usage elles leur seront dans l'avenir. Que de choses ne sont pas effacées, ne sont pas livrées à l'oubli, aussitôt qu'une jeune personne entre en ménage et devient mère!

« Cependant, puisque je me suis consacré à ces fonctions, je ne puis me refuser le pieux désir de réussir un jour, avec le secours d'une fidèle compagne, à développer uniquement chez mes élèves les connaissances dont elles auront besoin, lorsqu'elles entreront dans le champ de l'activité propre et de l'indépendance, en sorte que je puisse me dire : dans ce sens, leur éducation est achevée. Il est vrai que sans cesse il en succède une autre, qui, presque chaque année de notre vie, résulte sinon de nous-mêmes, du moins des circonstances. »

Combien cette remarque parut vraie à Ottilie! Que de choses ne lui avait pas apprises, dans l'année qui venait de s'écouler, une passion imprévue! De quelles épreuves ne se voyait-elle pas menacée, à n'envisager même que le plus prochain avenir!

Ce n'était pas sans motif que le jeune homme avait parlé d'une aide, d'une compagne; car, avec toute sa modestie, il ne pouvait s'empêcher de faire entrevoir ses vues d'une manière éloignée. Diverses circonstances, divers incidents, l'engageaient même à faire, dans cette visite, quelques pas de plus vers son but.

La directrice du pensionnat était déjà avancée en âge; elle avait cherché depuis longtemps parmi les maîtres et les maîtresses qui la secondaient une personne dont elle pût faire son associé; et enfin, s'adressant à l'instituteur qui méritait toute sa confiance, elle lui avait proposé de diriger désormais le pensionnat avec elle, de le gérer comme lui étant propre, et de la remplacer après sa mort, comme héritier et unique propriétaire. L'essentiel pour lui était de trouver une femme qui partageât ses vues. Ottilie occupait en secret son esprit et son cœur; mais il s'élevait quelques doutes, contre-balancés à leur tour par des événements favorables. Luciane ayant quitté la pension, l'orpheline pouvait revenir plus librement; ses rapports avec Édouard avaient fait, il est vrai, quelque bruit; mais on traitait la chose, comme tant d'autres aventures pareilles, avec indifférence, et même cet événement pouvait contribuer au retour d'Ottilie. Cependant on n'aurait pris encore aucune résolution, on n'aurait fait aucun pas en avant, si une visite imprévue n'avait aussi donné à l'affaire une impulsion particulière; car, dans toute société, l'apparition de personnages marquants ne peut jamais rester sans conséquences.

Le comte et la baronne, qui s'étaient vus si souvent consultés sur le mérite de divers pensionnats, parce que les parents sont presque toujours embarrassés pour l'éducation de leurs enfants, s'étaient proposé d'apprendre à connaître celui-là, dont on disait beaucoup de bien. Dans leur nouvelle position, ils pouvaient maintenant faire ensemble cette visite. La baronne avait d'autres vues encore. Pendant son dernier séjour auprès de Charlotte, ces deux dames s'étaient entretenues avec détail de tout ce qui concernait Édouard et Ottilie. La baronne insistait pour que la jeune fille fût éloignée. Elle s'efforçait de rassurer Charlotte, qui craignait toujours les menaces d'Édouard. On passa en revue les divers expédients, et, lorsqu'on parla de la pension, il fut aussi question de l'amour du maître : la baronne en fut d'autant plus engagée à faire dans l'établissement la visite projetée.

Elle arrive, elle fait la connaissance de l'instituteur, on examine la pension, on s'entretient d'Ottilie. Le comte lui-même en parle avec plaisir, car il avait appris à la connaître plus particulièrement dans sa dernière visite. Elle s'était approchée de lui; elle se sentait attirée par le comte, parce qu'elle croyait voir et apprendre, dans sa conversation solide, ce qui lui était resté jusqu'alors tout à fait inconnu. Et, comme dans ses entretiens avec Édouard elle oubliait le monde, dans la société du comte, pour la première fois, le monde lui semblait désirable. Toute inclination est mutuelle. Le comte se sentit pour Ottilie un tel penchant, qu'il se plaisait à la regarder comme sa fille. Cette fois encore, et plus que la première, elle faisait obstacle à la baronne. Qui sait, dans les temps où sa passion était plus vive, ce qu'elle aurait entrepris contre la jeune fille! Alors il lui suffisait de la rendre, en la mariant, moins dangereuse pour les ménages.

Elle sut donc faire entendre doucement, mais avec succès, à l'instituteur, qu'il devrait s'arranger pour faire une petite excursion au château, et avancer l'accomplissement de ses vœux et de ses projets, dont il n'avait point fait mystère à la baronne.

Avec la pleine approbation de la directrice, il s'était donc mis en voyage, et il nourrissait dans son cœur les meilleures espérances. Son élève, il le sait, ne lui est pas défavorable; et, s'il se trouve entre eux quelque inégalité de condition, elle s'efface aisément devant les idées modernes. La baronne lui avait d'ailleurs fait entendre que celle qu'il aimait serait toujours une fille pauvre. Être apparenté à une riche maison ne procure aucun avantage. Car, même avec la plus grande fortune, on se ferait scrupule de retrancher une somme considérable à ceux qui, à raison de leur parenté plus proche, semblent avoir plus de droit à la propriété. Et certes il n'en est pas moins singulier que l'homme mette bien rarement en usage, pour favoriser ceux qu'il aime, la grande prérogative qui l'autorise à disposer de ses biens après sa mort, et qu'il appelle toujours à lui succéder ceux qui posséderaient ses biens après lui, quand même il n'aurait aucune volonté.

Pendant son voyage, le cœur lui disait qu'il était l'égal d'Ottilie. Un accueil amical éleva ses espérances. Il la trouva, il est vrai, un peu moins communicative avec lui qu'autrefois; mais aussi elle était plus développée, plus formée, et, si l'on veut, en général plus expansive qu'il ne l'avait connue. Avec une confiance entière, on lui fit prendre connaissance de maintes affaires, surtout de celles qui avaient rapport à son état. Mais, lorsqu'il voulait approcher de son but, une certaine crainte le retenait toujours.

Cependant Charlotte lui en fournit un jour l'occasion, en lui disant en présence de sa nièce :

« Maintenant que vous avez assez bien examiné tout ce qui se développe dans ma maison, dites-moi comment vous trouvez Ottilie. Vous ne craindrez pas de vous expliquer en sa présence ? »

L'instituteur répondit avec beaucoup de sagacité, et dans un langage fort calme, que, pour l'aisance des manières, la grâce facile de la conversation, l'intelligence plus élevée des affaires du monde, qui se manifestait dans ses actions plus que dans ses paroles, il la trouvait fort changée à son avantage ; il croyait cependant qu'elle pourrait gagner beaucoup à retourner pour quelque temps au pensionnat, afin de s'approprier à fond et pour toujours, avec enchaînement, ce que le monde n'enseigne que d'une manière morcelée, plus propre à nous troubler qu'à nous satisfaire, et quelquefois beaucoup trop tard. Il ne voulait pas s'étendre là-dessus davantage. Ottilie savait mieux que personne quel ensemble de leçons on lui avait fait brusquement abandonner.

La jeune fille ne pouvait le nier, mais elle ne pouvait non plus avouer ce qu'elle éprouvait à ces paroles, parce qu'elle savait à peine se l'expliquer. Elle ne voyait plus dans le monde aucun défaut d'ensemble, lorsqu'elle pensait à l'homme qu'elle aimait, et elle ne concevait pas que sans lui quelque harmonie pût subsister encore.

Charlotte répondit à cette proposition avec une bienveillance calculée. Elle dit que, depuis longtemps, elles avaient souhaité l'une et l'autre un retour à la pension. Actuellement la présence et les secours d'une amie si chère lui étaient devenus indispensables. Mais, dans la suite, si c'était toujours le vœu d'Ottilie, elle ne l'empêcherait point de retourner au pensionnat, pour achever ses études commencées, et s'approprier entièrement les connaissances dont elle avait interrompu l'acquisition.

L'instituteur accueillit ces offres avec joie. Son élève n'osa rien objecter, bien que cette pensée la fît frémir. Charlotte, de son côté, songeait à gagner du temps. Elle espérait que la joie d'être père rendrait Édouard à lui-même et le lui ramènerait ; elle était convaincue qu'ensuite tout s'arrangerait, et que, de quelque manière, il serait pourvu au sort d'Ottilie.

Un entretien sérieux, sur lequel chacun des interlocuteurs a ses réflexions à faire, est suivi le plus souvent d'une certaine pause, qui semble indiquer une gêne commune. On allait et venait dans le salon; l'instituteur feuilleta quelques livres et tomba enfin sur l'in-folio qui était resté là depuis le temps de Luciane. Lorsqu'il vit que ce livre ne présentait que des figures de singes, il le referma sur-le-champ. Il paraît toutefois que cet incident donna lieu à une conversation, puisque nous en trouvons les traces dans le journal que nous citerons encore.

Extrait du Journal d'Ottilie.

Comment peut-on prendre sur soi de peindre si soigneusement de vilains singes? On s'abaisse déjà, de les considérer seulement comme bêtes : mais c'est montrer vraiment trop de malice, que de céder au plaisir de chercher sous ce masque des hommes connus.

Il faut une certaine aberration d'esprit pour aimer à s'occuper de caricatures et de grotesques. J'ai l'obligation à notre bon instituteur de n'avoir pas été obsédée d'histoire naturelle : je ne pourrais jamais éprouver de sympathie pour les vers et les scarabées.

Pour cette fois, il m'a confessé qu'il sentait comme moi : « Nous ne devrions, dit-il, connaître de la nature que les objets qui vivent autour et tout près de nous. » Nous avons un vrai rapport avec les arbres qui verdissent, fleurissent, fructifient autour de nous; avec l'arbrisseau près duquel nous passons; avec chaque brin d'herbe sur lequel nous marchons : ils sont nos véritables compatriotes. Les oiseaux qui sautillent sur les branches de nos arbres, qui chantent dans notre feuillage, nous appartiennent; ils nous parlent dès notre enfance et nous apprennent à comprendre leur langage. Qu'on se demande si toute créature étrangère, arrachée à son milieu, ne fait pas sur nous je ne sais quelle impression pénible, qui n'est émoussée que par l'habitude. Il faut bien mener une vie distraite et bruyante, pour souffrir autour de soi des singes, des perroquets et des nègres.

Quelquefois, quand il me prenait un désir curieux de ces objets singuliers, j'ai porté envie au voyageur qui voit ces merveilles en relations vivantes, continuelles, avec d'autres merveilles. Mais lui-même il devient un autre homme : personne ne se promène impunément sous les palmiers, et nos idées changent certainement dans un pays où les éléphants et les tigres sont chez eux.

Il n'est de naturaliste digne d'estime que celui qui sait nous peindre et nous représenter l'objet le plus étranger, le plus singulier, avec sa localité, avec tout son voisinage, toujours dans son propre élément. Que j'aimerais à entendre, du moins une fois, Humboldt racontant ses voyages !

Un cabinet d'histoire naturelle peut nous paraître comme une sépulture égyptienne, où l'on voit rangées et embaumées les diverses bêtes et plantes idolâtrées. Il sied bien à une caste sacerdotale de s'en occuper dans un demi-jour mystérieux, mais ces choses devraient d'autant moins prendre place dans l'enseignement général, qu'elles en écartent aisément de plus intéressantes et qui nous touchent de plus près.

Un instituteur qui sait nous rendre sensibles à une bonne action, à un bon poëme, nous fait plus de bien que celui qui nous expose, avec leurs formes et leurs noms, des classes entières de productions naturelles; car tout le résultat (nous pouvons le savoir d'ailleurs), c'est que l'homme porte en lui, par excellence et par privilége unique, l'image de la divinité.

Laissons à chacun la liberté de s'appliquer à ce qui l'attire, lui fait plaisir, lui semble utile : mais l'étude essentielle à l'humanité, c'est l'homme.

CHAPITRE VIII.

Il y a peu d'hommes qui sachent s'occuper du passé le plus proche. Ou bien le présent nous enchaîne, ou bien nous nous perdons dans le passé lointain, et nous cherchons à rappeler et à reproduire, autant qu'il se peut faire, ce qui est absolument perdu. Même dans les grandes et riches familles qui doivent beaucoup à leurs ancêtres, c'est la coutume de penser à l'aïeul plus qu'au père.

Notre instituteur fut conduit à faire ces réflexions par un de ces beaux jours, où l'hiver, qui s'en va, offre l'image trompeuse du printemps, comme il était allé se promener dans l'ancien grand jardin du château, où il avait admiré les hautes allées de tilleuls, les plantations régulières, qui remontaient au temps du père d'Édouard. Elles avaient admirablement réussi dans l'idée de celui qui les avait faites, et, maintenant qu'on pouvait le reconnaître et en jouir, personne n'en parlait plus; on les visitait à peine; la fantaisie et la dépense avaient pris une autre direction et s'étaient portées au loin en pleine campagne.

A son retour, il en fit l'observation à Charlotte, qui la reçut avec assez de faveur.

« La vie nous entraîne, répondit-elle, et nous croyons agir par nous-mêmes, choisir nos travaux, nos plaisirs; mais, en réalité, ce sont les desseins et les goûts du siècle, que nous sommes forcés de suivre.

— Sans doute, reprit l'instituteur, et qui résiste au torrent des circonstances? Le temps marche et entraîne les sentiments, les opinions, les préjugés et les goûts. Si la jeunesse d'un fils tombe sur l'époque même de la révolution, on peut être assuré qu'il n'aura rien de commun avec son père. Si le père vivait à une époque où l'on se plaisait à s'approprier quelque chose, à assurer sa propriété, à la borner, à la réduire, et à goûter à l'écart, loin du monde, de solides jouissances, le fils ne manquera pas de chercher à s'étendre, à se communiquer, à se répandre, à ouvrir ce que le père avait fermé.

— Les périodes entières, reprit Charlotte, ressemblent à ce père et à ce fils dont vous tracez la peinture. Nous pouvons à peine nous faire une idée de ces temps où chaque petite ville devait avoir ses fossés et ses murs; où l'on bâtissait chaque gentilhommière dans un marais, où les moindres châteaux n'étaient accessibles que par un pont-levis. Aujourd'hui, les grandes villes elles-mêmes abattent leurs remparts; les fossés des châteaux de princes sont comblés; les villes ne paraissent plus que de grands bourgs : le voyageur témoin de ces changements devrait croire que la paix universelle est assurée et que l'âge d'or est à nos portes. Personne ne se trouve agréablement dans un jardin, s'il ne ressemble à la pleine campagne; rien ne doit rappeler l'art et la gêne; nous voulons respirer à l'aise et en liberté. Avez-vous l'idée, mon ami, qu'on puisse retourner de cet état dans un autre, dans celui qui l'a précédé?

— Pourquoi pas? dit-il, chaque situation a ses inconvénients, celle qui est restreinte aussi bien que celle qui est affranchie. Celle-ci suppose l'abondance et mène à la prodigalité. Arrêtons-nous à l'exemple que vous avez cité : il est assez frappant. Aussitôt que le besoin se fait sentir, on revient à la modération. Les hommes qui sont obligés de faire valoir leurs terres entourent de nouveau leurs jardins de murs, pour être sûrs des produits. Par là les choses prennent peu à peu un nouvel aspect. L'utile reprend le dessus, et enfin le riche lui-même croit devoir tout mettre à profit. Croyez-moi, il est possible que votre fils néglige tous les embellissements du parc, et se retire de nouveau derrière les sombres murailles et sous les hauts tilleuls de son grand-père. »

Charlotte éprouva une secrète joie de s'entendre annoncer un fils, et cela lui fit excuser la prophétie, un peu désobligeante, de l'instituteur, sur le sort qui pouvait attendre un jour son beau parc tant aimé. Elle répondit avec une grâce parfaite :

« Nous ne sommes ni l'un ni l'autre assez âgés pour avoir été souvent témoins de pareilles contradictions ; mais, si l'on se reporte au temps de sa première jeunesse, si l'on se rappelle les plaintes des vieillards, et si l'on observe les villes et les campagnes, peut-être n'aurait-on rien à répondre à vos observations. Ne pourrait-on cependant rien opposer à cette marche naturelle? ne pourrait-on mettre d'accord le père et le fils? Vous m'avez obligeamment prédit un garçon : faudra-t-il absolument qu'il soit en contradiction avec son père? qu'il renverse ce que ses parents auront bâti, au lieu de l'accomplir et de le développer, en continuant dans le même esprit?

— Il y aurait un bon moyen, répondit l'instituteur, mais que les hommes emploient rarement. Que le père élève son fils à la position de copropriétaire; qu'il le laisse bâtir, planter avec lui, et lui souffre, comme à lui-même, une innocente liberté. On peut entrelacer une activité dans une autre; on ne peut les ajouter l'une à l'autre; un jeune rameau s'unit aisément et volontiers à une vieille tige, sur laquelle ne saurait plus se greffer une grosse branche. »

L'instituteur se réjouit d'avoir trouvé l'occasion de dire à Charlotte quelque chose d'agréable, et de s'être assuré de nouveau sa faveur, au moment où il se voyait obligé de prendre congé d'elle. Son absence de la maison avait déjà duré trop longtemps: cependant il ne put se résoudre à partir qu'après s'être pleinement convaincu qu'il ne pouvait espérer une décision quelconque au sujet d'Ottilie, avant les couches de Charlotte. Il se résigna donc aux circonstances, et, avec cette perspective et cet espoir, il retourna auprès de la directrice.

Les couches de Charlotte approchaient. Elle se tenait plus renfermée dans son appartement. Les femmes qui s'étaient réunies autour d'elle étaient son unique société dans cette retraite. Ottilie avait soin du ménage, sans oser presque songer au rôle qu'elle remplissait. Elle s'était, à la vérité, complètement résignée; elle désirait se consacrer toujours, avec le plus entier dévouement, au service de Charlotte, de son enfant et d'Édouard, mais elle ne voyait pas comment cela pourrait se faire. Rien ne la sauvait d'un trouble complet, que l'application à remplir chaque jour son devoir.

La baronne était heureusement accouchée d'un garçon, et les

femmes s'accordèrent à déclarer que c'était tout le portrait de son père : Ottilie porta, en elle-même, un autre jugement, lorsqu'elle alla féliciter l'accouchée, et qu'elle embrassa tendrement le nouveau-né. Quand Charlotte faisait les dispositions nécessaires pour le mariage de sa fille, l'absence de son mari lui avait déjà été fort sensible, et maintenant le père ne devait pas assister à la naissance de son fils ; il ne devait pas décider quel nom porterait l'enfant !

Le premier de tous les amis qui se présentèrent, pour offrir leurs félicitations, fut Mittler, qui avait aposté des gens pour l'avertir sans retard de cet événement. Il parut, et il se montra plein de joie. A peine fit-il mystère de son triomphe en présence d'Ottilie ; il s'exprima hautement devant Charlotte ; et il était homme à dissiper toutes les inquiétudes, à écarter tous les obstacles. Il ne fallait pas différer le baptême. Le vieux pasteur, qui avait déjà un pied dans la fosse, unirait par sa bénédiction le passé et l'avenir ; l'enfant serait appelé Othon : il ne pouvait porter un autre nom que celui du père et de l'ami.

Il fallait toute la décision et l'insistance de cet homme pour écarter les mille difficultés, les objections, les lenteurs, l'hésitation, les idées meilleures, les idées différentes, les incertitudes, les dits, les dédits, les contredits : car, d'ordinaire, en ces conjonctures, une difficulté levée en fait naître une nouvelle, et, en voulant ménager toutes les convenances, il arrive toujours qu'on en blesse quelques-unes.

Mittler écrivit lui-même toutes les lettres de faire part. Il fallait qu'elles fussent expédiées sans délai : car il avait lui-même fortement à cœur de communiquer au monde, parfois malveillant et médisant, un événement heureux, qu'il jugeait si important pour la famille. Et, en effet, les orages que les passions y avaient excitées jusqu'alors n'avaient pas échappé au public, d'ailleurs persuadé que tout ce qui se passe, arrive uniquement pour qu'il ait quelque chose à dire.

La cérémonie du baptême devait être imposante, mais intime et courte. On se réunit ; Mittler et Ottilie devaient présenter l'enfant, comme parrain et marraine ; le vieux pasteur, soutenu par le concierge, s'avança à pas lents. La prière était achevée ; on avait posé l'enfant sur les bras d'Ottilie, et, lorsqu'elle se pencha vers lui avec affection, elle ne fut pas peu effrayée en regardant ses yeux ouverts, car elle crut voir les siens. Une telle ressemblance aurait dû frapper tout le monde. Mittler, qui reçut l'enfant après elle, fut également surpris de trouver dans ses traits une ressemblance si frappante avec le capitaine, qu'il n'en avait jamais vu de pareille.

La faiblesse du bon vieux pasteur l'avait empêché de rien ajouter, pour la cérémonie du baptême, à la liturgie ordinaire : Mittler, plein de son objet, se rappela son ancienne profession, et, en général, son habitude était de résoudre sur-le-champ, en chaque circonstance, comment il parlerait, comment il s'exprimerait. Cette fois, il put d'autant moins se retenir qu'il ne voyait autour de lui qu'un petit cercle d'amis. A la fin de la cérémonie, il prit donc avec aisance la place du pasteur ; dans un discours animé, il exposa ses devoirs de parrain et ses espérances, et il s'y arrêta longuement, croyant reconnaître, à l'air satisfait de Charlotte, qu'il était approuvé d'elle.

Le bon vieillard se serait assis volontiers : le robuste orateur ne s'en avisa point ; il songeait bien moins encore qu'il était en chemin de causer un plus grand mal ; car, après avoir exprimé avec énergie les rapports de chacune des personnes présentes avec l'enfant, et avoir mis à une assez rude épreuve la fermeté d'Ottilie, il se tourna enfin vers le vieillard et lui adressa ces paroles :

« Et vous, mon digne patriarche, vous pouvez désormais dire comme Siméon : « Seigneur, laisse ton serviteur aller en paix,
« car mes yeux ont vu le sauveur de cette maison. »

Mittler était en train de conclure d'une manière brillante, quand il remarqua soudain que le vieillard, à qui il présentait l'enfant, parut d'abord, il est vrai, se pencher vers lui, mais tomba tout à coup en arrière. Relevé avec peine de sa chute, il fut placé dans un fauteuil, et, malgré les secours les plus prompts, il fallut bien reconnaître qu'il était mort.

Voir et considérer, sans intervalle, la naissance et la mort, le berceau et le cercueil, à côté l'un de l'autre ; embrasser, non-seulement de la pensée, mais du regard, ces terribles contrastes, c'était pour les assistants une tâche d'autant plus pénible, qu'elle se présentait d'une manière soudaine. Ottilie seule considéra avec une sorte d'envie le vieillard endormi, qui avait conservé sa physionomie gracieuse et prévenante. La vie de l'âme était détruite, pourquoi le corps subsistait-il ?

Si les tristes événements de cette journée la portèrent souvent à méditer sur la fragilité des choses humaines, sur la séparation et la perte, elle eut, pour sa consolation, de merveilleuses apparitions nocturnes, qui l'assurèrent de l'existence du bien-aimé, et fortifièrent et ranimèrent la sienne propre. Lorsqu'elle était au lit, bercée dans une douce sensation, entre le sommeil et la veille, il lui semblait que ses regards pénétraient dans un espace parfaitement éclairé d'une paisible lumière. Elle y voyait Édouard distinctement, non pas vêtu comme elle l'avait vu auparavant, mais habillé en soldat, chaque fois dans une nouvelle attitude, et cependant parfaitement naturelle, qui n'avait rien de fantastique, tour à tour debout, en marche, couché, allant à cheval. La vision, parfaite jusque dans les moindres détails, se mouvait spontanément devant elle, sans que la jeune fille eût besoin de faire un acte de volonté, un effort d'imagination. Quelquefois aussi elle le voyait environné de diverses figures mobiles, plus sombres que le fond lumineux ; mais elle distinguait à peine des silhouettes, qui lui apparaissaient de temps en temps, dessinées en hommes, en chevaux, en arbres et en montagnes. D'ordinaire elle s'endormait au milieu de cette apparition, et, le matin, lorsqu'elle s'éveillait après une nuit paisible, elle était rafraîchie, consolée ; elle se sentait persuadée qu'Édouard vivait encore, qu'elle était encore avec lui dans la plus intime union.

CHAPITRE IX.

Le printemps était venu, plus tardif, mais aussi plus soudain et plus riant que de coutume. Alors Ottilie trouva dans le jardin le fruit de sa prévoyance : tout germait, verdoyait, fleurissait au temps convenable ; beaucoup de plantes, qu'on avait préparées dans les serres et les couches bien établies, se présentaient désormais au plein air et à l'action de la nature ; tous les travaux, tous les soins que l'on prenait, n'étaient plus seulement, comme jusqu'alors, des fatigues nourries d'espérance, c'étaient de véritables plaisirs.

Cependant elle eut à consoler le jardinier des vides nombreux que les ravages de Luciane avaient faits parmi les fleurs des vases, et de la symétrie détruite dans les couronnes de maints arbrisseaux. Elle lui représentait que tout cela serait bientôt réparé ; mais il avait un sentiment trop profond, une idée trop pure de son état, pour être bien touché de ces consolations. Aussi peu que le jardinier doit se laisser distraire par d'autres goûts et d'autres inclinations, aussi peu doit être interrompue la marche tranquille que suit la plante pour arriver à sa perfection durable ou passagère. La plante est semblable aux hommes capricieux, desquels on peut tout obtenir, si on les traite à leur manière. Un coup d'œil paisible, une attention calme et suivie de faire tout ce qui convient, dans chaque saison, à chaque heure, ne sont exigés de personne peut-être plus que du jardinier.

Le bonhomme possédait ces qualités au plus haut degré : c'est pourquoi Ottilie aimait à travailler avec lui. Mais, depuis quelque temps, il ne pouvait plus exercer avec plaisir son talent particulier. En effet, s'il entendait parfaitement tout ce qui concernait le verger et le potager, tout ce qu'exigeait un jardin d'agrément dans l'ancien genre (car, en général, telle ou telle partie réussit mieux à l'un qu'à l'autre); s'il savait tenir une orangerie, soigner les oignons à fleurs, les œillets et les auricules, jusqu'à pouvoir défier la nature elle-même : les fleurs à la mode et les nouveaux arbres d'agrément lui étaient restés quelque peu étrangers; le vaste champ de la botanique, qui s'étendait sans cesse, et les noms étranges qui bourdonnaient à ses oreilles lui causaient une sorte d'effroi, qui le rendait chagrin. Ce que ses maîtres avaient commencé à faire exécuter l'année précédente, lui semblait une dépense inutile et une prodigalité, d'autant plus qu'il voyait manquer nombre de plantes précieuses, et qu'il n'était pas dans les meilleurs termes avec les pépiniéristes, qui, à son avis, ne le servaient pas avec assez de bonne foi.

Là-dessus il s'était fait, après diverses tentatives, une sorte de plan, dans lequel Ottilie l'encourageait à persévérer, parce qu'il était fondé sur le retour d'Édouard, dont l'absence devait, dans cette affaire comme en beaucoup d'autres, sembler de jour en jour plus fâcheuse.

A mesure que les plantes poussaient plus de racines et de branches, Ottilie se sentait elle-même plus enchaînée à ce lieu. Il y avait juste une année qu'elle y était arrivée comme une étrangère, comme une personne insignifiante : depuis ce moment, combien n'avait-elle pas acquis! Mais, hélas! combien aussi n'avait-elle pas perdu! Elle n'avait jamais été aussi riche et jamais aussi pauvre. Ces sentiments se succédaient sans cesse, se traversaient dans son cœur; elle ne savait y trouver d'autre remède que de s'attacher avec intérêt, et même avec passion, aux devoirs du moment.

Que les choses qui intéressaient le plus Édouard fussent surtout l'objet de ses soins, on l'imagine sans peine; et pourquoi n'aurait-elle pas espéré qu'il reviendrait bientôt, et qu'une fois présent, il remarquerait, avec reconnaissance, les fidèles services qu'elle avait rendus à l'absent?

Mais elle fut conduite encore à s'employer pour lui d'une manière bien différente. Elle s'était particulièrement chargée de l'enfant, qui pouvait d'autant mieux être remis à sa garde qu'on ne lui avait point donné de nourrice, et qu'on s'était décidé à l'élever avec du lait coupé d'eau. On voulait, dans cette belle saison, qu'il respirât le grand air; elle aimait surtout à le porter dehors elle-même; elle le promenait endormi, indifférent à ce qui l'entourait, au milieu des plantes en fleurs qui devaient un jour sourire à son enfance, entre les jeunes arbrisseaux qui semblaient destinés à grandir avec lui. Lorsqu'elle jetait les yeux autour d'elle, elle ne pouvait méconnaître pour quel état de grandeur et de richesse cet enfant était né : presque tout ce qui s'offrait à ses regards devait appartenir un jour au fils de Charlotte. Combien n'était-il donc pas désirable qu'il pût grandir sous les yeux de son père et de sa mère et fortifier leur union heureusement renouvelée!

Ottilie sentait tout cela d'une manière si nette, qu'elle se représentait la chose comme réalisée et s'oubliait elle-même entièrement. Sous ce beau ciel, à la lumière de ce soleil radieux, il lui devint tout à coup manifeste que son amour, pour atteindre à la perfection, devait se dégager de toute vue intéressée, et, en certains moments, elle se croyait déjà parvenue à cette élévation. Elle ne souhaitait que le bonheur de son ami; elle se croyait capable de renoncer à lui, même de ne jamais le revoir, si elle le savait heureux. Mais elle était absolument décidée de ne jamais appartenir à un autre.

On avait pris les soins nécessaires pour que l'automne fût aussi splendide que le printemps. Toutes les fleurs d'été, toutes celles qui se developpent sans fin pendant l'automne, et qui s'épanouissent encore hardiment à l'approche des frimas, les asters de toute nuance, étaient semés en profusion, et, partout transplantés, ils devaient figurer sur la terre un ciel étoilé.

Extrait du Journal d'Ottilie.

Nous aimons à recueillir dans notre journal une bonne pensée que nous avons lue, un mot frappant que nous avons entendu; mais, si nous prenions aussi la peine de noter les remarques particulières, les vues originales, les mots ingénieux, que nous trouvons semés dans les lettres de nos amis, nous serions bientôt riches. On garde les lettres pour ne jamais les relire; on les détruit enfin par discrétion, et ainsi disparaît irrévocablement, pour nous et pour les autres, le plus beau, le plus intime souffle de vie. Je me propose de réparer cette négligence.

Ainsi donc nous voyons recommencer encore l'histoire de l'année! Nous voilà, Dieu merci, revenus à son plus joli chapitre. Les violettes et les muguets en sont comme le frontispice ou les vignettes. C'est toujours une sensation agréable de les revoir, en ouvrant le livre de la vie.

Nous réprimandons les pauvres, surtout les enfants, qui rôdent et mendient le long des chemins : ne remarquons-nous pas qu'ils agissent, aussitôt qu'il y a quelque chose à faire? A peine la nature déploie-t-elle ses gracieux trésors, que les enfants surviennent pour s'en faire une industrie : aucun ne mendie plus; chacun vous présente un bouquet. Il l'a cueilli lui-même avant votre réveil, et le quêteur vous sourit comme l'offrande. Il ne se présente jamais d'un air misérable, celui qui se sent quelque droit de demander.

Pourquoi l'année est-elle quelquefois si courte, quelquefois si longue? Pourquoi semble-t-elle si courte et si longue dans le souvenir? C'est ainsi que l'an passé se présente à moi : et nulle part je ne suis plus frappée que dans le jardin, de voir comme le périssable et l'immortel s'enchaînent. Et pourtant il n'est rien de si passager qui ne laisse une trace, qui ne laisse son pareil.

On trouve aussi du charme à l'hiver. Nous croyons nous déployer plus librement, quand notre vue perce à travers les arbres décharnés. Ils sont réduits à rien, mais aussi ils ne cachent rien. Quand une fois paraissent les bourgeons et les fleurs, on s'impatiente de voir le feuillage s'épanouir, le paysage prendre un corps et l'arbre une forme qui nous arrête.

Tout ce qui est parfait en son espèce doit s'élever au-dessus de son espèce, doit devenir quelque chose de différent, d'incomparable. Dans quelques-unes de ses modulations, le rossignol est encore un oiseau, puis il s'élève au-dessus de sa classe, et semble vouloir montrer à tous les habitants de l'air ce que c'est de chanter.

Une vie sans amour, dans le voisinage du bien-aimé, n'est qu'une mauvaise *comédie à tiroirs*[1]. On les ouvre l'un après l'autre, on referme, et l'on passe au suivant. Tout ce qui arrive d'heureux et d'important n'est que faiblement lié. Il faut partout commencer par le commencement, et partout on voudrait finir.

CHAPITRE X.

Charlotte, de son côté, se trouve bien et de joyeuse humeur. Elle fait ses délices de l'enfant vigoureux, dont la figure, qui promet beaucoup, occupe sans cesse ses yeux et son cœur. Par lui, elle entre dans de nouveaux rapports avec le monde et avec la possession de ses biens; son ancienne activité se réveille; de quelque côté qu'elle porte les yeux, elle voit qu'on a beaucoup fait l'année dernière, et s'applaudit de ce qu'on a fait. Animée d'un sentiment tout particulier, elle monte à la cabane de mousse avec Ottilie et l'enfant, et, en le posant sur la petite table, comme sur un autel domestique, elle voit que deux places restent vides; elle songe au temps passé, et une nouvelle espérance brille pour elle et pour Ottilie.

Les jeunes filles jettent peut-être les yeux avec modestie sur tel ou tel jeune homme, et se demandent en secret si elles le souhaiteraient pour mari; mais la personne qui doit s'occuper

---

1. Ces mots sont en français dans l'original.

de sa fille ou de sa pupille porte les yeux dans un cercle plus étendu. C'est aussi ce qui arriva dans ce moment à Charlotte, qui ne jugeait pas impossible d'unir sa nièce et le capitaine, qu'elle avait vus assis l'un à côté de l'autre dans cette cabane. Elle n'ignorait pas que la perspective qu'il avait eue d'un mariage avantageux s'était évanouie.

Charlotte poursuivit sa promenade. Ottilie portait l'enfant, tandis que la baronne s'abandonnait à ses réflexions. La terre ferme a aussi ses naufrages : il est louable, il est beau de s'en relever au plus vite. Après tout, la vie n'est qu'une suite de gains et de pertes. Qui ne fait pas quelque plan et ne le voit pas troublé? Que de fois ne prenons-nous pas un chemin et n'en sommes-nous pas détournés? Que de fois, pour atteindre à un but plus élevé, ne sommes-nous pas distraits de celui sur lequel notre œil s'était vivement arrêté? Le voyageur voit, à son grand chagrin, une de ses roues brisées, et, par ce désagréable accident, il vient à faire les connaissances et les relations les plus heureuses, qui ont de l'influence sur toute sa vie. Le sort accomplit nos souhaits, mais à sa manière, afin de pouvoir nous donner quelque chose par-dessus.

C'est en faisant ces réflexions et d'autres semblables, que Charlotte arriva sur la hauteur, au nouveau bâtiment, et, là, elles furent pleinement confirmées : les environs étaient bien plus beaux qu'on n'aurait pu le croire. Tout ce qui aurait gâté l'effet, tous les petits objets, étaient éloignés à la ronde; toute la beauté de la campagne, ce que la nature, ce que le temps avait produit, ressortait dans toute sa pureté et frappait les yeux; et déjà verdoyaient les jeunes plantations qui étaient destinées à remplir quelques vides et à lier agréablement les diverses parties.

La maison même était presque habitable; la vue, surtout des étages supérieurs, extrêmement variée. Plus on regardait autour de soi, plus on découvrait de beautés. Quels effets ne devaient pas produire en ce lieu les différentes heures du jour, la lumière de la lune et du soleil! Tout inspirait le désir d'y séjourner; et le goût de bâtir et de créer se réveilla bien vite dans le cœur de Charlotte, qui trouvait achevés tous les gros ouvrages. Un menuisier, un tapissier, un peintre, qui sût travailler sur des modèles et appliquer une dorure légère : voilà tout ce qu'il fallait, et en peu de temps la maison fut prête. La cave et la cuisine furent promptement en état : car l'éloignement du château obligeait de réunir autour de soi toutes les choses nécessaires. Les dames se casèrent donc avec l'enfant sur la colline ; de cette demeure, comme d'un centre nouveau, s'offrirent à elles des promenades inattendues ; et, par un temps admirable, elles jouissaient doucement, dans cette situation plus élevée, d'un air plus vif et plus frais.

La promenade favorite d'Ottilie, tantôt seule, tantôt avec l'enfant, était de descendre vers les platanes par un sentier commode, qui menait ensuite au point où était amarrée une des barques, avec lesquelles on avait coutume de passer. Elle s'amusait quelquefois à faire une promenade sur l'eau, mais sans l'enfant, parce que Charlotte montrait à ce sujet quelque crainte. Cependant Ottilie ne manquait pas de rendre visite chaque jour au jardinier dans le parterre du château, et de s'associer, avec un gracieux empressement, aux soins qu'il prenait de ses élèves, de ces plantes sans nombre, qui vivaient maintenant toutes en plein air.

Durant cette belle saison, Charlotte eut fort à propos la visite d'un Anglais qui avait connu Édouard dans ses voyages, qui l'avait rencontré quelquefois, et qui était curieux de voir les belles plantations qu'on lui avait beaucoup vantées. Il avait une lettre de recommandation du comte, et il présenta, comme son compagnon de voyage, un homme très-calme, mais très-aimable. Il parcourut les environs, tantôt avec les dames, tantôt avec les jardiniers et les chasseurs, plus souvent avec son ami, et quelquefois tout seul, et l'on put s'apercevoir, à ses observations, qu'il était connaisseur et amateur de ces ouvrages. Il en avait exécuté dans ses terres plusieurs du même genre. Il était avancé en âge, et il prenait cependant une joyeuse part à tout ce qui peut embellir la vie et lui donner de l'intérêt.

En sa compagnie, les dames jouirent enfin complétement de leurs environs. Son œil exercé saisissait vivement tous les effets, et ces créations avaient pour lui d'autant plus de charmes, qu'il n'avait pas connu la contrée auparavant, et qu'il pouvait à peine distinguer ce qu'on y avait ajouté de ce qui était l'œuvre de la nature.

On peut dire que, par ses observations, le parc s'agrandit et s'enrichit. Il reconnut à l'avance ce que promettaient les plantations naissantes. Il ne laissa en oubli aucune place où quelque beauté pouvait encore être ajoutée ou mise sous un jour plus favorable. Il signalait ici une source, qui, lorsqu'on l'aurait nettoyée, promettait de devenir l'ornement de toute une partie du bois; là, une grotte, qui, dégagée et agrandie, pouvait offrir un charmant lieu de repos : il suffisait d'abattre quelques arbres, pour voir de là s'élever des masses imposantes de rochers. Il félicita les maîtres d'avoir encore tant de choses à terminer, et leur recommanda de ne pas se presser, mais de se réserver, pour les années suivantes, le plaisir de créer et d'arranger.

Du reste, hors des heures passées en société, on n'avait point à s'inquiéter de lui, car il s'occupait, presque tout le jour, à prendre et à dessiner, dans une chambre obscure portative, les points de vue pittoresques du parc, recueillant de la sorte pour lui-même et pour les autres un beau fruit de ses voyages. Il avait pris ce soin, depuis plusieurs années, dans tous les lieux remarquables qu'il avait visités, et s'était fait ainsi la collection la plus agréable et la plus intéressante. Il montra aux dames un grand portefeuille dont il ne se séparait pas; et il les intéressa soit par les dessins soit par les explications. Elles se félicitaient de parcourir si commodément le monde dans leur solitude, et de voir passer devant elles les rivages et les ports, les montagnes, les lacs et les fleuves, les villes, les châteaux et beaucoup d'autres lieux qui avaient un nom dans l'histoire.

Chacune des dames prenait à la chose un intérêt différent : Charlotte s'attachait à ce qui était général, aux lieux qui offraient quelque chose de marquant et de mémorable; Ottilie s'intéressait de préférence aux pays dont Édouard avait beaucoup parlé, où il avait séjourné avec plaisir, où il était retourné souvent. Car il est pour tout homme, soit dans le voisinage soit au loin, certaines contrées qui l'attirent et qui, suivant son caractère, lui sont particulièrement agréables, à cause de la première impression, de certaines circonstances ou de l'habitude.

Cela conduisit Ottilie à demander au lord où il se plairait le mieux, où il fixerait maintenant sa demeure, s'il avait à choisir. Là-dessus il lui montra plus d'une belle contrée, et lui conta d'une manière fort agréable, dans son français singulièrement accentué, ce qui lui était arrivé dans chacune et la lui rendait chère.

Mais, quand on lui demanda où il séjournait d'habitude, où il retournait le plus volontiers, il répondit, avec une entière franchise et de manière à surprendre les dames :

« Je me suis accoutumé à être partout chez moi, et je trouve, en somme, fort commode que les autres bâtissent, plantent et tiennent ménage pour moi. Je ne sens pas le désir de retourner dans mes propres domaines, par des motifs politiques et surtout parce que mon fils, pour qui j'ai tout fait, tout disposé, à qui je comptais le transmettre, avec qui j'espérais encore en jouir, ne prend aucun intérêt à tout cela, et s'est rendu aux Indes, comme bien d'autres, pour y faire un meilleur emploi de sa vie ou pour la gaspiller.

« Assurément nous faisons beaucoup trop de préparatifs pour la vie. Au lieu de commencer par nous trouver satisfaits dans une position modeste, nous nous étendons toujours davantage, pour nous donner toujours plus d'embarras. Qui jouit maintenant de mes bâtiments, de mon parc, de mes jardins? Ce n'est pas moi, ce ne sont pas seulement les miens : ce sont des hôtes étrangers, des curieux, des voyageurs inquiets.

« Même avec beaucoup de ressources, nous ne sommes jamais qu'à moitié chez nous, surtout à la campagne, où nous manquent beaucoup de choses auxquelles nous sommes accoutumés à la ville. Le livre que nous désirons le plus n'est pas à notre portée, et ce qui nous serait justement le plus nécessaire a été oublié. Nous nous arrangeons constamment, pour déménager de nouveau, et, si ce n'est pas l'effet de notre volonté et de notre caprice, c'est la conséquence de nos relations, de nos passions, des événements, de la nécessité, et que sais-je encore? »

Le lord ne soupçonnait pas l'impression profonde que ses discours firent sur les dames. Et combien de fois n'est-on pas exposé à ce danger, lorsqu'on se livre à des réflexions générales, même dans une société dont on connaît d'ailleurs tous les rapports! Ce n'était pas une chose nouvelle pour Charlotte de se voir ainsi blessée accidentellement, même par des personnes amies et bienveillantes. D'ailleurs le monde se déployait si clairement devant ses yeux, qu'elle ne sentait aucune douleur particulière, quand même quelqu'un l'obligeait, par étourderie et inadvertance, de porter les yeux, ici ou là, sur quelque endroit pénible. Ottilie, au contraire, qui, dans sa jeunesse inexpérimentée, devinait plutôt qu'elle ne voyait, autorisée, obligée même, à détourner son regard de ce qu'elle ne voulait et ne devait pas voir, fut jetée par ces confidences dans l'état le plus affreux; en effet, il se déchira violemment devant elle, le voile agréable, et il lui sembla que tout ce qu'on avait fait jusqu'alors pour la maison et ses dépendances, pour le jardin, le parc et tous les alentours, était absolument inutile, parce que celui à qui tout appartenait n'en jouissait pas, et, à l'exemple de l'hôte qui se trouvait alors au château, avait été forcé par ses plus proches, par ses plus chers amis, de mener dans le monde une vie errante, et la vie la plus périlleuse. Elle s'était accoutumée à écouter et à se taire, mais elle se trouvait cette fois dans la plus pénible angoisse, qui, loin de diminuer, augmenta, quand l'étranger poursuivit ses discours avec une gaieté originale et circonspecte.

« Je crois, dit-il, être maintenant sur la bonne voie, et je me considère comme un voyageur qui renonce à beaucoup de choses pour jouir de beaucoup d'autres. Je suis accoutumé au changement : il devient même un besoin pour moi, tout comme, à l'Opéra, on attend toujours une décoration nouvelle, précisément parce qu'il en a déjà paru beaucoup. Je sais ce que je dois attendre de la meilleure et de la plus mauvaise auberge. Qu'elle soit excellente ou détestable, je ne trouve nulle part mes habitudes; et, au bout du compte, cela revient au même, de dépendre entièrement d'une habitude nécessaire ou entièrement du hasard capricieux. Du moins je n'ai pas maintenant le chagrin de voir telle ou telle chose égarée ou perdue, ou ma chambre accoutumée devenue inhabitable pour cause de réparations nécessaires, ou ma tasse favorite cassée, en sorte que de longtemps je ne trouve rien de bon dans une autre. Je suis délivré de toutes ces misères. Que le logis commence à brûler sur ma tête, mes gens font nos malles tranquillement, et nous évacuons la maison et la ville. Avec tous ces avantages, si je compte bien, je n'ai pas dépensé, à la fin de l'année, plus que je n'aurais fait chez moi. »

Dans ce tableau, Ottilie ne voyait qu'Édouard devant elle; elle le voyait au milieu des fatigues et des privations, parcourant des chemins non frayés, couchant en rase campagne avec souffrance et danger, et, parmi tant de vicissitudes et de hasards, s'accoutumant à vivre sans asile et sans amis, à se dépouiller de tout, pour n'avoir rien à perdre. Heureusement le petit cercle se sépara pour quelque temps : elle eut la liberté de pleurer à l'écart. Aucune douleur cachée ne l'avait saisie plus violemment que cette évidence, qu'elle s'efforçait de se rendre plus manifeste encore, suivant l'habitude qu'on a de se torturer soi-même, quand une fois on est sur cette voie fatale. Elle se représenta Édouard dans une position si misérable, si lamentable, qu'elle résolut, quoi qu'il en pût coûter, de tout faire pour amener sa réunion avec Charlotte, de cacher sa douleur et son amour au fond de quelque retraite, et de tromper ces sentiments par une vie occupée.

Cependant le compagnon du lord, homme sage et posé, et bon observateur, avait remarqué l'inadvertance de son ami, et il lui avait découvert la ressemblance des situations. Le lord ignorait la position de la famille ; mais son ami, que rien n'intéressait en voyage comme les événements singuliers que produisent les relations naturelles et factices, le conflit de la loi et de la révolte, de l'esprit et de la raison, de la passion et du préjugé, s'était informé déjà auparavant, et avec plus de soin dans la maison même, de tout ce qui s'était passé et se passait encore.

Le lord fut affligé, mais non pas embarrassé. Il faudrait se taire absolument en société, pour ne pas se trouver quelquefois dans ce cas; en effet, tout aussi bien que les observations importantes, les réflexions les plus triviales peuvent former une dissonance désagréable avec l'intérêt des personnes présentes.

« Nous réparerons la chose ce soir, dit le lord, et nous nous abstiendrons des thèses générales. Faites entendre à la société quelques-unes des nombreuses anecdotes, des histoires agréables et intéressantes, dont vous avez enrichi, dans nos voyages, votre portefeuille et votre mémoire. »

Cependant, avec la meilleure intention, les étrangers ne réussirent pas cette fois encore à divertir les dames par une conversation qui ne renfermât aucun piége. En effet, après avoir excité au plus haut degré l'attention et la sympathie par des récits singuliers, remarquables, gais, touchants, terribles, le compagnon de voyage crut devoir terminer par une aventure singulière, il est vrai, mais d'un caractère plus doux, et il ne soupçonnait pas combien elle touchait de près ses auditeurs.

Les jeunes voisins.

(NOUVELLE.)

Deux enfants de bonne maison, garçon et fille, étaient voisins l'un de l'autre; le rapport des âges permettait de songer à les unir un jour, et on les laissa grandir ensemble dans cette agréable perspective; de part et d'autre, les parents se réjouissaient à l'idée de cette union future. Mais on remarqua bientôt que ce projet n'avait aucune apparence de réussite, car il se produisit entre ces deux excellentes natures une singulière antipathie. Peut-être y avait-il entre elles trop de ressemblance. Tous deux, concentrés en eux-mêmes, sachant bien ce qu'ils voulaient, étaient fermes dans leurs desseins, estimés et chéris de leurs compagnons d'enfance, toujours disputant lorsqu'ils étaient ensemble, toujours bâtissant chacun pour soi, toujours détruisant l'ouvrage l'un de l'autre, lorsqu'ils se rencontraient; ne marchant pas à l'envi vers un même but, mais sans cesse en lutte pour le même dessein; foncièrement aimables et bons, et ne se montrant haineux et méchants que l'un pour l'autre.

Cette singulière disposition se manifesta d'abord dans leurs jeux d'enfants; elle se développa avec le progrès des années. Et, comme les garçons jouent souvent à la guerre, se divisent en partis, se livrent des batailles, la courageuse et fière petite fille se mettait à la tête d'une armée, et combattait contre l'autre avec tant de violence et d'acharnement, que le parti contraire aurait été mis en fuite honteusement, si l'antagoniste particulier de la petite fille n'avait pas résisté bravement, et n'était enfin parvenu à la désarmer et à la faire prisonnière. Mais elle se défendait encore si vaillamment, que le petit garçon, pour préserver ses yeux et cependant ne pas blesser son ennemie, dut prendre sa cravate et lui lier les mains derrière le dos.

Elle ne lui pardonna jamais; elle fit même en secret contre lui des préparatifs et des tentatives de telle sorte, que les parents, qui observaient depuis longtemps ces passions étranges, se concertèrent, et résolurent de séparer ces deux caractères incompatibles et de renoncer à leur plus chère espérance.

Le jeune garçon se distingua bientôt dans sa position nouvelle. Il réussissait dans toutes ses études. Ses protecteurs et sa propre inclination l'appelaient à la carrière des armes. Partout où il se trouvait, il était aimé et estimé; son excellente nature ne semblait agir que pour le plaisir, pour le bonheur des autres; et, sans en avoir clairement conscience, il était heureux d'avoir échappé au seul adversaire que la nature lui eût opposé.

La jeune fille, de son côté, entra tout à coup dans un nouveau genre de vie. Le progrès des années et de l'éducation et, plus encore, je ne sais quel sentiment secret l'éloignèrent des jeux violents, auxquels elle s'était livrée jusqu'alors dans la société des jeunes garçons. En somme, quelque chose semblait lui manquer; il n'y avait rien autour d'elle qui méritât d'exciter sa haine; elle n'avait trouvé personne encore qui fût digne de son amour.

Un jeune homme, plus âgé que le voisin, son ancien adversaire, et qui avait de la naissance, du bien, des qualités solides, aimé dans la société, recherché des femmes, lui voua toute son affection. C'était la première fois qu'un ami, un amant, un serviteur, l'entourait de ses hommages. Elle ne fut que trop flattée de la préférence qu'il lui donna sur beaucoup d'autres jeunes filles, plus formées, plus brillantes, et qui avaient plus de prétentions. Les attentions soutenues qu'il sut lui montrer, sans être importun, ses secours fidèles dans diverses occurrences désagréables, ses démarches auprès des parents, formelles, il est vrai, mais calmes, et qui n'avaient exprimé que des espérances, parce que la jeune fille était d'un âge encore bien tendre : tout cela fit impression sur elle; l'habitude enfin et puis leurs relations avouées, désormais acceptées par le monde comme une chose entendue, contribuèrent à la décider. On lui avait donné si souvent le titre de fiancée, qu'elle finit par se croire fiancée tout de bon; elle ne pensait point, et nul ne pensait, qu'une épreuve nouvelle fût nécessaire, lorsqu'elle échangea l'anneau avec celui qu'on avait regardé si longtemps comme son futur.

La marche tranquille que toute l'affaire avait suivie ne fut point non plus accélérée par les fiançailles. On laissa des deux côtés les choses durer dans le même état; on était heureux de vivre ensemble, et l'on voulait jouir encore de la belle saison, comme d'un printemps qui devait inaugurer une vie plus sérieuse.

Dans ces entrefaites, l'absent s'était formé de la manière la plus heureuse; par son mérite, il s'était avancé dans sa carrière, et il vint, pendant un congé, rendre visite à ses parents. Placé de nouveau en présence de sa belle voisine, ses manières avec elle furent tout à fait naturelles et cependant singulières. Elle n'avait nourri chez elle, dans les derniers temps, que des sentiments affectueux, des sentiments de fille et de fiancée; elle était en harmonie avec tout ce qui l'entourait; elle croyait être heureuse et, en quelque manière, elle l'était. Mais, pour la première fois depuis longtemps, elle rencontrait de nouveau une résistance. Ce n'était pas quelque chose de haïssable : elle était devenue incapable de haine; même cette haine enfantine, qui n'avait été proprement qu'une vague reconnaissance du mérite, se manifesta désormais par un joyeux étonnement, une contemplation bienveillante, des concessions amicales, un rapprochement, moitié volontaire, moitié involontaire, nécessaire cependant; et tout cela était réciproque. Une longue séparation donna lieu à de plus longs entretiens. Devenus raisonnables, ils trouvèrent même des sujets de badinage dans le souvenir de leurs folies d'enfance : il semblait qu'on voulût du moins faire oublier cette malicieuse animosité par des manières amicales et prévenantes; comme si ce fût désormais un devoir pour eux de reconnaître, d'une manière formelle, un mérite qu'ils avaient autrefois obstinément méconnu.

Du côté du jeune homme, tout demeura dans une sage et convenable mesure : son état, ses relations, ses vues ambitieuses, l'occupaient tellement qu'il reçut sans s'émouvoir les témoignages d'amitié de la belle fiancée, comme une distraction agréable, dont il devait être touché, sans faire un retour sur lui-même, sans envier la jeune fille à son fiancé, avec lequel il était d'ailleurs dans les meilleurs termes.

Chez elle, les choses allèrent tout autrement. Elle croyait s'éveiller d'un songe. Sa lutte avec son jeune voisin avait été sa première passion, et cette lutte violente n'était au fond, sous la forme de la résistance, qu'une violente inclination, pour ainsi dire, native. Ses souvenirs ne lui disaient autre chose, sinon qu'elle l'avait toujours aimé. Elle riait de ces provocations, les armes à la main; elle prétendait se rappeler qu'elle avait éprouvé le sentiment le plus agréable lorsqu'il la désarmait; elle se figurait avoir senti la plus grande jouissance lorsqu'il l'enchaînait, et tout ce qu'elle avait entrepris pour lui causer du chagrin et du dommage ne lui semblait qu'un moyen innocent d'attirer sur elle son attention. Elle maudissait cette rupture; elle déplorait le sommeil ou elle était tombée; elle détestait la languissante et trompeuse habitude qui avait pu lui imposer un fiancé sans mérite; elle se trouvait changée, doublement changée, revenue à ce qu'elle était, ou devenue différente, comme on voudra l'entendre.

Si quelqu'un avait pu démêler ses sentiments, qu'elle tenait tout à fait cachés, et s'en expliquer avec elle, il ne l'aurait point blâmée : car assurément, aussitôt qu'on les voyait l'un à côté de l'autre, le fiancé ne pouvait soutenir la comparaison avec le voisin. Si, jusqu'à un certain point, l'on ne pouvait refuser de se fier à l'un, l'autre inspirait la confiance la plus entière; si la société de l'un était agréable, on souhaitait d'avoir l'autre pour ami; et, si l'on songeait à une sympathie d'un ordre plus élevé, à des circonstances extraordinaires, l'un aurait peut-être inspiré quelques doutes, on se serait entièrement reposé sur l'autre. Les femmes ont pour ces convenances un tact naturel particulier, et elles ont sujet, elles ont occasion, de l'exercer.

Comme la belle fiancée nourrissait en elle ces sentiments dans un profond secret, que personne n'avait lieu de lui représenter ce qui pouvait se dire en faveur du fiancé, ce que les relations établies, le devoir, paraissaient conseiller et commander, enfin ce qu'une inflexible nécessité semblait déclarer irrévocable : ce noble cœur caressait toujours davantage ses préventions. Et comme, d'un côté, elle était liée de nœuds indissolubles par le monde, par sa famille, par son fiancé et son propre consentement, tandis que, de l'autre, le jeune homme, qui prenait son essor, ne faisait aucun mystère de ses sentiments, de ses plans et de ses vues; qu'il se montrait à la jeune fille en frère, plus fidèle que tendre, et qu'il était même question de son prochain départ : l'esprit qui avait animé la jeune fille dans son enfance sembla se réveiller, avec toutes ses ruses et ses violences, et se préparer avec fureur à produire, dans une sphère plus élevée, des effets plus graves et plus funestes. Elle résolut de mourir, afin de punir de son indifférence celui qu'elle haïssait autrefois et qu'elle aimait aujourd'hui avec passion. Ne pouvant le posséder, elle voulait du moins occuper à jamais son imagination et son repentir. Il ne pourrait se délivrer de sa funèbre image; il se ferait des reproches éternels de n'avoir pas reconnu, observé, apprécié ses sentiments.

Ce délire étrange la suivait partout; elle le cachait sous mille formes, et, quoique les gens fussent frappés de sa bizarrerie, personne ne fut assez attentif ou assez clairvoyant pour en découvrir la véritable cause.

Cependant les amis, les parents, les connaissances, s'étaient épuisés à ordonner des fêtes de tout genre; il se passait à peine un jour sans qu'on arrangeât quelque surprise nouvelle; il y avait à peine dans la contrée un beau site que l'on n'eût pas décoré et disposé pour y recevoir une société de joyeux amis. Notre jeune officier voulut aussi donner une fête avant son départ, et il invita les fiancés, avec un petit nombre de parents, à une promenade sur l'eau. On monta dans une barque grande et belle, élégamment ornée, un de ces yachts qui offrent un petit salon avec quelques chambres, et qui cherchent à procurer sur l'eau les agréments de la terre.

On voguait sur le grand fleuve au son de la musique; pendant la chaleur du jour, on s'était réuni dans les salles, pour s'amuser à des jeux d'esprit et de hasard. Le jeune amphitryon, qui ne pouvait jamais rester oisif, s'était placé au timon, pour remplacer le vieux pilote endormi à son côté; et il eut bientôt besoin de toute sa prudence, car il approchait d'une place où deux îles resserraient le lit du fleuve, en avançant de part et d'autre leurs basses rives graveleuses, et rendaient le passage dangereux. Le pilote inquiet, l'œil attentif, était sur le point d'éveiller le patron, mais il s'enhardit, et il gouvernait sur l'étroit passage. A ce moment, sa belle ennemie se montre sur le tillac, parée d'une couronne de fleurs. Elle l'ôte et la jette au jeune pilote.

« Reçois-la en souvenir! s'écrie-t-elle.

— Ne me trouble pas, lui dit-il en prenant la couronne; j'ai besoin de toutes mes forces et de toute mon attention.

— Je ne te troublerai plus, lui répondit-elle, tu ne me reverras plus. »

En disant ces mots, elle courut à la proue, et, de là, elle s'élança dans les flots. Quelques voix s'écrièrent :

« Sauvez-la! sauvez-la! Elle se noie. »

Il se trouva dans la plus affreuse perplexité. Le vieux pilote s'éveille au bruit; il veut prendre le gouvernail, le jeune veut le lui remettre, mais ils n'ont pas le temps de faire ce changement : la barque échoue, et aussitôt, jetant ses habits les plus incommodes, l'officier s'élance dans le fleuve.

L'eau est un élément propice pour celui qui le connaît et qui sait le manier. Elle porta le nageur habile, qui savait la dompter. Il atteignit bientôt la belle, emportée devant lui. Il la saisit, il sut la soulever et la porter. Ils furent d'abord entraînés tous deux avec violence par le courant, mais enfin ils laissèrent bien loin derrière eux les îles et les sables; et le fleuve, plus large, recommençait à couler d'un cours paisible. Alors le jeune officier reprit son assurance, et se remit du premier trouble, dans lequel il avait agi sans réflexion, d'une manière toute machinale. Il lève la tête, il regarde autour de lui, et nage de toutes ses forces vers une plage unie et ombragée, qui se perdait agréablement dans le fleuve et présentait un abord commode. C'est là qu'il porta sur le sec son précieux butin. Mais la jeune fille ne donnait aucun signe de vie. Il était au désespoir, lorsqu'un sentier, tracé à travers les buissons, frappa ses regards. Il reprend son fardeau chéri ; il aperçoit bientôt une habitation solitaire : il y court. Là demeuraient de bonnes gens. C'était un jeune couple. Le malheur, la détresse, s'expliquèrent bientôt. Ce qu'il demanda, après quelque réflexion, lui fut procuré. On allume un feu clair ; des couvertures de laine sont étendues sur un lit ; on apporte bien vite des peaux, des fourrures et tout ce qui peut donner de la chaleur ; le désir de sauver la jeune fille surmonte toute autre considération. On ne néglige rien pour rappeler à la vie ces beaux membres déjà presque roidis. On y parvient. Elle ouvre les yeux ; elle voit son ami, elle l'entoure de ses bras charmants. Elle resta longtemps ainsi. Un torrent de larmes se fit passage et acheva sa guérison.

« Veux-tu me quitter, s'écria-t-elle, à présent que je t'ai retrouvé ?

— Jamais, jamais, s'écria-t-il, sans savoir ce qu'il disait ni ce qu'il faisait. Ménage-toi seulement, ménage-toi pour l'amour de nous deux. »

Alors elle se recueillit et s'aperçut enfin de son état. Elle ne pouvait éprouver aucune confusion aux yeux de son amant, de son sauveur, mais elle s'empressa de l'éloigner, afin qu'il s'occupât de lui-même : car ses habits étaient encore tout ruisselants.

Les jeunes époux se consultèrent : ils offrirent, lui au jeune homme, elle à la jeune fille, leurs habits de noces, qui étaient là pendus au complet, pour habiller un couple de la tête aux pieds. En quelques moments, les deux naufragés furent non-seulement vêtus, mais parés. Ils étaient charmants. Ils se contemplèrent l'un l'autre avec étonnement, lorsqu'ils se retrouvèrent, et, avec une ardeur passionnée, ils se précipitèrent dans les bras l'un de l'autre, non sans rire un peu de leur déguisement. La force de la jeunesse et l'exaltation de l'amour les remirent tout à fait en quelques moments ; s'ils avaient eu de la musique, ils auraient dansé.

Passer de l'eau sur la terre, de la mort à la vie, du sein de la famille dans un désert, du désespoir au ravissement, de l'indifférence à l'amour, à la passion, et tout cela en un moment !... Quelle tête pourrait y suffire sans se briser ou se troubler ? C'est surtout l'affaire du cœur de rendre supportable une telle surprise.

Absorbés l'un dans l'autre, ils ne purent songer que longtemps après à l'inquiétude, à l'angoisse de ceux qu'ils avaient laissés derrière eux, et ils ne pouvaient non plus songer eux-mêmes sans inquiétude et sans angoisse à la manière dont ils se présenteraient devant eux.

« Devons-nous fuir? Faut-il nous cacher? disait le jeune homme.

— Nous resterons ensemble, » dit-elle en se jetant à son cou.

Le paysan, à qui ils avaient appris l'histoire de la barque échouée, courut au bord de l'eau sans en demander davantage. Le bateau descendait et voguait heureusement. On avait eu beaucoup de peine à le dégager. On avançait à l'aventure, dans l'espérance de retrouver les jeunes gens perdus. Leur hôte, étant donc parvenu à fixer l'attention des passagers par ses cris et ses gestes, courut à une place qui offrait un abord facile; et, comme il ne cessait d'appeler et de faire des signes, la barque se dirigea vers le bord. Quel spectacle ce fut, lorsqu'ils abordèrent! Les parents des futurs époux s'élancèrent les premiers sur la rive. L'amoureux fiancé avait, peu s'en faut, perdu connaissance. A peine on avait appris que les chers enfants étaient sauvés, qu'ils sortirent des buissons dans leur singulier costume. On ne les reconnut pas avant qu'ils fussent tout près. « Qui voyons-nous? » s'écrient les mères. « Que voyons-nous? » s'écrient les pères. Les jeunes gens sauvés des flots se jettent à leurs genoux. « Vous voyez vos enfants! s'écrient-ils; vous voyez des époux!

— Grâce! grâce! s'écria la jeune fille.

— Donnez-nous votre bénédiction, dit le jeune homme.

— Donnez-nous votre bénédiction, dirent-ils ensemble, tandis que tout le monde restait muet d'étonnement.

— Votre bénédiction! » s'écrièrent-ils une troisième fois.

Et qui aurait pu la refuser?

CHAPITRE XI.

Le narrateur fit une pause, ou, pour mieux dire, il avait déjà fini, quand il s'aperçut que Charlotte était vivement émue. Elle se leva et sortit, en s'excusant par une salutation muette. C'est que l'histoire lui était connue. C'était celle du capitaine et d'une voisine. La chose n'était pas arrivée tout à fait comme l'Anglais l'avait racontée, mais elle n'était pas altérée dans les traits principaux : seulement elle était arrangée et embellie dans les détails, comme il en arrive de ces histoires, lorsqu'elles passent d'abord de bouche en bouche, puis dans l'imagination d'un narrateur qui a de l'esprit et du goût. En somme, c'est toujours la même chose, et tout est changé.

Ottilie suivit Charlotte, comme les deux étrangers eux-mêmes le souhaitaient, et ce fut, cette fois, le tour du lord de faire observer qu'on avait commis peut-être une nouvelle inadvertance, et qu'on avait raconté une chose connue de la famille ou qui même la concernait.

« Soyons sur nos gardes, poursuivit-il, de peur de faire encore plus de mal. En récompense de tous les avantages et de tous les plaisirs dont nous jouissons ici, il me semble que nous procurons peu d'agrément aux dames du château. Cherchons à prendre congé d'une manière convenable.

— Je dois avouer, répondit le compagnon de voyage, que j'ai encore une raison particulière pour m'arrêter ici, et que je serais fâché de quitter cette maison sans avoir éclairci et approfondi la chose. Hier, milord, quand nous parcourûmes le parc avec la chambre obscure, vous étiez trop occupé à choisir un point de vue pittoresque, pour observer ce qui se passait à côté de vous. Vous vous éloignâtes de la grande allée, pour vous approcher du lac à une place peu visitée, d'où l'autre bord vous présentait un aspect délicieux. Ottilie, qui nous accompagnait, hésita de nous suivre, et demanda de s'y rendre en canot. Je m'embarquai avec elle, et j'admirai l'adresse de la belle batelière. Je lui assurai que, depuis mon séjour en Suisse, où les plus ravissantes jeunes filles font le métier de passeur, je n'avais jamais été bercé aussi agréablement sur les flots; mais je ne pus résister au désir de lui demander pourquoi elle avait évité de faire ce détour; car il y avait en effet dans sa répugnance une sorte d'embarras et d'anxiété. « Si vous voulez bien ne pas rire « de moi, répondit-elle avec grâce, je puis vous donner là-dessus « quelques explications, bien qu'il y ait dans la chose un mys- « tère pour moi-même. Je n'ai jamais passé par ce chemin « détourné sans être saisie d'un étrange frisson, que je ne « sens nulle part ailleurs et que je ne puis m'expliquer: aussi « j'aime mieux ne pas m'exposer à une pareille impression; « d'autant plus que j'éprouve aussitôt après, au côté gauche de « la tête, une douleur, à laquelle je suis d'ailleurs sujette quel- « quefois. » Nous abordâmes, Ottilie s'entretint avec vous, et je visitai, dans l'entrefaite, la place qu'elle m'avait clairement indiquée de loin. Et quelle ne fut pas ma surprise, quand je découvris en ce lieu des indices manifestes de charbon de terre, qui me convainquirent qu'en fouillant un peu, on trouverait peut-être, à quelque profondeur, une mine abondante!

« Excusez-moi, milord, je vous vois sourire, et, je le sais fort bien, c'est seulement en sage et en ami, que vous voyez avec indulgence ma vive curiosité pour ces choses, auxquelles vous n'ajoutez aucune foi; mais il m'est impossible de m'éloigner d'ici sans avoir aussi expérimenté sur cette belle enfant les oscillations du pendule. »

Jamais la conversation ne retombait sur ce sujet, sans que le lord ne reproduisît ses objections, que son compagnon écoutait avec patience et modestie, en persistant néanmoins dans son opinion et ses désirs. Il répétait, à son tour, qu'on ne devait pas se décourager parce que ces tentatives ne réussissent pas à chacun; que c'était au contraire une raison pour étudier la chose d'une manière plus sérieuse et plus approfondie : car, certainement, bien des rapports et des affinités d'êtres inorganiques entre eux, et d'êtres organiques avec ceux-là, et entre eux aussi, se découvriraient, qui nous sont maintenant cachés.

Déjà il avait déployé son appareil d'anneaux d'or, de marcassites et d'autres substances métalliques, qu'il portait toujours avec lui dans une belle cassette; ensuite il attacha, pour l'expérience, des morceaux de métal suspendus à des fils, au-dessus de métaux placés horizontalement.

« Je vous passe, milord, lui dit-il, la maligne joie que je lis sur votre visage, de ce qu'aucun mouvement ne se manifeste chez moi et pour moi. Aussi mon opération n'est-elle qu'un prétexte : quand les dames reviendront, elles seront curieuses de savoir ce que nous préparons là de singulier. »

Les dames revinrent. Charlotte comprit d'abord de quoi il s'agissait.

« J'ai, dit-elle, entendu parler de ces choses, sans avoir jamais vu aucun effet produit. Puisque vous avez tout préparé si bien, laissez-moi essayer si la chose me réussira. »

Elle prit le fil à la main, et, comme elle y mettait de la bonne volonté, elle le tint ferme et sans aucune émotion : mais on ne remarqua pas non plus le moindre balancement. Ottilie fut ensuite engagée à faire un essai. Elle tint le pendule avec plus de calme encore, plus de candeur et de simplicité, au-dessus des métaux : à l'instant même, le pendule fut entraîné comme dans un tourbillon, et, selon qu'on changeait les métaux placés au-dessous, il se tournait tantôt d'un côté, tantôt de l'autre, tour à tour en cercle, en ellipse, ou bien il oscillait en ligne droite, comme l'étranger avait pu s'y attendre, et même bien au delà de son attente.

Le lord fut lui-même assez étonné; pour son ami, il ne pouvait assez exprimer sa joie et son ardeur, et il priait sans cesse Ottilie de répéter et de varier ses expériences. Elle fut assez complaisante pour se prêter à ce qu'il désirait, mais enfin elle le pria doucement de lui donner congé, parce que sa migraine la prenait. Surpris de la chose, et même ravi, il lui assura avec enthousiasme qu'il la guérirait complétement de ce mal, si elle voulait se fier à son traitement. On hésita un moment; mais Charlotte, qui devina sur-le-champ de quoi il s'agissait, refusa cette offre bienveillante, parce qu'elle ne voulait pas souffrir dans son entourage une chose qui lui avait constamment inspiré une forte appréhension.

Les étrangers étaient partis, et, malgré la singulière impression qu'ils avaient faite, ils laissèrent derrière eux des regrets et le désir de les revoir une fois. Charlotte profita des beaux jours pour achever de rendre ses visites dans le voisinage. Elle eut de la peine à en venir à bout, car tout le pays d'alentour, soit par une véritable affection, soit pour suivre l'usage, lui avait témoigné jusqu'alors beaucoup d'intérêt. Au château, les étrangers s'extasiaient à la vue de l'enfant, qui était digne en effet de l'amour et des soins les plus tendres. On voyait en lui un enfant admirable, un prodige; on observait avec ravissement sa taille, ses belles proportions, sa force, sa santé, et, ce qui causait plus de surprise encore, c'était sa double ressemblance, qui se développait toujours davantage. Pour les traits du visage, l'ensemble des formes, l'enfant était toujours plus l'image du capitaine; les yeux se distinguaient toujours moins des yeux d'Ottilie.

Conduite par cette singulière parenté, et peut-être plus encore par ce noble instinct qui inspire aux femmes une tendre affection pour l'enfant d'un homme chéri, cet enfant fût-il né d'une autre femme, elle fut pour la naissante créature une seconde mère, ou plutôt une autre sorte de mère. Charlotte s'éloignait-elle, sa nièce restait seule avec l'enfant et la bonne. Nannette, jalouse de la petite créature, à qui sa maîtresse semblait vouer toute son affection, s'était éloignée d'elle avec dépit, et, depuis quelque temps, elle était retournée dans sa famille. Ottilie continuait de porter l'enfant au grand air, et s'accoutumait à faire avec lui des promenades toujours plus longues. Elle emportait la petite bouteille de lait, pour lui donner sa nourriture quand il était nécessaire. Elle oubliait rarement de prendre aussi un livre, et, l'enfant sur le bras, lisant et se promenant, elle offrait l'image d'une gracieuse *Penserosa*.

CHAPITRE XII.

On avait atteint le but principal de la campagne; Édouard, décoré d'honorables insignes, avait reçu un glorieux congé. Il se rendit aussitôt dans le petit domaine, où il trouva des nouvelles exactes des siens, qu'il avait fait observer soigneusement à leur insu. Sa tranquille retraite lui présenta le plus riant aspect, car, en son absence, on avait fait, par ses ordres, beaucoup de nouveaux arrangements, d'améliorations, de travaux, si bien que les plantations et les dépendances remplaçaient par les agréments intérieurs et la facilité de la jouissance ce qui manquait en étendue.

Édouard, que les allures impétueuses du soldat avaient accoutumé aux démarches décisives, se proposa désormais de mettre à exécution ce qu'il avait eu assez longtemps le loisir de méditer. Avant tout, il appela le major auprès de lui. Le plaisir de se revoir fut grand. Les amitiés d'enfance, comme la parenté, ont ce grand avantage, que les brouilleries et les mésintelligences de toute sorte ne peuvent jamais les altérer profondément, et que les anciennes relations se rétablissent au bout de quelque temps.

En faisant à son ami un joyeux accueil, le baron lui demanda des détails sur sa position, et il apprit que la fortune avait comblé ses vœux. Puis, avec une familiarité un peu badine, il lui demanda encore s'il n'était pas sur le point de conclure quelque beau mariage. Le major, prenant un air grave, lui assura que non.

« Je ne puis ni ne veux dissimuler, poursuivit Édouard : je dois te découvrir sans délai mes sentiments et mes projets. Tu connais ma passion pour Ottilie, et tu as compris depuis longtemps que c'est elle qui m'a poussé à faire cette campagne. Je ne dois pas le nier, j'ai voulu me délivrer d'une vie qui, sans elle, n'avait plus de prix à mes yeux; mais je dois t'avouer en même temps que je n'ai pu me résoudre à désespérer tout à fait. Le bonheur avec elle était si beau, si désirable, qu'il m'a été impossible d'y renoncer entièrement. Tant d'heureux pres, sentiments, tant de joyeux signes, m'ont affermi dans la croyance, dans la flatteuse idée, que je pourrai posséder Ottilie. Un verre, sur lequel nos chiffres sont gravés, fut jeté en l'air, quand nous posâmes la pierre fondamentale, et il ne se brisa point : il fut recueilli, et il est revenu dans mes mains. « Je veux, » me suis-je écrié dans ce lieu solitaire, où j'avais passé tant d'heures en proie à l'incertitude, « je veux me prendre pour signe « moi-même, à la place du verre, pour savoir si notre union est « possible ou ne l'est pas. Je pars, je chercherai la mort, non « comme un furieux, mais en homme qui espère de vivre. Ottilie « sera le prix pour lequel je combattrai; c'est elle que j'espère « gagner, conquérir, derrière chaque bataillon ennemi, der- « rière chaque rempart, dans chaque place assiégée. Je ferai des « prodiges, avec le désir de rester sain et sauf, dans la pensée « d'obtenir Ottilie, et non de la perdre. » Ces sentiments m'ont dirigé; ils m'ont soutenu à travers tous les périls : mais aussi je me trouve à présent dans la situation d'un homme qui est parvenu à son but, qui a surmonté tous les obstacles, que rien n'arrête plus désormais sur sa route. Ottilie est à moi, et l'intervalle qui sépare cette pensée de l'exécution, je puis le considérer comme insignifiant.

— Tu effaces en quelques traits, répondit le major, toutes les objections qu'on pourrait et qu'on devrait te faire, et cependant il faut les répéter. Je te laisse toi-même te rappeler toute la valeur des liens qui t'unissent à ta femme, et tu lui dois, tu te dois également, de ne pas t'abuser là-dessus. Mais comment puis-je songer qu'un fils vous est donné, sans te déclarer en même temps que vous vous appartenez pour toujours l'un à l'autre, que, pour l'amour de cette créature, vous êtes obligés de vivre unis, afin que vous puissiez travailler de concert à son éducation et à son bonheur futur?

— C'est une pure vanité des parents, reprit Édouard, d'imaginer que leur existence soit si nécessaire à leurs enfants. Tout ce qui a vie trouve assistance et nourriture ; et, si le fils, après la mort prématurée de son père, passe une jeunesse moins facile et moins douce, il y gagne peut-être de se former plus tôt pour le monde, en reconnaissant de bonne heure qu'il doit ménager les autres, ce qu'il nous faut tous apprendre tôt ou tard. D'ailleurs il n'est point question de cela : nous sommes assez riches pour établir plusieurs enfants. Ce n'est pas un devoir, ce n'est pas non plus un bienfait, d'accumuler tant de biens sur une seule tête. »

Comme le major allait représenter, en quelques traits, à son ami le mérite de Charlotte et leur liaison longtemps fidèle, Édouard l'interrompit :

« Nous avons fait une folie, s'écria-t-il, et je le vois trop bien. Celui qui veut, à un certain âge, réaliser les désirs et les espérances de sa première jeunesse, se trompe toujours. Dans la vie de l'homme, chaque période de dix ans a son bonheur qui lui est propre, ses espérances et ses vues particulières. Malheur à celui qui est engagé par les circonstances ou par ses illusions à anticiper ou à rétrograder! Nous avons fait une folie : faut-il que ce soit pour notre vie entière ? Devons-nous, par je ne sais quel scrupule, nous refuser ce que les mœurs du temps ne nous défendent pas ? En combien d'affaires l'homme ne revient-il pas sur ce qu'il a projeté, sur ce qu'il a fait ? Et cela ne serait pas permis, précisément lorsqu'il s'agit de l'ensemble et non du détail, non pas de telle ou telle condition de l'existence, mais de l'existence tout entière ? »

Le major ne manqua pas de représenter à son ami, avec autant d'adresse que de force, les diverses considérations relatives à sa femme, aux deux familles, au monde, à sa fortune, mais il ne réussit pas à faire la moindre impression.

« Mon ami, reprit Édouard, toutes ces réflexions se sont présentées à mon esprit dans le tumulte de la bataille, quand le tonnerre de l'artillerie ébranlait incessamment la terre ; quand les boulets sifflaient à mes oreilles ; que mes compagnons d'armes tombaient à droite et à gauche ; que mon cheval fut tué sous moi ; que mon chapeau fut percé d'une balle ; ces pensées m'ont occupé en silence auprès du feu de bivouac, sous la voûte du ciel étoilé : alors j'ai passé en revue tous mes engagements ; je les ai médités, je les ai sentis profondément ; j'ai fait ma part ; j'ai pris mes arrangements à diverses reprises, et maintenant pour toujours. Dans ces moments (pourquoi t'en ferais-je un mystère?), tu étais aussi présent à mon esprit ; tu faisais partie de ma famille : et ne sommes-nous pas depuis longtemps comme deux frères ? Si je te fus jamais redevable, je suis maintenant en position de m'acquitter avec usure ; si tu me fus un jour obligé, tu te vois en état de payer ta dette. Je sais que tu aimes Charlotte : elle en est digne ; je sais que tu ne lui es pas indifférent. Et pourquoi devrait-elle méconnaître ton mérite ? Prends-la de ma main, amène-moi Ottilie, et nous serons les hommes les plus heureux de la terre.

— C'est justement, reprit le major, parce que tu veux me séduire par un don si précieux, que je dois redoubler de prévoyance et de fermeté. Cette offre, sur laquelle je garde un respectueux silence, au lieu de rendre la chose plus facile, la rend plus difficile encore. Il s'agit désormais, non-seulement de toi, mais aussi de moi, et non-seulement de la destinée, mais de la réputation, de l'honneur, de deux hommes, jusqu'à présent irréprochables, et qui, par cette action bizarre, si même nous ne voulons pas la qualifier autrement, courent le risque de paraître aux yeux du monde sous un jour fort singulier.

— Précisément parce que nous sommes irréprochables, répliqua Édouard, nous avons le droit de nous exposer une fois au reproche. Celui qui, dans tout le cours de sa vie, s'est montré honnête homme, rend honnête une action qui, chez d'autres, semblerait équivoque. Quant à moi, après les dernières épreuves que je me suis imposées, après les travaux pénibles, dangereux, que j'ai accomplis pour les autres, je me sens autorisé à faire aussi quelque chose pour moi. Pour ce qui vous regarde, toi et Charlotte, que l'avenir en décide ; mais ni toi, ni personne, ne me fera renoncer à mon projet. Si l'on veut me tendre la main, je suis disposé à tous les accommodements ; si l'on veut m'abandonner à mes seules ressources ou même s'opposer à mes desseins, on me poussera à une extrémité, quel que puisse être l'événement. »

Le major se crut obligé de s'opposer aussi longtemps que

possible au projet de son ami, et il usa avec lui d'un détour habile, ayant l'air de céder, et ne discutant que sur la forme, sur les démarches par lesquelles on pourrait arriver à ce divorce, à ces mariages. Il fit ressortir tant de désagréments, de difficultés, d'inconvenances, qu'Édouard en fut de très-mauvaise humeur.

« Je le vois bien, s'écria-t-il enfin, ce n'est pas seulement contre nos ennemis, c'est aussi contre nos amis, qu'il faut emporter d'assaut ce qu'on désire. Ce que je veux, ce qui m'est indispensable, je ne le perds point de vue : je saurai m'en saisir, et certes ce sera bientôt et promptement. De semblables nœuds, je le sais, ne se délient pas et ne se forment pas sans qu'on voie tomber plus d'une chose aujourd'hui debout, et fléchir quelquefois ce qui voudrait bien persister. La réflexion ne vient pas à bout de pareilles affaires : devant la raison tous les droits sont égaux, et, dans la balance, le plateau qui s'élève peut toujours recevoir un contre-poids. Mon ami, prends donc la résolution d'agir pour toi et pour moi, de démêler ces nœuds pour toi et pour moi, de les délier, de les serrer. Que nulle considération ne t'arrête. Nous avons déjà fait parler de nous, on en parlera encore, et puis l'on nous oubliera, comme tout ce qui cesse d'être nouveau ; enfin on nous laissera faire comme nous pourrons, sans plus s'inquiéter de nous. »

Le major n'avait plus d'objections à opposer, et il dut souffrir à la fin qu'Édouard traitât, une fois pour toutes, l'affaire comme admise et convenue, lorsqu'il discourut en détail sur tous les arrangements à prendre, qu'il s'exprima sur l'avenir avec la plus grande sérénité, et même sur le ton de la plaisanterie. Mais, reprenant un air grave et réfléchi, le baron poursuivit en ces termes :

« Si nous voulions nous abandonner à l'espérance, à la persuasion que tout s'arrangera de soi-même, que le hasard nous guidera et nous favorisera, ce serait nous faire une illusion coupable. En agissant de la sorte, nous ne pouvons absolument nous sauver ni rétablir le repos de chacun. Et comment pourrais-je me consoler, moi, qui suis innocemment la cause de tout ? C'est par mes instances que j'ai décidé Charlotte à te recevoir dans la maison, et Ottilie n'est entrée chez nous qu'à la suite de ce changement. Nous ne pouvons plus rien à ce qui en est résulté, mais nous pouvons le rendre innocent et trouver dans ces relations la source de notre bonheur. Si tu veux détourner les yeux des belles et douces perspectives que j'ouvre devant nous ; si tu veux m'imposer, nous imposer à tous un triste renoncement, pour autant que tu le crois possible, pour autant qu'il serait possible : n'aurions-nous pas aussi, en nous décidant à rentrer dans notre première situation, bien des inconvenances, des embarras, des ennuis à souffrir, sans qu'il en résultât aucun plaisir, aucun bien ? L'heureuse position dans laquelle tu te trouves aurait-elle du charme pour toi, quand tu serais empêché de venir me voir, de vivre avec moi ? Et, après ce qui s'est passé, ce serait toujours une chose pénible. Charlotte et moi, avec toute notre fortune, nous serions toujours dans une triste condition. Et, s'il te plaît de croire, avec d'autres hommes du monde, que l'éloignement, que les années, émoussent de pareils sentiments, effacent des impressions si profondes, considère qu'il s'agit précisément de ces années, qu'on veut passer, non pas dans la douleur et les privations, mais dans la joie et le bien-être. Enfin, pour en venir au plus important, quand même notre position, nos sentiments, nous permettraient de prendre patience, que deviendrait Ottilie, qui devrait quitter notre maison, renoncer à notre appui dans la société, enfin mener une vie errante et misérable, au milieu d'un monde froid et méchant ? Fais-moi le tableau d'une situation où elle puisse être heureuse sans moi, sans nous, et tu m'auras présenté un argument plus fort que tous les autres ; et, quand même je ne pourrai l'accepter et m'y soumettre, je veux bien du moins le peser encore et le prendre en considération. »

Ce problème n'était pas facile à résoudre. Ce qu'il y a de sûr, c'est que l'ami ne trouva aucune réponse satisfaisante ; et il ne lui resta qu'à représenter de nouveau avec force combien toute l'entreprise était grave, délicate et, à plusieurs égards, dangereuse ; qu'il fallait du moins réfléchir, de la manière la plus sérieuse, aux moyens d'exécution. Édouard y consentit, mais sous réserve que son ami ne songerait pas à le quitter avant qu'ils fussent parfaitement d'accord à ce sujet, et que l'on eût fait les premiers pas.

CHAPITRE XIII.

Deux personnes étrangères et indifférentes l'une à l'autre ne manquent pas, lorsqu'elles vivent ensemble quelque temps, de se faire des confidences mutuelles : on peut donc prévoir que nos deux amis, qui vivaient sous le même toit et discouraient ensemble à toute heure, n'eurent bientôt plus rien de caché l'un pour l'autre. Ils revinrent plus d'une fois sur leur situation précédente, et le major ne cacha point à son ami que Charlotte avait projeté d'unir Ottilie avec Édouard au retour de ses voyages ; que, dans la suite, elle avait eu l'idée de la fiancer à lui-même. Édouard, transporté de joie à cette découverte, parla sans réserve de l'inclination réciproque de Charlotte et du major, et, comme il y trouvait son avantage et qu'elle favorisait ses vues, il la représenta avec les plus vives couleurs.

Le major ne pouvait tout nier ni tout avouer, et le baron se confirma toujours plus dans ses résolutions. Il voyait toute la chose, non pas comme possible, mais comme accomplie. Toutes les parties n'avaient qu'à consentir à ce qu'elles désiraient. On était sûr d'obtenir le divorce ; le mariage le suivrait de près : Édouard se proposait de voyager avec Ottilie. Parmi tous les tableaux agréables que l'imagination peut rêver, le plus charmant peut-être est celui que se tracent deux amants, deux jeunes époux, qui espèrent goûter leur union nouvelle dans un monde nouveau, éprouver et fortifier leurs liens éternels parmi tant de situations changeantes. Dans l'intervalle, le major et Charlotte auraient des pouvoirs illimités pour régler et disposer d'une manière équitable, propre à satisfaire chaque partie, tout ce qui concernait les biens, les possessions et les arrangements de fortune qu'on pouvait souhaiter. Mais la circonstance sur laquelle Édouard semblait surtout se reposer, et dont il se promettait le plus grand avantage, c'est que, l'enfant devant rester à la mère, le major pourrait présider à son éducation, le diriger selon ses vues, développer ses facultés. Ce n'était pas en vain qu'on lui avait donné au baptême le nom de son père et du major.

Tout cela était si mûr dans l'esprit du baron, qu'il ne voulut pas attendre un jour de plus avant de passer à l'exécution. En se rendant au château, ils arrivèrent dans une petite ville où Édouard possédait une maison. Il se proposait de s'y arrêter et d'y attendre le retour du major. Mais il ne put se résoudre à mettre aussitôt pied à terre : il accompagna son ami jusqu'au bout de la ville. Ils étaient tous deux à cheval, engagés dans une sérieuse conversation : ils poursuivirent leur chemin.

Tout à coup ils voient dans le lointain la maison neuve sur la colline : c'était la première fois que ses tuiles rouges brillaient à leurs yeux. Édouard est saisi d'une impatience irrésistible. Il faut que, ce soir même, tout soit terminé. Il se tiendra caché dans un village très-voisin. Le major devra exposer la chose à Charlotte d'une manière pressante, surprendre sa prévoyance, et, par cette proposition inattendue, la contraindre à un aveu sincère de ses sentiments. Car Édouard, qui lui avait prêté ses propres désirs, était persuadé qu'il prévenait les véritables souhaits de Charlotte, et il espérait d'elle un prompt consentement, parce qu'il ne pouvait lui-même avoir une autre volonté.

Plein d'allégresse, il prévoyait une heureuse issue. Pour en être informé sur-le-champ, il se tiendrait aux aguets, et l'on tirerait quelques coups de canon, ou, s'il faisait nuit, on lancerait quelques fusées. Le major se rendit au château. Il ne trouva pas Charlotte, et il apprit qu'elle habitait la maison neuve, mais qu'à ce moment, elle faisait une visite dans le voisinage, et probablement ne reviendrait pas de bonne heure à la maison. Il retourna à l'auberge, où il avait laissé son cheval.

Cependant Édouard, poussé par une impatience dont il n'était pas maître, se glissa hors de sa retraite par des sentiers solitaires, connus seulement des chasseurs et des pêcheurs ; il gagna son parc, et, vers le soir, il se trouva dans le bosquet auprès de son lac, dont il voyait, pour la première fois, toute l'étendue unie et transparente.

Dans cette après-midi, Ottilie avait fait une promenade jusqu'au lac. Elle portait l'enfant et lisait en marchant, selon sa coutume. Elle arriva jusqu'aux chênes, à l'endroit où l'on passait l'eau. L'enfant s'était endormi; elle s'assit, le posa à côté d'elle, et continua sa lecture. Le livre était de ceux qui attirent un cœur sensible et dont il ne peut se détacher. Ottilie oubliait le temps et l'heure, et ne songeait pas qu'elle avait encore une longue marche à faire pour gagner la maison neuve; elle était assise, plongée dans sa lecture, dans ses pensées, si charmante à voir, que les arbres, les buissons d'alentour, auraient dû être animés, avoir des yeux, pour l'admirer et jouir de sa présence. A cet instant même, un rayon du soleil couchant glissa par derrière elle et dora sa joue et ses épaules.

Édouard, qui avait réussi à pénétrer si loin sans être aperçu, qui trouvait son parc vide et la campagne déserte, s'avançait toujours davantage. Enfin il perce, à travers les buissons, jusqu'aux chênes; il voit Ottilie, elle le voit, il vole auprès d'elle et tombe à ses pieds. Après une longue pause muette, pendant laquelle ils cherchent l'un et l'autre à revenir de leur trouble, il lui explique en peu de mots comment et pourquoi il est venu. Il a envoyé le major à Charlotte; leur sort commun se décidait peut-être en ce moment. Il n'a jamais douté de son amour; elle, assurément, n'a jamais douté du sien : il implore son consentement. Elle balançait, il la conjurait; il voulut faire valoir ses anciens droits et la presser dans ses bras : elle lui fit remarquer l'enfant.

Édouard le regarde et s'étonne.

« Grand Dieu, s'écrie-t-il, si je pouvais douter de ma femme, de mon ami, cette figure serait contre eux un terrible témoignage. Ces traits ne sont-ils pas ceux du major? Je ne vis jamais une pareille ressemblance.

— Non pas, répondit Ottilie, tout le monde assure qu'il me ressemble.

— Serait-ce possible? » dit Édouard, et, à l'instant même, l'enfant ouvrit les yeux, de grands yeux noirs, pleins d'expression, profonds et doux. L'enfant regardait déjà le monde avec intelligence ; il sembla reconnaître les deux personnes qui étaient devant lui. Édouard s'assit auprès de l'enfant ; il se jeta de nouveau à genoux devant Ottilie.

« C'est toi-même, s'écria-t-il, ce sont tes yeux. Ah ! laisse-moi ne plus regarder que les tiens. Laisse-moi jeter un voile sur l'heure fatale qui donna l'être à cet enfant. Me faut-il effrayer ton âme pure par cette funeste pensée, que, devenus étrangers l'un à l'autre, le mari et la femme peuvent, dans leurs mutuelles étreintes, profaner par de brûlants désirs un lien légitime ? Mais, puisque nous en sommes venus jusque-là, puisque mes relations avec Charlotte doivent être rompues, puisque tu seras à moi, pourquoi ne le dirais-je pas ? Pourquoi ne pas la prononcer, la dure parole ? Cet enfant est le fruit d'un double adultère ; il me sépare de ma femme et la sépare de moi, comme il aurait dû nous unir. Si donc il témoigne contre moi, si ces yeux magnifiques peuvent dire aux tiens que, dans les bras d'une autre, je t'appartenais, puisses-tu sentir, Ottilie, bien sentir, que je ne puis expier cette faute, ce crime, que dans tes bras.

« Écoute ! » s'écria-t-il, en se levant soudain.

Il avait cru entendre le coup de canon, le signal que le major devait donner. C'était un chasseur, qui avait tiré dans la montagne voisine. Cette détonation ne fut suivie d'aucune autre. Édouard attendait avec impatience.

Alors seulement, Ottilie vit que le soleil avait disparu derrière les montagnes. Ses derniers rayons reluisaient encore sur la colline, aux fenêtres de la maison.

« Éloigne-toi, Édouard ! s'écria-t-elle. Nous avons été séparés si longtemps, nous avons souffert si longtemps.... Considère ce que nous devons tous deux à Charlotte. C'est à elle de prononcer sur notre sort : ne la prévenons pas. Je suis à toi, si elle le permet ; sinon, il faut que je renonce à toi. Puisque tu crois la décision si prochaine, attendons. Retourne dans le village où le major suppose que tu es. Que de choses peuvent se présenter qui exigent une explication ! Est-il vraisemblable qu'un sauvage coup de canon t'annonce le succès de son entremise ? Il te cherche peut-être en ce moment. Il n'a pas trouvé Charlotte, je le sais. Il peut être allé à sa rencontre ; car on a pu lui dire où elle était. Que de suppositions possibles! Laisse-moi. Il faut que je retourne à la maison. Elle m'attend là-haut avec l'enfant. »

Ottilie avait parlé à la hâte. Elle se représentait toutes les chances possibles. Elle était heureuse auprès d'Édouard, et sentait qu'elle devait l'éloigner.

« Je t'en prie, je t'en conjure, mon bien-aimé, dit-elle, retourne sur tes pas, attends le major.

— J'obéis à tes ordres, » répondit-il, en jetant d'abord sur elle un regard passionné, puis la pressant avec ardeur dans ses bras. Elle l'entoura des siens et le serra tendrement sur son cœur. L'espérance passa sur leurs têtes, comme une étoile tombée des cieux. Ils rêvèrent, ils crurent qu'ils s'appartenaient l'un à l'autre; pour la première fois, ils échangèrent, avec abandon, des baisers de flamme, et se séparèrent avec contrainte et douleur.

Le soleil était couché, déjà les ombres du soir se répandaient; une vapeur humide s'élevait autour du lac; Ottilie restait immobile, émue et troublée. Elle porta les yeux vers la maison de la colline et crut voir sur le balcon Charlotte en robe blanche. Par le bord du lac, le détour était grand. Elle savait l'impatience de la mère, quand elle attendait l'enfant. Elle voit devant elle les platanes; une nappe d'eau la sépare seule du sentier qui monte droit à la maison. Par la pensée, comme par le regard, elle se voit déjà sur l'autre bord. Dans son impatience, le danger de se risquer sur l'eau avec l'enfant s'évanouit à ses yeux. Elle court au canot; elle ne sent pas que son cœur palpite, que ses pieds chancellent, qu'elle est sur le point de tomber en faiblesse. Elle saute dans le canot, prend l'aviron et l'appuie sur la rive. Elle a besoin d'effort, elle redouble, le canot balance et glisse un peu en avant. L'enfant sur le bras gauche, le livre dans la main gauche, la rame dans la main droite, elle chancelle aussi et tombe dans la barque. La rame lui échappe d'un côté, et, comme elle veut se retenir, l'enfant et le livre lui échappent de l'autre, et tout dans l'eau!... Elle tient encore le vêtement de l'enfant, mais sa position incommode l'empêche de se relever. Sa main droite, restée libre, ne suffit pas pour l'aider à se retourner, à se mettre debout. Elle y parvient enfin, elle retire l'enfant de l'eau, mais ses yeux sont fermés, il a cessé de respirer.

Dans ce moment, elle retrouve toute sa présence d'esprit, et sa douleur n'en est que plus grande. Le canot s'avance presque au milieu du lac, l'aviron nage bien loin; elle ne voit personne sur le bord, et que lui servirait-il de voir quelqu'un? Séparée de tout, elle flotte sur le perfide, l'inaccessible élément.

Elle cherche du secours en elle-même. Elle avait entendu parler souvent des moyens de sauver les noyés. Le soir même de son anniversaire, elle avait vu un cas de ce genre. Elle déshabille l'enfant, elle l'essuie avec sa robe de mousseline; elle déchire les vêtements qui couvrent son sein, et, pour la première fois, elle l'expose au regard du jour; pour la première fois, elle presse contre sa blanche poitrine un être vivant.... Non, hélas! ce n'était pas un être vivant! Les membres glacés de l'infortunée créature la glacent elle-même jusqu'au fond du cœur. Un torrent de larmes s'échappe de ses yeux, et prête à la surface du corps rigide une apparence de chaleur et de vie. Elle ne se relâche point, elle enveloppe l'enfant de son châle, et, en le frottant, le pressant, lui soufflant son haleine, en le couvrant de baisers et de larmes, elle croit suppléer aux secours qui lui sont refusés dans cet isolement.

Inutiles efforts! L'enfant est couché sans mouvement dans ses bras, le canot reste sans mouvement à la surface de l'eau. Mais ici encore sa belle âme ne la laisse pas sans secours: elle tourne ses regards vers le ciel; elle tombe à genoux dans la barque et, de ses deux bras, elle lève l'enfant déjà roide, sur sa gorge innocente, qui a la blancheur, mais, hélas! aussi la froideur du marbre. Le regard humide, elle dirige ses yeux vers le ciel, elle implore du secours de cet asile, où l'âme tendre espère en trouver avec abondance, quand il n'en est plus nulle part pour elle. Ce n'est pas en vain qu'elle se tourne vers les étoiles, qui déjà commencent à briller une par une dans le ciel : un vent doux se lève et pousse la barque vers les platanes.

CHAPITRE XIV.

Elle court à la maison neuve, elle appelle le chirurgien, elle lui remet l'enfant. L'homme expérimenté essaye graduellement sur le corps délicat les traitements ordinaires. Ottilie l'aide en tout, elle procure, ce qu'il faut, elle s'empresse, mais comme vivant déjà dans un autre monde; car le malheur suprême, comme le suprême bonheur, change la face de tous les objets.

C'est seulement lorsque, après avoir tout essayé, le brave homme secoue la tête, puis reste muet à ses questions pleines d'espérance, et enfin répond par un léger « non, » qu'elle quitte la chambre à coucher de Charlotte, où toute la scène s'est passée; mais, à peine est-elle entrée dans la chambre de réception, que, sans pouvoir atteindre le sofa, elle tombe épuisée, le visage sur le tapis.

A l'instant même on entend que Charlotte arrive en voiture. Le chirurgien conjure les assistants de demeurer. Il veut courir au-devant d'elle, la préparer : déjà elle entre dans son appartement. Elle trouve Ottilie gisante; une femme de chambre court à sa maîtresse avec des pleurs et des cris. Le chirurgien se présente : elle apprend tout à la fois. Mais comment renoncer soudain à toute espérance? L'homme expérimenté, habile et sage, la prie seulement de ne pas voir l'enfant; il s'éloigne, afin de l'abuser par de nouveaux apprêts. Elle s'est jetée sur le sofa; Ottilie est encore couchée par terre, appuyée sur les genoux de sa tante, qui soutiennent sa belle tête inclinée; le docte ami va et vient; il semble s'occuper de l'enfant : il s'occupe des dames. Minuit approche; il règne de plus en plus dans la maison un silence de mort. Charlotte ne se dissimule plus que l'enfant ne reviendra jamais à la vie. Elle demande à le voir.

On l'a enveloppé proprement dans des langes de laine chauds; on l'a couché dans une corbeille, qu'on place auprès d'elle sur le sofa; le visage est seul à découvert, avec tout son calme et toute sa beauté.

A la nouvelle de ce malheur, le village fut bientôt en mouvement, et sur-le-champ le bruit en arriva jusqu'à l'auberge. Le major, qui est monté par les chemins connus, tourne autour de la maison, et, arrêtant un domestique, qui allait querir quelque chose dans le corps de logis voisin, il lui demande des détails et fait dire au chirurgien de sortir. Étonné de voir paraître son ancien protecteur, le chirurgien l'informe de l'état des choses, et se charge de préparer Charlotte à sa visite. Il rentre et, de propos en propos, faisant passer l'imagination d'un objet à l'autre, il sait rendre présent à la pensée de Charlotte cet ami, toujours sympathique, toujours près d'elle par l'esprit et par le cœur. Ces réflexions lui permettent d'en venir à la réalité. Bref, elle apprit que son ami était à sa porte, qu'il savait tout et qu'il désirait la voir.

Le major entra; Charlotte l'accueillit avec un sourire douloureux. Il était debout devant elle. Elle releva la couverture de soie verte qui cachait le corps, et, à la faible lueur d'une bougie, il vit, non sans une horreur secrète, sa propre image glacée par la mort. Charlotte lui fit signe de s'asseoir. Ainsi placés en face l'un de l'autre, ils passèrent la nuit en silence. Ottilie était toujours couchée sans mouvement sur les genoux de sa tante; elle respirait doucement; elle dormait ou paraissait dormir.

Le jour commençait à poindre; la lumière s'éteignit; les deux amis parurent s'éveiller d'un rêve sombre. Charlotte regarda le major et lui dit d'un ton calme :

« Expliquez-moi, mon ami, par quelle volonté du ciel vous arrivez ici pour vous associer à cette scène de deuil. »

A cette question, qu'elle lui avait faite à voix basse, le major lui répondit de même, comme s'ils avaient craint de réveiller Ottilie :

« Ce n'est ni le temps ni le lieu des réticences, des insinuations et des ménagements. La situation dans laquelle je vous trouve est si terrible, que, devant elle, l'objet important pour lequel je viens ici en perd lui-même son intérêt. »

Là-dessus il lui déclara, avec calme et simplicité, le but de sa mission, en tant qu'Édouard l'avait délégué, et le but de son arrivée, en tant qu'il venait de sa propre volonté et pour son propre intérêt. Il exposa l'un et l'autre point avec beaucoup de délicatesse, et pourtant avec sincérité. Charlotte l'écouta tranquillement, et ne parut ni surprise ni mécontente.

Quand le major eut fini, elle répondit d'une voix si basse, qu'il fut obligé d'avancer son siége.

« Je ne me suis jamais trouvée dans une situation comme celle-ci, mais dans des occasions aussi solennelles, je me suis toujours dit : « Demain, comment cela ira-t-il? » Je sens bien que le sort de plusieurs personnes est actuellement dans mes mains, et ce que j'ai à faire ne me laisse aucun doute et sera bientôt dit. Je consens au divorce. J'aurais dû m'y résoudre plus tôt. Par mon hésitation, par ma résistance, j'ai tué mon enfant. Il y a certaines choses que la destinée se réserve obstinément. C'est en vain que la raison et la vertu, le devoir et tout ce qu'il y a de sacré, se placent à la traverse : il faut qu'elle s'accomplisse, la chose qui est juste à ses yeux, qui n'est pas juste aux nôtres, et la destinée finit par décider souverainement, en nous laissant nous débattre comme il nous plaît.

« Mais que dis-je? La destinée ne veut que l'accomplissement de mon propre souhait, de mon propre dessein, contre lesquels j'ai imprudemment agi. Ma pensée n'avait-elle pas déjà fiancé Édouard et Ottilie, comme deux époux faits l'un pour l'autre? N'ai-je pas cherché moi-même à les rapprocher? Et vous, mon ami, ne vous avais-je pas mis dans la confidence de mon dessein? Pourquoi n'ai-je pu distinguer le caprice d'un homme d'un véritable amour? Pourquoi ai-je accepté sa main, lorsqu'en restant son amie j'aurais fait son bonheur et celui d'une autre épouse? Voyez cette infortunée qui sommeille! Je frémis, à la pensée du moment où elle se réveillera de ce repos léthargique et reprendra connaissance. Comment pourra-t-elle vivre, comment se consoler, si elle ne peut espérer de dédommager Édouard par son amour de ce qu'elle lui a ravi, comme instrument de la plus étrange fatalité? Elle peut tout lui rendre, si j'en juge par l'attachement, la passion, qu'elle a pour lui. Si l'amour peut tout souffrir, il peut, mieux encore, tout remplacer. Pour ce qui me regarde, il ne faut pas s'en occuper dans ce moment.

« Éloignez-vous sans bruit, cher major. Dites à Édouard que je consens au divorce ; que je laisse à lui, à vous, à Mittler, tout le soin de l'affaire; que je suis sans inquiétude pour ma situation future, et qu'à tous égards je puis l'être. Je signerai tous les papiers qu'on m'apportera; mais qu'on ne me demande point mon concours, mes avis, mes conseils. »

Le major se leva. Charlotte lui tendit la main par-dessus Ottilie; il pressa de ses lèvres cette main si chère.

« Et pour moi, que puis-je espérer? dit-il tout bas.

— Permettez-moi de vous faire attendre ma réponse, lui dit Charlotte : nous n'avons pas mérité le malheur par une faute; mais nous n'avons pas non plus mérité d'être heureux ensemble. »

Le major s'éloigna, plaignant Charlotte au fond du cœur, sans pouvoir plaindre toutefois le pauvre enfant mort. Cette victime lui semblait nécessaire à leur bonheur mutuel. Il se représentait Ottilie, tenant dans ses bras un enfant à elle, comme le plus complet dédommagement de celui qu'elle avait ravi à Édouard; il voyait, sur ses genoux à lui-même, un fils qui serait, à plus juste titre que l'autre, son portrait fidèle.

Telles étaient les images et les espérances flatteuses qui occupaient son esprit, lorsqu'en retournant à l'auberge il rencontra Édouard, qui avait attendu toute la nuit le major en plein air, sans que feu d'artifice ou détonation lui vînt annoncer un heureux succès. Il savait déjà le malheur qui était arrivé, et lui-même, au lieu de regretter l'infortunée créature, considérait cet événement, sans vouloir tout à fait se l'avouer, comme une dispensation du ciel, qui écartait soudain tout obstacle à son bonheur. Aussi le major, qui lui annonça sur-le-champ la résolution de sa femme, n'eut-il aucune peine à le décider à retourner dans l'autre village et, de là, dans la petite ville, où ils se proposaient de discuter et de préparer les premières mesures qu'ils avaient à prendre.

La baronne, quand le major l'eut quittée, ne resta qu'un instant plongée dans ses réflexions, car, aussitôt après, Ottilie se redressa et regarda fixement son amie. D'abord elle quitta les genoux de Charlotte, puis elle se remit sur ses pieds et se tint debout devant elle.

« Voici la seconde fois, dit la noble enfant, avec une gravité pleine d'un charme irrésistible, voici la seconde fois que j'éprouve une crise pareille. Tu m'as dit un jour que souvent dans la vie la même chose arrive aux hommes de la même manière, et toujours dans des moments décisifs. Je reconnais aujourd'hui la vérité de cette remarque et je me sens pressée de te faire un aveu. Peu de temps après la mort de ma mère, petite enfant, j'avais approché de toi mon escabeau; tu étais assise sur le sofa comme à présent; ma tête reposait sur tes genoux; je ne dormais pas, je ne veillais pas : j'étais assoupie. J'entendais tout ce qui se passait autour de moi et particulièrement, avec une grande clarté, tout ce qu'on disait. Cependant je ne pouvais me remuer, m'exprimer, et, quand même je l'aurais voulu, je n'aurais pu faire entendre que j'avais le sentiment de moi-même. Tu parlais alors de moi avec une amie; tu me plaignais de rester dans le monde, pauvre orpheline; tu retraçais ma position dépendante, et qui pourrait être bien critique, si un astre favorable ne présidait pas à ma destinée. Je saisis fort bien, je saisis exactement, peut-être trop à la rigueur, tout ce que tu paraissais désirer pour moi, exiger de moi. Je me traçai là-dessus des lois d'après mes vues bornées; elles ont longtemps réglé ma vie; elles ont dirigé toute ma conduite, dans le temps où tu m'aimais, où tu prenais soin de moi, où tu m'accueillis dans ta maison, et quelque temps ensuite.

« Mais je suis sortie de ma carrière; j'ai violé mes lois, j'en ai même perdu le sentiment, et, après une horrible catastrophe, tu m'éclaires de nouveau sur mon état, qui est plus déplorable que le premier. Appuyée sur tes genoux, tombée dans une sorte d'engourdissement, j'entends une seconde fois, comme d'un monde étranger, ta douce voix près de mon oreille; je vois où j'en suis réduite, je frémis de moi-même : mais, comme alors, cette fois aussi, dans ma demi-léthargie, je me suis tracé ma nouvelle carrière.

« Je suis décidée comme je l'étais; et ma décision, il faut d'abord te l'apprendre. Je ne serai jamais à Édouard. Par un effroyable événement, Dieu m'a ouvert les yeux sur le crime où je suis plongée. Je veux l'expier. Que nul ne songe à me détourner de mon dessein ! Chère, excellente amie, prends là dessus tes mesures. Fais revenir le major; écris-lui qu'il n'y a rien de fait. Comme j'étais angoissée, de ne pouvoir me remuer quand il est parti ! Je voulais me lever en sursaut, te crier de ne pas le renvoyer avec des espérances si criminelles. »

Charlotte voyait la situation d'Ottilie, elle la sentait : cependant elle espéra, avec le temps et les exhortations, gagner quelque chose; mais lorsqu'elle laissait échapper quelques mots qui faisaient allusion à l'avenir, à un adoucissement de sa douleur, à l'espérance :

« Non, s'écriait Ottilie avec exaltation; ne cherchez pas à m'ébranler, à me surprendre. Au moment où j'apprendrai que tu as consenti au divorce, j'expierai dans ce même lac mon erreur et mon crime. »

CHAPITRE XV.

Si les parents, les amis, qui mènent ensemble une vie heureuse et paisible, s'entretiennent, plus qu'il n'est raisonnable et nécessaire, de ce qui leur arrive ou leur doit arriver; s'ils se communiquent cent fois leurs projets, leurs entreprises, leurs occupations, et, sans accepter précisément les conseils qu'ils se donnent de part et d'autre, passent, pour ainsi dire, leur vie à délibérer : dans les conjonctures importantes, où il semblerait que l'homme a besoin de l'assistance et surtout de l'approbation d'autrui, on voit au contraire chacun se retirer en soi-même, chacun agir à part, chacun tendre au but à sa manière; on se cache mutuellement les moyens particuliers qu'on emploie, et le succès, les effets, le résultat, rentrent seuls dans le domaine commun.

Après tant d'événements étranges et malheureux, il s'était aussi établi entre les deux amies une certaine réserve silencieuse, qui se manifestait par d'aimables ménagements. Charlotte avait fait porter, en grand secret, l'enfant dans la chapelle. Il y reposait, comme première victime d'une menaçante destinée.

La mère, ayant recueilli toutes ses forces, se retourna vers la vie, et, sur ce chemin, ce fut d'abord Ottilie qui lui sembla réclamer ses secours. Elle en fit son occupation principale, sans le laisser paraître. Elle savait combien cette fille céleste aimait Édouard; elle s'était informée peu à peu de la scène qui avait précédé la catastrophe; elle en avait appris chaque circonstance soit d'Ottilie elle-même, soit par les lettres du major.

Ottilie, de son côté, répandait, à chaque moment, beaucoup de douceur sur la vie de Charlotte. Elle était ouverte et même expansive; mais, dans ses discours, il n'était jamais question du présent ni des derniers temps. Elle avait toujours été attentive; elle avait toujours observé; elle savait beaucoup: tout cela fut mis alors en évidence. Elle amusait, elle distrayait Charlotte, qui nourrissait toujours l'espoir secret de voir uni un couple qui lui était si cher.

Ottilie avait de tout autres sentiments. Elle avait découvert à son amie le secret de sa conduite; elle était délivrée de son ancienne contrainte, de son esclavage : par son repentir, par sa résolution, elle se sentait aussi délivrée du poids de sa faute, de sa disgrâce. Elle n'avait plus besoin de se faire violence. Elle s'était pardonné dans le fond de son cœur, mais sous la condition d'un complet renoncement, et cette condition était de rigueur pour toute la vie.

Ainsi s'écoula quelque temps, et la baronne sentait combien la maison, le parc, les rochers, le lac, les ombrages, devaient entretenir journellement chez elle et son amie de tristes impressions. Qu'un changement de séjour leur fût nécessaire, la chose était trop évidente; mais comment réaliser cette idée? cela n'était pas aussi facile à décider.

Les deux amies devaient-elles rester ensemble? La volonté qu'Édouard avait précédemment exprimée semblait le commander, ses déclarations, ses menaces, en faire une nécessité :

mais comment méconnaître que ces deux femmes, avec toute leur bonne volonté, toute leur raison, tous leurs efforts, se trouvaient l'une auprès de l'autre dans une situation pénible? Leurs conversations étaient évasives; quelquefois on voulait bien n'entendre qu'à demi, mais plus souvent une expression était mal comprise, sinon par l'intelligence, du moins par le sentiment. On craignait de se blesser, et cette crainte même était blessante et offensait d'abord.

Voulait-on quitter le château, et se séparer l'une de l'autre, au moins pour quelque temps, l'ancienne question se représentait toujours : où se rendrait Ottilie? La riche et grande famille avait fait d'inutiles tentatives pour procurer à la jeune héritière une compagne agréable, et capable d'exciter son émulation. Dans sa dernière visite, et récemment, par ses lettres, la baronne avait sollicité Charlotte d'envoyer l'orpheline. Elle en fit de nouveau la proposition. Mais Ottilie refusa expressément d'entrer dans une maison où elle trouverait ce qu'on a coutume d'appeler le grand monde.

« Laissez-moi, dit-elle, chère tante, pour ne pas sembler étroite et obstinée, m'expliquer sur ce que je devrais taire et dissimuler dans une autre circonstance. Une personne qui a éprouvé des malheurs étranges, fût-elle même innocente, est notée affreusement. Sa présence excite chez tous ceux qui la voient, qui la rencontrent, une sorte d'effroi. Chacun veut reconnaître chez elle la monstruosité qu'on lui a supposée; chacun éprouve à la fois la curiosité et la crainte. C'est ainsi qu'une maison, une ville, où s'est passé un acte horrible, sont formidables à tous ceux qui les visitent. La lumière du jour y paraît moins brillante; les étoiles y semblent perdre de leur éclat.

« Combien est grande, et pourtant excusable peut-être, l'indiscrétion des hommes envers ces malheureux, leur sotte importunité, leur maladroite bienveillance! Pardonnez-moi de m'exprimer ainsi, mais j'ai souffert incroyablement avec cette pauvre jeune fille, que Luciane arracha de sa chambre secrète et retirée, pour s'occuper d'elle avec bonté, et que, dans les meilleures intentions, elle voulut contraindre de jouer et de danser. Lorsque la pauvre enfant, toujours plus troublée, finit par s'enfuir et s'évanouit, que je la pris dans mes bras, que la société fut émue, effrayée, et que chacun observa curieusement l'infortunée, je ne prévoyais pas qu'un sort pareil m'attendait. Ma pitié, ardente et sincère, est encore vivante : maintenant je puis la tourner sur moi-même, et me garder de donner lieu à de pareilles scènes.

— Chère enfant, reprit Charlotte, tu ne pourras nulle part te soustraire aux regards des hommes. Nous n'avons plus ces couvents, où l'on pouvait trouver autrefois un asile pour de pareilles souffrances.

— La solitude ne fait pas l'asile, ma chère tante. L'asile par excellence, il faut le chercher aux lieux où notre activité trouve un objet. Toutes les pénitences, tous les renoncements, ne sauraient nous soustraire à une fatale destinée, si elle est décidée à nous poursuivre. C'est dans le cas seulement où, livrée à l'oisiveté, je devrais servir de spectacle au monde, qu'il me serait odieux et insupportable. Mais, si l'on me trouve joyeuse à l'ouvrage, infatigable à remplir ma tâche, alors je puis soutenir les regards de chacun, parce que je n'ai pas à craindre ceux de mon Dieu.

— Ou je me trompe fort, reprit Charlotte, ou ton inclination te rappelle au pensionnat.

— Oui, je l'avoue, je m'imagine que c'est une heureuse occupation de mener les autres par la voie ordinaire, quand on a été conduit soi-même par la plus extraordinaire. Et ne voyons-nous pas dans l'histoire, que des hommes qui, après de grandes fautes, s'étaient retirés dans les solitudes, n'y sont nullement restés cachés et ensevelis, comme ils l'espéraient? On les a rappelés dans le monde, pour guider dans le bon chemin ceux qui s'égaraient. Personne le pouvait-il mieux que ceux qui étaient initiés aux voies trompeuses? On les a rappelés pour assister les malheureux. Et qui en était plus capable que les hommes qu'aucun mal terrestre ne pouvait plus atteindre?

— Tu choisis une singulière profession, dit Charlotte. Je ne veux pas m'y opposer. A la bonne heure, bien que ce soit, je l'espère, pour peu de temps.

— Que je vous remercie, répondit-elle, de me laisser faire cette tentative, cette expérience! Si je ne me flatte pas trop, elle me réussira. Dans cet asile, je me rappellerai toutes les épreuves qu'il m'a vu soutenir, et combien elles étaient petites, insignifiantes, auprès de celles que j'ai dû subir depuis! Avec quelle sérénité je vais observer les embarras des jeunes élèves, sourire de leurs peines enfantines, et, d'une main légère, les ramener de leurs petits égarements! L'homme heureux n'est pas fait pour diriger les heureux; il est dans la nature humaine d'exiger d'autant plus de soi et des autres qu'on a reçu davantage. Les malheureux qui se sont relevés savent seuls nourrir, pour eux et pour autrui, le sentiment qu'on doit jouir avec délices même du plus modeste bien.

— Laisse-moi, dit Charlotte après quelque réflexion, laisse-moi faire contre ton projet encore une objection, qui me paraît la plus importante. Il ne s'agit pas de toi, mais d'un tiers. Les intentions du sage, pieux et bon instituteur, te sont inconnues: dans la carrière que tu vas suivre, tu lui seras tous les jours plus indispensable et plus chère; déjà les sentiments qui l'animent ne lui permettent guère de vivre sans toi, et, à l'avenir, quand une fois il sera accoutumé à ton concours, il ne pourra plus faire son œuvre sans toi : tu commenceras par la lui rendre plus facile, pour l'en dégoûter ensuite.

— Le destin ne m'a pas traitée avec indulgence, reprit Ottilie, et qui m'aime ne doit pas, je crois, attendre beaucoup mieux. Cet ami est bon, il est sage; il sentira pour moi, je l'espère, une affection pure et désintéressée; il verra en moi une personne sacrée, qui ne saurait expier peut-être pour elle et pour d'autres un horrible forfait, qu'en se vouant à l'Être saint et parfait qui, nous environnant de sa substance invisible, peut seul nous protéger contre les puissances fatales dont nous sommes assiégés. »

Charlotte recueillit, pour le méditer en secret, tout ce que l'aimable enfant avait dit avec une effusion si touchante. Plusieurs fois, avec des ménagements extrêmes, elle avait cherché à découvrir si l'on ne pouvait songer à un rapprochement entre Édouard et Ottilie : mais la plus légère mention, la plus faible espérance, le moindre soupçon, semblaient émouvoir la jeune fille jusqu'au fond de l'âme. Et même un jour, qu'elle ne put éviter de répondre, elle s'expliqua là-dessus tout à fait clairement.

« Si ta résolution, lui répondit Charlotte, est de renoncer à Édouard, garde-toi bien de le revoir jamais. Loin de l'objet aimé, il semble que, plus notre passion est vive, plus nous sommes maîtres de nous, parce que toute la force de la passion, telle qu'elle se déployait au dehors, nous la tournons au dedans; mais que nous sommes bientôt arrachés à cette erreur, quand l'objet dont nous croyons pouvoir nous passer se présente soudain devant nos yeux comme indispensable ! Fais maintenant ce que tu juges le plus convenable à ta position; éprouve-toi, change plutôt ta résolution présente, mais par toi-même, d'un cœur libre et décidé. Ne te laisse pas entraîner par hasard, par surprise, dans tes anciennes relations : car c'est alors que tu sentirais dans ton cœur un combat insupportable. Comme je te l'ai dit, avant de faire ce pas, avant de t'éloigner de moi et de commencer une vie nouvelle, qui te mènera, Dieu sait dans quels sentiers, réfléchis encore si tu peux renoncer pour jamais à Édouard. Si telle est ta résolution, engage-moi ta parole que tu n'auras plus aucune relation avec lui, pas même une conversation, s'il te rendait visite, s'il pénétrait jusqu'à toi. »

Ottilie n'hésita pas un instant; elle donna à son amie la parole qu'elle s'était déjà donnée à elle-même.

Cependant la menace d'Édouard revenait toujours à l'esprit de sa femme. Il ne pouvait, avait-il dit, renoncer à Ottilie, qu'aussi longtemps qu'elle ne serait pas séparée de Charlotte. Depuis lors, il est vrai, les circonstances avaient tellement changé, il était arrivé tant de choses, que cette parole, échappée à la fougue du moment, pouvait paraître annulée par les événements postérieurs. Cependant elle ne voulait pas hasarder, entreprendre, la moindre chose qui pût blesser Édouard, et Mittler fut chargé de sonder sur ce point ses sentiments.

Depuis la mort de l'enfant, Mittler avait fait à Charlotte des visites fréquentes mais courtes. Cet accident, qui lui faisait juger très-invraisemblable la réunion des deux époux, lui avait causé un violent chagrin. Toutefois, naturellement disposé à l'action, à l'espérance, il applaudissait secrètement à la résolution d'Ottilie. Il comptait sur le temps, qui apaise; il se flattait encore de maintenir des liens sacrés, et considérait ces mouvements passionnés comme des épreuves de l'amour et de la fidélité conjugale.

Une lettre de Charlotte avait d'abord annoncé au major la première déclaration d'Ottilie, et l'avait prié, avec les dernières instances, d'obtenir d'Édouard que l'on ne fît point de nouvelle démarche, que l'on demeurât tranquille, que l'on observât patiemment si la jeune fille ne reviendrait pas à ses premiers sentiments. Elle lui avait aussi fait connaître, autant qu'il était nécessaire, ce qui s'était passé et ce qu'on avait éprouvé dès lors, et maintenant il avait la mission difficile de préparer Édouard à un changement de situation. Mittler, sachant bien qu'on se résigne plutôt à une chose faite que l'on ne consent à ce qui est encore à faire, persuada à la baronne que le meilleur était d'envoyer tout de suite Ottilie au pensionnat.

En conséquence, aussitôt qu'il fut parti, on fit les préparatifs du voyage. Ottilie fit ses malles, mais Charlotte observa qu'elle ne se disposait à emporter ni la belle cassette, ni rien de ce qu'elle renfermait. Elle se tut et laissa faire la silencieuse enfant. Le jour du départ arriva. La voiture devait conduire la jeune voyageuse, le premier jour, à une station connue; le second, au pensionnat; Nannette devait l'accompagner et rester à son service. Cette jeune fille passionnée était revenue à sa bienfaitrice aussitôt après la mort de l'enfant, et lui demeurait attachée comme auparavant, par nature et par inclination. Il semblait même qu'elle voulût, par son agréable babil, réparer le temps perdu, et se vouer entièrement à sa chère maîtresse. Elle fut transportée de joie, à l'idée de voyager avec elle, et de voir des objets nouveaux, elle qui n'était jamais sortie de son lieu natal. Elle courut au village, chez ses parents et ses amis, pour leur annoncer sa bonne fortune et prendre congé d'eux. Par malheur, elle entra chez des gens qui avaient la rougeole, et aussitôt elle ressentit les effets de l'épidémie. On ne voulut pas différer le départ. Ottilie insistait. Elle avait déjà fait ce voyage; elle connaissait les hôtes de l'auberge où elle devait passer la nuit; elle était menée par le cocher du château: il n'y avait rien à craindre.

La baronne ne fit point d'opposition. Il lui tardait à elle-même de quitter ces lieux : seulement elle voulait arranger pour

Édouard l'appartement d'Ottilie, et le mettre dans l'état où il se trouvait avant l'arrivée du capitaine. L'espoir de faire revivre un bonheur passé se rallume toujours une fois dans le cœur de l'homme, et Charlotte avait de nouveau le droit, elle était même forcée, de revenir à ces espérances.

CHAPITRE XVI.

Lorsque Mittler arriva chez Édouard pour s'entretenir de l'affaire avec lui, il le trouva seul, la tête appuyée sur la main droite, le coude sur la table. Il semblait très-souffrant.

« Votre migraine, dit Mittler, vous tourmente-t-elle encore ?
— Elle me tourmente, répondit-il, et pourtant je ne puis la maudire, car elle me fait souvenir d'Ottilie. Je me dis : « Elle « souffre aussi peut-être, appuyée sur le bras gauche, et peut-« être souffre-t-elle plus que moi. » Et pourquoi ne le supporterais-je pas comme elle ? Ces douleurs me sont salutaires ; elles sont, je puis le dire, désirables, car elles font briller à mes yeux, plus puissante, plus nette et plus vive, l'image de sa patience, accompagnée de ses autres vertus. C'est seulement dans la souffrance que nous sentons parfaitement toutes les grandes qualités qui sont nécessaires pour la supporter. »

Mittler, voyant son ami si résigné, ne lui cacha pas plus longtemps son message, mais il le lui présenta par degrés, lui racontant comment l'idée en était venue à ces dames, comment elle s'était peu à peu mûrie et changée en projet. Édouard fit à peine quelques objections. Le peu qu'il dit semblait faire entendre qu'il abandonnait toute l'affaire à ses amis. Sa souffrance présente paraissait le rendre indifférent à tout le reste.

Mais à peine fut-il seul, qu'il se leva soudain, et se promena dans la chambre en long et en large. Il ne sentait plus son mal : il était tout aux choses du dehors. Pendant le récit de Mittler, l'imagination de l'amoureux Édouard avait déjà pris l'essor. Il voyait Ottilie seule, ou comme seule, sur une route bien connue, dans une auberge accoutumée, dont il avait souvent occupé les appartements; il pensait, il réfléchissait : ou plutôt il ne pensa ni ne réfléchit; il désira, il voulut. Il fallait la voir, lui parler. Dans quel dessein? Pourquoi? Que devait-il en résulter? Il ne s'agissait pas de cela. Il ne résista point. Il fallait!

Le valet de chambre fut mis dans le secret. Il s'informa du jour et de l'heure où elle devait partir. Dès que le jour paraît : Édouard se hâte de se rendre à cheval, sans être accompagné, à l'auberge où elle doit passer la nuit. Il arriva longtemps avant elle. L'hôtesse, surprise, le reçut avec un vif plaisir. Elle lui avait l'obligation d'une grande joie de famille. Il avait fait obtenir à son fils, qui s'était conduit en brave soldat, une marque de distinction, en relevant avec chaleur, devant le général lui-même, l'action honorable dont il avait été seul témoin, si bien qu'il avait surmonté l'opposition de quelques malveillants. La mère ne savait comment lui témoigner assez vivement sa reconnaissance. Elle arrangea de son mieux sa chambre de parade, qui, à la vérité, était en même temps la garde-robe et la chambre aux provisions : mais il lui annonça l'arrivée d'une dame, qui viendrait loger chez elle, et il fit préparer pour lui, sans façon, une chambre de derrière, qui donnait sur le corridor. L'affaire parut mystérieuse à l'hôtesse; elle fut charmée de pouvoir complaire à ce bienfaisant seigneur, qui montrait beaucoup d'ardeur et d'activité. Et lui, quels furent ses sentiments, pendant les longues heures qui s'écoulèrent jusqu'au soir! Il observa en détail la chambre dans laquelle il devait la voir; elle lui parut, dans sa simplicité rustique, un séjour céleste. Combien ne se demanda-t-il pas s'il devait surprendre Ottilie ou la préparer! Enfin le dernier parti prévalut, et il se mit à écrire. Voici la lettre qu'elle devait recevoir :

Édouard à Ottilie.

« Pendant que tu lis cette lettre, ma bien-aimée, je suis près de toi. Ne va pas t'effrayer, t'épouvanter ; tu n'as rien à craindre de moi. Je n'entrerai point de force chez toi. Tu ne me verras point avant d'avoir permis que je paraisse.

« Songe d'abord à ta position, à la mienne ! Combien je te remercie de ne projeter aucune démarche décisive ! Mais celle-là est assez importante : ne la fais pas ! Ici, comme au point où deux routes aboutissent, réfléchis encore une fois. Peux-tu être à moi ? Veux-tu être à moi ? Oh ! tu nous ferais à tous un grand bien, et à moi un bien inexprimable.

« Laisse-moi te revoir, te revoir avec joie ! Laisse-moi t'adresser de bouche cette douce requête et que ton aimable présence me réponde ! Sur mon cœur, Ottilie, où tu reposas quelquefois, où tu vivras toujours.... »

Tandis qu'il écrivait, il fut saisi de l'idée que cette femme adorée approchait, qu'elle allait bientôt paraître. « Elle entrera par cette porte, elle lira cette lettre, elle sera devant mes yeux comme autrefois, celle dont j'ai si souvent souhaité la vue. Sera-t-elle encore la même ? Sa figure, ses sentiments, ont-ils changé ? » Il tenait encore la plume, il voulait écrire comme il pensait....la voiture roula dans la cour. Il ajouta d'une main rapide : « J'entends.... tu arrives.... pour un moment, adieu ! »

Il plia la lettre, il mit l'adresse : il était trop tard pour cacheter. Il courut dans le cabinet par lequel il savait ensuite arriver au corridor, et, à l'instant même, il se rappela qu'il avait laissé sur la table sa montre et son cachet. Il ne fallait pas qu'elle vît d'abord ces objets. Il revient sur ses pas en courant et réussit à les enlever. Déjà il entendait dans le vestibule l'hôtesse, qui s'avançait vers la chambre pour l'ouvrir à la voyageuse. Il courut à la porte de la sienne, mais elle s'était fermée. Il avait fait tomber la clef en dedans, comme il s'élançait pour entrer ; la serrure était fermée à ressort ; il était à la porte. Il la pousse violemment : elle ne cède pas. Oh! qu'il aurait désiré pouvoir, comme un esprit, se glisser à travers les fentes! Ne pouvant fuir, il se cache le visage contre le montant de la porte. Ottilie entrait : à la vue d'Édouard, l'hôtesse recule. Il ne peut échapper un moment au regard d'Ottilie. Elle se tourne vers lui, et les deux amants se retrouvent, de la manière la plus étrange, en présence l'un de l'autre. Elle le regarde d'un air calme et sérieux, sans avancer, sans reculer; et, comme il fait un mouvement pour s'approcher d'elle, elle fait quelques pas en arrière jusqu'à la table. Lui-même il recule à son tour.

« Ottilie, s'écrie-t-il, laisse-moi rompre ce terrible silence! Ne sommes-nous que des ombres en présence l'une de l'autre? Mais avant tout, écoute-moi : c'est par hasard que tu me trouves ici dès ton arrivée. Près de toi est une lettre qui devait te préparer; lis, je t'en prie, lis cette lettre, et puis décide ce que tu pourras. »

Elle baissa les yeux sur la lettre, et, après quelque réflexion, elle la prit, l'ouvrit et la lut. Ensuite, sans changer de visage, elle la posa doucement à l'écart : puis elle leva au ciel ses mains ouvertes, appuyées l'une contre l'autre; elle les ramena vers sa poitrine, avec une légère inclination de corps, en adressant à celui qui l'implorait avec ardeur un regard qui le forçait de renoncer à tout ce qu'il pouvait demander et souhaiter. Ce mouvement lui déchira le cœur. Il ne put soutenir le regard, la posture d'Ottilie. Elle semblait sur le point de tomber à genoux, s'il persistait. Il sort désespéré, et il envoie l'hôtesse auprès d'elle.

Il allait et venait sur le palier. La nuit était déjà sombre; dans la chambre, aucun bruit. Enfin l'hôtesse sortit et ôta la clef. La bonne femme était émue, était embarrassée. Elle ne savait ce qu'elle devait faire. A la fin, comme elle se retirait, elle offrit la clef au baron, qui la refusa. Elle laissa la lumière et s'éloigna.

Dans une douleur profonde, il se coucha sur le seuil et le baigna de ses pleurs. Jamais peut-être deux amants, si près l'un de l'autre, ne passèrent une nuit plus cruelle.

Le jour naissait; le cocher avança la voiture; l'hôtesse ouvrit et entra dans la chambre. Elle trouva la jeune fille endormie, tout habillée; elle recula et, avec un sourire affectueux, elle fit un signe à Édouard. Ils s'avancèrent tous deux vers la jeune fille endormie : mais il ne put soutenir même cette vue. L'hôtesse n'osa pas éveiller la paisible enfant, et s'assit devant elle. Enfin Ottilie ouvre ses beaux yeux et se lève. Elle refuse de déjeuner. Alors Édouard se présente devant elle. Il la prie avec instance de lui dire un seul mot pour déclarer sa volonté; il ne fera que sa volonté, il le jure. Mais elle se tait. Il lui demande encore une fois avec amour, avec instance, si elle veut être à lui. Avec quelle grâce elle baisse les yeux, et, secouant la tête, elle exprime un doux refus! Il lui demande si elle veut aller au pensionnat. Elle refuse avec indifférence. Enfin, à la question de savoir s'il peut la ramener à Charlotte, elle répond, sans hésiter, d'une manière affirmative, par un signe de tête. Il court à la fenêtre pour donner l'ordre au cocher, mais, prompte comme l'éclair, elle s'échappe de la chambre, derrière lui, descend l'escalier, et monte dans la voiture. Le cocher reprend le chemin du château. Édouard, à cheval, suit l'équipage à quelque distance.

CHAPITRE XVII.

Combien Charlotte fut surprise, quand elle vit son carrosse lui ramener Ottilie, et, en même temps, Édouard arriver, au galop de son cheval, dans la cour du château! Elle accourut jusqu'au seuil de la porte. Ottilie descend de voiture et s'approche avec Édouard. Elle presse avec ardeur les mains des deux époux, les serre l'une contre l'autre et court dans sa chambre. Édouard se jette au cou de Charlotte et fond en larmes. Il ne peut s'expliquer; il la prie d'avoir de la patience avec lui, et d'aller au secours d'Ottilie. Charlotte vole auprès de sa jeune amie, et frissonne en entrant : la chambre était déjà entièrement dégarnie ; il n'y avait plus que les quatre murs. Elle semblait aussi vaste que lugubre. On avait tout emporté, à l'exception du petit coffre, qu'on avait laissé au milieu du plancher, n'ayant pas décidé où l'on devait le placer. L'infortunée était couchée sur le parquet, la tête et le bras appuyés sur le coffre. Charlotte, qui s'empresse de lui donner des soins, lui demande ce qui est arrivé et n'obtient point de réponse.

Elle laisse auprès d'Ottilie sa femme de chambre, qui apporte des cordiaux, et elle court auprès d'Édouard. Elle le trouve dans le salon, mais il ne lui apprend rien non plus. Il se jette à ses pieds, il baigne ses mains de larmes ; il fuit dans son appartement, et, comme elle veut le suivre, elle rencontre le valet de chambre, qui lui donne tous les éclaircissements qu'il peut donner. Elle devine le reste, puis elle songe aussitôt, avec décision, à ce que le moment exige. La chambre d'Ottilie est remeublée au plus tôt ; Édouard a retrouvé son appartement, et jusqu'au moindre papier, tels qu'il les avait laissés.

Tous trois semblent revenir à eux-mêmes, en présence les uns des autres ; mais Ottilie persiste à garder le silence, et le baron ne sait que prier sa femme d'avoir la patience qui semble lui manquer à lui-même. Elle envoie des messages à Mittler et au major. On ne trouve pas Mittler chez lui ; le major arrive. Édouard s'épanche avec lui ; il lui avoue les plus petites circonstances, et Charlotte apprend ainsi ce qui est arrivé, ce qui a changé si étrangement la situation et troublé les cœurs.

Elle parle à son mari, du ton le plus affectueux ; elle ne sait lui faire qu'une prière, c'est que, pour le moment, on n'importune pas la pauvre enfant. Édouard apprécie la vertu, l'amour, la raison de sa femme, mais son penchant le domine d'une manière absolue. Elle lui donne des espérances, lui promet de consentir au divorce. Il ne peut croire à ses paroles : il est si malade, que l'espoir et la confiance l'abandonnent tour à tour. Il la presse de promettre sa main au major. Une sorte d'irritation folle s'est emparée de lui. Pour l'apaiser, pour le contenir, elle fait ce qu'il demande. Elle promet sa main au major, pour le cas où sa nièce consentira d'épouser Édouard : mais elle ajoute la condition formelle que les deux amis feront d'abord un voyage ensemble. Le major est chargé pour son prince d'une mission à l'étranger : le baron promet de l'accompagner. On fait les préparatifs et l'on se calme un peu, en voyant du moins qu'il se fait quelque chose.

Cependant on observe Ottilie, et l'on voit qu'elle prend à peine quelque nourriture, et qu'elle persiste à garder le silence. On l'exhorte : elle devient inquiète; on la laisse tranquille, car n'avons-nous pas, le plus souvent, la faiblesse de n'aimer pas à tourmenter quelqu'un, même pour son bien ! Charlotte imagine tous les moyens; enfin l'idée lui vient d'appeler de la pension l'instituteur, qui pouvait beaucoup sur son élève, et qui avait exprimé, d'une manière très-amicale, son étonnement de ne pas la voir arriver, mais qui n'avait point reçu de réponse.

Afin de ne pas surprendre Ottilie, on parle de ce projet en sa présence. Elle semble ne pas y souscrire; elle réfléchit : enfin elle paraît prendre une résolution. Elle court à sa chambre, et, avant le soir, elle envoie la lettre suivante à ses amis assemblés.

Ottilie à ses amis.

« Pourquoi faut-il, mes bien-aimés, que je dise expressément ce qui s'entend de soi-même ? Je suis sortie de ma voie, et je ne dois pas y rentrer. Un génie ennemi, qui s'est rendu maître de moi, semble m'opposer sa puissance étrangère, quand même je serais de nouveau d'accord avec moi-même.

« J'avais franchement résolu de renoncer à Édouard, de le fuir; j'espérais ne plus le rencontrer : il en est allé autrement. Il a paru devant moi, contre sa propre volonté. J'ai interprété trop littéralement peut-être ma promesse de n'engager avec lui aucune conversation. C'est par une inspiration soudaine de ma conscience que je suis restée muette en présence de mon ami, et maintenant je n'ai plus rien à dire. J'ai fait par hasard, sous l'empire du sentiment, un vœu sévère, qui est à charge peut-être à celui qui le fait avec réflexion. Laissez-moi y persister aussi longtemps que mon cœur m'en fera une loi. N'appelez aucun intermédiaire; ne me pressez pas de parler, de prendre plus de nourriture qu'il ne m'est rigoureusement nécessaire. Aidez-moi par votre indulgence et votre patience à passer ce temps d'épreuve. Je suis jeune, la jeunesse se rétablit insensiblement. Souffrez ma présence; que votre amour me charme, que votre conversation m'instruise, mais laissez-moi maîtresse de mes sentiments. »

Le départ des deux amis, préparé depuis longtemps, fut différé, parce que l'affaire dont le major était chargé éprouvait des retards. Comme cela venait à souhait pour Édouard! Ranimé par la lettre d'Ottilie, encouragé par ses paroles consolantes et pleines d'espoir, autorisé à une ferme persévérance, il déclara tout à coup qu'il ne s'éloignerait pas.

« Quelle folie, s'écria-t-il, de rejeter précipitamment ce qui nous est le plus nécessaire, le plus indispensable, qu'il faudrait retenir encore, quand même nous serions menacés de la perdre! Et pourquoi renoncer? Uniquement pour que l'homme paraisse capable de choix et de volonté. Sous l'empire de cette absurde vanité, je me suis souvent arraché à mes amis; bien des heures, bien des jours, plus tôt qu'il n'était nécessaire, uniquement pour n'être pas forcé sans rémission par le dernier, l'inévitable terme. Cette fois, je veux rester. Pourquoi devrais-je m'éloigner? N'est-elle pas déjà loin de moi? L'idée ne me vient pas de lui prendre la main, de la presser sur mon cœur; je ne puis même en supporter la pensée; elle me fait frémir. Elle ne s'est pas éloignée de moi; elle s'est élevée au-dessus de moi. »

Il resta donc, par volonté, par contrainte; mais rien n'égalait son contentement, quand il se trouvait près d'Ottilie. Elle aussi, elle éprouvait le même sentiment; elle aussi, elle ne pouvait se soustraire à cet entraînement délicieux. Comme auparavant, ils exerçaient l'un sur l'autre une attraction inexplicable et presque magique. Ils habitaient sous le même toit; cependant, même sans penser précisément l'un à l'autre, occupés d'autre chose, attirés çà et là par leur société, ils se rapprochaient mutuellement. S'ils étaient dans la même salle, ils ne tardaient pas à se trouver debout ou assis à côté l'un de l'autre. Le plus proche voisinage les pouvait seul tranquilliser, mais il les tranquillisait parfaitement, et ce voisinage suffisait. Ils ne demandaient ni regard, ni paroles, pas un geste, pas un attouchement, rien de plus que d'être ensemble. Alors ce n'étaient plus deux êtres humains, c'en était un seul, dans une paix instinctive et parfaite, content de lui-même et du monde entier. Si l'on avait retenu l'un d'eux à l'extrémité de la maison, l'autre se serait porté vers lui, insensiblement, de lui-même, sans dessein. La vie était pour eux une énigme, dont ils ne trouvaient le mot que s'ils étaient ensemble.

Ottilie était si parfaitement sereine et tranquille, que l'on pouvait se rassurer entièrement sur son compte. Elle s'éloignait peu de la société : seulement elle avait obtenu de manger en particulier. Nannette seule la servait.

Ce qui arrive d'ordinaire aux hommes se répète plus qu'on ne croit, parce que leur nature en est la cause la plus prochaine. Le caractère, l'individualité, les penchants, la tendance, le lieu qu'on habite, les alentours et les habitudes forment un ensemble dans lequel tout homme nage comme au sein d'un élément, d'une atmosphère, dans laquelle seule il se trouve à l'aise et content. De là vient que les hommes, sur l'inconstance desquels on fait tant de plaintes, nous paraissent, à notre grande surprise, toujours les mêmes après beaucoup d'années, sans que des impulsions innombrables, extérieures ou intérieures, aient pu les changer.

C'est ainsi que, dans la vie journalière de nos amis, tout suivait, peu s'en faut, la même ornière qu'autrefois. Ottilie, tout en gardant le silence, montrait toujours par des attentions aimables son naturel prévenant ; et chacun agissait de même à sa manière. Ainsi la vie domestique était comme une image de l'ancien état, et l'on était excusable de se figurer que tout fût encore comme autrefois.

Les jours d'automne, de même longueur que ceux de ce premier printemps, rappelaient à la même heure la société dans la maison. La parure de fleurs et de fruits, propre à cette saison, la faisait prendre pour l'automne qui suivit le printemps de l'autre année ; le temps intermédiaire était tombé dans l'oubli ; on voyait s'épanouir les fleurs dont on avait semé les pareilles en ces jours éloignés, et les fruits mûrissaient sur les arbres que l'on avait vus alors en fleurs.

Le major allait et venait; Mittler se montrait aussi fréquemment. Les réunions du soir étaient le plus souvent régulières. D'ordinaire Édouard faisait une lecture, avec plus de vie, de sentiment, de talent, et même de gaieté, que jamais. Il semblait que par l'enjouement, par la sensibilité, il voulût tirer Ottilie de son engourdissement, lui faire rompre le silence. Comme autrefois, il se plaçait de manière qu'elle pût lire dans le livre; il était même inquiet, distrait, si elle n'y regardait pas, s'il n'était pas assuré qu'elle suivait des yeux chaque mot qu'il prononçait.

Tous les sentiments tristes et pénibles des temps intermédiaires étaient oubliés : plus de rancunes; toute espèce d'aigreur avait disparu. Le major accompagnait de son violon le clavecin de Charlotte; la flûte d'Édouard s'harmonisait comme autrefois avec le jeu d'Ottilie. On approchait du jour de naissance d'Édouard, qu'on n'avait pas célébré l'année précédente. Il devait se passer cette fois sans appareil, dans la joie paisible de l'amitié. On en était convenu, moitié par entente secrète, moitié expressément. Mais, plus cette époque approchait, plus se développait dans la manière d'être d'Ottilie ce caractère solennel, qu'on avait jusqu'alors plus senti qu'observé. Dans le jardin, elle semblait souvent passer les fleurs en revue; elle avait recommandé au jardinier d'épargner toutes celles d'automne, et s'arrêtait particulièrement auprès des asters, qui fleurissaient justement cette année en grande abondance.

CHAPITRE XVIII.

Mais ce qui parut surtout significatif aux amis qui observaient en silence Ottilie, ce fut de voir qu'elle avait ouvert le coffre pour la première fois; qu'elle avait choisi et coupé, parmi les étoffes, de quoi suffire à un seul habillement, mais complet. Lorsqu'elle voulut replacer le reste dans le coffre, avec le secours de Nannette, elle eut de la peine à en venir à bout : la place était plus que remplie, bien qu'une partie des étoffes y manquât. La jeune et avide femme de chambre ne pouvait se lasser d'admirer, surtout lorsqu'elle vit qu'on avait aussi pourvu aux moindres détails de la toilette. Il restait encore des souliers, des bas, des jarretières ornées de devises, des gants et d'autres objets. Elle pria Ottilie de lui en faire une petite part. Ottilie refusa, mais elle ouvrit aussitôt le tiroir d'une commode, et laissa l'enfant choisir. Nannette le fit à la hâte et sans discernement, et s'enfuit aussitôt avec son butin, pour annoncer et montrer sa bonne fortune aux gens de la maison.

Enfin Ottilie parvint à tout remettre soigneusement à sa place, puis elle ouvrit un compartiment secret, pratiqué dans le couxercle. C'est là qu'elle avait caché les lettres et les billets d'Édouard, des fleurs sèches, souvenir de leurs anciennes promenades, une boucle des cheveux de son bien-aimé, et d'autres objets. Elle y ajouta une chose encore.... le portrait de son père.... Elle referma le tout, et replaça dans son sein la précieuse clef, attachée à la chaîne d'or qu'elle portait autour de son cou.

Cependant diverses espérances s'étaient réveillées dans le cœur de ses amis. Charlotte était persuadée que, le jour de la fête, Ottilie recommencerait à parler : car elle avait montré, à l'approche de ce jour, une certaine activité, un air de satisfaction sereine, un sourire, tel qu'on le voit glisser sur le visage d'une personne qui prépare une joyeuse surprise à ses amis. Nul ne savait que la jeune fille passait bien des heures dans une grande faiblesse, dont elle ne se relevait que par un effort suprême, pour les moments où elle se montrait.

Depuis quelque temps, les visites de Mittler avaient été plus fréquentes et plus longues que d'ordinaire. Cet homme obstiné savait bien qu'il n'y a qu'un moment pour battre le fer. Il s'expliquait favorablement le silence et le refus d'Ottilie. On n'avait fait encore aucune démarche pour le divorce. Il espérait assurer de quelque autre manière un heureux avenir à la bonne jeune fille; il prêtait l'oreille, il cédait, il donnait à entendre, et, à sa manière, il se conduisait avec assez de sagesse. Mais il se laissait emporter, aussitôt qu'il trouvait l'occasion de raisonner sur des sujets auxquels il attachait une grande importance. Il vivait beaucoup avec lui-même, et, s'il se trouvait avec d'autres hommes, ce n'était guère que pour déployer à leur égard son activité. Si une fois il prenait la parole au milieu de ses amis, comme nous l'avons déjà vu souvent, il pérorait sans ménagement, blessait ou guérissait, portait secours ou dommage, selon que cela se rencontrait.

La veille de la fête, Charlotte et le major étaient assis au salon, attendant Édouard, qui était sorti à cheval. Mittler se promenait dans la chambre; Ottilie était restée dans la sienne, pour préparer la toilette du lendemain, et donner quelques directions à sa femme de chambre, qui la comprenait parfaitement, et savait fort bien exécuter ses ordres muets.

Mittler était justement tombé sur un de ses sujets favoris. Il aimait à soutenir que, soit dans l'éducation des enfants, soit dans le gouvernement des peuples, il n'y avait rien de plus malhabile et de plus barbare que les défenses, que les lois et les ordonnances prohibitives.

« L'homme est actif par nature, disait-il, et, si l'on sait lui commander, il suit d'abord la direction qu'on lui donne; il agit, et il s'acquitte de sa tâche. Pour moi, j'aime mieux, dans ma sphère, souffrir des fautes et des vices, en attendant que je puisse prescrire la vertu contraire, plutôt que me débarrasser du défaut, sans voir aucun bien à sa place. L'homme fait très-volontiers ce qui est bon et sage, pourvu qu'il puisse y parvenir; il le fait pour avoir quelque chose à faire, et sans y réfléchir plus qu'aux sottises auxquelles il s'abandonne par oisiveté et par ennui.

« Que je souffre souvent, à entendre comme on fait répéter aux enfants, dans leurs leçons, les dix commandements! Le quatrième est encore un précepte positif, admirable et sage : « Honore ton père et ta mère. » Si les enfants le gravent bien dans leur esprit, ils peuvent s'exercer tout le jour à le pratiquer. Mais, le cinquième, que faut-il en dire : « Tu ne tueras point! » Comme si personne avait la moindre envie de tuer son semblable! On hait quelqu'un, on entre en colère, on s'emporte, et il peut bien arriver, à la suite de tout cela, que l'on tue quelqu'un accidentellement. Mais n'est-ce pas une précaution barbare de défendre aux enfants le meurtre et l'assassinat? Si l'on disait : « Prends soin de la vie de ton prochain, écarte ce qui « peut lui être nuisible, sauve-le, au péril de ta propre vie; si « tu lui fais tort, songe que tu te fais tort à toi-même. » Voilà des commandements qui conviennent chez des peuples policés et raisonnables, et auxquels on fait à peine une petite place parmi les questions du catéchisme.

« Et le sixième! Je le trouve abominable. Quoi? éveiller la curiosité, le pressentiment des enfants sur des mystères dangereux! offrir à leur imagination des objets et des idées étranges, qui ne font que hâter violemment le mal qu'on veut éloigner! Il vaudrait beaucoup mieux que ces fautes fussent punies arbitrairement par un tribunal secret, que de souffrir qu'on en bavarde devant l'église et la paroisse. »

Ottilie entra dans ce moment, et Mittler poursuivit :

« Tu ne commettras point d'adultère! » Quelle grossièreté et quelle indécence! Cela ne sonnerait-il pas tout autrement si l'on disait : « Tu respecteras le lien du mariage; quand tu verras « des époux qui s'aiment, tu t'en réjouiras et tu y prendras « part comme au bonheur d'un jour serein? Si quelque nuage « venait à se répandre sur leur union, tu t'efforceras de le dis-« siper; tu chercheras à les apaiser, à les réconcilier, à leur « rendre sensible leur avantage mutuel, et, avec un noble désin-« téressement, tu travailleras au bonheur des autres, en leur « faisant comprendre quelle félicité découle de tout devoir ac-« compli, et particulièrement de celui qui lie l'homme et la « femme de nœuds indissolubles. »

Charlotte était comme sur des charbons ardents, et se sentait d'autant plus angoissée, qu'elle était convaincue que Mittler ne songeait ni à la portée de ses paroles ni au lieu dans lequel il parlait, et, avant qu'elle pût l'interrompre, elle vit Ottilie changer de visage et se retirer.

« Vous nous ferez grâce au moins du septième commandement, dit Charlotte avec un sourire forcé.

— De tous les autres, répliqua Mittler, pourvu que je sauve celui sur lequel les autres reposent. »

Nannette accourut en poussant des cris affreux :

« Elle meurt ! mademoiselle se meurt ! venez ! venez ! »

Ottilie était retournée dans sa chambre en chancelant ; les atours du lendemain étaient déployés sur plusieurs chaises, et la femme de chambre, qui les considérait avec admiration, allait et venait en poussant des cris de joie.

« Voyez, chère demoiselle, voilà une parure de fiancée tout à fait digne de vous ! »

Ottilie entendit ces mots et se laissa tomber sur le sofa. Nannette voit sa maîtresse pâlir, perdre le mouvement : elle court à Charlotte. On vient. Le médecin accourt. Il n'y voit qu'un effet de l'épuisement. Il fait apporter un bouillon. Ottilie le repousse avec horreur. Elle est sur le point de tomber en convulsions, quand on approche la tasse de sa bouche. Il demanda, d'une manière vive et pressante, comme la circonstance le lui suggérait, quelle nourriture elle avait prise dans la journée. La femme de chambre hésite ; il répète la question : elle avoue que mademoiselle n'a rien pris.

Nannette paraît plus troublée que de raison. Le médecin l'entraîne dans une chambre voisine ; Charlotte les suit. Nannette tombe à genoux ; elle avoue que, depuis longtemps, Ottilie refuse presque toute nourriture. Sur les instances de sa maîtresse, elle-même avait mangé les aliments : ce qu'elle n'avait pas dit, à cause des prières et des menaces de mademoiselle, et puis, ajouta-t-elle naïvement, parce qu'elle les avait trouvés bons.

Le major et Mittler entrèrent. Ils trouvèrent Charlotte occupée avec le médecin. L'adorable enfant était assise au coin du sofa, elle était pâle et paraissait avoir conservé toute sa connaissance. On la prie de se coucher : elle s'y refuse, mais elle demande par signes qu'on apporte le coffret. Elle le place sous ses pieds, et se trouve à moitié couchée, dans une attitude commode. Elle paraît vouloir prendre congé ; ses gestes expriment aux assistants l'attachement le plus tendre, l'amour, la reconnaissance, le pardon demandé et le plus cordial adieu.

Édouard, en descendant de cheval, apprend la situation d'Ottilie. Il vole dans sa chambre, il se jette à ses pieds, il prend sa main et la baigne de larmes muettes. Il reste ainsi longtemps, enfin il s'écrie :

« Ne dois-je plus entendre ta voix ? Ne reviendras-tu pas à la vie, pour me dire un seul mot ? Il suffit ! Je te suis dans la mort. Là nous parlerons un autre langage. »

Elle lui presse la main avec force ; elle lui adresse un regard plein de vie et d'amour, et, après un profond soupir, après un mouvement de ses lèvres, plein d'un charme divin, mais muet encore :

« Promets-moi de vivre ! » s'écrie-t-elle, avec un effort gracieux et tendre, puis elle retombe en arrière aussitôt.

« Je le promets ! » s'écria-t-il à son tour ; mais sa réponse la suivit sans l'atteindre : Ottilie était expirée.

Après une nuit passée dans les larmes, Charlotte dut s'occuper d'ensevelir ces restes chéris. Le major et Mittler l'assistèrent. Édouard était au comble de la douleur. Dès qu'il fut un peu revenu de son désespoir, et qu'il eut recouvré quelque présence d'esprit, il insista pour que l'on ne transportât pas Ottilie hors du château ; il voulut qu'elle fût veillée, soignée, traitée, comme une personne vivante : car elle n'était pas morte ; elle ne pouvait pas être morte. On fit sa volonté, en ce sens du moins, qu'on évita de faire ce qu'il avait défendu. Il ne demanda pas à la voir.

Une autre frayeur vint saisir, une autre inquiétude, occuper nos amis : Nannette, vivement réprimandée par le médecin, obligée aux aveux par les menaces, et, après ses aveux, accablée de reproches, avait pris la fuite. Après de longues recherches, on la retrouva : elle semblait être hors d'elle-même. Ses parents la retirèrent chez eux ; les meilleurs traitements parurent sans effet sur elle ; il fallut l'enfermer, parce qu'elle menaçait de s'enfuir encore.

On réussit par degrés à tirer Édouard du plus violent désespoir ; mais ce fut pour son malheur, car il vit clairement, il eut la certitude, qu'il avait irrévocablement perdu le bonheur de sa vie. On essaya de lui représenter que, déposée dans la chapelle, Ottilie serait encore au nombre des vivants, et jouirait d'une gracieuse et tranquille demeure. Il fut difficile d'obtenir son consentement, et ce fut seulement sous condition qu'elle y serait portée dans un cercueil ouvert; que, dans le caveau, elle serait placée sous un couvercle de verre, et qu'une lampe toujours allumée y serait établie : alors il parut consentir et se résigner à tout.

On habilla ce corps charmant de la parure qu'elle s'était préparée elle-même; on lui mit sur la tête une couronne de marguerites, qui brillaient comme des étoiles funèbres. Pour décorer le cercueil, l'église, la chapelle, tous les jardins furent dépouillés. Ils étaient dévastés, comme si l'hiver eût déjà moissonné tous les riants trésors des plates-bandes. De grand matin, elle fut emportée du château dans le cercueil ouvert, et le soleil levant illumina une fois encore cette figure angélique. Le cortége se pressait autour des porteurs. Personne ne voulait la précéder, personne, la suivre; tout le monde voulait l'entourer, tout le monde, jouir, pour la dernière fois, de sa présence. Hommes, femmes, enfants, tous étaient profondément émus. Les jeunes filles, qui sentaient plus directement la perte qu'elles avaient faite, étaient inconsolables.

Nannette n'était pas là. On l'avait retenue, ou plutôt on lui avait caché le jour et l'heure de l'enterrement; on la gardait chez ses parents, dans une chambre qui donnait sur le jardin. Mais, lorsqu'elle entendit sonner les cloches, elle ne devina que trop tôt ce qui se passait; et sa garde, curieuse de voir le cortége, l'ayant laissée, elle se glissa par une fenêtre dans un corridor, et, trouvant toutes les portes fermées, elle monta au grenier.

Le cortége avançait d'un pas balancé, à travers le village, dont la rue, proprement balayée, était jonchée de feuilles. Nannette vit parfaitement sous ses yeux sa maîtresse plus en évidence, plus belle, que toutes les jeunes filles qui suivaient le convoi. Comme une créature céleste, portée sur les nuages ou sur les flots, elle paraît faire signe à sa servante, et, troublée, chancelante, éperdue, la jeune fille se précipite.

La foule s'écarte de tous côtés avec des cris affreux. La presse et le tumulte obligent les porteurs de poser le cercueil. L'enfant était gisante tout auprès : elle semblait avoir tous les membres brisés. On la releva, et, par hasard ou par une dispensation particulière, on l'appuya sur le corps d'Ottilie; il sembla même qu'elle voulût, avec son dernier reste de vie, arriver jusqu'à sa chère maîtresse. Mais, à peine ses membres flottants ont-ils touché le vêtement, et ses doigts sans force, les mains jointes d'Ottilie, que la jeune fille se redresse soudain : elle lève les yeux et les mains au ciel, puis elle se prosterne devant le cercueil, et, dans un pieux ravissement, elle contemple sa maîtresse.

Enfin elle se lève, comme inspirée, et s'écrie avec une sainte joie :

« Oui, elle m'a pardonné! Ce que personne au monde, ce que moi-même je ne pouvais me pardonner, Dieu me le pardonne par le regard de ma maîtresse, par son geste, par sa bouche. La voilà retournée à son tranquille et doux repos, mais vous avez vu comme elle s'est relevée, comme elle m'a bénie de ses mains déployées, comme elle m'a regardée avec amitié! Vous avez tous entendu, vous en êtes témoins, qu'elle m'a dit : « Tu es « pardonnée! » Je ne suis plus parmi vous une criminelle : elle m'a fait grâce, Dieu m'a fait grâce, et personne ne peut plus me rien reprocher. »

La foule se pressait autour d'elle : on s'étonnait, on prêtait l'oreille, on regardait de côté et d'autre, et l'on savait à peine que résoudre.

« Portez-la au lieu du repos, dit la jeune fille; elle a rempli sa tâche, elle a eu sa part de souffrances; elle ne doit plus demeurer avec nous. »

Le convoi reprit sa marche. Nannette s'avançait la première. On arriva à l'église, à la chapelle.

Là, on posa le cercueil d'Ottilie, à sa tête, celui de l'enfant, à ses pieds, le coffret, dans une forte caisse de chêne. On avait arrêté une garde, pour veiller, dans les premiers temps, auprès du corps, qui paraissait encore plein de grâce, gisant sous la châsse de verre : mais Nannette ne voulut pas se laisser ravir cet emploi; elle voulut rester seule et sans compagne, et veiller assidûment sur la lampe, allumée pour la première fois. Elle sollicita cette faveur avec tant d'ardeur et de persévérance, qu'on lui céda, afin de prévenir une plus grande souffrance morale, que l'on craignait pour elle.

Mais elle ne resta pas longtemps seule : car, à la nuit tombante, lorsque la flottante lumière, déployant tout son effet, répandit une clarté plus vive, la porte s'ouvrit, et l'architecte entra dans la chapelle, dont les murs, avec leur pieuse décoration, lui apparurent, à une si douce lumière, plus antiques et plus mystérieux qu'il n'aurait pu l'imaginer.

Nannette était assise à côté du cercueil. Elle reconnut sur-le-champ le jeune homme : mais, sans dire un mot, elle lui indiqua du doigt sa pâle maîtresse. Et lui, debout, de l'autre côté, avec la grâce et la vigueur de la jeunesse, rentré en lui-même, immobile, recueilli, les bras tombants, les mains jointes, avec l'expression de la pitié, la tête penchée et le regard fixé sur la morte....

Déjà une fois il avait pris cette posture en présence de Bélisaire. Il y revint sans y songer. Et comme elle était encore naturelle! Cette fois aussi, un mérite inestimable était précipité de son faîte sublime. Si l'on déplora, dans un guerrier, la vaillance, la sagesse, la puissance, la dignité et la fortune, comme irrévocablement perdues; si des vertus indispensables à la nation, au monarque, dans des moments décisifs, furent mésestimées, et même rejetées et proscrites : ici, tout autant de douces vertus, que la nature avait naguère tirées de son sein fécond, étaient soudain anéanties par sa main indifférente; vertus aimables, rares et belles, dont le monde indigent accueille en tout temps avec délices la paisible influence, et dont il sent la perte avec des regrets douloureux.

Le jeune homme et la jeune fille restèrent quelque temps silencieux : mais, quand elle le vit les yeux baignés de larmes, quand il parut abîmé dans la douleur, elle lui parla avec tant de force et de vérité, tant de bonté et de conviction, que, surpris de son éloquence, il retrouva sa fermeté, et que sa belle amie lui apparut vivante et agissante dans une sphère supérieure. Ses larmes s'essuyèrent, sa douleur s'apaisa : tombant à genoux, il prit congé d'Ottilie; il prit congé de Nannette, en lui serrant tendrement la main, et, avant la fin de la nuit, il partit à cheval, sans avoir vu personne.

Le chirurgien avait passé la nuit dans l'église, à l'insu de la jeune fille, et, lorsqu'il la visita le matin, il la trouva pleine de courage et de sérénité. Il s'attendait à diverses rêveries; il croyait qu'elle lui parlerait d'entretiens nocturnes avec Ottilie et d'autres apparitions semblables; mais elle était naturelle, tranquille, et se possédait entièrement. Elle se rappelait parfaitement tout le passé, toutes les circonstances, avec une grande exactitude, et rien, dans ses discours, ne s'écartait du réel et du vrai, sauf l'incident du convoi funèbre, qu'elle se plaisait à répéter souvent, disant comme Ottilie s'était relevée, l'avait bénie, lui avait pardonné et lui avait ainsi rendu pour toujours la tranquillité.

L'état de la défunte, qui était toujours belle, et qui semblait plutôt dans le sommeil que dans la mort, attira beaucoup de monde. Les habitants du lieu et du voisinage voulaient la voir encore; et chacun voulait entendre de la bouche de Nannette l'événement incroyable : quelques-uns pour s'en moquer, la plupart pour en douter, un petit nombre pour y croire.

Tout besoin dont la satisfaction réelle est refusée commande la foi. Nannette, écrasée aux yeux de tout le monde, avait été guérie par l'attouchement de la dépouille sainte : pourquoi le même bonheur ne serait-il pas ici réservé à d'autres encore? De tendres mères apportèrent, d'abord en secret, leurs enfants atteints de quelque mal, et elles crurent observer une guérison soudaine. La confiance augmenta; enfin les plus infirmes et les plus vieux venaient eux-mêmes chercher auprès d'Ottilie des forces et du soulagement. La foule s'accrut, et l'on se vit obligé de fermer la chapelle et même l'église, hors des heures du service divin.

Édouard n'osa plus s'approcher de la défunte. Il vivait absorbé en lui-même; il semblait n'avoir plus de larmes, n'être plus capable de douleur. Chaque jour il prenait moins de part à la conversation, il prenait moins de nourriture. Seulement, il semble puiser encore quelque soulagement dans le verre, qui cependant n'a pas été pour lui un prophète véridique. Il aime toujours à contempler les chiffres entrelacés, et son œil, grave et serein, semble dire qu'il espère encore être réuni à son amie. Et comme chaque incident paraît favoriser les gens heureux, chaque hasard élever leur courage, les moindres événements produisent chez les malheureux l'abattement et le désespoir. Un jour qu'Édouard approchait de ses lèvres le verre chéri, il le repoussa avec effroi : c'était le même et ce ne l'était pas. Il y cherchait vainement une petite marque. On interroge le valet de chambre : il est obligé d'avouer que le véritable verre a été brisé dernièrement, et qu'on lui en a substitué un pareil, qui date aussi de la jeunesse de son maître. Édouard ne peut montrer de colère; son sort est décidé par l'événement : pourquoi l'emblème ferait-il impression sur lui? Néanmoins il en est profondément affecté. Dès ce moment, toute boisson lui répugne; il semble résolu à s'abstenir de manger et de parler.

Mais de temps en temps une inquiétude le saisit : il redemande quelque nourriture; il reprend la parole.

« Ah! disait-il un jour au major, qui était presque sans cesse à son côté, que je suis malheureux! Tous mes efforts n'aboutissent qu'à une imitation, un travail inutile. Ce qui fut pour elle une félicité devient pour moi une torture. Et cependant, pour arriver à cette félicité, je suis contraint de souffrir cette torture. Je dois la suivre, la suivre par ce chemin. Mais ma nature, ma promesse, me retiennent. C'est une tâche effrayante d'imiter ce qui est inimitable. Je le sens bien, mon ami, on n'arrive à rien sans génie, pas même au martyre. »

Dans cette situation désespérée, que servirait-il de rapporter tous les mouvements que se donnèrent quelque temps pour Édouard, sa femme, son ami, son médecin? Enfin on le trouva mort. Ce fut Mittler qui fit cette triste découverte. Il appela le médecin, et, avec sa fermeté accoutumée, il observa exactement les circonstances au milieu desquelles on avait trouvé le défunt. Charlotte accourut hors d'elle-même : elle soupçonnait un suicide. Elle s'accusait, elle accusait ses alentours d'une imprévoyance inexcusable. Mais le médecin, par des preuves matérielles, Mittler, par des preuves morales, lui persuadèrent bientôt qu'elle s'était trompée. Évidemment Édouard avait été surpris par la mort dans un moment tranquille. Il avait tiré d'une cassette et d'un portefeuille, et étalé devant lui ce qu'il avait eu coutume jusque-là de cacher soigneusement, ce qui lui restait d'Ottilie : une boucle de cheveux, des fleurs cueillies en des moments heureux, tous les billets qu'elle lui avait écrits, depuis le premier, que Charlotte lui avait remis par un hasard prophétique : toutes ces choses, il n'avait pu les exposer volontairement à une découverte accidentelle.

Ce cœur, en proie naguère à une agitation sans bornes, était donc maintenant plongé dans un éternel repos; et, comme il s'était endormi en pensant à la sainte jeune fille, on pouvait sans doute le dire bienheureux. Charlotte lui donna, à côté d'Ottilie, la place qui l'attendait, et défendit que jamais personne fût déposé près d'eux dans ce caveau. À cette condition, elle fit, pour l'église et pour l'école, pour le pasteur et pour l'instituteur, des fondations considérables.

Les amants reposent donc auprès l'un de l'autre; la paix règne dans leur dernier asile; des anges, leurs frères, abaissent sur eux, de la voûte, des regards sereins. Et quel heureux moment que celui où ils se réveilleront tous deux!

TABLE DES MATIÈRES.

Poëmes.

	Pages.
HERMANN ET DOROTHÉE	1
ACHILLÉIDE	63
LE ROMAN DU RENARD	85

Romans.

LES SOUFFRANCES DU JEUNE WERTHER	200
LES AFFINITÉS ÉLECTIVES	335

PARIS. — IMPRIMERIE DE CH. LAHURE ET Cⁱᵉ
rues de Fleurus, 9, et de l'Ouest, 21

www.ingramcontent.com/pod-product-compliance
Lightning Source LLC
Chambersburg PA
CBHW070329240426
43665CB00045B/1238